Klaus Kapeller

DEZ 91 Klagenfurt

HANDBUCH DER KULTURGESCHICHTE

HANDBUCH DER KULTURGESCHICHTE

BEGRÜNDET VON PROF. DR. HEINZ KINDERMANN

NEU HERAUSGEGEBEN VON

DR. EUGEN THURNHER

PROFESSOR AN DER UNIVERSITÄT INNSBRUCK

unter Mitarbeit von

Martin Block · Thomas von Bogyay · Helmut de Boor · Walter Horace Bruford · Karl Buchheim · August Buck · Rolf Dencker · Emil Ermatinger · Julius von Farkas · Willi Flemming · Leonhard Franz · Herbert A. Frenzel · Wilhelm Giese · Olof Gigon · Hans L. Gottschalk · Wolfgang Haberland · Horst Hammitzsch · Karl Hartmann · Walther Hinz · Walter Hirschberg · Harold von Hofe · Edgar Hösch · Hans Kähler · Willibald Kirfel · Paul Kletler · Hans Kramer · Willy Krogmann · Wolfgang Lindig · Hans-Joachim Lope · Josef Matl · Karl Oberhuber · Franz Petri · Gustav Ränk · Friedrich Repp · Hans-Friedrich Rosenfeld · Hellmut Rosenfeld · Bertold Spuler · Hans Heinrich Schaeder · Emil Schieche · Kurt Schubert · Albert Schwarz · Dietrich W. H. Schwarz · Hans Steininger · Hermann Trimborn · Adam Wandruszka · Hermann K. Weinert · Klaus Wessel · Joseph Wiesner · Friedrich Wild · Alois Wolf · Walther Wolf · Alfons Wotschitzky · Ernst W. Zeeden

Erste Abteilung

ZEITALTER DEUTSCHER KULTUR

AKADEMISCHE VERLAGSGESELLSCHAFT ATHENAION

DEUTSCHE KULTUR
IM HOCHMITTELALTER
1150–1250

VON ALOIS WOLF

AKADEMISCHE VERLAGSGESELLSCHAFT ATHENAION

INHALTSVERZEICHNIS

VORBEMERKUNG

Dem Anspruch, die Kulturgeschichte eines Jahrhunderts zu schreiben, das tief in der Vergangenheit liegt, ist kaum gerecht zu werden. Abgesehen von der grundsätzlichen Schwierigkeit, als Bearbeiter auf zu vielen Gebieten tätig sein zu müssen, wo die Kompetenz fehlt und wo nicht auf eigene Forschungen zurückgegriffen werden kann, kommt in vorliegendem Fall auch noch eine besonders prekäre Quellenlage dazu. Bei allem Bemühen, die wichtigsten Bereiche zur Geltung zu bringen, erwies es sich als nicht durchführbar, eine kontinuierlich angelegte Darstellung zu bieten, die in gleicher Weise alle Lebensgebiete und Probleme behandelt hätte. Der Leser wird also nicht erfahren, wie z.B. bei den Bauern im Rheinland um 1190 eine Entbindung vonstatten ging, was in einer Regensburger Schenke an einem Sonntag zu geschehen pflegte, wie das Abendessen in einer Straßburger Handwerkersfamilie verlief oder wie man sich bei nassem Wetter in einem Schuhwerk fühlte, das um 1210 produziert wurde. Die Liste ließe sich fortsetzen. Der neugierige Leser wird das bedauern, der Verfasser auch; dies umso mehr, als seit einiger Zeit eine seriöse Sozialgeschichte an Boden gewonnen hat und man sich, auch ohne modischen Beigeschmack, wissenschaftlich für die Lebensweise der sogenannten kleinen Leute in vergangenen Zeiten verstärkt zu interessieren beginnt, was bedeutet, daß die Kulturgeschichtsschreibung auf eine breitere Grundlage aufbauen könnte. Es sei in diesem Zusammenhang nur auf die Arbeiten des Kieler Volkskundlers K.S. Kramer hingewiesen oder auf die Tätigkeit des Instituts für mittelalterliche Realienkunde der Wiener Akademie. Gerade diese Arbeiten zeigen aber, daß Kulturgeschichtsschreibung dieser Art nur möglich ist, wenn eine einigermaßen ausreichende Grundlage in Form von Archivalien und archäologischen Zeugnissen gegeben ist. Dies ist für den Zeitraum, den es in vorliegender Arbeit zu behandeln galt, eben nicht der Fall. Damit soll nicht verschwiegen werden, daß bessere Detailkenntnis in einzelnen Sachgebieten durchaus auch auf diesem, was die Quellenlage betrifft, sehr kargen Boden zusätzliche Informationen hätte ergeben können; dann aber hätte die Arbeit auf viele Verfasser verteilt werden müssen und das Ergebnis wäre wohl eine Ansammlung von Lexikonartikeln geworden.

Dazu ist grundsätzlich zu fragen, bis wie tief in das Gebiet der sogenannten materiellen Kultur und ins Alltagsleben die Kulturgeschichte überhaupt gehen soll. Man kann verschiedener Meinung darüber sein, was bereits Kultur ist und was man noch nicht dazu zählen kann und soll. Man kann auch verschiedener Meinung sein, ob es sich lohnt, einen Unterschied zwischen Kultur und Zivilisation zu postulieren und Kultur von da aus zu definieren. Diese Diskussion wurde in früheren Jahren vor allem in Deutschland zuweilen mit großer Erbitterung geführt: Kultur sei das Tiefere, Zivilisation das Oberflächlich-Technische, pflegte man zu sagen und eine dementsprechende Verteilung auf die verschiedenen Völker vorzunehmen. So wenig ersprießlich eine derartige Unterscheidung gerade für ältere Zeiten sein dürfte – von den unerfreulichen nationalen Tönen zu schweigen –, so könnte die den heutigen Menschen überfordernde und zu rasch voranschreitende Industrialisierung und Technisierung des Daseins eine solche Unterscheidung durchaus nicht unbegründet erscheinen lassen. Die Herstellung vieler moderner Güter – die Kulturgüter sein könnten und vielleicht auch noch sind – ist für den einzelnen Hersteller, der nur in roboterhafter Fließbandarbeit daran beteiligt sein kann, kein kulturschaffender Akt mehr. Zwischen Arbeit und dem erzeugten Kulturprodukt hat sich eine Kluft aufgetan, die es im Mittelalter nicht gab. Handwerk und Kunst lagen in einer Ebene und waren nur graduell in ihrer Qualität voneinander unterschieden und unterscheidbar. Für Standort und Selbstverständnis der Kulturschaffenden ein fundamentaler Unterschied zur Gegenwart; dieser ist es kaum noch vergönnt, aus der Arbeit als bearbeitender Tätigkeit die Kunst herauswachsen zu lassen. Der gestörte Konsens zwischen moderner Kunst und der Masse des Publikums hat auch darin eine seiner Ursachen. Aufgrund dieses wesentlichen Unterschiedes gegenüber der modernen Zeit müßte man eigentlich bei der Betrachtung der mittelalterlichen Kultur die Grenze zwischen dem, was Kulturgut ist und dem, was noch nicht dazuzählt, nach unten verschieben, sich zumindest theoretisch darüber im klaren sein. Der Verfasser hat aber, nicht nur mit Rücksicht auf die Quellenlage, die Grenze eher nach oben geschoben und jenen Gebieten besondere Aufmerksamkeit zu schenken versucht, auf denen sich die kulturschaffenden Leistungen im engeren Sinn unmittelbar offenbaren, weil da die Gebundenheit an die äußeren Alltagsbedürfnisse und deren Sachzwänge und Traditionen weniger Bedeutung hat.

Die Beschränkung auf das Jahrhundert 1150–1250 muß ebenfalls berücksichtigt werden; sie hat historisch gesehen ihren guten Sinn, sie zwingt aber auch zu einer Verschiebung in der Perspektive und beeinflußt Auswahl und Gewichtung in der Darstellung. Diese Beschränkung fordert schließlich auf entschiedene Weise den Bearbeiter dazu heraus, nach der ›eigentlichen‹ Kulturleistung dieses kurzen Zeitraums zu fragen, was notwendigerweise andere Erscheinungen in den Hintergrund treten läßt. Letzteres gilt gerade für manche Gebiete der materiellen Kultur, denn da ist vieles keineswegs besonders typisch für die ›eigentliche‹ Kulturleistung dieser Zeitspanne, war vorher bereits vorhanden und reicht über den Zeitraum dieses Jahrhunderts herüber in spätere Zeiten. Das heißt nicht, daß diese Erscheinungen nicht festhaltenswert wären und nicht auch ihren Platz in der Kultur dieser Zeit haben könnten, nur rückt die Beschränkung auf ein Jahrhundert eben doch die Frage nach dem Besonderen dieses Jahrhunderts in den Vordergrund. Der Verfasser wollte einer Beantwortung vor allem dieser Frage näherkommen und nahm dafür – bedingt auch durch seine fachliche Ausrichtung – Einseitigkeiten in Kauf, die aber in der Natur der Sache begründet sein dürften und dazu dienen könnten, die Kulturleistung des deutschen Hochmittelalters von ihrem Zentrum aus stärker bewußt zu machen. Dabei konnte es nicht um eine Wesensschau dessen gehen, was man das staufische Jahrhundert genannt hat – auch hierin weicht die vorliegende Arbeit grundsätzlich von der ersten Ausgabe aus dem Jahre 1938, die aus der Feder Hans Naumanns stammte, ab –, vielmehr ging es um den Versuch, aus ausgewählten Zeugnissen charakteristische Denkformen, Erlebnisweisen und Gestaltungskräfte hervortreten zu lassen und die kulturelle Leistung dieses Jahrhunderts dort aufzuspüren, wo sie auf besonders überraschende und intensive Weise in Erscheinung trat. Eine durchgehende Konzeption war freilich nicht überall und mit gleicher Intensität durchzuhalten; das Vorgelegte dürfte aber doch zumindest in den Hauptabschnitten, wo auf eigene Arbeiten zurückgegriffen werden konnte, Ansätze zu einer übergeordneten und zusammenfassenden, der Wirklichkeit entnommenen Sicht erkennen lassen und über die bloße Ansammlung isolierter Details hinausführen. Aus dieser Sicht sollte deutlich werden, daß im deutschen Hochmittelalter sich eine eigenständige Kultur konstituierte, daß dies auch als solches von den Menschen erfahren wurde, daß diese Menschen in ihren biblisch-antiken Traditionen mit erstaunlicher Konsequenz nach sinnenhaft-künstlerischer Vergegenwärtigung dessen strebten, was ihnen wahrhaft als existenziell erschien, und daß sie sich damit zugleich auch die Möglichkeit schufen, immer mehr zu sich selbst zu kommen und die Erschließung zentraler Bereiche des Menschlichen voranzutreiben und fruchtbar zu machen.

Der Verfasser ist kein Mittelalterschwärmer, er findet aber nichts Böses daran, Leistungen der mittelalterlichen Kultur als solche herauszustellen und, wenn gerechtfertigt, auch zu bewundern. Er sah auch keine Notwendigkeit, mit Tendenzen in den modernen Medien zu wetteifern und – um im Gleichnis zu sprechen – jeden Armstumpf mittelalterlicher Aussätziger genüßlich pseudorealistisch und moralisierend vorzuführen. Der gesamte Lebenszusammenhang, in den das mittelalterliche Elend gehört, ist für uns nicht mehr nachvollziehbar; mit dem Verteilen negativer Zensuren ist darum der Verfasser sehr zurückhaltend gewesen. So gehört es sich für einen Angehörigen der liberalen Überflußgesellschaft, die nicht in der Lage ist, trotz Aufklärung und Technik, der in erschreckender Weise anwachsenden Unmenschlichkeit und dem Elend in der Welt Herr zu werden.

Bei der Auswahl des Bildmaterials hielt sich der Verfasser im allgemeinen streng an die zeitlichen Grenzen; sie wurden eher nach rückwärts als nach vorwärts überschritten. Das bedeutete Verzicht auf aufschlußreiches Material etwa aus der zweiten Hälfte des 13. Jh. Das Bildmaterial sollte aber in möglichst enge Verbindung zum Text gebracht werden. Die Illustrationen zur hochmittelalterlichen Sakralkunst berücksichtigen vor allem Werke, die vielleicht weniger im Allgemeinbewußtsein präsent sind; auf den Bamberger Reiter wurde verzichtet.

Dank schuldet der Verfasser seinem Kollegen Detlef Illmer, der einen Beitrag aus seinem Forschungsgebiet zur Verfügung stellte und dem Herausgeber für sein Wohlwollen. Ein besonderer Dank geht an Herrn Dr. E.C. Lutz für viele Gespräche, für die Mithilfe bei der Beschaffung des Bildmaterials und bei der Erstellung der Bibliographie.

Freiburg, Ostern 1983.

I. ÖFFNEN - SUCHEN - NEUMACHEN PERSPEKTIVEN DER HOCHMITTELALTERLICHEN KULTUR

Diese drei Begriffe, die in vorliegenden Überlegungen einer gemeinsamen geistigen Grundlage zugeordnet werden und deren Inhalt Aktivität anzeigt, dürften geeignet sein, wesentliche Aspekte der hochmittelalterlichen Kultur zu erfassen und auszudrücken. Es geht dabei nicht darum, den Leser zu provozieren, der gewohnt sein mag, die Vorstellung des Öffnens, Suchens und des Neumachens eher mit der sogenannten Renaissance, der Reformation, dem Zeitalter der Entdeckungen zu verbinden, vielmehr soll ein durchaus mittelaltergemäßer Sachverhalt herausgestellt werden. Die Gefahr einer unzulässigen Verselbständigung dieser der Sache entnommenen Begriffe ist m. E. nicht gegeben. Diese drei Hilfsgrößen werden sich als tief verwurzelt erweisen in der das Mittelalter bestimmenden geistlichen Tradition, was nicht heißen muß, daß sich in der besonderen historischen Konstellation des Hochmittelalters daraus nicht auch grundlegend andere Impulse entwickelt hätten, die die Säkularisierung fördern konnten und somit ihrem geistlichen Ursprung zuwiderliefen. Zu den Eigentümlichkeiten der hochmittelalterlichen Kultur gehört es, daß gerade aus der Gebundenheit an die Tradition das unerwartete Neue als Korrelat dazu hervorgeht.

Der Begriff Öffnung läßt sich in höherem Maße als die beiden anderen, die enger gefaßt sind, einer Vielzahl von Erscheinungen zuordnen, von denen man nicht einfach behaupten könnte, sie seien typisch für unseren Zeitraum. Man muß sich auch fragen, ob man manche dieser Erscheinungen des Sichöffnens überhaupt unter einem Aspekt sehen darf oder ob man nicht dabei der Suggestion des selbstgewählten Begriffs erliegt und in ihm zusammenfassen möchte, was oft nur der Zufall zusammengeführt hat. Beweise dafür, daß verschiedene Erscheinungen, die chronologisch einigermaßen zusammenfallen, auch innerlich zusammengehören, somit auf einen Impuls zurückgeführt werden könnten, sind schwer zu führen, was im Mittelalter auch noch mit der Quellenlage zusammenhängt. Man wird zwischen steriler Hyperskepsis und allzu leichtfertigem Vereinheitlichen einen vernünftigen Mittelweg suchen müssen.

Greifen wir einige solcher hochmittelalterlichen »Öffnungen« heraus. Räumlich eine große Öffnung gegenüber dem Osten: die Kreuzzüge, die zur Gründung lateinischer Staaten im Nahen Osten führten; die immer erfolgreicher verlaufende Wiedergewinnung der iberischen Halbinsel; das Übergreifen der frz. Kultur auf England; dazu die deutsche Ostsiedlung. Hat all dies miteinander zu tun?

Öffnung im Denken: mit der beginnenden Scholastik setzt eine neue Art des Argumentierens ein. Die menschliche Ratio und die philosophische Sprache beginnen sich abzulösen von der grundsätzlichen und ins Detail gehenden Bindung an die Bibel und die Kirchenväter, statt, wie in der mönchischen Denk- und Schreibtradition, ausschließlich in der totalen Einbettung in biblische Inhalte zu funktionieren und sich von den allseitigen Assoziationsmöglichkeiten biblischer Anspielungen bewegen zu lassen. Im Mönchsleben eine außerordentliche Öffnung: das jahrhundertealte Monopol der Benediktiner wird durchbrochen, und in rascher Folge schießen neue Orden aus dem Boden; ein isoliertes Phänomen? In der Literatur: eine weitere Öffnung gegenüber der Antike (Ovid); dazu aber vor allem die qualitativ neue Öffnung gegenüber den Volkssprachen, damit verbunden das Öffnen des herkömmlichen literarischen Gattungsgefüges und von da aus, im höfischen Roman, bereits eine zukunftsweisende Öffnung ins Fiktionale, und in der Troubadourlyrik der Schritt zur erotischen Individualdichtung und zu einer neuen Liebesauffassung. Eine Öffnung gegenüber dem Psychologischen in Dichtung und Frömmigkeit. Im Soziologischen in der wachsenden Bedeutung des ›miles‹ und in der Herausbildung der Städte als wirtschaftlicher und zusehends auch politischer Faktoren. Eine gewisse Öffnung fand auch gegenüber Andersgläubigen statt, wenn man z.B. an die Übersetzung des Korans ins Lateinische denkt, die Petrus Venerabilis, Abt von Cluny († 1156), in die Wege leitete – freilich nicht aus modernem Ökumenismus heraus oder gar aus religiösem Pluralismus – in einer Zeit, in der die Waffen sprachen und das Heidenbild der ›Chansons de geste‹ dem Bewußtsein breiter Kreise entsprach und dieses wieder mitformte, aber dennoch ein bedeutsamer Akt. Einige Jahrzehnte später sollte ja der Hl. Franz von Assisi und die frühen Franziskaner tatsächlich versuchen, sich auf rein religiöser Basis um die Anhänger des Islams zu bemühen. Man denke auch an den Mönch Andreas von St. Viktor (†1175 als Abt in Wigmore), der in Paris bei dem berühmten Deutschen Hugo von St. Viktor studierte und sich unter Anleitung von Juden intensiv ins Hebräische einarbeitete, um den Literalsinn der Bibel als der Grundlage aller Exegese gesichert in den Griff zu bekommen wie einst im 4. Jh. der Hl. Hieronymus, der Schöpfer der mittelalterlichen Bibel, selbst; auch das hat freilich nicht das Ende der Exzesse einer rein am Spiritualsinn interessierten Theologie bedeutet, muß aber festgehalten werden.

Bei all diesen Öffnungen ist aber auch die Gegenbewegung zu bedenken: wie z.B. die Scholastik aus ihrer anfänglichen Öffnung des an den biblisch-symbolhaften Kosmos gebundenen Denkens heraus sich in ihrer eigenen Dialektik verfing und erstarrte; wie der Ritterstand zur Abschließung tendierte; wie die Handwerkerzünfte in den Städten ihm darin folgen; wie in der volkssprachlichen Literatur die radikale Öffnung, die z.B. der Artusroman brachte, vielfach in einem leeren Abenteuerkreislauf versandete; wie weite Bereiche der Minnelyrik in formaler Perfektion erstarrten; wie das Papsttum, das sich aus der traditionellen Umarmung durch das fränkisch-deutsche Kaisertum gelöst und seiner Eigengesetzlichkeit geöffnet zu haben schien, immer mehr ins Netz der anschwellenden eigenen Juristisierung und Machtentfaltung geriet; wie Ansätze zur Öffnung gegenüber Andersgläubigen zu einer stärkeren Abschließung führten – bis hin zum Albigenserkrieg und zur Inquisition. In diesem Zusammenhang ist auch auf das oben angedeutete Problem der Säkularisierung hinzuweisen. Hier wäre grundsätzlich die Frage zu stellen, ob Säkularisierung im Hochmittelalter, wenn sie nachweisbar ist, aus weiterwirkenden, aber an sich traditionellen, christlichen Impulsen stammt, oder ob sie von vorneherein als ein davon unabhängiger, neuer Anstoß gedeutet werden muß.

Der Begriff Öffnung, aufs Mittelalter angewandt, hat überdies dort auch eine eigentümliche Qualität; diese kommt aus einer langen geistlichen Denktradition, die ebenfalls die beiden anderen

Leitbegriffe trägt. (Diese geistliche Tradition hat freilich mit manchen Formen der Öffnung, die oben erwähnt wurden und die noch zu erwähnen wären, kaum etwas oder nichts zu tun.) Dieser besondere, geistlich bestimmte Begriff Öffnung wirkte aber nicht nur im engeren Bereich des Geistlichen selbst, sondern konnte in einem weiteren Sinn perspektivenbildend werden. Seine grundsätzliche Bedeutung liegt darin, daß man das massiv Undurchschaubare des Daseins oder das, was, nach modernem Denken, rein mechanischen Kausalitäten unterworfen zu sein scheint, nicht als solches akzeptieren will und kann, sondern in seiner Zeichenhaftigkeit sieht und somit als hinweisend auf etwas Dahinterliegendes, in dem das Eigentliche, Wahre zu suchen sei. Man hält Gegebenheiten der Welt im Grunde überall und jederzeit für fähig, sich einem Dahinterliegenden zu öffnen, bzw. von diesem geöffnet zu werden, ohne Rücksicht auf immanente Kausalitäten und geschlossene, naturgesetzliche Abläufe. Diese Perspektive ist es, die aus ihrer konkreten Fundierung im christlichen Offenbarungsglauben heraus die Natur immer wieder als Schöpfung darstellt, dem Wunder breiten Raum gibt, und die Geschichte zur Heilsgeschichte werden läßt, was bis in letzte Einzelheiten hinein Konsequenzen hat.

Die theologische Fundierung der Natur hinderte die Menschen des Mittelalters freilich nicht daran, Raubbau an dieser Natur zu treiben; und wenn dieser Raubbau im allgemeinen relativ bescheiden ausfiel, so lag das mehr an den noch unterentwickelten technischen Möglichkeiten und nicht so sehr an grundsätzlichen Bedenken. Man wird nicht einfach sagen können, daß im Mittelalter die menschliche Arbeit nahtlos eingebettet gewesen sei in ein großes Walten der Natur, und daß man aus ungebrochen mythischem Instinkt oder theologisch fundiertem Respekt das ökologische Gleichgewicht nicht gestört hätte. Auf diese großen Spannungen zwischen theologischer Theorie und Lebenspraxis stößt man immer wieder. Man kann sich aber andererseits nicht genug klarmachen, wie sehr das Mittelalter präzise und folgerichtig verfuhr, indem es diese Perspektive von der Welt als Schöpfung bis zu einer Art Personalisierung von Natur und Geschichte vorandachte, denn Christus wird als das Zentrum von beidem, der Schöpfung wie der Heilsgeschichte, erfahren. Daß solche Vorstellungen in erster Linie in der hochspekulativen Welt theologisch interessierter Kreise sich entwickeln und durchsetzen konnten, ist klar; sie konnten vor allem über die Bildende Kunst und die religiöse Architektur aber auch in breitere Kreise gelangen, wobei allerdings bezweifelt werden kann, ob die Massen der Unterschicht z.B. die tiefsinnigen Bildprogramme der Kirchen wirklich immer deuten konnten oder gedeutet bekamen oder ob ihnen der globale religiöse Eindruck genügte als Belehrung. Wenn also, theologisch gesehen, Christus als der Herr des Kosmos geradezu konkret-dinghaft erscheint, so heißt das nicht, daß die Erde im Alltag nicht ihre profane Qualität besessen hätte.

Vom biblisch fundierten Glauben aus wurde also eine Sinnhaftigkeit der Erscheinungen begründet und damit ein reiches Geflecht von Bezügen und Korrespondenzen aufdeckbar gemacht, was ein eigentümlich tiefsinniges Symbolisieren und Poetisieren ermöglichte. Die Möglichkeit, auf dieser besonderen geistigen Grundlage eine umfassende und spezifische Symbolwelt aufzuspüren bzw. diese in die reale Welt hineinzudeuten, trat schon früh im Mittelalter in Erscheinung; im Hochmittelalter aber wurde sie auf immer breiterer Basis verwirklicht und erfaßte über das geistliche Denken und über geistliche Sujets im engeren Sinn hinaus weite Bereiche. Öffnungsfähigkeit als Wesensmerkmal des Seienden ist, konsequent weitergedacht – und das Mittelalter zog gerade diese Konsequenz –, eine ständige Aufforderung zum Sich-Öffnen und Sichöffnenlassen, damit das Wahre sichtbar und wirksam werde. So wie man vor der Schale der Nuß nicht haltmachen darf – sie muß geöffnet werden, damit der Kern erscheinen kann. Dadurch wurden Kräfte freigesetzt – freilich auch gebunden – und Bewegungen in Gang gebracht – auch in einseitiger Weise –, die sich in hohem Maße mit unseren beiden anderen Leitbegriffen, Suchen und Neumachen, decken. Wiederum sei betont, daß es nicht darum gehen kann, diese Kräfte und Bewegungen ausschließlich von diesem geistlich inspirierten Zentrum her zu sehen, aber dieses Zentrum und diese Tradition konnten in einer bestimmten historischen Situation latent vorhandene Ansätze der menschlichen Natur in besonderer Weise stimulieren, prägen, lenken.

Bezeichnenderweise hat gerade in den typisch neuen literarischen Gattungen der hochmittelalterlichen volkssprachlichen Literatur, in den ›Lais‹ der Marie de France und in den Artusromanen Chrétiens, ein Begriff grundsätzliche Bedeutung gewonnen, der in diesem neuen erzählerischen Rahmen das Phänomen der Öffnung in neuer Weise und erstaunlich treffsicher umschreibt: es ist der Begriff *aventure.* Damit ist das unerwartete Einbrechen von etwas Neuem, Anderem in das gewöhnliche Dasein gemeint, wobei dieses also als öffnungsfähig erfahren wird. In diesem Begriff schimmert der Wortsinn des lateinischen *advenire*, *adventus* deutlich erkennbar durch und auch die christlich mittelalterliche Aufladung des *adventus* mit eschatologischem Sinn dürfte einige Nuancen beigesteuert haben; auf die banale Seite dieses Begriffes braucht hier nicht eingegangen zu werden.

Auch bei dem zweiten Leitbegriff, der Suche, denkt der ans Renaissance-Klischee gewohnte Leser wohl weniger ans Mittelalter als an die Zeit kühner Entdeckungen, weittragender Erfindungen und einen immer stärker werdenden Aufschwung der Wissenschaften zu Beginn der sogenannten Neuzeit. Klischees dieser Art verstellen aber den Zugang zur Sache und bringen nur eine Scheinordnung in den lebendigen historischen Prozeß, der unabhängig von verabsolutierten Fehleinschätzungen der Historiker abläuft und verurteilen das Mittelalter zu einer Periode der Unbeweglichkeit, was in keiner Weise der Wirklichkeit entspricht. Das Mittelalter war in vielen Bereichen zutiefst fasziniert vom Suchen; wiederum wird man sich fragen müssen, ob darin traditionelles Denken seinen Ausdruck fand oder ob sich im Gegenteil das autonome, selbstherrliche, säkularisierte Denken darin manifestiert oder ob eine derartige Antithese überhaupt angemessen ist. Ein entscheidender Abschnitt in der Summa der hochmittelalterlichen Ritterdichtung, dem Monsterwerk des sogenannten Prosa-Lanzelot, ist das Buch von der *Queste del saint graal*; und queste, Suche, steht von Anfang an über dem neuen, volkssprachlichen Genus, dem Ritterroman. Suche kann dabei auf problematisch Profanes abzielen, wie Kalogreants Suche im *Iwein* und Iweins Suche selbst im ersten Teil des Romans; sie kann sich zu ethisch Wertvollem steigern wie z.B. im *Erek* oder im zweiten Teil des *Iwein.* Wie der *Parzival* und die an ihn anschließenden Prosa-Gralromane zeigen, wird dann diese Suche von der wahren Suche, die religiös bestimmt ist, überhöht. Diese Dominanz der geistlich orientierten Suche ist kein Zufall, vielmehr schlägt hier eine geistesgeschichtliche Notwendigkeit durch. Daß der Ritterroman, der ohne die Suche nicht denkbar wäre, in der geistlichen *Queste* gipfelt, ist ein Vorgang, der in seiner symbolhaften Folgerichtigkeit kaum überschätzt werden kann. Suche im Ritterroman – und nicht nur da – verbindet sich mit Öffnung, mit dem Neuen und mit dem Individuum. Diese Suche ermöglicht auch die Schaffung eines subtilen Bezugssystems aus Spuren, Wegen, Weggabelungen, Stationen, das den Ritterroman in seinem wichtigsten Aktionsraum, der ›silva obscura‹, dem undurchschaubaren Wald, sinngebend strukturiert. Suche als solches ist freilich keine Erfindung des Mittelalters; schon in Homers Odyssee ist sie verkörpert, worauf das Mittelalter mit der Suchfahrt des irischen Abtes St. Brendan in dem geistlichen Abenteuerroman der *Navigatio Brendani* geantwortet hat. Aus der Antike kamen weitere kräftige Anstöße, doch das Mittelalter gibt der Suche, auf den Spuren der Bibel und der Väter, neue Möglichkeiten. So ändert sich z.B. die Suche im Alexanderroman, wird von einem bloßen Exotikum zu einer superbia-geprägten Erscheinung und kann zum Muster falscher Suche werden, wie eben alles Menschliche ambivalent ist.

Neben dem Ritter, der in der Literatur des Hochmittelalters zur ›Queste‹ aufbricht oder in der Realität von Turnier zu Turnier reitend Ruhm sucht oder im Heiligen Land nach einer neuen Daseinsmöglichkeit und dem Seelenheil strebt, erscheint der Wandermönch, der dann vor allem die aufblühenden Städte durchstreift. Schließlich kannte das Mittelalter schon seit langem den Pilger, der sein Jerusalem sucht, das irdische wie das himmlische; der Fernkaufmann gehört ebenso hierher wie der philosophierende Kleriker oder der Vagant.

Suchen und Finden, dieses wichtige Begriffspaar des höfischen Romans, hat auch in der Heilsgeschichte seinen Platz und ist eine wichtige Triebkraft ihres Ablaufs: Im *Alten* wie im *Neuen Testament* sucht Gott den Menschen, damit der ihn wiederum suchen und finden könne. Wie der gute Hirt das verlorene Schaf sucht, so ist der Menschensohn gekommen, zu suchen und zu retten was verloren war; so soll der Mensch zuerst das Reich Gottes und seine Gerechtigkeit suchen; und, wer suchet, der findet usw. Augustins *Confessiones* sind als Lobpreisung eben auch eine Geschichte der Gottsuche. Im *Hohenlied* sagt die Liebende von sich: quaeram quem diligit anima mea (ich suche den, den meine Seele liebt) und Bernhard von Clairvaux schreibt in seiner letzten Predigt zum *Hohenlied* über die Seele, daß sie das Wort suche: anima quaerens verbum, was in bedeutsamer Überlagerung das berühmte Wort Anselms von Canterbury vom Glauben, der die Vernunft sucht, fides quaerens intellectum, aufgreift. Und wenn Friedrich Ohly in seiner Studie über die Suche ein zentrales Phänomen frühscholastischer Wahrheitsfindung, die quaestio (Streitfrage) mit unserem quaerere (suchen) zusammenbringt, so ist hier der etymologische Zufall von symbolhafter Bedeutung.

Ein menschlicher Urtrieb, der sich in verschiedenster Weise äußern kann, erscheint also im Mittelalter in massiv christlicher Überformung als ein besonders wichtiger Impuls, anfällig für *superbia* oder verderbliche ichbezogene *curiositas*, aber auch fähig, den Sucher bis zur *visio beatifica* gelangen zu lassen. Diese christliche Überformung ist keineswegs nur eine Angelegenheit der klösterlichen Studierstube gewesen; sie drängt hinein ins Dasein des Laien – des ritterlichen Laien vor allem als der besonders repräsentativen Gruppe des Hochmittelalters. Von großer Bedeutung ist dabei die Tatsache, daß die Suche, wie sie in der hochmittelalterlichen volkssprachlichen Literatur erscheint, meist in engem Zusammenhang steht mit einer Krise, was wiederum den bereits wachen Sinn für das Psychologisch-Individuelle voraussetzt; verbunden mit der Krise ist dann die Möglichkeit der Öffnung und von da aus der Neugestaltung. Der Betroffene wird sich einer Sache bewußt, sei es durch Einwirkung von außen oder auch bereits aus dem Inneren selbst kommend, er wird zu einer Reaktion veranlaßt, die eine Öffnung ins Ungewohnte darstellt und kann nun einen Weg zu einem neuen Standort suchen. Wenn Chrétien de Troyes seinen Ritter Erec, wie weiter unten dargelegt werden wird, im ersten Artusroman zu Beginn des zweiten Teils allein aufbrechen läßt, von keinem Ritter oder Knappen, nur von der Gemahlin begleitet, so ist dies möglich, weil Erec durch das Wort seiner Gemahlin in eine personale Krise gestürzt worden war. Die bisherige Existenz öffnet sich, Erec verläßt den gewohnten Daseinsraum und sucht auf neuer Ebene sein wahres Ich als Ritter, Liebender, Herrscher zu gewinnen. Es ist ein Suchen im Unbekannten und im Ungewissen. Auch das bezeichnende Unverständnis des königlichen Vaters für Erecs Tun ist ein wesentliches Indiz für das Neue. Nicht viel anders ist es, wenn der im Grunde ritterliche Klosterzögling Gregorius, der sich, in Hartmanns Fassung, in seiner Phantasie bereits die Ritterwelt in ihrem äußeren Schein aufgebaut hat - dies an sich schon ein höchst bemerkenswertes erzählgeschichtliches Faktum -, nun die Klostermauern durchbricht. Die Kunde von seiner ungewissen Herkunft hat ihn in eine seelische Krise gestürzt, er verläßt die vorgesehene Bahn und macht sich auf die Suche nach seiner Identität, die er über Schuld und Buße in der Christusähnlichkeit des heiligmäßigen Papstes endgültig findet. Der biedere Abt reagiert dabei ähnlich wie Erecs königlicher Vater, der das Wagnis der Suche noch nicht als das eigentliche Mittel zur Lösung der Krise zu erkennen vermag. In Wolframs *Parzival* steht sogar der tiefblickende und unkonventionelle Laien-Einsiedler Trevrizent fassungslos vor dem augenscheinlich aussichtslosen Drang des Ritters, die Suche nicht aufgeben zu wollen - quaero quia absurdum! Bei Wolfram kann gleichsam Gott selbst dieser Suche Parzivals nicht widerstehen, was deren Kraft in besonderer Weise veranschaulicht und Ausdruck einer ungeahnten Aufwertung des Menschlichen ist.

Auch der Leitbegriff des Neumachens dürfte nicht zur landläufigen Vorstellung vom traditionsgebundenen und autoritätsgläubigen Mittelalter passen. Eine Blütenlese aus mittelalterlichen Schriften könnte nahelegen, daß tatsächlich im Mittelalter, in dem ja alle wesentlichen Probleme des Menschen, der Natur und Geschichte, des Anfangs der Welt und deren Ende und somit auch der Platz des Menschen darin, verbindlich gelöst zu sein schienen, es keine Möglichkeit habe geben können für Neues. Das ist falsch. Schon die Praxis zeigt, daß das Mittelalter in erstaunlicher Fülle und Qualität Neues hervorgebracht hat. In keinem Traktat der Antike könnte man schließlich nachlesen, wie man das Straßburger Münster - so wie es wurde - hätte bauen können, und in keiner antiken Poetik fand sich eine Anleitung zur Abfassung eines Artusromans oder einer Minnekanzone. Ist es nun so, daß im Mittelalter Theorie und Praxis besonders hoffnungslos auseinanderklafften und man eben trotz oder ungeachtet der traditionellen Theorie Neues schuf? Oder brauchen Theorie und Praxis im Mittelalter keineswegs einander so gegensätzlich gegenüberzustehen, ja vielleicht enthielt mittelalterlich traditionelles Denken selbst entscheidende Impulse für Neues, wenn man es nur recht versteht? Neumachen scheint mit der Idee des Fortschritts verbunden zu sein; nun wird aber immer wieder behauptet, daß dem Mittelalter die Idee des Fortschritts unbekannt gewesen sei und daß es sich bei dieser Idee um etwas typisch Modernes, Neuzeitliches handle. Fortschreiten in der Geschichte sei für das Mittelalter nur als Verfall und als Abfall vom Paradies vorstellbar gewesen, dazu sei man von der Unveränderbarkeit der menschlichen Natur ausgegangen, was ebenfalls Fortschritt ausschließe. Gegen die These vom Verfall lassen sich freilich genügend Belege anführen, von denen später auch noch die Rede sein wird, und was die Unveränderbarkeit der natura betrifft, so widerspricht das ja eigentlich der christlichen Botschaft. Ohne auf die vielfältigen Probleme der Fortschrittsidee etwa der Aufklärung, des Liberalismus, des Marxismus - letzterer ist aufgrund seiner stark messianisch-religiösen Ausrichtung ohnehin dem Mittelalter nicht so fern - eingehen zu wollen, ist es doch in der Tat legitim, zumindest zu fragen, ob das, was das Mittelalter - wenn man generalisieren darf - möglicherweise an »Fortschritts«-Gedanken hervorgebracht hat, mit Fortschrittsvorstellungen moderner Zeiten gleichgesetzt werden soll. Nun dürften aber auch in den modernen Fortschrittsvorstellungen, so rein human sie sich auch geben mögen, ältere Menschheitsvorstellungen immer noch nachwirken und es mag überhaupt fraglich sein, das Moderne kompromißlos vom Älteren abzusetzen. Grundsätzliche Bedenken, bestimmte Formen der Idee des Fortschritts auch für das Mittelalter gelten zu lassen, braucht man nicht zu haben, schließlich kann man ja auch verschiedene moderne Fortschrittsideen kaum unter einen Hut bringen und auch das Mittelalter war nicht ein Block. Wenn dennoch in diesen Vorbemerkungen dem Begriff Neumachen der Vorzug gegeben wurde, so deshalb, weil damit eine wichtige Nuance mittelalterlichen »Fortschrittsdenkens« betont werden soll, was es ermöglichen könnte, den unscharfen Begriff Fortschritt etwas zu präzisieren, womit weitere Nuancen nicht ausgeschlossen sein sollen.

Nun sind, ähnlich wie beim Begriff Öffnung, nicht alle Novitäten im Mittelalter über einen theoretischen Leisten zu schlagen; das gilt besonders für die materielle Kultur. Es ist aber doch wichtig, die Bedeutung bestimmter theoretischer Dominanten zu erkennen, die vor allem in der geistlich-biblischen Denktradition fußen. Die Verbindungslinien zwischen neuen Schöpfungen des Mittelalters und derartigen Denktraditionen können sich manchmal unserem Einblick entziehen, es gibt aber genug aufschlußreiche Fälle, gerade auch in der volkssprachlichen Literatur, wo sie offener zutage treten. Einzusetzen wäre mit der Geschichte des Wortes *novus/neu* im Mittelalter. Niemand wird leugnen, daß die mittelalterliche Kultur bis tief in den profanen Alltag auch der nicht theologischen Gebildeten hinein in einer für den modernen, bibelfernen Menschen kaum mehr vorstellbaren Weise von der Bibel geprägt war. Die Bibel selbst aber, vor allem in ihrer mittelalterlichen Deutung, ist auf das Neue angelegt, das Alte Testament wird vom Neuen Testament überhöht und dieses Überhöhen und Erfüllen ist der Natur der Sache nach nichts Statisches. Schöpfung zu Beginn der Zeit, Erlösung in der Mitte der Zeit und Verherrlichung am Ende der Zeit sind etwas Dynamisches und steigernd aufeinander bezogen. Die Orientierung geht also in die Zukunft, das Denken im Naturzyklus durchbrechend. Daß es im Mittelalter und darüberhinaus auch immer die Tendenz zur *laudatio temporis acti*, das Lob der Vergangenheit, gegeben hat, bis hinein in geistliche Texte – man denke an den Prolog des altfrz. Alexiusliedes –, ist mit dieser grundsätzlichen Zukunftsorientiertheit nicht unvereinbar und ist zum Teil auch einfach als ein davon unabhängiges Humanum zu betrachten. Nun ist freilich nicht zu übersehen, daß diese biblische Zukunftsdynamik, getragen vom neuen Menschen, den es in Analogie zu Christus, dem neuen Adam, aufzubauen gilt, grundsätzlich und ihrem Wesen nach etwas rein Spirituelles ist. Ein Text aus einer Predigt des Hl. Augustinus – einer Predigt, die bezeichnenderweise *de cantico novo* handelt – sei herangezogen. Diese Stelle enthält auf engstem Raum einschlägige Bibelbelege, die es zum Problem *novus, novitas* etc. gibt, und ist somit auch ein Beispiel dafür, mit welcher Macht das biblische Latein die Sprache und die Denkbahnen der Kirchenväter und folgender Jahrhunderte – bewußt und unbewußt – überformt hat:

> *Transitus a vetustate ad novitatem. Omnis qui baptismum Christi desiderat, vitam novam concupiscit. Transeat ergo e vetustate, ut perveniat ad novitatem. Prius enim fuit testamentum vetus, canticum vetus, homo vetus: nunc autem testamentum novum, canticum novum, propter hominem novum.*

> *Demonstremus hoc quod dicimus testimoniis sanctarum Scripturarum. Jeremias propheta, Ecce, inquit, dies veniunt, dicit Dominus, et consummabo super domum Juda testamentum novum (Jerem. XXXI;31). David quoque propheta, Deus, canticum novum cantabo tibi (Psal. CXLIII,9): et iterum, Cantate Domino canticum novum (Psal. XCV,1). Apostolus etiam Paulus, Exspoliantes, inquit, vos veterem hominem, induite novum (Colloss. III,9,10): et alibi, Vetera transierunt, ecce facta sunt nova (II Cor. V,17); Quae vetera transierunt? quae facta sunt nova? Si adsit spiritualis auditor, nunc solum intelligit, verum etiam videt quae facta sunt nova. Si autem carnalis adsit, qui totum per oculos carnis, nihil per aciem mentis intelligit, irridens respondet: Rogo te, dic quae facta sunt nova?* (Migne, PL 40/677).

(Es vollzieht sich der Übergang vom Alten zum Neuen. Jeder, der die Taufe Christi begehrt, begehrt ein neues Leben. Er gehe also über das Alte hinaus, damit er zum Neuen gelange. Zuerst war nämlich der alte Bund, das alte Lied, der alte Mensch; jetzt aber ist der neue Bund, das neue Lied, wegen des neuen Menschen. Am Zeugnis der Hl. Schrift soll das Gesagte erläutert werden: so sagt der Prophet Jeremias: Seht, so spricht der Herr, es werden Tage kommen und ich werde über dem Haus Juda einen neuen Bund schließen; und beim Propheten David heißt es: Gott, ich werde dir ein neues Lied singen, und an anderer Stelle: Singet dem Herrn ein neues Lied; beim Apostel Paulus: legt den alten Menschen ab und zieht den neuen an; und anderswo: das Alte vergeht, seht das Neue bricht an. Welches Alte ist vergangen? Welches Neue ist eingetreten? Ein geistlicher Zuhörer wird nicht nur erkennen, sondern auch sehen, worin das Neue liegt; ein irdischer Zuhörer dagegen, der alles nur mit den körperlichen Augen sieht und nichts mit der Schärfe des Geistes durchdringt, wird lachen und antworten: ich frage dich, wo ist denn dieses Neue?)

Diese geballte Aufforderung zum Neuschaffen, die diese Belege enthalten, wendet sich an den geistlichen Hörer und es wäre gewiß vorschnell, aus der bloßen Dominanz dieser *novus*-Belege zu schließen, daß dies zugleich Dynamik in der Gestaltung der Welt, im Umgang mit dem Materiellen, im Sozialen etc. bedeuten müsse; der letzte Satz des Augustinustextes scheint das geradezu auszuschließen. Die östlichen Asketen der frühen Christenheit, die glaubten, auf ausschließlich spirituelle Weise dieses Neue hervorbringen zu können, deuten auch in die rein geistliche Richtung. Wiederum ist zu fragen, ob nicht eher die Fortschritte, die das Mittelalter gebracht hat, das Neue, das es tatsächlich schuf, aus der naturhaften Anlage des Menschen und aus bestimmten historischen Bedingungen kamen und vielleicht sogar eine Leistung gegen den geistlich-theologischen Strich darstellten, wo das Neue eben nur im Spirituellen als Aufgabe empfunden wurde. Die Kraft des *homo naturalis* soll auch nicht geringgeschätzt werden; es ist aber zu fragen, ob nicht Denken und schöpferische Leistungen des mittelalterlichen *homo naturalis* doch auch und vielleicht in entscheidender Weise von diesem biblisch fundierten *novitas*-Streben beeinflußt worden sind, wobei wir allerdings keine grundsätzlichen Erörterungen über die Möglichkeit solch sekundärer Wirkungen rein geistlicher Impulse anstellen wollen.

Es geht dabei auch um jene Neuschöpfungen, die dem hochmittelalterlichen Zeitraum eine Sonderstellung in der mittelalterlichen Kulturgeschichte zuweisen. Gehen wir von einer Möglichkeit der Äußerung des geschichtlichen Selbstbewußtseins aus, worin das hochmittelalterliche Dasein sich selbst als besonderer und überlegener Wert bewußt wird. Im *Annolied*, kurz vor 1100 entstanden, liegt sogar eine volkssprachliche Quelle dieser Art vor. Dieser Text, der in extremer Bewußtheit auf Köln und dessen Bischof Anno ausgerichtet ist, bringt direkt, und noch wichtiger durch den kunstvollen Aufbau, zum Ausdruck, daß das zeitgenössische Köln des 11. Jh. als Sitz des Bischofs Anno die Überbietung und Erfüllung der römischen Stadtgründung aus augustäischer Zeit darstellt (Abschnitt 7 und 29). Dieses Köln Annos ist nicht mehr bloß der verlängerte Arm des alten heidnischen Roms, sondern es gehört dem *novum regnum* zu, dem *niuwen künecrîche*, dem Reich der Gnade (Abschn. 31). Die von den Aposteln bekehrten Franken, die Bewohner des christlichen Köln, leisten demnach auch wertvolleren Kriegsdienst als die Franken früherer Zeiten, die bloß für Caesar kämpften (Abschn. 33). Der Komparativ ist ein typischer Indikator christlicher-mittelalterlicher Überlegenheit. Einen Schritt weiter in dieser Richtung, aber immer noch im Rahmen des historischen Selbstbewußtseins der Zeit, mag der Hinweis führen, daß im 12. Jh. Kaiser Friedrich Barbarossa als *novus Carolus* gefeiert werden konnte. Das typologische Prinzip der Zweierentsprechung, das in der Bibelexegese auch in einer gewissen Statik verharren kann, wird damit de facto dynamisiert, denn das Neue, dessen Vertreter ja bereits Carolus magnus ist, kann auf ein weiteres Neues, eben Barbarossa, vorausweisen. Diese Dynamisierung der Typologie ist m. E. ein Vorgang von Bedeutung und es ist zu überlegen, ob man ihn nicht auch bei manchen hochmittelalterlichen Neuschöpfungen in Kunst und Literatur am Werke sehen sollte. Daß dies keine leere Vermutung sein dürfte, läßt sich z. B. an Wolframs *Willehalm* zeigen, in dem – ohne daß es in der altfrz. Vorlage wesentliche Anhaltspunkte dafür gegeben hätte – die große Alischanz-Schlacht zur überbietenden Wiederholung der Rolands-Schlacht wird, was dann eine konsequente Ausgestaltung weiterer Responsionen nach sich zieht.

Damit hätten wir bereits den Schritt getan in der Beantwortung der Frage, ob diese ursprünglich biblische Denkform über die Theologie hinaus praktisch wirksam war und vielleicht in die Substanz hochmittelalterlicher Hervorbringungen eingegriffen hat. Dabei kann es natürlich nicht darum gehen, das bloße Vorhandensein solcher Hervorbringungen allein schon auf Wirkungen dieser Denkform zurückzuführen; dazu sind die Gründe, die zur Produktion der verschiedenen Werke geführt haben, zu vielfältig: Belehrung, Erbauung, Drang zur Repräsentation, Polemik usw., es geht vielmehr um eine möglicherweise besonders typische Eigenart dieser Hervorbringungen, die sich mit anderen Gründen verbinden kann und nun dem Ganzen eine unverwechselbare Note verleiht.

Wir setzen bei der Literatur ein, wo es leichter sein dürfte, diese Problematik sichtbar zu machen. Man hat immer wieder betont, daß die literarische Tätigkeit im Mittelalter sich im Tradieren von Vorhandenem, im Bearbeiten einer autoritativen schriftlichen Quelle und im Befolgen der Vorschriften der Poetik erschöpfe. Abgesehen davon, wie auf dieser Grundlage das absolut Neue, das z. B. der Artusroman darstellt, hätte entstehen können, ist zu fragen, ob diese Ansicht, die natürlich Richtiges enthält, die Perspektive nicht verkürzt und damit verfälscht und somit gerade einer typischen mittelalterlichen Eigenart, die in einer ganz besonderen Art des neumachenden Nachschaffens liegt, nicht gerecht wird. In der Literatur des Mittelalters, vor allem des Hochmittelalters, werden wir zum einen mit dem Phänomen des fortwährenden Neumachens als simpler Tatsache konfrontiert, zum andern – und das gilt besonders für die volkssprachliche Dichtung – fehlt es auch nicht am direkten Bezeichnen dieses Neumachens, wodurch die Bewußtheit dieses Vorgangs deutlich wird. An uns ist es, den Wortsinn dieses *neu* zu erfassen; mit dem heutigen Sprachgebrauch kommt man damit nicht weit.

Zum ersten können wir feststellen, daß bestimmte Stoffe immer wieder gestaltet werden. So wird, um mit einem religiösen Beispiel zu beginnen, in immer neuen Anläufen vor allem im 12. Jh. der Text des Hohenliedes neu umworben. Dies geschieht nicht nur in zahlreichen lateinischen Meditationen, sondern vereinzelt auch bereits in der Volkssprache, wobei das Deutsche vorangeht. Bernhard von Clairvaux, um wieder zum Latein zurückzukehren, und sein Freund Wilhelm von St. Thierry arbeiten z. B. nebeneinander an solchen Bearbeitungen des Hohenliedes. Man empfand dies nicht als unökonomisch oder überflüssig; Probleme des literarischen Geschmacks und Stils werden schwerlich allein dafür ausschlaggebend gewesen sein. Im Deutschen folgen z. B. ab der zweiten Hälfte des 11. Jh. und Anfang des 12. Jh. verschiedene Bearbeitungen derselben Stoffe der Bibel rasch aufeinander (Wiener, Milstätter, Vorauer Fassung; die *Ältere Judith* und die *Jüngere Judith* usw.), im Französischen und im Deutschen kommt es jeweils zu verschiedenen Bearbeitungen des Alexanderstoffes; rasch hintereinander und nebeneinander wird gegen Ende des 12. Jh. der Tristanstoff bearbeitet, dazu kommen die Artusromane im engeren Sinn. Die Sprachgrenze spielt dabei keine Rolle, woraus man ersehen kann, daß der Übergang von der einen Sprache zur anderen sich nicht im vordergründigen Übersetzungsakt zu erschöpfen braucht; innerhalb der einzelnen Sprachen selbst gab es ja diesen wiederholten Bearbeitungsvorgang. Man würde zu kurz greifen, wenn man das Vorhandensein dieser Neubearbeitung ausschließlich auf Verständnisschwierigkeiten mit älteren Fassungen oder mit dem Verlangen nach stilistischem Raffinement erklären wollte; das mag mitspielen. Zu bedenken sind auch die Kosten; diese müßten eigentlich gegen das Vorhandensein solcher Neubearbeitungen sprechen, taten es aber nicht.

Zum andern wird diese Art des Hervorbringens von dichterischen Werken häufig direkt als Neumachen bezeichnet. Als Wolfram von Eschenbach in seinem Parzivalprolog dieses Werk seinem Publikum vorstellte – wobei er an dieser Stelle keinen konkreten Hinweis auf die frz. Vorlage, den Roman Chrétiens, anbrachte – sagte er: *ein maere ich iu wil niuwen, daz saget von grôzen triuwen* (Parz. 4,9f). Der sogenannte Stricker, ein Dichter aus dem Beginn des 13. Jh., der erneut den Stoff des Rolandsliedes bearbeitet, der wenige Jahrzehnte vorher im Rolandslied des Pfaffen Konrad bereits eingedeutscht worden war, äußert sich in gleicher Weise: er will dieses *maere erniuwen* (V. 115). Wolfram gehört zu jenen deutschen Dichtern des Hochmittelalters, die in ihrem Umgang mit den Vorlagen von ganz besonderer Bewußtheit geprägt waren: Wolframs Definition seiner Tätigkeit als *niuwen* ist keine nebensächliche Floskel. Wolframs *niuwen* ist auch kein Zufallsbeleg. Blicken wir zurück in die erste Hälfte des 12. Jh. auf die Troubadourdichtung, diese große volkssprachliche Individualpoesie des Mittelalters, die auf die Zukunft der europäischen Dichtung unabsehbaren Einfluß ausüben sollte, so stellen wir fest, daß auch sie unter dem Gesetz des *niuwens* angetreten ist; dabei ist die Nähe zu den Psalmen und anderen biblischen Texten beachtenswert und man wundert sich, warum die Forschung sich so wenig darum gekümmert hat. Dieses Erwachen der volkssprachlichen Liebesdichtung vollzieht sich unter dem Zeichen von *gaudium*, *amor* und frühlinghaft-österlicher Natur und wird, nachweisbar in vielen Belegen, als *chant novel*, neues Lied, als *canticum novum*, wie es z.B. in den Psalmen heißt, bezeichnet.

So singt in voller Bewußtheit seines Vorgehens schon der erste überlieferte Troubadour, Wilhelm IX. von Aquitanien († 1127) seine *chansoneta nueva* (Lied 8). Das Problem der Echtheit dieses Liedes fällt bei der Vielzahl der Belege nicht ins Gewicht. Im Lied 10 sind es die Kräfte der neuen Natur selbst, die Vögel, die in ihrer Sprache, *en lor lati*, die Strophen ihres *novel chan* anstimmen; und im Lied 9, das ganz auf dieses neue Lebensgefühl, das aus dem *gaudium* stammt, ausgerichtet ist und von der mysteriösen Dame kommt, erwartet der Sänger, davon in seinem Innersten erneuert zu werden: *per lo cor dedins refrescar e per la carn renovellar*, (... um das Herz im Inneren zu erfrischen und den Leib zu erneuern ...), was erneut in der Terminologie – *cor, carn, renovellar* (Herz, Fleisch, erneuern) – beunruhigend nahe an biblische Vorbilder heranführt. Die Lieder eines jüngeren Zeitgenossen Wilhelms, Jaufré Rudels, konnten von einem Nachfolger als *vers novel* bezeichnet werden; Raimbaut d'Orange, der erste Troubadour aus der Provence, um 1160, hat einmal dieses *novus* aus der Einleitungsstrophe – wo sein traditioneller Platz war – auf erregende Weise durch das ganze Lied hindurch thematisiert; auch da kann man unmöglich, wenn man die mittelalterlichen Verhältnisse bedenkt, den biblischen Hintergrund leugnen: *ab nou cor... vuoill un bon nou vers commensar; e qui mos bons nous motz enten ben er plus nous a son viven qu'us veills en deu renovellar.* (mit neuem Herzen... will ich eine neue Strophenfolge beginnen; jeder, der meine treffenden neuen Worte versteht, wird wahrlich neuer sein in seinem Leben, denn selbst ein Alter würde durch sie erneuert) (Lied 35,1).

Die heilsgeschichtliche Dynamik der österlichen Wiedergeburt wird man neben dem bloß naturhaften Geschehen mitdenken müssen und nicht mit dem abgeblaßten Gegenwartswort *neu* an diese Texte herangehen dürfen. Wenn also Wolfram Chrétiens Gralroman neu erzählt, so wird das auch heißen, daß nun die Energien, die in diesem Erzählstoff stecken, voll zur Entfaltung gebracht werden, wie die Kräfte der Natur im Frühling. Wolfram unterstreicht durch die bedeutsame Reimbindung, *ein maere... niuwen, daz saget von grôzen triuwen*, worauf es ihm bei diesem Erneuern ankomme: auf die Offenbarung der *triuwe* als Kern des Stoffes. Insofern ist dieses *niuwen* – in Analogie zum typologischen Denken – auch ein Übertreffen, Erfüllen des Bisherigen. In noch komplexerer Weise wird Wolfram in seinem Alterswerk, dem oben erwähnten *Willehalm*, sich dieser Aufgabe stellen, wenn er darin eine archaisch-massive Chanson de geste neu erzählt, in dieses Neumachen auch das alte Rolandslied einbezieht und sogar seinen *Parzival* auf neuer Ebene aufgreift und neu überdenkt.

Wie dieses neue Erleben und Neumachen, das uns aus den Liedern der ersten Troubadours so überraschend kräftig entgegentritt, im einzelnen in seinem Verhältnis zu der biblischen Tradition zu beurteilen ist, muß hier offenbleiben. Ist es Naivität, ist es bewußtes Ausdehnen biblischer Vorstellungen auf den profanen Bereich, ist es Biblisierung des Eros, ist es Indiz einer Säkularisierung?

In der Architektur und Bildenden Kunst ist der Charakter dieses biblisch fundierten Neumachens eindeutig religiös, in der Großartigkeit und Originalität seiner Leistung aber nicht weniger erstaunlich. Die autobiographischen Aufzeichnungen des Abtes Suger von der Abtei St. Denis bei Paris, *De rebus in administratione sua gestis*, sind eine kostbare Informationsquelle dafür.

Als dieser große Abt, der mit den führenden Geistern der Zeit in engem Kontakt stand und auch in der großen Politik, die für ihn kein profanes Geschäft war, eine entscheidende Rolle spielte, daranging, die Kirche seines für die französische Reichstheologie so wichtigen Klosters umzubauen – sie war zu klein geworden, wie es nüchtern heißt –, entstand aber nicht nur ein quantitativ größeres Bauwerk. Der neue Bau, von dem aus die französische Gotik ihren Siegeszug antreten sollte, wurde etwas Neues in dem Sinn, der uns hier beschäftigt. Suger ist sich des Neuen, das er hervorbringen will, auch bewußt, wenn er die alte Kirche Stück für Stück neu aufbaut, die Romanik in der Gotik überhöht. Aus intimer Kenntnis der Bibel und der Kirchenväter – Suger pflegte nächtelang diese Texte zu lesen und über sie zu meditieren – gestaltete er seine neue Kirche und die Bezeichnungen, die er immer wieder verwendet, wie *opus novum, opus modernum, renovare, innovare*..., erhalten von daher ihren präzisen, tieferen Sinn. Sein neues Bauwerk wird zu einem anagogischen Werk, in dem das Überirdische präsent ist, nicht nur in der Architektur und Ikonographie, sondern auch in der darin eingebetteten Liturgie, und das in einem Ausmaß, daß der Mensch einen mystischen *raptus* erlebt und meint *ut potius chorus caelestis quam terrenus, opus divinum quam humanum ... videretur apparare*; (daß eher ein himmlischer als ein irdischer Chor, etwas Göttliches und nicht etwas Menschliches in Erscheinung trete ...) In den zahlreichen Versen, die Suger seinem Werk und dessen Teilen widmete, gibt er geistliche Kommentare zu seiner Tätigkeit des Bauens; er betont, daß z.B. von einem neuen Bauteil, *nova pars*, der von ihm stammt, auch das neue Licht ausgehe, *nova lux*, und alles geistlich-göttlich durchstrahle. Auch Zeitgenossen und Nachfahren Sugers spürten diese geistlich erhebende Innovationskraft des großen Abtes und rühmten sie. So betont Wilhelm von St. Denis, daß Suger diese Kirche *ex veteri novam* (aus dem Alten neu) gemacht habe – und es wäre falsch, dieses *novus* aus unserem nichtssagenden Gegenwartsverständnis von *neu* auffassen zu wollen. So heißt es auch in einem Gedicht, das kurz nach Sugers Tod entstand: *innovat ... pater a fundamine templum* (der hochwürdige Abt erneuerte das Heiligtum, indem er dabei von Grund auf zu Werke ging). Daß *novus* auch in einem negativen Sinn verwendet werden konnte – wenn Bernhard von Clairvaux z.B. abschätzig von den neuen Philosophen spricht – steht dem Gesagten natürlich nicht entgegen.

Bevor nun einzelne Bereiche der hochmittelalterlichen Kultur betrachtet werden sollen, wobei die drei Leitbegriffe, die freilich nicht als schematische Bezugsgrößen zu verstehen sind, von Nutzen sein dürften, sei grundsätzlich auf eine Frage, die gelegentlich schon aufgetaucht ist, aufmerksam gemacht, die Frage der Säkularisierung. Wir haben die drei Leitbegriffe aus der geistlichen, biblisch geprägten Denktradition entwickelt. Diese ist aktenkundig, was mit den Daseinsbedingungen schriftlicher Fixierung und Überlieferung im Mittelalter zusammenhängt, die schließlich unter geistlicher Vorherrschaft standen. Der Schluß, daß nur das, was in dieser geistlichen Schrifttradition aktenkundig geworden ist, tatsächlich existent gewesen sei, wäre freilich unzulässig. So stark und nachweisbar die geistliche Komponente in unseren drei Leitbegriffen auch ist, so wird man ebenfalls zu erwägen haben, was darin auch an profaner, natürlicher *curiositas* enthalten sein mag, eingeschmolzen ins geistlich Geprägte oder auch als relativ selbständiger Strang. Theoretisch läßt sich argumentieren – und man hat es auch getan –, daß in der so stark christlich beeinflußten Kultur des Hochmittelalters das Profane oder auch das Säkularisierte im Grunde nicht existiert habe, nicht existieren konnte, da alles letztlich bezogen war auf jene Realität, die der Glaube als verbindlich vorstellte. Aber, mit ›im Grunde‹ und ›letztlich‹ weicht man der immer vorhandenen empirischen Realität aus, die zwar im Mittelalter in ihrem Wesen theoretisch als etwas Vorläufiges konzipiert sein konnte, aber eben doch eine Realität war, mit der man täglich zu tun hatte, ohne daß jedesmal dabei die Bezogenheit auf das Wahre, Dahinterliegende augenfällig wurde.

Die Pansakralisierung des Mittelalters, die sich in manchen Arbeiten zur mittelalterlichen Geistes- und Kunstgeschichte niederschlägt, ist nicht unbedenklich. Es muß nicht unbedingt so sein, daß in einer Welt, die an Gott gebunden ist, alles irgendwie sakral sei, Profanes keinen Platz habe, da als Gegenpol des Sakralen nur das Dämonische Existenzmöglichkeit habe. Das mag in hohem Maße für die sakrale Kunst zutreffen – aber für alle Bereiche? Eine simple Überlegung an Hand historischer Sachverhalte kann ernüchternd wirken. Für einen Mann wie den Hl. Franz von Assisi war nach seiner radikalen Umkehr die Welt ganz auf Gott hin durchsichtig, unter seinen stigmatisierten Händen wurde alles Irdische gotthaltig, so daß man bei ihm kaum von Profanem wird sprechen können. Die religiöse Gemeinschaft aber, die sich um den Hl. Franz zu scharen begann – ja zu organisieren! – war noch zu Lebzeiten des Heiligen mit der empirischen Realität als solcher bereits auf sehr freundschaftlichem und nicht nur geistlichem Fuß. Den Zisterziensern kurz vorher war es nicht anders ergangen. Aus diesem Faktum einer wie notwendig verlaufenden historischen Entwicklung wird man ablesen dürfen, daß Profanes und Säkularisiertes auch in einer auf Gott bezogenen Welt zwar wegtheoretisiert werden können, aber nichtsdestoweniger präsent sind. Auch da wird man sich nicht mehr mit dem simplistischen geschichtsphilosophischen Ausweg, Säkularisierung sei erst mit der Renaissance möglich geworden, behelfen dürfen. Die Alltagserfahrung von Welt als empirisch-profanem Eigenbereich, die der mittelalterliche Mensch aller Schichten immer haben konnte und meist auch hatte, brauchte aber nicht unbedingt in Literatur und Kunst durchzuschlagen, denn dort, gestützt auf die geistliche Gebundenheit und Traditionen der höheren Kultur, herrschten weitgehend andere Erfahrungen vor, nach denen man diese Welt in die geistlich-biblische Denktradition eingefügt und von ihr durchleuchtet erlebte.

Man muß freilich in der Anwendung der Begriffe profan und säkularisiert vorsichtig sein. So manche hübsche Tierszene an der Fassade einer Kathedrale, die ganz aus empirisch sinnlicher Realitätsfreude zu stammen scheint – und vielfach von älterer Forschung auch in dieser Hinsicht gerühmt wurde – entpuppt sich bei genauem Zusehen und unter Berücksichtigung des bildnerischen Gesamtprogramms als extrem geistliches Sinnbild. Nicht viel anders ist es mit der Dichtung. Auch da hat bessere Kenntnis der geistlichen Traditionen dazu geführt, daß Passagen, die man früher naiv-vordergründig als profan anzusehen und zu rühmen pflegte, mit einem Male eine nachweisbare geistliche Tiefendimension erhielten, vor der das Profane dahinschmolz wie Schnee unter der – geistlichen – Sonne. Intensive Forschung auf diesem Gebiet hält sicherlich noch manche Überraschungen bereit. Dennoch darf nicht übersehen werden, daß die Erfahrung des Empirisch-Realen, des bloß Humanen, nicht geistlich Durchleuchteten in zunehmendem Maße Beachtung fand, daß in dieser Hinsicht im 12. Jh. sogar eine stürmische Entwicklung und Auffächerung einsetzte, und daß das Mittelalter aus sich heraus auch Ansätze für eine Neubewertung des Profanen entwickelte, woraus Säkularisierung als Denkform entstehen konnte. Menschliche Natur- und Realitätserfahrung waren natürlich nicht die einzigen Quellen für solche Entwicklungen, z.B. kann die immer intensiver werdende Beschäftigung mit der Antike, auch über arabische Vermittlung, dabei kaum überschätzt werden.

Die drei Leitbegriffe, so sehr sie in geistlich traditionellen Denkformen anzusiedeln sind, haben möglicherweise ihrerseits dazu beigetragen, Profanes und Säkularisiertes freizusetzen; müßig, sich darüber zu freuen oder dies zu beklagen. Die Erscheinungen als solche in ihrer geistlichen Aufladung und/oder ihrer natürlichen bzw. säkularisierten Wesensart haben im Mittelpunkt unseres Interesses zu stehen.

Wenn wir die hochmittelalterliche Kultur unter diese drei Leitbegriffe stellen, so ist abschließend daran zu erinnern, daß es für diese vorindustrielle Kultur auch von grundsätzlicher Bedeutung war, daß sich das Verhältnis zwischen Machtträgern und Kulturschaffenden anders darstellte als jetzt in den letzten Abschnitten der Neuzeit. Man hat sich nun daran gewöhnt, Kultur als eine Kraft zu betrachten, die aus dem Kampf gegen die sogenannte Macht – die sich ohnehin nur noch als zahmer demokratischer Staat äußert – ihre Daseinsberechtigung schöpft und ihre Leistungen hervorbringt. Man ist auch geneigt, diesen Zustand des gestörten Verhältnisses zwischen Macht und Kultur als den einzig wahren anzusehen und kritiklos in anderen Epochen vorauszusetzen. Für Jahrtausende großen Kulturschaffens gilt das gerade nicht; auch nicht fürs Mittelalter. Ihre bewegende Kraft schöpfte damals die Kultur nicht aus begründeter oder affektierter Aufmüpfigkeit gegen die ›Macht‹ – kritische Spannungen brauchen damit nicht geleugnet zu werden –, vielmehr aus dem Eingebettetsein in verbindliche Anschauungsformen und Herrschaftsverhältnisse und somit aus einem grundsätzlichen Konsens zwischen Kultur und Macht, wenn man die komplexe Problematik auf dieses Begriffspaar reduzieren will und darf. Kultur, die auf diesem Konsens beruht, wird von einer anderen Qualität sein als das, was eine auf Dissens und somit auf Entlarven und Provozieren fixierte Kultur hervorzubringen in der Lage ist; Öffnen, Suchen, Neumachen erhalten auf diesem Hintergrund einen völlig anderen Sinn.

II. AUSGANGSLAGE
DER DEUTSCHE RAUM IN SEINER HISTORISCHEN BEDINGTHEIT

Das Hervorbringen kultureller Leistungen in ihren verschiedenen Formen, ja von Kultur überhaupt, ist auch an bestimmte äußere Bedingungen gebunden. Es erscheint darum als sinnvoll, bei der Beschreibung dieser Bedingungen einzusetzen und von da aus zu dem vorzudringen, was man die Erscheinungen des höheren kulturellen Lebens zu nennen pflegt. Dieses Inbeziehungsetzen der äußeren Bedingungen und des Kulturell-Geistigen ist aber nur von begrenztem Wert, etwa insofern, als z.B. unter den klimatischen räumlichen Bedingungen Mitteleuropas, der arabischen Halbinsel oder der tropischen Urwälder jeweils andere Kulturformen begünstigt oder gehemmt werden. Sehr rasch bemerkt man, daß äußere Bedingungen in enge Beziehung treten können zu Faktoren, die von ihnen völlig unabhängig sind. Das fällt ins Gewicht, wenn es gilt, nicht in abstrakter Weise über die Bedingtheit der Entstehung von Kulturen überhaupt nachzudenken, sondern aus dem historischen Ablauf der immer schon alten menschlichen Kultur eine bestimmte Epoche herauszuschneiden und zu untersuchen. Man sieht sich dann einem vielschichtigen konkreten Gebilde gegenüber, in welchem bereits Vorhandenes weiterwirkt. Je näher uns dieser Ausschnitt zeitlich liegt, umso unmöglicher erweist es sich, die Illusion einer tabula-rasa-Vorstellung, die die jeweiligen kulturbestimmenden Faktoren herauspräpariert, aufrechtzuerhalten. Der gewählte Ausschnitt aus der historischen Entwicklung ist von der Vergangenheit bereits geprägt und es liegt eine immer schon vorhandene und tiefgehende wechselseitige Beeinflussung der äußeren Bedingungen und des Kulturell-Geistigen vor. Das macht es schwierig, Materielles vom Geistigen, konkret historisch Soziales von Allgemeinmenschlichem und Individuellem sauber zu trennen, was nicht heißt, daß diese einzelnen Faktoren nicht doch auch immer wieder in relativ großer Reinheit und Eigenständigkeit hervortreten können. Äußerliches, Materielles braucht also nicht nur Materielles zu bedeuten. Es kann als solches bereits im Bewußtsein bestimmter Menschen und Menschengruppen vielfach von geistigen Traditionen und Gewohnheiten geprägt und verändert worden sein, so wie Immaterielles durch bestimmte äußere Gegebenheiten entscheidende Aufladungen und Orientierungen erfahren haben kann.

In den industrialisierten Ländern haben sich die Lebensbedingungen und damit wichtige Voraussetzungen für die Kultur, verglichen mit denen in den Ländern des europäischen Mittelalters, radikal verändert. Wir alle wissen darum und doch ist vor einer Fehleinschätzung bei einer Beurteilung der äußeren Daseinsbedingungen der Menschen älterer Zeit zu warnen, einer Fehleinschätzung, die beim Vergleich den historischen Zusammenhang übersieht, was selbst bei erfahrenen Historikern passiert, wenn sie der Anschaulichkeit wegen den Bezug zur Gegenwart herstellen, was durchaus legitim ist. Es ist nicht zu verkennen, daß das herrschende marxistische

Geschichtsdenken, das ja auch auf Nichtmarxisten nicht ohne Einfluß geblieben ist, verbunden mit der modern westlichen Neurose, das Negative und Häßliche groß herauszustellen – im Dienst schonungsloser Wahrheitsfindung natürlich –, viele der sehr zahlreichen Publikationen über das Leben im Mittelalter bestimmt. Das Mittelalterbild gerät dabei in die düstersten Farben, was ebenso falsch ist wie die Verherrlichung des Mittelalters zur Zeit der Romantik und nachher falsch war. So wendet Dieter Kühn in seiner lesenswerten Biographie Oswalds von Wolkenstein viel deutschen Eifer darauf, dem modernen Leser und Urlaubsmenschen, der vielleicht nostalgisch zu den Südtiroler Burgen hinaufschaut, beizubringen, wie unmenschlich die Lebensbedingungen auf so einer Burg zu Zeiten Oswald im Winter gewesen seien. (Nebenbei sei angemerkt, daß schon die der Romantik verdächtigte Germanistik des 19. Jh., etwa Alwin Schultz in seinem Buch über das höfische Leben zur Zeit der Minnesinger, kritisch bemerkte, daß Zugluft und beißender Rauch recht unangenehm gewesen sein dürften!) Nichts gegen Kühns Zentralheizung, aber Oswald hatte andere Sorgen und genügend Holz. Jedenfalls lebte er sehr gerne. Selbstverständlichkeiten dieser Art haben weder ihn aufgeregt noch fördern sie unsere Einsicht in seine Dichtung; sie gehen eher auf das Konto der Medienwirksamkeit und können der Bildung eines falschen ›Problembewußtseins‹ Vorschub leisten.

So stellt sich aber auch ein hervorragender Historiker wie Horst Fuhrmann, dem vorliegende Darstellung viel verdankt, angesichts der von ihm aufgezählten deprimierenden Gegebenheiten, die das Dasein der mittelalterlichen Menschen »objektiv« als fürchterlich erscheinen lassen müssen, die Frage, warum diese Menschen nicht im Selbstmord den Ausweg aus diesem hoffnungslosen Jammer suchten. Daß dies offenbar nicht geschah, wird von Fuhrmann auf das Wirken des Gedankenguts der Kirche, vor allem auf Augustins Deutung des Selbstmords zurückgeführt. Diese Argumentation ist bezeichnend für den Bürger eines hochentwickelten westlichen Sozialstaates. Sie verabsolutiert die Errungenschaften dieses Staates und verdeckt deren Fragwürdigkeit. Es stellt sich ja die boshafte Gegenfrage, wie es denn komme, daß gerade in jenen modernen Staaten, die all diese gräßlichen Unerträglichkeiten des mittelalterlichen Daseins gründlichst beseitigt haben, Selbstmordraten und Hoffnungslosigkeit derart beänstigende Ausmaße annehmen konnten. Sollte also die Abschaffung des Jenseits doch nicht der große Geniestreich des wacker von Emanzipation zu Emanzipation voranschreitenden Menschen gewesen sein? Daß die mittelalterlichen Menschen trotz der Härte der Daseinsbedingungen nicht den Freitod wählten, geht nicht nur auf die Wirkung der kirchlich-augustinischen Selbstmordlehre zurück, wenngleich die Lebenshilfe, die die Jenseitshoffnung bot, keineswegs geringgeschätzt werden soll. Ohne den Transzendenzverlust auch in seinen möglichen und erst allmählich spürbar werdenden Folgen für die Stellung des Menschen in der Welt bagatellisieren zu wollen, sei auf weitere metaphysische Überlegungen verzichtet und gleich etwas einfacher angesetzt. Man darf nämlich die in der bloßen Geschöpflichkeit des Menschen begründete Vitalität und die Fähigkeit, das Leben lebenswert zu finden, nicht unterschätzen. Der banale Satz, man kannte es eben nicht anders, hat – des Herablassenden entkleidet – eben auch seine Richtigkeit.

Man vergesse nicht, um ein alltägliches Beispiel zu erwähnen, daß noch vor 40 Jahren eine Wurzelbehandlung mit Überkronung eines Zahnes einer heute unvorstellbaren und unzumutbaren Tortur gleichkam. Daß die Arbeitszeit noch vor wenigen Jahrzehnten auch in Mitteleuropa oft noch bei 60 Wochenstunden lag, sollte man auch nicht verdrängen. Für den Menschen von damals war das kein Grund zur desperatio; man nahm es hin, gegebenenfalls auch ohne Aussicht aufs Jenseits.

Setzt man bei den äußeren Bedingungen des Daseins ein, so sind zunächst Raum und Zeit zu bedenken. In der Kulturgeschichtsforschung der jüngsten Zeit hat es sich eingebürgert, einleitend Überlegungen darüber anzustellen, in welcher Weise die Menschen einer bestimmten Epoche Zeit und Raum erfaßten, erlebten und von ihnen geprägt wurden. Es ist dies zweifellos eine wichtige Frage, bei deren Beantwortung besondere Sorgfalt walten muß, da, was das Mittelalter betrifft, die Gefahr der Überforderung einzelner theoretisch theologischer Aussagen groß ist. Niemand wird bezweifeln, daß in der für das Mittelalter maßgeblichen christlichen Weltdeutung die Zeit Qualitäten und Funktionen haben konnte, die sich nicht mit denen decken, die dem modernen Menschen von agnostisch wertfreier Wissenschaft und Technik zur Verfügung gestellt wurden. Dazu lieferten Klöster und Kirchen mit ihrer weithin hörbaren liturgisch-sakralen Zeitordnung sozusagen eine christliche Alltagszeit, und überdies war das Leben eingebettet in den Rhythmus der kirchlichen Feste und in den Naturrhythmus des bäuerlichen Jahres, der aus der als Schöpfung konzipierten Natur kam. Dennoch: die mittelalterliche Zeit total als Sakral- und Naturzeit zu deuten, wäre eine unzulässige Verallgemeinerung, wie andererseits ja auch der moderne Mensch bei aller Programmiertheit für die Naturwissenschaft und ausstaffiert mit zifferblattlosen, nihilistischen Zeitvernichtern keineswegs über ein total wertfreies Zeitempfinden verfügt. Auch für ihn geht immer noch die Sonne auf und unter, Jahrhunderte nach Kopernikus und Galilei. Es ist auch fürs Mittelalter mit verschiedenen Aspekten und Deutungen der Zeit zu rechnen. Die verschiedenen Formen von Zeiterlebnisfähigkeit und sachgebundene Notwendigkeiten müssen im einzelnen erfaßt werden. Vom relativ stark profanen, mechanistischen Ablauf der Zeit über eine Zeit als Eingebettetsein in den Naturrhythmus der Schöpfung bis hin zur christlich-eschatologischen Heilszeit spannt sich ein weiter Bogen. Dazu ist nicht zu übersehen, daß im zeitlichen Ablauf der mittelalterlichen Geschichte selbst wiederum Verschiebungen erfolgten und sich neue Perspektiven eröffnen konnten. Effektvolle Schlagworte, wie: ›das‹ Mittelalter habe Zeit nur als Verschlechterung erlebt, ›das‹ Mittelalter habe die Idee der Entwicklung nicht gekannt und Ähnliches, stehen einer unvoreingenommenen Betrachtung im Wege und halten der Realität nicht stand. Ähnlich verhält es sich mit grundsätzlichen Erwägungen zur mittelalterlichen Raumauffassung. Es ist zwar zweifellos von großem Wert, sich anhand hochmittelalterlicher Weltkarten – man denke an das berühmte Beispiel der Ebstorfer Weltkarte –, die den geographisch realen Raum nach heilsgeschichtlich relevanten Kategorien anordnen und proportionieren, mit Jerusalem im Zentrum – Gedanken zu machen über das Raumerlebnis mittelalterlicher Menschen. Man muß aber gleich hinzufügen, für welche Menschen und für welchen Zweck. Für den mittelalterlichen Heerführer, Fernkaufmann, für den Organisator weiträumiger Siedlerbewegungen zählten, auch wenn im allgemeinen die zentrale Rolle Jerusalems unbestritten sein mochte, für den jeweiligen Zweck die reale Entfernung und reale räumliche Gegebenheiten. Das Erregende, für den modernen Menschen schwer Nachvollziehbare liegt nicht so sehr in einer totalen Festlegung der Zeit-Raum-Kategorien auf heilsgeschichtliche christliche Traditionen oder was man dafür hielt, sondern vielmehr in einem schwer entwirrbaren Ineinander aber auch Nebeneinander realistisch kompakter und heilsgeschichtlich-sakral durchleuchteter Zeit- und Raumvorstellungen. Vielleicht könnte die Berücksichtigung funktions-, gattungs- und rollenhafter Bedingtheiten dazu beitragen, die Komplexität dieses Problems etwas aufzuhellen. Viel weiter wird man ohnehin, unsere lückenhafte Kenntnis bedenkend, nicht gehen dürfen. Zeit und Raum als Grundkategorien, denen das Dasein unterworfen ist, sind auch in ihren mittelalterlichen Ausprägungen und in ihrer die menschliche Vorstellungskraft formenden Bedeutung nicht über einen Leisten zu schlagen. Der Faktor Zeit ist für uns wohl noch schwerer erfaßbar als der des Raums. Der Raum sei auch darum zuerst zumindest ansatzweise in Betracht gezogen. Auf die schwieriger erfaßbaren Aspekte des Zeiterlebens und -gestaltens wird an verschiedenen Stellen in Zusammenhang mit anderen Gesichtspunkten einzugehen sein.

Der Raum, in dem sich die Kultur unseres Zeitabschnittes realisiert, ist keine statische Größe. Er wird fortwährend verändert, zeitweise sogar in einem erstaunlichen Tempo, und wirkt durch seine gewandelte und sich wandelnde Gestalt auf die ebenfalls sich verändernden Kulturträger, die Menschen, zurück. Diese Veränderungsdynamik, die keineswegs ein ausschließliches Merkmal modernerer Zeiten ist, hat der hochmittelalterliche Zeitabschnitt aber wiederum als Erbe der vorausgegangenen Epoche übernommen und in sich integriert. Die Befreiung von jenen Gefahren und Zerstörungen von außen, die seit Jahrhunderten die Entfaltung des Daseins in Mittel- und Westeuropa gehemmt hatten, wird seit der Mitte des 10. Jh. immer stärker spürbar: Aufhören der Wikingergefahr, Verfall der Macht des Islams in Spanien, endgültiges Zurückdrängen der östlichen Steppenvölker mit dem Sieg über die Ungarn auf dem Lechfeld im Jahre 955. Die Befreiung von diesen Gefahren setzt zusehends die seit merowingischer und karolingischer Zeit angelegten Energien, zu denen neue hinzutreten, frei. Das bloße Aufhören der Bedrohung von außen hätte allein als Grund für die Weiterführung und Entfaltung einer großen raumverändernden Dynamik nicht genügt. Eine restlose Aufhellung der Gründe ist freilich, wie so vieles im kulturellen Bereich, nicht möglich. Von einigen wichtigen Triebkräften wird noch die Rede sein. Bei der Beurteilung vieler dieser wichtigen Vorgänge im Mittelalter muß man sich freihalten von Vorstellungen, die, orientiert am Spätmittelalter, den Blick trüben könnten. In der Mitte des 14. Jh. nämlich vernichtete die Pest gut ein Viertel der gesamten Bevölkerung Westeuropas. Sozial-wirtschaftliche Verschiebungen führten zu Bauernaufständen usw. Die Zeit des Hochmittelalters ist dagegen die Zeit des Aufbruchs in mehr als einer Hinsicht, des Aufbruchs auch im Räumlichen: es wird eine großangelegte Binnenkolonisierung betrieben und parallel dazu bringt die Bevölkerung die auch organisatorisch imponierende Leistung der deutschen Ostsiedlung zustande, die in gut einem Jahrhundert nicht nur den kontinuierlichen deutschen Kulturraum um ein Drittel erweiterte, sondern die Grundlage bilden sollte für die kulturelle Vorherrschaft des Deutschen im ganzen Osten. Diese Zeit ist auch die Zeit systematischer, oft fast hektischer Stadtgründungen, was wirtschaftliche Aktivität und wichtige soziale Veränderungen voraussetzte und vorantrieb.

Der Lebensraum der Menschen der damaligen Zeit unterschied sich in seiner äußeren Beschaffenheit nicht unerheblich vom heutigen Zustand. Der Anteil riesiger, zusammenhängender Wälder war groß, der Prozentsatz an Sumpfland beträchtlich höher als heute, die Flußläufe hatten kein reguliertes Bett, das Meer an der Nordküste zerstörte bereits bei leichteren Sturmfluten immer wieder weite Flächen festen Landes. Von den klimatischen Verhältnissen wird noch die Rede sein. Die verglichen mit dem heutigen Zustand spärlichen und kleinen Siedlungen pflegt man mit kleinen Inseln in einem Meer von Wald zu vergleichen. Verkehrsverbindungen gab es nur wenige und diese waren im schlechten Zustand. Wiederum sollte man aber diesen aus moderner Sicht negativen Befund nicht überbewerten. Es stehen ihm schließlich recht bemerkenswerte positive Fakten gegenüber. Karl dem Großen, also noch 400 Jahre vor unserem hochmittelalterlichen Zeitraum, und demnach unter noch viel schlechteren äußeren Bedingungen, war es bereits möglich gewesen, sein Riesenreich für die damaligen Verhältnisse erstaunlich gut durchzuorganisieren, starke Truppenkontingente in allen Himmelsrichtungen einzusetzen, was doch eine gewisse und ausreichende Infrastruktur voraussetzt. Das erfolgreiche Vorgehen der Sachsenkaiser gegen die blitzschnellen Reiterheere der Ungarn im 10. Jh. wäre ebenfalls ohne eine solche Infrastruktur nicht zu verstehen. (Der moderne, vom Auto abhängige Mensch sollte nicht vergessen, daß noch vor 40, 50 Jahren die mitteleuropäischen Bauern mit ächzenden Ochsenkarren auf sumpfigen Prügelwegen durch die Wälder zogen und dabei durchaus in der Lage waren, freilich mit großer Mühsal, ihren Warenaustausch durchzuführen und ein dichtes und funktionsfähiges Netz von Beziehungen zu garantieren.) Der Wald, der damals dem Lebensraum des Menschen seine Prägung gab, war in vielem anders geartet und hatte auch andere Funktionen als heute. Wald war auch nicht nur ein feindlicher, unheimlicher Bereich, in dem wilde Tiere hausten und Räuber sich versteckten oder dem man mühselig Hektar um Hektar nützlichen Ackerlandes abringen mußte. Verglichen mit dem heutigen Zustand ist festzustellen, daß damals im deutschen Raum der Laubwald vorherrschte, was sich noch an vielen Ortsnamen ablesen läßt. Dichte Nadelwaldbestände, wie sie auch damals der Schwarzwald schon darbot, haben sich in anderen Gebieten erst relativ spät durchgesetzt, und Gebiete wie der Schwarzwald wurden auch erst relativ spät durchsiedelt. Der Laubwald war nicht nur Holzlieferant, er bot auch Nahrung für die Tiere, die der Mensch brauchte, und die immer mehr zu Haustieren wurden; man denke an die Schweinemast in Eichenwäldern, an die Bedeutung des Waldes für die Bienenzucht; Zucker gab es schließlich noch nicht, so war Honig ein wichtiger Süßstoff. Aus dem Laubwald holte man sich, übrigens noch bis in jüngste Vergangenheit, Streu für das Vieh für den Winter in den Ställen. Im Wald erzeugte man Holzkohle. Aus dem Wald holte man das Brenn- und Bauholz, der Wald war auch der Raum für die Jagd, die im Leben des mittelalterlichen Menschen, je nach sozialer Stellung, eine große Rolle spielen konnte, als Nahrungsquelle und Zeitvertreib und auch als Form der Ertüchtigung für die Oberschicht. All das machte die großen Wälder durchlässiger, und ließ sie zu einem wichtigen Lebensraum der Menschen werden. Daß den Flüssen und Seen aufgrund der Schiffahrt große Bedeutung bei der Erschließung und Durchdringung der Landschaft zukam, liegt auf der Hand. Die Menschen unseres hochmittelalterlichen Zeitabschnitts konnten auch in dieser Hinsicht eine alte Tradition fortsetzen und das bestehende System, dessen Hauptachse die uralte Rheinlinie war, dazu Bodensee, Donau, Mosel, Main usw., weiter ausbauen. Mit der Ostsiedlung gewannen die Wasserläufe der Elbe und Oder eine ähnliche Bedeutung. Wie schon seit langem stellten die Alpenpässe die Verbindung zum Süden her – seit karolingischer Zeit auch von großer politischer Bedeutung, die sich nicht verringern sollte.

Die Forschung neigt zur Annahme, daß der Lebensraum nördlich der Alpen durch einen etwa um das Jahr 1000 einsetzenden Klimaumschwung (milde Winter, kaum Frühsommerfrost, warme Sommer und Herbste), der bis Anfang des 14. Jh. dauerte, günstig beeinflußt wurde. Dies sei auch nicht ohne positive Folgen auf die Nahrungsmittelerzeugung, man denke an die Landwirtschaft, für die Gesamtwirtschaft und damit für die Bevölkerungsentwicklung geblieben. Die Bevölkerungszahl kann nur grob geschätzt werden. Aus Urbaren, Abgabenvorschriften von Klöstern und

Herrenhöfen und ähnlichen z.T. dürftigen Quellen kann man Hochrechnungen mit vielen Unsicherheitsfaktoren anstellen. So rechnet man für das karolingische ostfränkische Reich im 9. Jh. mit einer Bevölkerung von etwa drei Millionen. Der Aufbruch, der das beginnende Hochmittelalter nach dem Abklingen der äußeren Bedrohungen kennzeichnet, erfaßte auch die demographische Entwicklung. Im 12. Jh. dürfte die deutsche Bevölkerung auf etwa sieben bis acht Millionen angewachsen sein. Für den französischen Raum wird man einige Millionen Menschen mehr anzusetzen haben. Diese Relation ist zu berücksichtigen, wenn man den großen Aufschwung der französischen Kultur am Ausgang des 11. Jh. bedenkt. Über die Bevölkerungspyramide und die Lebenserwartung kann man ebenfalls nur Mutmaßungen anstellen. Die große Säuglingssterblichkeit verzerrt die Statistik. Bessere Ernährung, gesündere Wohnverhältnisse und weniger Mühsal durch schwere körperliche Arbeit dürften den höheren Gesellschaftsschichten eine bessere Lebenserwartung beschert haben. Freilich wird das durch den hohen Prozentsatz an Kriegern, den diese Kreise stellten, wieder relativiert. Für Männer und Frauen, Geistliche, Mönche und Adelige, Bauern etc. ist mit großen Unterschieden zu rechnen, wobei natürlich der individuelle Faktor nicht vergessen werden darf. Im allgemeinen rechnet man für das Hochmittelalter, vor der großen Pest, mit einer durchschnittlichen Lebenserwartung von 25 Jahren für die Männer und 23 für die Frauen. Man meint annehmen zu können, auch aufgrund von Knochenuntersuchungen, daß der allgemeine Gesundheitszustand nicht sehr schlecht gewesen sei (z.B. kaum Rachitis, keine Syphilis) und erst wieder im 18. Jh. dieses Niveau erreicht habe.

Wie verteilte sich diese Bevölkerung auf diesen Raum, wie paßte sie sich ihm an, wie veränderte sie ihn und wie wirkte er auf die Menschen zurück? Diese Frage läßt sich nur durch Berücksichtigung vieler Faktoren einigermaßen aufhellen, die z.T. unabhängig sind von dem, was man naturhaftes Weiterentwickeln nennen könnte; letzteres ist als eine nicht mehr reduktible Größe freilich ebenfalls mitzubedenken. Diese Faktoren sind politisch-wirtschaftlich-religiöser sozialer Art und können und dürfen kaum sauber voneinander getrennt werden, weil es auf ihr Zusammenspiel ankommt. Traditionen verschiedener Art und Stärke haben überdies diese Faktoren vorgeprägt, was die Betrachtung weiter kompliziert. Um die Verhältnisse im 12. Jh. zu verstehen, ist es nötig, ins geschichtliche Werden etwas zurückzugreifen.

Auszugehen ist von der Tatsache, daß unsere mittelalterliche Kultur sich zunächst auf landwirtschaftlicher und nicht auf städtischer Basis entwickelt hat. Die hochmittelalterliche Stadt, deren Bedeutung auch für den deutschen Raum keineswegs gering war, konnte auch aus diesem Grund keine Kopie der Römerstadt sein, auch wenn an römische Stadtgründungen angeknüpft werden konnte, sondern bildete eine eigentümliche Schöpfung des Mittelalters selbst. Die Agrarisierung hatte schon in der Spätantike begonnen, war dann durch die germanischen Völkerschaften, die bis hin zu ihren Königen keinen Bezug zur Stadt hatten – sie bildeten eine Krieger/Bauerngesellschaft –, zum Prinzip geworden. Der Rückgang des Fernhandels, der sich in der Spätantike ebenfalls schon abzeichnete, kam hinzu. Daß es auch im hochmittelalterlichen Abschnitt und darüber hinaus im deutschen Kulturraum noch immer keine Hauptstadt gab, hängt letztlich auch mit der Tatsache zusammen, daß sich eben diese so gearteten germanischen Völkerschaften in ihren Herrschaftsvorstellungen und Lebensgewohnheiten durchgesetzt hatten. Die enge Bindung der fränkischen und später deutschen Könige an das Papsttum in Rom und an die Antike konnte daran nichts ändern. Rom wurde nicht der Sitz der fränkischen Könige und Kaiser. Die große räumliche Distanz zwischen den unfesten Aufenthaltsorten der politischen Macht – eben der deutschen Könige – und dem festen Ort der religiösen Macht, Rom, blieb immer bestehen und erwies sich politisch als unheilvolle Dauerbelastung, die freilich auch schöpferische Energien im deutschen Raum freigesetzt und viele Anregungen gebracht haben mag. Man vergleiche damit den Osten, wo Byzanz politisches wie auch religiöses Zentrum war und bis zum Türkensturm 1453 auch geblieben ist, wo es aber auch nicht zu einer dem Westen vergleichbaren dynamischen Entwicklung kam.

Die auf dieser agrarischen Struktur im galloromanisch-fränkischen Raum sich herausbildenden sozialen Verhältnisse sollten für die Zukunft maßgebend werden. Gallorömische Latifundien, auf denen unter Leitung des Guts- und Herrenhofes (Villa) auch viele Sklaven tätig waren, gehen in den Besitz mächtiger fränkischer Eroberer und Einwanderer über. Der fränkische König selbst eignete sich im ganzen Reich Grundbesitz an. Die Bezeichnung Villa sollte weiterleben und in Siedlungsnamen vielfältigst weiterwirken. Auch die Kirche kam aufgrund großzügiger Schenkungen in den Besitz gewaltiger Ländereien, die genutzt und verwaltet werden mußten. Die massive fränkische Einwanderung im galloromanischen Raum – die fränkischen Kriegerbauern waren keine Sklaven – und der Einfluß der Kirche veränderten die Herrschafts- und Abhängigkeitsverhältnisse auf diesen Gütern und darüber hinaus. Es ist ohnehin mit einer nicht geringen Zahl freier Bauern, mehr oder weniger mächtiger, zu rechnen, die im neuen Land ihren Grund und Boden (Allodium) bewirtschafteten. Andere wiederum traten in Beziehung zu einem Gutshof, übernahmen Grund und Boden zur Bearbeitung und erbrachten dafür Abgaben und Dienstleistungen, ansonsten konnten sie aber frei schalten und walten und erhielten u.a. Schutz als Gegenleistung. Diese Art freier Abhängigkeit ist im Mittelalter für die Entwicklung von Abhängigkeit überhaupt hoch einzuschätzen. In Verbindung mit der kirchlichen Lehre von der Gotteskindschaft aller Menschen, vor allem aller Christen, brachte sie im fränkischen Reich die Reste römischer Sklaverei zum Verschwinden. (Sklaverei war damit nicht ganz aus der Welt geschafft, es gab sie aber doch meist nur in Form des Sklavenhandels, wobei das christliche Frankenreich als Zwischenstation fungierte und z.B. heidnische Kriegsgefangene aus dem slawischen Osten an islamische Herren in Südeuropa weiterleitete.) Dazu kam es wohl nicht selten vor, daß freie und auch mächtige Herren sich in solche Abhängigkeit begaben, um sich des Schutzes eines Mächtigeren zu vergewissern, was in Zeiten innerer Fehden – man braucht nur an die oft blutigen Wirren bei Thronstreitigkeiten zu denken – oder äußerer Bedrohung (Wikinger, Sarazenen, Ostvölker) verständlich war. Andererseits brauchte ein mächtiger Gutsherr auch Leute, auf die er sich bei Überfällen oder im Krieg verlassen konnte. Solche Krieger dauernd im Haushalt zu haben, war nicht nur unpraktisch; es war besser, ihnen Land zur Bearbeitung zuzuweisen und sie seßhaft zu machen. Für solche Krieger bürgerte sich im galloromanisch-fränkischen Raum die ursprünglich keltische Bezeichnung *vassus, vasallus* ein, die eine große Zukunft haben sollte. Der zu Abgaben und Dienstleistungen Verpflichtete oder sich Verpflichtende war nicht wie der Sklave römischer Tradition eine Sache, sondern eine Person, freilich mit erheblichen Einschränkungen im Vergleich mit anderen Personen, aber immerhin eine Person, der gegenüber der Gutsherr ebenfalls rechtsverbindliche Verpflichtungen besaß.

Die offensichtlich gar nicht so geringe Bereitschaft, solche Abhängigkeiten auch zwischen an sich Freien herzustellen oder freiwillig auf sich zu nehmen, setzt überdies voraus, daß die alte

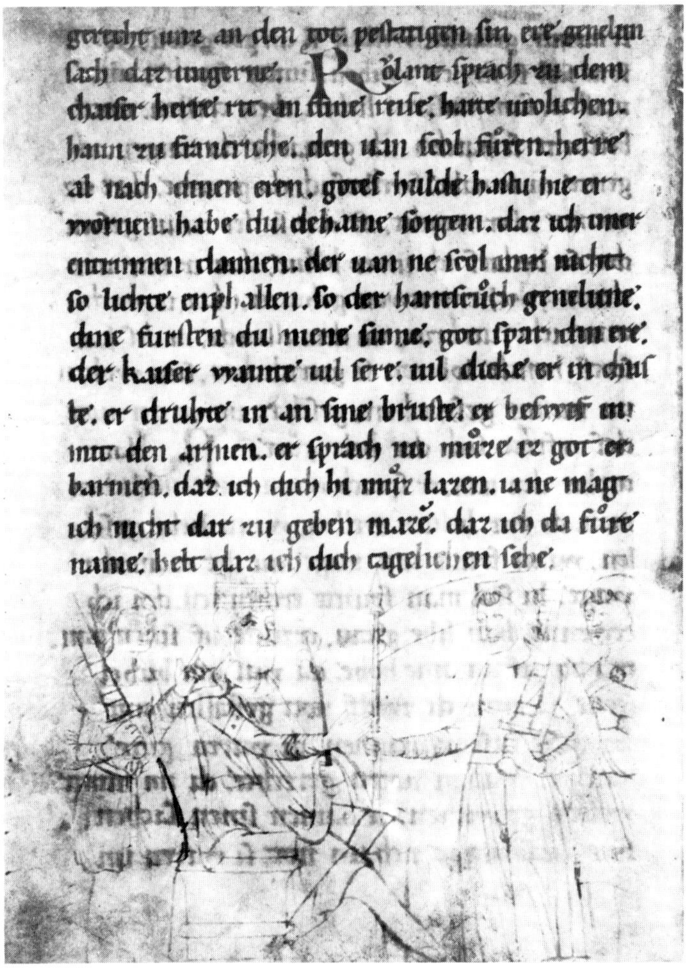

1. Roland erhält aus den Händen Karls Spanien als Lehen.

germanische Sippenbindung eine Lockerung erfahren haben mußte. Die Sippe als Rechtshilfe und Friedensgemeinschaft muß im neuen galloromanischen Lebensraum an Kraft verloren haben; an fragwürdig gewordenen Äußerungsformen der Machtausübung der Sippe hat auch die Kirche Anstoß genommen. Dies gilt vor allem für das Rechtswesen, wie z.B. einem Text aus dem frühen 9.Jh., dem althochdeutschen *Muspilli*, zu entnehmen ist. Dort heißt es, V.57, vom Jüngsten Tag: *dar ni mac denne mak andremo helfan vora demo muspille . . . uuar ist denne diu marha, dar man dar eo mit sinen magon piehc*? »Der Sippenangehörige kann einem bei diesem Gericht nicht helfen (also pflegte er das bisher zu tun) und das Land, um das man mit Hilfe der Verwandten Prozeß führte, ist vernichtet.«

Eine starke Förderung erhielt diese Ausbildung von Abhängigkeiten durch das besondere Interesse, das die fränkischen Könige dieser sozialen Entwicklung entgegenbrachten. Das war ein entscheidender Schritt in Richtung auf die Ausformung des Lehenswesens. Der König, der zwar als Angehöriger eines besonders ausgewiesenen Geschlechts (Königsheil) eine hervorragende Stellung hatte, kam nicht einfach durch bloßen Erbautomatismus in sein Amt, sondern eben auch durch Wahl. Das bedeutete Machtkampf, machte es nötig, sich überhaupt Unterstützung der Mächtigen im Land zu verschaffen. Widerspenstige *potentes* und *nobiles* konnten gezwungen werden, ihren eigenen Machtbereich und ihre Machtbefugnis als Lehen (*benefizium*) vom König entgegenzunehmen und somit als Vasallen des Königs zu agieren. So mußte z.B. der mächtige Bayernherzog Tassilo sein Herzogtum als Lehen aus Karls des Großen Händen wieder entgegennehmen. (Herzog war ursprünglich Heerführerbezeichnung; im Gefolge der Völkerwanderung erstreckt sich aber der Einfluß solcher Heerführer auf ganze Völkerschaften und Stämme. Die deutschen Stammesherzogtümer sollten sich demnach auch als besonders zählebige politische Größen erweisen. Im Verlauf des Hochmittelalters kam es innerhalb dieser Einheiten zu grundsätzlichen Verschiebungen.)

Die Mächtigen im Lande verfügten meist über ansehnlichen Eigenbesitz (Allodium); weitere Landzuweisung, sei es auch nur in Form von Lehen durch den König als Belohnung für Unterstützung königlicher Politik, war zusätzlicher Machtgewinn. Die eingegangene Vasallenbindung bot im Fall eines starken Königtums Sicherheit und erhöhten Einfluß, im Fall eines schwachen Königtums öffnete sich die Möglichkeit, das zugeteilte Lehen allmählich in Eigenbesitz übergehen zu lassen. Die Tendenz zur Erblichkeit war von Anfang an stark und gewann immer mehr an Gewicht. Zwar war das Lehen echt mittelalterlich konkret ein an die Personen gebundenes Rechts- und Treueverhältnis, das demnach mit dem Tod eines Partners endete und neu zu etablieren war, doch die Tendenz zur Erblichkeit wirkte dabei mit. Die Zeremonie mußte freilich von den neuen Personen abgeleistet werden; ohne Gebärden und Formel, ohne Ritual also keine geistig-rechtlichen Bezüge. Die Königsmacht beruhte auch auf Amtsträgern, die vom König unmittelbar eingesetzt und nicht nur in ihrer Macht als Vasallen bestätigt wurden. Diese Amtsträger waren von den fränkischen Königen als verlängerter Arm der Königsmacht gedacht und sollten im Reich das Königsrecht durchsetzen. Es handelt sich dabei um die Grafen. Eine vollständige Durchgliederung des Reichs in solche, dem König unterstellte Grafschaften ist aber auch Karl dem Großen nicht ganz gelungen. Andere Machtfaktoren durchkreuzten immer wieder das zentralistische Konzept. So ein Grafenamt, mit dem natürlich auch Einkünfte und Macht verbunden waren, konnte ebenfalls zu einem Lehen werden wie ein Stück Land. Auch bei diesen Amtslehen setzte sich die Erblichkeit durch, so daß im Laufe der Entwicklung in vielen Fällen nicht so sehr die zentrale Königsmacht gestärkt wurde, sondern vielmehr diese an sich vom König eingesetzten lokalen Machthaber ihre Position festigen konnten. Die Inhaber solcher Ämter besaßen neben dem Amtslehen und anderen Lehen oft eigenen Besitz, auf den sich die königlichen Lehen verstärkend auswirkten und der umgekehrt diese Lehen an sich zog, was die zentrifugalen Tendenzen im Reich förderte. Der Bedarf des Königs an Land, das als Lehen zur Gewinnung von Bundesgenossen zur Belohnung vergeben werden mußte, war groß. Das Eigenland des Königs war dafür nur in begrenztem Maß verfügbar. Die fränkischen Könige griffen darum auch zum Land, das sich in kirchlichem Besitz befand. Da es sich bei dieser Landvergabe nur um ein Lehen handelte, wurden die Besitzrechte der Kirche dabei grundsätzlich ja nicht angetastet. Die Kirche als Besitzerin riesiger Ländereien wurde also in das sich immer mehr entwickelnde Lehenswesen eingebunden. Daß dann die deutschen Könige und Kaiser, vor allem die Ottonen, um die unangenehmen Folgen der traditionell werdenden Erblichkeit bei der Lehensvergabe zu verringern, in zunehmendem Maße die ehelosen kirchlichen Würdenträger in ihr

Lehenssystem einbezogen, verstärkte diese Einbindung der Kirche ins Weltlich-Politische, bis dann mit dem Investiturstreit eine neue Situation entstand. Da man Lehen nicht nur von einem, sondern auch von mehreren Herren empfangen konnte, ergab sich in vielen Fällen eine ungemein komplexe und schwierige Rechtssituation, die von raffinierten Köpfen auch vorteilhaft genutzt werden konnte. So wurde eine subtile Abstufung der Rechtsverpflichtungen gegenüber den verschiedenen Formen der Lehensbindungen herausgearbeitet.

Diese Entwicklungen, die im merowingisch-karolingischen Raum ihren Anfang genommen hatten, wirkten sich auch bestimmend auf die Erschließung des deutschen Kulturraums aus. Die Erschließung des Raums blieb nicht nur den einzelnen Siedlern der verschiedenen germanischen Stämme und den lokalen Machthabern überlassen. Könige und Kaiser und die Kirche mit ihrem Netz von Pfalzen, Bischofssitzen und Klöstern sorgten für übergreifende Konzeptionen und Energien, die über das begrenzt Lokale hinauswiesen. In der Kirche als Bischofskirche lebte auch noch die alte römische Stadtkultur am längsten weiter, bzw. es wurde da an diese angeknüpft, wo immer es möglich war (man denke an Mainz, Trier und Köln). Bischofssitze waren nach alter römischer Tradition an Städte gebunden, und man versuchte, daran festzuhalten. Schon in der Spätantike, als die weltliche Organisation des römischen Reiches im Norden und Westen zusammenbrach, traten die Bischöfe in die Rolle stabilisierender Ordnungskräfte ein und konservierten, so gut es ging, die auf dem städtischen Element beruhende alte Ordnung. Das Christentum im römischen Reich war vor allem Stadtreligion; das schlug sich auch in der Terminologie für die Heiden nieder. Heide wurde mit *paganus* wiedergegeben, was den Menschen bezeichnet, der draußen auf dem flachen Land lebt, somit außerhalb der christlichen Stadt. Dazu kam, daß lateinisch *pagus* neben bäurisch auch noch zivil – im Gegensatz zu militärisch – bedeuten konnte. Die dann einsetzende Verchristlichung der Vokabel *militare* (= gegen das Böse kämpfen) machte den *paganus* zum Gegenpol des christlichen Streiters.

Ein nicht unwesentlicher Faktor bei der Durchdringung des Raums war auch die Errichtung von Kirchen. Kirchen mit ihrem in wirtschaftlicher Hinsicht zunächst ja meist bescheidenen Umkreis bildeten Mittelpunkte der Siedlungen bzw. verstärkten die Stellung bereits vorhandener kleiner Zentren. Für die Entstehung, Eigenart und Struktur unserer Dörfer wird man die Kirche auch konkret als Bauwerk einbeziehen müssen. In ihr trafen sich auch wichtige soziale Funktionen. Dazu war über die immer vorhandene Bindung zwischen der Kirche im flachen Land und dem Bischofssitz die Möglichkeit überlokaler Beziehungen gegeben. Die Kirche als Mönchskirche dagegen, ebenfalls ein Produkt der Spätantike, aber nur mehr chronologisch und nicht dem Geist und der Struktur nach, griff in anderer Weise aus ins flache Land, ja in die Einöden, und legte dort ihre durchorganisierten Kulturinseln an, deren Ausstrahlung nicht nur in religiöser Hinsicht kaum zu überschätzen ist. Kaiser und König, nicht städtisch gesinnt, über keine Hauptstadt verfügend – selbst das Aachen Karls des Großen brachte es nicht dazu – durchzogen das Reich, um als personal-konzipierte Rechtsmacht präsent zu sein. Zu diesem Zweck bauten sie ein Netz von Stationen aus, Pfalzen und Klöster, wo sie jeweils verbleiben und ihres Amtes walten konnten.

Diese drei Faktoren, Bischofssitze, Klöster, Kaiser- und Königsaufenthalte, die sich teilweise auch deckten, gewährleisteten bereits aufgrund ihres Daseins eine nicht zu unterschätzende Infrastruktur und, was besonders wichtig war, sicherten einer kleinräumig gewordenen, primitiven Agrarwelt die Verbindung mit anderen, z.T. auch sehr fernern Räumen. Gebundenheit an lokales

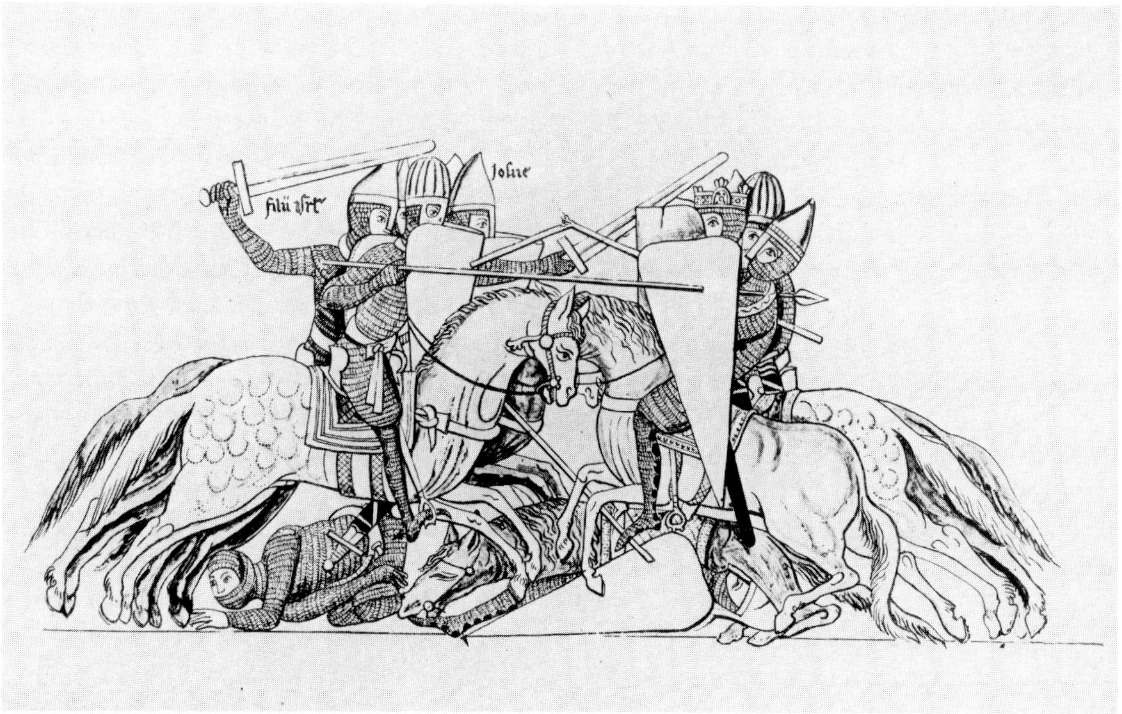

2. Ritterkampf (zu S. 36).

Selbstversorgungsdenken und Öffnung in übergreifende Kommunikationssysteme konnten so einander durchdringen. Die Voraussetzungen dafür waren zumindest angelegt. Im 6. Jh. dürfte in West- und Mitteleuropa das bloße Dahinleben auf kleinster lokaler Ebene am stärksten ausgeprägt gewesen sein. Ab dann ging es auch dank der politischen Dynamik der Karolinger aufwärts und übergreifende Formen und Konzepte traten deutlich hervor. Äußere Bedrohung mochte zwar Rückschläge bringen, an der grundsätzlichen neuen Richtung dieser Entwicklung konnte sie aber nichts ändern. Über die Art und Dichte der Siedlungen, über das Verhältnis zwischen selbständigen Bauern und solchen, die in Abhängigkeit ihr eigenes oder geliehenes Land bewirtschafteten, über die Lebensverhältnisse der Menschen im einzelnen gibt es aber kaum ausreichende Quellen, vor allem fehlt es an Quellen, die über punktuelle, zufällige Einblicke hinaus kontinuierliche Einsichten in die tagtäglichen Abläufe des Daseins ermöglichen würden.

Die maßgebende Form, in der sich die Erschließung und Bewirtschaftung des Raumes vollzog, war lange Zeit, auch im Hochmittelalter, das, was die Historiker mit dem modernen Ausdruck Grundherrschaft zu bezeichnen pflegen. Die überlokal wirkende Dynamik vieler dieser geistlichen oder weltlichen Grundherrschaften, nicht zuletzt auch die dominierende christliche Menschen- und Arbeitsauffassung, dazu die Tatsache, daß eben zwischen Grundherren und dem zu Abgaben und Dienstleistungen verpflichteten Bauern, dessen Freiheit oder Unfreiheit sekundär zu werden begann, kein Herren-Sklaven-Verhältnis bestand, daß der Bauer Person war und aus seiner Tätigkeit Nutzen für sich selbst ziehen konnte, sollte wesentlich den typisch west- und mitteleuropäischen Aufschwung und dessen kontinuierliche Dynamik bis herauf in die Neuzeit begünstigen. (Es bildete sich dabei eine typisch europäische Arbeits- und Sozialmentalität heraus, die z.B. der islamischen Welt trotz erstaunlicher militärischer und kultureller Leistungen fehlen sollte.) Vergleicht man mit der Zeit der Völkerwanderung, so kann man erkennen, daß verschiedene neue Umstände der Nachvölkerwanderungszeit in Europa eine Entwicklung begünstigten, die auf den Bauern als solchen und nicht mehr so sehr auf den Krieger-Bauern abzielte. Das Zurücktreten der äußeren Bedrohung seit Ende des 10. Jh. förderte außerdem den Vorrang friedlicher Arbeit. Dazu kam, daß in der Kriegstechnik der spezialisierte und schwer gepanzerte Krieger zu Pferd, der Ritter, immer mehr an Bedeutung gewann. Die Aufgabe der Mehrzahl der Bauern bestand in der Hauptsache darin, die materiellen Voraussetzungen für die Aufstellung und Ausrüstung solch kostspieliger und gut trainierter Ritterkontingente zu schaffen und weniger darin, selbst mit primitiver Bewaffnung als Fußsoldat wie einst in den Krieg zu ziehen. Die Spezialisierung eines Nährstandes neben dem Wehrstand zeichnet sich also ab. Otto Brunner weist darauf hin, daß unter solchen Umständen das entstehen konnte, was man das bäuerliche Arbeitsethos nennen kann. Auf weitere Umstände wird unten im Abschnitt über Arbeit und Wirtschaft eingegangen. Ohne dieses Ethos wäre z.B. eine so gewaltige zivilisatorische Leistung wie die deutsche Ostsiedlung völlig undenkbar gewesen. Dieses bäuerliche Arbeitsethos, dessen Fernwirkungen noch heute zu spüren sind und das über den sogenannten europäischen Kolonialismus (hier im etymologischen Sinne zu verstehen) in entfernte Ecken der Erde gedrungen ist, hat eine lange Tradition.

Die karolingische und nachkarolingische Zeit, in der die Grundherrschaft sich verfestigte und weiterentwickelte, brachte auch einige für die Zukunft wesentliche Veränderungen in der landwirtschaftlichen Arbeitstechnik, Bodennutzung und Ernährung, die einander beeinflußten, ohne daß man sagen könnte, wo das auslösende Element zu suchen wäre. Eine der Atmung der Zugtiere besser entsprechende Art des Anschirrens führte zu einer erheblichen Steigerung der Zugleistung besonders bei den Pferden, auch das Beschlagen der Hufe mit Eisen war eine wichtige Neuerung. Dies alles kam dem Ackerbau und dem Transport zugute. Der Pflug wurde durch Räder und Eisenmesser und eiserne oder eisenbeschlagene Pflugscharen in seiner Leistungsfähigkeit verbessert, die verbesserte Zugleistung der Tiere kam dazu. Für die Ausnützung des Bodens und die Ernteerträge fiel das ins Gewicht. Als Erntegerät bei Getreide, übrigens bis herauf zur Gegenwart, diente die Sichel. Statt der mühseligen Handmühle setzte sich seit der karolingischen Zeit immer mehr die Wassermühle durch, für die es ja auch nördlich der Alpen besonders gute klimatische Voraussetzungen gab. Die Dreifelderwirtschaft drang immer mehr dort vor, wo nicht, wie in den Alpen oder an der Küste, die Boden- und Klimabedingungen etwa nur die Weidewirtschaft praktikabel erscheinen ließen. Das Fehlen ausreichenden Düngers, die noch ungenügende Tiefe des Umpflügens vor allem bei schweren Böden beeinträchtigten aber immer noch die Erträge.

An Verbesserungen in dieser Hinsicht waren vor allem die Klöster beteiligt. Dort funktionierten die überregionalen Kontakte, es gab von daher schon die Möglichkeit zur Ausbreitung von Neuerungen, Austausch von Informationen, dort spielte auch das höhere Bildungsniveau der leitenden Kräfte eine entscheidende Rolle. Dazu kam die Tendenz, Tagesablauf und Dasein zu ordnen, was einer gewissen Rationalisierung überhaupt zuträglich war. Dazu ist aufgrund der Komplexität der Klostergemeinschaft und der meist hohen Zahl der zu Ernährenden von vornherein mit einer größeren Bewußtheit im Umgang mit der Wirtschaft zu rechnen. Man war also offener für Anregungen und Verbesserungen, statt einfach in primitiven Traditionen weiterzuwerkeln, und leitete solche Anregungen auch weiter an die einfachen Bauern auf den Außenhöfen. In den Klöstern wurden ja auch die Schriften der Antike zu Gartenbau und Landwirtschaft studiert.

Es kam auch zu einer Erweiterung des Fächers im Anbau verschiedener Kulturpflanzen und Gemüsesorten. Im Ackerbau machte die Entwicklung einer ertragreicheren und stärker diversifizierten Anbaukultur auch wesentliche Fortschritte. Das Anwachsen der Bevölkerung erhöhte die Anforderungen an die Produktion der Grundnahrungsmittel. Dafür standen aber auch mehr Arbeitskräfte zur intensiveren Nutzung des Bodens zur Verfügung. Der Anbau der später üblichen Getreidesorten setzte sich auf breiter Basis durch. Im ganzen deutschen Raum dominierte beim Brotgetreide der Roggen, im Südwesten hatte noch längere Zeit der Dinkel Bedeutung und im Westen drang der Weizen vor. Dazu wurden in den Ackerbaugebieten Gerste und Hafer in steigendem Maße angebaut, was auch die Ernährung der Pferde verbesserte und damit deren Leistungskraft erhöhte; das kam wiederum der Landwirtschaft zugute und natürlich auch der Kriegsführung, die sich immer mehr auf die Berittenen als Elitetruppe stützte. Für die Verbesserung der Ernährung der Menschen, auch der breiten ländlichen Massen, spielte auch die Ausbreitung der Hülsenfrüchte eine große Rolle. Die Ernährungslage der unteren Schichten blieb nichtsdestoweniger immer prekär. Schlechtwetter und Mißernten konnten lokale Katastrophen auslösen, da ein überregionales Verteilungssystem fehlte. Die nicht geringzuschätzende Armenspeisung durch die Klöster konnte nicht all diese Härten des Daseins beseitigen. So konnte es punktuell auch zu Ausschreitungen und Plünderungen kommen, die man aber nicht verallgemeinern und vor allem nicht zu revolutionären Äußerungen hochstilisieren darf. Bedeutende Fortschritte, auch dank der Förderung durch die Klöster, machte im Mittelalter auch der Weinanbau, nicht nur in jenen Gebieten, die heute noch die Hauptweinanbaugebiete im deutschen Raum sind. Ansätze zu bestimmten Schwerpunktbildungen, Viehzucht, Ackerbau, Weinbau, lassen sich bereits erkennen, die für die Überwindung der in den vorangehenden Jahrhunderten mehr schlecht als recht auf Selbstversorgung beschränkten Wirtschaftsform wichtig werden sollten.

In diesem Zusammenhang ist auch zu berücksichtigen, daß das Handwerk vom Ausbau der Landwirtschaft profitierte, und in Wechselwirkung dazu natürlich auch seinen Beitrag zum Ausbau der Landwirtschaft leistete. Ein hoher Prozentsatz der handwerklichen Tätigkeiten wurde von den Bauern, wie übrigens bis herauf in die Gegenwart, selbst erledigt. Freilich gab es schon seit alter Zeit bestimmte Handwerkszweige, etwa das Schmiedehandwerk, die zur Verselbständigung neigten. Der Ausbau der Grundherrschaft, wobei die Klöster wiederum vorbildhaft gewirkt haben dürften, vor allem dort, wo zahlreichere bäuerliche Betriebe von einem Herrenhof abhingen, begünstigte die Entwicklung einer gewissen Arbeitsteilung, die auch über die Befriedigung des bloßen Eigenbedarfs hinausdrängte und sich mit der Entwicklung des Handels verband, des Handels auf lokal-regionalen Märkten, aber auch des neu sich entwickelnden Fernhandels. Manche Produkte der landwirtschaftlichen Betriebe (Wein, Wolle, Getreide etc.) konnten ebenfalls in diesen sich allmählich erweiternden Kreislauf eingefügt werden, so daß bis zum Ende unseres Zeitraums ein beachtliches, vielgestaltiges und leistungsfähiges Netz von Wirtschaftsbeziehungen aufgebaut worden war. Der Fernhandel war ja seit der Spätantike und der Islamisierung des südlichen, östlichen und westlichen Teiles des Mittelmeeres und seit den Germaneneinbrüchen nie ganz zusammengebrochen, aber das alte, antike Vertriebsnetz war doch weitgehend außer Funktion gesetzt. Der Fernhandel war auch auf einige Luxus- und Elementargüter zusammengeschrumpft. In Nordeuropa war das Salz ein wichtiges Alltagsgut, das weithin gehandelt wurde; auch Kunstschmiedeerzeugnisse wurden nicht nur für den jeweiligen Eigenbedarf erzeugt, besonders renommierte Werkstätten fanden Abnehmer weit über die engen Grenzen des natürlichen Einzugsgebietes hinaus und der Bedarf an kostbaren Schmuckgegenständen, man denke auch an den liturgischen Gebrauch, war nicht gering. Gerade bei den Schmiedeerzeugnissen darf man mit einer ziemlich ungebrochenen Tradition über die Völkerwanderungszeit hinweg rechnen. Töpferei und Glasmanufaktur waren ebenfalls von altersher und von der Natur der Sache (Vorhandensein der Rohstoffe) auf überregionale Erzeugung angelegt. Vielfach lassen sich dabei die Linien noch zurückverfolgen auf alte römische Produktionsstätten, wie etwa vor allem im Rheinland. Auch die Erzeugung hochwertiger Textilien für Herrscher, für Kirchen und Klöster, griff über den lokalen Bedarf hinaus. Die lokale Marktwirtschaft intensivierte sich und reicherte sich an, was nicht ohne Folgen für Probleme der Preisgestaltung und für das Geldwesen blieb. Darüber hinaus belebte sich der Fernhandel immer mehr und bezog auch handwerkliche Produkte verschiedener Art und verschiedener Länder in sein Angebot ein: Byzanz war für den Südosthandel das natürliche Zentrum, von Regensburg ging der Fernhandel nach Kiew, von Bardowick in die ostelbischen Gebiete und von Schleswig in die skandinavischen Länder.

Auch die Arbeitskraft selbst durchbrach die Eingrenzung auf den lokalen, engen Rahmen. Facharbeiter, z.B. Steinmetzen, zogen von Großbaustelle zu Großbaustelle, man denke nur an die riesigen Kaiserdome. Ähnliches gilt für andere Spezialarbeiter wie die Bergleute. Im Gefolge der Ostsiedlung exportierte dann das deutsche Altland eine Vielzahl von Bauern, Händlern und Handwerkern in die neuen Wirkungsstätten des Ostens. Diese Entwicklung hin zu einer arbeitsteiligen Wirtschaft sollte auch beachtliche soziale Konsequenzen haben. Die Produzenten, vor allem die Handwerker, werden sich schließlich gegen Ende des Mittelalters in Zünfte zusammenschließen und als Gemeinschaft Einfluß in den sich entwickelnden städtischen Gemeinwesen ausüben. Aus den nichtseßhaften Händlern, die periodisch an den traditionellen Handelsplätzen auftauchen, wird allmählich der sozial wichtige Faktor eines Kaufmannsstandes mit festem Handelssitz, gipfelnd etwa in der spätmittelalterlichen norddeutschen Hanse.

Bevölkerungszunahme, Ausweitung und Intensivierung der Landwirtschaft, Fortschritte in der handwerklichen Entwicklung und in der Technik führten dazu, daß weiterer Boden unter den Pflug genommen werden mußte, was gelegentlich sogar dazu führte, daß Boden Mangelware wurde und die Herren eine zu weitgehende Rodung des Waldes stoppen mußten, da der Wald nicht nur Holzlieferant war. Im Norden an der See ging man immer mehr dazu über, dem Meer Weideland abzugewinnen und dies durch Deiche zu sichern, wobei man freilich gegen besonders starke Sturmfluten noch nicht gewappnet war. Die niederländisch-flämischen Siedler gewannen dabei beachtliches Ansehen als Fachleute des Deichbauwesens und konnten dann im Zuge der Ostsiedlung an den dortigen Küstenstrichen ihre Erfahrungen einbringen. Die planvoll in die Wege geleitete Ostsiedlung, welche den Bevölkerungsüberschuß aufnehmen konnte, brachte überdies auch weitere Verbesserungen der rechtlichen und materiellen Situation der Bauern mit sich, nicht nur für jene, die ins östliche Neuland zogen.

In Zusammenhang mit diesen Entwicklungen, die den Zeitabschnitt kurz vor dem Hochmittelalter kennzeichnen, ist dann auch der rasche Aufschwung und Ausbau der Städte im 12. und 13. Jh. zu sehen, wo ebenfalls die lenkende Hand von oben maßgebend eingegriffen hat. Die vielfältigen Veränderungen seit der karolingischen Zeit, vor allem aber seit dem Zurücktreten der Existenzbedrohung durch die Invasionen äußerer Feinde, legten den Grund für eine europäische Konsolidierung – ein markantes Beispiel dafür war die damals erfolgte Eingliederung der Ungarn in den Westen – und für einen großen Aufschwung, der bis ins 14. Jh. hinein dauern sollte und darüber hinaus die weitere Zukunft Europas beeinflußte. An diesen Veränderungen und an diesem Aufschwung haben verschiedene Kräfte ihren Anteil, darunter auch die Politik. Die moderne Bezeichnung Politik deckt sich freilich nicht ganz mit dem,. was sich im Hochmittelalter damit verband. Es besteht aber kein Grund, auf diese Bezeichnung zu verzichten, ein hinreichender Bestand an übergreifenden Gemeinsamkeiten ist gegeben. Auch wenn es schwierig, wenn nicht unmöglich ist, den exakten Anteil der Politik an diesen Veränderungen und an diesem Aufschwung im allgemeinen und in Einzelbereichen zu bestimmen, und wenn es auch im hochmittelalterlichen Leben Aspekte gegeben hat, die kaum oder gar nicht von der Politik geprägt wurden, so kann man doch feststellen, daß nicht nur einige Rahmenbedingungen auf sie zurückgehen, sondern daß sie in viele Bereiche der Kultur maßgebend eingegriffen hat.

III. DER POLITISCHE HORIZONT – DAS REICH

Seit dem 10. Jh. war die Osthälfte von Karls des Großen ehemaligem Herrschaftsgebiet Kern des von Heinrich I. und Otto dem Großen mit neuem Leben erfüllten Reichs geworden. Deutsche Könige sind es, die in Rom zu Kaisern gekrönt werden. Gemessen an der merowingisch-karolingischen Zeit eine folgenschwere Verlagerung des politischen Schwergewichts in die Gebiete östlich des Rheins. Politik ist aber nicht nur im Sinn pragmatisch-empirischen Verfahrens zu verstehen, sie hatte auch eine stark ausgeprägte sakrale, geschichtstheologische Dimension, ja war untrennbar damit verbunden, was freilich nicht heißt, daß nicht auch im einzelnen im Mittelalter sehr pragmatisch verfahren werden konnte. Es bedeutet diese politische Verlagerung nach Osten zugleich, daß dem deutschen Raum eine große, historisch fest verankerte Last aufgebürdet wurde, die sicherlich als Herausforderung auch große Möglichkeiten eröffnete, aber ebenso Gefahr und Hemmnis bedeuten sollte. Die beiden alten karolingischen Kernbereiche, der galloromanisch-westfränkische Westen und der fränkisch-alemannisch-bayrisch-sächsische Osten, entwickeln sich nun politisch auseinander, ohne daß dieser vorwiegend germanische Osten mit all jenen Gebieten, die durch die Ausdehnung des Reichs ihm zugeordnet waren, vor allem Burgund und weite Teile Italiens und der Provence, zu einer neuen und soliden politisch-kulturellen Einheit zusammengewachsen wäre. Das früher erwähnte Auseinanderklaffen zwischen nördlich politischer Macht und südlich religiöser Macht (Rom) bedingte neben nationalen und stammhaften Unterschieden die Unmöglichkeit einer neuen Integration. So bereitete sich unter der stark theorielastigen und überdies trotz mancher Kraftleistung immer dünner werdenden Decke des Reichs, aus der Frankreich und England ohnehin bereits herausfielen, die moderne Nationalstaatlichkeit Europas vor.

Wenn man feststellt, daß mit den Sachsenkaisern des 10. Jh. das Reich mit neuem Leben erfüllt wurde, so ist *neu* auch in seiner besonderen mittelalterlichen Bedeutung zu verstehen, von der schon die Rede war und noch sein wird. Das gilt in hohem Maße für die kaiserliche Hauptgestalt des folgenden hochmittelalterlichen Zeitabschnitts, für Friedrich Barbarossa. Es geht auch bei ihm nicht nur um ein Anknüpfen und Fortsetzen, sondern auch um ein heilsgeschichtlich bedeutsames Erfüllen, ein noch weiter vorangetriebenes Entfalten dessen, was im Früheren angelegt war. Den zusammengehörigen zweipoligen Bezugshorizont bildeten Karl der Große und das imperiale Rom, die im Reich Friedrichs ihre Erfüllung hätten finden sollen. Friedrich erscheint demnach als *novus Carolus magnus* und als *caesar catholicus romanorum.* Auch die z. T. unfesten Bezeichnungen für das Reich selbst sind für den Betrachter von nicht geringem Wert. Otfrid (um 860) spricht von Ludwig dem Deutschen als dem König der östlichen Reiche, *orientalium regnorum*, und auch im 10. Jh. herrscht die Bezeichnung *regnum francorum orientalium* vor, was immer noch an das alte karlische Gesamtreich denken läßt. Auch die im altrömischen Sprachgebrauch wurzelnden

3. Das Reich zur Zeit der Staufer.

Bezeichnungen Gallia und Germania für das alte Gesamtreich sind immer wieder anzutreffen. Mit dem 11. Jh. beginnt sich der Ausdruck *regnum Teutonicum/Teutonicorum* durchzusetzen. Begünstigt wurde das auch durch die gezielte Terminologie, die Papst Gregor VII. verwendete, dem der Titel *rex Romanorum* für den deutschen Herrscher nicht geheuer war und der deshalb die Bezeichnung *rex Teutonicorum* bevorzugte; damit konnte der deutsche Herrscher mit den Königen anderer mittelalterlicher Völker und Stämme auf eine Stufe abgedrängt werden. Die Kaiser selbst legten dagegen großen Wert auf den Einschluß Roms und der Römer in den Herrschaftstitel. Aber noch im 12. Jh., selbst im Geschichtswerk Ottos von Freising, des Onkels Barbarossas, gehen die Bezeichnungen *Franci orientales, Teutonici, Germani, Alemanni* und die entsprechenden Reichsbezeichnungen nebeneinander her. Die Bezeichnung Deutschland im politischen Sinn ist ja erst seit dem 16. Jh. nachweisbar.

Daß diese Neufundierung des Reichs durch Barbarossa letztlich kein Erfolg war, läßt sich im nachhinein leicht kausal erklären. Man sollte aber nicht übersehen, daß die Entwicklung anders hätte verlaufen können, wenn z.B. der dritte Kreuzzug, den Barbarossa eingeleitet hatte, nicht wegen des Unfalltodes des Kaisers zu einem Fehlschlag geführt hätte und wenn nicht wenige Jahre darauf sein mächtiger Sohn und Nachfolger Heinrich VI. in jungen Jahren plötzlich gestorben wäre. Beides sind Zufälle, für die es keine ideologisch-soziologischen und politischen Ursachen gibt. Freilich ist nicht zu leugnen, daß sich um die Mitte des 12. Jh., als Barbarossa die Macht im Reiche übernahm, einige wesentliche Grundvoraussetzungen gegenüber den Zeiten Pippins, Karls des Großen oder auch der Ottonen geändert hatten. Im 8. Jh. wandten sich die Päpste in Rom an die aufstrebenden Frankenherrscher im Norden um Beistand und leiteten damit eine Entwicklung von unabsehbarer politischer Tragweite ein. Diese feste Bindung lockerte sich aber. Im 11. Jh. kam es zu Kontakten zwischen dem Papsttum und den viel näher sitzenden und mächtigen Normannen in Süditalien. Formal war der deutsche Kaiser der Schutzherr der Kirche, doch nun, seit im Jahre 1059 die Normannenherrscher dem Papst den Lehenseid geschworen hatten, konnte sich der Papst auf sie stützen und sogar mit ihrer Hilfe gegen seinen eigentlichen Schutzherrn vorgehen. Diese gravierende machtpolitische Veränderung lief parallel mit einer immer stärker werdenden Selbstbesinnung des Papsttums, wie sie von reformerischen Kräften, denen die Mißstände vor allem im römischen Klerus mit Recht ein Dorn im Auge waren, gefördert wurde und die, echt mittelalterlich, eine immer stärker werdende rechtliche Komponente erhielt. Die Berufung auf die

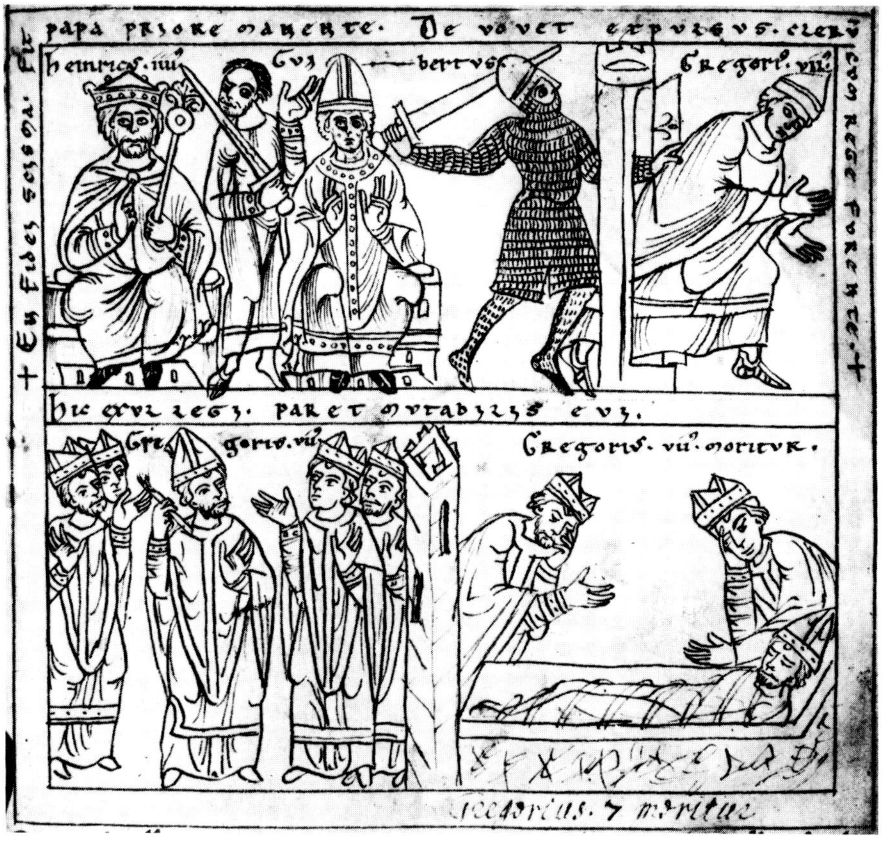

4. Heinrich IV. und Papst Gregor VII. (zu S. 44), aus Ottos von Freising Chronik.

sogenannte Konstantinische Schenkung, die schon im 8. Jh. eine Rolle gespielt hatte und nun zusehends an Bedeutung gewann, ist nur ein Aspekt einer immer stärker werdenden Verrechtlichung von Papsttum und Kirche, die parallel verlief zur Steigerung der Energie, mit der universelle Ansprüche verfochten werden sollten.

Nicht zufällig fällt auch die Trennung von der Ostkirche mit wechselseitigem Bannfluch im Jahre 1054 in diese Zeit der sich rasch verändernden Beziehungen zwischen Kaiser und Kirche, einer Kirche, die gerade durch diese Kaiser seit der Ottonenzeit besonders stark mit dem politischen Geschehen verflochten worden war. Bischöfe und Äbte hatten ja als Gegengewicht zum weltlichen Adel als Inhaber großer Reichslehen bedeutenden Einfluß im Reich erhalten, gefördert von den Königen und Kaisern. Die sich verändernden Beziehungen zwischen Papst und Kaiser sollten im Investiturstreit in offene Feindschaft umschlagen und 1076 in dem unerhörten Geschehen gipfeln, daß ein Papst, Gregor VII., den Kaiser, Heinrich IV., den defensor ecclesiae, mit dem Bann belegte. Der Zisterziensermönch und Bischof Otto von Freising, ein Enkel Heinrichs IV., überdies einer der bedeutendsten Historiker des Hochmittelalters, äußerte noch gut 70 Jahre nach diesem Geschehen sein Entsetzen. (Die Bannung anderer Mächtiger, etwa des französischen Königs im Jahre 1095 wegen Ehefragen, hatte bei weitem nicht mehr dieses Gewicht.) Vorausgegangen war im Jahre 1059 eine in Rom vorgenommene Änderung der päpstlichen Wahlordnung, die den Kardinälen eine zukunftsweisende Bedeutung zuerkannte und nur mehr in vager Weise die traditionelle Rolle der deutschen Könige bei der Papstwahl berücksichtigte.

Das Papsttum wandte sich auch entschieden gegen die nicht nur im Reich weitverbreitete Simonie, worin es mit streng religiös gesinnten Königen und Kaisern durchaus einer Meinung war. Das Papsttum bekämpfte aber auch die Laieninvestitur, die überdies auch außerhalb des Reiches gang und gäbe war. Das aber bedeutete einen radikalen Eingriff in die traditionellen Rechte und Praktiken der deutschen Könige, auch wenn diese sehr papstfreundlich waren; selbst ein so kirchentreuer Mann wie Heinrich III. beharrte auf diesem Recht und setzte Bischöfe und Äbte ein. Erst unter Heinrich V. im Wormser Konkordat von 1122 kam es dann zu einem Kompromiß der abgestuften Einflüsse von Kaiser und Papst. Das bloße Vorhandensein dieses Kompromisses ist schon der Beweis dafür, daß in der grundsätzlichen Frage der religiösen machtpolitischen Stellung von Kaiser und Papst sich ein neues Verhältnis anzubahnen begann. Das traditionelle, auf Karl den Großen zurückgehende sakrale Selbstverständnis des Kaisers erwies sich dabei grundsätzlich als angeschlagen, doch noch nicht wirklich als geistig überwunden. Die Rechtshistoriker mögen darüber streiten, ob dieses Konkordat bereits als völkerrechtliches Abkommen zwischen zwei getrennten Staaten im modernen Sinn anzusehen sei, ein Signalcharakter ist aber diesem Vorgang nicht abzusprechen.

Dieses Streben nach stärkerer Eigenständigkeit des geistlichen Elements setzt, weitgehend noch unbewußt, voraus, daß die Bereiche geistlich und weltlich bereits auseinanderzudriften begannen, daß die massive Globalität der früheren Zeiten, wo es meist sinnlos gewesen wäre, sauber zwischen geistlich und weltlich zu trennen, Risse und Sprünge erhielt, die sich rasch erweitern sollten. Man darf diesen Vorgang in Zusammenhang mit anderen zukunftsweisenden Vorgängen sehen. So kommt neben der traditionell massiven und biblisch orientierten, betenden Mönchstheologie – man setze dafür schlagwortartig den Namen Bernhard von Clairvaux – eine spekulierende rationale Theologie auf, die vom eigenen Denken geprägt ist und weniger von der Bibel – schlagwortartig sei als Vertreter Petrus Abaelardus genannt –, deren Fragestellung historisch gesehen auf das durchaus berechtigte Unverständnis der biblisch-mystischen Theologie stoßen mußte; denn deren Denken und Sprechen war nicht so sehr von einer rein instrumental agierenden Vernunft geprägt, sondern bewegte sich in einer für uns kaum nachvollziehbaren Weise in den Bahnen der Bibel. Daß der erste Kreuzzug ohne Beteiligung des deutschen Kaisers initiiert und erfolgreich durchgeführt werden konnte, ist ein weiteres Indiz dafür, daß die Entwicklung über traditionelle Positionen und Ansprüche hinwegzuschreiten begann. Man stelle sich vor, was geschehen wäre, wenn diese Bedrohung der heiligen Stätten zur Zeit Karls des Großen akut geworden wäre!

Als Friedrich I. Barbarossa, der *novus Carolus*, im Jahre 1152 zum deutschen König gewählt wurde, hatten sich also die geistlichen Grundlagen auf fast irreversible Weise zu verschieben begonnen, von anderen Voraussetzungen, etwa dem Aufschwung des angevinischen Machtblocks im Nordwesten Europas, dem sich anbahnenden politischen Aufstieg Frankreichs, der auch nicht ohne Rückgriff auf die Karlsmythen erfolgte, oder der Entwicklung der oberitalienischen Städte zu gewaltiger wirtschaftlicher und militärischer Macht u.a. zu schweigen. Die Erschütterungen und innerdeutschen kriegerischen Auseinandersetzungen, die der Investiturstreit gebracht hatte, waren für den deutschen Raum nicht ohne Folgen auch in realpolitisch-sozialer Hinsicht. So hatten sich die Spannungen zwischen König und mächtigen Adelsfamilien verschärft. Zu einer grundsätzlichen Lösung des Problems der Situation des Herrschers, die aus einer Mischung aus Wahlkönigtum und Berücksichtigung ererbter machtpolitischer Ansprüche bestimmter Familien, aus Erbmonarchie also, bestand, war es nicht gekommen. Wenn auch bis zu Heinrich V., der 1125 kinderlos starb, die geradlinigen dynastischen Ansprüche nach außen hin durchgesetzt werden konnten, so war das nicht ohne erhebliche Reibungsverluste vor sich gegangen. Die Fürsten ließen sich ihre Zustimmung bei der Wahl des Königs durch Zuerkennung von Macht und Einfluß bezahlen. Durch das radikal gestörte Verhältnis zwischen Papsttum und dem deutschen König wurde die Stellung des Königs zusätzlich kompliziert. Man braucht nur nach Byzanz zu blicken, um zu sehen, daß das oströmische Kaisertum solche Nachfolgeprobleme nicht hatte.

Im Investiturstreit war jene Stütze der Könige, die sich diese seit der Ottonenzeit in den Reichsbischöfen und Reichsäbten geschaffen hatten, schwächer geworden. Das führte dazu, daß die sogenannten Ministerialen, ursprünglich Unfreie, die schon seit dem 11. Jh. durch Übertragung bestimmter Ämter besonders eng an den Königshof gebunden und, da sie über kein Allodium verfügten, ganz vom Herrn, in diesem Fall vom König, abhängig waren, immer mehr als Stützen des Reiches und des Königs an Bedeutung gewannen. Die Herausbildung und rasche Aufwertung dieser Ministerialenschicht ist typisch für die Verhältnisse im Reich. Im Westen verlief die Entwicklung etwas anders, dort hatte sich, ausgehend von der Normandie, ein besonderes Vasallenrecht gebildet. Neben den herkömmlichen Vasallen bildeten sich *homines ligii*, die einem Lehensherrn durch ein besonderes Treueverhältnis verpflichtet waren, das stärker war als die übrigen Lehensbindungen, die solche *homines* eingegangen sein konnten. Man intensivierte also im Westen punktuell das traditionelle Vasallentum, während im Reich eine neue Trägerschicht aktiviert wurde. In den kriegerischen Auseinandersetzungen Heinrichs IV. mit seinem Sohn, dem späteren Heinrich V., hatte sich dann auch die Bedeutung eines weiteren wichtigen politischen Faktors, der Stadt, bereits abzuzeichnen begonnen. So erhielt Heinrich IV., als er im Jahr 1073 in arger Bedrängnis war, von den Bewohnern der Stadt Worms tatkräftige Unterstützung, wofür er sich dann auch durch ein bedeutsames Privileg erkenntlich zeigte. Im Jahre 1106, als Heinrich IV. seinem Sohn, der sich auf den Adel stützte, die Reichsinsignien überlassen mußte, selbst aber entkommen konnte, waren es wiederum die Städte, vom Elsaß bis zum Niederrhein, auf die Heinrich IV. sich verlassen konnte.

Das deutsche Königtum hatte es im Gegensatz zu den französischen Kapetingern nicht vermocht, sich ein größeres, zusammenhängendes Herrschaftsgebiet aufzubauen. Die Unsicherheiten und Bürgerkriege, die der Investiturstreit mit sich gebracht hatte, waren für die lokalen Machthaber Anlaß gewesen, ihren Einfluß auszudehnen, ihre Sitze auszubauen und zu befestigen. So entstand eine große Zahl wehrhafter Stützpunkte, die für die Zentralmacht ein weiteres konkretes Hindernis waren, sich flächendeckend durchzusetzen. Es ist wohl auch kein Zufall, daß in diesen Zeiten eine Änderung in der Namensgebung eintrat. Statt, wie bisher üblich, einen Geschlechtsnamen zu wählen, der auf einen Stamm oder auf berühmte Personen – ob historisch oder sagenhaft – zurückgeführt werden konnte, wurde es Usus, die Familie nach einem besonderen Machtzentrum, einer Burg, zu benennen. Das gilt auch für jenes Geschlecht, das unserem Zeitraum das politische Gepräge geben sollte, für die Staufer, die nach der Burg Staufen – der Name ist von der Topographie abgeleitet – bei Göppingen benannt wurden. Auch ein anderes mächtiges Geschlecht aus dem Südwesten, die Zähringer, nannten sich nach der entsprechenden Burg im Breisgau. In dieser Orientierung auf eine Burg kommt ebenfalls zum Ausdruck, daß die Bindung an ältere Machteinheiten, wie Stamm oder sagenhafte Vorfahren, an Bedeutung zu verlieren begann. Man geht wohl nicht fehl, wenn man darin auch ein Schwinden der archaischen, biologisch-mythischen Komponente zugunsten konkreter realer Machtverhältnisse sieht. Das schließt freilich nicht aus, daß man sehr wohl, vor allem auf geistiger Ebene, bis herauf in die beginnende Neuzeit die Anknüpfung an die großen Symbolfiguren der Vergangenheit – Aeneas, Karl, Artus ... – suchte. Durch die Schwächung der königlichen Zentralgewalt und durch den Aufschwung der Städte wurde auch die Entwicklung der Burgen gefördert. Für Italien, freilich auch unter anderen Umständen, hat man dieses Phänomen des zunehmenden Burgenausbaus als incastellamento bezeichnet.

Die Staufer sollten dann ein Jahrhundert lang das Reich beherrschen; das war um die Mitte des 12. Jh. noch nicht so ohne weiteres abzusehen. Andere Geschlechter und Individuen waren an der Erlangung der Königs- und Kaiserwürde ebenfalls interessiert. Als Heinrich V. starb und keinen direkten männlichen Erben hinterließ, setzte sich wiederum das Wahlkönigtum gegen die Erbmonarchie durch. Herzog Lothar von Supplinburg, bereits 50 Jahre alt und ohne männlichen Nachkommen, wurde 1125 in Mainz gewählt und vom Kölner Erzbischof in Aachen gekrönt. Kandidaten der Erbmonarchie, wie der Staufer Friedrich von Schwaben oder der Babenberger Konrad, beides Neffen Heinrichs V., kamen nicht zum Zug. Als dann Lothar III. auf der Rückreise eines Italienzuges 1137 in Tirol starb, hatte er seinem Schwiegersohn, dem Bayernherzog Heinrich dem Stolzen aus der Dynastie der Welfen, der auch noch Herzog der Sachsen geworden war und in Italien erhebliche Macht besaß – Einfluß auf die sogenannten mathildischen Güter –, die Reichsinsignien übergeben. Wiederum aber konnte sich das dynastische Konzept in dieser Art nicht durchsetzen, den mehr am Wahlkönigtum interessierten Kräften der Kirche und einflußreichen Fürsten erschien Konrad von Staufen, dessen älterer Bruder Friedrich bei der Wahl von 1125 ohne Erfolg geblieben war, als der geeignete Kandidat. Konrad III. wurde nun 1138 in Koblenz gewählt und gleich darauf in Aachen von einem päpstlichen Legaten gekrönt. Heinrich der Stolze fügte sich zunächst; zwischen Staufern und Welfen aber entstand eine dauerhafte unheilvolle Spannung, die die Zukunft belasten sollte. Zankäpfel waren außer den Einflußsphären in Italien die Herzogtümer Bayern und Sachsen. So hinterließ Konrad III. seinem Nachfolger notwendigerweise beachtliche innenpolitische Spannungen.

In diese Zeit fiel auch ein großes außenpolitisches Ereignis, an dem Konrad selbst mit dem französischen König beteiligt war und das die Zentralgewalt belastete: der zweite Kreuzzug, der sich als verlustreicher Mißerfolg erweisen sollte. Dies hatte verheerende Folgen, die eigentlich schon den Anfang vom Ende der Kreuzzugsbewegung hätten erkennen lassen können, wenn man im nachhinein urteilt; für viele Zeitgenossen stellte sich aber die Lage immer noch anders dar. Daß die Kreuzzugsbewegung dennoch etwa ein Jahrhundert weiterhin ihre Macht ausüben konnte, ja, daß es 40 Jahre nach diesem verhängnisvollen Mißerfolg fast gelungen wäre, das Blatt zu wenden, darf nicht übersehen werden. Konrad III. starb 1152 in Bamberg, kurz vor der Krönung zum Kaiser durch Papst Eugen III. Konrads bereits zum König designierter Sohn war kurz zuvor gestorben und der verbleibende männliche Erbe war noch ein Kind. So favorisierte der sterbende König seinen Neffen, den Herzog Friedrich von Schwaben, und bestimmte ihn als seinen Nachfolger. Das dynastische Prinzip kam also einigermaßen zur Geltung. Bald nach Konrads Tod wurde 1152 Friedrich in Frankfurt von den Fürsten, ohne daß die Kirche oder ein päpstlicher Legat maßgebend eingegriffen hätten, zum König gewählt und dann in Aachen gekrönt. Der Staufer Friedrich, über seine Mutter mit dem Welfenhaus verwandt, war schon dadurch auch für diese mächtige Partei ein einigermaßen annehmbarer Kandidat. Friedrich, als deutscher König Friedrich I., von den Italienern Barbarossa genannt, war um diese Zeit etwa 30 Jahre alt. Er sollte nun fast 40 Jahre lang die Geschicke des Reiches lenken. Friedrichs I. Regierungsantritt wurde von den Zeitgenossen auch bald als glanzvoller Wendepunkt betrachtet und tatsächlich überdauerte das Prestige, das Friedrich seiner Dynastie und dem Reich zu geben vermochte, seine eigene Regierungszeit und wirkte hinüber bis zum Tod seines Enkels Friedrichs II. im Jahre 1250, ja im Mythos hielt diese Wirkung noch viel länger an.

Wie ist dieser Aufschwung des Reichs zu beurteilen? Handelt es sich ausschließlich um ein restauratives, stockkonservatives Phänomen? Ein eifernder Verfechter dieser Ansicht war z.B. Friedrich Heer mit seinen in Laien- und Germanistenkreisen einflußreichen Büchern. Nun ist es an sich schon bedenklich, komplexe geschichtliche Vorgänge und Gestalten nach dem simplen Raster von Fortschritt oder Rückschritt zu richten, wobei, wenn man von den Naturwissenschaften und der Technik absieht, weder das eine noch das andere meist überzeugend zu definieren ist. Bei der Beurteilung einer solchen besonders tief in der Vergangenheit verwurzelten Problematik, die für die hochmittelalterliche Kaisergeschichte kennzeichnend ist, wird man eine derartig zugespitzte Fragestellung als eine nicht gegenstandsgemäße Simplifizierung betrachten müssen. Es ist ratsam, die Bezeichnung restaurativ, die auch mehr an die Politik nach dem Wiener Kongreß erinnert, nicht so ohne weiteres auf das Hochmittelalter anzuwenden, wo das, was uns als restaurativ erscheinen könnte, anderen Notwendigkeiten und Zusammenhängen verpflichtet war. Der geistige Kontext war also ein anderer als zur Zeit Metternichs. Dazu kommt, daß mit Friedrich I., zwar nicht in allem von ihm vorhergesehen oder gewollt, Entwicklungen besonders feste Konturen bekamen, die dem staufischen Jahrhundert die Bezeichnung ›fortschrittlich‹ als durchaus angemessen erscheinen ließen, wenn es nicht grundsätzliche Bedenken gäbe, geschichtliche Abläufe vor allem früherer Zeiten an das harte begriffliche Prokrustesbett von Restauration und Fortschritt zu fesseln. Wie das fortschrittliche Frankreich unter König Philipp August (1180–1223) strebte auch das Staufenreich Friedrichs und seiner Erben energisch nach dauerhafter Stärkung der Zentralmacht und konnte die Erbmonarchie zumindest teilweise de facto durchsetzen. Daß der unerwartet frühe Tod Heinrichs VI. eine verhängnisvolle Schwächung dieser Tendenz mit sich brachte, darf nicht den deutschen Verhältnissen angelastet werden. Wie in Frankreich beobachtet man im Stauferreich das Streben nach dem Ausbau zusammenhängender Territorialherrschaft, was auch vielen Städten und städtischen Neugründungen zugute kam. Wie das juristisch besonders fortgeschrittene Papsttum versteht es auch das Stauferreich, die moderne Rechtsgelehrsamkeit mit dem römischen Recht (Zentrum der Studien in Bologna) in den Herrschaftsanspruch einzubauen. Heinrich VI. und Friedrich II. werden dann darangehen, den Staat mit einer straffen und wirksamen Verwaltung auszustatten und die Rahmenbedingungen für einen großen Aufschwung von Wissenschaft und Bildung zu schaffen, der vor allem bei Friedrich II. bei weitem die Erwartungen übersteigen sollte, die man in dieser Hinsicht selbst an einen fortschrittlichen Herrscher stellen kann.

Friedrich I., dem man eine weitausgreifende Herrschaftskonzeption kaum wird absprechen können, ging systematisch vor. Er stärkte zunächst im deutschen Raum seine Position gegenüber der Kirche. In kurzer Zeit gelang es ihm, eine Anzahl von Leuten, die ihm genehm waren, auf deutschen Bischofssitzen zu etablieren, auch wenn dabei gelegentlich das Wormser Konkordat sehr weit ausgelegt werden mußte. Im Umgang mit den mächtigen Adelssippen zeigte Friedrich vor allem den Welfen gegenüber Vorsicht und Entgegenkommen aus der richtigen Einsicht heraus, es hier, bei der noch keineswegs gefestigten Erbmonarchie der Staufer, mit einer Konkurrenz auf höchster Machtebene zu tun zu haben. So wurde das Herzogtum Bayern dem Babenberger Heinrich Jasomirgott entzogen – er hatte auch die Aufforderung, auf dem Reichstag zu erscheinen, in den Wind geschlagen – und dem Sachsenherzog Heinrich dem Löwen zugesprochen. Heinrich hatte somit zwei Herzogtümer inne, was gegen die Norm war. Um die Babenberger, die den Staufern besonders nahestanden, zu entschädigen, wurde mit dem *privilegium minus* im Jahre 1156 die Mark Österreich zum Herzogtum erhoben und Heinrich Jasomirgott damit betraut.

Diese Neugründung von Herzogtümern ist übrigens ein Indiz dafür, daß die alten Stammesherzogtümer sich zugunsten neuer territorialer Einheiten zu lockern begonnen hatten. Friedrich versuchte auch gleich nach Regierungsantritt, das Verhältnis zum Papsttum auf eine solide Grundlage zu stellen und die Kaiserkrönung vorzubereiten. Diese ersten Verhandlungen mündeten ein in den Konstanzer Vertrag von 1153. Beide Seiten machten Zusagen und gingen Verpflichtungen ein, wobei für Friedrich die Zusage des Papsttums, den *honor imperii* zu fördern, besonders wertvoll gewesen sein dürfte. Friedrich dagegen verpflichtete sich zum Beispiel, die päpstlichen Besitzungen zu verteidigen, was militärische Aktionen einschloß, zu denen Friedrich, so weit von Rom weg und auf den Beistand mächtiger Verbündeter und Fürsten angewiesen, nicht immer in der Lage sein sollte. Dies zeigte sich schon beim ersten Italienzug Friedrichs. Viele deutsche Fürsten wollten nicht gegen die Normannen vorgehen, sondern kehrten heim, so daß aus diesem Unternehmen in Süditalien nichts wurde; das Verhältnis zum Papst war damit zusätzlich belastet. Die päpstliche Kurie kam Friedrich in dessen Heiratspolitik entgegen. Seine erste Ehe mit Adela

5. Papst Innozenz II. widersetzt sich der Wiedereinführung des Senats

von Voburg wurde mit Hinweis auf Blutsverwandtschaft getrennt und Friedrich konnte 1156 Beatrix von Burgund heiraten. Dies ermöglichte es ihm, in einem wichtigen Teil im Westen des Reichs, in Burgund und in der Provence, festen Fuß zu fassen. Von der kulturellen Bedeutung solcher Verbindungen, vor allem mit westlichen Adelsfamilien, wird noch die Rede sein. Im Jahre 1155 traf Friedrich auf seinem ersten Italienzug – sechs solcher Züge führte er im Ganzen durch –, der die Kaiserkrönung bringen sollte, in Sutri mit Papst Hadrian IV., einem gebürtigen Engländer, zusammen. Die Lage des Papstes in der Stadt Rom war damals besonders delikat und so war es wichtig, aufbauend auf die Vereinbarungen des Konstanzer Vertrags, sich der Vertragstreue des deutschen Königs zu versichern. Friedrich, dem künftigen Kaiser wiederum, lag daran, jeden Anschein eines Vasallenverhältnisses zwischen Kaiser und Papst zu beseitigen. Der symbolische Steigbügeldienst, den wenige Jahrzehnte vorher Lothar III. dem Papst geleistet hatte, war ja vom Papsttum in dem Sinn gedeutet und politisch ausgewertet worden, daß der Kaiser päpstlicher Vasall sei. Auf einem Gemälde im Lateran war diese rechtssymbolische Begebenheit auf unmißverständliche Weise auch festgehalten worden.

Nachdem der Papst die erwünschte rechtliche Klarstellung gegenüber Friedrich geleistet hatte, vollzog nun auch Friedrich diesen zur bloßen Ehrenbezeugung herabgestuften strator-Dienst. Bei der Kaiserkrönung selbst kam es in der Peterskirche zu Tumulten, die die prekäre Lage des Kaisers wie des Papstes in dieser schwierigen Stadt verdeutlichten. Die Niederschlagung dieses Aufruhrs war vor allem Heinrich dem Löwen zuzuschreiben, der, wohl nicht zufällig, eine besonders große Streitmacht für den Italienzug aufgeboten hatte. Die Kaiserkrönung Friedrichs im Jahre 1155 fiel in die Zeit der sektiererischen Umtriebe des ehemaligen Mönchs Arnold von Brescia. Sie waren besonders für den Papst gefährlich, da sich Arnolds radikale Ideen von der Armut der Kirche und vom Infragestellen der äußeren kirchlichen Hierarchie und Macht mit anderen papstfeindlichen Bewegungen verbanden, die z. T. wieder an die Größe des alten Roms der heidnischen Cäsaren anknüpfen wollten. So war 1143 bereits versucht worden, den alten römischen Senat wiederzubeleben. Arnold wurde Friedrich in die Hände gespielt, der ihn den päpstlichen Beamten übergab, die ihn aburteilten, töten ließen und seine Asche in den Tiber streuten. Schlaglichtartig taucht hier bereits als politischer Faktor eine wohl umfassendere geistliche Armutsbewegung auf, die in ihrer weiteren Entwicklung an Bedeutung gewinnen und in ihrer franziskanischen Variante das Antlitz der lateinischen Kirche erheblich verändern sollte. Es handelt sich dabei aber nicht um Hervorbringungen der deutschen Kultur. Dazu wird aber auch deutlich, daß die Rückbesinnung auf die Antike um diese Zeit ein besonders vielgestaltiges Phänomen war. Was sich da, teils zufällig, mit Arnolds Ideen verbunden, auch an konfusen politischen Vorstellungen in der Bevölkerung Roms ausbreitete, war keineswegs eine auf Rom und Italien beschränkte isolierte Erscheinung. Der literarische Humanismus, der sich z.B. in Frankreich seit der ersten Hälfte des 12.Jh. in beachtlichen Leistungen bemerkbar machte, gehört schließlich ebenfalls hierher, man denke etwa an die berühmte Rom-Elegie des Franzosen Hildebert von Lavardin, die bei aller schon im Bau des Gedichts ausgedrückten klaren Christlichkeit eine tiefsitzende Sympathie auch für das heidnisch-antike Rom nicht verhehlt.

Für Friedrich I. spielte die Antike in Politik und Recht, wie sich noch zeigen wird, ebenfalls eine ungleich größere Rolle als für seine unmittelbaren Vorgänger. Schon im Schriftverkehr und in Verhandlungen mit der päpstlichen Kurie zeigt die Kanzlei Barbarossas, daß sie die moderne Juristensprache, die immer stärker vom wiederaufgegriffenen römischen Recht beeinflußt wurde, beherrscht. Im Gegensatz zur kirchlichen Verwaltung, deren festem Ort, deren langer Tradition und deren Archiven war aber die sogenannte Kanzlei eines ständig reisenden Königs oder Kaisers der damaligen Zeit schon mangels einer Hauptstadt keine vergleichbare feste Behörde. Da aber das wichtige Amt des Hofkancellarius einem der höchsten geistlichen Würdenträger im Reich – man denke an den hochgebildeten Kölner Erzbischof Rainald von Dassel – übertragen war, darf man sich nicht mit zu primitiven Vorstellungen an diese kaiserliche Kanzlei heranmachen. Sie verstand es durchaus, ihre Aufgaben sachgerecht zu erledigen. Unter der Leitung des Hofkancellarius waren auch führende, wohl in Bologna ausgebildete Kleriker und Rechtskundige tätig, was die Inanspruchnahme des römischen Rechts durch die Kaiserpartei förderte. Die zunehmende Bedeutung Roms, eines Phänomens, das über direkte päpstliche kaiserliche Interessen, wie gesagt, hinauswies (siehe unten zu Heinrich von Veldeke und dessen Bearbeitung des Aeneasstoffes), zeigt sich in Verbindung mit Barbarossa auch darin, daß gleich bei seinem Herrschaftsantritt ein verstärkter Romschub in der Begründung der Herrschaft zu erkennen ist, der freilich in einer festen Tradition stand, die letztlich auch auf Karl den Großen bzw. Papst Leo zurückgeführt werden kann.

Noch aus der Königszeit Friedrichs stammt eine Goldbulle, etwa 6 cm im Durchmesser, deren Vorderseite Barbarossa als Herrscher in typischer Pose und mit den entsprechenden Attributen ausgestattet darstellt, wie er über die Mauer einer Stadt – es ist Rom – herausragt. Die überindividuelle Darstellung Friedrichs steht in einer Tradition mit einer Bulle Lothars von Supplinburg oder Konrads III. auf einem Wachssiegel. Diese Herrscherdarstellung geht schon auf die Ottonen zurück und wurde seit Heinrich II. immer mehr üblich. Die lateinische Umschrift bezeichnet Friedrich als *Dei gratia rex romanorum.* (Von Gottes Gnaden König der Römer.) Friedrichs Goldbulle aus der Kaiserzeit ersetzt dann *rex* durch *imperator Augustus.* Die Darstellung auf der Rückseite, ebenfalls in längerer Tradition stehend, enthält eine auf die Zeit Konrads II. (1039) zurückgehende Umschrift, die in einem leoninischen Hexameter Rom als Zentrum der Welt

6. Goldbulle Barbarossas.

feiert: *roma caput mundi regit orbis frena rotundi* (Rom, das Haupt der Welt, hält die Zügel des Erdkreises in Händen.) Das Gebäude, das diese Umschrift auf Barbarossas Bulle umschließt, ist aber nicht wie üblich bloß eine stilisierte Stadt, sondern zeigt als Neuigkeit in diesem ikonographischen Typ das Colossaeum als Inbegriff des Roms der Caesaren, nicht so sehr des Roms der Märtyrer, denn im Zinnenkranz des Hauptportals sind die traditionsreichen Worte *aurea Roma* zu erkennen, die zusammen mit der lateinischen Umschrift aus wörtlichen Übereinstimmungen mit anderen Texten ein weites und bedeutsames Umfeld eröffnen, auf das hier wenigstens andeutungsweise aufmerksam gemacht werden soll. Alkuin, unter dessen gelehrten Kollegen am Hof Karls des Großen es manche gab, die Aachen als das neue, goldene Rom rühmten, *aurea roma iterum renovata* (das goldene Rom, wiederum erneuert) durch Karl den Großen, beurteilt selbst, typisch fürs Mittelalter, das antike Rom aus dem Kontrast zwischen einstiger Größe und gegenwärtigem Verfall: *Roma caput mundi mundi decus aurea Roma nunc remanet tantum saeva ruina tibi* (Rom, Haupt der Welt, Glanz der Welt, goldenes Rom, nun bleibt dir nur eine wüste Ruine). Für die Inschrift auf Barbarossas Bulle hingegen ist die *aurea Roma* keineswegs hoffnungslose Vergangenheit, sondern politische Gegenwart. Hoffnungen und Ansprüche dieser Art zeugen aber auch von der im Grunde von Anfang an ungelösten Spannung zwischen dem Papst, dem Herrn des geistlichen, wahren Roms, und dem christlichen Imperator, dem deutschen Kaiser. So wird z.B. im 10. Jh. über Papst Sergius III. in einer auf typische Weise einsetzenden Romapostrophe (*Roma caput mundi ... decus*) gesagt, er stelle das alte goldene Zeitalter wieder her: *aurea reparat saecla*, indem er das Imperium *renovat* (erneuert). An anderer Stelle wird rühmend verkündet, daß nun, unter Papst Sergius, das goldene Rom aufjubeln möge – *nunc gaudeat aurea Roma*! Das negativ belastete *nunc* aus dem Zitat der Karolingerzeit ist dem hoffnungsfrohen *nunc* bevorstehender

7. Goldbulle Heinrichs VI.

Erfüllung gewichen. Die immer wiederkehrende Wendung *Roma aurea*, goldenes Rom, die bis in die Zeit der Entstehung des Rommythos in der vorchristlichen Zeit zurückreicht, darf nicht nur allgemein preisend dekorativ aufgefaßt werden; sie steht vielmehr mit dem Kern dieses Rommythos in enger Verbindung. In einer endzeitlichen Vorstellung, die diesen Mythos prägt, wurde das augustäische Zeitalter zum wiederhergestellten Goldenen Zeitalter, die Stadt, nach altorientalisch-mediterraner Sicht ein Abbild des Kosmos, konnte das Epitheton *aurea* auf sich ziehen. Rom durchbrach somit den üblichen Rhythmus des Werdens und Vergehens, als *urbs aeterna* und *Roma aurea* und somit als kosmisches Ordnungsprinzip war es dem *ordo renascendi* zugehörig. Für die christliche Romdeutung, auch wenn dort für das heidnische Rom die Vorstellung von der *vanitas* sich einstellen konnte, ist dies eine unschätzbare Grundlage. Eine Goldbulle Heinrichs VI. aus dem Jahre 1191 setzt die Barbarossatradition fort und reichert die antikisierende Sicht noch etwas an. Auf den Zinnen und in den Nischen des Colossaeums und in einem auf dieser Bulle dem Colossaeum noch vorgelagert dargestellten Bauwerk zeigen sich Menschenköpfe, was die Kunsthistoriker als einen Reflex des alten Motivs vom Einzug des Herrschers und des ihn feiernden Populus deuten.

Friedrich I., gestützt von maßgeblichen kirchlich-theologischen Kreisen, knüpfte aber nicht weniger energisch an die mit der Romidee verbundene Karlstradition an. Auch das fand, typisch für mittelalterliches Denken, sinnenfälligen Ausdruck. Die Anknüpfung an Karl den Großen ist um diese Zeit ebenfalls auf einem größeren Hintergrund zu sehen. Im französischen Raum, wo seit Beginn des 12. Jh. das großartige Rolandslied die karlische Zeit als christliches Heldenzeitalter Frankreichs auf besonders wirkungsvolle Weise präsent gemacht hatte, war die karlische Renovatio weit gediehen und hatte unter der zielbewußten Führung durch Abt Suger von St. Denis um

8. Karl der Große auf dem Thron.

9. Augustus auf dem Thron.

10. Reliquiar (zu S. 55).

die Jahrhundertmitte einen Höhepunkt erreicht. Abt Wibald von Stablo, gest. 1157, der einflußreiche Berater schon von Friedrichs Vorgängern, wäre ihm im deutschen Bereich annäherungsweise zu vergleichen. Hier wie dort also ist die Kirche als wichtige Kraft erkennbar, die den Herrschern das geschichtstheologische Instrumentarium liefert.

Daß die französische karlische Renaissance unmittelbar die entsprechende Bewegung in Deutschland beflügelt haben könnte, ist nicht unwahrscheinlich. Friedrichs Onkel, Bischof Otto von Freising, hatte in Frankreich studiert und war Abt des Zisterzienserklosters Morimond. Auch der Erzbischof und Hofkanzler Rainald von Dassel war in Frankreich ausgebildet worden. Die neu einsetzende Inanspruchnahme Karls des Großen durch Friedrich Barbarossa und die kirchlichen Kreise um ihn war konsequent und radikal. Mit Hilfe des kaiserlichen Gegenpapstes wurde die Heiligsprechung Karls des Großen betrieben. 1146 war bereits der deutsche Kaiser Heinrich II. kanonisiert worden, 1161 der englische König Eduard der Bekenner. Die Heiligsprechung Karls des Großen ist insofern kein isoliertes Novum, dennoch ging sie in ihrer politischen Bedeutung weit über diese anderen Heiligsprechungen hinaus. Beeinträchtigt wurde dieser wirkungsvolle Akt freilich durch die Tatsache, daß der kaiserliche Papst nicht einmal in Deutschland auf allgemeine Zustimmung stieß und daß Papst Alexander III., Friedrichs Gegner, mit wachsendem Einfluß rechnen konnte. Am 29. Dezember 1165, genau an dem Tag, an dem der kirchliche Kalender des alttestamentlichen Königs David gedenkt, wurde Karl der Große in Aachen an seiner Gruft heiliggesprochen. Dieses Zusammentreffen war nicht das Werk des Zufalls, sondern setzt eine zielbewußte und wirkungsbezogene Inszenierung voraus. Karl der Große war ja in Hofkreisen in typologischer Sicht mit dem Beinamen David geschmückt worden. Der Bezug zu David als eines besonders bedeutsamen Vertreters alttestamentlicher Christuspräfigurationen gewährleistete für den mittelalterlichen Herrscher die wichtige Christusanalogie; Barbarossa reihte sich in diesen Traditionstyp ein.

Der Vorgang der Heiligsprechung selbst erhielt ebenfalls einen bezeichnenden, sinnenfälligen Aspekt. Im Auftrag Friedrichs wurde für einen Arm Karls ein etwa 60 cm langes, 14 cm hohes und tiefes Reliquiar angefertigt, aus Eichenholz und mit kostbaren Metallen überzogen. Daß ausgerechnet ein *brachium Sancti Caroli* zur Verehrung ausgewählt wurde, mag mit dem Symbolwert des königlich-richterlichen Armes zusammenhängen. Die Inschrift auf der Innenseite des geöffneten Deckels weist mit Nachdruck auf dieses *brachium* hin und krönt und orientiert das auf zwölf Rundbogenfelder verteilte Bildprogramm, indem sie Vorder- und Rückseite festlegt. So erscheint vorne in der Mitte die Gottesmutter in Herrscherpose mit dem Jesuskind (der Dom zu Aachen ist der Gottesmutter geweiht), links und rechts im Bogenfeld zwei Erzengel, links außen Barbarossa mit der Umschrift: *Friedericus Romanorum Imperator Augustus* und rechts außen seine Gemahlin Beatrix. Parallel dazu auf der Rückseite in der Mitte Christus, flankiert von den Heiligen Petrus und Paulus, und links außen Konrad III., der unmittelbare Vorgänger Friedrichs, und rechts außen Friedrich von Schwaben, Barbarossas Vater. Das Bogenfeld der linken Schmalseite zeigt Ludwig den Frommen und das der rechten Otto den Großen. Otto hatte ebenfalls das Grab Karls öffnen lassen. Barbarossa knüpfte mit seiner Geste also auch an das Herrschertum Ottos des Großen an. Am großartigen Karlsschrein, der die Gebeine Karls nun aufnehmen sollte, und der

11. Karlsschrein

12. Cappenberger Barbarossakopf.

auch noch zur Zeit Barbarossas begonnen wurde, läßt sich ebenfalls ablesen, wie machtvoll die Anknüpfung an Karl war. Dieser Schrein wurde 1215 vollendet und Friedrich II., Barbarossas Enkel, der im fernen süditalienisch-sizilianischen Machtzentrum von der Welt Karls des Großen weit abgerückt war, legte doch unmittelbar nach seiner Krönung in Aachen in symbolhafter Gebärde letzte Hand an diesen Schrein, um ihn zu verschließen. Auf der Stirnseite dieses Karlsschreins ist, in der Mitte sitzend, Karl der Große dargestellt als gottunmittelbarer Herrscher, flankiert von zwei stehenden Gestalten, dem Papst Leo aus der Geschichte und dem Bischof Turpin aus der Heldensage, die aus der Sicht des Mittelalters ebenfalls als Geschichte anzusehen war. In der mittelalterlichen Ikonographie mit ihrer erstaunlich vielseitigen und zugleich festgefügten symbolhaften Gebärdensprache ist das Sitzen mit Frontalansicht – soweit nicht sekundär bedingt durch eine Tätigkeit wie z.B. essen oder schreiben – in erster Linie Gott vorbehalten und damit all jenen, die in der Hierarchie und an Macht den anderen überlegen sind. Dieser so dargestellte Kaiser reduziert, pointiert formuliert, den Papst zu einer liturgisch-religiös-pastoralen Hilfsgröße. Walther von der Vogelweide wird es in einem von Rechtsvorstellungen geprägten Text ähnlich formulieren, wie es der Karlsschrein darstellt und wie es auch dem traditionellen Selbstverständnis der deutschen Kaiser entsprach:

Hêr keiser, ich bin frônebote
und bring iu boteschaft von gote
ir habt die erde, er hât daz himelrîche ...
... ir sît sîn voget;

Walther von der Vogelweide, 12,6ff.

(Herr Kaiser, ich bin Bote des höchsten Richters und übermittle euch verbindliche Kunde von Gott selbst: ihr seid ja Herrscher über die Erde, so wie er über das Himmelreich herrscht ... ihr seid sein Statthalter.)

13. Herrscherdarstellung aus dem Hortus deliciarum.

14. Löwenstandbild

15. Burg Dankwarderode.

Der Archipoet, in den Diensten Rainalds von Dassel auch für den Kaiser arbeitend, preist in massiven Christusanalogien Friedrich als Herrn der Welt und Gesalbten im Hymnus *Salve mundi Domine.* Wenn man nicht ganz zu Unrecht gesagt hat, daß das Reformpapsttum im Investiturstreit versucht habe, den Kaiser aus dem Sakralen hinauszudrängen, so ist das ergänzungsbedürftig, weil es die moderne Vorstellung einer Trennung von Kirche und Staat wachruft, die besser fernzuhalten ist, da ja dieses Papsttum sich keineswegs als nur spirituelle Macht im modernen Sinn und dementsprechend als unpolitische und machtfreie Kirche verstand, sondern im Grunde nicht minder archaisch, wenn dieses Wort erlaubt ist, wie die deutschen Kaiser auch universelle Ansprüche vertrat. Erst mit Franz von Assisi, vielleicht nicht zufällig einem Zeitgenossen eines in dieser machtpolitischen Hinsicht besonders anspruchsvollen Papstes, Innozenz III., taucht diese neue Sicht der Kirche als wesentlicher, nun nicht mehr wegzudenkender Faktor in der Kirchengeschichte auf.

Diese geschichtstheologisch fundierte Einbindung von Person und Herrschaft in antike und karlische Tradition war nicht auf die Aktivitäten des Abtes Suger von St. Denis und auf Barbarossa beschränkt. Für Barbarossas großen Rivalen Heinrich den Löwen gilt sie nicht minder und fand auch da, typisch mittelalterlich, auf verschiedene Weise ihren sinnenfälligen Ausdruck. Der Beiname der Löwe fügt sich ein in die Tendenz der Zeit, sich in den Geschlechterwappen symbolhaft festzulegen. Beim Sippennamen Welf (junges Tier und Wolf bedeutend), der auf lateinisch sowohl als *catulus* oder auch als *leo* deutbar war, lag es nahe, an den Löwen und an dessen reiche symbolhafte Tradition anzuknüpfen. Heinrich tat aber einen weiteren entscheidenden Schritt, um sich und sein Geschlecht auf spektakuläre und repräsentative Art mit dem Löwen, dem Königs- und Rechtssymbol zu verbinden. 1166, unmittelbar also nach der Heiligsprechung Karls des Großen durch Barbarossa, was kein Zufall sein dürfte, ließ er vor der Burg Dankwarderode in Braunschweig das berühmte Löwenstandbild anbringen, die erste freistehende Großplastik des

16. Helmarshausner Evangeliar.

Mittelalters, gegossen wohl in Braunschweig aus Metallen der Harzgegend. Als stilistisches Vorbild erwägt man mit Recht die Darstellung der kapitolinischen Wölfin in Rom (Jordan). Bedenkt man dann die Angaben des deutschen Rolandsliedes, die doch wohl auf Heinrich den Löwen und dessen Gattin Mathilde, die Tochter der Eleonore von Poitou, zu beziehen sind, so ergibt sich auch eine machtvolle literarische Einbindung in die karlische Tradition.

Im Epilog des deutschen Rolandsliedes wird dieser Herzog Heinrich mit König David in eine typologische Linie gestellt und über das Thema der Heidenbekehrung, dort ging es um die Mohammedaner in Spanien, hier um die Slawenmission, eine Verbindung zum Prolog hergestellt, in dem Karl der Große das Vorbild ist. Im deutschen Rolandslied, V. 3986, führt Roland außerdem das Löwenwappen im Schild, wogegen es im französischen Text, V. 1111 nur allgemein vergleichend heißt, Roland sei angesichts der Heiden so kampfwild geworden wie ein Löwe oder Leopard. Im lateinischen Widmungsgedicht zum Helmarshausner Evangeliar aus den Jahren 1170/75 – dieses Evangeliar enthält eine hochbedeutsame bildliche Darstellung der Krönung Heinrichs und Mathildens – wird Heinrich der *stirps imperialis*, dem kaiserlichen Geschlecht, zugeordnet und Mathilde der *stirps regalis*, dem königlichen Geschlecht, eine sorgfältige Unterscheidung. Heinrich erscheint dabei als *nepos Caroli*, wie Roland in der Überlieferung der Karlssage Neffe Karls ist. Die Prachtbauten Heinrichs – Braunschweig wird gleichsam zu einem neuen Aachen – orientieren sich an der Bautradition königlicher Pfalzen, die Ausgestaltung des Braunschweiger Doms vollzieht sich in Analogie zum templum Salomonis und sollte wahrscheinlich

Heinrich auch als neuen Salomon legitimieren. Dieser Dom leitet überdies als erste durchgehend gewölbte Kirche in Norddeutschland eine neue Epoche im Kirchenbau ein. Wenn Roland in seiner großen Schwertapostrophe vor seinem Tod in der französischen Fassung von den Reliquien des hl. Basilius spricht, V. 2346, der deutsche Text dagegen an dieser Stelle an den hl. Blasius erinnert, V. 6875, so braucht das kein leicht verständlicher Schreibfehler zu sein, denn der hl. Blasius war der Patron des Braunschweiger Doms, und Heinrich hatte im Jahre 1172 Reliquien für diese Kirche mitgebracht aus Byzanz, wo er mit königlichen Ehren empfangen worden war. Mit dieser herrscherlichen Repräsentanz auch im sakralen Monumentalbau in Braunschweig fügte sich Heinrich der Löwe nahtlos ein in die Tradition. Noch Heinrich IV. hatte selbst unmittelbar und mit großem Engagement am Ausbau des Speyrer Kaiserdoms Anteil genommen. Gerade der sakrale Monumentalbau zeigte ja die gewisse Gottebenbildlichkeit des Herrschers und hatte nicht nur vordergründig als Grablege für die Dynastie oder als private, devote Investition Bedeutung. Wenn nicht alles trügt, läßt sich für Friedrich Barbarossa überraschenderweise ein solches, auf einen Sakralbau bezogenes Engagement nicht ausmachen. Dabei entwickelte sich unter den Staufern eine besonders rege Bautätigkeit; sie kam aber, in beachtlich dichter Streuung, vor allem Burgen und Städten – natürlich auch deren Sakralbauten – im allgemeinen zugute. Eine Identifikation Barbarossas mit einem bestimmten sakralen Monumentalbau wird nicht recht greifbar. Das ist umso erstaunlicher, wenn man bedenkt, daß Barbarossas entschiedene Hinwendung zur Karlstradition auch eine Reaktion auf französische Legitimierungsansprüche gewesen sein dürfte, seltsamerweise aber kein Versuch Friedrichs vorzuliegen scheint, auch in der Frage der baulichen Repräsentanz mit der nicht unpolitischen französischen Kathedralgotik zu konkurrieren. Wenn für Friedrich die so wesenhafte und alte Bindung von Herrschaft an einen bestimmten sakralen Monumentalbau begonnen hätte, bedeutungslos zu werden, so hätte dies erhebliche geistesgeschichtliche Konsequenzen für die Entwicklung der mittelalterlichen Herrschaftsauffassung und die Komplexität staufischen Herrschertums. Die Tatsache, daß Friedrichs Vorgänger Konrad III., der die Heiligsprechung Heinrichs II. betrieben hatte, am Bamberger Dom beigesetzt wurde, unterstreicht mehr die Nähe zum Heiliggesprochenen als Konrads massives Interesse an einem bestimmten sakralen Monumentalbau; und auch die beträchtliche finanzielle Unterstützung, die dann Friedrich II. dem gotischen Umbau des Bamberger Doms zuteil werden ließ und die kaiserlichen Elemente, die in das Skulpturprogramm eingingen, machen Bamberg nicht zu einem Aachen Friedrichs II. Dazu muß Friedrichs Beteiligung am Bamberger Dom ohnehin im Rahmen seines sonstigen Wirkens als Bauherr und Mäzen gesehen werden, damit die Proportionen gewahrt bleiben.

Bald nach der Kaiserkrönung Friedrichs im Jahre 1155 brachen die Gegensätze zwischen den im wesentlichen aus gleichem Grund stammenden kaiserlichen und päpstlichen Machtauffassungen mit aller Schärfe wieder hervor und machten die Italienpolitik des Kaisers bis hin zum Frieden von Venedig im Jahre 1177 zu einem gefahrvollen, kräfteverschleißenden Unternehmen, das zwar imponierende Erfolge aufweisen konnte, das aber auch bis an militärische Katastrophen heranführte. So zwang Friedrich 1155 das mächtige Mailand zur Kapitulation, 1160 zerstörte er Crema, die verbündete Stadt Mailands und 1162 Mailand selbst. 1167 marschierte er mit Reinald von Dassel auf Rom, und Papst Alexander III. mußte fliehen. Die Königin Beatrix wurde in Rom zur Kaiserin gekrönt. Eine verheerende Seuche aber raffte Reinald von Dassel hinweg, dezimierte das Heer und verwandelte den Triumph in wenigen Tagen in höchste Gefahr. Friedrich mußte inkognito über die Alpen fliehen. 1176 siegten sogar die Mailänder über Friedrichs kleines Ritterheer, dem Heinrich der Löwe die Unterstützung versagt hatte. Der Friede von Konstanz aus dem Jahre 1183, der die Abmachungen von Venedig aus dem Jahre 1177 weiterführte, sicherte aber Friedrichs Positionen in Italien, und in Deutschland war durch den Sturz Heinrichs des Löwen von 1179/80 ein mächtiger Widersacher ausgeschaltet worden. So konnte Friedrich im Jahre 1184 im Vollbesitz seiner Macht sein berühmtes Hoffest in Mainz feiern, auf dem die Schwertleite seiner Söhne Heinrich und Friedrich gefeiert wurde; für die Entwicklung und Aufwertung der Idee des Ritters ein besonders markantes Datum. Dieses Fest war wiederum sinnenfälliger Ausdruck dessen, was man mit dem geschichtstheologisch geprägten Kaisertum an Repräsentationsvorstellungen verband. Daß Heinrich von Veldeke in seiner aktualisierenden Bearbeitung des französischen Aeneasromans dieses Fest über das große Aeneaskrönungsfest stellen konnte, offensichtlich sogar ohne direkte Einflußnahme der staufischen Hofpropaganda, ist ein beredtes Zeugnis dafür, wie bewußt die geschichtstheologische Deutung des Herrschertums von den gebildeten Zeitgenossen aufgenommen wurde, übrigens über die Reichs- und Sprachgrenzen hinweg, wie der elegisch rühmende Rückblick des Guiot de Provins zeigt. Gut 20 Jahre nach dem Ereignis schrieb Guiot in seiner sogenannten *Bible*, die mit einer Bibel nichts zu tun hat, sondern ein sehr zeitkritisches Werk ist, über dieses Fest, indem er die Unfähigkeit der Zeit bedauert, so zu feiern wie früher. Er erinnert an König Artus, an Alexander, Caesar und an Barbarossa: *Et de l'Empereor Ferri vos puis bien dire que je vi qu'il tint une cort a Maience; ice vos di-je sanz doutance, c'onques sa pareille ne fu.* (Ich kann euch versichern, daß ich den Kaiser Friedrich gesehen habe, wie er zu Mainz Hof hielt. Ohne Zweifel kann ich euch sagen, daß es nie etwas Gleichwertiges gegeben hat.)

Es sieht wie eine logische Konsequenz aus, daß dieser Kaiser nach 36jähriger Herrschaft einen Kreuzzug unternahm, auf diesem Gebiet also die Initiative ergriff und als Kaiser das in die Hand nahm, was schon beim ersten und zweiten Kreuzzug des Kaisers hätte sein sollen, damals aber vom Papst bzw. vom Mönch über den Kaiser hinweg geleistet worden war. Der Barbarossakreuzzug wäre die Krönung einer von Gottunmittelbarkeit geprägten Politik römisch-karlischer Tradition geworden. Der Unfalltod des Kaisers im Juni 1190 in der Türkei ließ es nicht dazu kommen. Bei all den verheerenden Folgen, die dieser Tod für die Kreuzfahrer und die Orientpolitik nach sich zog, war der Impuls, den Barbarossa dem Reich gegeben hatte, noch längst nicht am Ende. Mit Heinrich VI., seinem Sohn, ergaben sich sogar weitere, ungeahnte Möglichkeiten. Heinrichs Heiratsverbindung im Jahre 1186 mit dem sizilianisch-normannischen Herrscherhaus hatte schon einen unvorhersehbaren Machtzuwachs gebracht. Überdies konnte Heinrich VI. beim Durchsetzen des modernen dynastischen Prinzips über das deutsche Wahlkönigtum hinaus einen entscheidenden, Kontinuität verbürgenden Erfolg verbuchen. Heinrichs Sohn Friedrich, der spätere Friedrich II., wurde noch als Kind von den deutschen Fürsten bereits als König akzeptiert. Heinrich VI. bereitete dann auch, wie sein Vater, einen besonders gut organisierten Kreuzzug vor, der den Schock des dritten Kreuzzugs wohl hätte vergessen machen können, aber da machte nun wiederum ein völlig unerwarteter Tod dem Unternehmen ein Ende und offenbarte die grundsätzliche Schwäche der Herrschaftsstruktur dieses Reiches. 1197 starb Heinrich VI. Die Herrschaftsstruktur, die er hinterließ, verfügte noch nicht über die nötige reale institutionelle Festigkeit; die von Heinrich VI. vorgesehene Erbfolge geriet doch ins Wanken. Verschiedene Kandidaten für das Königsamt wurden von den mächtigen rivalisierenden Familien und Kirchenfürsten ins Spiel gebracht. Diese widerstrebenden Tendenzen führten 1198 zu einer ungeheuer schwächenden Spaltung. Der 20jährige Bruder Heinrichs VI., Herzog Philipp von Schwaben, und der erst 16jährige Welfe Otto IV., ein Sohn Heinrichs des Löwen, der am englischen Hof erzogen worden war, wurden in jeweils rechtlich nicht einwandfreier Weise zu Königen gewählt.

Diese Spaltung vertiefte auch die Kluft, die sich zwischen Frankreich einerseits und Welfen und England andererseits auftat. Dasselbe Schicksalsjahr 1198 sah auch einen neuen Papst, Innozenz III., einen ungemein fähigen, energischen und zielstrebigen Mann, an die Spitze der Kirche treten, der den Vorteil der Stunde zu nutzen wußte. Die deutsche Spaltung vergiftete zusätzlich das Klima zwischen Reich und Papst und schwächte die Stellung des Kaisers in Italien auf bedrohliche Weise. Der Papst, der bei keiner der beiden Königswahlen des Jahres 1198 im Spiel gewesen war, entschied sich schließlich für Otto IV., doch als dessen Einfluß zu schwinden begann, wozu auch Wirren in England beitrugen, kam es zu einer Annäherung an den gebannten Philipp von Schwaben. Doch wiederum zerschlug ein zufälliger Tod diese weitreichenden Pläne. Philipp wurde 1208 aus rein privaten Motiven vom Pfalzgrafen Otto von Wittelsbach in Bamberg getötet. Nun war der Weg frei für Otto IV. Otto wurde erneut gewählt und 1209 vom Papst gekrönt. Kontinuität in dynastischer Hinsicht konnte er aber nicht mehr stiften. Auch geriet er wegen seiner Italienpolitik in Streit mit dem erstarkten Papsttum und wurde ebenfalls gebannt. Inzwischen vollzog sich bereits der Aufstieg Friedrichs II. 1212 wurde er zum König gewählt, Otto verlor immer mehr an Einfluß, 1218 starb er. Unter Friedrich II., der als Herrscher von ungewöhnlichem Format und eingebettet in große übergreifende kulturelle Verflechtungen neue Wege einschlug, kam es aber auch nicht mehr zu einer tragfähigen Konsolidierung, wie schon die Spannung mit seinem Sohn Heinrich VII. zeigt. Die Wirren nach Friedrichs Tod 1250 gingen in Deutschland bekanntlich in das sogenannte Interregnum über. Das Schwergewicht des Reiches, das unter Heinrich VI. sich ohnehin schon in den Süden zu verlagern begonnen hatte, verblieb unter Friedrich II. dort. Nördlich der Alpen verlor Deutschland ebenfalls an politischem Gewicht. Mit dem Sieg des französischen Königs über das Heer der Welfen und der Engländer im Jahre 1214 bei Bouvines war der Schritt getan in eine Zukunft, die das Reich immer mehr aus der politischen Wirklichkeit abdrängte, bis 1273 mit dem Habsburger Rudolf I., der noch von Friedrich II. aus der Taufe gehoben worden war, in Mitteleuropa, unter völlig geänderter politischer Lage, eine neue Entwicklung begann.

Der große politische Rahmen für unseren Zeitabschnitt, der von der Stauferdynastie gestaltet wurde, war, was die Zeit Barbarossas angeht, sicherlich in wesentlichen Aspekten vergangenheitsgetragen, von Antike und Karl dem Großen, und zugleich darin aber auch zukunftsorientiert als Überbietung und Erfüllung von Früherem, gemäß biblisch-theologiegeprägtem Denken und Erleben. Bei all dem darf auch nicht übersehen werden, daß unter diesen großen geschichtstheologischen Programmen und sogar von den Trägern dieser Programme – von Friedrich II. wollen wir ohnehin absehen – Anstöße ganz anderer Art ausgingen und dadurch weittragende Entwicklungen eingeleitet und gefördert wurden, die den Aufbau der modernen europäischen Welt vorbereiteten und entscheidend an der Aushöhlung jener Programme selbst mitwirken sollten. Zufällig wirkende Faktoren sind ebenfalls zu berücksichtigen und auch die von großen theoretischen Programmen oft weitgehend unabhängige Eigendynamik bestimmter Lebensbereiche sollte nicht unterschätzt werden.

IV. RAUMGESTALTENDE FAKTOREN UND ÄUSSERE DASEINSBEDINGUNGEN

Der Aufschwung der Städte

Die grundlegenden natürlichen Gegebenheiten des Raums haben sich gegenüber den vorhergehenden Zeiträumen bei aller Ausdehnung der Rodungsflächen nicht auf revolutionierende Weise ändern können. Die technischen Möglichkeiten erlaubten dies erst im Zeitalter der Industrialisierung (Asphaltbahnen, Schienenstränge, Talsperren, Hochöfen, Hochspannungsmasten usw.). Dennoch sind die Veränderungen, die der Raum im staufischen Jahrhundert erfahren hat, beträchtlich, ja manches überstürzte sich und mußte z.B. im 14.Jh. wieder zurückgenommen werden. So fiel manche Siedlung, die nicht gehalten werden konnte, wieder der Natur anheim (Wüstungen). Es wurde aber in diesem Zeitabschnitt ein großer Schritt getan von der freilich immer noch bestimmenden weitgehend unberührten Naturlandschaft hin zum stärker sich ausprägenden Kulturraum des Menschen. Die weiteren großen Schritte in dieser Richtung sollten erst viel später in der Neuzeit getan werden.

Nun gab es bereits zu Beginn unseres Abschnittes im deutschen Raum städtische Zentren, die meist noch auf alte römische Traditionen zurückblicken konnten, etwa Köln, Mainz, Trier, Regensburg usw. Stadt und Strom gehören hier meistens zusammen. In unserem Zeitabschnitt vollzieht sich nun ein stürmischer und systematisch geförderter Aufschwung der Städte, es kommt zu vielen Neugründungen, die Bindung an alte Römermauern und den großen Strom ist nicht mehr ausschlaggebend. Die mittelalterliche und damit die moderne europäische Stadt als eigene Struktur konstituiert sich auf breiter Basis. So hat es z.B. im Elsaß zu Beginn der Stauferzeit außer der alten Bischofsstadt Straßburg praktisch keine andere städtische Siedlung gegeben. Noch vor Ende der Stauferzeit gab es bereits deren vierzehn. Regionale Unterschiede einbezogen, kann man sagen, daß um die Mitte des 13.Jh. bereits ein Drittel des heutigen Bestands an Städten vorhanden war. Die Ausdehnung dieser Städte war freilich erheblich geringer; man rechnet, abgesehen von damals schon großen Städten wie Köln, mit einem durchschnittlichen Wert von etwa 20 ha Ausdehnung. Auch die Bevölkerungszahlen hielten sich, Köln wiederum ausgenommen, in recht bescheidenen Grenzen und dürften durchschnittlich einige wenige Tausende nicht überschritten haben. Die Erschließung des Raums gewann aber durch diesen raschen Ausbau der mittelalterlichen Städte neue Aspekte von unabsehbaren Fernwirkungen für viele Lebensbereiche. In der Zeit vorher konnte in den wenigen städtischen Zentren, die meist einen Bischof zum Herrn hatten, keine auch nur einigermaßen bedeutsame flächendeckende Raumerschließung geleistet werden. Die Verhältnisse waren kleinräumig und statisch. Die raumerschließenden Kräfte waren immer noch die Höfe der Grundherrschaft, weltlich oder klösterlich oder geistlich, und die damit verbundenen oder auch selbständig existierenden Bauernhöfe, die sich, je nach Siedlungsweise, auch zu kleineren dörflichen Siedlungen zusammenfügten, welche in der rasch voranschreitenden Verdichtung des Pfarreinetzes eine weitere Stütze erhielten. In der Mehrzahl der Fälle unterschieden sich die Pfarrer kaum von den Menschen ihrer Umgebung. Dazu kamen die befestigten Ansitze der lokalen Herren, in deren Schutz sich auch an günstigen Stellen Niederlassungen von Kaufleuten bildeten, die periodisch ihre Straßenmärkte abhielten und dann wieder verschwanden. Auch diese kleineren lokalen Machthaber hoben sich im allgemeinen in ihrer Lebensweise nicht allzusehr von ihrer bäuerlichen Umgebung ab.

Durch das Zusammenwirken einer Reihe von Faktoren, wobei vor allem ein gewaltiger Bevölkerungszuwachs zu nennen ist, änderte sich diese Lage grundlegend. Periodische Märkte wurden immer mehr zu ständigen Niederlassungen von Kaufleuten und das bedeutete wachsende Nachfrage nach landwirtschaftlichen und handwerklichen Erzeugnissen. Bauern und bei der Grundherrschaft arbeitende Handwerker konnten ihre überschüssigen Produkte loswerden. Diese dienten nicht nur zur Befriedigung der Bedürfnisse der seßhaft gewordenen Kaufleute, ihres Anhangs, ihrer Familien und Dienstboten, sondern konnten darüber hinaus in vielen Bereichen, man denke an Keramik, Eisenverarbeitung, Weberei, Wein, Getreide, auch den Kaufleuten für den Export nach nah und fern zur Verfügung gestellt werden. Der Grundherr, für den die Handwerker in der Regel arbeiteten, konnte zwar den Verkauf überschüssiger Produkte verhindern, lief aber dabei Gefahr, einen tüchtigen Handwerker zu entmutigen oder gar zu veranlassen, sich ihm durch Flucht zu entziehen. Die anwachsenden Marktsiedlungen zogen auch überschüssige Kräfte aus der landwirtschaftlichen Bevölkerung an, die man beim Hausbau, bei der Anlage von Befestigungen, beim Kirchenbau usw. gebrauchen konnte; sie stellten auch für die immer mehr in diesen Siedlungen ansässig werdenden Handwerker ein Arbeitskräftereservoir dar.

Schon im 11. Jh. kann man nachweisen, daß es z.B. in Würzburg täglich einen Markt gegeben hat. Markt als Dauereinrichtung, beruhend auf Kaufleuten und Handwerkern, wird zum Zentrum der mittelalterlichen Städte, die dann in rascher Folge entstehen, nicht nur im deutschen Altland, sondern auch im Osten im Zusammenhang mit der Ostsiedlung. Auch die Terminologie zeigt diesen Wandel vom periodischen Handelsplatz zur Dauersiedlung an. In den Dokumenten beginnt die Bezeichnung *forum* das bisherige *mercatus* zu ersetzen. Von den rechtlichen und sozialen Konsequenzen dieser Entwicklung wird noch die Rede sein. Die alten Städte, die meist auf römische Siedlungen zurückgingen, waren vor allem Bischofsstädte, was ebenfalls in spätrömisch-frühmittelalterlichen Verhältnissen wurzelt. Der Bischof als Stadtherr setzte ja vielfach die verfallene römische Organisation und lokale Autorität fort. Stadt müßte man aus mittelalterlich-neuzeitlicher Sicht noch in Anführungszeichen setzen, denn es handelte sich bei diesen Siedlungen nicht mehr um vollwertige Römerstädte und auch noch nicht um die hochmittelalterlichen neuzeitlichen Städte. Die Politik der Ottonen mit dem systematischen Einsatz kirchlicher Würdenträger als Stützen der Reichspolitik hatte zwangsläufig zu einer Verfestigung der Macht der Stadtherren-Bischöfe geführt und der Investiturstreit mag dieses Machtbewußtsein noch verstärkt haben. Das erleichterte es andererseits den Bischöfen nicht, die neuen und typisch hochmittelalterlichen sozialen Entwicklungen in ihren Städten immer richtig einzuschätzen. Daß, wie oben angedeutet, der Kaiser, z.B. Heinrich IV., gerade bei der sich entwickelnden Stadtbevölkerung weitgehend Unterstützung fand, mochte eine Nebenauswirkung dieser bischöflichen Machtausübung in diesen Städten gewesen sein. Mit dem quantitativ immer mehr ins Gewicht fallenden Seßhaftwerden vieler Kaufleute, für die es in der Tradition der alten Handelsplätze nur bestimmte zeitlich befristete Rechte gegeben hatte, für die Dauer des Marktes eben, wurden aus den wandernden *mercatores*, zu denen noch die in der Stadt sich ansiedelnden Handwerker kamen, *cives* bzw. *burgenses* und aus zeitlich befristeten Rechtsbestimmungen wurden Dauereinrichtungen. Das Marktrecht war de facto auf dem Wege, sich zum Stadtrecht zu entwickeln. Die neue soziale Gruppe, getragen von den Kaufleuten, ist im Entstehen, deren rechtlicher Aspekt nicht mehr aufging in Privilegien, die für die Abwicklung periodischer oder befristeter Handelsgeschäfte verbunden war. Frühe Belege dafür gibt es aus dem französisch-flandrischen Raum und dann aber auch aus den rheinischen Städten. Als es in Köln im Jahre 1074 zum Aufstand gegen den Erzbischof Anno kam, war das zunächst ausschließlich eine Sache der *mercatores*. Der mittelalterliche Chronist spricht abschätzig vom *vulgus*. Anno, bezeichnenderweise sich der Grenzen seiner Autorität nicht bewußt, hatte ein Kaufmannsschiff beschlagnahmen lassen, was ebenso bezeichnenderweise von diesen Kaufleuten nicht mehr hingenommen wurde. Es kam zum offenen Aufruhr mit Totschlag und Anno mußte aus der Stadt fliehen. Es gelang ihm mit Heeresmacht von außen, diese Kölner Kaufleute wieder in die Knie zu zwingen. Bischof Anno hatte es im Grunde nicht mit *vulgus* zu tun; Bischof und Chronist verkannten die wichtigen sozialen Veränderungen, die sich abzuzeichnen begannen. Kurz nach 1100 ist denn auch in Köln bereits von einer Eidgenossenschaft, von einer *conjuratio* der Stadtbewohner die Rede, also einer Art Rechtsperson, einer strukturierten Instanz, die nach gewissen Vollmachten und Aufgaben strebte und mit der der Stadtherr rechnen mußte. Nicht mehr allein der Stadtherr und dessen ausführende Organe und Ministerialen bestimmten über die Geschicke der Siedlung, sondern aus der Reihe der Kaufleute und Handwerker selbst konstituierte sich jene neue Instanz, der dann auch die Zukunft gehören sollte. Köln war in dieser Zeit nicht die einzige Stadt, deren bischöflicher Herr die sich formierenden neuen kommunalen Kräfte zu spüren bekam. Auch kleinere Städte begannen ihre Macht zu zeigen.

Diese Entwicklung drängte auch zur schriftlichen Fixierung und zur Herausbildung verschiedener Formen von Repräsentation. Um 1142 stimmte der Trierer Erzbischof offiziell zu, daß sich die *cives* der Stadt zu einer derartigen *conjuratio* zusammenschließen konnten. Vordergründiger Anlaß war, sich gegen Übergriffe der Grafen von Namur zu verteidigen, was auch im Interesse des Bischofs liegen mußte. Diese städtische Eidgenossenschaft befestigte die Stadt mit einer neuen Mauer und legte sich schon vor 1150 ein Siegel zu, auf dem die Stadtmauer ihre volle Symbolkraft ausstrahlen konnte. Die Größe dieses Siegels, vielleicht eines der ältesten deutschen Stadtsiegel überhaupt, fällt auf, fast 13 cm im Durchmesser; dies kann auch als Ausdruck des Selbstbewußtseins dieser *cives, burgenses* betrachtet werden. Die überdimensional dargestellte Christusgestalt mit der segnenden Rechten wächst von unten hoch über die Stadtmauer empor. In der Linken, im Zentrum des Siegels, hält Christus den Stadtschlüssel, den die beiden Patrone Petrus und Eucharius stützen, und nach dem aus den Zinnen der Stadtmauer heraus vier Gestalten, Vertreter der Bürger, greifen. Darunter steht an der Vorderfront der Stadtmauer die stolze Inschrift: *Sancta Treveris*, neben dem Haupt Christi befindet sich das Alpha und Omega und am Siegelrand läuft als Inschrift ein lateinischer Hexameter, der so unmittelbar wie die bildliche Darstellung die Stadt

17. Siegel der Stadt Trier.

und deren Bürger mit Christus zusammenbringt. Für den bischöflichen Stadtherrn ist dabei kein Platz: *Trevericam plebem Dominus benedicat et urbem* (der Herr segne die Bevölkerung von Trier und die Stadt).

Mit Beginn unseres Zeitabschnitts steht die Stadt also als bewußte Gemeinschaft und als Rechtsperson da, die auch Urkunden ausstellen kann. Diese neue Entwicklung, welche zukunftsträchtige soziale Einheiten schuf, wird zuerst in den alten rheinischen Städten faßbar; deren wirtschaftliche Bedeutung, vor allem Kölns, war groß dank der alten Rheinachse, und den Einflüssen des Westens gegenüber war man schon durch geographische Nähe besonders offen. Diese Entwicklung zeigt sich auch bei Siedlungen, die um königliche Pfalzen oder im Umkreis eines Klosters entstanden waren, aber auch lokale, weltliche Herren tragen dieser Entwicklung Rechnung, auch dort, wo keine alte, städtische Siedlungssubstanz aus römischer Tradition vorhanden war.

Ein besonders günstiges Beispiel dafür bietet die Stadt Freiburg im Breisgau, eine der ersten landesherrlichen Stadtgründungen im deutschen Raum. Die Dokumente, die glücklicherweise erhalten sind, können zwar nicht als Stadterhebungs- oder -gründungs-Urkunde im Vollsinn des Wortes angesehen werden, zeigen aber, daß es um mehr ging als um Fixierung bloßer Marktprivilegien, daß der sich konstituierende rechtliche Komplex Stadt bereits maßgebend war. In einem, wie üblich, lateinischen Dokument gibt Konrad von Zähringen kund, daß er im Jahre 1120 auf seinem Gebiet im Ort Friburc ein Forum gegründet habe; der Name Friburc bezog sich wohl auf eine Burg und hat also nichts mit einem durch die Stadtgründung bedingten Freiwerden von Hörigen zu tun. Mit dem Vorhandensein eines Herrenhofes und Ansiedlungen ist bei diesem Ort Friburc natürlich ebenfalls zu rechnen. Konrad leitete auf diesen Grundlagen eine neue Entwicklung ein. Der Anstoß dazu ging also von ihm aus. Dabei war er damals noch nicht einmal Herzog. Er ließ Kaufleute, *mercatores personati*, also freie Kaufleute, von überall zusammenrufen, diese

18. Siegel von Braunschweig.

19. Siegel von Speyer.

traten zu einer Eidgenossenschaft, *conjuratio*, zusammen und Konrad ordnete die Grundlegung und Ausgestaltung des Forums an. Die Privilegien, die mit dieser Gründung verbunden waren, wurden schriftlich fixiert und von zwölf Ministerialen Konrads eidlich bestätigt. Konrad selbst gab seine Garantie, indem er sich mit Handschlag einem freien Mann, wohl einem Sprecher dieser Eidgenossen, und damit diesen allen gegenüber zur Einhaltung des Abkommens verpflichtete. Diese Leute, diese Kaufmänner, die das Forum nun aufbauen sollten, werden im Text auch als *conjuratores fori* bezeichnet, daneben werden sie auch *burgenses* genannt, einer der ersten Belege dieser Art östlich des Rheins. So wichtig Markt und somit Warenaustausch für die Entwicklung der mittelalterlich-neuzeitlichen Stadt auch waren, so dominierte in der deutschen Terminologie – anders als in der lateinischen, wo es um *forum* geht – zunächst noch die Bezeichnung Burg, was auch zu den anderen germanischen Dialekten paßt. Burg steht mit Berg in einem Ablautverhältnis und läßt auf die Vorstellung einer schützenden Höhenlage schließen. Auf die Überschneidung – gerade dann bei der Ableitung Bürger – mit dem lateinischen *burgus*, das in der Spätantike auftaucht und nicht germanischen Ursprungs sein muß, ist aufmerksam zu machen. Im 11. Jh. taucht dann im Deutschen die Bezeichnung *stat* auf und setzt sich allmählich durch. Im Annolied, in dem die Stadt Köln eine zentrale Stelle einnimmt, gehen beide Bezeichnungen nebeneinander her. Dieses marktstiftende Dokument der Freiburger Stadtgründung bezieht sich nicht auf punktuelle handelstechnische Vorgänge und läßt also den Kaufmannstyp, der periodisch kommt und verkauft, hinter sich. Diese *mercatores-burgenses* erhalten Grundstücke zugewiesen, um darauf ihre Häuser bauen zu können, dazu werden in diesem Text erbrechtliche Fragen angeschnitten. Außerdem verpflichtet Konrad sich, nur diejenigen als Seelsorger und Vögte einzusetzen, die von den Eidgenossen gewählt worden seien. Als Modell für sein Vorgehen nennt Konrad das Kölner Kaufmannsrecht. Konrads Dokument visiert also schon die in voller Entwicklung befindliche mittelalterliche Stadt als gegliedertes, funktionierendes und stabiles Gemeinwesen an. Der Fernhandel, für den theoretisch gesehen eine Gründung am Rhein günstiger gewesen wäre, stand nicht allein im Mittelpunkt. Es ging vielleicht noch mehr um die Erschließung des Hinterlandes und damit um die Durchdringung des flachen Landes vor allem auch nach Osten hin. Die unmittelbare Nähe zur West-Ost-Verbindung über den Schwarzwald und die Nachbarschaft zu den Bergwerken waren wichtig genug und zeigen, daß der Landesausbau als Aufgabe und politische Notwendigkeit erkannt und vom Landesherrn systematisch gefördert wurde. Als Stadtgründung nach Freiburger Muster sollte Freiburg in der Schweiz folgen, für Bern und andere Städte war Konrads Gründung ebenfalls modellhaft.

Diese stadtgründenden Aktivitäten waren nicht auf das Geschlecht der Zähringer beschränkt, sondern lassen einen Zug der Zeit überhaupt erkennen. Die Babenberger im Südosten betätigen sich in gleicher Weise, die Welfen im Norden und im bayrisch-schwäbischen Süden genauso, andere Geschlechter wären noch zu erwähnen, aber auch die Staufer, die die Könige und Kaiser stellten, reihen sich in diese Entwicklung ein. Der Übergang von der frühmittelalterlichen Herrschaftsform des Personenverbandes, wie man es genannt hat, zum späteren Territorialstaat ist auch bei den Staufern zu beobachten. Die Tendenz, möglichst geschlossene Herrschaftsgebiete zu haben und zu diesem Zweck das Land auch mit einem dichten Netz von Städten zu überziehen, gehört dazu als wichtiges Mittel des Ausbaus der politischen und wirtschaftlichen Infrastruktur. Vom Elsaß, wo sich z.B. Hagenau der besonderen Gunst der Stauferkaiser erfreute und großen Nutzen daraus zog, bis ins nordböhmische Eger läßt sich die städtegründende Aktivität auch der Staufer erkennen. Barbarossa hatte auf seinen zahlreichen Italienzügen auch reichlich Gelegenheit, sich von der Bedeutung der Städte ein Bild zu machen, von ihrer wirtschaftlichen Potenz, die sich in Form von Abgaben für das kaiserliche Budget als vorteilhaft erweisen konnte, aber auch von ihrer militärischen Schlagkraft.

Es liegt modernem Denken nahe, diese staufische Förderung der Städte ausschließlich als taktisches Manöver anzusehen, da der »reaktionäre Aristokrat« Barbarossa allem Städtisch-Bürgerlichem gegenüber doch nur abgründige Verachtung hegen konnte und das wahre Gesicht des Kaisers sich ja auch bei der Zerstörung Mailands geoffenbart habe. Auch da ist zu überlegen, ob damit nicht vorschnell und unhistorisch Begriffe und Begriffspaare der modernen Soziologie auf diese frühe Zeit und ihre Menschen übertragen werden. Die Burgen adeliger Widersacher wurden nicht minder gründlich geschleift, wenn es nötig war, wie die Mauern Mailands, und wenn Barbarossa sich der Bildung übergreifender Städtebünde widersetzte, so war er gegenüber anderen Formen von Machtzusammenschlüssen, man denke an Heinrich den Löwen, nicht minder mißtrauisch. So arbeitete Heinrich VI. mit der Gründung der Stadt Breisach der Ausbreitung der Macht der aristokratischen Zähringer im Südwesten entgegen, genauso wie früher Barbarossa versucht hatte, das Zusammenwirken der lombardischen Städte zu durchkreuzen. Machtfragen im mittelalterlichen Sinn sind hier wohl das Entscheidende und nicht so sehr modern definierte soziale Gegensätze.

Gründung und Förderung von Städten reihen sich ja andererseits auch ein in die Notwendigkeit herrscherlicher Repräsentanz. Wenn Heinrich der Löwe, der den Handelsplatz Lübeck in seine Gewalt bringen wollte und dabei zunächst keinen Erfolg hatte, versuchte, eine Konkurrenzsiedlung südlich von Lübeck an der Wakenitz zu errichten, und diese den Namen Löwenstadt erhielt, so heißt das, daß die Stadt ein integrierender Bestandteil seiner expansiven herzoglichen

Territorialpolitik war und daß ihn antibürgerliche, antistädtische Skrupel nicht so sehr geplagt haben dürften. Aufgrund äußerer Gegebenheiten war diese Siedlung, die für die Schiffahrt ungünstig gelegen war, ein Fehlschlag. Heinrich konnte sich aber schließlich den Einfluß über Lübeck sichern und dort ab 1159 einen großzügigen städtischen Neubeginn einleiten, der ihm erhebliche fiskalische Vorteile brachte. Ähnliches gilt für die ebenfalls in diese Zeit fallende Gründung Münchens; auch sie geht auf Heinrich den Löwen zurück.

Die Errichtung großer Bauten in den Städten, man denke an Heinrichs Interesse am Lübecker Dom, gehört ebenfalls zu dieser herrscherlichen Repräsentanz, die in langer Tradition stand. Schon 1161 ist bezüglich Lübeck nicht mehr vom Kaufmannsrecht, *jus forense*, sondern bereits vom *jus civitatis*, vom Stadtrecht, die Rede, mit großen sozialen Konsequenzen. Der Satz »Stadtluft macht frei« hatte in dieser Zeit in Lübeck und anderorts bereits seine Geltung. Rechtsansprüche auf Personen, die nun in der Stadt lebten, mußten genau bewiesen werden, und wenn jemand Jahr und Tag unangefochten in der Stadt gelebt hatte, war er frei. Im Südosten, im Herrschaftsbereich der Babenberger, hatte Wien auf alten Grundlagen im 12. Jh. einen großen Aufschwung genommen. Herzog Heinrich Jasomirgott machte Wien zur Residenz und bereits vor 1191 dürfte sich die Stadt als solche mit ihren Befugnissen konstituiert haben. Wichtige Marktsiedlungen im Südosten wurden in rascher Folge zu Städten erhoben, etwa Enns, Krems, St. Pölten, Wels usw. Noch vor Ende des Jahrhunderts schritt dann Herzog Leopold V. zur Gründung neuer Städte; dabei ist, besonders auch wegen des Bauplans, Wiener Neustadt zu erwähnen.

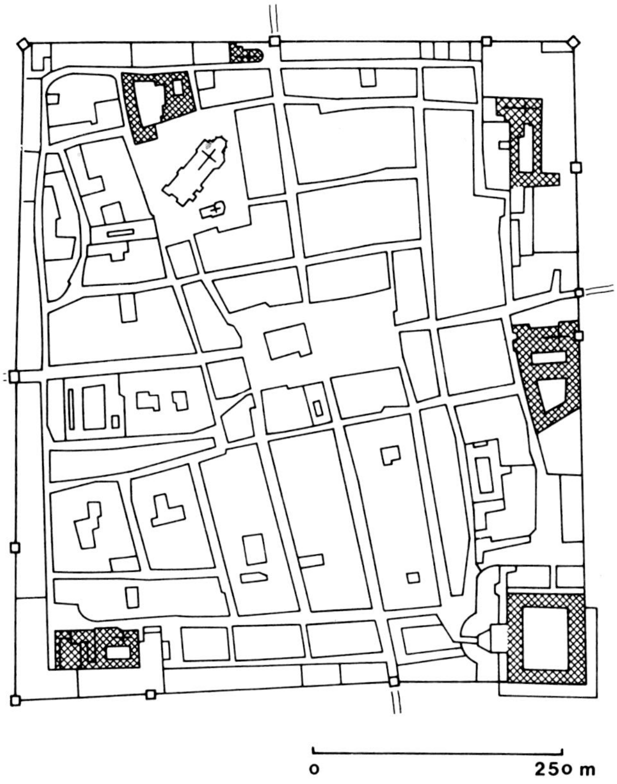

20. Grundriß von Wiener Neustadt.

Die deutsche Stadt wurde dann aufgrund des nach 1198 nachhaltig einsetzenden Machtverfalls des Königs und Kaisers und der Verlagerung des Herrschaftszentrums nach Süditalien und Sizilien immer mehr von der aufreibenden Spannung zwischen übergreifender Königsherrschaft und regional-lokal bestimmter Politik der Fürsten, die zunehmend zu wirklichen Landesherrn wurden, erfaßt. Die Stadt als Glied in einer auch territorial angelegten umfassenden Reichspolitik büßte diesen Stellenwert zusehends ein, da sich die Zwänge, in denen sich König und Kaiser immer wieder befanden, zugunsten der Stärkung der fürstlich-landesherrlichen Macht auswirkten. In Dokumenten wie der *Constitutio in favorem principum* von 1231, König Heinrich VII. abgerungen, und im *Statutum in favorem principum*, das im Jahr darauf Heinrichs Vater, Friedrich II., auf Drängen der Fürsten erlassen hatte, wurde die Lockerung der Verbindung von Stadt und Reich besiegelt und der Weg freigemacht für die Konstituierung und Festigung jener kleinen und größeren Herrschaftseinheiten, die die politische Landkarte des späteren Deutschlands bestimmen sollten. Daß es so kam, war zur Zeit Barbarossas noch keineswegs ausgemacht. Der Ausbau von Städten – von den Burgen und Klöstern wird gleich die Rede sein – ist qualitativ und quantitativ als ein neues Element in der Entwicklung des 12. und 13. Jh. zu werten. Das Anwachsen stark diversifizierter Vorhaben verlangte z.B. nach Arbeitskräften, auch immer mehr spezialisierten, neue organisatorische Aufgaben tauchten auf, man denke nur an die Versorgung und Verwaltung der mittleren und größeren Städte. Andererseits darf man auch nicht übersehen, daß das primitive Dorf und, weniger wichtig, auch verstreute einzelne Bauernstellen weiter bestanden. Das Dorf

21. Baubetrieb. Aus dem Hortus deliciarum.

reicht in seiner Entwicklung weit hinter unseren Zeitabschnitt zurück und braucht in seiner Geschichte auch hier nicht dargestellt werden. Das Dorf dürfte sich aufgrund seiner geringeren wirtschaftlichen und politischen Bedeutung und der größeren Beharrsamkeit seiner sozialen Strukturen wesentlich langsamer entwickelt und verändert haben als die städtischen Siedlungen, obgleich auch diese, vor allem die kleineren, noch stark an ländlich-dörfliche Verhaltensweisen und Lebensformen gebunden waren. Auch in größeren Städten war ja die Bindung an die Landwirtschaft nicht völlig abgeschnitten, ein nicht geringer Prozentsatz von *burgenses*, vor allem Handwerker, hielt sich Tiere, Schweine, Geflügel, hatte seine Äcker vor der Stadt oder versorgte seinen Weingarten. Diese immer noch dominierende, ererbte agrarische Struktur des Raumes darf man nicht übersehen, sie ist auch für die schwer faßbare Mentalität der verschiedenen Menschen und Gruppen dieses Zeitraums zu berücksichtigen. Die Straßen, an denen die Stadthäuser, die sich in der Mehrzahl noch nicht als solche von den Behausungen der Landbevölkerung abhoben, sich aufzureihen begannen, waren um diese Zeit ungepflastert, ohne Beleuchtung. Erst im 14. Jh. sind, ausgehend von den größeren Städten – auch hier dürfte der Westen vorangegangen sein –, Ansätze zur Pflasterung festzustellen; die Straßenbeleuchtung hat ja noch Goethe beschäftigt. Die sich lockernde Bindung an die landwirtschaftliche Lebensform vor allem in den größeren Städten führte zu einer Verminderung der Viehhaltung mit den entsprechenden Konsequenzen. Regelmäßige und gut organisierte Beseitigung des Unrats ist aber erst für viel spätere Zeiten, kaum vor dem 17. Jh. nachweisbar. Je nach Lage des Ortes brachten Bäche und Rinnsale eine gewisse Abhilfe. Den Mist benötigte man ohnehin für die außerhalb der Stadt gelegenen Felder.

Handel, Handwerk und das damit verbundene Kommunalbewußtsein brachten neben dem Bürgerhaus, das sich herauszubilden begann, weitere Bauwerke hervor, die sich teilweise zu zeitüberdauernden Symbolen von Stadt und Bürgertum entwickeln sollten. Von besonderer Bedeutung war natürlich das Kirchengebäude. Neben den großen Klosterkirchen, den Königsdomen und Bischofskathedralen wurde in unserem Zeitabschnitt die Stadtkirche (es geht dabei vor allem um Städte, die aus neuer Wurzel entstanden sind) zu einer großen architektonisch-religiösen, wirtschaftlichen und repräsentativen Aufgabe. In vielen Fällen gehörte das Gebiet der entstehenden oder zu gründenden Stadt bereits zu einem Pfarrsprengel und war somit schon eingebettet in das große, oft noch weitmaschige Netz der bestehenden Pfarreien. Die für das künftige Stadtgebiet zuständige Pfarrkirche konnte sich also auch außerhalb dieses Gebietes befinden. Solche Pfarrkirchen erwiesen sich meist bald als zu klein oder zu ungünstig gelegen. Außerdem strebten die Bewohner der Stadt nach ihrem eigenen Gotteshaus, das dann auch ein Zeugnis städtischer Monumentalarchitektur werden konnte. Getragen von der Wirtschaftskraft der Städte wurden die Stadtkirchen von derselben Entwicklung erfaßt, die in dieser Zeit auch an den Klosterkirchen und Kathedralen erkennbar ist, und die in rascher Folge zu großzügigem Um- und Neubau und immer reicherer Ausgestaltung nach dem modernsten Stand führte. Das Streben nach Errichtung einer eindrucksvollen Stadtkirche ist aber nicht nur dem bürgerlichen Selbstbewußtsein und Repräsentationsbedürfnis zuzuschreiben, wie man etwas übereilt meinen könnte. Gerade besonders großzügiges Um- und Ausbauen ging in vielen Fällen auf die Initiative des adeligen Stadtherrn zurück, wie u. a. auch das Beispiel Freiburg zeigt. Dort ist bald nach der Gründung der Stadt auch mit der Errichtung einer einfachen Kirche auf dem Platz des heutigen Münsters zu rechnen, wie überhaupt im südlichen Deutschland die Kirchen etwas neben, meist östlich der Haupt-Marktstraße angelegt wurden, während die Kirchen im Norden die Marktplätze eher direkt zu begrenzen pflegten. Um 1200 veranlaßte der letzte Zähringerherzog Berthold den großen Um- und Ausbau der Kirche, der dann im 13. Jh. in den Bau des heutigen Münsters übergehen sollte. Der Herzog wollte diese Kirche zu seiner und seiner Sippe Grablege machen. Bis dahin hatte das ebenfalls von den Zähringern gegründete Schwarzwaldkloster St. Peter dazu gedient: also eine nicht unbedeutsame Verlagerung vom Kloster in die Stadt! Diese Kirche, oberrheinischer Pfarrkirchentradition entsprechend, erhielt wie ihre Vorgängerin nur einen Westturm im Gegensatz zur Doppelturmfassade der großen Kloster- und Bischofskirchen, wie sie seit der französischen Romanik die Kirchenarchitektur beherrschten. Die städtische Kirche, vor allem der Raum vor dem Westportal, spielte ja auch im Rechtsleben der Gemeinde eine Rolle, etwa erkennbar am Anbringen normierter Maße und am Abhalten von Gerichtsverhandlungen. Das Westportal als Ort der Darstellung des Jüngsten Gerichtes, der Westen als Himmelsrichtung des Abends, des Endes der Menschheit, bot den theologischen Hintergrund dafür.

Doch auch im Profanbau entstanden Großbauten. Es kommt dabei auch zur Herausbildung neuer Bautypen und nicht nur zur Um- und Ausgestaltung von Vorhandenem, wie bei den Kirchen. So kommt es zur Errichtung großer Hallen, die schon für das 12. Jh. anzunehmen sind. Anfangs baute man sie aus Holz. Diese Hallen dienten als Stapelraum für die Güter. Aus Magdeburg ist z.B. aus der Mitte des 13. Jh. das Bestehen einer solchen Halle, die dreischiffig angelegt war, nachgewiesen. Zum Stapeln von Waren dienten vorübergehend freilich auch immer wieder die Kirchen; auch das ein wichtiges Indiz, daß im Mittelalter die Grenze zwischen Profanem und Sakralem anders verlief als in späteren Zeiten. Hallen dieser Art konnten der Stadt auch als Vorratshäuser dienen. Die spätere prächtige Ausgestaltung dieser und ähnlicher Nutzbauten, man denke an die spätmittelalterlichen »Kaufhäuser«, wo die Kaufleute vorübergehend ihre Waren feilbieten konnten, darf man und sollte man freilich noch nicht erwarten. Die neue sozialrechtliche Situation, die mit der mittelalterlichen Stadt gegeben war, fand dann, und das sollte eine neue und große Entwicklung einleiten, im Bau der Rathäuser ihren konzentrierten Ausdruck. Als Versammlungsort der *burgenses* dienten zunächst auch immer wieder die Kirchen, oder, wenn bereits verfügbar, eine der Stapel- oder Kaufhallen. Noch in der Mitte unseres Zeitabschnitts aber, so um 1200, wird der Drang nach der Errichtung eines separaten Bauwerks, das dieser neuen zukunftsträchtigen sozialen Einheit besser entsprach, immer stärker. Um diese Zeit tauchen auch bereits entsprechende Bezeichnungen für so ein Gebäude auf wie *domus civium, domus burgensium, domus communitatis*, u.a. Das entsprechende Bürgerhaus, das selbst wieder auf Bauelemente der Burgen und Pfalzen zurückgriff, soweit sich das übersehen läßt, lieferte dem Rathaus, dem Haus der Bürger, als wichtiges architektonisches Element den Festsaal im Obergeschoß. Große Treppen konnten hinaufführen in den Versammlungsraum. Die reiche architektonische Ausgestaltung dieser Rathäuser nach dem Vorbild der großen Sakralbauten ist freilich in erster Linie eine Leistung des Spätmittelalters und der beginnenden Neuzeit. Als bedeutsame Ausgestaltung mancher Rathäuser taucht aber schon im Hochmittelalter gelegentlich die große Rolandsstatue auf. Kaiser Karl als Garant des Rechts, dessen rechte Hand Roland der Sage nach war, war also auch für die Stadtbürger, nicht nur für die Kaiser, eine entscheidende Bezugsgröße.

Ein weiterer wesentlicher Bestandteil der Stadt war die Stadtmauer, auch sie hatte nicht nur materielle, sondern auch symbolisch-rechtliche Bedeutung. Zwar gab es im Hochmittelalter und

22. Das Rathaus von Dortmund um 1240. (Rekonstruktion).

darüberhinaus zahlreiche Städte, die nur mit Graben, Erdwall und Palisaden befestigt waren, im 12. und 13. Jh. ist das auch bei bereits recht ansehnlichen Städten immer noch der Fall. Die Errichtung einer Stadtmauer war ja auch ein kostspieliges Unternehmen. Dazu mußten auch die rechtlichen Voraussetzungen geschaffen werden, denn über Befestigungen verfügte die königliche Gewalt. Außerdem war das Vorhandensein oder Fehlen alter römischer Mauern eine nicht unwichtige materielle Voraussetzung. So erhielt Aachen erst in den siebziger Jahren des 12. Jh. auf Anordnung Barbarossas eine Mauer, Dortmund erst 1240 auf Verfügung Friedrichs II. In Ulm wurden Wall und Graben erst 1227 durch eine Mauer ersetzt, Freiburg erhielt um 1200 eine Mauer. Die Errichtung einer imposanten Stadtmauer, die die Stadt zu einer Art Großburg werden ließ – man vergesse nicht, daß zur selben Zeit ein gewaltiger Ausbau der Burgen stattfand –, lag im Interesse der Bürger, wie auch die Stadtsiegel mit Stadttor und -mauer bezeugen. Die Stadttore, ihre Anzahl und Anlage hing auch mit den Fernstraßen zusammen, häufig sind es vier bis fünf Tore, erforderten besondere Befestigungen, waren sie doch ein schwacher Punkt im Mauerring. Die zusätzliche Befestigung der Mauer mit Wehrtürmen, die so wichtig für das Stadtbild werden sollte, gehört aber meist erst dem Spätmittelalter an. Eine mit gewaltigen Mauern bewehrte Stadt lag auch im Interesse der Stadtherrn, vor allem der Könige und Fürsten, die den Ausbau einer Territorialherrschaft betrieben. Eine solch wehrhafte Stadt war ein gewichtiger Machtfaktor, wichtiger als so manche Höhenburg. Dies erklärt auch die Privilegien, wozu ja eben auch das Recht, eine Befestigungsanlage aufzubauen, gehörte. Wie die immer größer werdenden Neu- und Umbauten der Kirchen, Klöster und Burgen führte auch der Bau der Stadtmauer zur Einrichtung weiterer Großbaustellen von beachtlicher wirtschaftlicher Bedeutung.

Nicht unwichtig für das soziale Leben der Stadt, aber auch für das Stadtbild, waren auch die mit dem 13. Jh. einsetzenden Niederlassungen der Bettelorden. Diese Orden suchten ja im Gegensatz zu Benediktinern und Zisterziensern u.a. nicht das Land und die Abgeschiedenheit auf, sondern

23. Angriff auf Burgmauer.

die Menschen in den Städten. Anfangs ließen sie sich auch außerhalb der Stadt nieder, meist aber in der Stadt gegen den Stadtrand hin. Auch die Baulichkeiten, die in Verbindung mit den in den Kreuzzügen gegründeten Ritterorden entstanden, gehören hierher. Dazu traten auch bald Bauten die übergreifenden sozial-caritativen Interessen dienen sollten, wie die sogenannten Spitäler, meist großräumige Hallenbauten, in denen die Kranken und Bedürftigen von geistlichen Bruderschaften gepflegt wurden. Auch diese Häuser waren mit Kapellen oder Kirchen ausgestattet. Aus Mainz z.B. ist schon für 1236 so eine Einrichtung nachgewiesen. Die Stadt zog aber auch jene Klöster an, die mit ihr gar nichts zu tun hatten und zu tun haben wollten, wie z.B. die Zisterzienser, die in abgelegenen Tälern ihre Niederlassungen gründeten. Die Wirtschaftskraft dieses Ordens, von der an anderer Stelle noch zu handeln ist, führte aber dazu, daß in zahlreichen Städten Ordenshöfe gegründet wurden, die ein reges kaufmännisches Leben entwickelten, sich dann auch architektonisch auszuzeichnen begannen und im Leben der Stadt eine Rolle spielten. Solche Höfe, anfangs nur als verlängerter Arm der Wirtschaftsgebäude der abgelegenen Klöster gedacht, wurden zu Absteigquartieren der Äbte, konnten Gäste beherbergen und wuchsen weit über ihre ursprüngliche Bestimmung hinaus. Es ist erstaunlich, daß bald nach der Gründung der ersten Zisterzienser-Klöster auf deutschem Boden sich bereits solche Stadthöfe nachweisen lassen. So schon 1142 in Würzburg, vielleicht sogar schon etwas früher in Trier. Weitere folgten noch im 12. Jh. im Raum von Köln bis hinab nach Graz.

Für die räumliche Gliederung der Stadt, die zugleich eine soziale Komponente enthielt, hatten auch die verschiedenen Handwerkerniederlassungen in bestimmten Stadtteilen und Straßen Bedeutung. Äußere Voraussetzung für die Berufsausübung und die Niederlassung an bestimmten Teilen kamen dazu, man denke vor allem an die Gerber, die sich an Wasserläufen niederließen. In manchen Städten waren auch die Judensiedlungen für diese innere Gliederung der Stadt wichtig. Die Juden waren vor allem im Handel- und Geldwesen tätig und besonders in den rheinischen Städten ein nicht unerheblicher Faktor in der städtischen Bevölkerung. Sie bildeten eigene Straßen und Viertel mit einer Synagoge. In Köln gab es bereits 1012 eine Synagoge, wenig später wurde auch in Worms eine errichtet.

Der rasche Aufschwung zahlreicher Städte blieb nicht ohne Einfluß auf den Verkehr und dessen raumerschließende Bedeutung. Das Straßennetz mußte notwendigerweise etwas ausgebaut werden, wenn auch zunächst dieser Ausbau meist ein bloß quantitativer und kaum ein qualitativer war. Dieser Zustand hielt sich übrigens bis tief in die Neuzeit herein. Bei aller Primitivität des Straßennetzes und der Geringfügigkeit des Verkehrsaufkommens ist andererseits festzuhalten, daß offenbar dennoch die Notwendigkeit bestand, Ansätze zu einer Verkehrsordnung zu entwickeln, wie aus dem Sachsenspiegel (II 59 § 3) hervorgeht, wenn es dort heißt (wir geben gleich die moderne Übersetzung): »Königsstraßen sollen so breit sein, daß ein Wagen dem andern ausweichen kann. Der leere Wagen soll dem beladenen Platz machen und der weniger beladene dem schwerer beladenen; der Reiter soll dem Fahrzeug Platz machen und der Fußgänger dem Reiter ... welcher Wagen zuerst auf eine Brücke kommt, soll auch zuerst darüberfahren, gleich ob leer oder beladen.«

Neue Flußübergänge mußten angelegt werden. Da und dort zeigt sich auf diesem Gebiet ein beachtliches baulich-technisches Können. So wurde z.B. bereits in den dreißiger Jahren des 12. Jh. in Regensburg die Donau mit einer imposanten steinernen Brücke überquert. Friedrich II. veranlaßte, daß die hölzerne Brücke bei Donauwörth durch eine Steinbrücke ersetzt wurde. Das fügt sich ein in gesamtwesteuropäische Verhältnisse. In Avignon wurde in den siebziger Jahren die Rhône überbrückt, ungefähr zur gleichen Zeit baute man in London an der Themsebrücke. Schon früher gab es in Lyon ebenfalls einen Rhôneübergang und in den achtziger Jahren wurde in Paris Le petit pont aus Stein erbaut. Überraschenderweise blieb die wichtigste Wasserstraße des deut-

24. Donaubrücke in Regensburg.

schen Kulturraums, der Rhein, noch lange, vor allem im Mittel- und Unterlauf ohne feste Brücke. Dabei hatte es schon in der Römerzeit, zurückgehend bis auf Julius Cäsar, Rheinbrücken gegeben. Besonders wichtig war die von den Römern angelegte Rheinbrücke bei Mainz, die in den nachfolgenden Jahrhunderten zerstört worden war. Karl der Große hatte diese Brücke mit Hilfe der römischen Überreste als Holzbrücke erneuert. Auch da also eine Anknüpfung an die römische Tradition! Im Jahre 813 aber wurde diese Brücke durch Feuer zerstört, und nun blieb der Rhein auf lange Zeit hin ohne festen Übergang. Provisorische Brücken aus Schiffen wurden natürlich vor allem zu militärischen Zwecken immer wieder angelegt. Im 12. Jh., mit der Überbrückung der Donau in Regensburg, änderte sich in dieser Hinsicht etwas. So plante Reinald von Dassel eine große steinerne Brücke über den Rhein bei Köln. Der frühe Tod dieses energischen Mannes war aber mit eine Ursache dafür, daß dieses Projekt keine festen Umrisse bekam und alles beim alten blieb. Im Jahre 1225 wurde aber wenigstens bei Basel eine feste Holzbrücke über den Rhein angelegt. Dabei dürften kaum militärische Erwägungen eine Rolle gespielt haben, sondern wirtschaftliche. Initiator dieser Brücke war auch nicht ein König oder Kaiser, sondern der bischöfliche Stadtherr und die Stadtbürger. Erst Ende des 14. Jh. wurde bei Straßburg eine ähnliche Brücke über den Rhein gebaut. Der große Strom blieb also noch lange Zeit fast ausschließlich dem Schiffsverkehr vorbehalten. Die technisch-finanziellen Probleme waren auch für eine einzelne rheinische Stadt eine sehr große Last, vielleicht eine zu große Last, als daß sie von den wirtschaftlichen Vorteilen einer Brücke kurzfristig hätte aufgewogen werden können. Bei den weniger mächtigen Flüssen war die Lage anders und man hat mit einer Vermehrung von festen Flußübergängen im ganzen Gebiet zu rechnen. Freilich hat man, wenn keine Quellen vorliegen, nur dort, wo es sich um markante Steinbauten handelte, archäologische Anhaltspunkte.

Der Aufbau des Burgenwesens

In unserem Zeitabschnitt vollzog sich dann auch der Aufbau des Burgenwesens und vor allem dessen grundsätzliche Neuorientierung. Aufschwung der Städte und Aufbau der Burgen gehen zwar von jeweils anderen Grundlagen aus, man darf sich aber rückblickend die Frage stellen, ob beides nicht doch von übergreifenden gemeinsamen Tendenzen gestützt wurde. Die wehrhafte Stadt mit ihrer selbstbewußten Bürgerschaft war schon äußerlich einer Großburg nicht unähnlich. Stadt wie Burg zeugen von der machtvollen Tendenz, im räumlich überschaubaren Rahmen ein Stück Territorium fest in der Hand zu haben und behaupten zu können. So wie es auch in früheren Zeiten befestigte Kaufmannsniederlassungen gab, die aber nicht identisch waren mit dem, was man dann mittelalterliche Stadt nennen kann, so gab es natürlich schon befestigte isolierte Herrensitze im Rahmen der grundherrschaftlichen Ordnung. Aber auch diese waren nicht identisch mit den gewaltigen Burgen, die ab dem 11./12. Jh. in rascher Folge und großer Dichte entstehen sollten. Diese immer anspruchsvoller werdenden Bauten, wie die Anlage der Städte auch, förderten entscheidend die Raumerschließung und trugen dazu bei, auch die Morphologie der Landschaft zu gestalten; sie intensivierten die weitere verkehrstechnische Erschließung, sie aktivierten ein Umland und verlangten nach Arbeitskräften für den Bau, den Unterhalt und die Versorgung. Befestigungsanlagen verschiedener Art hat es, wie gesagt, schon früher gegeben und

25. Johanneskapelle auf Schloß Pürgg (zu S. 81).

gab es später auch wieder. Die hochmittelalterliche Burg ist aber wiederum eine der vielen typischen neuen Hervorbringungen des Mittelalters. Vereinfachend läßt sich sagen, daß die befestigten Anlagen der vorausgehenden Zeiten, Anlagen mit Graben, Erdwall, Holzpalisaden, Wachtürmen aus Holz, die man überall antreffen kann, in erster Linie Schutz vor äußeren Feinden bieten sollten, man denke etwa an die bis ins 10. Jh. ständig drohende Gefahr aus dem Osten. Zu den individuell angelegten Schutzbauten kamen die von den Königen planmäßig errichteten kleineren Zentren, die, wie in der Verteidigungspolitik der Ottonen, einer effektiven kollektiven Verteidigung gegenüber den Feinden von außen dienen sollten.

Die Burgen, die nun in unserem Zeitabschnitt mit gewaltigen Steinmauern aufgetürmt wurden und sich oft nur wenige Kilometer voneinander entfernt auf den bewaldeten Hügeln und Felszacken zu erheben begannen, dienten natürlich auch dem Schutz- und Wehrbedürfnis ihrer Insassen, sie standen aber in einem veränderten politischen, sozialen und wehrtechnischen Umfeld, verglichen mit den archaischen Befestigungen früherer Zeiten. Zudem spielte die Bedrohung durch äußere Feinde, seien es Ungarn oder Wikinger oder Sarazenen, keine Rolle mehr. In Deutschland, im 11. Jh. erkennbar einsetzend und immer weitere Kreise ziehend, breitete sich der Bau neuer Burgen auch an neuen Orten aus. Immer mehr Adelsfamilien verließen mit ihrem Gefolge und Dienstpersonal die Herrenhöfe des grundherrlichen Agrarbetriebes in der unmittelbaren Nähe zu den Bauernhöfen und den Dörfern und begaben sich in die oft recht beträchtliche

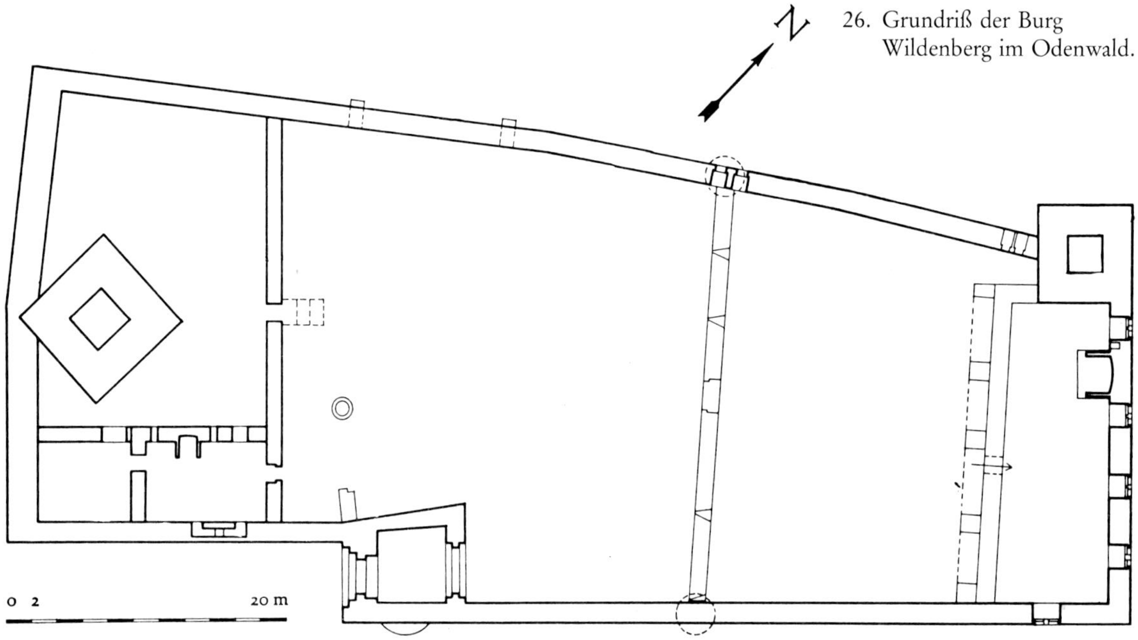

26. Grundriß der Burg Wildenberg im Odenwald.

Distanz einer vom Wald umgebenen Felskuppe. Marc Bloch sieht schon im Frankreich des 10. Jh. die ersten gewichtigen Anzeichen dieser folgenschweren neuen Entwicklung und bringt sie mit der im Westen des alten Karolingerreiches am weitesten fortgeschrittenen Desintegration der politischen Zentralmacht in Verbindung. Aus dem normannischen Raum dürften für diese Entwicklung der wehrhaften Adelssitze bautechnisch wichtige Anstöße gekommen sein. Die in Deutschland in nachottonischer Zeit ebenfalls einsetzende Schwächung der Zentralgewalt mag auch im Ostreich eine ähnliche Entwicklung begünstigt haben, die der Investiturstreit sicherlich noch verstärkt hat. Das *jus munitionis*, das Recht, Befestigungsanlagen zu errichten, war aber der Zentralgewalt, dem König bzw. dessen Amtswalter, vorbehalten und lange Zeit ein Reichsrecht. Der Sachsenspiegel (III, § 2, 3, 4) macht auch genaue Angaben über die Art solcher genehmigungspflichtiger Befestigungsanlagen. Dieses Recht hatte in der Praxis freilich nur dort Sinn, wo es durchsetzbar war, und das war vor allem in unruhigen Zeiten und beim Fehlen einer flächendeckenden modernen Exekutive nicht immer möglich.

Die Burgen, die in immer größerer Anzahl nun entstanden, waren keine befestigten und für die Allgemeinheit bestimmten Fliehburgen mehr, sondern feste Wohnsitze bestimmter einzelner Adelsfamilien, die mächtig genug waren, der Zentralgewalt gegebenenfalls zu trotzen, und die es sich auch finanziell leisten konnten, ein so aufwendiges Unternehmen anzugehen. Man denke an die Schwierigkeiten einer verläßlichen Wasserversorgung, was häufig mühselige Grabungen im Gestein verursachte; man denke an die Transportprobleme, dazu brauchte man in steigendem Maße für die immer anspruchsvoller werdenden Bauarbeiten und die technischen Anlagen besonders qualifizierte Arbeitskräfte, die nicht immer aus den Reihen der Frondienst leistenden Bauern der Umgebung gewonnen werden konnten. Die bauliche und wehrtechnische Ausgestaltung der Burgen erhielt durch die Kreuzzüge, die den mitteleuropäischen Rittern die Bau- und Wehrtechnik der Byzantiner vor Augen führte, starke Anstöße. Byzanz galt ja immer schon als Heimstatt technischer Wunderwerke. Entscheidend war aber, daß diese von außen kommenden rein bautechnischen Anregungen bei den mittel- und westeuropäischen Burgen einem neu sich bildenden Zentrum zugute kamen, das neben der militärischen auch große politisch-soziale und wirtschaftliche Bedeutung gewann. Die zahllosen Burgen mit ihren Türmen und Mauern, die sich auf den Anhöhen zu erheben begannen, veränderten nicht nur das Landschaftsbild. Diese neuen Steinburgen, deren Verteidigungskraft immer besser ausgebaut wurde und die genug Raum boten für die Entfaltung herrschaftlichen Wohnens, Lebens und Repräsentierens, waren von ihrem Dasein her schon eindrucksvolle Machtdemonstrationen, die das Selbstbewußtsein ihrer adeligen Insassen steigern mußten und im umliegenden Land unterhalb ein verstärktes Gefühl der Abhängigkeit erzeugten. Es kann ja auch kein Zufall sein, daß, wie oben erwähnt, die adeligen Geschlechter immer mehr dazu übergingen, sich nach einer Burg aus ihrem Besitz zu benennen. Für die an den Burgherrn gebundenen Vasallen, Bauern und Dorfbewohner ringsum und die damit verbundene Gerichtsbarkeit wurde eine solche Burg auf besonders eindringliche, schauhafte Weise zu einem ordnenden Zentrum der Autorität.

Die Angehörigen jener Geschlechter, die in einer solchen Burgenmentalität aufgewachsen waren, wußten natürlich um die Bedeutung der Burgen und wenn sie, wie die Staufer, als Herzöge, Könige und Kaiser Zentralgewalt übernahmen, die ja der kleinräumig-separatistischen Macht der Burgen eigentlich entgegengesetzt war, so konnten sie dieses Wissen um die Bedeutung der Burgen in ihre neue Position einbringen. So wurde z.B. schon Barbarossas Vater, Herzog Fried-

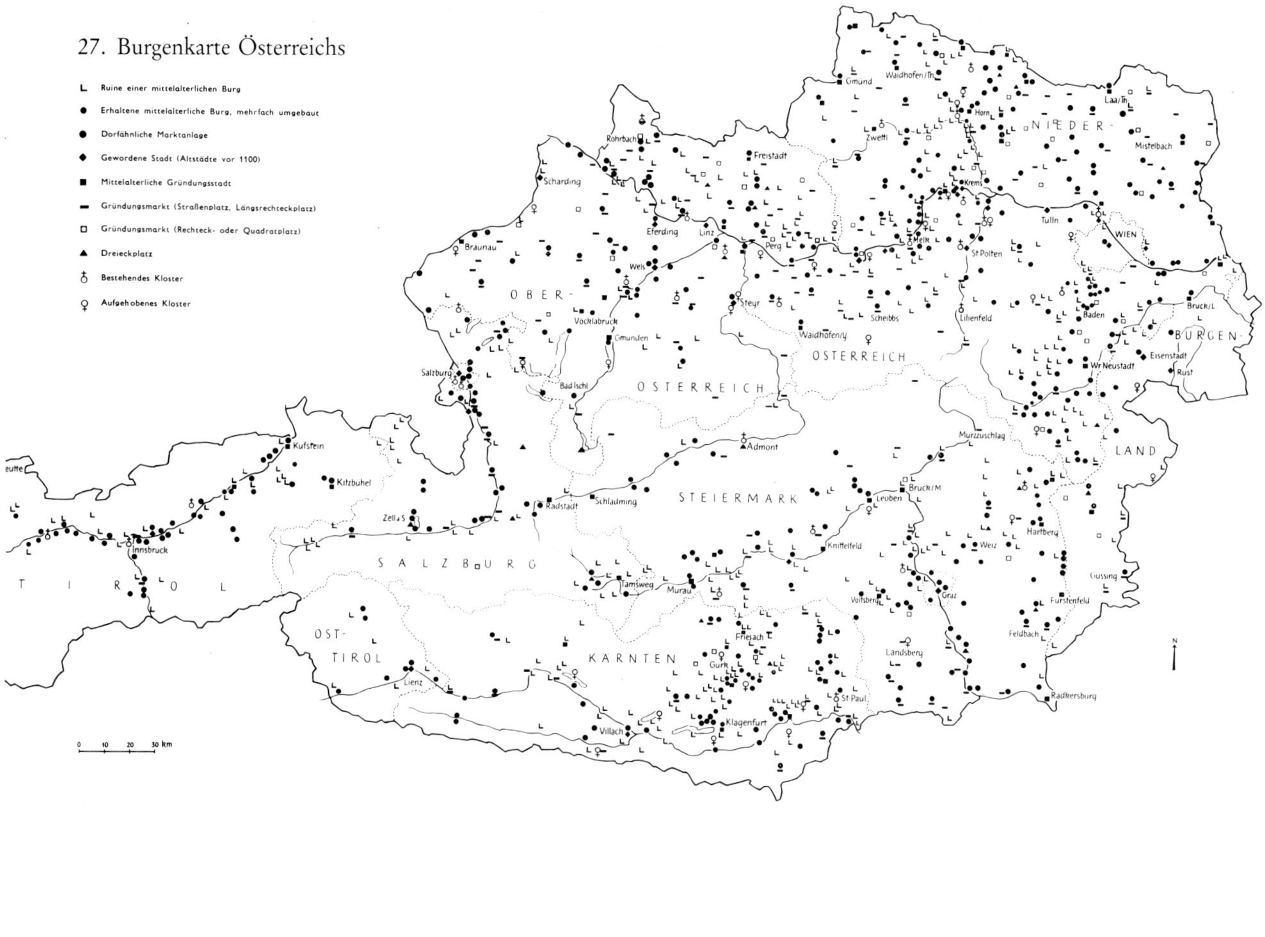

27. Burgenkarte Österreichs

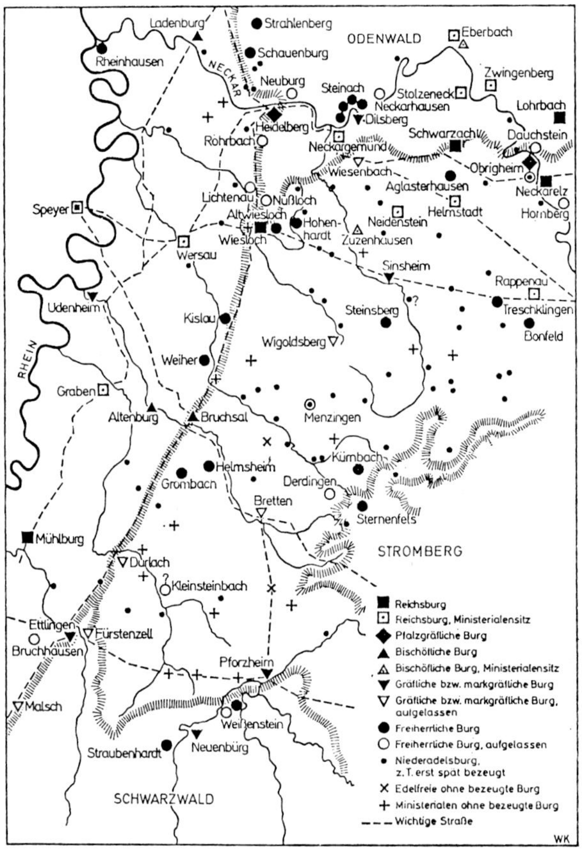

28. Burgen im Kraichgau.

rich II. von Schwaben, zu einem besonders eifrigen Burgenbauer. Er wußte um die militärisch-soziale Bedeutung der Burgen und wollte sie sich in seinem Machtbereich zunutze machen und die Infrastruktur einer im Grunde immer mehr territorial orientierten Herrschaftspolitik verstärken. Daß Friedrichs besonderes Interesse am Burgenbau von den Zeitgenossen als Neuheit empfunden wurde, bezeugt kein Geringerer als Bischof Otto von Freising, der als Verwandter Friedrichs besten Einblick besaß. Aus Ottos Berichten geht hervor, daß für Herzog Friedrich die Errichtung von Burgen im oberrheinischen Raum, dem Kernstück des Reiches, wie Otto sagt, ein mit Erfolg eingesetztes Mittel zur Machtbefestigung war. Zum Burgenbau aus der Initiative einzelner Familien trat auch der Burgenbau aus Initiative der Herrscher, die erkannten, daß mit der theoretischen Berufung auf das *jus munitionis* die neue Entwicklung nicht zu stoppen war und daß diese Entwicklung, in der sie ja selber standen, auch der Zentralgewalt nützen konnte. So entstanden immer mehr dieser neuen Burgen und bis ins 13. Jh. hinein verdoppelte und verdreifachte sich die Dichte des Burgennetzes, durchaus vergleichbar der Entwicklung, die um diese Zeit auch bei den Städten zu beobachten ist.

Von besonderer Bedeutung ist die Tatsache, daß in der hochmittelalterlichen Burgenanlage, sei es je nach Geländeform eine Höhenburg oder eine Wasserburg des Flachlandes, die militärische Funktion sich mit dem Wohnen und vor allem mit dem Repräsentieren zu einer Einheit verband.

29. Kapelle der Burg Ottenstein, Niederösterreich.

Diese Einheit hat es vorher in dieser Weise nicht gegeben und sie sollte sich in der beginnenden Neuzeit u.a. auch unter dem Einfluß der sich rasch entwickelnden Artillerie- und Sprengtechnik auch wieder lösen in Festung einerseits und Schloß, Palastanlage andererseits. Die hochmittelalterliche Burg vereinigte in sich extreme Wehrhaftigkeit mit teilweise schon recht beachtlicher Wohnkultur, sie umschloß Wirtschaftsgebäude, Vorratskammern und dergleichen und, meist als besonderes Kleinod ausgestattet, auch die Kirche in Form der Burgkapelle. Die künstlerische Ausgestaltung beschränkte sich in vielen Fällen nicht auf die Burgkapelle, obgleich der künstlerische und finanzielle Aufwand, der dafür aufgeboten wurde, an sich schon erstaunlich genug ist. Schon früh beobachtet man, wie auch profane Bereiche der Burg in diesen Aufwand einbezogen wurden. Die großartigen Iweinfresken auf der Südtiroler Burg Rodeneck aus dem Anfang des 13. Jh. (s. unten S. 353) legen beredtes Zeugnis davon ab und sollten das nach manch ungerechtfertigtem Mittelalterüberschwang nun wieder in Mode kommende Gerede von Primitivität und Rückständigkeit relativieren. Die Burg war gleichsam eine Stadt im Kleinen. Im Streben nach dieser Einheit und im Vollbringen dieser Einheit, von dem noch heute eine Menge großartiger Ruinen Zeugnis geben, äußert sich auf besonders eindrucksvolle Weise das Selbstbewußtsein dieser verschiedenen Adelsschichten und verband sich mit dem zu beobachtendem gleichzeitigen

30. Säulenbasis aus Wildenberg.

31. Säulenbasis, ebda.

Aufstieg des Ritters, der ja in seiner exzessiven und auch handwerklich immer meisterlicher werdenden Panzerung einer Burg nicht unähnlich war, gleichsam deren mobile Entsprechung.

Es bedurfte nur entsprechender individueller Anstöße, um die Burg über ihre militärische, architektonische, administrative und rechtliche Bedeutung hinaus auch zu einem kulturellen Mittelpunkt zu machen, der vorbildhaft auf andere Bereiche, wie etwa die Stadt, einwirken konnte. Auch darin zeigt sich ein neues Element in der hochmittelalterlichen Kultur; Befestigungsanlagen älteren Stils waren schon vom Wesen her keine Kulturzentren. Die neue Entwicklung schuf Rahmenbedingungen, deren Bedeutung für die kulturelle Entwicklung der aristokratisch-ritterlichen Laien groß gewesen sein muß. Schon die Architektur der meisten Burganlagen wies über die Erfüllung vordergründig utilitaristisch militärischer Anforderungen hinaus. Die umschließende Ringmauer wurde extrem hochgezogen, der Bergfried, der nicht mehr mit dem früheren Wohnturm identisch ist, in seiner Massivität und Höhe besonders eindrucksvoll aufgemauert. Die vor allem im deutschen Südwesten und im staufischen Umkreis übliche Verwendung von Buckelquadern – die nach außen gerichtete Seite der Steine wurde nicht glattgemeißelt, was den Eindruck des gewachsenen, unzerstörbaren Naturfelsens vermittelte – war nicht nur von strategischen Überlegungen getragen – die unregelmäßigen Höcker machten das Hochschieben von Leitern praktisch unmöglich –, sondern enthielt auch eine starke psychologische Komponente. Modern gedacht und mißverständlich formuliert, könnte man angesichts solcher Bauten von einer Maßlosigkeit des Repräsentierens sprechen. Auch in dieser Hinsicht fügen sich diese Bauwerke ein in den aristokratisch-archaischen Lebensstil, der sich eben im »Außen« realisiert. Diese »Maßlosigkeit« findet sich schon früher in anderer Form und ins Geistliche gewendet in den gewaltigen Domen und Klosteranlagen, denen von ihrem bloßen Dasein her eine hohe zeichenhafte Aussagekraft innewohnte, was eben ein Wesensmerkmal mittelalterlichen Daseins ist und darin seinen

32. Torturm von Wildenberg.

33. Wasigenstein.

systemgemäßen Platz hat. Die Anlage der hochmittelalterlichen Burgen ist von einem konstanten Grundbestand an unverzichtbaren Baulichkeiten bestimmt: Außenmauer mit besonders sorgfältig geschützter Toranlage, Bergfried (mittelhochdeutsch bervrit, daraus die moderne volksetymologische Umdeutung des ursprünglich griechischen Fachausdrucks Pyrgos phoretos aus der Belagerungstechnik, was einen fahrbaren Turm bezeichnete, wörtlich Tragturm.) Dazu der Palas als Hauptwohnbezirk mit Festsaal, dann weitere Wohnräume und die Wirtschaftsgebäude. Die Gegebenheiten des Geländes, abgesehen von anderen Faktoren wie Rang des Burgherrn, finanzielle Mittel, politische Konstellationen usw. führten dazu, daß keine Burg der anderen glich. Nicht nur die Anlage, sondern auch die Ausgestaltung zahlreicher Burgen dieser Zeit zeigen, wie schon angedeutet, in vielen Fällen einen erstaunlich hohen Stand des künstlerisch-kulturellen Interesses ihrer Insassen. Was bisher in Anlage und Ausgestaltung repräsentativer Kirchen und Klosterbauten investiert worden war und immer noch, und gesteigert, investiert wurde, begann nun in den Profanbauten breiter Adelsschichten, nicht bloß des Herrschers, ebenfalls seine Wirkung zu zeigen.

Der Ausbau der Klöster

An der weiteren Erschließung des hochmittelalterlichen deutschen Raums hatten auch die Klöster beträchtlichen Anteil. Zwar reicht deren raumerschließendes Wirken weit hinter unseren Zeitabschnitt zurück und setzte ein, lange bevor Städte und Burgen zu maßgebenden Faktoren wurden. Im Hochmittelalter kamen aber wichtige neue Impulse hinzu; Klöster neuen Typs wurden gegründet, die meist auch den bereits vorhandenen neuen Auftrieb gaben und deren kulturraumschaffendes Wirken verstärkten. Man wird diesen Aufschwung des klösterlichen Lebens, der sich gerade in zahlreichen Neugründungen bemerkbar machte, mit jenem umfassenderen Aufschwung, der sich auch bei Städten und Burgen beobachten läßt, in Verbindung bringen können, er geht aber nicht darin auf und muß in seiner Eigenart gesehen werden. Dazu leisteten diese Klöster, gleichsam in Ergänzung des Wirkens der Burgen und Städte, vor allem einen Beitrag zur Erschließung abgelegener Räume.

Das Netz monastischer Niederlassungen, das die Benediktiner in der karolingischen Zeit im werdenden deutschen Kulturraum von St. Gallen bis Fulda und Kremsmünster zu flechten begonnen hatten, war noch recht weitmaschig, wenngleich in seinen Wirkungen, vor allem in der frühen Zeit, kaum zu überschätzen. Der berühmte Klosterplan von St. Gallen, der zwar nicht ganz in bauliche Wirklichkeit umgesetzt werden konnte, ist ein eindrucksvolles Zeugnis dafür, mit welch klarer Zielstrebigkeit und welch realistischem Sachverstand diese Mönche darangingen, in einer noch weitgehend unerschlossenen Naturlandschaft eine großzügig angelegte Kulturzelle aufzubauen, die ausstrahlen konnte. Von der Stätte intensiver Gottesverehrung bis hin zum Arbeitsplatz des Schuhmachers war alles durchdacht und in seinem funktionellen Zusammenspiel angelegt, eine perfekte Stadt im kleinen. Durch die politischen Ereignisse, vor allem dadurch, daß die deutschen Könige und nicht die des romanischen Westens des alten karolingischen Reiches die römischen Kaiser stellten, kam es im Osten zu Sonderentwicklungen, die auch die Klöster nicht unberührt gelassen haben. Bedeutende Klöster, die schon Reichsklöster waren, d.h. besonderen königlichen Schutz und Immunität genossen, wurden im Ostteil des Reiches unter den Ottonen fest in das dort entstehende Reichskirchensystem eingebunden, damit aber auch in das sich abzeichnende Spannungsfeld von Kaiser, Papst und Partikularmächten gestellt.

Kann man den großen Aufschwung der Städte und Burgen im Hochmittelalter bei allen Anregungen, die aus dem Westen kamen, eben doch auch aus deutscher Eigendynamik verstehen, so ist der hochmittelalterliche Aufschwung der Klöster, womit zunächst deren materieller Ausbau gemeint ist, eine französische Initiative, und wohl, aufgrund der besonderen politischen Verhältnisse in Deutschland, weniger eine deutsche Eigenerscheinung. Reformschübe innerhalb des schon altehrwürdigen Benediktinerordens und radikale Auslegungen der Ordensregel hat es immer wieder gegeben. Man denke an Benedikt von Aniane zur Zeit Karls des Großen und Ludwigs des Frommen. Deren unmittelbare positive Konsequenzen für die äußeren Aktivitäten der alten Klöster im deutschen Raum aber waren eher gering; die weiterwirkenden Reformherde sind vor allem in Frankreich zu suchen. Im deutschen Raum ist in nachkarolingischer Zeit eher ein Erlahmen der Wirkungen, die von den Klöstern ausgingen, zu konstatieren. Schon äußerlich zeigte sich das in einem Rückgang der Anzahl der Mönche in zahlreichen renommierten alten Klöstern, was nicht ohne Einfluß bleiben konnte auf die materiellen Aspekte der Bedeutung der Klöster.

In Frankreich dagegen führten spirituelle Impulse, die vielleicht auch noch mit Anstößen der Reformversuche Benedikts von Aniane zusammenhängen, zu großen Veränderungen auch in der materiellen Kultur und der Ausstrahlung der Klöster. Als Stichwort genüge Cluny. So betrug beim Amtsantritt eines der großen Äbte von Cluny, des Abtes Odilo (994–1048), die Zahl der cluniazensischen Klöster etwa 37; bei Odilos Tod waren es schon 65; beim Tod seines Nachfolgers Hugo (1048–1109) rund 1180. Unter Hugos Amtsführung stieg auch die Zahl der Mönche im Hauptkloster Cluny auf fast 300 an. All das hatte auch materielle Konsequenzen und schlug sich z.B. in einer regen Bautätigkeit nieder. So unternahm Hugo den dritten Ausbau der Klosterkirche (Cluny III) und führte den größten Klosterkirchenbau der damaligen Zeit überhaupt auf, der,

34. Schematischer Grundriß eines Zisterzienserklosters.

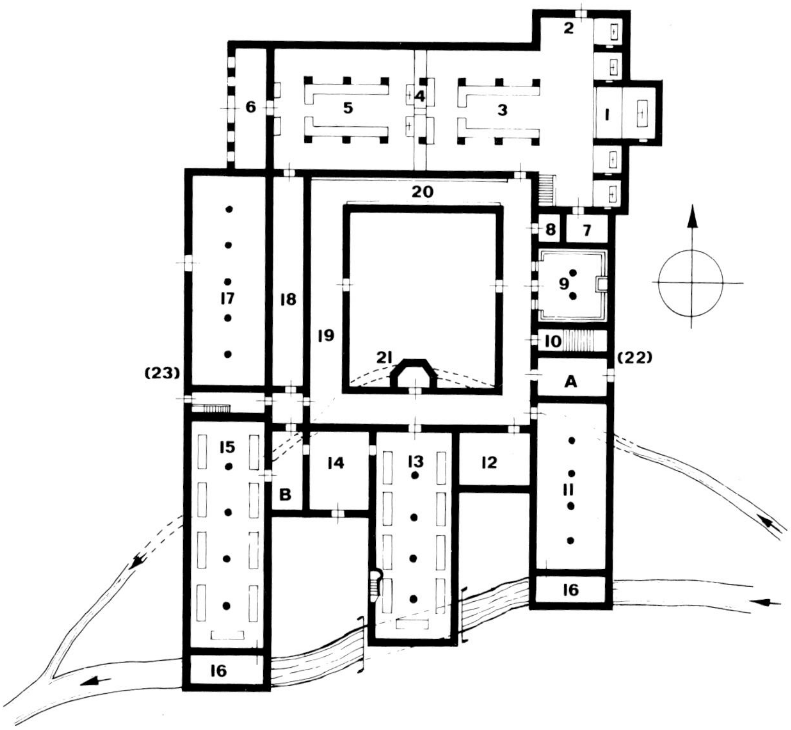

1: Sanctuarium oder Presbyterium (architektonisch – nicht liturgisch – auch »Chor« genannt);
2: Totenpforte zum Friedhof;
3: Mönchschor;
4: Lettner;
5: Konversenchor;
6: Vorhalle (Narthex);
7: Sakristei;
8: Bücherkammer (Armarium);
9: Kapitelsaal;
10: Treppen zum Mönchsdormitorium,
11: Mönchssaal;
12: Wärmestube (Kalefaktorium);
13: Mönchsrefektorium;
14: Küche;
15: Konversen- oder Laienrefektorium;
16: Latrinen;
17: Vorratskeller;
18: Konversengasse;
19: Kreuzgang;
20: Kreuzgangflügel mit Bänken zum Lesen (Lesegang);
21: Brunnenhaus;
22: Mönchsdormitorium (über 7–11);
23: Laiendormitorium (über 15/17);
A. Ostdurchgang oder/und Sprechraum der Mönche (Auditorium/Parlatorium)
B: Sprechraum der Konversen (Auditorium/Parlatorium).

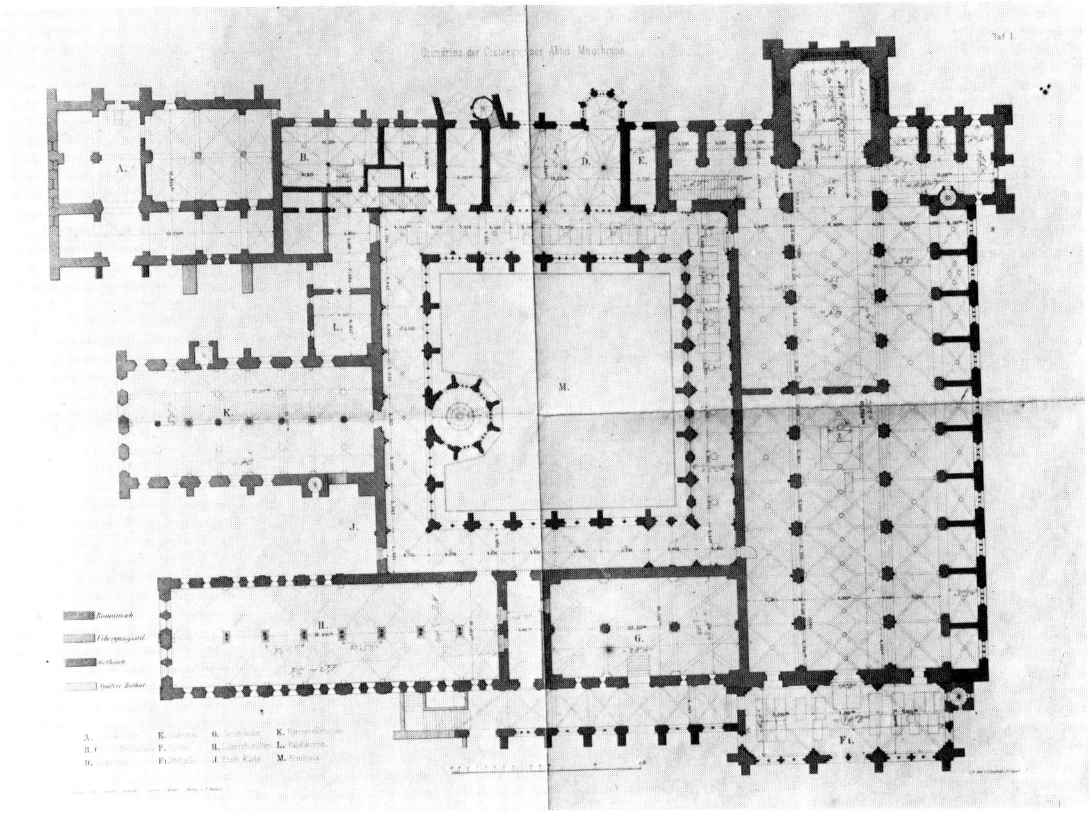

35. Grundriß des Klosters Maulbronn.

wohlbedacht, nur wenige Fuß kleiner war als die damalige Peterskirche in Rom. Diese Neubelebung des Benediktinertums, die von Cluny ausging, zeigte vor allem in Frankreich gewaltige Wirkungen, griff aber nur in geringem Maße auf das Reich über.

Erheblich größeren Einfluß auf die deutschen Klöster gewann dagegen die ebenfalls um diese Zeit von Gorze bei Metz ausgehende mönchische Reformbewegung. Während Cluny sich direkt dem Papst unterstellte und sich und die ihm zugehörigen Mutterklöster der Machtbefugnis der jeweiligen Diözesanbischöfe entzog, respektierte die Reform von Gorze die Rechte der Bischöfe und verzichtete auf direkte Unterstellung unter den Papst und auf die Unterordnung der reformierten bzw. neugegründeten Klöster unter das Mutterkloster. Mit dem ottonischen Reichskirchensystem ergab sich somit kaum ein Konflikt und die Ottonen erwiesen sich auch als Förderer dieser Reform. Noch in der zweiten Hälfte des 11. Jh. griff kein Geringerer als Bischof Anno von Köln auf diese Reform zurück, ja er holte sogar cluniazensisch inspirierte Mönche aus dem italienischen Fruttuaria herbei, um eine Reihe klösterlicher Neugründungen einzuleiten. Bezeichnenderweise ließ Bischof Anno aber nicht zu, daß der cluniazenische Einfluß die Rechte des Bischofs beeinträchtigte.

Von ungleich größerer Wirkung bis tief hinein ins Wirtschaftsleben und in die Gestaltung der Landschaft auch im deutschen Raum sollte die zisterziensische Mönchsreform werden, die um 1100 unter Robert von Molesme ebenfalls in Burgund einsetzte und dann vor allem mit dem

Namen Bernhard von Clairvaux verknüpft war (gestorben 1153). Die Dynamik dieses Ordens war außerordentlich und auch sogleich östlich des Rheins zu spüren. Schon in der ersten Hälfte des 12. Jh. entstanden auf deutschem Boden die ersten Klöster. Kamp am Niederrhein im Jahre 1123 war das erste, etwa 100 weitere sollten folgen. Die Stauferkaiser von Konrad III. bis Friedrich II., der 1250 in der Zisterzienserkutte begraben wurde, waren große Förderer dieses Ordens. Barbarossas Onkel, Bischof Otto von Freising, war Abt des französischen Klosters Morimond, von dem viele Neugründungen ausgingen. Ottos Vater, der österreichische Markgraf Leopold III., gründete 1135 auf Anregung seines Sohnes das Stift Heiligenkreuz bei Wien und ließ Mönche aus Morimond herbeiholen. In kurzer Zeit hatte das Kloster 300 Mitglieder und ging zur Gründung von Töchterklöstern über. Schon einige Jahre vorher, 1129, war in Rein bei Graz auf Initiative des steirischen Markgrafen das erste österreichische Zisterzienserkloster entstanden. Im Jahre 1137 gründete ein Lehensmann Leopolds IV., der mächtige Hadmar aus dem Geschlecht der Kuenringer, im abgelegenen Waldviertel das Kloster Zwettl. Von den spirituellen Aspekten dieser Klostergründungen wird an anderer Stelle die Rede sein. Zunächst soll es um die materielle Seite gehen, die den Klöstern im 12. und beginnenden 13. Jh. eine Bedeutung verlieh, welche derjenigen der ersten karolingischen Benediktinerklöster in deren kulturschöpferischen Phase nicht viel nachstehen sollte.

Die Zisterzienser gingen vom Prinzip der wirtschaftlichen Selbstversorgung durch die körperliche Arbeit aller Klosterinsassen bis hinauf zum Abt aus. Dies hatte erstaunliche wirtschaftliche Folgen und prädestinierte den Orden für die Erschließung noch ungenutzter Landstriche im Osten des deutschen Siedlungsgebietes. Die körperliche Arbeit erhielt außerdem einen neuen Stellenwert. Die Bewirtschaftung der Klostergüter und die Erledigung der vielfältigen Arbeiten, die anfielen, konnten von den Mönchen allein, teilweise schon, weil diese von ihrer Herkunft her nicht mit praktischer Arbeit vertraut waren, nicht geleistet werden. Die Zisterzienser aber überließen diese Arbeit nicht Bauern oder Lohnarbeitern, sondern stützten sich auf die Laienbrüder, die Konversen. Diese Laienbrüder, wenn auch in manchem von den Mönchen getrennt, waren ins geistliche Leben des Klosters integriert, und das war entscheidend. Sie hatten zwar z.B. keinen Anteil an der Abtwahl, waren aber durch das Gelöbnis der Armut, Keuschheit und des Gehorsams ans innere geistliche Leben des Klosters gebunden. Diese Laienbrüder brauchten so wenig wie die Mönche für die von ihnen verrichtete Arbeit bezahlt zu werden. Bevölkerungszunahme und soziales Prestige des Ordens sorgten dafür, daß in der Anfangsphase genügend Laienbrüder aus den unteren Volksschichten, die sich auf die verschiedensten Arbeiten verstanden, verfügbar waren. Im 12. Jh. übertraf in der Regel die Zahl der Laienbrüder die der Mönche beträchtlich. Die straffe Leitung, der Erfahrungsaustausch mit schon bestehenden Klöstern und die konzentriert verfügbare vielfache Kompetenz der verschiedenen Laienbrüder machte diese Zisterzienserklöster zu einem billig arbeitenden und sehr effizienten, fast autonomen Wirtschaftskörper, der bald viel mehr produzierte als er selbst verbrauchte oder als nötig war, um jene Gegenstände zu besorgen, die man selbst nicht erzeugen konnte. Simplifizierend gesagt, stellten viele dieser Klöster so etwas wie ein kleines Wirtschaftswunder dar. Diese Klöster wurden dadurch auch für viele Adelige, die aus Sorge um ihr Seelenheil sich des geistlichen Rückhalts eines betenden Konvents vergewissern wollten, aber nicht immer in der Lage waren, eine geistliche Stiftung entsprechend materiell auszustatten, besonders attraktiv.

Das von den Zisterziensern zum Prinzip erhobene Eigenwirtschaftssystem war ursprünglich dazu gedacht, die Klosterinsassen in besonderer Weise an das Kloster zu binden und sie vom Kontakt mit der Welt fernzuhalten. Diese Entwicklung zeitigte aber dann eher das Gegenteil. Die Eigenwirtschaft mit ihren dem Kloster zugehörigen Grangien (lat. Scheune), den Außenbetrieben, die nicht identisch waren mit gewöhnlichen Bauernhöfen oder Dörfern, erwies sich als ungemein leistungsfähig und verhalf dem Orden in kurzer Zeit zu Reichtum. Dieses System führte auch dazu, daß man sich, angetrieben vom eigenen ökonomischen Erfolg, über die ursprüngliche Zielsetzung der weitgehenden Beschränkung auf Selbstversorgung hinwegzusetzen begann, da die Überschüsse nicht nur auf caritative Weise eingesetzt wurden oder auch verwendet werden konnten. Das Pochen auf die Eigenwirtschaft erbrachte als große finanzielle Entlastung die Befreiung vom Zehent, was Papst Innozenz II. im Jahre 1131 verfügte, was aber nicht überall Zustimmung fand. Dieses System, das auf die Effizienz der eigenen Arbeitskraft angelegt war, forderte naturgemäß eine straffe Organisation und vorausschauende Planung; genaue Berechnungen über den Eigenbedarf wurden angestellt und die Kapazität der einzelnen Grangien festgelegt, was für die Entwicklung der Urbare (Güter- und Einkunftsverzeichnisse der Grundherrschaft) wichtig werden sollte. Ein Jahreswirtschaftsbericht wurde erstellt und strenge Kontrollen eingeführt.

Dieses System führte auch dazu, daß man bei der Gründung einer Niederlassung sich um ein möglichst umfassendes Ausnützen aller lokalen Gegebenheiten und Möglichkeiten bemühte. Das begann schon bei der Standortwahl in abgelegenen aber wasserreichen Tälern unmittelbar oberhalb des Wasserlaufes. (Die Benediktiner bevorzugten ja die Höhenlagen.) Dies zwang einerseits zur Trockenlegung feuchter Gründe, was die Entwicklung der Drainagetechnik begünstigte, und lenkte andererseits das Interesse auf die vielfältigen Möglichkeiten, die die Wasserkraft bot. So wurden Kanalisierungsanlagen ins Werk gesetzt, Fischteiche angelegt, Staudämme aufgeführt und Mühlenbetriebe, Hammer- und Stampfwerke gebaut. All das stimulierte den technischen Sinn der Mönche und Konversen und begünstigte wiederum die Schaffung überschüssiger Kapazitäten, die durch immer weiter ausgreifende Organisation genützt werden mußten. Auch Bodenschätze verschiedener Art konnten die Standortwahl beeinflussen, denn die Eigenversorgung war einfach ein zu wichtiger Aspekt. Wenn man an Steinbrüche und Ziegelerzeugung und Kalkproduktion denkt, ging es dabei vor allem in der Aufbauphase auch tatsächlich meist um die Eigenversorgung, die Überproduktion war aber im System angelegt. Bei der Eisengewinnung, Glaserzeugung etc. war es nicht anders. Das nötige Holz zur Holzkohlegewinnung war reichlich vorhanden. Auch die Salzgewinnung blieb von den Zisterziensern nicht unbeachtet. Das Kloster Rein bei Graz bietet einen frühen Beleg dafür, daß Salz nicht nur für Eigenbedarf produziert wurde. Schon 1147 betreute das Kloster zwei Salzpfannen in Aussee, und Verträge mit dem Erzbischof von Salzburg und dem österreichischen Herzog wurden bald darauf geschlossen.

Dieses Wirtschaftssystem, das im handwerklichen Bereich schon auf eine gewisse Industrialisierung im kleinen hinzielte, zeitigte in der Landwirtschaft ähnliche Erfolge. Die vom System geförderte intensive Bearbeitung der Weinberge brachte beachtliche Überschüsse hervor, die zum Ausbau weitgespannter Handelsbeziehungen führten und die auch am Ort in Form von Weinausschank Einnahmen brachten. War auch in der Frühzeit des Ordens ein derart kaufmännischer Umfang mit Klostergütern verboten gewesen, so waren schon im 12. Jh. solche Praktiken gang und gäbe. Die Getreideüberschüsse brachten nicht nur den Getreidehandel in Gang, sondern führten auch zur Überproduktion von Bier, das in der Umgebung verkauft werden mußte, da es sich beim damaligen Stand der Technik noch nicht für den Export eignete. Für die deutschen Zisterzienser nicht ganz so wichtig, als charakteristisches Phänomen aber bedeutsam, ist die Tatsache, daß z.B. die englischen Klöster in der Schafzucht und Wollerzeugung eine führende Rolle im internationalen Wollgeschäft erlangen konnten. Die wirtschaftliche Macht dieser Klöster zog bald die Errichtung von Stadthöfen nach sich (s.o.), womit sich für die ursprüngliche geistliche Zielsetzung der extremen Eigenwirtschaft ein verhängnisvoller Zirkel zu schließen begann.

Arbeit und Wirtschaft

Die überraschend großen und vielgestaltigen Aktivitäten, die unserem Zeitabschnitt sein äußeres Gepräge geben, wie ausgedehnte Rodungen, rasche Erschließung weiter Räume, Stadtgründungen, Errichtung gewaltiger Bauten usw. setzen das Vorhandensein sachkundiger Planer, einer großen Anzahl qualifizierter Arbeiter und eine beachtliche Infrastruktur voraus. Sie sind das Ergebnis intensiver Arbeit, vor allem körperlicher Arbeit. Diese Arbeit wurde nicht von einem Heer von Sklaven verrichtet. Mögen auch in zahllosen Einzelfällen die konkreten Arbeitsbedingungen, etwa beim Burgenbau, den ein Burgherr rasch und rücksichtslos vorantrieb, denen der Sklavenarbeit nicht unähnlich gewesen sein, so war grundsätzlich auch die Arbeit eingebettet in ein personales Verhältnis von Geben und Nehmen, von Rechten und Pflichten. Bei den großen Anstrengungen, die für die Errichtung der riesigen Kirchenbauten nötig waren, ist auch die religiöse Begeisterung aller Schichten der Bevölkerung zu berücksichtigen.

Die Bevölkerung, die nun schon seit Jahrhunderten den werdenden deutschen Raum bewohnte, verfügte seit langem über ein unproblematisches Verhältnis zur Arbeit. Für diese Nachfahren der germanischen Kriegerbauern, die das Hauptkontingent der Bevölkerung stellten, und demnach einer einfachen, kaum hierarchisierten Gesellschaft entstammten, auch kein Wunder. Sklaven spielten zahlenmäßig nur eine geringe Rolle in der germanischen Welt. Die Arbeit, die sie verrichteten, unterschied sich auch nicht von der der Masse der freien Bauern. Die isländischen Sagas geben in dieser Hinsicht ein wohl wirklichkeitsnahes Bild, das übertragbar sein dürfte. Die immer wieder von Theoretikern der Arbeit zitierte Tacitus-Stelle, Germania Kap. 14, wonach die germanischen Krieger keine Freude an der Arbeit gehabt hätten und lieber ihr Blut als ihren Schweiß einsetzten, muß aus der Perspektive des römischen Autors gesehen werden und hat mit der Alltagswirklichkeit wenig zu tun. Für die Bevölkerung zwischen Alpen und Nordsee war die Arbeit eine selbstverständliche Realität, die keiner Reflexion oder Rechtfertigung bedurfte. Es wäre auch falsch anzunehmen, daß die Christianisierung der Masse der Bevölkerung an dieser Einstellung grundsätzlich etwas geändert habe und daß nun auf einmal in Hinblick auf die Genesis und die Vertreibung aus dem Paradies Arbeit als besondere Last und als Fluch empfunden worden wäre. Der sächsische Bauer, der um 800 das Christentum annahm, fuhr fort, seine Arbeit wie bisher zu tun, Sonntags- und Feiertagsgebot änderten daran wenig. Dieses unproblematische Verhältnis zur Arbeit bei der Masse der Bevölkerung ist eine wichtige Voraussetzung für die weitere Entwicklung.

Der Großteil der seit karolingischer Zeit sich zwar stärker differenzierenden Adelsoberschicht lebte ebenfalls noch nicht in hohen Burgen oder Palästen fern der normalen bäuerlichen Arbeitswelt, sondern in engem alltäglichen Kontakt mit ihr, was die unkomplizierte Gesamteinstellung zur Arbeit weiter gewährleistet hat. Auch bei den kirchlichen Würdenträgern – die Bischofssitze in den Städten waren ebenfalls noch sehr bescheidenen Zuschnitts – wird man mit einer ähnlichen Haltung rechnen können, und der Landklerus unterschied sich ohnehin kaum von den Bauern, der Zölibat spielte ja auch noch keine Rolle. Veränderungen im sozialen Gefüge, besonders gut erkennbar im massiven Burgenausbau seit dem 12. Jh. und dem damit verbundenen Rückzug zahlreicher Adelsfamilien auf entlegene Bergkuppen, mögen an der Entwicklung einer einseitig arbeitsfremden Haltung von Teilen des Adels mitbeteiligt gewesen sein. Die Tendenz zur ständischen Abschließung verband sich damit und förderte – wie bei anderen Kulturen auch gelegentlich zu beobachten – eine distanzierte bis verständnislose Einstellung zur Arbeit als Lebensunterhalt. Diese Entwicklung dürfte zunächst mit dem Christentum weder positiv noch negativ viel zu tun gehabt haben. Die Eigendynamik sozialer Differenzierungskräfte ist in erster Linie dafür maßgebend. Der allgemeine christlich-biblische Einfluß, besonders was die pessimistische Deutung der Arbeit als Sünde und Fluch betrifft, die aus der Genesis abgeleitet werden konnte, darf nicht überbewertet werden. Ihr stehen die Bilder tätigen Lebens aus dem Alten Testament entgegen, und Jahwe segnete schließlich die Arbeit der Gottesfürchtigen. Dazu kam auch aus dem Neuen Testament das Pauluszitat, wer nicht arbeite, solle auch nicht essen (2. Thess. 2,10). Von ungleich größerer Bedeutung dagegen sollten ganz bestimmte Erscheinungsformen christlichen Lebens für die Einschätzung der Arbeit, ja das Problematisieren von Arbeit werden und weitreichende theoretische Anstöße geben, aber auch praktische Folgen zeitigen. Zu diesen Erscheinungsformen zählt das Mönchstum.

Die heidnisch-römische Antike hatte dem Sklaven die knechtliche Arbeit zugewiesen. Die soziale Elite und die danach Strebenden kultivierten als Lebensstil das *otium*, Muße, ein *otium* freilich, das sich mit *dignitas*, Würde, verbinden sollte. Darüberhinaus gab es aber auch in dieser Schicht Ansätze zur Ethisierung der Arbeit, man denke an Vergil. Im aristokratischen Lebensstil schon des Hochmittelalters und herauf über Renaissance und Barock bis ins 19., ja bis in Anfänge des 20. Jh., hatte diese otium-Philosophie ein damit verwandtes Nachleben; direkte römisch-literarische Einflüsse kamen immer wieder dazu. Im frühen, noch antiken Christentum, das ja auch eine breite Grundlage in den sozialen Unterschichten der Städte besaß und das von seiner Lehre her die Sklaverei ablehnen mußte, entstand das benediktinische Mönchstum und darin hatte beides keinen Platz, Sklavenarbeit so wenig wie elitäres Nichtstun. Dazu hatte schon der Hl. Augustinus grundsätzlich zur Frage Mönchstum und manuelle Arbeit Stellung genommen. Diese Schrift Augustins über die Handarbeit der Mönche entstand um 400 im Auftrag des Bischofs von Karthago und ist ein bedeutendes Dokument westlicher Vernunft. Augustinus weist jene geistlichen Parasiten und Faulenzer, die sich auf die Evangelienstelle von den Lilien des Feldes und den Vögeln des Himmels berufen, zurück, rückt die Stelle in den entsprechenden geistlichen Kontext und tritt mit Entschiedenheit für die Arbeit auch der Mönche ein. Er bezieht auch jene ein, die z. B. durch großzügige Schenkungen dem Kloster bereits viel Gutes getan haben; auch diese sollen, wenn sie ins Kloster eintreten, nicht von der Arbeit ausgenommen bleiben, sondern entsprechend ihrer Gesundheit und Leistungsfähigkeit ihren Beitrag einbringen.

Da das Mönchstum für die mittelalterlich-abendländische Welt von kaum zu überschätzender Bedeutung werden sollte, ist zu fragen, inwieweit es die Arbeitsauffassung des Abendlandes mit allen Fernwirkungen mitgeprägt hat. Als nicht minder wichtig als die vom Gedanken christlicher Gotteskindschaft getragene Ablehnung der Sklaverei und die Ablehnung einer Identifizierung von Sklaverei und Arbeit sollte sich die mönchische Einstellung zum *otium* erweisen. Das der elitären Schicht so erstrebenswerte *otium* erscheint nun als das Einfallstor des Teufels, das den Mönch dem Verderben ausliefert und das es auch und vornehmlich mittels Beschäftigung zu verrammeln galt. Freilich gab es zu diesem Zweck neben der Arbeit auch andere wirksame Mittel, die Arbeit aber erhielt unter besonderer theologischer Begründung einen wichtigen Platz dabei zugewiesen. Diese Begründung knüpft an die pessimistisch zu deutende Genesisstelle an, aber auch an altrömische Traditionen, die die Arbeit als Mühsal bestimmten und sie macht diese so konzipierte Arbeit fruchtbar für die asketische Zielsetzung. Das war von großer Tragweite, denn mit Arbeit verband sich nun eine bedeutsame und ungemein stimulierende theologische Komponente; Arbeit hörte auf, eine selbstverständliche und lebensnotwendige Betätigung oder bloß verachtete Sklavenmühsal zu sein. Als Askese aufgefaßt konnte sie zu einem Mittel persönlicher Heilsgewinnung, ja Heiligung werden. Außerdem war sie als Mittel tätiger Nächstenliebe - Arbeit als Grundlage für die Beschaffung der materiellen Voraussetzungen dazu - von Bedeutung.

Im Dasein des Mönchs, das in erster Linie als exemplarisches Bußleben konzipiert war, was sich mit der Deutung des Daseins als Lobpreis Gottes verband, hatte die Mühsal einen bevorzugten Platz. Im Hinblick auf die als Mühsal verstandene körperliche Arbeit war dies eine große Möglichkeit, als demütige Selbstabtötung und Bußleistung nützlich und wertvoll zu sein. Nach den Vorstellungen Benedikts von Nursia waren dem Mönch etwa 8 Stunden Schlaf gegönnt, drei bis vier Stunden sollte er im Gebet verbringen, etwa die gleiche Zeit beim Studium, und 6–8 Stunden sollten körperlicher Arbeit gewidmet sein. Die bekannte Formel *ora et labora,* bete und nimm Mühsal auf Dich, steht zwar nicht in der Benediktinerregel, entspringt aber deren Geist.

Im Lauf der Entwicklung, vor allem im karolingischen Reich und dessen Nachfolgereichen, machten sich beachtliche Verschiebungen bemerkbar, wofür auch die ständische Herkunft bei der Rekrutierung der Mönche und bei der Abtwahl eine wesentliche Rolle spielten, wie überhaupt die starke Einbindung der Klöster ins politische Leben dabei zu berücksichtigen ist. Die körperliche Arbeit trat immer mehr zurück, sie wurde ersetzt durch andere Tätigkeiten, etwa durch die Arbeit im Scriptorium, beim Kopieren und Ausgestalten von Handschriften. Dafür erhielt die Liturgie immer mehr Bedeutung und rückte in den Mittelpunkt des mönchischen Daseins. Selbst eine so machtvolle Reformbewegung wie die cluniazensische richtete neben der organisatorischen Straffung, der Unterordnung der angeschlossenen Klöster unter das Hauptkloster Cluny, ihr Hauptaugenmerk auf die großartige Steigerung des liturgischen Lebens mit allen architektonisch, bildhauerisch und musikalisch künstlerischen Konsequenzen. Das Kloster als Ort des Gotteslobes und Gebets, auch des stellvertretenden Gebets, Letzteres war für weltliche Machthaber und Gönner sehr wichtig, gab der körperlichen Arbeit der Mönche immer weniger Raum. Um 1100 scheint in Cluny, um bei diesem markanten Beispiel zu bleiben, kaum noch ein Mönch körperliche Arbeit verrichtet zu haben und dies, als die cluniazensischen Klöster sich auf dem Höhepunkt ihres Einflusses befanden. Die Waagschale hatte sich also sehr zugunsten Marias und nicht Marthas geneigt, um eine in diesem Zusammenhang für die mönchische Diskussion über die

Arbeit wichtige Bibelstelle heranzuziehen. Diese Entwicklung ging Hand in Hand mit einer sich zusehends verfestigenden Gesellschaftstheorie von drei *ordines*, dem *ordo* der *oratores*, (Beter) der *bellatores*, (Krieger) der *laboratores*, (Bauern). Bei den *oratores* ging es dabei nicht ganz ohne Spannungen zwischen Klerikern und Mönchen ab.

Mit der stürmischen Ausbreitung der Zisterzienser seit Anfang des 12. Jh. trat eine Änderung ein. Vor und neben den Zisterziensern gab es ebenfalls Bewegungen, die die Arbeit neu werteten. Diese Gruppen erreichten aber nicht die Durchschlagskraft der Zisterzienser. Es wäre hier an Romuald von Camaldoli († 1027) oder auch an Petrus Damiani (1072) zu erinnern. Die in der Benediktinerregel festgelegte Bedeutung der körperlichen Arbeit wurde von den Zisterziensern wieder buchstäblich genommen und fruchtbar gemacht. Die Aufforderung, die Bernhard an einen Mönch von Cluny richtete, der in Clairvaux eintreten wollte, mag das schlaglichtartig beleuchten. Bernhard schrieb: *surge de otio ad laborem* – erhebe dich vom Müßiggang zur Mühsal. Die sprachliche Fügung, bei der stilistischen Meisterschaft Bernhards nicht verwunderlich, rückt den Inhalt der Aufforderung in größere Zusammenhänge. Neben antik-römischen Assoziationen, sich zur Mühsal der täglichen Arbeit zu erheben, weckt die Formulierung auch ein biblisches Echo. Paulus Röm. 13,10 forderte mit dem christlichen Leitwort *surgere*, das in seiner nach oben weisenden Dynamik auch die alte platonische Heimwärtsbewegung in sich aufzunehmen vermochte, seine Brüder auf, *de somno surgere*, vom Schlafe aufzustehen. Bernhards *otium* evoziert also auch den paulinischen Sündenschlaf und *labor* wird zu einem hohen Wert und Ziel. Die Zisterzienser griffen mit ihrer Betonung der schweren Arbeit nicht nur Bestimmungen der Benediktinerregel auf, sondern dachten auch noch weiter zurück an die den Stammeltern auferlegte Mühsal, wonach also auch die Mönche im Schweiße ihres Angesichts ihr Brot zu essen hätten. Freilich, Arbeit als Wert an sich im modernen Sinn war das noch nicht. Gerade der Bezugswert aber, den die mühselige Arbeit, geleistet aus echter Bußgesinnung heraus, erhielt, trieb die Mönche und Konversen an und steigerte ihren Einsatz und ihre Leistungsfähigkeit. Wenn sich dann auch bald, den Abnützungsgesetzen folgend, denen alle Ideale unterworfen sind, bei den Zisterziensern allmählich die Gewichte verschoben und die Mönche von der körperlichen Arbeit wieder abrückten, so war der energische, praktische und vor allem theoretisch-theologische Vorstoß, der schweren körperlichen Arbeit einen festen Platz in der Frömmigkeit und persönlichen Heilsgewinnung zu verschaffen, von zukunftsweisender Bedeutung für das Arbeitsethos der westlichen Welt überhaupt.

Unter dem Einfluß der Zisterzienser begann man auch in Cluny besonders unter Abt Petrus Venerabilis († 1156), einem Zeitgenossen Bernhards, wieder mehr über den Wert der Arbeit nachzudenken. Wirkungen der zisterziensischen Einschätzung der Arbeit zeigen sich noch im Spätmittelalter z.B. bei William Langland in dessen Werk *Peter der Pflüger* aus dem Ende des 14. Jh. und wirken dort in sozialkritischer Form nach. Noch im 15. Jh. beschwört der Kartäuser Werner Rolevink den hl. Bernhard gleichsam als Patron der schweren Landarbeit. Die Historiker haben die brisante Frage aufgeworfen, ob nicht die frühen Zisterzienser dadurch, daß sie die körperliche Arbeit als integrierenden Bestandteil des gesamten, kontemplativ-gebethaften Daseins auffaßten, gegen die sich verfestigende Lehre von der dreigeteilten Gesellschaft angingen; wenn nämlich *laboratores* und *oratores* sozusagen eins sein konnten, so war die Lehre von den drei *ordines* im Grunde infragegestellt. Die Historiker verweisen in diesem Zusammenhang auch auf

Bernhards Traktat *de laude novae militiae*, worin das Einswerden der *oratores* und *bellatores* vertreten wird. Besteht diese Frage zurecht, dann folgt daraus, daß auch in der Gesellschaftstheorie im Hochmittelalter viel mehr in Bewegung war, als man gewöhnlich aus der Sicht der Spätzeit, die nur das Verfestigte registriert, anzunehmen geneigt ist.

Landwirtschaft

Wie in den Jahrzehnten und Jahrhunderten vor 1150 bestimmte auch im Hochmittelalter nach wie vor die Landwirtschaft das Leben der Menschen, auch jener, die selbst nicht in ihr tätig waren. Von revolutionierenden technischen Neuerungen und Erfindungen, die es berechtigt erscheinen ließen, ab der ersten Hälfte des 12. Jh. auch auf diesem Gebiet von einer neuen Epoche zu sprechen, ist nichts zu erkennen. Die Übergänge sind langsamer, und praktisch alles, was im Hochmittelalter an Geräten und Methoden vorhanden ist, ist Erbe früherer Zeiten. Andererseits läßt sich beobachten, daß es zu einer Intensivierung, Systematisierung und weiteren Ausbreitung des vorhandenen Wissens, der Techniken und Methoden kommt. Dies hängt zusammen mit dem raschen Anwachsen der Bevölkerung, mit guten klimatischen Bedingungen, mit der Ausdehnung des Siedlungsgebietes. So breitete sich die Intensivierung der Bodennutzung, die mit der Dreifelderwirtschaft (zeitliche Abfolge von Wintergetreide, Sommergetreide, Brache) gegeben war, und die die Ernteerträge erheblich gesteigert hatte, von ihren Kernbereichen, den weltlichen und geistlichen Herrenhöfen, weiter aus und wurde auch von abgelegen wohnenden Bauern übernommen, die sich noch viel längere Zeit mit der unergiebigen, archaischen Feld-Gras-Wirtschaft (Wechsel von Weide/Wiese mit Äckern, dabei aber Getreideanbau bloß in längeren Intervallen) begnügt hatten. Diese neuen Formen der Bodennutzung setzten mehr Arbeitskräfte voraus, andererseits war man aber nun in der Lage, mehr Mäuler zu stopfen.

Diese intensive Bodennutzung profitierte von der sich durchsetzenden Verwendung besseren Geräts. So verwendeten immer mehr Bauern verbesserte Pflüge, die es ermöglichten, auch auf bisher kaum oder schlecht genutzten Böden Getreide zu bauen und Erträge zu erzielen. Seit dem 11. Jh. kam eine Art Beetpflug immer mehr in Gebrauch, der genügend Tiefgang hatte, die Schollen einseitig wendete und den feuchten und schweren Böden des Nordalpenraumes besser entsprach. Das vernünftige Prinzip, die Erde beim Pflügen senkrecht und waagrecht zu zerschneiden, war bei diesem Pflug bereits mit hoher Konsequenz verwirklicht. Ein senkrecht stehendes Messer, wohl auch bereits mit verstellbarer Höhe, drang in den Boden ein und riß ihn auf. Die Pflugschar, meist aus Holz, aber vielfach doch mit Eisen beschlagen, zertrennte dann das Wurzelwerk und griff schneidend in die Waagrechte aus; das schräg angebrachte Streichbrett drehte dann die Erdscholle seitwärts um. Dieses mit zwei Holzrädern ausgestattete Gerät war leicht zu transportieren und verfügte dennoch bereits über ein erhebliches Eigengewicht im Gegensatz zum archaischen Hakenpflug, der den Boden nur oberflächlich aufkratzte; das war für den Tiefgang wichtig, nahm dem Pflüger Mühe ab und gewährleistete die Regelmäßigkeit der Furchen.

Dieser schwerer gewordene und tiefer grabende Pflug verlangte verstärkte Leistung von den Zugtieren; die schon oben erwähnte, die Atmung nicht beeinträchtigende Methode des Anschirrens der Pferde mittels des Kummets kam dem entgegen, desgleichen die bessere Ernährung der

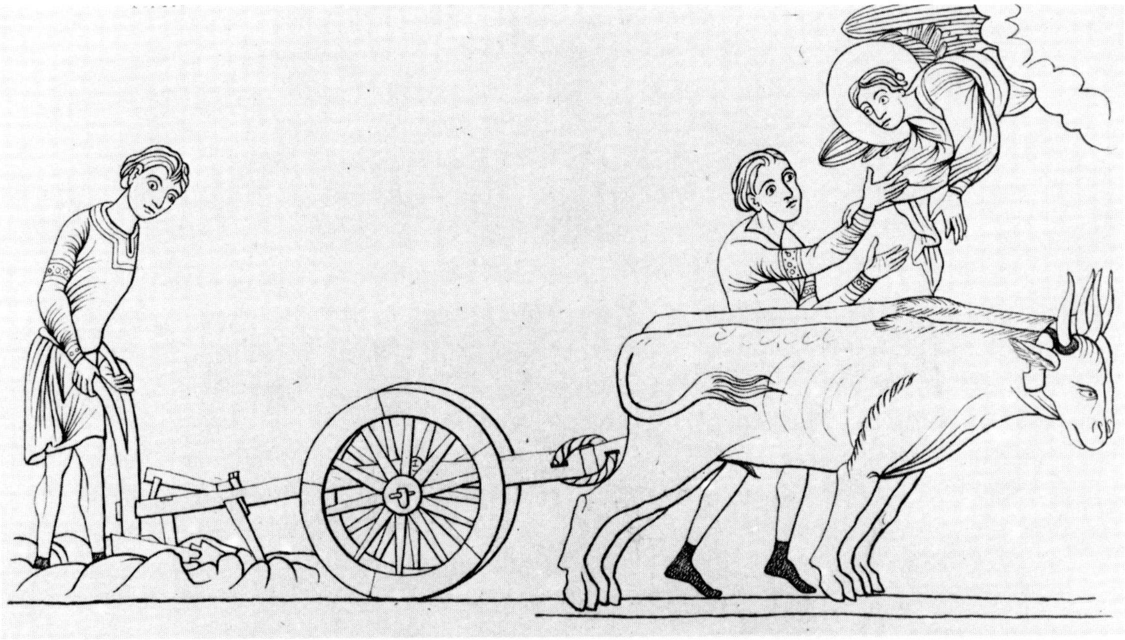

36. Ochsen vor dem Pflug.

Tiere, wie sie etwa der Hafer für die Pferde ermöglichte. Der Großteil der Bauern pflügte freilich weiterhin, wie in vielen Gegenden auch noch in der Neuzeit, mit Rindern, die genügsamer waren, unempfindlicher und als Schlachttiere zusätzlichen Wert hatten. So spannte man zwei und mehr Paar Ochsen vor den Pflug. Das wiederum blieb nicht ohne Folgen für die Anlage und Aufteilung der Felder, galt es doch, allzu häufiges Wenden des Gespannes zu vermeiden. Beim Eggen wurde kaum noch ein Rechen von Hand über die Furchen gezogen, sondern Zugtiere schleppten die Egge, die sich bis in die jüngste Zeit kaum veränderte, über die Felder; noch bis in die Neuzeit waren die Zähne der Egge aus Holz. Im Mittelalter wäre Eisen zu kostspielig gewesen. Bei dieser Intensivierung der Landwirtschaft wurde auch das Problem des Düngens immer akuter. Viehmist stand nur in begrenztem Maß besonders aus dem Winterstall zur Verfügung, sonst wurde er ja z.T. bei der Selbstdüngung der Weiden verbraucht. Als sehr nützlich erwiesen sich die Schafe, überhaupt eines der wichtigsten Haustiere im Mittelalter. Man trieb sie in großer Zahl auf die brachliegenden Felder, damit sie ihre wertvollen Exkremente in die Erde stampften. Weiteren Dünger boten die Halme, die man hochstehen und dann einfaulen ließ. Das Düngen mit Mergel, seit Karl dem Großen auch wieder üblich, war mühsam und auf Grund geologischer Bedingtheiten auch nur begrenzt möglich. Die Aussaat geschah auf traditionelle Weise, wie es ebenfalls bis in die Gegenwart üblich war. Neben Getreide wurden immer häufiger Hülsenfrüchte angebaut. Über die Erträge lassen sich nur ganz grobe Vermutungen anstellen. Die Angaben der Wirtschaftshistoriker sind meist aus Quellen späterer Zeit für das Hochmittelalter hochgerechnet und bleiben problematisch, so daß es sinnvoller ist, auf die nur scheinbar exakten Zahlen zu verzichten. Die ungenauen Flächenmessungen des Mittelalters tun ein übriges. Daß die Erträge weit unter dem lagen, was heute auch ein nichtmechanisierter Bauernhof zu produzieren imstande ist, dürfte sicher sein. Das gilt für Heu, Getreide und Milch. Viehseuchen, Erkrankungen der

37. Schnitter.

Arbeitskräfte, Regen in der Erntezeit, Frost im Frühling hatten damals ungleich schwerere Folgen als in späterer Zeit. Übergreifende Organisationen und Genossenschaften, eine Volkswirtschaft im großen gab es nicht, so daß das ökonomische Gleichgewicht in der Landwirtschaft immer prekär war. Es scheint aber im ganzen 12. Jh. nur einige wenige Hungersnöte großen Ausmaßes gegeben zu haben, was für einen so langen Zeitraum ein durchaus beachtenswerter Befund ist.

Bei den Erntegeräten ist gegenüber der vorausgehenden Zeit ebenfalls keine grundlegende Veränderung zu bemerken. Sichel und Sense bleiben bis an die Schwelle zur Gegenwart in Gebrauch. Der Getreideschnitt wurde mit der Sichel besorgt, wie auch noch in jüngster Zeit. Eine wesentliche Verbesserung beim Ausdreschen des Getreides brachte die rasche Ausbreitung des schon früher erfundenen Dreschflegels mit sich. Statt das Getreide mit einem Schlagstock auszuschlagen, verwendete man den zweiteiligen Dreschflegel; der starre Schlagstock konnte nur mit einem ganz geringen Teil seiner Länge die Halme treffen, während der beweglich am Stock angebrachte Knüppel in seiner vollen Länge horizontal aufschlug, was die Wirkung vervielfachte. Dieses simple Gerät, das ohne ein Stück kostspieligen Eisens leicht anzufertigen war, sollte ebenfalls bis tief ins 20. Jh. hinein seinen Dienst tun. Bei der sich erweiternden Anbaufläche für Getreide und den damit steigenden Erträgen war auch die durch den Dreschflegel ermöglichte bessere Ausnützung der Arbeitskraft ein wesentlicher Fortschritt. Die wachsenden Getreideerträge dürften auch auf die Entwicklung leistungsfähiger Transportfahrzeuge Einfluß gehabt haben, obgleich auch da keine revolutionären Neuerungen zu verzeichnen sind. Jedenfalls waren im 13. Jh. vierräderige Leiterwagen mit beweglichem Vorderrad, Deichsel und Anspannbalken in Betrieb, wie sie bis vor wenigen Jahrzehnten auf dem Land noch üblich waren.

Nicht neu, aber nun doch in ungleich höherem Maße in Gebrauch, war auch die Wassermühle. Schon die Antike kannte sie und der im Mittelalter eifrig studierte Autor Vitruvius beschreibt

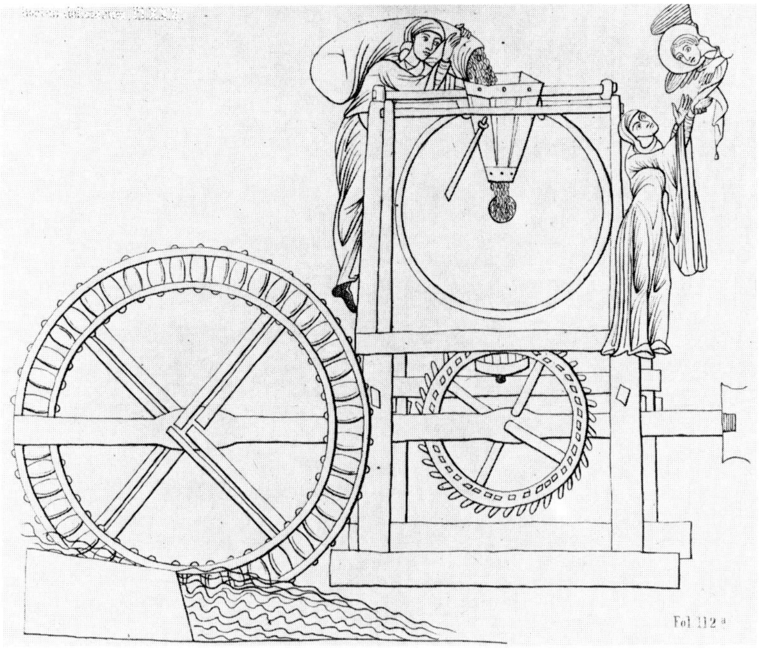

38. Wassermühle.

genau ihren Mechanismus. Schon in der Antike wurde durch die Übertragung der Drehbewegung von einem großen auf ein kleineres Rad die Umdrehungsgeschwindigkeit vervielfacht. Der Wassermangel in vielen Mittelmeergebieten und das Vorhandensein genügender Arbeitskräfte, Sklaven, verhinderte aber im Altertum den wirklichen Durchbruch in der Verwendung der Wassermühle beim Mahlen des Getreides. Im christlichen Mittelalter verschwand die Sklaverei, im Hochmittelalter war die einzelne Arbeitskraft nicht beliebig verfügbar, außerdem gab es im Westen und Norden der Alpen Wasser in konstanten und reichlichen Mengen. In der karolingischen und nachkarolingischen Zeit gab es zunächst nur wenig Mühlen, ab 1100 aber immer mehr, und es wurde hochgerechnet, daß in manchen Gegenden gegen Ende des 13. Jh. fast jedes Dorf eine eigene Mühle besessen haben dürfte. Das bedeutete, daß nicht mehr jeder Bauer für sich mit der mühseligen Handmühle sein Getreide mahlte, sondern daß eine bestimmte Arbeit zentralisiert und rationalisiert wurde, was nur möglich war, wenn bestimmte Ordnungen festgelegt und auch die Zahlungsmodalität geregelt wurde. Die Landwirtschaft begann eben komplexer zu werden. Wenn die Mühlen sich nicht gerade in einem Klosterbetrieb befanden, trugen sie natürlich auch mit Handwerk und Handel zur sozialen Differenzierung des dörflichen Lebens bei. Windmühlen, die im Fernen Osten und seit dem 7. Jh. im persischen Hochland nachweisbar sind, tauchen in Westeuropa erst in der zweiten Hälfte des 12. Jh. im Gebiet um den Ärmelkanal auf und haben für den Großteil des deutschen Raums in unserem Zeitabschnitt kaum größere Bedeutung. Es scheint, daß der westeuropäische Windmühlentyp, der dem Wind aus stark wechselnden Richtungen gerecht werden mußte – im asiatischen Hochland scheint die Windrichtung viel konstanter zu sein –, gegenüber dem östlichen Vorbild einige technische Neuerungen aufwies, die diese Anpassung an die wechselnde Windrichtung ermöglichte.

Auch in der Viehzucht gehen traditionelles Verhalten und allmähliche Neuentwicklungen Hand in Hand. Sieht man von wenigen extremen Fällen gewisser Monokulturen in bestimmten Gegenden ab, so ist mit vorwiegend gemischter Tierhaltung zu rechnen. Schafe, Ziegen, Schweine waren meist in großer Zahl vorhanden. Die Schweine scheinen damals den Wildschweinen noch näher gestanden zu sein; sie waren hochbeinig und hatten längere Rüssel, was ihnen, da sie ja zeitweise als Weidetiere sich im Wald nähren mußten, auch zustatten kam. In ungleich geringerer Zahl konnte man sich Rinder halten, was natürlich auch mit der Heuproduktion zusammenhängt. Im Meier-Helmbrecht spricht der alte Bauer von vielen Schafen und Schweinen, aber nur von 10 Rindern (V. 282). Der Sohn soll sich durch dieses offenbar sehr verlockende Mitgiftangebot zum Daheimbleiben entschließen. Die Rinder dürften erheblich kleiner gewesen sein als heutzutage, wie man aus Knochenfunden nachzuweisen meint. Diese Knochenfunde sind zwar, wie bildliche Darstellung auch, nicht zu verallgemeinern, dürften aber doch als Richtmaß gelten. Von bestimmten Rinderrassen im modernen Sinn wird man noch nicht ausgehen können, etwaige Bezeichnungen, die vorkommen können, beziehen sich meist nur auf die Herkunft der Tiere aus den verschiedenen Gegenden. Von besonderem Interesse ist die Pferdezucht, da sie mit einer folgenschweren Neuentwicklung des Hochmittelalters in Verbindung stand, die für die restliche Viehhaltung nicht gilt. Als Zugtier blieb das Pferd im Hochmittelalter, trotz des neuentwickelten Kummets, nur eine Möglichkeit neben dem Rind, und so sollte es auch bleiben. Als Reittier und damit als Fortbewegungsmittel schlechthin war es zwar immer schon wichtig gewesen, doch im Hochmittelalter wurde es zum Reittier in einem ganz speziellen Sinn. Der Krieger zu Pferd, für den das Pferd nicht nur Transportmittel war, sondern wesentlicher Teil seiner Kampfkraft, wurde zur führenden Waffengattung. (Erst im 14. Jh. sollte das Fußvolk den immer unbeweglicher werdenden Panzerrittern wieder den Rang ablaufen. Später entwickelte sich der Typ der beweglichen Kavallerie.) Dies stellte hohe Anforderungen an das Pferd, es mußte so kräftig sein, daß es diesen schweren Krieger tragen konnte, zugleich sollte es über entsprechende Schnelligkeit und Wendigkeit verfügen. Daneben brauchte man robuste Tragpferde und sanftere Tiere als Reittiere für die Damen. Im Meier-Helmbrecht ist der Vater bereit, einen sehr hohen Preis für ein ritterliches Reitpferd zu zahlen; nicht weniger als vier Kühe, zwei Ochsen, drei Stiere, ein Quantum Loden und Korn will er dafür ausgeben (V. 390 ff.). Wenn man die bewußte Übertreibung, die zur pädagogischen Funktion dieser Episode gehört, zurückschraubt, so wird man eine ungefähre Vorstellung von den Preisrelationen bekommen. Absolute Preisangaben, die vereinzelt in Quellen vorkommen, haben für den modernen Menschen keinen Aussagewert; von der Uneinheitlichkeit des mittelalterlichen Geldwesens zu schweigen.

Neben Ackerbau und Viehzucht ist die Nutzung des Waldes – von Forstwirtschaft kann man freilich erst ab dem 18. Jh. sprechen – ein wichtiger Pfeiler der hochmittelalterlichen Wirtschaft. Grundlegend neue Entwicklungen sind nicht zu beobachten; wie bisher lieferte der Wald Bau- und Brennholz und in zunehmendem Maße auch den Rohstoff zur Bereitung von Holzkohle. Der Wald bot Weide für die Haustiere, man denke an die Schweinemast, Honig und Früchte für die Menschen sowie Streu für den Stall im Winter. Er war der Raum der Jagd und bot Möglichkeiten für weitere Rodungen. Auch bei den damals noch geringen Bevölkerungszahlen war der Holzbedarf enorm, freilich waren auch die Resourcen gewaltig. Häuser, Scheunen, Stallungen etc. waren praktisch aus Holz; das gilt auch noch für die meisten Stadthäuser, für die Befestigungsanlagen, Palisaden, Schiffe, Brücken, für Gerüst- und Stützmaterial bei den vielen großen

Kirchen-und Klosterbauten. Holz war Heizmaterial und wichtigster Werkstoff. Die landwirtschaftlichen Geräte bestanden vornehmlich aus Holz und erhielten nur dort, wo es unbedingt nötig war, Eisenbeschläge. Noch im Spätmittelalter waren z.B. eisenbeschlagene Wagen keineswegs das Normale. Neue Werkzeuge zum Holzfällen und -verarbeiten wurden in unserem Zeitraum nicht erfunden. Auch die wassergetriebene Säge fällt aus unserem Zeitraum schon heraus. Das Gros der Holzgewinnung und -verarbeitung wurde jeweils am Ort geleistet, Baumaterial also nicht irgendwo eingekauft und in bearbeitetem Zustand angeschafft, sondern meist in der Umgebung besorgt. Diese Arbeit wurde auch von der lokalen bäuerlichen Bevölkerung neben ihrer landwirtschaftlichen Tätigkeit erledigt. Auf den Grundherrenhöfen und in den Klöstern ist mit der Einrichtung spezieller Werkstätten zu rechnen. Der Aufschwung der Städte und der Ausbau bestimmter Industriezweige, man denke an den Bergbau, später an den Schiffsbau, vor allem im norddeutschen Raum, dazu an den Fernhandel, eröffneten der Holzgewinnung und -verarbeitung eine gute Entwicklung.

Bergbau

Der große Aufschwung im Bauwesen, der ein wesentliches Merkmal unseres Zeitabschnittes ist, machte neben dem Holz auch immer mehr den Stein zu einem unentbehrlichen Baumaterial. Neben den Kirchen- und Klosterbauten, wobei die vielen Umbauten mit ihren sich ausweitenden Dimensionen besonders zu beachten sind, fiel der Burgenbau besonders ins Gewicht, desgleichen die Errichtung von Stadtmauern, wobei man ja längst nicht überall auf römische Bausubstanz zurückgreifen konnte. Diese und weitere Großbaustellen verlangten nach gewaltigen Mengen von Steinen. Die meisten der zahllosen hochmittelalterlichen Steinbrüche sind natürlich längst eingefallen und überwachsen. Der riesige Bedarf an geeigneten Steinen setzte eine erhebliche Industrie in Gang. Bei den Burgen auf den felsigen Anhöhen konnte ein Teil des Steinbedarfs an Ort und Stelle aus den zu weiterem Schutz ausgehobenen Gräben oder aus durchstochenen Felsrücken, über die dann die Brücke führte, gedeckt werden. Weiteres Steinmaterial, vor allem für die höheren Ansprüche (Palas, Kapelle) war aber in den meisten Fällen heran- und heraufzuschaffen. Je näher der Steinbruch, desto geringer die Kosten und der Zeitaufwand. Für die Kathedralen und Klosterkirchen mußte das geeignete Steinmaterial, man denke an den nicht zu schwer zu bearbeitenden roten Sandstein des Straßburger Münsters, manchmal auch ziemlich weit herantransportiert werden, wobei man sich, wenn nur irgend möglich, der Flußläufe bediente. Das Brechen der Blöcke im Steinbruch, das Zerkleinern zur Erleichterung des Transports und der Transport selbst, dann das Behauen der Blöcke und Endbearbeitung, bis der Stein richtig in der Wand saß, oder als Skulptur dastand: all das mobilisierte eine Menge von Arbeitern vieler Berufszweige, vom Hilfsarbeiter bis zum Künstler. Dazu bedurfte es eines großen Aufgebots an Wagen und Zugtieren. Eine zwar nicht deutsche, sondern französische Quelle, die aber überhaupt von großem Wert für unser Wissen von dem Bau großer mittelalterlicher Kirchen ist, die autobiographische Schrift des berühmten Abtes Suger von St. Denis (†1151), dem Erbauer der ersten gotischen Kirche, gibt bei aller erbaulichen und klosterpolitischen Stilisierung und manchen Klischees doch auch einen überraschend lebhaften und realistischen Einblick in den Arbeitsalltag des Steinbrechens und -transportierens.

Quotiens autem columnae ab imo declivo funibus innodatis extrahebantur, tam nostrates quam loci affines bene devoti, nobiles et innobiles, brachiis, pectoribus et lacertis funibus adstricti, vice trahentium animalium educebant; et per medium castri declivium diversi officiales, relictis officiorum suorum instrumentis, vires proprias itineris difficultati offerentes obviabant, quanta poterant ope Deo sanctisque Martyribus obsequentes. Unde nobile quoddam et dignum relatione contigit miraculum, quod nos ipsi ab assistentibus addiscentes ad laudem Omnipotentis Sanctorumque suorum calamo et atramento adsignare decrevimus. Quadam itaque die, cum imbrium refusione turbatum aera tenebrosa obtexisset opacitas, adventantibus ad quadrariam plaustris, qui adjutores esse consueverant operandi pro impluvii infestatione seipsos absentaverunt. Bubulcis vero querentibus et reclamantibus se otio vacare, operarios praestolantes suspendere, usque adeo clamando institerunt, quod quidam imbecilles et debiles cum pueris aliquibus numero decem et septem, praesente, nisi fallor, sacerdote ad quadrariam acceleraverunt, unamque cordarum assumentes, columnae innectentes, . . . (II. De consecratione ecclesiae, 2/3 Kap.)

»Jedesmal wenn die Säulen von der untersten Stelle des Abhangs mit verknoteten Seilen heraufzuziehen waren, banden unsere Leute sowie fromme Nachbarn, Adelige wie gewöhnliches Volk, Arme, Brust und Seiten an die Seile und holten wie Zugtiere die Säulen heraus. Und auf der steilen Stelle in der Mitte der Stadt kamen ihnen die verschiedenen Handwerker entgegen, die ihr Werkzeug beiseite gelegt hatten und setzten ihre Kraft den Widrigkeiten des Weges entgegen. Auf diese Weise huldigten sie, soweit es in ihren Kräften stand, Gott und den Heiligen Märtyrern. Dabei ereignete sich ein Wunder, das wert ist, berichtet zu werden. Wir haben es von den Anwesenden erfahren und wollen es zum Lob des Allmächtigen niederschreiben. Eines Tages, als bei schwerem Regen düstere Schwere die aufgewühlte Luft erfüllte, gingen jene, die zu helfen gewohnt waren, wenn die Lastwagen zum Steinbruch kamen, wegen des schweren Regens fort. Die Ochsentreiber schimpften und beschwerten sich darüber, müßig sein zu müssen und daß die Arbeiter herumzustehen hätten und ihre Arbeit unterbrechen müßten. Sie machten einen solchen Krawall, daß schließlich einige hinfällige und schwache Leute mit einigen Jungen – wenn ich nicht irre, waren es siebzehn an der Zahl – zusammen mit einem Priester, der gerade da war, in den Steinbruch eilten, eines der Seile ergriffen und es um eine Säule schlangen . . .« (Der Hl. Dionysius, den sie anrufen, vervielfacht ihre Kraft und sie ziehen schließlich das schwere Stück aus dem Steinbruch.)

Viele Veränderungen, die im Hochmittelalter in manchen Lebensbereichen zu verzeichnen sind, stehen in engem Zusammenhang mit der rasch ansteigenden Nachfrage nach Metall, vor allem nach Eisenprodukten und mit den größeren Möglichkeiten der Bedarfsdeckung. Ohne Eisen und ohne die Verfeinerung der Bearbeitungsmethoden wäre der Aufstieg des berittenen Kriegers zum Spezialkrieger, zum Ritter, nicht möglich gewesen; aber auch zu der bedeutsamen Intensivierung der Landwirtschaft wäre es z.B. nicht gekommen. Bronze, die noch in der Römerzeit große Bedeutung besaß, tritt gegenüber Eisen in den Hintergrund. Freilich waren manche der in der Antike bereits entwickelten Bergbautechniken nicht herübergerettet worden ins Mittelalter; die Historiker sind auch der Ansicht, daß noch die Bergbautechnik des Hochmittelalters im Grunde primitiver war als die der Antike. Im Spätmittelalter setzte dann freilich eine stürmische technische, organisatorische und soziale Weiterentwicklung ein, die in der Antike kein Gegenstück besaß, so daß sich auch auf diesem Gebiet das europäische Mittelalter als eigenständig erweist. Zu den seit der Antike bekannten, wenn auch zeitweise oft wenig oder gar nicht genutzten Lagerstätten kamen Neufunde und Neuerschließungen, wie etwa im Harz oder in der Oberpfalz, in Böhmen, im Schwarzwald, im Inntal. Die Silbervorkommen im gesamten Raum nördlich der Donau, die im Hochmittelalter große finanzpolitische Bedeutung erlangen sollten, waren ohnehin den Römern weitgehend unbekannt geblieben. Die wenig ergiebige Rasenerzgewinnung, die besonders im norddeutschen Raum in älterer Zeit verbreitet war, verlor an Bedeutung, da man sich immer mehr auf die ergiebigen Lagerstätten konzentrierte, auf die altbekannten wie auf neuerschlossene, auf die man teils durch Zufall oder auch durch systematisches Suchen mit der Wünschelrute stieß. Diese Lagerstätten baute man nun nicht mehr sozusagen nebenberuflich ab, sondern rückte ihnen in Form intensiven Bergbaus zu Leibe und erzielte demnach auch bessere Erträge. Freilich war die Technik immer noch unterentwickelt und die Ausbeutungsmöglichkeiten sehr bescheiden. Man kam zunächst über den Tagbau kaum hinaus. Man legte Gruben an, die nur wenig tiefer als 10–15 m waren und schlug das erzhaltige Gestein mit Brecheisen und Schlägel los. Zur Erleichterung dieser mühevollen Arbeit verwendete man, da es ja noch keinen Sprengstoff gab, auch natürliche Sprengmittel, indem man das Gestein mittels Feuer erhitzte und dann mit kaltem Wasser jäh abkühlte. Dieser Grubenbergbau machte natürlich in der erzhaltigen Gegend die Anlage vieler solcher Gruben erforderlich. Tiefe senkrechte Schächte, von denen aus dann in mehreren Stockwerken die Stollen ausstrahlten, konnte man noch nicht anlegen. Dazu stellte auch der Wasserzufluß ein noch schwer lösbares Problem dar. Erst im späten 13. Jh. wurden entscheidende Fortschritte in dieser Richtung erzielt, die große Ertragssteigerungen bringen und erhebliche finanzpolitische und soziale Folgen haben sollten. Ein größerer Kapitaleinsatz war nämlich vonnöten, um die gewaltigen Investitionskosten zu tragen. Die Zahl der Arbeitskräfte stieg an und differenzierte sich rasch je nach Arbeitsplatz. Eine fast frühkapitalistisch zu nennende Tendenz setzte ein und führte auch zur Verschlechterung der sozialen Lage der einzelnen Arbeiter. Im 15. Jh. gab es in mitteldeutschen Bergwerken auch die ersten Streiks.

Gefördert wurden im Hochmittelalter vor allem Eisen und Silber, in Schlesien und Kärnten auch nicht unerhebliche Mengen Blei; Kupfer nur wenig, dazu noch andere Metalle, die aber nicht so sehr ins Gewicht fallen. Holz als Heizmaterial für das Ausbrennen des erzhaltigen Gesteins stand überall in Fülle zur Verfügung. Die Verarbeitung des Holzes zur energieintensiveren Holzkohle förderte die Entwicklung einer Nebenindustrie, der Holzkohlenproduktion. Unbedachtes Abholzen führte aber schon im Mittelalter in manchen Gegenden zu Raubbau und Umweltschäden; ökologisches Denken war ja noch weitgehend unbekannt. Die durch das Brennen des erzhaltigen Gesteins gewonnenen Eisenklumpen wurden zu brauchbaren Größen ausgehämmert und konnten an die Schmieden zur Verarbeitung weitertransportiert werden. Neben den Wassermühlen entwickelte sich in diesem Zusammenhang in den Bergbaugegenden auch Hammerwerke, die die erste Bearbeitung des geschmolzenen Gesteins übernehmen konnten. Damit verbanden sich natürlich auch die Ansätze übergreifender Produktions- und Handelskomplexe. Da die Erzgewinnung aufgrund der geologischen Gegebenheiten nur an bestimmten Stellen möglich war, andererseits der Bedarf an Metallen, vor allem an Eisen, rapide anstieg, profitierten auch Handel und Transportwesen vom Bergbau.

Gegenden mit Bergbau zogen auch das besondere Interesse der Herrscher auf sich. Besonders offenkundig ist das bei den Silbergruben. Seit der karolingischen Zeit war das Silber zur Grundlage des Geldwesens im nördlichen Europa geworden (erst im späten 13. Jh. dringt von den reichen italienischen Städten aus wieder das Gold in das Münzwesen ein.). Bei Goslar am Rammelsberg setzte schon in der zweiten Hälfte des 10. Jh. ein ertragreicher Silberabbau ein. Die Verfügung darüber war in der Folgezeit ein wichtiges Politikum. Der Silberbergbau in den Vogesen folgte und im 11. Jh. setzte er auch im Schwarzwald ein, was möglicherweise auch für die Gründung der Stadt Freiburg nicht ganz bedeutungslos war. Bei der Ausdehnung des deutschen Siedlungsraums nach Osten spielte die Hoffnung, im Bergbau fündig zu werden, ebenfalls eine Rolle.

Der wirtschaftliche und politische Bedeutung gewinnende deutsche Bergbau hatte auch eine wichtige soziale und kulturpolitische Seite. Die Bergarbeiter, die immer mehr hauptberufliche Bergleute wurden, waren anders als in der Antike, wo die Arbeit im Bergbau verachtet war, keine Sklaven, ihre Arbeit wurde sogar ganz besonders geschätzt, was sich auch in guter Entlohnung äußerte und sicherlich mit dem Wert des zutage geförderten Metalls zusammenhing, wobei vielleicht auch noch mythische Vorstellungen mitspielten, ähnlich wie bei der Hochschätzung des Schmiedehandwerks in der Frühzeit. Bereits im 12. Jh. begannen die Bergleute sich als eigene Gruppe zusammenzuschließen; erstmals, so scheint es, im Jahr 1185, in Trient, wo Silber gewonnen wurde. Es entstand ein eigener Rechtszweig in Verbindung mit dem Bergbau, das Bergrecht. Diese Wertschätzung und das sich entwickelnde Sonderbewußtsein der Bergleute führten zur reichen Entfaltung eines gesellschaftlichen Lebens und Brauchtums. Neben den Bauern, Handwerkern und Kaufleuten repräsentierten die Bergleute auch aufgrund der besonderen Umstände und Merkmale der Arbeit einen neuen sozialen Typ, der in die Zukunft weisen sollte. Manche Bergbauzentren entwickelten sich im Hochmittelalter zu regelrechten Bergbaustädten mit allen und noch besonderen Freiheiten, die die Stadt zu gewähren in der Lage war. Schon 1218 steigt das sächsische Freiberg als Bergbaustadt zu großer Bedeutung auf, und im Gegensatz zum Namen der Stadt Freiburg, der mit dem Freiwerden der Bürger nichts zu tun haben dürfte, scheint der Namen Freiberg durchaus in diesem sozialen Sinn aufgefaßt worden zu sein. Weitere Bergbaustädte dieser Art folgten, 1227 Iglau in Mähren, 1237 Kuppenberg bei Prag; andere fallen aus unserem zeitlichen Rahmen heraus. Dieser Stadttyp ist gegenüber der damals vorherrschenden Form der Kaufmanns- und Handwerkerstadt mit stark landwirtschaftlicher Bindung etwas Neues, das auf die moderne Industriestadt mit Monoindustrie vorausweist. Um 1500, um etwas weiter zu blicken, soll es in Schwaz in Tirol, wo der Silberbergbau florierte, bei 10 000 Bergleute gegeben haben und im böhmischen Joachimstal gar 12 000. Auch kulturpolitisch war die Ausstrahlung des deutschen Bergbaus, der sich eine bevorzugte Stellung im damaligen Europa verschaffen konnte, von großer Bedeutung. Die deutschen Siedler, die nach Osten vorstießen, wandten sich eben auch der Erschließung der Bodenschätze zu, und die deutschen Bergleute müssen bald zu entsprechendem Prestige im Ausland gekommen sein. Die deutsche Bergmannssprache hat in den verschiedenen Idiomen Ost- und Südosteuropas kräftige Spuren hinterlassen.

Ein weiterer Zweig des Bergbaus, der besonders tief in das Dunkel der Frühgeschichte zurückweist, im Hochmittelalter aber auch in neue Zusammenhänge eintrat, und neue Aspekte entwickelte, war die Salzgewinnung. Seit der karolingischen Zeit traten neben den uralten Salzstätten des Salzkammerguts z.B. auch die nord- und mitteldeutschen Salzorte, wie etwa Lüneburg, immer mehr hervor. Die Entwicklung der norddeutschen Küstenstädte mit ihrer Fischerei, welche zur Konservierung der Fische für den steigenden Verkauf im Binnenland erhöhten Salzbedarf hatten, brachte auch der Salzindustrie großen Aufschwung. Um die Mitte des 13. Jh. sollen allein in Lüneburg 50 Salzsiedehäuser mit durchschnittlich je vier Pfannen in Betrieb gewesen sein. Wie bei den Bergwerkstädten mit ihrer Monoindustrie kann man bei manchen Städten, die durch das Salz Bedeutung gewonnen hatten, von Salinenstädten sprechen. Eine ganze Reihe von ihnen erreichte noch im Hochmittelalter eine beachtliche politische und kulturelle Stellung: Lüneburg, Halle, Reichenhall, Schwäbisch Hall und etwas später auch Hall in Tirol. Der Abbau von Braun- oder Steinkohle spielt in unserem Zeitabschnitt auf dem Kontinent noch keine Rolle. Er setzt zuerst in England im Lauf des 13. Jh. in höherem Maße ein.

Handwerk, Gewerbe

Wie schon früher wurden auch im Hochmittelalter eine Reihe nicht allzu großes handwerkliches Geschick erfordernde Erzeugnisse, wie in der agrarischen Gesellschaft üblich, von den einzelnen bäuerlichen Familien selbst produziert. Nur wenige Spezialprodukte, vor allem der Eisenbearbeitung und der Töpferei, waren davon ausgenommen. In Klöstern und weltlichen Grundherrenhöfen war je nach der Größe des Wirtschaftsbetriebes die Tendenz zur Einrichtung hauptberuflich besetzter Werkstätten stärker und damit grundsätzlich die Möglichkeit eröffnet, über die bloße Selbstversorgung mit den nötigen Artikeln hinauszugehen und mit den überschüssigen Produkten die Verbindung mit dem Handel zu suchen. Das dörfliche Handwerk, das sich aus den bäuerlichen Familienbetrieben auch in Verbindung mit Grundherrenhöfen entwickelte, produzierte in der Hauptsache, wenn man von einzelnen Spezialartikeln absieht, für den überschaubaren lokalen Bedarf, und bis weit hinauf in die Neuzeit war das dörfliche Handwerk in den meisten Fällen auch immer noch eng mit der Landwirtschaft verbunden. Mit dem raschen Ausbau

39. Blasebalg in der Schmiede.

40. Berufsbilder aus Reiner Musterbuch.

41. dass.

42. dass.

der vielen Städte im 12. und 13. Jh. und dem massiven Auftauchen der Handwerker in diesen Städten begann eine Verselbständigung des Handwerkertums auf breiter Basis, die von den Werkstätten der Klöster und Herrenhöfe in dieser Weise wohl kaum je hätte ausgehen können. Mochte auch der Stadthandwerker immer noch Vieh halten oder draußen seine Äcker betreuen, so wurde er nun nicht nur hauptberuflich Handwerker, sondern, und das war entscheidend, er rückte auch in ein neues soziales System ein, das im Entstehen war und das neue Möglichkeiten der Organisation der Arbeit, des Aufgreifens technischer Fortschritte und eine neue Haltung gegenüber der Produktion eröffnete. Die mittelalterliche Stadt als Verbindung von Kaufmanns- und Handwerkersiedlung schuf die Bedingungen für das neue System. Das in der Stadt sich entfaltende neue Handwerkertum brachte ja auch eine Loslösung aus den rechtlichen Bindungen der haupt- oder nebenberuflich arbeitenden Handwerker und ermöglichte die allmähliche Konstituierung der neuen und wichtigen sozialen Gruppe des Stadthandwerkers. Auch das war eine Entwicklung, die sich in unserem Zeitabschnitt anbahnte und vielfach schon vollzog. Diese für das soziale Gefüge folgenschwere Verlagerung bedeutete keineswegs das Ende allen grundherrlich gebundenen Handwerks und Gewerbes; vor allem die Klöster hatten Tätigkeitsgebiete entwickelt, die noch lange und z. T. noch mit Unterbrechungen bis in die Gegenwart große Bedeutung besaßen (kunstgewerbliches Arbeiten, Glasmalerei, Erzeugung liturgischer Artikel, Weinkellerei, Brauerei, Käserei usw.).

Die Entwicklung des städtischen Handwerkertums zu völlig neuen sozialen Einheiten zeigte auf dem Gebiet des Sozialen und der Wirtschaft die Fähigkeit des Mittelalters, Neuentwicklungen von großer Tragweite einzuleiten, wie sich herausstellen sollte. Auf soziale Modelle etwa der Antike konnte das angeblich nur literarische Autoritäten der heidnischen und christlichen Antike nachbetende Mittelalter dabei nicht zurückgreifen. Die Verzahnung der einzelnen Berufe und Tätigkeiten, die durch fortschreitende Arbeitsteilung und Intensivierung in den einzelnen Branchen, vor allem in den größeren städtischen Siedlungen, immer komplexer wurde, verlangte nach Ordnungskräften und man war auch in der Lage, diese Kräfte aufzubringen. Entsprechend den unterschiedlichen Gegebenheiten der jeweiligen Tätigkeiten wurden auch verschiedene Formen der Ordnung entwickelt. Zwischen seßhaften Bäckern, die oft noch nebenberuflich Bauern waren und den weniger seßhaften Steinmetzen z.B., die keinerlei Bindung zur Landwirtschaft mehr hatten, gab es beachtliche Unterschiede. Unnötig hinzuzufügen, daß die entstehenden Systeme in vielem sehr mangelhaft waren; moderne Besserwisserei ist aber nicht am Platz. Die Sozialhistoriker nehmen an, daß die sozialen Neuentwicklungen, die vom städtischen Handwerk eingeleitet wurden, sich am Beispiel der schon älteren Kaufmannsgenossenschaften orientierten. Man darf nun freilich nicht das spätmittelalterlich frühneuzeitliche Zunftwesen, über das man gut informiert ist, zurückprojizieren ins 12. und beginnende 13. Jh., wo überdies die Quellen spärlich fließen und manche Bereiche, über die man heute gerne Genaues wüßte, nicht mehr aufzuhellen sind. Belege für Zusammenschlüsse Angehöriger bestimmter Handwerke und Festsetzung bestimmter Privilegien finden sich aber schon früh, so z.B. aus dem Jahr 1128 für die Schuster aus Würzburg. Aus 1149 ist Ähnliches belegt für die Kölner Bettziechenweber – auf die Bedeutung des Textilgewerbes im Nordwesten sei vorweg aufmerksam gemacht –, die Kölner Drechsler folgen kurz darauf. Dies vollzieht sich teilweise parallel zur Entwicklung in Nordfrankreich. Um 1100 gibt es eine Art Schusterinnung in Rouen, 1134 wird für die Fleischhauer in Paris Ähnliches berichtet.

Eine feste Terminologie für die Zusammenschlüsse gibt es zunächst nicht. Im Lateinischen stößt man auf Bezeichnungen wie *unio, societas, consortium,* so etwa belegt im Jahre 1164 in Hagenau; für das Jahr 1226 ist aus Basel eine Handwerkersocietas bezeugt. Die deutschen Bezeichnungen sind stärker regional geprägt. Gilde erscheint besonders im Norden, Innung, was zunächst Übereinkunft und später Vereinigung bedeutet, taucht in der 2. Hälfte des 12. Jh. in Magdeburg, aber auch andernorts auf. Zunft und Zeche sind mehr im Süden und Südosten zu Hause. Die Vertreter eines bestimmten Handwerks, die sich in einer der aufstrebenden städtischen Siedlungen niederließen, offensichtlich eben auch, weil sie erwarteten, ihre Arbeitskraft dort besonders gewinnbringend einsetzen zu können, wozu ihnen der dörfliche Rahmen oder der des Herrenhofes zu eng erschien und oft auch tatsächlich war, waren natürlich daran interessiert, den Wert ihrer Arbeitskraft zu sichern und zu steigern. Marktordnungen, die den Kaufleuten zugestanden wurden, hatten ja ähnliche Ziele. Kaufleute und Handwerker wurden durch Rechtsordnungen, die zunächst vom Stadtherrn, vom Bischof oder von einem weltlichen Adeligen ausgingen, eingefügt in ein System von Rechten und Pflichten (z.B. Abgaben, Beteiligung an der Verteidigung der Stadt). Die Handwerker entwickelten aber von Anfang an auch ihre eigenen Ordnungen, die gelegentlich im Gegensatz zu den Interessen einer größeren Allgemeinheit der Verbraucher oder auch des Stadtherrn treten konnten, so daß auch immer wieder mit wechselndem Erfolg versucht wurde, Zunftverbote durchzusetzen. Die für das Wirtschaftsleben des 12. und 13. Jh. besonders wichtige Tatsache des Vorhandenseins und der Vitalität derartiger Handwerkerinnungen liegt vor allem darin, daß die Mentalität des kleinräumigen, auf Selbstversorgung ausgerichteten Produzierens gebrochen und durch eine dynamischere Haltung abgelöst wurde. Ein Grund für genossenschaftliche Vereinbarungen und Privilegien war ja der Schutz vor Konkurrenz, also muß man mit solcher Konkurrenz gerechnet haben, was eben ein verändertes und nach außen gerichtetes Produktionsverhalten voraussetzt, statt nur auf sich selbst und den nächsten Umkreis bezogen zu sein. Die von der Struktur der Stadt vorgegebene Verbindung des Handwerkers mit dem ohnehin stärker auf Dynamik eingestellten Kaufmann hat diese Entwicklung gefördert.

43. Handspiegel (Rückseite)

44. Handspiegel (Vorderseite).

Die entstehenden Zünfte waren keine Gewerkschaften im modernen Sinn, sie waren auch noch in hohem Maß der Autorität des Stadtherrn unterworfen, vor allem am Anfang der Entwicklung des städtischen Handwerks. Im Normalfall werden aber die Verfügungen des Stadtherrn in Absprache mit den Vertretern des Handwerks getroffen worden sein und den Interessen beider gedient haben. Schon in der Frühzeit des städtischen Handwerks ist nicht mit einer völlig regellosen Ausübung einer bestimmten handwerklichen Tätigkeit zu rechnen. Die Angehörigen der sich konstituierenden Zünfte gingen alsbald daran, die einmal erworbene Stellung in der Stadt auszubauen und den Zustrom von Arbeitskräften in geordnete Bahnen zu lenken. Das mochte es dem Neuankömmling in manchen Fällen schwer machen, obgleich in der ersten Phase des stürmischen Aufschwungs im Hochmittelalter dies nicht das Übliche gewesen sein dürfte. Andererseits wurde durch solche Regelungen das soziale Gleichgewicht des sich entfaltenden Gemeinwesens einigermaßen gewährleistet. So kam es zur Festlegung der Zahl der Handwerksbetriebe, zu einengenden Produktionsbestimmungen – nur bestimmte Mengen Rohmaterial sollten z.B. verarbeitet werden –, zur Festsetzung der Anzahl der Lehrlinge und zur Normierung des Ausbildungsganges. Dies und manches andere mag vor allem in der Folgezeit, als die Zünfte immer mehr zur Erstarrung und Abschließung neigten, auch fortschrittshemmend und unsozial gewirkt haben, die positiven Seiten dieser Eingriffe, vor allem das Streben nach sozialer Balance, das bereits erwähnt wurde, sind aber auch nicht zu übersehen. So wurde auf diese Weise ein hoher Qualitätsstandard gesichert und der Grund gelegt für jenes Arbeitsethos, ohne das die technischen, aber auch die sozialen Fortschritte der Zukunft nicht möglich gewesen wären. Durch die weitgespannte Tätigkeit der Kaufleute, auf die die Handwerker angewiesen waren, wurden die negativen Folgen einer fortschritthemmenden Inzucht immer wieder korrigiert. Die Zünfte entwickelten sich rasch zu gut durchgegliederten Organisationen, in deren Struktur sich auch allgemeine Tendenzen der sozialen Entwicklung niederschlugen. Leitung und Funktionsweise der Zünfte wurden festgelegt, die Bedingungen der Zugehörigkeit, die Formalitäten der Aufnahme bis hin zur Regelung caritativer Aufgaben, einzelne Mitglieder betreffend oder auch über die Zunft hinausweisend. Ein reiches geselliges, mit besonderem Brauchtum und Ritual ausgestattetes Gemeinschaftsleben entwickelte sich und fand, wiederum echt mittelalterlich, auch in der Errichtung repräsentativer Zunfthäuser und der Einrichtung von Zunftstuben seinen Ausdruck. Doch das geht über unseren Zeitraum hinaus.

Für die Zeit von 1150–1250 läßt sich über die konkreten Lebens- und Arbeitsbedingungen in einem städtischen Handwerksbetrieb wenig sagen. Über die Organisation der Arbeit, über Arbeitstempo, Leistung, Verpflegung, Unterkunft, Lohn und Freizeitgestaltung, Kontakte unter den Arbeitern wissen wir, abgesehen von punktuellen und somit wenig aussagekräftigen Angaben, nicht viel. Lokale, saisonale und individuelle Unterschiede und die Unterschiede in jeweiligen Handwerkssparten kamen erschwerend hinzu. Was aber auch für die meisten Handwerksbetriebe, übrigens bis herauf in die Neuzeit, grundsätzlich galt und durch die Wohnverhältnisse noch verstärkt wurde, war die enge Verbindung von Familie und Handwerksausübung. Nur bei wenigen Berufen, etwa bei den Bergleuten oder Steinmetzen, war diese Verbindung gelockert, die für die Heranbildung des Nachwuchses, vor allem aber für die Gesamteinstellung gegenüber der Arbeit

45. Gürtelschließe.

46. Goldfibel.

47. Tonkrug.

von großer Bedeutung sein sollte und das städtische Handwerk im Grunde noch mit der Situation auf dem Bauernhof verband, wo ebenfalls die Familie mit ihren Generationen und die berufliche Arbeit auch rein räumlich nicht auseinanderklafften in zwei unverbundene Bereiche, wie das dann das Charakteristikum der modernen Entwicklung sein sollte. Beide Modelle haben ihre Möglichkeiten und ihre Problematik. Die einzelnen Handwerkszweige verfügten über jeweils unterschiedliche Entfaltungsmöglichkeiten. So waren z.B Bäcker oder Fleischer von vornherein ausschließlich auf die Befriedigung der lokalen Nachfrage beschränkt, und von der Natur der Sache her weniger ausbaufähig. Erst die moderne Zeit mit ihren Konservierungstechniken und Transportmitteln hat hier wesentliche Veränderungen bringen können. Die Festsetzung der Anzahl der Betriebe und der Produktion war also naheliegend. Ganz anders verhielt es sich schon damals z.B. mit den Erzeugnissen der Töpferei, mit Schmiedeartikeln und Textilwaren, die für den Export und damit für Produktionssteigerung geeignet waren und für die auch die Wahrung besonders hoher Qualitätsstandards besonders wichtig war.

Verkehr, Handel, Geldwesen

Die grundlegenden Umgestaltungen des hochmittelalterlichen deutschen Raumes, wie sie besonders durch den Aufschwung des Städtewesens vollzogen wurden, haben im Verkehrswesen keine vergleichbare Entsprechung aufzuweisen. Zwar gab es punktuelle Ansätze wie die oben schon erwähnten einzelnen Leistungen auf dem Gebiet des Brückenbaus, zu einer durchgreifenden Neuerung und Verbesserung des Verkehrswesens kam es aber noch nicht. Natürlich entstanden mit den neuen Siedlungen auch neue Fahrwege, sie unterschieden sich aber in ihrem Zustand nicht von den bereits vorhandenen. Der Personenverkehr spielte sich noch immer in der Hauptsache zu Fuß oder zu Pferd ab. Als Reisegeschwindigkeit der zu Pferd Reisenden kann man 40–60 km pro Tag ansetzen. Von Bischof Wolfger von Passau, dessen erhaltene Reiserechnungen eine wichtige Quelle darstellen (sie bringen bekanntlich auch den einzigen urkundlichen Hinweis

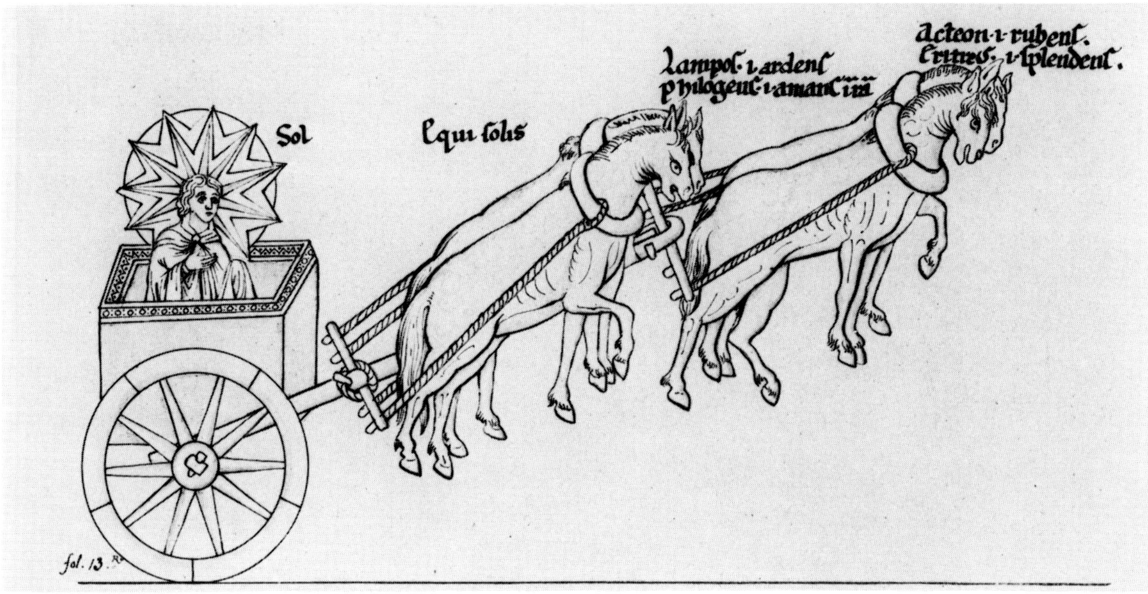

48. Sonnenwagen.

auf Walther von der Vogelweide), läßt sich sagen, daß er auf einer Romreise im Jahre 1204 gelegentlich sogar bis zu 75 km pro Tag erreichte. Interessant ist, daß die Pferde unterwegs häufig neu beschlagen werden mußten und es auch sonst allerlei am Zeug zu reparieren gab. Größere Truppenbewegungen, wobei ja das Fußvolk das Tempo bestimmte, kamen kaum über einen Tagesdurchschnitt von 25–30 km hinaus. Das ergibt sich z.B. aus dem Bericht über den Aufbruch zum 3. Kreuzzug im Jahre 1189. Das Heer brauchte von Regensburg bis Passau vier bis fünf Tage. Barbarossa selbst zog es vor, mit dem Schiff von Regensburg bis Wien zu fahren.

Im lokalen Warenverkehr spielte neben dem Packtier auch die menschliche Tragleistung immer noch eine große Rolle. Das Tragtier war im Karawanenverkehr etwa über die Alpenpässe und in schwierigem Gelände überhaupt von großer Bedeutung. In wegsamerem Gebiet nahm der Transport mit Wagen zu. Für den Warentransport großen Stils, für besonders sperrige und schwere Güter und vor allem für den überregionalen Verkehr wurden natürlich vor allem die Wasserstraßen benutzt, was aber auch mit großen Schwierigkeiten verbunden war. So kostete das Fahren stromauf viel Zeit und Kraft, gleich ob gerudert oder getreidelt wurde, und die Flußläufe waren nicht reguliert. Ansätze zu systematischen Regulierungen sind vor Ende des 13. Jh. kaum zu erkennen.

Was die Seeschiffahrt betrifft, zeichnen sich erst gegen Ende unseres Zeitraums Fortschritte ab. So wurde die Lenkung durch das Heckruder bedeutend verbessert und auch ein neuer Schiffstyp entwickelt, die Kogge der norddeutschen Hanse, die ein besonders leistungsfähiges Transportschiff darstellte. Mit der Einführung des Kompasses um 1200, der schon früher bei den Chinesen in Gebrauch war, verbesserte sich die gesamte Navigation. Die Fahrt per Schiff ins Hl. Land, einem besonders wichtigen Reiseziel der Zeit, konnte unter günstigen Umständen relativ rasch vor sich gehen. So wird berichtet, daß Herzog Leopold VI. von Österreich (†1230) im Jahre 1217 sich in Spalato einschiffte und bereits 16 Tage später in Akkon eingetroffen sein soll, was einen überraschend hohen Tagesdurchschnitt von etwa 140 km bedeuten würde, der natürlich nur ausnahmsweise erzielt werden konnte. Daß vor allem für die wenig Begüterten das Reisen nicht nur teuer, sondern auch ungemein strapaziös war, ist evident. Von Gefahren ganz zu schweigen. Späte Kreuzzugsdichtungen, angefangen bei Neithart von Reuental, wissen z.B. von den Entbehrungen der Kreuzfahrer zu berichten.

Die Hauptverkehrswege zu Wasser und zu Land waren dem Herrscherrecht des Königs unterstellt, der seinerseits Sicherheit und Benutzbarkeit auf diesen Wegen gewährleisten sollte. Die Zolleinnahmen bildeten die finanzielle Grundlage dafür. Mit den fränkischen Grafen, die im Auftrag des Königs handelten und auch im Osten des karolingischen Reiches eingesetzt wurden, kam auch dort das Zollwesen auf. Es entwickelte sich im immer komplexer werdenden Machtgefüge des Lehenswesens rasch weiter, durch Schenkungen, Belehnungen, Vererbung. Die Aufsplitterung der Einflußsphären führte dann zu einem gewaltigen Anwachsen der Zollstellen und zu großer Unübersichtlichkeit. Das konnte, um einen Extremfall zu erwähnen, soweit gehen, daß auf dem Rhein streckenweise alle 10–15 km eine Zollstation zu passieren war, was die Waren innerhalb kurzer Strecken erheblich verteuerte. Befreiung von Zöllen zu erlangen war darum auch das Bestreben der verschiedenen Wirtschaftstreibenden, vor allem auch der Klöster.

In unseren Zeitraum fällt auch die Herausbildung zahlreicher Handelszentren mit entsprechenden Einzugsgebieten. So war Köln von besonders großer Ausstrahlung nach allen Richtungen, wobei auch weite Zwischenräume übersprungen werden konnten. Handwerkliche Produktion und weitgespannter Handel ergänzten und stimulierten einander. Die Stapelrechte, die sich Köln z.B. zu sichern verstanden hatte, brachten zusätzliche Einkünfte. Bei aller Dominanz bestimmter Handelsgüter war Köln nicht auf einzelne Produkte festgelegt, sondern bereits ein breitgefächerter Umschlagplatz und darum auch relativ krisenfest. Der Rückgang der Messen in der Champagne im 13. Jh. hatte z.B. keinen nennenswerten Einfluß auf den Wohlstand der Stadt. Der ganze Nordwesten von Trier über Köln und Aachen war natürlich eng mit dem ostfranzösisch-flandrischen Raum verzahnt, was auch die große Bedeutung der Textilwaren in dieser Gegend und der Goldschmiedeartikel (maasländische Tradition) erklärt. Regensburg und dann auch das aufstrebende Wien waren für den Handel mit dem slawischen Raum im Südosten bis in die Ukraine hinein führend. Daneben entwickelte sich Nürnberg zu einem großen Handels- und Handwerkszentrum. Die Eisenverarbeitung erreichte dort im Spätmittelalter ein besonders hohes Niveau. Nürnberg zog seine Fäden bis nach Köln, Brügge und Lübeck. Der Südwesten stand nicht viel nach, Konstanz exportierte am Anfang des 13. Jh. sein Leinen nach Italien. In Genf und Lyon waren die oberdeutschen Produkte ebenfalls präsent. In Frankfurt wurden ab Beginn des 13. Jh. bedeutende Messen abgehalten.

Ein besonders eindrucksvolles Beispiel, das diese gegenüber der vorangegangenen Zeit grundlegenden Veränderungen illustriert, die im hochmittelalterlichen Deutschland im Handel, aber auch durch den Handel vor sich gegangen waren, ist die norddeutsche Hanse, ursprünglich ein Zusammenschluß von Kaufleuten, der noch ins 12. Jh. zurückgeht, und vom Elan der Erschließung der Ostgebiete getragen war. Die Gründung Lübecks 1158 war eine wichtige Etappe für die weitere Entwicklung. Aus dem Zusammenschluß von Kaufleuten wurde im 13. Jh. ein Zusammenschluß von Städten, dessen Zentrum Lübeck sein sollte. Dieser Städtebund reichte von England über Bergen und Norwegen und über Schweden hinüber bis nach Nowgorod und war in seiner wirtschaftlichen, kulturellen und sprachlichen Bedeutung kaum zu überschätzen. Schon 1239 schloß die Hanse z.B. Verträge mit den Fürsten von Smolensk. Der deutsche Raum hatte im Hochmittelalter also nicht nur Anteil an einem pulsierenden wirtschaftlichen Leben, wie es sich in den oberitalienischen Städten, in Flandern, Ostfrankreich und in London entfaltet hatte, sondern stellt sich in diesem seit der Antike neu sich konstituierenden europäischen Wirtschaftsraum, von dem nun mit Fug und Recht gesprochen werden kann, als Partner dar. Wenn die Erfolge der handelspolitischen Dynamik der deutschen Kaufleute und Handwerker im Osten und Norden besonders gut sichtbar werden konnten, so hängt das damit zusammen, daß dort die deutschen Initiativen auf keine vergleichbare Konkurrenz stießen und sich demnach voll entfalten konnten.

Im Westen und in Oberitalien, Venedig hatte das Handelsmonopol mit Byzanz, waren vergleichbare Erfolge von vornherein ausgeschlossen. Es fehlte aber auch da nicht an entsprechenden Initiativen. 1211 schließen sich z.B. Genua und Marseille zusammen, um die Deutschen vom Seehandel fernzuhalten, 1228 ist in Venedig der ›fondaco dei Tedeschi‹ als Niederlassung deutscher Kaufleute bezeugt. Das Warenangebot aus dem deutschen Raum umfaßte besonders Leinwand, Waffen, und gewerbliche Produkte. Genaueres ist in dieser frühen Zeit kaum faßbar. Andererseits sind in Köln und andernorts auch die italienischen, flandrischen und französischen Kaufleute präsent. Der Fernhandel ist kein dünnes Rinnsal mehr, in dem einige erlesene Luxusgüter aus dem Orient übers Mittelmeer nach Norden gelangen, sondern hat sich zu einem machtvollen, kontinuierlichen und breitgefächerten Geschäft entwickelt, in dem der deutsche Raum auch als Produzent und Exporteur zusehends in Erscheinung treten konnte. Der große mediterrane Wirtschaftsraum der Römerzeit, der in der Völkerwanderung und in der Folge der Eroberung Nordafrikas durch die Araber zusammengebrochen war, wurde im Hochmittelalter, freilich mit neuen Zentren, Norditalien, Frankreich, England, Deutschland, neu konstituiert. Ohne die unbestreitbaren, vorbildlichen Leistungen, die vor allem die oberitalienischen Städte auch auf dem Gebiet der Organisation des Handels vollbracht haben, schmälern zu wollen, kann festgestellt werden, daß es nicht den Realitäten entspricht, hinsichtlich der Stellung des deutschen Raums innerhalb des hochmittelalterlichen großen Wirtschaftskomplexes von chronischer Rückständigkeit zu sprechen, wie das in ideologisch befrachteten Darstellungen zu geschehen pflegt. Es ist auch kein Zufall, daß jenes volkssprachliche literarische Werk des Hochmittelalters, das ein besonders imponierendes Bild des Kaufmanns in den Mittelpunkt stellt, eines wahrhaft königlichen Kaufmanns, von einem Kaufmann der Stadt Köln ausgeht, im *Guten Gerhart* des Vorarlberger adeligen (!) Dichters Rudolf von Ems.

Die Veränderungen, die mit der Einfügung des neuen, verstädterten Handwerkertums und des seßhaft gewordenen Kaufmannsstandes in intensive regionale und vor allem überregionale Handelsbeziehungen zusammenhingen, leiteten auch eine Umwälzung im Zahlungsverkehr ein, die das deutsche Hochmittelalter ungleich stärker mit der Neuzeit als mit dem Frühmittelalter verbindet. Das Münzwesen im engeren Sinn scheint freilich stärker einer archaischen und bereits unzulänglich gewordenen Tradition verhaftet geblieben zu sein als andere Zweige der Geschäftsgebarung. Das stand der stürmischen Entwicklung des Handels, die von sich aus nach angemesseneren monetären Rahmenbedingungen drängte, oftmals hinderlich im Wege, konnte diese Entwicklung aber grundsätzlich nicht aufhalten. Karl der Große hatte einst versucht, das Münzwesen zu vereinheitlichen. Die nach Karl einsetzende Schwächung der Zentralgewalt und die damit verbundene, gesteigerte Notwendigkeit, sich bei der Ausübung des Herrscheramtes der Unterstützung der Mächtigen zu vergewissern, führten dazu, daß das Münzrecht, das ja beträchtliche Einnahmen mit sich brachte, immer mehr aufgesplittert wurde auf verschiedene Machtträger, Herzöge, Grafen usw. Vor allem auch Bischöfe und Reichsäbte, die zunehmend politische Aufgaben übernahmen und zu übernehmen hatten, erhielten das Recht, ihre eigene Münze zu schlagen. Seit dem Ende des 10. Jh. tauchen demnach auch immer häufiger neben Münzen mit dem Bildnis des Königs auch solche mit dem Bildnis des Abtes oder Bischofs auf, in dessen Münzstätte sie geprägt worden waren. Die Zahl der Münzstätten erhöhte sich rasch, wozu auch der an verschiedenen Stellen einsetzende Silberbergbau beitrug. Mit der Zunahme der Münzstätten verstärkte sich auch die Tendenz, bei dem vielgestaltigen und komplizierten Abgabensystem, zu dem die verschiedenen Gruppen verpflichtet waren, von der Naturalabgabe zur Bezahlung überzugehen. Die Aufsplitterung und Vermehrung der Münzstätten begünstigte aber auch inflationäre Tendenzen, da die Versuchung, den Silbergehalt der Münzen sachte zu verringern, groß war. Aus dem Jahrhundert der Staufer sind im Reichsgebiet hunderte von Münzstätten bezeugt, die Hauptmasse davon befand sich offenbar im deutschen Raum.

49. Münze (Vorderseite).

50. Münze (Rückseite).

Die Anzahl der königlichen Münzstätten war aber trotz der Bemühungen der Stauferherrscher nicht sehr hoch. So gab es in der zweiten Hälfte des 12. Jh. über 200 deutsche Münzstätten, davon gut 100 in geistlicher Hand, und nur 28 königliche. Im 13. Jh. verdoppelte sich die Zahl, wobei aber nun der Anteil der königlichen Münzstätten aufgrund der Schwächung der Zentralgewalt nach Heinrichs VI. Tod prozentual absank. Für den König waren die Verleihung und der Entzug des Münzrechts ein wichtiges politisches Druckmittel. So verlor Mailand unter Barbarossa sein Münzrecht, den kaisertreuen italienischen Städten, vor allem Pisa, wurde dies feierlich bestätigt oder in anderen Fällen wurde es verliehen. Auch die deutschen Städte profitierten davon und konnten den großen Vorsprung, den die italienischen Städte auch aufgrund ihrer Verankerung in antiken Traditionen hatten, auf diesem Gebiet etwas verringern. So erhielt 1219 die pfälzische Stadt Annweiler von Friedrich II. das Münzrecht, Bern folgt 1224, zwei Jahre später Lübeck. Nicht alle Münzstätten hatten die gleiche Bedeutung.

Die Münzstätte Köln war von besonderer Wichtigkeit. Der in Köln oder den angeschlossenen Münzstätten geschlagene Pfennig war als Zahlungsmittel weit über die Grenzen des Erzbistums hinaus üblich bis nach Holland und herauf nach Frankfurt, ungeachtet der Geltungsbereiche anderer Münzstätten. Auch in Osteuropa erfreute er sich großer Beliebtheit, wie zahlreiche Bodenfunde vor allem aus Ungarn beweisen. Er hatte fast den Rang einer Leitwährung und war Orientierungsmarke für den Geldwert anderer Münzen. Das Kölner Münzrecht lag beim Erzbischof, doch ist bereits auf der Münze des 12. Jh. die Bedeutung der Stadt auch als solcher erkennbar. Köln und sein Bischof gaben einander das besondere Gewicht, wie schon aus dem Annolied aus dem Ende des 11. Jh. hervorgeht

Ce Kolne was her gewihet bischof,
Des sal diu stat iemir loben Got,
Daz in der sconistir burge,
Di in Diutischemi lande ie wurde,
Rihtere was der vrumigisti man
Der ie ci Rini biquam:
Ci diu daz diu Stat desti heror diuhte
Wandi si ein so wise herdum irluhte,
Vnte diu sin dugint desti pertir weri
Daz her einir so herin stedi plegi.
Koln ist der heristin burge ein,
Sent Anno braht ir ere wole heim.

»In Köln wurde er zum Bischof geweiht. Die Stadt soll darum Gott immer loben, daß in der schönsten deutschen Stadt der tüchtigste Mann, den es je am Rhein gab, das Herrscher- und Richteramt ausübte. Dies war von Gott vorgesehen, damit die Stadt umso herrlicher erscheine, da sie von einer so weisen Herrschaft erhellt wurde; Annos Vorzüge dagegen sollten umso heller erstrahlen, weil er an der Spitze einer so herrlichen Stadt stand. Köln ist eine der großartigsten Städte überhaupt; der Heilige Anno hat ihr Ansehen gesichert.« (Abschnitt 7).

Man würde diese Textstelle nicht mittelaltergemäß erfassen, wollte man darin nur vordergründige Lobpreisung der Stadt und ihres Bischofs sehen – beide werden ja programmatisch zu einer Einheit verschmolzen. In den so bewußt aufs ›Leuchten‹ ausgerichteten Aussagen soll vielmehr der Glanz des Göttlichen, repräsentiert im heiligen Bischof und in dessen Stadt, vergegenwärtigt werden. Die Vorderseite eines Kölner Pfennigs der Stauferzeit zeigt in symbolischer Darstellung die Stadt mit der stolzen Umschrift *sancta colonia pacis mater*, die Rückseite stellt dann den Erzbischof dar, den Münzherrn, den die Umschrift nennt mit seinem Titel und Namen.

Im 13. Jh. bahnte sich dann eine neue Entwicklung an, die gegen Ende der Stauferzeit immer mehr an Bedeutung gewann. Im Jahre 1180 hatte Barbarossa in der Salzstadt Schwäbisch-Hall eine Münzstätte errichten lassen und dort wurde eine kleinere Münze geschlagen, die etwa ein

Drittel des Werts eines Kölner Pfennigs besaß. Nach dem Entstehungsort wurde diese Münze »hallensis denarius« genannt, woraus im Deutschen dann »Heller« wurde. Diese kleine Münze war auch in der Aufmachung anspruchsloser, was sich auch im Wandel der symbolhaften Darstellungen auf den Münzen zeigte. Statt des Münzherrn und der großartig herausgestellten Stadt oder ähnlichen Darstellungen fand sich auf dem Heller nur das Rechtssymbol des Kreuzes auf der einen und das der Hand auf der anderen Seite, dazu der Name der Stadt in schlichter Umschrift. Diese Münze erfreute sich im Süden zunehmender Beliebtheit und drang auch in die Geltungsbereiche anderer Münzen ein. Neben der Tendenz zu kleineren Münzen, die offensichtlich in der Zeit lag, was mit der Ausweitung des Geldbedarfs zusammenhing, zeigt sich aber auch etwas später unter italienischem Einfluß die Tendenz zu Münzen von größerem Wert, ja auch zu Goldmünzen. Im damaligen Münzwesen gewannen auch die Münzen, die im silberreichen Böhmen geschlagen wurden, an Bedeutung. Nach italienischem Vorbild wurde vom böhmischen König ab 1300 der »grossus denarius«, auf deutsch dann »Groschen« geschlagen, im 14. Jh. tauchte im Südosten des deutschen Sprachgebiets der Kreuzer auf. In Mitteldeutschland breitet sich eine Münze aus, für die sich die im Altgermanischen wurzelnde Bezeichnung Schilling einbürgerte.

Wichtiger noch als diese Veränderungen im Münzwesen waren die Veränderungen in der Geschäftsgebarung. Die großen Kaufleute zogen kaum noch selbst mit ihren Waren aus, sie leiteten vielmehr von ihrem festen städtischen Sitz aus die verschiedenen geschäftlichen Vorgänge, die sich oft gleichzeitig an mehreren Orten vollzogen. Es öffneten sich damit Tätigkeitsbereiche für qualifizierte und verläßliche Mitarbeiter. Die zentrale Leitung von einem Kontor aus zwang zum konsequenten Einsatz der Schriftlichkeit und damit auch zur Entwicklung und zum Einsatz der Buchführung. Aufzeichnungen der Kaufleute muß es natürlich schon früher immer dann gegeben haben, wenn eine bestimmte Größenordnung und Vielfalt im Warenverkehr erreicht war. Gerade bei den besonders aktiven Unternehmen der oberitalienischen Städte, die schon lange an großen Transaktionen beteiligt waren, man denke an den Handel mit Byzanz und den arabischen Ländern, ist es nicht anders denkbar, auch wenn die erhaltenen Quellen zu wünschen übrig lassen. Aus dem Jahre 1211 ist zufällig ein in italienischer Volkssprache abgefaßtes Fragment eines Geschäftsbuches florentinischer Kaufleute, die in Bologna tätig waren, erhalten. Dieses Pergamentfragment zeigt bereits einen gewissen Grad an Aufschlüsselung der Geschäftsvorgänge. Vom Ende des 13. liegen dann Belege für doppelte Buchführung vor. Die deutschen Zeugnisse datieren etwas später. Das erste, zufällig erhaltene Zeugnis doppelter Buchführung in Deutschland stammt aus Nürnberg aus dem Jahre 1484. Kenntnis der Sache und deren Praktizierung sind demnach früher anzusetzen, freilich nicht für die Zeit, die wir hier behandeln. Da es sich bei diesen Aufzeichnungen nicht um Texte von besonderer geistig-literarischer Dignität handelte und sie überdies häufig in der Volkssprache abgefaßt gewesen sein dürften, war das Interesse an der Überlieferung und Bewahrung gering. Dennoch zeigen zufällig erhaltene Aufzeichnungen, daß einzelne italienische Unternehmen bereits früh eine gut entwickelte Buchführung kannten, die nach Kunden angelegt war, Warenart und Geldbestand aufwies und somit eine Art Bilanz möglich machte.

Es ist sicher kein Zufall, daß mit dem Aufschwung der Städte und der Erweiterung des Handels auch eine Veränderung in der Art der Personenbezeichnung einzutreten begann. Im engen dörflichen Umkreis kam man mit Vornamen zurecht; bei den rasch komplexer werdenden sozialen und kommerziellen Strukturen bedurfte es aber zur nötigen Identifizierung der einzelnen Personen steigender Präzision. Dies umso mehr, als das Reservoir an Vornamen begrenzt war, da es sich in hohem Maße auf den Katalog der Heiligen beschränkte. So entstand – nachweisbar in größerem Stil bereits in Städten des 12. Jh. – die Gewohnheit, dem Rufnamen den Namen des Vaters oder auch der Mutter hinzuzufügen; denselben Zweck konnte auch der Wohn- oder Herkunftsort erfüllen oder der Beruf, desgleichen Hinweise auf das Äußere oder auf geistige Eigenarten, was dem Spott ein reiches Betätigungsfeld bot. In dieser Zeit entstanden also die Grundlagen für die spätere Namentypik aus Vornamen und Familiennamen. (Wie wir oben gesehen haben, ging ja auch der Adel um diese Zeit dazu über, sich immer mehr nach einem bestimmten Wohnsitz zu benennen.)

Mit diesen auf die Moderne vorausweisenden Neuerungen hängt auch die Entwicklung des Bank- und Kreditwesens zusammen. Auch auf diesem Gebiet hat das Hochmittelalter entscheidende und irreversible Schritte eingeleitet. Daß man zur Finanzierung eines Unternehmens, vom Kriegszug bis zum kostspieligen Bauwerk, Geld auslieh und dafür Wertgegenstände, Land oder auch Rechte verpfändete, war natürlich seit langem üblich und sollte auch noch lange so bleiben; und auf dem Markt, wo der umherziehende Kaufmann tätig war, erhielt man Waren im Tausch gegen Geld. Auch das blieb noch lange so. Aber im 12. Jh., um eine grobe Zeitmarke zu nennen, schiebt sich zwischen die Personen des Verkaufenden, des Verleihenden und des Empfangenden eine Institution, die, zunächst noch stark personengebunden, im Laufe der Zeit immer mehr versachlichte. Es geht um die Bank oder, genauer gesagt, den Wechsler, der an öffentlichen Plätzen hinter einer »Bank« saß, auf der die verschiedenen Münzen lagen. (Konnte der Wechsler eingegangene Verpflichtungen nicht erfüllen, so wurde seine Bank zerstört, auf italienisch »banca rotta« = Bankrott; bezeichnend für mittelalterliches Rechtsverständnis, das sich im Konkret-Dinghaften zu bewegen pflegte.) Der Fernhandel, der von einer seßhaft gewordenen Kaufmannschaft geleitet wurde, verlangte nach neuen Methoden. Der risikoreiche und umständliche Barzahlungsverkehr erwies sich vor allem auf Grund der Münzenvielfalt im Mittelalter mit der Zeit als unzulänglich. Die Institution Bank vermochte Abhilfe zu schaffen. Der Wechsler verpflichtete sich zum Beispiel einem Kaufmann gegenüber, irgendeinem Geschäftspartner dieses Kaufmannes eine Zahlung in Form eines Darlehens in der jeweiligen ortsüblichen Währung zu leisten. Dies ersparte diesem Kaufmann bei der Übernahme von Waren, gegebenenfalls große Geldsummen in einer oft unpassenden Währung mit sich zu führen oder dem mit der Durchführung des Geschäftes Beauftragten auf die Reise mitzugeben. Hand in Hand damit ging auch die Entwicklung eines dem modernen Giroverfahren ähnlichen Verrechnungssystems einher, das es ermöglichte, den Bargeldverkehr einzuschränken. Die Wechsler entwickelten sich rasch zu einem eigenen Berufsstand und schlossen sich auch zusammen; Wechsler wurde Hauptberuf. Bei entsprechender Finanzkraft und Vertrauenswürdigkeit erhielt er bald eine Schlüsselstellung im Geschäftsleben. Er eröffnete den Gewerbe-und Handeltreibenden neue Möglichkeiten, verschaffte sich durch Transaktionen erhebliche Gewinne, freilich nicht ohne große Risiken. Ganze Schiffsladungen versanken oder wurden gekapert, was die Zahlungsfähigkeit der Kunden beeinträchtigte oder ruinierte und natürlich auch auf den Geldverleiher zurückschlug. Diese revolutionierende Veränderung im Zahlungsverkehr ging, faßbar Ende des 12. Jh., ebenfalls von den norditalienischen Städten aus. Die Deutschen bedienten sich ihrer, schufen sich aber erst allmählich ein vergleichbares Instrumentarium. Der

Aufschwung auf den verschiedenen Gebieten hatte diese Veränderung begünstigt. Sie erwies sich dann ihrerseits als treibende Kraft für die Ausweitung der Geschäftsbeziehungen.

Auch die Grundlagen der Kreditvergabe wurden durch diese Entwicklung einer Frühform des Bankwesens erweitert. Da das Mittelalter keine Schadens- u.a. Versicherungen kannte, waren auch Leute, die keinen aufwendigen Lebensstil pflegen konnten oder mußten wie die weltlichen und geistlichen Herren und die auch keine Kriege und große Bauten zu finanzieren hatten, bei Unglücksfällen, Viehseuchen, Mißernten etc. auch auf Kredite angewiesen. Nachbarschaftshilfe und die Familie allein konnten nicht alles auffangen. Geldleihen berührte also die mittelalterliche Gesellschaft in allen ihren Schichten. Mit dem Geldleihen stellte sich auch das Problem des Zinses. Die kirchlichen Autoritäten bekämpften den Zins als einen mit der christlichen Lehre nicht zu vereinbarenden Usus, das kirchliche Recht statuierte auch das Zinsverbot. Wie aus Bemerkungen frühchristlicher Autoren hervorgeht, war die Ablehnung des Zinses als vernünftige und wünschenwerte Maßnahme gegen Wucher gedacht und sollte auch die Menschen vor verhängnisvollem Schuldenmachen bewahren. Die Juden als Nichtchristen waren nicht an das Verbot des Zinsennehmens gebunden, was sie dazu prädestinierte, zu den besonders wichtigen Geldverleihern des Mittelalters zu werden. Der Übergang zum Wucher war naturgemäß immer wieder leicht möglich, was dann, ob tatsächlich oder angedichtet, dem Antisemitismus kräftige Nahrung gab. Die Juden als traditionelle Geldverleiher erhielten aber in der vor allem von Norditalien ausgehenden modernen Geschäftsentwicklung Konkurrenz. Oberitalienische Geldleute nahmen es mit dem christlichen Zinsverbot auch nicht zu genau und die Kirche drückte immer wieder ein Auge zu. Neben Juden und Lombarden waren auch die sog. Kawertschen im Geld- und Zinsgeschäft tätig. Der Name leitet sich von der südwestfranzösischen Stadt Cahors ab; wahrscheinlich handelt es sich bei diesen Kawertschen ursprünglich um lombardische Geldleute, die sich im Südwesten Frankreichs niedergelassen hatten. In unserem Zeitraum dürfte auch im deutschen Raum die Vorherrschaft der Juden und Lombarden im Geld- und Zinswesen unbestritten gewesen sein. Deutsche Kaufmanns- und Handwerkerkreise entwickelten aber ebenfalls in steigendem Maße die Fähigkeit und die Möglichkeiten, in größerem Stil ins Geldgeschäft einzusteigen, man denke z.B. voraus an Hans Fugger, der 1367 als Weber nach Augsburg kam und dort eine Wirtschaftsmacht aufzubauen begann, die im Lauf der Zeit zu einem Finanzimperium wurde, das maßgebend in die Reichspolitik eingreifen konnte.

Reichsfinanzen

Die fränkischen Könige hatten sich im Gefolge der Unterwerfung Galliens und der Ausweitung ihrer Macht tief ins ostrheinische Gebiet hinein gewaltigen Grundbesitz als Streubesitz aneignen können. Diese dem König unterstellten Grundherrschaften trugen wesentlich zur Versorgung des königlichen Haushalts und dessen Gefolges bei und sicherten auch die wirtschaftliche Grundlage der meist sehr aufwendigen Königspfalzen, die als feste Punkte für den ständig im Reich herumreisenden und seine Macht ausübenden Herrscher eingerichtet waren. Darüberhinaus leisteten diese königlichen Grundherrschaften einen wichtigen Beitrag zur Fundierung der königlichen Macht durch Bereitstellung von Kriegern, Ausrüstung, Verpflegung, Pferden. Eine nicht zu unterschätzende materielle Stütze der königlichen Macht bildete auch die Reichskirche mit ihren

Bischöfen und Äbten. Diese waren zu bestimmten und nicht unerheblichen Dienstleistungen verpflichtet, wie z.B. Aufnahme des reisenden Königs und seines Gefolges, Ausrüstung von Truppen etc. Klöster und Bischofssitze erfüllten also die Rolle königlicher Pfalzen. Eine besondere und rechtlich interessante Finanzquelle stellten dann die sog. Regalien (königliche Rechte) dar, womit man dem modernen Steuerwesen als Grundlage der Staatsfinanzen am nächsten kommt. Die Regalien ermöglichen es dem König, aus Zoll, Münzwesen, Bergbau, Forst, Jagd, Geleitschutz, Sonderstatus der Juden etc. finanziellen Nutzen zu ziehen. Dazu kam die königliche Verfügungsgewalt über erbenloses Vermögen. Von besonders rechtlicher Brisanz waren die Regalien, die aus der Verquickung von königlicher und bischöflicher Macht stammten. So hatte der König, der auch Herr der Kirche war, das Recht, bei Vakanz eines Bischofssitzes bis zu einem Jahr von den weltlichen Rechten des Bischofs finanziell zu profitieren. Eine wichtige Geldquelle für die deutschen Kaiser waren aber auch ihre italienischen Einflußgebiete. Für die Hartnäckigkeit der Italienpolitik war dies mitverantwortlich. Ein besonders zielstrebiger Politiker war in dieser Hinsicht Barbarossa, der sich die einträglichen Regalien in Reichsitalien mit allen juristischen Mitteln sichern wollte und zeitweise auch beachtliche Erfolge errang. Verglichen mit dem Geldaufkommen aus dem deutschen Raum im engeren Sinn lagen die Reichseinnahmen aus den italienischen Gebieten erheblich höher. Für die ganze Länge unseres hochmittelalterlichen Zeitabschnitts ist mit dem Fließen dieser Geldquellen bei gelegentlichen Unterbrechungen grundsätzlich zu rechnen; sie verschafften den staufischen Kaisern zusätzliche, freilich auch prekäre Macht. Nach dem Interregnum mußten die Herrscher die Finanzen des Reiches auf andere Grundlagen stellen, da im deutschen Raum durch die Schwächung der Zentralgewalt und das Fortschreiten im Ausbau der territorialen Herrschaftsbereiche die Regalien immer unergiebiger geworden waren und sich in Italien die politische Lage grundlegend verändert hatte. Dies führte schließlich zur allmählichen Errichtung eines in die Zukunft weisenden Steuerwesens, wofür in der Politik Rudolfs von Habsburg († 1291) schon Ansätze zu erkennen sind.

WOHNEN

Die Quellenlage ist je nach den Umständen sehr unterschiedlich. Bauernhäuser aus dem deutschen Hochmittelalter sind z.B. nicht erhalten. Wirklich aussagekräftige archäologische Funde fehlen ebenfalls, so daß es kaum möglich ist, Kontinuitäten von der Neuzeit bis hin ins frühe Mittelalter aufzuzeigen und zu beweisen. Man darf also auch nicht ohne weiteres von den Hausbauten der frühen Neuzeit auf das 12. und das beginnende 13. Jh. zurückschließen. Man ist auf einzelne Indizien, auf punktuelle Anspielungen in Texten und auf Schlüsse aus sekundären Informationen angewiesen; gesicherte und detaillierte Aussagen sind darum nicht möglich. Bei Klöstern, bei Burgen und gelegentlich auch bei Stadthäusern ist die Lage etwas günstiger. Die Häuser der Bauern waren auch in höherem Maß von lokalen Materialien, der Bodenbeschaffenheit, dem Klima, der jeweils dominierenden bäuerlichen Tätigkeit, Ackerbau, Viehzucht, Weinbau, abhängig. Unterschiedliche Wohlhabenheit spielt ebenfalls herein. Man wird annehmen können, daß um diese Zeit bereits Ansätze zur Herausbildung umfassender regionaler Haustypen vorhanden waren. Man pflegt diese mit den deutschen Stammesnamen in Verbindung zu bringen, was genetisch gesehen irreführend ist, da sich natürlich die Entwicklung der verschiedenen Haustypen erst sekundär unter vielfältigen äußeren Einflüssen nach dem Seßhaftwerden der betreffenden Stämme in der jeweiligen Gegend nach und nach vollzogen hat und nicht gleichsam eine Naturanlage dieser Stämme war. Bauweisen der überschichteten Bevölkerung im Alpenraum vor allem, etwa der Alpenromanen und im östlichen Teil der Slawen, werden weitergebildet worden sein. Einflüsse von oben, man denke an Herrenhöfe und vor allem klösterliche Wirtschaftsgebäude, sind auch zu berücksichtigen. Der Begriff Bauernhaus ist außerdem vieldeutig. Größere Anwesen wohlhabender Bauern müssen wir ebenso dazuzählen wie die primitiveren Hütten von Tagelöhnern, Behausungen von Handwerkern, dazu Mühlen etc., wo ja überall mit landwirtschaftlicher Tätigkeit zu rechnen ist. Ein nicht unbeträchtlicher Teil der Stadthäuser gehörte ebenfalls noch dazu.

Die Aufgabe dieser Häuser bestand darin, Menschen, Tieren und Vorräten eine Unterkunft zu geben, die mit den lokal jeweils verfügbaren Mitteln, wie Holz, Stein, Ziegel, hergestellt werden konnte und den Gegebenheiten, wie Gebirge, Ebene, den zu erfüllenden Funktionen und dem Klima entsprach. Der moderne Bauherr kann sich über solche lokale Bedingtheiten weitgehend hinwegsetzen, im Mittelalter war das anders. Im Norden Deutschlands scheinen auch für unseren Zeitabschnitt schon die großen Hallenhäuser anzusetzen zu sein, die Mensch, Vieh und Vorräte unter einem in einer Richtung laufenden Dach vereinigten. Diese Anlage hat man sich dreigeteilt vorzustellen, in der Mitte, in Firstrichtung, war ein Gang und links und rechts Raum für Menschen, Vieh und Vorräte. Am Ende des Ganges quer zum First befand sich der Hauptwohnraum mit der Feuerstelle. Das Tier als Wärmequelle trat immer mehr zurück. Die Wände waren meist aus Fachwerk, gefüllt mit Steinen, Ziegeln oder Lehm, das Dach aus Schilf oder Stroh. Im Süden Deutschlands scheint diese große Wohn/Stall-Anlage zu fehlen. Dort dürfte die Ansammlung von kleineren Einzelbauten für Menschen, Tiere, Vorräte und Geräte vorgeherrscht haben. Im nördlichen Alpenraum ist vorwiegend mit Blockbauweise zu rechnen, am Südabhang der Alpen ist auch Steinbau vorhanden. Für den Blockhausbau eigneten sich die im Alpenraum reichlich verfügbaren Nadelbäume besonders gut. Gedeckt wurde mit Schindeln, gelegentlich auch mit Stroh und Steinplatten. Der Wohnbau hatte als Hauptraum den Raum mit der Feuerstelle, der Rauch zog durchs Dach und die Öffnungen ab. Das Feuer ließ man nur ungern ausgehen, meist blieb genügend Glut unter der Asche und konnte leicht entfacht werden. Das Feuermachen selbst geschah mittels Stahl, Feuerstein und trockenem Schwamm. (Es gab auch bereits handliche Instrumente in Kleinformat, die man bei sich tragen konnte; das Wort Feuerzeug, viurziuc, ist dem Mittelhochdeutschen bereits bekannt.) In verschiedenen Texten wird neben der offenen Feuerstelle auch bereits auf den Ofen hingewiesen, der als Wärmespeicher diente und eine weitere Raumunterteilung in Küche und Wohnraum ermöglichte. Der Ofen konnte wohl auch vom Gang aus geheizt werden. So berichtet z.B. die in Oberösterreich spielende Exempeldichtung *Meier-Helmbrecht* aus der Mitte des 13. Jh. von einem bequemen Ruheplatz am Ofen. Mutter und Schwester, so heißt es, beeilen sich, den zu Besuch heimgekehrten Sohn und Bruder, der Raubritter geworden ist, standesgemäß höfisch zu empfangen, und betten ihn mit Polstern und Kissen auf der Ofenbank. Im ostschweizerischen Text, dem *Ring* des Wittenweiler, der 150 Jahre nach dem Meier-Helmbrecht anzusetzen ist, finden wir aber andererseits auch noch die offene Feuerstelle im Wohnraum; Bertschi, Mätzlis Liebhaber, der die Angebetete im Wohnraum erspähen möchte, klettert aufs Dach, plumpst hindurch und stürzt ins Feuer, an dem aber nicht die

Geliebte, sondern deren Vater sitzt. Kessel und Aufhängevorrichtung werden im Sturz mitgerissen. Zwischen Dach und Fußboden war offensichtlich kein Plafond. Im *Bauernhochzeitsschwank*, einer Vorstufe zu Wittenweilers *Ring*, erfahren wir, daß sich das Brautpaar in einen separaten Raum (Gaden) zurückzieht; auch auf einem primitiven Bauernhof, um den es sich hier handelt, haben wir also schon eine räumliche Untergliederung im Wohnbereich. Beim Wittenweiler erfahren wir dann, daß Bertschis Geliebte vom Vater in einen hochgelegenen Speicher gesperrt wird. Dieser stand wohl auf Pfosten, damit die Vorräte vor Nässe und Schädlingen geschützt seien. Im *Meier-Helmbrecht* ist die Rede, daß die Vorratskammern von den Raubrittern aufgebrochen wurden. In Wittenweilers Text ist auch der Stall ein Raum für sich. Der Fußboden der Wohnräume wird wohl meist aus gestampftem Lehm oder Platten bestanden haben, Glasfenster, die in den religiösen Bauten dieser Zeit bereits einen Aufschwung genommen hatten, gab es auf dem Lande nicht, auch kaum in Öl getränktes Pergament, das, in einen Rahmen gespannt, Licht durchzulassen imstande war. Türöffnung, Fenster, Ritzen und das Feuer gaben Licht, das fallweise durch Kienspäne, Kerzen und Lampen mit fettgetränkten Dochten oder in Harz getränktem Werg aufgebessert werden konnte. Normalerweise legte man sich ohnehin früh zu Bett. Heizmaterial war vor allem das Holz, das praktisch überall verfügbar war. Mittelalterliche Texte wissen auch von Bauern, die im Walde Holz sammeln. Das Wasser, das von draußen aus Quelle oder Brunnen geholt werden mußte, wurde in Holztonnen aufbewahrt und konnte somit auch zum Feuerlöschen zur Verfügung stehen. Und Brände gab es natürlich immer wieder. An Möbeln gab es Bänke und Schemel, die wegen des nicht kälteisolierten Fußbodens gute Dienste leisteten; als Tische dienten meist Holzplatten auf Holzböcken. Dazu hatte man Truhen zur Aufbewahrung von Kleidern und wertvollen Habseligkeiten; die Truhe kann überhaupt, dies gilt auch für die höchsten Kreise, als besonders wichtiges Möbel angesehen werden. Das Bett bestand meist aus einem Holzgestell, auf das Stroh aufgeschüttet wurde, worauf man Felle, Decken und Kissen legen konnte. Im *Meier-Helmbrecht* wird in Ermangelung eines Bettlakens, das offenbar in der bäuer-

51. Truhe aus Baumstamm.

lichen Behausung nicht üblich war, ein frisch gewaschenes leinenes Frauenhemd auf das Stroh gelegt, damit das Lager, dem Anlaß entsprechend, fein genug sei. Die Betten werden wegen der Bodenkälte ziemlich hoch gewesen sein, auch waren sie kurz. Letzteres hängt nicht nur mit der geringeren Körpergröße der damaligen Menschen zusammen, über die wir nicht viel Genaues sagen können, sondern vor allem damit, daß man nicht flach zu liegen pflegte. Spannbetten, wo bewegliche Gurten die Bretter ersetzten und etwas mehr Elastizität gewährleisteten, scheinen eher in besseren Kreisen und auf Burgen gebräuchlich gewesen zu sein. Bedingt durch die unmittelbare Nähe zu Haustieren und Stall wird die Notdurft innerhalb des Hauses, meist im Stall, verrichtet worden sein.

Dieses Bauernhaus und das Haus der Unterschichten überhaupt mit seiner erst schwach entwickelten Unterteilung in Wohn- und Schlafräume und Kammern war auch die Heimstätte von normalerweise drei Generationen. Geburt und Tod, man denke an die Kindersterblichkeit, Krankheiten aller Art, Hinfälligkeit des Alters, waren ständige Gegenwart und dürften formend auf die affektiven Seiten des Lebens eingewirkt haben; abstumpfend wäre nicht ganz der zutreffende Ausdruck. Eher handelt es sich um ein Akzeptieren der Realität, mit der man dauernd und ohne Beschönigungsmöglichkeit konfrontiert war. Daß im Zug der Technisierung und der modernen sozialen Veränderungen der Mensch sich immer mehr aus diesen Zwängen und Zusammenhängen lösen konnte und sich teilweise über sie zu erheben vermochte, brachte viele begrüßenswerte Annehmlichkeiten mit sich, die auch von den damaligen Menschen sicherlich als solche empfunden worden wären, man denke nur an wirksamen Schutz vor Kälte und Nässe, an die Hygiene und an die Medikamente. Durch diese modernen Errungenschaften wurden aber elementare Fakten wie Krankheit, Alter, Tod aus der bedrängenden Nähe in eine nicht unproblematische Distanz gerückt, von wo sie als plötzlich erfahrene Sinnlosigkeit in das Dasein der nicht darauf vorbereiteten Menschen einbrechen, die eben diese Fakten nur aus der Verdrängung kennen und sie nicht einzuordnen in der Lage sind. Die meist sehr beengten mittelalterlichen Wohnverhältnisse werden auch das sexuelle Verhalten der Menschen mitgeprägt haben. Das in mittelalterlichen Texten z.B. auffallend oft erwähnte Problem des Inzests ist sicherlich nicht nur als literarisch-religiöser Topos zu betrachten. Freilich wäre es gewagt, Spekulationen über die Mentalität der mittelalterlichen Menschen, die unter diesen äußeren Bedingungen leben mußten, anzustellen. Die Quellen reichen dazu nicht aus und, vor allem, die große Masse der Bevölkerung ist für uns unwiederbringlich stumm.

Für einen beträchtlichen Teil der Stadtbewohner stellten sich Haus und Wohnen nicht viel anders dar als für die Landbevölkerung, wozu natürlich die zusätzlichen Einrichtungen zu berücksichtigen sind, die man z.B. im Handwerker- oder Kaufmannshaus zur Arbeit brauchte. Manches Ungünstige kam in der Stadt sogar hinzu, bedingt durch die Anhäufung von Menschen an einem begrenzten Platz unter den damals herrschenden technischen Möglichkeiten. Die Lärm- und Gestankbelästigung muß groß gewesen sein. Bei Feuersbrünsten, bei den noch vorherrschenden Holzhäusern und den vielen offenen Feuerstellen keine Seltenheit, bestand die Gefahr, daß ganze Stadtteile vernichtet wurden. Bei Seuchen war die Ansteckungsgefahr in den Städten besonders groß. Waren die Wege auf dem Land und die Dorfstraßen nicht viel mehr als unbefestigte Pisten, bei Regen morastig, bei Trockenheit staubig, so war das zunächst in den Städten auch nicht viel besser, ja die Lage dürfte manchmal sogar noch unangenehmer gewesen sein, wurde doch viel

Unrat auf die Straßen geworfen, in dem Haustiere und Schädlinge, vor allem Ratten, herumwühlten. So soll noch im Jahre 1485 Kaiser Friedrich III., als er durch Reutlingen zog, im Morast der Straßen steckengeblieben sein. Andererseits ist nicht zu übersehen, daß auch in materieller und nicht nur in sozialrechtlicher Hinsicht die Städte keineswegs nur eine Konzentration von bäuerlichen Siedlungen waren, vor allem dies nicht blieben. Die Bindung an die Landwirtschaft löste sich allmählich, Handel und Handwerk dominierten. Die neuen sich bildenden rechtlich-sozialen Strukturen und Institutionen blieben nicht ohne Einfluß auf die äußere Gestalt der Stadt bzw. die Lebensweise der Bewohner. Bei allen Bindungen an die agrarische Struktur des Umlandes blieb die hochmittelalterliche Stadt kein bloß quantitativ gesteigertes Dorf. Auch das städtische Haus rückte demnach ein in ein neues System, was den Menschen auch bewußt war, und das ist vom geschichtlichen Standpunkt aus besonders wichtig. Waren im Dorf die das einzelne Anwesen übergreifenden Strukturen nur schwach entwickelt und auf Weniges beschränkt, so war das in der Stadt grundsätzlich anders. Das Dorf, auch das mittlerer Größe, mit Kirche, Friedhof, Dorfplatz, Linde und den damit verbundenen rechtlich-sozialen Bindungen und Funktionen, war und blieb eine lockere Ansammlung von Gehöften mit geringer Differenzierung. Umgeben war das Dorf, wenn überhaupt, von einem Palisadenzaun, der kaum militärische Bedeutung hatte, sondern das Wild fernhielt und die Haustiere daran hinderte, in den Feldern Schaden anzurichten. Eigene Versammlungshäuser gab es nicht, um diese Zeit auch kaum ein Dorfwirtshaus mit Herberge; die Gastfreundschaft oblag den einzelnen Dorfbewohnern.

In der hochmittelalterlichen Stadt dagegen, die eben auch das Ergebnis eines bewußten, konsequent durchgeführten Ausbaus vorhandener Siedlungen war oder gar gutgeplante Neugründung, steht das Haus mit seinen Bewohnern und seinem Umfeld an Beziehungen und Funktionen in einem neuen, komplexen Zusammenhang. Handel und Handwerk als die nun maßgebenden Faktoren beeinflussen auch die sich differenzierenden Formen des Hauses. So gerät das Stadthaus immer mehr in ein System verschiedenwertiger Straßen. Die Hauptdurchgangsstraße war Marktstraße mit Häusern auf beiden Seiten. Eine oder auch mehrere Parallelstraßen kamen bald dazu, die häufig am Ortseingang und Ortsausgang wieder zusammenliefen und somit eine sogenannte Straßenspindel bildeten. Die mehr oder weniger senkrecht dazu verlaufenden Nebenstraßen und -gassen waren oft nur auf einer Seite bebaut und hatten nicht dieselbe Bedeutung wie die Marktstraße. Die Häuser rückten wegen des begrenzten Raums aneinander. Die Marktstraße wurde breiter angelegt oder nachträglich verbreitert. Daneben diente ein von Straßen umgebener, von Bauten freigehaltener Raum auch als Marktplatz, wobei sich im Lauf der Zeit in größeren Handelszentren Marktplätze für verschiedene Warengattungen entwickeln konnten (Getreide, Vieh usw.), die dann auch ihre bestimmte Lage in der Stadt einnahmen.

Die berufliche und soziale Differenzierung schlug sich auch im Hausbau nieder. In unserem Zeitabschnitt war der Großteil auch der Stadthäuser aus Holz und von der noch starken Bindung an die Landwirtschaft geprägt. Von den Bauten der Kaufleute und der reicheren Handwerker, die meist auch an den günstigen Punkten der Stadt gelegen waren, gingen aber neue Entwicklungen aus, die schließlich zum Bürgerhaus führten, das unsere Vorstellungen von der Stadt vergangener Jahrhunderte bestimmt. Die spätgotischen Bürgerhäuser und die der Renaissance, die noch heute vielen unserer Städte ein gewissermaßen mittelalterliches Gepräge geben, dürfen uns aber nicht den Blick verstellen für die davon recht verschiedene Architektur der hochmittelalterlichen Stadt,

52. Stadthaus eines Vornehmen.

mit der wir es zu tun haben und die ungleich primitiver war. Die Entwicklung hin zum anspruchsvollen Bürgerhaus mit lokalen Varianten zeichnet sich aber bereits ab. Diese Bürgerhäuser sind von ihrer Anlage her nicht mehr als in die Stadt verpflanzte Bauernhäuser zu verstehen, sie gehen vielmehr von den stark spezialisierten Gegebenheiten und Notwendigkeiten des Handwerker- und Kaufmannshauses aus und führen als wesentliches und neues Element das Streben nach Repräsentation ein, dabei gewann das Sichorientieren an Lebensformen der Oberschicht und auch des Auslandes (Italien) immer mehr an Bedeutung und verschaffte dem Ästhetisch-Künstlerischen zusehends Raum. Die Holzhäuser dominierten freilich immer noch, sogar bei zweigeschossigen Gebäuden. Auch das Fundament war oft nicht aus Stein, das Dach immer noch mit Stroh oder Schindeln gedeckt. Doch schon im 12. Jh. ist auch das Steinhaus nachweisbar. Im Erdgeschoß müssen Werkstatt und Geschäftsräume untergebracht gewesen sein, die häufig noch in Küche und Wohnraum übergingen. Nach hinten befand sich das Material- und Warenlager, eventuell auch noch Stallungen und wohl auch Räume für bestimmte Dienstboten. Im Obergeschoß werden sich weitere Schlafräume befunden haben, dazu gegebenenfalls Trockenräume und Ähnliches. In den Häusern der wohlhabenden Bürger gab es im Obergeschoß einen größeren Raum, der zur Straße hin gelegen war und in dem gefeiert werden konnte. Der Schwank der

53. Nassauer Haus in Nürnberg.

54. Wohnturm in Regensburg.

Wiener Meerfahrt aus dem Ende des 13. Jh. berichtet z.B. von einem großen Zechgelage reicher Wiener Bürger in einem solchen Bau, der bereits Festsaalcharakter annimmt. Erker ermöglichen Ausblicke auf die Straße in beiden Richtungen. Ohne jedes Vorbild im einheimischen Bauern- oder Handwerkerhaus waren die Wohntürme besonders reicher Stadtbewohner. Solche Türme, bis zu neun Stockwerken hoch, sind schon in unserem Zeitraum nachweisbar. Die berühmten Regensburger Wohntürme gehen wohl auf oberitalienische Anregungen zurück, der Wohnturm als solcher dürfte aber nicht allein auf solche Einflüsse zurückzuführen sein. Man hat auch an den Donjon der Normandie gedacht. Auf jeden Fall ist dabei die Annäherung an die Burg gegeben und zeugt vom Selbstbewußtsein der Erbauer und Bewohner. Über die Einrichtung der Stadthäuser dieser Zeit ist man schlecht unterrichtet und kommt im Grunde über Allgemeinheiten nicht hinaus; sie wird sich grundsätzlich nicht viel von der der Bauernhäuser unterschieden haben. Die wohlhabende Schicht begann freilich recht bald mit dem Adel zu konkurrieren. Die seßhaft gewordenen Fernkaufleute hatten dazu die besten Möglichkeiten.

So ist es auch aus diesem Grunde angebracht, auf das Wohnen in den hochmittelalterlichen

55. Portal der Kapelle auf der Burg Tirol. (Zu Seite 126).

Adelssitzen, besonders auf den Burgen, einzugehen, obgleich auch da die Quellen unserer Kenntnis dünn fließen und häufig auch wieder nur literarisch-stilisierter Natur sind. Die Burgen wurden im Spätmittelalter und der frühen Neuzeit erheblich verändert – was auch die Inneneinrichtung betroffen haben muß – und die meisten sanken in Ruinen. Ein auch nur einigermaßen vollständiges Bild für unseren Zeitraum läßt sich nicht gewinnen und wiederum muß vor allem die Schicht der weniger Mächtigen zu kurz kommen. Erhaltene hochmittelalterliche Prunkmöbel aus fürstlichen Kreisen sagen zwar viel aus über den oft außergewöhnlich hohen Stand des damaligen Kunsthandwerks, sie sind aber recht wenig aussagekräftig, wenn es um die Wohnkultur der Mehrheit auch des Adels geht.

Die Burg als Herrschaftszentrum einer Region und in sich selbst ein geschlossener, gegliederter Bereich, der sich auch selbst genügen sollte, bot von ihrem Wesen und ihrer Funktion her besondere Voraussetzungen für ihre Bewohner. Die Unterkünfte des Gesindes und deren Einrichtung wird man sich primitiv vorzustellen haben, nicht grundsätzlich verschieden von dem, was in bäuerlichen Behausungen anzutreffen war.

Grundsätzlich anders verhielt es sich mit dem im Burginnern befindlichen Hauptbereich, den die Herrschaft bewohnte, dem Palas. Die literarischen Quellen, die von Burgen und ihrer Ausstattung berichten, sprechen, abgesehen von den Mauern und der Brücke, vor allem von den Türmen und den Palasbauten, deren es sogar mehrere gegeben haben kann, wobei die dichterischen Quellen freilich zur Übertreibung neigen, doch ist die Tendenz, gerade auf diesem Gebiet zu übertreiben, an sich schon ein wertvolles Indiz für das, worauf es offenbar dem mittelalterlichen Burgbetrachter ankam, sei es, daß er solch grandiose Palasbauten wirklich sah oder sie zu sehen vorgab. Der Palas enthielt Wohn- und Schlafräume und dazu im Obergeschoß den großen Festsaal. Zu ebener Erde lagen meist die Küchenräume. Gekocht wurde natürlich auch auf der Burg am offenen Feuer, was die entsprechenden Utensilien voraussetzt (Kessel, Aufhängevorrichtung, Haken, Rost etc.). Die Freitreppe – man denke an die unheilvolle Stiege in der Burg Etzels im Nibelungenlied –, die ins Obergeschoß führte, wird man vielfach bereits einbeziehen müssen in die auf Repräsentation angelegte Art, auf der Burg zu wohnen, die den überhaupt auf Wirkung und Repräsentation abzielenden Gesamtkomplex Burg auch von innen prägte. Die Freitreppe mündete meist in einen auf einer Seite offenen umlaufenden Gang, von dem aus man in die verschiedenen Räume gelangen konnte und führte schließlich in den großen Saal. Freilich, die erhaltenen Denkmäler fallen aus unserem Zeitraum heraus und man wird sich die Anlagen des 12. Jh. grundsätzlich noch nicht zu aufwendig vorstellen dürfen. Die Räume des Palas waren in der Regel mit Holzbalken gedeckt, bei größeren Festsälen dienten Säulen als Stützen. Der Fußboden bestand meist auch aus Brettern oder aus Steinplatten und konnte mit Teppichen und Ähnlichem belegt werden. Die literarischen Texte berichten viel von kostbar ausgelegten Fußböden, von Marmorplatten usw., was natürlich für den Durchschnitt der Burgen in keiner Weise zutraf. Dem Nibelungenlied kann man entnehmen, daß – zumindest – der Festsaal an der Außenseite in Fußbodenhöhe mit Abflußöffnungen versehen sein konnte, was Rückschlüsse auf die Reinigungsmethoden zuläßt.

Licht erhielten die Räume durch die Fensteröffnungen, die möglichst an nicht gefährdeten Stellen angebracht waren und sich oft zur Innenseite des Burghofs hin öffneten. Fenster an gefährdeten Außenmauern befanden sich hoch über dem Fußboden, um die Bewohner vor etwaigen Geschossen von Angreifern abzuschirmen. Bei der Dicke der Mauern bildeten die Fenster geräumige Nischen, die mit Bänken ausgestattet sein konnten. Auch auf den Burgen wurden normalerweise die Fensteröffnungen bei Kälte und Wind mit Brettern verschlossen und die Ritzen konnten mit Stroh verstopft werden. Glasfenster waren auch auf den Burgen der besonders Reichen vor dem 13. Jh. sicher eine Rarität. Auch hier geben die dichterischen Texte ein Bild, das nicht verallgemeinert werden darf. Da die Küche als Wärmequelle für die Wohnräume nicht zur Verfügung stand, mußten diese separat geheizt werden, was mittels Kaminen geschah; hier scheinen sich literarische Texte und Wirklichkeit weitgehend zu decken, wie aus Bauresten schon aus dem 12. Jh. erkennbar ist. Von dem berühmten Kamin in der Ruine der Burg Wildenberg bei Amorbach, einer besonders imposanten Burganlage der Staufer, sollte man keine Verallgemeinerungen ableiten. Wolframs Zeugnis im Parzival (230,6–14), ob man es nun auf diese Burg beziehen darf oder nicht, läßt erkennen, daß aufwendig angelegte Feuerstellen keineswegs die Regel waren. Wolframs Erstaunen vor all dem Marmor – bei Chrétien steht es anders – zeigt an, was die Regel war und was die Ausnahme. Beleuchtung spendeten Talglichter, Kienspäne, Fackeln und Kerzen, je nach den finanziellen Möglichkeiten und den Anlässen. Bei der Ausgestaltung der Kamine und der Kerzenbehälter ist auch bald mit einem nicht unerheblichen künstlerischen Interesse zu rechnen, wenngleich z.B. die erhaltenen großen Kerzenleuchter nicht als Normalfall anzusehen sind, da sie meist liturgischen Zwecken dienten. Der Beleuchtungsluxus der Gralsburg gehört ins Reich der Symbolhaftigkeit hochwertiger Dichtkunst.

An Mobiliar, auch in den Wohnräumen der besonders reichen Burgherrn, gab es nicht viel. Die literarischen Texte sind in dieser Hinsicht ebenfalls zurückhaltend, offensichtlich gab es also tatsächlich nicht viel zu berichten und wenig Anlaß zu Übersteigerungen. Hier dürfte zwischen dem Hochmittelalter und der frühen Neuzeit, von späteren Zeiten zu schweigen, ein gewaltiger Unterschied in der Wohnkultur liegen. Von den üblichen Möbeln ist freilich kaum etwas erhalten, dennoch kann man, gestützt auf literarische Texte und Abbildungen, einige Aussagen machen. So spielte mit Sicherheit auch in den Wohnräumen der reichen Adeligen der Tisch keine Rolle als wohnungsgestaltendes Möbel. Tische wurden vor dem Essen aufgestellt - Platten auf Untersätzen - und nach dem Essen wieder abgeräumt. Auch die Sitzgelegenheiten, Bänke und Schemel vor allem, spielten als Möbel eine untergeordnete Rolle; sie waren auch meist mit Kissen belegt, um mehr Bequemlichkeit zu bieten. Kostbare Stühle waren nicht die Regel; erhaltene Exemplare dieser Art - Faltstühle z.B. - hatten, als fast kultische Gegenstände, wenig mit wirklichem

56. Faltstuhl aus Admont.

Wohnen zu tun. Betten konnten ebenfalls tagsüber als Sitzgelegenheit dienen. Die Schlafgemächer enthielten vor allem die Betten. Hier gab es die schon oben erwähnten Spannbetten, die mit Decken und Kissen bedeckt werden konnten und daneben die gewöhnlichen Betten mit einem Holzgestell, einer Strohunterlage, was sogar literarische Texte festhalten - man denke an die Betten bei Dido im Eneasroman -, und darüber die Decken, Stoffe, Pelze und Kissen. Abbildungen in Handschriften zeigen häufig vor dem Bett einen Schemel, dazu war oft eine Aus- und Ankleidebank vorhanden und ein Gestell zum Aufhängen der abgelegten Kleider. Schränke hatte man nicht, dafür verwendete man Truhen, in denen Kleider, wertvolle Gegenstände und dgl. aufbewahrt werden konnten. Man wird nicht fehlgehen, wenn man annimmt, daß auch bei den weniger reichen Burgbesitzern in der Ausgestaltung der Truhen und Laden mit nicht zu geringen Ansprüchen zu rechnen ist. Eine gesicherte Reihenfolge - so interessant dies kulturgeschichtlich wäre – in der Ästhetisierung der Einrichtungsgegenstände läßt sich aber aufgrund der Quellenlage nicht aufstellen. Auch auf den Burgen gab es keine Badezimmer. Bei kleineren Waschungen, etwa bei Tisch – die Finger spielten ja beim Essen eine größere Rolle als in späteren Zeiten –, goß man einfach Wasser aus einer Kanne über die Hände und wenn gebadet wurde, was man ja gerne tat, wurde ein Bottich in den Raum gestellt und nach Gebrauch wieder entfernt. Die komplexeren Raumverhältnisse und auch die größere Anzahl der Bewohner machten auf den Burgen – wie schon immer in den Klöstern – die Anlagen spezieller Abtritte notwendig. So wurden im Burginnern selbst Senkgruben angelegt, dazu konnten auch erkerartige Vorsprünge an den Außenmauern als primitive Aborte eingerichtet werden, von denen die Exkremente in den Graben gelangten.

Wenn wir, etwas mißverständlich, von Wohnkultur auf den Burgen sprechen konnten, so hat das mit der modernen bürgerlichen Vorstellung von Bequemlichkeit kaum etwas zu tun. Wo auf einer hochmittelalterlichen Burg die finanziellen Möglichkeiten großzügige Ausgestaltung erlaubten, was beileibe nicht überall der Fall war, äußerte sich dieser ›Luxus‹ – der nur sehr begrenzt als der Luxus im modernen Sinn aufzufassen ist –, vornehmlich in der Steigerung der Macht des Repräsentierens. So ist es zu verstehen, daß bald eine Tendenz zum Gleichziehen mit dem Sakralbau und dessen Ausgestaltung einsetzen konnte. Nicht nur die Burgkapelle blieb bevorzugter Raum künstlerischer Ausgestaltung, Malerei und Skulptur drangen auch in den Wohnbereich ein und verwandelten manche Wohnräume. So wurden Fenster kunstvoll ausgestaltet, Eingänge, Kamine; so wurden die Wände mit Fresken bemalt oder mit Wandteppichen behängt.

Wie die Menschen unter diesen nur andeutungsweise faßbaren Wohnverhältnissen in Bauernhaus, Stadthaus und auf Burgen tatsächlich gelebt haben und vor allem wie sie ihren Alltag darin zubrachten, ist uns, das sei nochmals hervorgehoben, verborgen. Literarische Texte berichten zwar z.B. von Festen auf Adelsburgen und liefern auch Einzelinformationen über Nahrung, Tischsitten, Formen der Unterhaltung etc., denen man bei aller Stilisierung nicht jeden Realitätswert wird absprechen können, die es aber andererseits nicht erlauben, ein zusammenhängendes Bild zu entwerfen, das vor allem für den Alltag und für den Durchschnitt auch der Adelskreise repräsentativ sein könnte. Auf die unteren Volksschichten wird ebenfalls, freilich nur punktuell und aus einer verfälschenden Sicht heraus, in manchen Texten angespielt; aus den Liedern Neitharts von Reuental und anderen vergleichbaren Texten eine Kulturgeschichte des Bauerntums schreiben zu wollen, wäre ein verwegenes Unterfangen. Selbst in einem so realitätsvollen Text wie dem *Ring* des Wittenweiler aus der Zeit um 1400 lassen sich erst kleinere Lebenseinheiten deutlicher erkennen und auch dieser Text geht immer noch von der Form der Festschilderung aus. Außerdem sind auch die meisten jener Angaben, die Realitätswert haben, für uns doch nur leere Worte; das gilt für Speisenbezeichnungen, Getränke, Hinweise auf Behandlung von Krankheit und Verletzungen usw. Ein tragfähiger Untergrund für verläßliche kulturgeschichtliche Darstellung fehlt; erst mit dem Spätmittelalter verdichten sich die Belege, gewinnen auch andere Qualität und werden aussagekräftiger.

Recht

Mag auch die Fülle der Gesetze und Verordnungen, die der moderne Staat mit seinen komplizierten Mechanismen hervorgebracht hat und weiterhin hervorbringen wird und muß, um der fortschreitenden Differenzierung des Lebens gerecht zu werden, nicht nur für den Laien unüberschaubar geworden sein, so zeichnet sich andererseits das geistig kulturelle Fundament, auf dem in einem modernen demokratischen und laizistischen Gemeinwesen das Recht aufruht, durch grundsätzliche Klarheit und Einfachheit aus. Im Mittelalter, in dem es keine ausufernde Bürokratie gab, ist es eher umgekehrt, was bewirkt, daß eine sachgerechte Bewertung des Rechts im Dasein der Menschen im Hochmittelalter zu den besonders schwierigen Aufgaben der Kulturgeschichtsschreibung gehören dürfte. Recht im Mittelalter hat an Lebensbereichen und Vorstellungsweisen Anteil, die an sich schon dem modernen Betrachter nicht leicht zugänglich sind. Kompliziert wird die Lage noch dadurch, daß wir es dabei nicht nur mit Mentalitätsfragen zu tun haben, die nicht auf der Wellenlänge modernen Denkens liegen, sondern daß außerdem grundsätzliche Verschiebungen, die sich im Laufe der Zeit anbahnten, berücksichtigt werden müssen und daß auch mit unvorhersehbaren Einflüssen von außen (etwa Rezeption des römischen Rechts) zu rechnen ist. Aus der Praxis des Historikers ist außerdem darauf hinzuweisen, daß vieles von dem, was der moderne Mensch mit der Vorstellung von mittelalterlichem Recht verbindet, mit dem Mittelalter oft nur wenig oder nichts zu tun hat, sondern ein Produkt – und keineswegs immer ein erfreuliches – der frühen Neuzeit ist.

In seiner letzten Konsequenz und wohlverankert im damaligen Denken überhaupt, hielt man das Recht im Mittelalter für etwas, was man vorfand und nicht für etwas, das man durch Beschluß und Kodifizierung hätte erzeugen können und was demnach beliebig abänderbar sei. Im berechtigten Zögern auch der modernen, im Rechtspositivismus aufgewachsenen Menschen, das Recht allzu hurtig zu verändern, mag noch etwas von dieser älteren Mentalität nachwirken. Nicht das Gemeinwesen schuf sich also das Recht, sondern, so meinte man, das Gemeinwesen war vielmehr dazu da, Recht zu verwirklichen. Im Prolog zum *Sachsenspiegel*, diesem wertvollen niederdeutschen Sprach- und Rechtsdenkmal aus der ersten Hälfte des 13. Jh., heißt es: Got is selve recht, dar umme is em recht lef – Gott selbst ist das Recht und darum liebt er das Recht –, was unmittelbar aus den Psalmen schöpft: quoniam justus Dominus et justitias dilexit, Ps. 10,8 und: Quia Dominus amat judicium, Ps. 36,28. Für alle, die in dieser Welt Recht sprechen, fährt der altniederdeutsche Text fort, eine Mahnung, so zu richten, daß Gott ihnen gnädig sein könne. Recht als bereits Vorhandenes, Vorgegebenes, reiht sich ein in die damals gültige Vorstellung, daß in der Schöpfung auch die Daseinsordnungen angelegt seien und aufgespürt werden müßten. Freilich bedeutete das im praktischen Leben nicht, daß man jede einzelne Zollabgabe in ihrer jeweiligen konkreten Fixierung als unveränderbar in der göttlichen Schöpfungsordnung gegeben betrachtet hätte; auch im Mittelalter fehlte es nicht an pragmatischem Vorgehen, entsprechend den Umständen; sehr wohl gilt dies aber für die grundsätzliche Einstellung zum Recht als solchem und das war von großer Tragweite und muß bedacht werden, wenn man einzelne Erscheinungen nicht falsch bewerten will.

Recht im Mittelalter umfaßte sowohl das mündlich tradierte Recht, das gerade im germanisch-deutschen Raum ein zähes Leben und große Bedeutung besaß, als auch das schriftliche Recht, wobei vor allem an das römische und an das kanonische Recht zu denken ist. Auch das schriftliche Recht, das gilt auch für das verschriftlichte germanische Volksrecht, war im Grunde nur ›aufgeschriebenes‹ Recht, wie es die Rechtshistoriker treffend formulieren. Vor dem Buchstaben war und ist das Recht. Archaische Vorstellungen aus germanischen Traditionen und Denken aus der christlichen Schöpfungsordnung konnten dabei grundsätzlich in dieselbe Richtung weisen, indem sie das Recht außerhalb und über der Verfügungsgewalt des einzelnen – den König nicht ausgenommen – oder der sich aufeinander abstimmenden Gruppen ansiedeln. All das sieht klar und eindeutig aus. Für die Wirklichkeit der historischen Entwicklung, in der der Mensch des Hochmittelalters sich befand, ergeben sich aber für uns in vielen Fällen schwer durchschaubare und kaum nachvollziehbare Situationen. Das moderne Abstraktum Mensch und Staatsbürger, die Basis des modernen Rechts, gab es in diesem Sinn nicht. Der Mensch war zunächst, im engen und im weiten Sinn, Glied einer Familie, er lebte teilweise auch noch in einem Stammesverband mit bestimmten Rechtstraditionen, er gehörte einem bestimmten Stand an, war Kaufmann, Handwerker, Kleriker, Mönch, König oder Ministeriale usw., er war Mann oder Frau, er war krank und hinfällig oder im Vollbesitz seiner Kräfte, er war Christ oder Jude, Einheimischer oder Fremder, er lebte auf dem Land oder seit bestimmter Zeit in der Stadt. Diese eben genannten Faktoren, die für die Rechtssituation bedeutsam waren, haben außerdem unterschiedliches Gewicht und sind nicht gleicher Wesensart. Bei manchen wird man sich sogar heute noch schwertun, ihre Bedeutung für das Recht leichthin beiseitezuwischen, etwa bei Familie oder Geschlecht, worin immer noch tiefere quasi naturhafte Gegebenheiten zu sehen sind; anders verhält es sich mit Standeszugehörigkeit oder Wohnort, wo eine vergleichbare tiefere Bindung an eine bestimmte Rechtssituation nicht mehr evident ist. Der mittelalterliche Mensch, auch in den rechtlichen Aspekten seines Daseins, war außerdem eingebettet in bestimmte Auffassungs- und Reaktionsweisen, die ebenfalls starke Wurzeln im Archaischen und in christlich-religiösen Vorstellungen hatten. Dazu gehört z.B. die große Bedeutung des Zeichenhaften. In den sakramentalen Handlungen der Kirche ist diese Dimension noch gegenwärtig und noch in der modernen Rechtssprechung, von den Positionen des Sitzens oder Stehens bis hin zum Talar der Richter, wirken solche Vorstellungen und Verhaltensweisen, freilich sinnentleert, nach. Ritualisierte Gestik, Körperhaltung, Einbeziehung bestimmter Objekte, formelhafter Sprachgebrauch mit peinlicher Beachtung des Wortlauts etc., haben im Mittelalter rechtskonstituierende Kraft und bringen zum Ausdruck, daß auch das Recht nicht subjektivem Ermessen oder Gruppenabsprachen unterlag, sondern als eine objektive, von außen wirkende Macht erfahren wurde. Das bedeutete freilich nicht, daß es im konkreten Fall der Rechtsfindung immer mit rechten Dingen zugegangen wäre: Bezeichnenderweise versucht man ja auch heute noch, »das Recht auf seine Seite zu bringen«, so als handle es sich um eine Wesenheit.

Die oberste und universelle Richtergewalt, bei den Germanen Sache der Thingversammlung, lag im Mittelalter beim König, wie es z.B. im *Sachsenspiegel* heißt: *de koning is gemene richtere over al* (III,26,1). Und weiter heißt es im *Sachsenspiegel* (wir geben gleich den modernen Wortlaut): »Und wenn er (= der König) von den zuständigen Bischöfen geweiht wird und den Thron in Aachen einnimmt, so verfügt er über die Königsmacht und trägt den Königsnamen. Den König wählt man, damit er Richter sei über Grundeigentum, Lehen und das Leben eines jeden einzelnen« (III 52, § 1,2). Die Weihe ist also ein Wesensbestandteil! Herrscher und Richter (*judex*) sind weitgehend eins. Auch aus dem schon öfter zitierten Annolied (s.o. S. 112) geht das eindeutig hervor: der Bischof als Stadtherr ist in dieser Eigenschaft zugleich der oberste Richter. Das ist nicht in formaljuristischem Sinn zu verstehen, so als sei der König oberster Paragraphenhüter, vielmehr ist in der Person des gewählten und geweihten Königs und in seiner Funktion als oberster Richter die verkörperte Verbindung von *pax et justitia* zu sehen. In seinem berühmten Spruch *Ich saz ûf eime steine*... (8,4 ff.), in dem Walther von der Vogelweide über das Leben in der Welt nachdenkt, arbeitet er als besonders wirkungsvolle Schlußpointe die Bedeutung von *pax et justitia* heraus. Alles hänge davon ab; Ansehen, Besitz und Huld Gottes können nicht miteinander ein heilvolles Ganzes bilden, solange im Reiche *fride unde reht* darniederliegen; auf die zwei komme es an, betont Walther abschließend. Diese Doppelfügung *pax et justitia*, die ja auch in der Krönungsliturgie eine wichtige Rolle spielte, bringt zum Ausdruck, daß dieses mittelalterliche Rechtswesen, an dessen Spitze der König stand, nicht so sehr auf das Einklagen kodifizierter, individueller Ansprüche ausgerichtet war, zumindest der Idee nach, sondern vor allem seine Aufgabe darin hatte, das Funktionieren der großen, im Sein begründeten Ordnung zu ermöglichen.

Der König stand, wie schon oben angemerkt, nicht über dem Gesetz und so ist es, abgesehen von den realen machtpolitischen Gegebenheiten her, nicht verwunderlich, daß trotz des Königtums als oberster Rechtsinstanz das Reich nicht von einer einheitlichen Gesetzgebung geprägt war, sondern daß Stammesrechte und sonstige lokale Regelungen noch lange ihre Geltung bewahrten. Die vom König eingesetzten Organe, die Grafen, die auf eine von den fränkischen Herrschern eingerichtete Institution zurückgingen, vollstreckten also im Grunde nicht Reichsrecht, das es in diesem Sinne kaum gab.

Es ist kein Zufall, wenn man an die *pax-justitia*-Formel denkt, daß eine übergreifende, das Reich betreffende Gesetzgebung des Königs sich ausgehend von der Landfriedensgesetzgebung entwikkelte. Die Landfriedensordnungen sind nicht ohne Verbindung mit der Gottesfriedensbewegung zu sehen; diese hatte im südwestlichen Frankreich, außerhalb des Reichsgebietes also, ihren Ausgang genommen, wo aufgrund der fehlenden Zentralgewalt die Rechtsunsicherheit besonders gravierend gewesen sein muß. Die Bewegung richtete sich vor allem gegen das Fehdeunwesen, unter dem die Bevölkerung zu leiden hatte. (Fehde ist ein in archaisch-vorstaatlichen Traditionen wurzelnder Rechtsbrauch, auch im Germanischen stark ausgeprägt, wonach Feindseligkeiten zwischen einzelnen als Angelegenheit der betroffenen Familien in eigener Regie geregelt wurden, statt sie einer übergeordneten Instanz, die es ja bereits gab, zu übertragen.) Diese Bewegung war dort eine Initiative der Kirche gewesen. Im Deutschen stand dem die Initiative des Königs gegenüber. Mit Barbarossa kam es zu einem entscheidenden Durchbruch in der Landfriedensgesetzgebung. Im Jahre 1152 wurde als Reichsgesetz der Reichslandfrieden erlassen, in dem u.a. ein Fehdeverbot ausgesprochen wurde. Der Reichslandfrieden von 1186 wandte sich besonders gegen Brandstifter, griff aber auch ins Ständische ein; Söhnen von Priestern und den Bauern sollte der Eintritt in den Ritterstand, der sich somit zusehends als Gruppe abzuschließen begann, unmöglich gemacht werden. (Das hinderte Barbarossa nicht, bei der Belagerung von Tortona im Jahre 1155 einen besonders kühnen Reitknecht zu sich rufen zu lassen und ihm die Aufnahme in den Ritterstand – *militare cingulum* – anzubieten. Der wollte aber seine *conditio* als *plebeius* nicht aufgeben und begnügte sich mit einem anständigen Geschenk, wie Otto von Freising in den *Gesta Friderici*, II, 25, berichtet.) Der von Friedrich II. im Jahre 1235 erlassene Mainzer Reichslandfrieden, in dem erneut u.a. gegen das offenbar nicht zu beseitigende Fehdeunwesen vorgegangen wurde, war dann überdies das erste Reichsgesetz in deutscher Sprache. Diese ›moderne‹ Tendenz zu einer umfassenden Reichsgesetzgebung konnte sich aber nur in wenigen Fragen Geltung verschaffen, die meisten Rechtsbereiche blieben noch lange den lokalen Traditionen überlassen und es blieb beim Bild großer Zersplitterung. Erst mit Karl V. kam es 1532 z.B. zu einer verbindlichen Gerichtsordnung für das ganze Reich. Mit dem Interregnum war es ohnehin zu einem schweren Rückschlag für eine zentrale Gesetzgebung und Rechtsregelung gekommen.

In politischer Hinsicht kam es in unserem Zeitraum aber doch auch zu einem stärkeren Hervortreten des Reichs, indem sich die königlichen Hoftage immer mehr zum Reichstag entwickelten. Als Diktatoren hatten sich schon die karolingischen Herrscher nicht verstanden und verstehen können; bei ihren Entscheidungen holten sie den Rat der einflußreichen Leute ihres Hofes ein und suchten deren Unterstützung. Daraus entstand, vor allem zur Zeit der salischen Kaiser, der Usus, daß der König in Angelegenheiten von allgemeiner Wichtigkeit nicht ohne die Mächtigen im Reich entscheiden könne. Im 12. Jh. wurde daraus so etwas wie ein Rechtsanspruch dieser Mächtigen und damit war der mehr private Hoftag des Königs zum Reichstag und zu einer offiziellen Regierungsmacht geworden, mit der der König zu rechnen hatte. Die präzise institutionelle Fixierung und organisatorische Verfestigung dieses Reichstages war freilich erst das Werk der Zeiten nach dem Interregnum. Der Reichstag, der vom König einberufen wurde, konnte auch selbst sein Zusammentreten beschließen. Er entschied über Kriegszüge, darunter auch über die Italienfahrten der deutschen Könige und Kaiser, über Besetzungen von Fürstentümern, über das Schicksal von Reichsgütern. Im Laufe der Zeit traten in den Befugnissen und in der personellen Zusammensetzung erhebliche Veränderungen ein.

Die zum Teil alten politischen Gebilde, die im Reich zusammengefaßt waren und nicht nur in ethnischer Hinsicht stark voneinander abweichen konnten – zu ihnen zählten Deutsche verschiedener Art, Romanen und Slawen –, sondern auch in ihrer rechtlichen Struktur und in ihrem politischen Gewicht, erlebten in unserem Zeitraum ebenfalls grundsätzliche Veränderungen. So verlieren im 12. Jh. die traditionellen, historisch gewachsenen Gebilde, die Stammesherzogtümer, mit denen es die königliche Zentralgewalt nicht immer leicht gehabt hatte und denen schon seit der Zeit der Ottonen in der von den Königen geförderten Reichskirche ein starkes Gegengewicht erwachsen war, ihren ursprünglichen Charakter und werden immer mehr zu Territorialherzogtümern. Titel und Machtbereich des Herzogs werden somit von der alten, freilich oft unscharfen Stammesgrundlage gelöst und auf einen neuen politischen Macht- und Rechtsraum übertragen, der einer anderen Ordnung unterworfen und an König und Reichstag orientiert war. Die Herauslösung der Markgrafschaft Österreich als neues Herzogtum aus dem Herzogtum Bayern im Jahre 1156 (s. o. S. 48) war so ein wichtiger Schritt. Machtbereiche, die nie Stammesherzogtum waren, konnten nun in Herzogtümer verwandelt werden, wie das Herzogtum Ostfranken, das 1168 dem Bischof von Würzburg unterstellt wurde, Westfalen und die Steiermark 1180, Braunschweig 1235 usw.

Die rechtliche Situation, wenn wir beim Problem hochmittelalterlicher Zentralherrschaft bleiben, wurde dadurch im Laufe der Entwicklung nicht einfacher. Die Grafen, die von den fränkischen Herrschern einst als Sachwalter zentraler Verwaltung und als Richter eingesetzt worden waren, hatten die Erblichkeit des Amtes durchgesetzt und gerieten immer mehr unter den Einfluß der Stammesherzöge; besonders bei sehr ausgeprägter Stammesmacht fühlten sie sich dem näheren

Herzog mehr verpflichtet als dem meist ferneren König, was sich nicht nur aus vordergründigen machtpolitischen Erwägungen erklärt, sondern auch mit der archaischen Vorstellung von der Bindung der Rechtsgewalt an die personale Präsenz des Herrschers zu tun hat. Für Grafschaften, die der Kirche zugesprochen worden waren, konnten sich zusätzliche rechtliche Probleme ergeben, da die geistlichen Amtsinhaber der kirchlichen Gerichtsbarkeit unterlagen. Bloß die reichsunmittelbaren Grafschaften blieben direkt dem König unterstellt. Im 12. Jh. entstanden auch die Landgrafschaften. Sie wurden vom König eingerichtet in Gebieten, wo die herzogliche Gewalt gering war oder fehlte. Diese Landgrafen unterstanden ebenfalls direkt dem König, hatten u.a. königliche Güter zu verwalten und das Recht des Königs zu wahren. Die Pfalzgrafen andererseits, die seit Otto dem Großen sich in besonderer Weise um die königlichen Güter und Rechte zu kümmern hatten, waren immer mehr dem Einfluß des Königs entglitten. Mit dem Aufschwung der Städte entstanden neue politisch-rechtliche Gebilde, die im Spannungsfeld zwischen Zentral- und Partikulargewalt und im Prozeß der Territorialisierung wachsende Bedeutung erhielten und die rechtliche Situation noch komplexer werden ließen.

Eine besonders wichtige Veränderung der politisch-rechtlichen Struktur des Reiches und seiner es tragenden Gebilde brachte der steigende Einfluß des Lehenswesens mit sich. Die Wirkungen dieses Einflusses auf die Verwaltungs- und Machtpositionen im Reich waren umso tiefgreifender, als sich auch im Lehenswesen, wie überhaupt, das Prinzip der Erblichkeit immer mehr ausbreitete, so daß sich mit dem Eindringen des Lehenswesens in die Ämter ein Zustand herausbildete, der dem eines modernen Beamtenstaates fundamental entgegengesetzt war. Dem König entglitt immer mehr die Verfügungsgewalt über die Besetzung wichtiger Ämter, denn nicht nur die Mittel, die einem Amtsinhaber die standesgemäße Ausübung des Amtes ermöglichen sollten – meist handelte es sich um Grundbesitz –, galten als Lehen, sondern das Amt selbst auch. Im deutschen Lehenswesen wurde der Druck von seiten des Lehensnehmers auf Kosten des Lehensgebers stärker und schwächte somit die Zentralgewalt.

Eine weitere Einschränkung in diesem Sinn brachte auch der sogenannte Leihzwang mit sich. Fürstenlehen, die aus irgendeinem Grund frei geworden waren, mußten vom König innerhalb von Jahresfrist wieder vergeben werden. Die Möglichkeit, durch Verzögern und Nichtvergeben solcher Lehen das Reichsgut zu vermehren und die Macht des Königs zu steigern, war damit dahin. Günstig für den König war, daß die Fürsten nur zu ihm und nicht untereinander in ein Lehensverhältnis treten konnten; dieser Grundsatz wurde freilich dadurch wieder etwas abgeschwächt, daß geistliche und ausländische Fürsten dennoch derartige Lehensgeber sein konnten. In der Heerschildordnung, die sich um 1200 durchzusetzen begann und von ihrem ursprünglich militärischen Wesen her (Abstufung in der Verfügungsgewalt über die entsprechenden Heereskontingente, die von den jeweiligen Lehensnehmern aufzubieten waren) zu einer ständischen Gliederung und Verfestigung führte, fand der beherrschende Einfluß des Lehenswesens seinen besonderen Ausdruck. Der *Sachsenspiegel* kennt sieben Heerschilde – andere Rechtsbücher weisen im einzelnen Abweichungen auf. Vom König, der den ersten Heerschild hält und niemandes Lehensmann ist, geht die Stufenfolge hinab bis zum 7. Heerschild, den die niedrigen Ritter innehatten, die zwar Lehen in Empfang nehmen, aber selbst keine Lehen vergeben konnten. Die geistlichen Reichsfürsten hielten den zweiten Heerschild, es folgten die weltlichen und so weiter in der sich verfestigenden ständischen Hierarchie.

Das Vordringen des personalgeprägten Lehenswesens, das die rechtliche Situation erheblich beeinflußte, war an typisch mittelalterliche und teilweise archaische Vorstellungen von Herrschaft und Machtausübung gebunden. Zu diesen Vorstellungen gehörte, daß der Herrscher eben *beneficia* (Gunsterweise, Wohltaten, Lehen, Pfründen) und *justitiam* (Gerechtigkeit) zu spenden habe – spenden in einem sehr dinglich-konkreten und personalen Sinn verstanden. Auch die große Bedeutung des kostspieligen Repräsentierens, die am mittelalterlichen Herrschaftsstil auffällt, gehört hierher und darf nicht aus der moralisierend verengten Perspektive der Gegenwart bloß als verantwortungslose Luxusentfaltung mißverstanden werden. Es äußert sich darin vielmehr die altertümliche globale Seh- und Erlebensweise, wonach Machtausübung nicht abstrakt konzipiert wurde, sondern wesenhaft an Glanz und Reichtum des Dinglichen gebunden war. (In den Staatsempfängen moderner Demokratien, wo man es anders wissen müßte, wirken solche Atavismen noch nach; freilich bei gespaltenem Bewußtsein, denn die Zeche bezahlt nicht der Mächtige in Person, sondern der anonyme Steuerpflichtige.) Mit der Vergabe mehr oder weniger wertvoller Lehen sicherte sich der Herrschende die Loyalität des Empfängers. Um Lehen vergeben zu können, mußte man sie haben; auch darum das Bemühen der Mächtigen, ihre materiellen Resourcen zu vergrößern. Mit dem Spenden des Rechts verhielt es sich ähnlich. Auf loyale Lehensmannen ließen sich wirkungsvoll Recht und Rechte verteilen, Gegnern konnte man sie vorenthalten und somit Druck ausüben. Darin liegt kein Widerspruch zu der eingangs erwähnten tragenden Idee, daß das Recht etwas Vorgegebenes sei. Man berief sich auch gern auf das alte Recht und gegebenenfalls half eine Fälschung nach. Für die kirchliche Macht- und Rechtssphäre, die sich ja auch auf das Leben im Jenseits erstreckte, gilt das in besonders hohem Maße. Die Päpste, die ihre *beneficia* und ihre *justitiam* verteilten, wovon z.B. die Klöster ausgiebig zu profitieren verstanden, verhielten sich wie die weltlichen Herrscher auch und konnten und wollten sich den überkommenen Vorstellungen von Herrschaft und Recht nicht entziehen.

Die vom deutschen Lehenswesen begünstigte Schwächung der Zentralgewalt und das Vordringen des ständischen Moments beeinflußten auch die Entwicklung der Gerichtsbarkeit, trugen zu deren fortschreitenden Zersplitterung bei und machten die Zustände ziemlich undurchschaubar. Die Gerichtsbarkeit gliederte sich in die sogenannte Hochgerichtsbarkeit, die über schwere Fälle zu befinden hatte, und in die Niedergerichtsbarkeit. Bei den Niedergerichten vollzog sich das Zurückdrängen der Zentralgewalt naturgemäß am frühesten, es machte aber auch vor den Hochgerichten nicht Halt. Begünstigt wurde dies dadurch, daß bei der Rechtssprechung, auch wegen des Vordringens des Lehenswesens, es immer weniger um die Tatbestände als solche ging, sondern daß die Standeszugehörigkeit der Beteiligten immer mehr an Bedeutung gewann. Demgemäß splitterte sich die Gerichtsbarkeit in entsprechend ständisch orientierte Sondergerichte auf, und schon im *Sachsenspiegel* stöhnt der Verfasser am Beispiel der Ministerialengerichtsbarkeit über das Undurchschaubare dieser Sonderformen: *Nu ne latet uch nicht wunderen, dat dit buk so luttel seget van denstlude rechte; went et is so manichvolt, dat is neman to ende komen ne kan* (III 42, § 2) (es soll euch nicht wundern, daß in diesem Buch so wenig vom Ministerialenrecht steht; dieses ist aber so vielfältig, daß sich niemand darin zurechtfindet.). Durch die Eigenständigkeit der kirchlichen Gerichtsbarkeit ergaben sich weitere Komplikationen. Die rechtliche Bedeutung der Zugehörigkeit zu einem Stand, die sich auf vielen Ebenen bemerkbar machte, zeigt sich schlaglichtartig auch in folgender Aussage des *Sachsenspiegels*, wonach über die Fürsten nur der König richten dürfe: *Over der vorsten lif unde er gesunt ne mut neman richtere sin wan de koning* (III 55, § 2) – über Leben und Gesundheit der Fürsten darf nur der König richten. Dem modernen Grundsatz der Gleichheit aller vor dem Recht ist das im Grunde zuwider; dieser Grundsatz würde andererseits dem vielschichtigen und schwer durchschaubaren Gebilde mittelalterlicher Rechtsauffassung, das eben von archaischen Denkweisen und Gewohnheiten, die für das Funktionieren des damaligen sozialen Lebens notwendig waren, geprägt wurde, nicht gerecht. Diese ständische Aufsplitterung des Rechts und das Akzeptieren der damit verbundenen – für modernes Empfinden – krassen Ungleichheiten bedeutete nicht, daß man grundsätzlich auch die Freiheit des einzelnen Menschen negiert hätte und somit dem zweiten großen Grundsatz der Moderne, der Freiheit, unempfindlich gegenübergestanden wäre. Freiheit und Gleichheit wurden noch nicht als Parallelismus aufgefaßt.

Derselbe *Sachsenspiegel*, der die ständisch bedingte Ungleichheit wie selbstverständlich registriert, hat dann ein sehr feines Organ, wenn es um die Freiheit des Menschen geht. Nun wurde schon an früherer Stelle angemerkt, daß bei aller Unfreiheit, die auch im Mittelalter trotz des Christentums noch anzutreffen war, der Unfreie nicht als Sache, sondern – im Gegensatz zur Antike – als Person betrachtet werden sollte; dazu gab es eine nicht abreißende Diskussion über Freiheit und Unfreiheit, deren bloßes Vorhandensein schon Beachtung verdient. Auch über die ständische Gliederung gab es teilweise hochtheoretische Spekulationen; diese stellten aber nicht das Faktum der ständischen, funktionalen Unterschiede der Menschengruppen in Frage, sondern galten mehr der jeweiligen Füllung eines sozialen Schemas. Hier wäre an weit zurückreichende Theorien über die Dreiteilung der menschlichen Gesellschaft zu erinnern, die im Hochmittelalter, ausgehend von Nordostfrankreich – dahinter ist auch England mitzudenken –, neue Anstöße erhielten und weite Kreise zu ziehen begannen. Für dieses am Ende des 10. Jh. neu erwachte theologische Interesse an der Ständediskussion waren u.a. konkrete innerkirchliche Spannungen maßgebend, die auch auf die steigende Macht des Reformmönchstums zurückgingen, wodurch manchmal Weltklerus und Mönchskirche zu unterschiedlichen Standortbestimmungen gebracht wurden. Ein besonders wichtiger Text in diesem Zusammenhang ist z.B. das satirische Dialogwerk *Carmen ad Rotbertum regem*, das der Bischof Adalbero von Laon um 1025 verfaßt hat und worin er mönchische Ansprüche, die auf eine grundlegende Veränderung des Dreierschemas hinauszulaufen schienen, zurückwies. Der Friede im Haus Gottes, *domus Dei* – Adalbero greift hier auf eine alte Metaphorik zurück – sei nur dann gewährleistet, wenn die drei *ordines*, jene Stände, die beten, kämpfen oder körperliche Arbeit verrichten, nicht vermischt werden; sie müßten aber zusammenwirken, denn einer bedarf des andern. Der Sohn eines Handwerkers sei als Angehöriger des Standes der *oratores* (Beter) genau so wertvoll wie der Sohn eines Königs und diesem völlig gleich; nur, einmal Angehöriger dieses Standes, sei körperliche Arbeit von ihm fernzuhalten. Die Durchbrechung dieses Dreierschemas, die Adalbero seitens der Klunyazenser befürchtete – er spielt direkt auf Abt Odilo († 1048) an –, sollte sich ein Jahrhundert später bei den Zisterziensern wiederholen, die im anfänglichen Eifer ja gerade die *oratores* zur körperlichen Arbeit verpflichteten, worauf wir an anderer Stelle hingewiesen haben, und aus dem *miles* einen Mönch machten. Die freilich nur sehr theoretische Bedeutung dieses funktionalen Dreierschemas war groß; die Diskussion griff auch auf Deutschland über, drang in die Volkssprachen ein und erfreute sich noch im Spätmittelalter großer Beliebtheit, obgleich dieses Schema schon im Hochmittelalter im Grunde durch die Entwicklung überholt war. Wie z.B. die Zisterzienser zeigten, waren die *oratores* – also Mönche und Weltklerus – nicht so leicht unter einen Hut zu bringen, denn ihnen wurde servile Arbeit zugemutet, und die Auffächerung unter den *laboratores* wurde durch Städte und Handel so vorangetrieben, daß der landwirtschaftlich bestimmte Begriff *laborator* längst nicht mehr ausreichte; der Handelsmann war schließlich kein im Schweiße des Angesichtes schuftender Ackersmann.

Die Macht des alten Schemas wurde aber dadurch erhöht, daß ihm eindeutig christlich geprägte Zahlenvorstellungen – wie das eine Haus Gottes und die drei *ordines*, was die Trinität evoziert – zugrundelagen. In dieses große Dreierschema, das als Bild des *Domus Dei* gelten sollte, versuchte Adalbero auch noch die *lex humana*, die menschliche Ordnung, irgendwie einzufügen. Nach dieser *lex humana* gebe es zwei Gruppen, die nicht unter demselben Gesetz stünden (*non simili lege tenentur*), die *nobiles* und die *servi*. In dieser Terminologie schwingen noch andere Assoziationen und Traditionen mit als in den Bezeichnungen *pugnatores (bellatores)* und *laboratores*, auf die sie im Grunde hinauslaufen und somit wieder ins Dreierschema einmünden. Besonders die Idee der Freiheit und Unfreiheit und blutmäßig ererbter sozialer Unterschiede, wovon im Dreierschema an sich expressis verbis keine Rede ist, klingt in *nobilis* und *servus* an. Mit dem Verschwinden des allgemeinen Heeraufgebots zugunsten der Entwicklung der spezialisierten und aufwendigen Ritterheere und der Möglichkeit, bei entsprechenden Mitteln, in diesen spezialisierten Wehrstand einzutreten, verschoben sich innerhalb des Laienstandes die Grenzen von frei und unfrei zu werktätig und kriegerisch. Denn schon die *servi*, die Adalbero als solche aufführt und deren hartes Los als arbeitende Menschen er schonungslos beschreibt, waren keineswegs alle *servi* (Unfreie) im eigentlichen Sinn des lateinischen Wortes, vielmehr waren damit eben alle Werktätigen gemeint.

Auch im *Sachsenspiegel* wird ohne Problematisierung festgestellt, daß nicht alle Laien unter demselben Gesetz stünden; sehr wohl aber setzt sich der Sachsenspiegel mit Entschiedenheit dafür ein, daß alle Menschen frei seien, und weist die Versuche, aus biblischen Episoden die Unfreiheit als Bestandteil der menschlichen Gesellschaft zu rechtfertigen, zurück. Der Mensch sei schließlich, so der *Sachsenspiegel* (III 42, § 1 ff.), nach Gottes Bild geschaffen und *eme is de arme alse beswas alse de rike* (und ihm ist der Bedürftige genau so nahe wie der Mächtige). Die dem Mittelalter vertraute Fügung *pauper/potens*, die über die Opposition frei/unfrei hinausgewachsen ist, spielt dabei herein. Der *Sachsenspiegel* nimmt es nicht hin, daß jemand einem anderen gehören soll, und gibt sich viel Mühe, die Scheinbeweise der Unfreiheit zu widerlegen.

Die im Hochmittelalter weitgehend akzeptierte standesbedingte Ungleichheit, der gegenüber das Problem Freiheit oder Unfreiheit zurücktrat, kennzeichnet die damalige rechtlich-soziale Situation. Mag auch in vielen Fällen Ungleichheit identisch gewesen sein mit Unfreiheit und mag es auch Rebellion und Zusammenstöße gegeben haben, so wird man sehr genau zusehen müssen, um den wahren Sachverhalt zu erkennen, und nicht vorschnell revolutionäre Tendenzen wittern dürfen.

Das Ständische zeigte sich deutlich in verschiedenen Graden der Rechtsfähigkeit. So konnten Angehörige bestimmter Personengruppen ungeachtet ihrer persönlichen Integrität, wie wir sagen würden, nur in abgestufter Weise am Recht teilhaben und davon profitieren, bzw. davon ausgeschlossen sein. Solche Personengruppen – Spielleute, uneheliche Kinder usw., auf die in den

Rechtsbüchern genau eingegangen wird – als Randgruppen zu bezeichnen, wie das heute üblich ist, lenkt von der in ihrem Wesen gestuften sozialen Wirklichkeit des Hochmittelalters ab und geht somit an der Sache vorbei, weil der Ausgangspunkt das moderne Ideal der Egalität ist mit ihrem Netz sozialer Bürokratie. Nachzuvollziehen, wie die verschiedenen Personengruppen damals auf diese gestufte Rechtsfähigkeit reagiert und diesen Zustand empfunden haben, ist uns versagt. Nachwehen solch verminderter Rechtsfähigkeit sind ja bis herauf in die Gegenwart zu beobachten, wenn in manchen Gegenden bestimmte öffentliche Ämter nur von Personen eingenommen werden können, die beispielsweise bereits seit einer Generation in der betreffenden Gemeinde ansässig waren oder wenn z.B. der Präsident der USA geborener amerikanischer Staatsbürger sein muß. Daß in einer frühen Epoche, in der archaische Vorstellungen und Vorurteile, die moderner Psychologie und Ethik nicht standhalten, eine besonders große Rolle spielten, solche Unterschiede ungleich krassere Formen annehmen mußten, ist evident.

Ein besonders aufschlußreiches Beispiel sind die Juden. Auch sie waren nicht vogelfrei, sondern hatten einen eigenen Rechtsstatus. So verband ein Privileg Barbarossas die Juden eng mit dem Reich und regelte ihre Abgaben an den königlichen Fiskus. Die Juden hatten, wenn auch in begrenztem Maße, Anteil an der bürgerlichen Organisation und an verschiedenen Aufgaben der Stadt, gegebenenfalls sogar an der Verteidigung bestimmter Mauerabschnitte. Die Stellung der Juden war zunächst nicht so schlecht. Die punktuellen brutalen Ausschreitungen gegen sie, zu denen es z.B. im Gefolge der Aufforderung zum Kreuzzug vor allem im Rheinland kam, sollte man nicht überbewerten. Eine grundsätzliche Verschlechterung begann erst im Spätmittelalter, was mit verschiedenen Faktoren zusammenhing. In den Zünften setzte sich immer mehr eine Abkapselung durch, die es den Juden eben als Nichtchristen unmöglich machte, im Handwerk tätig zu sein; da sie als Nichtchristen nicht an das Verbot des Zinsnehmens gebunden waren, verlagerten sie also ihr Arbeitsfeld immer mehr auf das Finanzwesen, was nicht dazu beitrug, sie beliebter zu machen. Dazu kam auch die naive Schuldzuschreibung für bestimmte Katastrophen, man denke an die Pest in der Mitte des 14. Jh. Im übrigen ist davor zu warnen, einzelne mittelalterliche Verordnungen, die eine krasse Diskriminierung bestimmter Personengruppen ausdrücken, zu verabsolutieren und auf totale gesellschaftliche Ächtung zu schließen. Immer dort, wo die Zeugnisse reicher zur Verfügung stehen, zeigt sich ein sehr viel differenzierteres Bild von der tatsächlichen gesellschaftlichen Wirklichkeit. Und selbst im Spätmittelalter und in der frühen Neuzeit, wo sich, objektiv gesehen, viele Diskriminierungen gravierend verschlechterten, gibt es genug Belege, die zur Zurückhaltung mahnen. Die Rechtshistoriker haben das u.a. am Beispiel der sozialen Stellung des Henkers, Folterknechts, Scharfrichters überzeugend belegen können.

Es ist nicht verwunderlich, daß eine Daseinsordnung, die die Menschen in Gruppen von unterschiedlicher Bedeutung und unterschiedlichem rechtlichem Gewicht gliedert, diese Gliederung auch im äußeren Erscheinungsbild zur Geltung zu bringen suchte, etwa in Verordnungen zur Kleidung oder zum Waffentragen. Das von theologischen Theoretikern immer wieder vertretene und variierte ständische Dreierschema verstärkte die geistige Grundlage einer auch nach außen hin sichtbaren sozialen Abstufung; dazu muß auch die zunehmende Neigung zum Schauhaften, die ohnehin das Hochmittelalter in besonderer Weise auszeichnete, bedacht werden. Was solche Kleiderverordnungen für einzelne Gruppen im Hochmittelalter wirklich bedeuteten und wie strikt sie eingehalten wurden, ist nicht leicht zu sagen, auch deshalb, weil es auf diesem Gebiet im

Spätmittelalter und in der frühen Neuzeit in einzelnen Fällen erhebliche Veränderungen gegeben hat; dazu kam auch die wachsende Bedeutung der Zünfte usw. Es ist auch immer zu bedenken, daß in einem sozialen Gefüge, in dem visuelle Unterscheidungen üblich waren, diese keineswegs nur negativen Charakter hatten, wozu der moderne Betrachter aus seinem demokratischen Kleiderpluralismus heraus neigt. Wenn wir heute die Unterscheidung Frau und Fräulein in der Anrede aufgegeben haben, so war eben im Mittelalter der Unterschied zwischen der verheirateten und der unverheirateten Frau z.B. auch am Kopfputz erkennbar. (Es fragt sich aber ohnehin, ob nicht die moderne Vorliebe für das neutrale äußere Erscheinungsbild kulturgeschichtlich nur eine kurze Episode ausmacht. Freilich, nicht mehr von oben verordnet, sondern aus archaischen Unterschichten der »postmodernen« Seele aufsteigend, zeichnen sich möglicherweise neue Kleiderdiskriminierungen ab.)

Wenn Walther von der Vogelweide in dem an anderer Stelle besprochenen Alterslied (S. 388) darüber klagt, daß sich die Ritter nicht scheuten, sich wie Bauern anzuziehen und wenn, nur wenig später, Wernher der Gärtner am Beispiel des aus seinem Stand ausbrechenden Bauernsohns Helmbrecht das andere Extrem kritisch vorführt, und wenn man die oft stereotypen Klagen der Moralisten heranzieht, in denen die Putzsucht, der Luxus, das Nachäffen fremder Moden bei allen Schichten angeprangert wird, so wird man den realen und rechtsverbindlichen Wert solcher Verordnungen nicht überbewerten und eher eine bloß grundsätzliche Aussage darin sehen. In den meisten Fällen regelte sich das Problem von selbst aufgrund der finanziellen Möglichkeiten und der lokalen Gegebenheiten. So trug die Landbevölkerung – mit oder ohne Kleiderordnung – in der Regel das, was sie selbst herzustellen in der Lage war und was ihren Bedürfnissen und den Notwendigkeiten entsprach.

In diesem Zusammenhang sei nochmals auf die Juden hingewiesen, an denen als besonders markanter Personengruppe sich die soziale Diskriminierung auch durch die Kleidung ablesen lassen müßte. Selbst da ist Zurückhaltung am Platz bei der Beurteilung tatsächlich vorhandener offizieller Kleiderordnungen. Das 4. Laterankonzil (1215) schrieb für Juden (und Sarazenen!) besondere Kleidung vor. (Dem ist sofort hinzuzufügen, daß gleichzeitig die Päpste auch immer wieder Bullen zum Schutz der Juden erließen.) Die vom Konzil verabschiedete Kleiderordnung drang aber z.B. in Deutschland nur langsam in einige lokale Synodenbestimmungen ein, und die deutschen Kaiser wollten davon überhaupt nichts wissen. Zwischen Verordnung und Verwirklichung klaffte also ein breiter Raum, und überdies hinderten gelber Fleck und spitzer Judenhut die deutschen Juden im 12. und 13. Jh. nicht, sich aktiv am Kulturleben zu beteiligen. Süßkind von Trimberg z.B. hat sogar einen Beitrag zum späten Minnesang geleistet. Zu welch bedenklichen Fehlurteilen diese Kleiderordnung für Juden führen kann, geht z.B. aus Le Goffs Kulturgeschichte hervor: »Neben den Häretikern werden noch andere Gruppen auf die schwarze Liste gesetzt, ausgestoßen und verfolgt: die Juden, die seit dem 4. Laterankonzil als Kennzeichen den gelben Fleck tragen müssen.« Hier wird einfach die Judenpolitik der NS-Zeit auf die komplexe soziale Wirklichkeit des Hochmittelalters aufgestülpt!

Der Judenparagraph des Laterankonzils aus dem Jahre 1215 sei durch eine Passage aus der deutschen Kaiserchronik, dem umfangreichsten volkssprachlichen Text aus der Mitte des 12. Jh., ergänzt. Vers 14751 ff. behandelt diesen Text der Kaiserkrönung Karls des Großen in Rom und geht dann auf die gesetzgeberische Tätigkeit Karls ein. Das wird rasch berichtet und ist zunächst recht allgemein gehalten. Als letzte dieser Angaben folgt der Hinweis auf Karls Vorschriften zur Kleidung der Bauern, die der Papst bekräftigt habe; das füllt nun einen ganzen Abschnitt (V. 14791–14814): »Buntgefärbte Stoffe und kostbare Saumbesätze ziemen sich nicht für einen Bauern; Schuhe aus Rindsleder, Hemden und Beinkleider aus groben Werg sind recht für ihn. Kostbare Kleiderbesätze verstoßen gegen seinen Stand (zweimal erwähnt der Verfasser dabei diese kostbaren Besätze, die *gêre*, womit ein ursprünglich keilförmiges Stück Stoff verstanden wurde, das unten an die Oberkleider angestückelt wurde und standesbedingt war). Sechs Tage soll der Bauer pflügen und seiner sonstigen Arbeit nachgehen und am Sonntag die Kirche besuchen. In der Hand soll er den Treibstecken halten, erwischt man ihn, wenn er ein Schwert trägt, so soll man ihn binden und am Friedhofszaun gründlich verprügeln. Wenn er sich schon verteidigen muß, so soll er das mit der Gabel tun. Das hat Karl den Bauern vorgeschrieben.«

Also striktes Waffenverbot und strenge Kleidervorschriften. Waren damit die Bauern auf die schwarze Liste gesetzt und zum Abschuß freigegeben? Bei Neithart von Reuental u.a. liest sich das Bauernschicksal wieder ganz anders. Man wird Vorschriften dieser Art cum grano salis zu lesen haben und sie in ihrem tatsächlichen Wirkungskontext sehen. Dramatisieren wie Idyllisieren geht meist an der Realität vorbei.

Der Rechtsvollzug ist uns, gerade was die vielen Fälle des gewöhnlichen Lebens und der Masse des Volkes betrifft, in seiner konkreten Wirklichkeit im Hochmittelalter nicht mehr greifbar. Berühmte Prozesse, man denke an das Verfahren gegen Heinrich den Löwen, konnten demgegenüber von den Historikern gut nachgezeichnet werden. Für den ›Normalfall‹ lassen sich also nur grobe Andeutungen geben. Man geht dabei am besten von den Grundlagen aus, die schon in karolingischer Zeit gelegt worden waren. So kann man annehmen, daß in den Machtbereichen der Grafen sich bestimmte, meist mehrere Gerichtsstätten befanden, an denen Recht gesprochen wurde, grundsätzlich auch zu festen Terminen. In der Bindung an den festen äußeren Rahmen wirken ältere Traditionen, die teilweise auch im Germanischen wurzeln, nach. Der Richter als verlängerter Arm des Königs leitete das Verfahren, ihm zur Seite war eine bestimmte Anzahl *viri probati*, Schöffen aus der Gegend, dazu die Parteien und die rechtsfähigen Angehörigen des Gerichtsbezirks. Recht ist also immer noch eine Sache der Allgemeinheit; deshalb auch die Neigung, unter freiem Himmel Recht zu sprechen. Große Versammlungshallen waren einst in der Frühzeit auch nicht zur Verfügung, was aber allein zur Erklärung dieser Neigung nicht genügen dürfte, schließlich war auch in der Zeit, als bereits große Kirchenräume vorhanden waren, der freie Raum vor dem Westportal und nicht der Innenraum bevorzugter Platz für die Rechtssprechung.

Die Sache der Betroffenen wurde meist von einem gewählten Vorsprecher vertreten, der gewissermaßen Sprachrohr der jeweiligen Partei war. Bei dem stark ausgeprägten und wiederum wesensgemäß mittelalterlichen Formalismus, bei dem das vor Gericht gesprochene Wort ein für allemal galt, war die Einrichtung des Vorsprechers eine Hilfe, da seine Formulierungen von der betreffenden Partei gebilligt werden mußten, diese also Zeit gewann und unbedachte Äußerungen korrigieren konnte.

Im Beweisverfahren spielten Eid und auch noch Gottesurteil eine große Rolle. Die Kirche versuchte zwar seit langem, besonders seit dem Laterankonzil 1215, die Gottesurteile, besonders den Zweikampf, auszuschalten und untersagte den Geistlichen die Mitwirkung daran, konnte sich aber in der Praxis noch längere Zeit hindurch nicht durchsetzen. Laut *Sachsenspiegel* (III 69, § 1) sollten weder Richter noch Schöffen Waffen tragen; sie hatten auch bestimmte Kleidungsnormen zu respektieren (keine Kopfbedeckung, keine Kapuzenmäntel). Den Schöffen oblag die Urteilsfindung, was sitzend zu geschehen hatte. Das Urteil wurde den Versammelten öffentlich mitgeteilt, worauf diese ihre Annahme zum Ausdruck brachten (Vulbort) oder ihre Ablehnung (Schelte). War eine Einigung nicht erreichbar, wurde die Sache an das höhere Gericht weitergeleitet; diese Ansätze zum Berufungssystem hatte es im Germanischen nicht gegeben. Der Fronebote sorgte für die Vollstreckung des Urteils, wenn es angenommen worden war. Für die Vollstreckung des Urteils, vor allem wenn es sich um Todesstrafen handelte, drang im Laufe des 13. Jh. von den Städten her die Einrichtung des Henkers und Scharfrichters durch. Der erste hauptamtliche Scharfrichter, der in Deutschland urkundlich nachweisbar ist, fällt freilich aus unserem Zeitraum heraus – es war 1276 in Augsburg.

Diese Entwicklung steht auch in Verbindung mit Veränderungen in der Kriminalität und in der Beurteilung der Strafe, die ab dem 12. Jh. in stärkerem Maße Einfluß auf das Bestrafungswesen ausübten und weitgehend das heute herrschende Bild vom mittelalterlichen Strafvollzug bestimmten. Eine Straftat, die ja auch in der modernen Welt eines präzisen Sachverhalts bedarf, ist für mittelalterliches Empfinden in ganz besonderer Weise an das Äußere gebunden, wobei wir wieder auf die archaische Mentalität stoßen, die auf diesem Gebiet überdies maßgebend von alttestamentlichen Vorstellungen geprägt wurde, was bei dem Übergewicht des Alten über das Neue Testament im Früh- und noch im Hochmittelalter nicht überrascht. Ganz anders als in der aufgeklärten und von der Psychologie bestimmten Justiz stand die Tat als solche in ihrer konkret materiellen Massivität im Mittelpunkt und weniger die hinter ihr wirkende Gesinnung. Dem lag eine andere Einstellung zum Verhältnis zwischen innen und außen zugrunde, genauer gesagt, zu einer sich erst herausbildenden Relation zwischen einem immer mehr als voneinander getrennt erfahrenen Außen und Innen; für modernes Denken ist das nur schwer nachvollziehbar. Und wenn in den theologisch-philosophischen Spekulationen der beginnenden Scholastik, etwa im bahnbrechenden Denken Abälards († 1142), z. B. die Idee einer Gesinnungsethik Form anzunehmen und die traditionelle robuste Tathaftungsethik abzulösen begann und wenn in der volkssprachlichen Literatur gegen Ende des Jahrhunderts (s. u.) in Minnesang und höfischem Roman etwa die Entdeckung des inneren Menschen zu einer der ganz großen und sprengenden Leistungen werden sollte, so waren das einzelne wichtige Umbrüche, die zunächst an der Theorie und Praxis des Strafwesens keine grundsätzlichen Veränderungen hervorrufen konnten; dieses verblieb noch längere Zeit weitgehend im Banne älterer Vorstellungen, was natürlich mit der verständlichen und auch notwendigen Zählebigkeit gesellschaftlicher Institutionen und Traditionen zusammenhängt. Auch in der Beurteilung der Sünde kamen diese älteren Vorstellungen immer wieder zur Geltung; die Feststellung des objektiven Tatbestandes hatte mehr Gewicht als die Frage nach der seelischen Beteiligung. Die Buß- und Reinigungsvorschriften etwa im Sexualbereich waren weitgehend von alttestamentlichen Vorschriften beherrscht. So schreibt Hildegard von Bingen, eine der einflußreichsten Klosterfrauen des 12. Jh. (1098–1179), in ihrem Werk *Scivias* – Wisse die Wege – im 79. Kap. der 6. Vision des 2. Teils: *Non solum autem volo ut homines a vigilante immunditia se emundent, sed ut etiam a pollutione illa quae ipsis dormientibus occurerit se digne purgent. Nam si dormienti homini commotio seminis in somnio subrepserit, nolo ut ita in ardente calore illo ad sacramentum officii altaris mei accedat, ... ut scriptum est.* (»Ich will nicht nur, daß sich die Menschen auf würdige Weise von der Unreinheit reinigen, die sie in wachem Zustand auf sich ziehen, sondern auch von der Befleckung, die ihnen im Schlaf zustößt. Denn wenn sich die Erregung durch den Samen im Schlaf an den Menschen herangemacht hat, will ich nicht, daß dieser Mensch also in jener glühenden Brunst an meinen Altar herantrete, um das Opfer zu feiern . . ., wie geschrieben steht.« Es folgt ein Zitat aus dem Alten Testament mit Kommentar.)

Die wesenhafte Bindung an das Äußere und Zeichenhafte zeigt sich auch darin, daß vielfach im mittelalterlichen Bestrafungswesen auf einen engen Zusammenhang zwischen der Art der Tat und der Art der Strafe geachtet wurde, wo die moderne Justiz der totalen Abstraktion huldigt und nur mehr im Strafausmaß einen letzten Bezug zwischen Tat und Strafe gelten läßt. So konnte man einem Meineidigen die Schwurhand abhacken, oder einen Sexualverbrecher eben entmannen; die alttestamentliche *lex talionis* verfuhr nicht anders. Die mittelalterliche Strafjustiz, auch das ist ein wichtiger Unterschied zu späteren Entwicklungen, war vor allem in personaler Art auf Kläger und Angeklagten ausgerichtet und verstand sich nicht so sehr als Instrument der Aufklärung und Bestrafung von Verbrechen an sich im Interesse der Allgemeinheit und nicht bloß der vom Verbrechen Betroffenen. Es scheint, daß dann in dieser Hinsicht von der Landfriedensgesetzgebung und den ihr zugrundeliegenden unbewältigten und anwachsenden Problemen her allmählich eine Veränderung eintrat. Beim Landfrieden ging es ja um das allgemeine Wohl. Raub, Brandstiftung, Totschlag, die in Verletzung der festgesetzten Friedensfristen verübt wurden, gingen nicht nur die einzelnen unmittelbar Betroffenen selbst an. Wenn auch keine exakten statistischen Daten vorgelegt werden können, so geht man doch in der Annahme nicht fehl, daß gegen Ende unseres Zeitabschnitts diese gegen das allgemeine Interesse gerichteten Gewalttaten zunahmen. Der Text des *Meier-Helmbrecht* aus der Zeit kurz vor der Mitte des 13. Jh. legt beredtes Zeugnis ab z. B. über das Anwachsen des Raubrittertums; das Interregnum war nicht dazu angetan, die Lage zum Guten zu wenden. Die alten und simplen Mittel der Findung des Täters, wie sie bei den herkömmlichen auf eine konkrete Person bezogenen Verfahren üblich waren (auf frischer Tat ertappen, Zetergeschrei, Eid, Gottesurteil . . .) reichten immer weniger aus, da z. B. bei einer von einer Bande verübten Brandstiftung mit Totschlag oft gar kein lebender Betroffener und direkter Kläger mehr aufzufinden war und man im Interesse auch der Allgemeinheit auf andere Mittel der Täterfindung sinnen mußte. So entwickelte man neue Verfahren: Nachgehen von bestimmten Spuren, Heranziehen von Zeugen, näheren oder auch entfernteren, die selbst nicht betroffen sein mußten, und schließlich auch die Folter, um den Verdächtigen zu einem Geständnis zu bringen und somit den Beweis zu haben. Im Stadtrecht von Wiener Neustadt aus den 20er Jahren des 13. Jh. ist zum erstenmal die Folter als Instrument der Ermittlung bei Verbrechen belegt. Damit war eine folgenschwere Entwicklung eingeleitet. Auch bei der Urteilsvollstreckung drängten sich neue Intentionen in den Vordergrund; wo das ältere System auf die Wiederherstellung des geschädigten personalen Gleichgewichts angelegt war mit genau festgelegten Entschädigungen, ging es nun immer mehr um universelle Abschreckung von potentiellen Missetätern, was die Entwicklung der Justiz von der Robustheit zur Grausamkeit förderte. Wenn man auch aus Gründen der historischen Gerechtigkeit – denn mit modisch-geschichtsloser westeuropäischer Empfindlichkeit an diese Probleme heranzutreten wäre töricht – aus der damals steigenden Bedrohung der allgemeinen Sicherheit heraus diese spätmittelalterlich-frühneuzeitlichen Entwicklungen verstehen muß, so liegt auf der Hand, daß dem Mißbrauch damit Tür und Tor geöffnet wurde. Jeder beliebige Fremde, Fahrende z.B. konnte aufgrund irgendwelcher Indizien und vager Zeugenaussagen verdächtigt und der Folter zugeführt werden. Dabei ist gar nicht so sehr nur der böse Wille solcher Zeugen anzusetzen, was es natürlich auch gab, sondern das durchaus berechtigte Interesse an der Aufklärung eines Verbrechens und an entsprechender Sühne zur Verhütung weiterer.

Solche Entwicklungen gingen auf breiter Basis voran und es ist kein Zufall, daß es in dieser Zeit auch zur Herausbildung der Inquisition kommen konnte, Ketzer, Hexenmeister und Hexen waren Verbrechern, die gegen das allgemeine Interesse eines Landfriedens verstießen, nicht unähnlich und fielen unter dieselbe Entwicklung. Ein gravierender Anstoß von außen, der Albigenserkrieg, lieferte zusätzlichen Zündstoff. Die manichäische Häresie in Südfrankreich, deren Erfolge durch beträchtliche Mißstände in der Kirche begründet waren, stellte in besonderem Maße eine Bedrohung des allgemeinen Interesses dar, noch mehr als ein Verstoß gegen den Landfrieden, denn es stand die Kirche als die Heilsinstitution auf dem Spiel. Dementsprechend waren auch die zur Bekämpfung eingesetzten Mittel, die sich mentalitäts- und institutionsbildend auswirken konnten. Die Inquisition suchte aber hauptsächlich die romanischen Länder heim, in denen ja auch die Heimat der Dominikaner lag, die mit ihrer Durchführung beauftragt waren – daher auch das böse Wortspiel von den Spürhunden des Herrn, den *domini canes*. Der Hexenwahn tobte sich vor allem in der frühen Neuzeit aus und sollte erst im 17. Jh. zum Erliegen kommen.

Die politisch-rechtliche Zersplitterung, die sich mit dem Ende der Stauferzeit immer stärker bemerkbar machte, und die aufgrund der fortschreitenden Verwilderung in manchem verstehbare Entwicklung des Strafwesens zu abschreckender Härte und Brutalität führten dazu, daß sich im Strafwesen Willkür auszubreiten begann und als solche auch den Menschen bewußt wurde. So geschah es sicherlich oft, daß Leute zu Tode gefoltert oder hingerichtet wurden, deren Unschuld sich unmittelbar darauf herausstellte. Die schlechte Reputation, die dem Beruf des Henkers und Folterknechts anzuhaften begann – sie ist nicht nur auf uralte Tabus zurückzuführen, sondern eine sekundäre Erscheinung –, hat auch darin einen ihrer Gründe, desgleichen die immer wieder zutage tretende Sympathie für Verurteilte. Der Tristanroman in der frz. Fassung Berouls z.B. bringt bereits ergreifende Belege dafür. Da sich der Strafvollzug in aller Öffentlichkeit abzuspielen pflegte, konnten sich beim Spektakel des Hinrichtens tiefsitzende Regungen der menschlichen Psyche – Sadismus, Mitleid, Anerkennung für einen besonders mutig auftretenden Verbrecher, Verachtung für den Henker, der Wehrlose umbringt usw. – entfalten; die Menschenansammlung tat noch ein Übriges. Das Wecken solcher Regungen konnte seinerseits wieder Einfluß ausüben auf kollektive Verhaltensweisen und Erwartungshaltungen. Versuche zur Eindämmung der Willkür gab es immer wieder, sie führten aber erst in der Gesetzgebung Karls V. zu einem vorläufigen Ergebnis.

Auch die Familie stand natürlich im Spannungsfeld der damals dominierenden Vorstellungen und Traditionen von Freiheit und Unfreiheit der Person, der Zugehörigkeit zu einem Stand usw. Die Familie selbst als Großgemeinschaft im Sinn archaischer sozialer Strukturen verlor aber an Boden zugunsten neuer Bindungsformen; sie mußte manche Zuständigkeit aber auch Verpflichtung abtreten und wurde immer mehr von der Ehegemeinschaft her konzipiert, die als kleinere Einheit innerhalb der Sippe erhöhte Bedeutung gewann, womit auch in einem wichtigen Punkt die Rolle der Familie in der neuzeitlichen bürgerlichen Welt vorbereitet werden sollte. Freilich heißt das nicht, daß damals bereits eine Art moderner Kleinfamilie die alten Sippenstrukturen ersetzt hätte. Man denke nur an das *Nibelungenlied* mit seinem entscheidenden und in die Substanz einer alten Geschichte eingreifenden Wandel von der Sippenbindung zur Gattenbindung! Andererseits spürt man aber gerade im Nibelungenlied auch den Schauder, den Dichter und Publikum vor dem furchtbaren Faktum der Tötung der engsten Verwandten empfinden. In Wolframs *Willehalm* kommt, weit über die Vorlage hinaus, die schmerzliche, ja tragische Ausgliederung der Ehegemeinschaft aus dem umfassenderen und als primäre Größe wirkenden Familienverband nicht minder deutlich zum Ausdruck und erreicht, verglichen mit dem *Nibelungenlied*, einen ungleich höheren Bewußtseinsgrad. Schmerz und Tragik zeigen aber nur an, wie wichtig dieser größere und ursprüngliche Familienverband gewesen sein muß. Man ist immer wieder überrascht, wenn man sieht, welche Bedeutung das Erleben und Denken in verwandtschaftlichen Kategorien im Mittelalter gehabt haben muß; das dynastische Prinzip, die auf vielen Gebieten steigende Tendenz zur Erblichkeit zeugen ebenfalls davon. Kaum eine größere mittelalterliche Dichtung, in der Volkssprache vor allem, in der nicht ein mehr oder weniger dichtes Netz von verwandtschaftlichen Bezügen enthüllt wird und zu einem tragenden Gerüst werden kann. Ein extremes aber darum umso aussagekräftigeres Beispiel ist Wolframs *Parzival*, in dem die engeren und weiteren familiären Bindungen das gesamte zentrale Personal erfassen und sogar den fernen Orient in ihren Umkreis ziehen; in der Rolandssage wird Roland zum Neffen Karls des Großen; am Hofe des Königs Artus ist es nicht anders, auch dort verdichten sich, in den volkssprachlichen Quellen, weit über den lateinischen historisierenden Text Galfreds hinausgehend, die verwandtschaftlichen Fäden, und Gawein kann z.B. zum Neffen des Königs Artus werden; im *Willehalm* ist Vivians so ein Neffe. Die Beziehung Neffe–Onkel, wobei es sich um den Onkel mütterlicherseits handelt, erweist sich dabei als besonders kräftig, was man auch damit zu erklären versucht hat, daß aufgrund des damals besonders in Adelskreisen hohen Risikos, den Vater durch Fehde und Krieg oder im Turnier zu verlieren, der Bruder der Mutter dann Schutzfunktion für den heranwachsenden Sohn zu übernehmen hatte. Aus Wolframs Dichtung läßt sich auch ablesen, daß die familiäre Bindung auch tief hinein in die religiös-existentielle Erfahrung wirkte, wenn die Menschwerdung Christi ganz im Zeichen der Schaffung intimer Familienzugehörigkeit zwischen Gott und Mensch gesehen wird.

Im Hochmittelalter begannen sich neue und tiefgreifende Formen sozialer Mobilität zu entwickeln, die auch auf das Leben der unteren Schichten großen Einfluß hatten. Man denke an die massive Ostsiedlung, die vor allem überschüssige und unternehmungslustige Arbeitskräfte anzog, oder an den raschen Aufschwung der zahlreichen städtischen Neugründungen, was ebenfalls die Zuwanderung großer Scharen von einzelnen begünstigte, die dann in der Stadt neue familiäre Einheiten schufen, freilich die alten Bindungen mitnahmen, aber auch sozial Neues ermöglichten und eben in einen neuen Kontext einrückten. Die soziale Bedeutung der ehelichen Gemeinschaft auf dem Hintergrund der verblassenden Großsippe ist sicherlich auch dadurch gesteigert worden. Für den *Sachsenspiegel*, der, alter Typik folgend, die Verwandtschaftsbeziehungen in Analogie zum menschlichen Körper darstellt, bilden Mann und Frau das Haupt: *in deme hovede ist besceden man unde wif to stande, de eleke unde echtleke to samene komen sin.* (Das Haupt, so ist es festgesetzt, bilden Mann und Frau, die ehelich und rechtmäßig miteinander verbunden sind, I,3,§ 3). Die Verbindung von Mann und Frau zur ehelichen Gemeinschaft setzt grundsätzlich das Einverständnis der beiden voraus. Freilich blieb der Einfluß der hinter den beiden stehenden Familien groß und war vor allem im Normalfall von ausschlaggebender Bedeutung, hatte aber keine

Wirkung auf die Gültigkeit der Ehe, die z.B. von einem Mädchen ohne Zustimmung der Familie geschlossen worden war; zu nachteiligen erbrechtlichen Konsequenzen konnte es allerdings in einem solchen Fall kommen. Die Rolle der Kirche beschränkte sich zunächst auf die Einsegnung der bereits geschlossenen und vollzogenen Ehe; im Laufe des 12. Jh. aber konnte die Kirche ihren Einfluß stärker geltend machen, und allmählich setzt sich die kirchliche Eheschließung durch. Die Stellung des Mannes in der Ehe war stärker als die der Frau. Der Mann war der Vormund der Frau und verfügte auch über den gemeinsamen Besitz. Diese rechtlich bessere Position kam auch dem Vater gegenüber den Kindern zu; rechtlich gesehen kann man von einer mütterlichen Gewalt über die Kinder nicht sprechen. Mit ihrer Eheschließung wurden die Töchter mündig. Hatten die Söhne ihre wirtschaftliche Selbständigkeit erreicht, so endete die väterliche Gewalt. Der rechtliche Unterschied zwischen ehelichen und unehelichen Kindern war groß. Uneheliche Kinder galten als außerhalb der Familie stehend, waren vom Erbrecht ausgeschlossen und konnten höchstens mit einem gewissen Unterhaltsanspruch rechnen.

Ein weiterer Schritt in der Festigung der rechtlichen Position der Kirche in Ehe- und Familienangelegenheiten war die Einführung der Tauf- und Traubücher. Sie erfolgte aber erst im Spätmittelalter; die ältesten Spuren führen nach Frankreich und Italien, reichen aber auch dort kaum hinter das 14. Jh. zurück. Erst das Konzil von Trient machte es zur Pflicht, solche Tauf- und Traubücher anzulegen. Eine wichtige Quelle für die Personenforschung des Hochmittelalters fällt somit aus.

V. NEUE EINFLÜSSE AUF ERZIEHUNG, AUSBILDUNG UND WISSENSCHAFT

Von Detlef Illmer

Die Entstehung der Adelsbildung im ottonisch-salischen Reichskirchensystem

Das gelehrte Wissen ist in der deutschen Geschichte schon im frühen Mittelalter in die politischen Auseinandersetzungen geraten, in denen die gesellschaftlichen Mächte damals, das Königtum, der Adel und die Kirche, um die Vorherrschaft im Reich stritten. Bildung als anerkannter Wert hat daher niemals jene selbstverständliche Position innerhalb des Lebensgefüges des mittelalterlichen Deutschlands eingenommen, wie das zum Beispiel zwischen dem 9. und 14. Jh. in Frankreich möglich gewesen ist. Es ist seitdem eine Eigentümlichkeit der deutschen Geschichte, daß die intellektuelle Bildung und ihre Wirkungen innerhalb der Gesellschaft umstritten bleiben.

Die Geschichte der Ursachen dieser Entwicklung ist außerordentlich komplex und reicht bis tief in die Zeit der Christianisierung der germanischen Stämme zurück. Bereits unter den Karolingern zu Beginn des 9. Jh. trat der Konflikt um Bildung und Ausbildung offen zutage. Das fränkische Großreich, das sich von den Pyrenäen bis an die Elbe erstreckte, und das sich aus verschiedenen Volksstämmen, verschiedenen Sprachgruppen und Dialekten zusammensetzte und dementsprechend schwer zu regieren war, entwickelte in dieser Zeit zum ersten Mal das Bedürfnis nach einer einheitlichen, auf Schriftlichkeit beruhenden Verwaltungsbürokratie. Karl der Große versuchte daher die Institutionen der Kirche zu bewegen, auch Kleriker für die Belange des Reiches auszubilden. Eine ganze Reihe von Erlassen (Kapitularien) mit solchen Forderungen ging vom Hof an die Klöster und Bischofskirchen. Auf der Grundlage eines möglichst von allen regionalen Idiomen gereinigten Lateins sollte eine von Mönchen und dem Bischofsklerus getragene Verwaltungsorganisation zunächst die religiösen Lebensformen und Riten im gesamten Reich vereinheitlichen, dann aber auch die Bereiche des Rechtes und des Zusammenlebens der einzelnen Stämme und Schichten der Bevölkerung. Die politischen Ziele des karolingischen Hofes zu Lebzeiten Karls des Großen waren hier weit gesteckt und den organisatorischen und technischen Möglichkeiten der Epoche weit voraus. Aber nicht alle Äbte und Bischöfe unterstützten das Begehren des Königs. Erste Rückschläge mit Zukunftswirkung gab es schon unter Karl selbst. Mönchtum und Bischofsklerus waren nur bedingt und nicht überall zur Mitarbeit bereit. Die Gründe dieser Verweigerung waren vielfältig: sie reichten von der Angst, das Kloster- und Kirchenvermögen könnte durch die vom König verordnete Aufnahme vieler junger Kleriker, die es im Schreiben und Lesen auszubilden galt, allzusehr in Mitleidenschaft gezogen werden, über die Bedenken, die eigentlichen religiösen Pflichten der Gemeinschaften könnten in Zukunft hinter den für das Reich zu leistenden Aufgaben zurücktreten, bis zu formaljuristischen Überlegungen, daß die später in Hof- und Königsdiensten stehenden Geistlichen nicht mehr den Normen des kanonischen Rechtes gemäß leben würden, da sie der direkten Aufsicht ihrer Äbte und Bischöfe entzogen und damit »acephali«, Kopflose und Verirrte, seien. Mit dem Verweis auf die Gültigkeit eines eigenen kirchlichen Rechtsbereiches versuchte man sich den Ansprüchen der weltlichen Gewalten zu entziehen. In den entstehenden Auseinandersetzungen kam das Schlagwort von der »kirchlichen Freiheit« (*sacerdotalis libertas*) auf, dessen Wirkungen zwei Jahrhunderte später den Verlauf der deutschen Geschichte entscheidend beeinflussen sollten.

Die von einer intelligenten und beredten Partei innerhalb der spätkarolingischen Kirche formulierte Kritik an den Absichten des Königs, die gesamte Kirche stärker an reichspolitische Aufgaben heranzuführen, betraf natürlich Bildung und Wissensvermittlung nicht unmittelbar. Der Widerstand vieler kirchlicher Autoritäten richtete sich zunächst ganz allgemein gegen die selbstherrlichen Gewohnheiten der karolingischen Könige und des Adels, mit Kirchenbesitz umzugehen. Da alle Wissensvermittlung und Ausbildung jedoch als genuine Aufgaben der Kloster- und Bischofskirchen angesehen wurden und auf deutschem Boden damals auch sonst nirgendwo geleistet werden konnten, drängten die Reformer innerhalb der Kirche auch hier auf eine klare Abgrenzung der Pflichten und Kompetenzen. Insbesondere geriet die königliche Hofkapelle in das Zentrum der Kritik, gerade jener Zusammenschluß von Geistlichen also, die, an Kloster- oder Bischofskirchen ausgebildet, vom König an den Hof geholt und hier zu Verwaltungsaufgaben, politischen Missionen und Gesandtschaften herangezogen wurden. Auf der Pariser Synode von 829 sahen viele Bischöfe gerade in der Existenz der ihrer Aufsicht weitgehend entzogenen Hofgeistlichen ein Stück unerlaubter Verfügungsgewalt des Königs über die Kirche. Als skandalös empfand man die Tatsache, daß jene Hofgeistlichen, obgleich allein ans kanonische Recht gebunden, sich bei Eintritt in den Hofdienst dem König kommendierten und damit in ein kirchenfremdes vasallitisches Verhältnis traten. Auf der anderen Seite waren sich selbst die konsequentesten Kritiker der königlichen Ansprüche darüber im klaren, daß gerade die in der Hofkapelle zusammengeschlossenen Geistlichen für die Verwaltung und Führung des Reiches unentbehrlich geworden waren. Die Hofkapelle bewirkte durch ihre Tätigkeit auf dem Sektor der Bildung und des Wissens ihrerseits ja eine schnelle Verbreitung von Kenntnissen, indem sie die könglichen Forderungen nach Ausbildung in alle Ecken des Reiches trug. Die Synode von 829 hatte daher, was Bildung und Wissensvermittlung angeht, einen Kompromiß vorgesehen: der König, so hieß es, soll an drei geeigneten Orten im Reich Schulen gründen, die seiner Autorität – nicht der kirchlichen – unterstehen sollten und die den Belangen des Reiches zu dienen hätten. Die Historiker konnten nie klären, an welchen organisatorischen Rahmen im Hinblick auf diese Schulen die Bischöfe gedacht haben. Bei den eindeutigen Abgrenzungswünschen, welche große Teile der karolingischen Kirche gegenüber König und weltlichem Adel an den Tag legten, können wir hier nur an die größeren Reichsabteien denken, die besonders zum Königsdienst verpflichtet waren. Zumindest zeitweise haben Klöster wie Fulda, St.Gallen und die Reichenau im 9. und 10. Jh. die Funktionen solcher Schulen übernommen und Geistliche für den Königs- und Hofdienst ausgebildet. Damit kann es zusammenhängen, daß der Bauplan des St.Galler Klosters, der in diesen Jahren entstanden ist, die Existenz einer sogenannten »äußeren Schule« aufweist, die dem Kloster nur locker angegliedert war. Hier sollten Kleriker für spätere Aufgaben am Hof ausgebildet werden, ohne während der Ausbildungszeit durch einen allzu engen Kontakt mit den stärker in religiöse Pflichten eingebundenen Mönchen Unordnung und Unruhe in das Kloster hineinzutragen. Es kam aber nicht dazu, daß dieser in den äußeren Schulen geleistete Unterricht sich in einer dauerhaften institutionellen Organisation verfestigte. Er blieb abhängig von der Existenz der wenigen geeigneten Lehrer, der Einstellung des jeweiligen Abtes oder Bischofs zu Bildung und Wissen, von politischen Konstellationen und vom politischen Einfluß der Hofkapelle.

Erst als unter den Ottonen im 10. Jh. das Königtum und die Kirche zu einer weitgehenden Gemeinsamkeit hinsichtlich der Verteilung staatlicher Aufgaben und Lasten und der Staatsführung im allgemeinen gelangten, war auch der Weg freigegeben zu einer institutionellen Verfestigung der Ausbildung. Zugleich entstand die für die deutsche Geschichte so charakteristische Verbindung von höherer Bildung und der Übernahme eines Staatsamtes, eine Verbindung, die bereits unter den Ottonen und Saliern die Einstellung und Motivationen gegenüber Wissen und Ausbildung zu prägen begann. Welches waren die Voraussetzungen zu dieser Entwicklung? Schon im 10.Jh. waren sämtliche Bischofsstühle und Abteien fest in den Händen edelfreier Geschlechter. Da aber auch alle Vögte und Vasallen der Kirche dem Adel entstammten, versammelte sich im Umkreis des Mönchtums und des Klerus ein mächtiges Potential des Gesamtadels, das selbstverständlich auch die Teilhabe an der Staatsführung zu verlangen begann. Zugleich stellte die Kirche mit ihren Vasallen und Dienstleuten, ihren Sachleistungen und Abgaben die eigentliche militärische Macht des Reiches dar, kein Heeresaufgebot wäre ohne die Mitwirkung kirchlicher Institutionen denkbar gewesen. Ein völliges Erlöschen der Verfügungsgewalt des Königs über die Kirche hätte das Ende der Königsherrschaft überhaupt bedeutet.

Diese Verfügungsgewalt des Königs über die Kirche, die für die Entwicklung des Bildungswesens im mittelalterlichen deutschen Reich entscheidend geworden ist, resultierte zum einen aus den gemeinsamen Interessen des Adels und des Königs, der ja aus der Mitte des Adels kam, zum anderen daher, daß die kirchlichen Herrschaftszentren, Klöster und Bischofssitze sich in der Struktur und in der rechtlichen Grundlage mehr und mehr den weltlichen Adelsherrschaften anzugleichen begannen. Ludwig der Fromme hatte hier die ersten Voraussetzungen geschaffen durch eine vermehrte Verleihung, Bestätigung und Erweiterung der Immunitäten kirchlicher Herrschaften, d. h. ihrer Freiheit vor Eingriffen des Königs und des Adels, vor ungerechtfertigten Abgaben und Lasten, durch die Garantie der Unversehrbarkeit ihres Herrschaftsbereiches. Im Gegenzug gelangte der König in die Rolle des Schutzherrn über die kirchlichen Herrschaften. Die Ausübung staatlicher Hoheitsrechte durch Bistümer und Klöster, wie sie die Immunität ermöglichte, verpflichtete Bistümer und Klöster aber auch zur Übernahme öffentlicher Pflichten und Aufgaben (Heerbann).

Dieses ottonische Reichskirchensystem mußte die Hofkapelle, das Verwaltungszentrum am Königshof, in den Mittelpunkt aller Personalpolitik rücken. Die hier als Schreiber, Notare und Urkundsbeamte tätigen capellani wurden von diesen königsnahen Reichsbistümern wirtschaftlich unterhalten, eine Aufgabe, welche die karolingische Kirche noch abzulehnen versucht hatte. Aus der Hofkapelle wiederum gingen die Reichsbischöfe hervor. Damit aber ergab sich ein vorherberechenbarer Karriereweg für den jüngeren geistlichen Adel, jene Söhne also, die den Bischofskirchen und Klöstern zur Erziehung und Ausbildung übergeben worden waren. Die in der Reichskirche des 10. und des 11. Jh. typische Karriere führte aus den Schulräumen der Domkirche zur Vermittlung an die Hofkapelle, von der Tätigkeit hier durch Übernahme von Gesandtschaftsreisen und Beraterfunktionen zur Übernahme eines Bistums. Bereits im 11. Jh. stellten die ehemaligen Mitglieder der Hofkapelle die stärkste Gruppe unter den Bischöfen. Erst der Investiturstreit, der die Gemeinsamkeiten von Königtum und Reichskirche vernichtete, zerstörte auch die Mechanismen dieses Ausbildungssystems.

So erscheint das deutsche hochmittelalterliche Bildungswesen vor dem Investiturstreit als ein sowohl ständisch wie organisatorisch geschlossener Kreis zwischen den adligen und hochadligen Domkapiteln und Reichsabteien und dem Königshof. Darüber hinaus lassen die Quellen nicht erkennen, daß es noch weitere Bildungsmöglichkeiten mit breiterer Wirkung gegeben hätte, außer solchen, die gewissermaßen dem klösterlichen Hausgebrauch dienten, wie den Anforderungen der Liturgie, der Schreibkunst und des Buchschmuckes.

Das Zusammengehen von Königtum und Kirche hatte das Schwergewicht der geleisteten gelehrten Ausbildungsarbeit von den großen Reichsklöstern der Karolingerzeit auf die Domkapitel, vom Mönchtum auf den Säkularklerus verschoben. Die Kapelläne, die sich am Hof der diplomatischen und bürokratischen Arbeit widmeten, waren ausnahmslos junge adlige Kanoniker. Sie kamen insbesondere aus den ständisch dem Adel vorbehaltenen Domkapiteln von Bamberg, Hildesheim, Köln, Mainz, Worms, Paderborn und Lüttich. Die Karrieremöglichkeiten, die sich in diesem geschlossenen System dem jungen geistlichen Adel boten, verliehen dem Ausbildungsgeschehen und der Erziehung in den Domschulen eine bisher ungewohnte Dynamik. Der Wunsch nach Beziehungen zu höher gestellten Personen, zur königlichen Familie, zu einflußreichen Prälaten und bekannten Gelehrten, ging wie ein Fieber unter den jungen Kanonikern um. Manche Schulen, wie Würzburg und Worms in der Mitte des 11. Jh., wetteiferten untereinander um die geschliffenere lateinische Prosa. Es konnte nicht ausbleiben, daß der Adelsbegriff und das Bewußtsein selbst, einer grundbesitzenden Familie zu entstammen, durch die Ausbildung beeinflußt wurde. Die Bildung trat als eine neue Qualität zu den adligen Tugenden hinzu. Solches »noblesse oblige« wurde in diesem Sinne zum Diskussionsthema in den Domschulen. Niemand, so schreibt ein junger adliger Scholar um die Mitte des 11. Jh., kann sich fortan noch adlig nennen, den nicht die Bildung adelt. Der Bamberger Domscholaster Meinhard schreibt um 1065 einem jungen adligen Schüler, Cicero und Augustin seien gewissermaßen die Portalfiguren eines standesgemäßen Lebens und Voraussetzung dafür, einst ein eigenes Bistum zu erlangen. Der junge geistliche Adel in den Domschulen tändelt mit Vorliebe in modischen Begriffen, die man Cicero, Quintilian, Horaz oder anderen Klassikern entliehen hatte. Als *urbanus* bezeichnete sich der gebildete Domherr oder Hofkapellan, mit *frons urbana*, für die sich der Scholar nun rhetorisch geschult entschuldigen kann, benennt er seine standesgemäßen, daher verzeihlichen Eigenmächtigkeiten, wie unerlaubten Weggang aus dem Domstift, verbotene Kontakte, lateinische Sprachübungen zweifelhaften Charakters, die zwar den kirchenrechtlichen Normen der Klerikergemeinschaft widersprachen, die jedoch der junge Adel wie selbstverständlich auslebte und für die er, da man unter sich war, auch die erhoffte Nachsicht empfing.

Auf der anderen Seite mußten bei einer so starken Verflechtung adliger Wertvorstellungen und kirchlicher Laufbahnen geistliche Lebensformen und Ideale auf den Adelsstand zurückwirken. Der Boden für einen solchen Einfluß war in Deutschland durch das cluniazensische Reformmönchtum vorbereitet. Die Erneuerung der religiösen Ideale, insbesondere der Askese und der

Grundsätze des gemeinsamen Lebens der Mitglieder religiöser Gemeinschaften, so wie die Cluniazenser sie propagierten, hatten nicht nur auf die Gesamtkirche, sondern auch auf die adlige Laienwelt eingewirkt. Es ging um eine vertiefte Durchdringung der Welt mit den sittlichen Grundsätzen der Kirche, also um eine neue Stufe der Verchristlichung der Gesellschaft. Als direktes Ziel wurde eine Umformung des feudalen Rechtes zur Selbstjustiz, der Fehde, in eine Gesetzen unterworfene Kriegsethik angestrebt und ganz allgemein eine Verrechtlichung des noch immer in chaotischen Bahnen verlaufenden adligen Lebens im Sinn einer christlichen Ritterschaft. In Deutschland ist dieser Prozess durch die beschriebene Interessengleichheit von Adel und Kirchenführung noch verstärkt worden und lief als eine Art Selbsterziehung innerhalb des Adels ab, der sich in seinen Verhaltensnormen, Wertvorstellungen und seiner Selbstauffassung an klerikalem Vorbild zu orientieren begann. Die in den Klöstern und Kanonikergemeinschaften seit langem geübten Techniken der Selbstbeobachtung und der Selbstbeherrschung wurden der adligen Laienwelt nicht nur in den Domschulen des 11. und 12. Jh. vermittelt, nicht nur durch das Karriereziel der Hofkapelle mitgeprägt, sondern bald auch in einer ganzen Reihe von Erziehungslehren verbreitet, die mit Beginn des 13. Jh. erscheinen. Hier finden wir traditionelle klösterliche Erziehungsratschläge wieder, die jetzt dem jungen weltlichen Adel galten, wie zum Beispiel die Apfelprobe, die uns bereits in den Klosterchroniken des 10. Jh. begegnet. Hatten einst die Äbte im Kirchenraum Äpfel ausgestreut, um die Selbstbeherrschung der teilweise noch sehr jungen Mönche auf die Probe zu stellen, so empfahl Konrad von Würzburg in seinem »Engelhart« zu Beginn des 13. Jh. allen Vätern, ihren Söhnen die folgende Charakterprobe ans Herz zu legen: draußen in der Welt, wo bei der üblichen Rechtsunsicherheit Freundschaft allein die Gefahren für Leib und Leben überschaubar halten konnte, sollten sie ihre Gefährten mit einem Apfel prüfen: Wird der Apfel ohne weiteres angenommen und aufgegessen, so sollte die Freundschaft als vorgetäuscht angesehen werden und Vorsicht war angebracht; wird er dagegen mit dem Geber geteilt, so handelte es sich um wahre Gefühle. Uralte benediktinische Erziehungsweisheiten werden auch im »Welschen Gast« (1215/1216) des Thomasin von Zirklare verarbeitet: seien junge Leute einmal ohne direkte Aufsicht, so sollten sie sich selbst in Furcht versetzen, denn wo weder Aufsicht noch Furcht seien, fehlten auch rechtes Benehmen und Ehre. Mit einer solchen »Furcht« war demnach eine dauernde Selbstbeobachtung gemeint, die das Verhalten zu bestimmen und in den Regeln zu halten hatte. Oder: Tag und Nacht sollten junge Leute an irgendeinen selbstgewählten, tüchtigen, älteren Mann denken, der ihnen in Tugend und Verhalten als Vorbild dienen konnte. Hier ist noch immer die alte im 9. Jh. formulierte benediktinische Vorschrift lebendig, wonach junge Mönche niemals und zu keiner Tageszeit ohne einen älteren, ihnen als ständiges Vorbild beigegebenen Mitbruder bleiben durften.

Solches Lernen, das durch direkte tägliche Anschauung des Vorbildes getragen wird, hatten manche Bischöfe auch zur Wissensaufnahme auf anderen Gebieten nutzbar gemacht. Notker von Lüttich, der um 1000 sehr viele junge Kanoniker zum Dienst in der Hofkapelle ausgebildet hatte, ließ sich sowohl auf Reisen wie bei der täglichen Verwaltungsarbeit im Territorium seines Bistums von der schola seiner jungen Kleriker begleiten, damit diese in ständiger Anschauung lernten und dabei niemals die disziplinarische Wirkung seiner Rolle als Vorbild zu entbehren hätten.

So nahmen auch die äußeren Lebensgewohnheiten des weltlichen Adels nun Züge an, die auf klerikale Traditionen zurückgingen. Lesungen an der königlichen Tafel wurden üblich, nicht nur

57. Der »Herr der Welt« – adeliger Herr.

an den hohen Festtagen. Seit dem 12. Jh. schien auch die Kleidermode des Adels sich unter solchem Einfluß verändert zu haben; die erhaltenen Skulpturen lassen eine deutliche Neigung zu langen taillenlosen und weitfaltigen Gewändern mit angeschnittener Kapuze erkennen, die zum Teil von einer Schnur oder einer Doppelschnur gehalten wurden.

Die gesellschaftliche und soziale Ordnung der Welt und damit die Politik waren im hohen Mittelalter nur innerhalb dessen begreifbar, was wir heute Religion nennen. Nur der religiöse Bereich lieferte eine allgemeingültige Sprache, das Latein, die Begriffe und die Definitionen für alles Weltverständnis. Die Identität zwischen den adligen Oberschichten und der Kirche, so vielschichtig und widersprüchlich sie zwischen dem 11. und dem 13. Jahrhundert auch gewesen ist, müssen wir vor diesem Hintergrund als ganz selbstverständlich ansehen. Damit aber auch die Tatsache, daß mit der Adelsbildung dieser Epoche auch die Geschichte der deutschen Intelligenz beginnt. Damals im 11. Jh. gerann diese kaum begonnene Entwicklung des Lernens und geistigen Arbeitens in Deutschland für kurze Zeit in die politische Hoffnung, daß Macht und Wissen eine förderliche Allianz eingehen könnten. Ein Mitglied der königlichen Hofkapelle, Wipo, hatte 1041 König Heinrich III. aufgefordert, mittels eines Ediktes den weltlichen Adel zum Studium anzuhalten. Überall in Europa hätte man den Wert der Bildung erkannt, allein die Deutschen hielten nichts davon, sich in den Schulen zu mühen. Wipo dachte insbesondere an das Studium der Gesetze; in einem Land jedoch, in dem das Königtum sich bis dahin kaum jemals unbestritten gesehen hatte, in dem lokale Rechtskreise und Stammesbindungen die Heraufkunft eines jeden neuen Königs bereits zu einer Machtprobe werden ließen, waren solche Aufrufe unzeitgemäß. Es ist schwer zu entscheiden, ob Wipo seiner Zeit zu weit voraus gewesen ist oder aber noch befangen in den gesamtfränkischen Hoffnungen der untergegangenen Karolinger. Wipos Überlegungen hätten zu einer deutschen Universität des 13. Jh. führen können. Die politische Entwicklung des ausgehenden 11. Jh. und des beginnenden 12. veränderten jedoch in Deutschland die Situation zuungunsten von Bildung und Wissen. Die deutsche Universität entstand mit hundertjähriger Verspätung und schon im ausgehenden 11. Jh. war der Schwerpunkt der geistigen Arbeit in Europa auf fast allen Gebieten in Frankreich zu suchen. Hier eröffneten sich die ersten Studienmöglichkeiten auch für Nichtadlige, hier formten sich schon wenige Generationen nach Wipo im Studium des Römischen Rechtes die ersten Erfahrungen und Theorien, die den Territorialstaat der frühen Neuzeit ankündigten.

Folgen des Investiturstreites für das Bildungswesen

Noch vor der Mitte des 12. Jh. verfasste ein kaum bekannter Kleriker die Lebensbeschreibung des Mainzer Erzbischofs Adelbert II. Adelbert entstammte dem Geschlecht der Grafen von Saarbrücken, doch, so der Autor, war er nicht nur durch seinen Adel ein bemerkenswerter Mann, sondern auch wegen seiner hohen Bildung. Schreiben und Lesen und das Abfassen der ersten lateinischen Prosastücke hatte Adelbert als noch junger Domherr in den Domschulen von Mainz und Hildesheim erlernt. Mainz und Hildesheim hatten jedoch nicht viel mehr als Grundkenntnisse vermittelt, in Mainz selbst, so lesen wir, habe die strenge Kirchenzucht die Aktivitäten der Schule ohnehin weitgehend beschränkt. Der amtierende Erzbischof in Mainz, Onkel des jungen Adelbert, schickte ihn daher zur weiteren Ausbildung nach Reims. Der Aufenthalt in Reims wurde für den jungen Mainzer Kanoniker zu einem besonderen Bildungserlebnis; hier hatte er Lehrer angetroffen, die nicht mehr im strengen Rahmen und als Mitglieder des Domkapitels unterrichteten, sondern die bereits durch Unterricht ihren Lebensunterhalt bestritten und von den kirchlichen wie städtischen Autoritäten weitgehend unabhängig waren. Hätte ihn hier nicht, so unser Text, die Sorge um eine gute Ausbildung geleitet und hätte sich nicht sein kluger Verstand allein von der wahren Weisheit leiten lassen, wäre er womöglich ein »politicus« geworden, ein Mann der weltlichen Geschäfte, versiert in den Kenntnissen der Gesetze und in allen Rechtsdiskussionen erfolgreich. Zwar habe er alles begriffen, was man in Reims unterrichtet habe, doch war er schließlich der Ansicht, daß Weisheit allein durch himmliches Gesetz und nicht durch das Studium des irdischen erforscht werden könne.

Trotz einer solchen vorsichtigen und konservativen Haltung dem Studium in Frankreich gegenüber, reist Adelbert, wiederum dem Wunsch seines Onkels folgend, wenig später nach Paris, wo er angeblich mit der aristotelischen Logik in Berührung gekommen sein soll, die damals begann, das sprachliche Ausdrucksvermögen und damit das Nachdenken über die Welt und ihre Erscheinungen zu revolutionieren. Nach einem Besuch der Schule von Montpellier, wo, wie der Autor der Lebensbeschreibung bescheiden formuliert, er in kurzer Zeit lernte, was die Physica, die ärztliche Kunst, zu sagen hatte, kehrte er in die Heimat zurück, um seinem Onkel auf dem Mainzer Bischofsstuhl zu folgen.

Diese Lebensbeschreibung, von deren Text mehr als drei Viertel allein den Studien des Helden gewidmet sind, zeichnet ein merkwürdig widersprüchliches Bild von den Beweggründen des jungen Adelbert. Da ist die aufwendige und teure Reise an die fremden Schulen; der junge Domherr ist mit einer zahlreichen Begleitung versehen, Diener, Erzieher, junge Leute aus seiner Verwandtschaft, Vasallen seines heimischen Domstiftes. Da ist auf der anderen Seite die überaus kritische Haltung den Studien und Studienverhältnissen gegenüber, wie er sie in Frankreich angetroffen hat. Die Vita spricht von einem besonderen Abscheu des jungen Domherrn vor der Tatsache, daß so viele Nichtadlige in Frankreich sich mit den Wissenschaften beschäftigten. Nicht leidenschaftliche Glut, sondern bloß Bienenfleiß sei ihre Begabung. Sie studierten, um damit Geld zu verdienen, wodurch sie nicht nur sich selbst schuldig machten, sondern auch die Wissenschaften herabwürdigten. Adelbert hatte alle Brennpunkte der damaligen Wissensvermittlung besucht, doch kehrte er seltsam unberührt nach Mainz zurück.

Selbst wenn dieser Text nicht auf sehr viel Wahrheit beruhen sollte, er zeichnet ein zutreffendes Bild von den Bildungsverhältnissen in Deutschland. Der aufwendige »Auszug des höfischen Schülers« war durchaus Realität und ergänzt das nicht nur aus der Literatur des 13. Jh. bekannte Bild vom Auszug des höfischen Ritters auf der Suche nach Abenteuern, nach einem erfolgreichen Dienstherrn oder im Kampf gegen die Heiden. Seit dem Ende des 11. Jh. galt es als standesgemäß, wenn der junge deutsche Adel in Frankreich studierte. Bis in die Zeit der Reformation sollte sich daran nichts mehr ändern.

Schon die Hildesheimer Briefe, eine in der zweiten Hälfte des 11. Jh. zu Übungszwecken angelegte Sammlung von Scholarenbriefen, zeigen die Tendenz der jungen deutschen Domherren, an die Schulen Frankreichs zu ziehen. Abenteuerlust, der Wunsch nach neuen Beziehungen und Freundschaften, aber auch wissenschaftliche Neugier und Bildungshunger veranlaßten so manchen jungen Adligen, sich über seine kirchlichen Pflichten hinwegzusetzen und ohne Erlaubnis seiner Vorgesetzten das heimische Domstift zu verlassen. Häufig aber gestatteten es ihm Bischof und Dekan nachträglich, in der Fremde zu studieren, da solche Bildung jetzt standesgemäß war. Selbst als bloßes Erziehungsmittel innerhalb des Adels bekam das Auslandsstudium einen festen Platz: um 1100 hatte der junge Eberhard von Biburg am Bamberger Domstift eine Pfründe erhalten. Grammatikstudien und Lektüre behagten ihm indessen nur wenig, die Aussicht, einst Bischof zu werden, schien ihm nicht verlockend. Häufig stahl er sich aus den Domhöfen, entkam seinen deklinierenden Peinigern und den besorgten Aufpassern, die ihm seine Familie mitgegeben hatte. Die Würdenträger des Kapitels sahen sich zu immer stärkeren Repressalien gezwungen, um seine Fluchten zu verhindern. In seiner Not erschien Eberhard sogar das beschauliche und zurückgezogene Leben der Mönche auf dem Michelsberg nahe der Domstadt noch erstrebenswerter als die glänzende aber mühevolle Kirchenkarriere. Mit Gewalt mußten ihn die Kapitelsherren aus der

58. Darstellung einer Schülerlegende.

Mitte der Mönche entfernen lassen. Die Mönche sangen eiligst Psalmen, konnten aber den schmachvollen Abgang ihres neuen Mitgliedes nicht mehr verhindern. Das Domkapitel hatte eindeutig befunden, daß es für einen adligen Domherren unziemlich sei, die Mönchstonsur anzunehmen. Da man mit ihm aber nicht anders mehr fertig wurde, packte man sein Hab und Gut und schickte ihn mit dem Gefolge seiner Diener und Erzieher zum Studium nach Frankreich. Den Zwängen seiner edelfreien Abstammung ist Eberhard indessen nicht entkommen: er ist später Erzbischof von Salzburg geworden.

Bezeichnend für die Bedeutung, die der Frankreichaufenthalt für eine kirchliche Laufbahn bekommen hatte, ist auch, daß bei vielen späteren Bischöfen die Initiative zum Auslandsstudium nicht auf sie selbst zurückging, sondern bei denen lag, die ihre Karriere von Anfang an bestimmten. Dem jungen Adalbert von Hallermünde, der in der Hildesheimer Domschule seine erste Ausbildung bekommen hatte, konnte seine Familie eine Pfründe am Magdeburger Domstift verschaffen. Damit war der wichtigste Schritt zu einer Karriere getan, und die Weihe in Magdeburg verschrieb endgültig den jungen Domherrn der geistlichen Laufbahn. Nicht zu dessen Freude, denn der Chronist berichtet, daß Adalbert geweint habe, als man ihm »de platten beschor«, die Klerikertonsur schnitt. Ein Würdenträger, der der Weihezeremonie beiwohnte, meinte daher beschwichtigend: Weine nicht, du wirst hier noch Bischof. Die Chronik fährt fort: »Dar na sande me den Albertum to Paris. To hant wart he genomen ut der schole und wart provest to Meinze ...« Im Jahre 1205 wurde er Bischof von Magdeburg.

Was war geschehen, daß nun Familien und Domkapitel ihre jungen Leute unter erheblichen wirtschaftlichen Opfern und mit zum Teil hohem personellen Aufwand an fremde Schulen schicken mußten, bevor sich das Ziel, die Übernahme einer hohen kirchlichen Position, erreichen ließ? Die Gefahren einer solchen Reise nach Frankreich waren im 11. und 12. Jh. unberechenbar. Unübersichtliche Straßenverhältnisse, überall Rechtsunsicherheit, da die schwach entwickelte öffentliche Gewalt, abhängig von der Präsenz und Stärke des Königs, den Reisenden kaum ausreichenden Schutz zu gewähren vermochte. Immer wieder kam es vor, daß Scholaren unterwegs auf Nimmerwiedersehen verschwanden, oder daß nach einiger Zeit Forderungen weit entfernt lebender, habgieriger Erpresser das heimische Stift oder die Familie erreichten. Solche Fälle sind noch aus dem 16. Jh. bekannt. Seit dem ausgehenden 11. Jh. begannen überall in Europa die reisenden Scholaren den heiligen Nikolaus zu verehren, dessen Legende ihre Ängste und Bedrohungen widerspiegelt: nach der bekanntesten, im 12. Jh. von einem Kanonikus in Bayeux geschaffenen Fassung, hatte ein Gastwirt drei Scholaren erschlagen, in Fässer eingepökelt und sie dann den Gästen vorgesetzt. Der heilige Nikolaus, der die drei wieder zum Leben erweckte, konnte so die Vollendung des Verbrechens verhindern.

Die Wanderung deutscher Scholaren nach Westen und seit dem 12. Jh. auch nach Italien, war indessen erst an ihrem Beginn, ihre Zahl stieg kontinuierlich an und überschritt erst im 16. Jh. den Höhepunkt. Schon der junge Adelbert von Saarbrücken hatte, wie erwähnt, in Reims eine große Gruppe von *teutonici clerici* angetroffen, deutsche Kleriker, zumeist von Adel, die in der dortigen Schule ein recht ungebundenes Leben geführt hatten. Barbarossa erließ 1155 zum Schutz aller reisender Scholaren ein Gesetz, die sogenannte *Authentica Habita*, wodurch sie in der Fremde unter die Gerichtsbarkeit der dortigen Bischöfe oder ihrer Lehrer gestellt wurden. Damit war, wenigstens theoretisch, die Möglichkeit gegeben, daß auch Scholaren als Ortsfremde in ihrer Bedrängnis an eine Instanz appellieren konnten.

Die Anziehungskraft, die von den frz. Schulen auf Deutschland ausging, lag einmal in den wissenschaftlichen Entdeckungen, die seit Ende des 11. Jh. in Frankreich verarbeitet wurden und ganz Europa faszinierten. In erster Linie sind hier bis dahin unbekannte logische Schriften des Aristoteles zu nennen, die erst im 12. Jahrhundert teils aus dem Griechischen, teils aus dem Arabischen ins Lateinische übersetzt und damit der gelehrten Welt Europas zugänglich geworden sind. Frankreich profitierte hier von der Nähe der blühenden arabisch-jüdischen Kultur in Spanien. Die Araber hatten den Kern der philosophisch-naturwissenschaftlichen Kenntnisse der Antike sowohl in eigenen Übersetzungen und Kommentaren wie zum Teil im Original bewahrt. Jüdische Kaufleute, Gelehrte und Reisende – wir wissen darüber noch immer sehr wenig – haben wohl auf den Handelswegen zwischen Toledo und Troyes die ersten Kontakte mit frz. Schulen vermittelt.

Zusammen mit gleichfalls im arabischen Spanien übersetzten physikalischen Werken des Aristoteles, wie die *Physica*, *Meteorologica*, *De Caelo et Mundo*, *De Generatione et Corruptione*, eröffnete die Logik oder Dialektik eine Begriffswelt, die den lateinisch sprechenden und lateinisch schreibenden mittelalterlichen Gelehrten bis dahin unbekannt geblieben war. Erscheinungen wie »Bewegung« oder »Stillstand« konnten jetzt in ihren Ursächlichkeiten beschrieben werden, Vorgänge konnten als »natürlich« definiert werden, die man bisher anthropomorph umschrieben hatte, etwa wenn man gesagt hatte: »die Sonne zieht ihre Bahn. Werden die Tage länger, so läuft sie langsamer, im Winter dagegen hält sie sich nur kurz über der Erde auf und die Tage sind daher kürzer.« Wenn auch die Einsichten noch begrenzt blieben, die größere begriffliche Sicherheit der Sprache führte jetzt zu Interpretationen, die »so vernünftig wie möglich« waren, etwa wenn Thierry von Chartres noch vor der Mitte des 12. Jh. den 6. Schöpfungstag wissenschaftlich erläutert: »Nachdem die Sterne geschaffen waren und sich am Firmament bewegten, entstand durch ihre Bewegung zunehmende Wärme, die sich bis zur Lebenswärme steigerte und zunächst das über der Erde gelegene Wasser erreichte. Dadurch entstanden die Lebewesen des Wassers und die Vögel ... Durch die Feuchtigkeit gelangte diese Lebenswärme auf natürlichem Wege bis zum festen Land. Und dadurch entstanden die Lebewesen auf dem Land.«

So geriet auch die Theologie in den Sog der Verwissenschaftlichung. In der Schule von Chartres versuchten die Gelehrten zu Beginn des 13. Jh. die Theologie nach logischen Gesichtspunkten in eine streng wissenschaftliche Disziplin umzubilden. Ihr Gedanken- und Argumentationsgebäude sollte fortan – wie das in anderen Disziplinen auch der Fall war – auf Maximen beruhen, die soweit als möglich einer vernünftigen Begründung zugänglich bleiben sollten. Jede Erklärung sollte im Einklang mit der Sache stehen und verständlich sein. So wuchs auch hier der Einfluß einer an der Vernunft orientierten Erörterung zuungunsten der Aussagen bis dahin unbestrittener Autoritäten wie der Kirchenväter, deren Unstimmigkeiten und Widersprüchlichkeiten man bisher zumeist hingenommen hatte. Es war durchaus revolutionär, als Alain de Lille auch die Kirchenväter der Möglichkeit des Irrens unterwarf: »Auch solche Autoritäten sind schließlich Wachsnasen vergleichbar, die sich nach den verschiedenen Richtungen verbiegen ließen, daher sind endlich alle Einsichten, auch die theologischen, durch Vernunftgründe abzusichern.«

Die wissenschaftlichen Neuigkeiten lösten damals in schneller Folge einander ab. Man hat diese Epoche mit Recht ein Zeitalter der Übersetzungen genannt. 1145 übertrug man in Segovia die *Algebra* des Al-Khwarizmi ins Lateinische, welche als Algorithmus bekannt geworden ist und die Methode des schriftlichen Rechnens mit der Null – bis dahin in Mitteleuropa ein unbekanntes Zahlzeichen – vorbereitet hat. 1250 entstand dann in Paris der *Algorithmus vulgaris*, das Rechenbuch, das für lange Zeit das klassische Handbuch bleiben sollte.

Weit größeres Aufsehen schon im 12. Jh. und eine breitere gesellschaftliche Wirkung als die mathematisch-naturwissenschaftlichen Texte hatte eine andere Entdeckung: in der zweiten Hälfte des 11. Jh. tauchte die Kopie einer Digestenhandschrift in Bologna auf. Das in den Digesten zusammengefaßte römische Juristenrecht aus der Zeit zwischen Augustus und den Severer-Kaisern, das seit über 500 Jahren verschollen gewesen war, faszinierte die Gelehrten in doppelter Weise: in den Entscheidungen und Begründungen, welche die Digesten wiedergeben, spiegelten sich die Bedingungen des römischen Lebens in einer überwältigenden Vielfalt. Kein Text hatte bis dahin dem mittelalterlichen Menschen einen solchen tiefen Einblick in eine vergangene Epoche vermittelt. Die differenzierten gesellschaftlichen Verhältnisse Roms, das urbane Leben, die Verkehrsverhältnisse, die Verbindungen zwischen Rom und den Provinzen, die Bedeutung der Seefahrt, die Lebensbedingungen und Rechtsverhältnisse der Familie, des Einzelnen und der Gemeinschaften, alles das mußte den Gelehrten des 11. und 12. Jh. wie eine Utopie vorgekommen sein, eine Welt, die man wiedererbauen könnte, wenn auch vieles, Begriffe, Sachverhalte und Hintergründe, zunächst noch gar nicht verstanden werden konnte, weil weder das eigene Latein dazu ausreichte, noch die Möglichkeit bestand, diese neugefundenen Texte mit anderen zu vergleichen. Auf der anderen Seite besaß diese Rechtskompilation – und darüber müssen sich die Gelehrten in Bologna schon früh im klaren gewesen sein – eine ungeheure intellektuelle und politische Sprengkraft. In einer Welt, in der die Interessenkonflikte nach der aktuellen Machtverteilung entschieden und diese Entscheidungen als geheiligte Tradition ausgegeben wurden oder aber den Ergebnissen von Zweikämpfen und Gottesurteilen anvertraut blieben, mußte die Erkenntnis, daß Rechtsprobleme auch argumentativ zu einer Entscheidung geführt werden können (G.Otte), zugleich als Befreiung und als Bedrohung wirken. Es kam hinzu, daß in Oberitalien die politischen Verhältnisse so unübersichtlich und verworren waren, daß die Bologneser Gelehrten schon sehr bald hoffen konnten, dieses wiederaufgefundene römische Recht auch in der Praxis ihrer eigenen Gegenwart anwenden zu können, ohne dabei auf nennenswerten Widerstand zu stoßen. Zweifellos hat die Definitionskraft des Römischen Rechtes dazu beigetragen, daß die großen Kommunen wie z.B. Mailand und Bologna eine immer selbständigere Rolle zu spielen begannen, und die dortigen Rechtsgelehrten schon bald die römisch-rechtlichen Grundsätze der Korporationsfreiheit verwirklichen konnten und in eigenständigen Organisationen zusammentraten. Damit war auch der erste Schritt zur Entstehung der Universitäten getan. Schon um 1200 sollen sich in Bologna rund 1000 Studenten aufgehalten haben, darunter eine große Anzahl deutscher Kleriker. Kein Wunder also, daß die jungen deutschen Dom- und Stiftsherren ihren eigenen Schulen davonliefen, um in Bologna, Paris, Reims oder Montpellier zu lernen. Doch hatte diese Bewegung auch Ursachen, die in der politischen und gesellschaftlichen Entwicklung in Deutschland zu suchen sind. Die Welle der Intellektualisierung, die seit dem 11. Jh. über Europa ging, hatte auch die Frage nach der rechten Weltordnung in Bewegung gebracht. Das Verhältnis geistlicher und weltlicher Macht zueinander, verkörpert in Papst und Kaiser, sollte neu definiert werden. Die alte Forderung nach Freiheit der Kirche von aller staatlichen Bevormundung und Belastung wurde jetzt von der Kurie mit großer Entschiedenheit wiederaufgenommen. Wie so oft in seiner späteren Geschichte wurde Deutschland hier zum ersten Mal zum unglücklichen Testgebiet für die sich anbahnende Auseinandersetzung zwischen Papsttum und den Königreichen Europas. Die Verflechtung von Kirche und Staat war hier unter den Ottonen und ersten Saliern besonders eng, die Bischöfe als Reichsfürsten unauflöslich in die alle freien Stände umfassende Lehensbindung einbezogen. Als im Jahre 1075 Papst Gregor VII. in seinem *Dictatus Papae* die Vorrangstellung des apostolischen Stuhls und des Papstes dogmatisch und kirchenrechtlich verankerte, wonach allein der Papst kaiserliche Insignien tragen, Kaiser absetzen durfte und selbst von niemandem gerichtet werden konnte, war der Konflikt mit dem Reich unvermeidbar geworden. Die Frage, wer die Bischöfe einsetzen durfte, mußte nach Lage der Dinge in Deutschland zu erheblichen Problemen zwischen Papst und Kaiser führen. In dem beginnenden Streit, der mit allen diplomatischen, politischen und militärischen Mitteln bis zur gegenseitigen Absetzung, Bannung, Exkommunikation und Verfluchung geführt worden ist, hielt zwar die Reichskirche zunächst noch zum König, nicht aber die weltlichen Reichsfürsten. Sie witterten unter einem exkommunizierten, in seiner charismatischen Glaubwürdigkeit angeschlagenen König Morgenluft und entzogen Heinrich IV. den politischen Beistand. 1077 erhoben sie Rudolf von Schwaben zum Gegenkönig und eröffneten damit den Bürgerkrieg.

Heinrich IV., allen seinen Gegnern diplomatisch überlegen, hatte indessen erkannt, daß ein dauerhafter Friede in Deutschland ohne eine Aussöhnung mit der Kurie nicht möglich war. Diese einsetzende Friedenspolitik des Kaisers, die eine allgemeine Amnestie und einen mehrjährigen Reichsfrieden anstrebte, rief aber gerade beim deutschen Adel Kritik hervor. Er sah sich durch eine solche Politik, die die königliche Präsenz zur allgemeinen Friedenswahrung stärken und intensivieren mußte und die besonders auch den nichtadligen Bevölkerungsschichten zugute kommen sollte, in seiner Unabhängigkeit gefährdet. Auch der politische Kompromiß, der den Investiturstreit schließlich beendete, sollte den geistlichen Adel den Reichsinteressen entfremden. 1122 zog das Wormser Konkordat den Schlußstrich unter den fast fünfzigjährigen Kampf zwischen dem deutschen König und der Kurie, auf einer rechtlichen Grundlage, nämlich der Trennung des geistlichen vom weltlichen Element innerhalb des Vorganges der Bischofswahl, welche inzwischen von französischen Gelehrten, wie Ivo von Chartres, vorbereitet worden war. Der deutsche König verzichtete auf die Bischofseinsetzung und gestand die kanonische Wahl aller Bischöfe durch Klerus und Volk zu, behielt jedoch eine gewisse Einflußmöglichkeit. Damit aber war auf lange Sicht ein Großteil des Adels, der sich kirchlichen Laufbahnen verschrieb, den Interessen des Reiches entzogen. Die deutsche Kirche, schon lange eine reine Adelskirche, wurde zu einer Art Adelsstaat im Staate. Die weitgehende Identität von Reichsinteressen und Adelsinteressen, die im ottonisch-salischen Reichskirchensystem sowohl zu einer innenpolitischen Stabilität wie zur Förderung von Bildung und Wissenschaft geführt hatte, war endgültig zerbrochen. Dies hatte für das deutsche Bildungswesen Konsequenzen.

Die deutschen Domkapitel, unter den Ottonen und Saliern die eigentlichen Träger von Bildung und Wissenschaft, gingen aus dem Investiturstreit als autonome Institutionen hervor. Der König hatte die Verfügungsgewalt über sie im Kampf um die Investitur (Bischofseinsetzung) verloren, die Kurie sollte sie in einem solche Maße, wie sie die Ottonen einst besessen hatten, nie erlangen. Die adligen Kapitel hatten die Ziele der gleichzeitigen Reformbewegung, die auch den Domherren gemeinsames Leben (*vita communis*) und Verzicht auf weltlichen Einzelbesitz anempfohlen hatte, fast ausnahmslos abgelehnt. Die Kanoniker lebten in ihren eigenen Höfen innerhalb der Domfreiung, unabhängig wie später die städtischen Patrizier, das alte Refektorium und das Dormitorium kamen außer Benutzung. Ihren Unterhalt garantierten die aus dem gemeinsamen Kapitelsvermögen herausgelösten Pfründen, wobei sehr bald der Wunsch lebendig wurde, die Zahl der pfründenberechtigten Kapitelsherren statutengemäß festzulegen und vor allem zu begrenzen, damit die einzelnen Anteile nicht allzu knapp ausfielen. Viele Dom- und Stiftskapitel wurden seit dem 13. Jh. zu sogenannten *capitula clausa*, welche nur eine genau festgelegte Anzahl von Domherren aufnahmen. Wesentlich war, daß mit der Entwicklung der Domkapitel zu selbständigen Korporationen auch das Recht zur Bischofswahl im Laufe des 12. Jh. in die Hand der Kapitelsmitglieder geriet. Alle anderen bei der Bischofswahl mitwirkenden Personen, wie sie noch im Wormser Konkordat genannt werden, verlieren schnell an Einfluß. Damit verlor auch die königliche Hofkapelle jede Bedeutung als Verteilerin späterer Bischofswürden. Für die gelehrte Bildung der Domherren war somit auch keine Notwendigkeit mehr gegeben, in irgend einer Weise über die Belange des Stiftes selbst hinauszuwirken. In den Dom- und Stiftskapiteln wurden Bildung und Wissenschaft mehr und mehr zu reinen Standesqualitäten des geistlichen Adels. Die Leiden und Leidenschaften des Investiturstreites hatten außerdem die deutsche Kirche in eine konservative Haltung gedrängt, sie stand den geistigen Neuerungen und wissenschaftlichen Sensationen ihrer Zeit skeptisch und zum Teil auch ablehnend gegenüber. Die Macht, welche die Sprache unter dem Einfluß der Dialektik bekommen hatte, hatte für viele etwas Bedrückendes: wo bloße Formulierungen, wie die des Ivo von Chartres, den Ausweg aus den Zerwürfnissen des Investiturstreites gewiesen hatten, konnten ebensolche auch den Weg zu neuen Zerwürfnissen bereiten. Otto von Freising hat diese Befürchtung klar ausgesprochen: »Die Klugen sind in besonderer Gefahr, vom Antichrist mit Beweisen und Vernunftgründen überzeugt zu werden. Die Leute nämlich, die, sich auf die menschliche Vernunft verlassend, über den ursächlichen Zusammenhang der Dinge nachdenken, lassen sich leichter durch Vernunftgründe und Beweise zur Ableugnung des Glaubens verleiten als durch Drohungen einschüchtern und durch irdische Genüsse verlocken.« Wenn auch im 11. und 12. Jh. der Einfluß der Dialektik auf die Sprache zunächst sich bei vielen Autoren nicht anders äußerte, als daß sie versuchten, ihrer Argumentation ein begrifflich einheitliches und unmißverständliches Gerüst zu geben, die lateinische Grammatik streng anzuwenden, und die einzelne Gedankenführung mit einer *conclusio*, einem Urteil oder einer Schlußfolgerung abzuschließen, so geriet in Deutschland diese Sprachhaltung sehr häufig in den Verdacht, den Menschen in hochmütige Verwirrung oder in die Tiefen des Zweifels zu stürzen. Die deutsche Publizistik des Investiturstreites unternahm kaum den Versuch, die entstandenen Widersprüche dialektisch aufzuheben oder wenigstens rhetorisch zu harmonisieren. Wer, wie der Vorsteher der Trierer Domschule, Wenrich, in einer solchen Sprache Partei ergriff, setzte sich heftigen Angriffen aus. Man warf ihm vor *»more scolarium rhetorum«* zu argumentieren, die Verachtung, die viele den »neuen Intellektuellen« entgegenbrachten, war somit nicht zu überhören. Auch die Lebensbeschreibung des Erzbischofs von Mainz, Adelbert II., wird uns in solchem Zusammenhang verständlich: sie ist Ausdruck einer tief widersprüchlichen Situation. Nahmen viele geistliche Adlige wie selbstverständlich das Recht in Anspruch, ihre heimischen Stifter zu einer größeren Studienreise zu verlassen, sich in der Fremde für das spätere Kapitelsamt ausreichend zu bilden, so galt es doch gleichzeitig als höfisch, an den fremden Schulen sowohl den zahlreichen *homines novi* gegenüber, Nichtadligen oder zumindest solchen, die weniger angesehenen Verhältnissen entstammten, Zurückhaltung an den Tag zu legen, wie auch sich für die neuen Wissenschaften nicht vorbehaltlos oder maßlos zu begeistern. Dazu, wie die *Vita Adelberti II.* ja ausführlich schildert, profitierten in den Augen des adligen deutschen Scholaren bereits zu viele obskure Gestalten von diesen Segnungen, in denen man nicht grundlos die Konkurrenten der Zukunft fürchtete. Selbst Rainald von Dassel, der, hochadlig und Inhaber mehrerer geistlicher Würden, zunächst in Hildesheim erzogen, dann, etwa um 1140, in Frankreich studiert hat, und mit der Übernahme des Reichskanzleramtes unter dem Staufer Friedrich I. einer jener »politici« geworden war, vor deren verweltlichter Laufbahn der Autor der *Vita Adelberti II.* so gewarnt hatte, bewahrte sich aus seiner Studienzeit eine geringschätzige Meinung über die Franzosen, denen er seine Bildung verdankte. Zugleich aber verlachte er jene, die geistig allzu unberührt ihre Studientage hinter sich gebracht hatten. »Viele«, so spottete er, »wagen sich eben nur als Kundschafter in das Lager der Antike«.

Solche Kundschafter, aber nicht Vermittler der neuen Wissengebiete, scheinen die meisten adligen deutschen Scholaren gewesen zu sein. Kaum einer von ihnen hat das in Frankreich erworbene Wissen später als Beauftragter seines Bischofs, als Scholaster, an die jungen Domherren weitergegeben. Wer schon als Kind oder zumindest als Jugendlicher die reiche Pfründe eines Stiftspropstes oder eines anderen hohen Kapitelsamtes genießen konnte, wollte sich später nicht mit Unterrichten abplagen oder gar die an den deutschen Domkapiteln zumeist nicht gerade üppig ausgestattete Scholasterpfründe übernehmen. Die Bildung des geistlichen Adels blieb persönlich, ohne breitere gesellschaftliche Wirkung. Viele einst renommierte Domschulen sanken zu rein propädeutischen Anstalten ab. Um 1120 stand die Bremer Domschule unter der Leitung eines Scholasters, der einem Ministerialengeschlecht entstammte, einer Dienstmannenschicht also, die erst begonnen hatte, sich zur Stufe des niederen Adels emporzuarbeiten. Vizelin, in der Paderborner Domschule erzogen, gelangte als Schulleiter in Bremen schnell an seine intellektuellen

Grenzen. So faßt er den Plan, sich in Frankreich das nötige Wissen zu holen, wagt aber nicht, sich Bischof und Kapitel anzuvertrauen. Eines Tages, so berichtet die Chronik, sei der Dompropst an ihn herangetreten und habe gesagt: »Warum verbirgst Du mir, was Du vorhast? Ich weiß doch, daß Du nach Frankreich gehen willst und nicht willst, daß jemand davon erfährt«. Und weiter: Die Mutter Gottes selbst habe ihm, dem Dompropst, erlaubt, ihn nun reisen zu lassen. Wer demnach nicht in einem einflußreichen Geschlecht verwurzelt war, für den gestaltete sich eine Frankreichreise, wenn er Mitglied eines Kapitels war, zu einem heiklen Problem. Er mußte seinen Weg suchen zwischen der Notwendigkeit, sein Wissen auf den erforderlichen Stand zu bringen, und der Forderung, weder die Stiftsdisziplin noch die konservativen Vorbehalte seiner Vorgesetzten gegenüber den neuen Wissenschaften zu verletzen. Auch Vizelin soll nach seiner Rückkehr beteuert haben, daß er jedes unnütze Wortgefecht vermieden habe, auch keinen unnützen Fragen während seines Frankreichaufenthaltes nachgegangen sei, da diese nicht bildeten, sondern nur gefährdeten.

Die meisten deutschen Kapitel haben sich zudem als ständisch geschlossene Institutionen gegenüber den neuen Einflüssen dieser Art regelrecht abgeschottet. Auch der Autor der *Vita Adelberti II.* hatte erwähnt, daß in Mainz eine strenge Kirchenzucht die Domschule in ihrer Tätigkeit beschränkt habe. Als im Verlauf des 12. Jh. die Domherren ihre kirchlichen Pflichten mehr und mehr vernachlässigt haben, nur noch selten am Chordienst teilnahmen, immer häufiger die Residenzpflicht durchbrachen, verbesserte sich die Situation der Domschulen keineswegs. Die Mainzer Verhältnisse dieser Zeit sind durch eine Reihe von Urkunden gut dokumentiert: die Domherren wohnten in ihren eigenen Domhöfen, ihre Pfründe sicherte ihnen ein unabhängiges Dasein, die kirchlichen Pflichten wurden nur sporadisch wahrgenommen oder waren gänzlich den Vikaren überlassen. Selbst die jungen Kapitelsmitglieder lebten nicht gemeinsam unter der Aufsicht eines Magisters oder eines Scholasters, wie es die Statuten vorsahen, sondern, da sie fast ausnahmslos Verwandte der residierenden Domherren waren und selbst auf die spätere Übernahme der Pfründe warteten, in den Häusern eben jener Domherren. Dort wurden sie auch erzogen und von bestellten Klerikern unterrichtet, wozu die Domherren ungeniert denjenigen Teil des Kapitelvermögens nutzten, der eigentlich dem Scholaster vorbehalten war, der den Erziehungs-und Ausbildungsauftrag davon hätte bestreiten müssen. Die Mainzer Erzbischöfe haben im 12. Jh. mehrfach versucht, das gemeinsame Leben für die jungen Kanoniker zur Pflicht zu machen und den Scholaster ökonomisch besser auszustatten, um seine Autorität gegenüber dem Kapitelsadel wiederherzustellen. Daß es hierbei auch darum ging, die jungen Leute nicht zu früh von der Residenzpflicht entbinden zu müssen und nicht zu früh dem Wunsch nach einem Auslandsstudium nachgeben zu müssen, zeigt ein 1158 von Bischof Otto von Freising erlassenes Statut für sein Kapitel: die jungen Leute seien mindestens bis zu ihrer Subdiakonatsweihe in einem gemeinsamen Leben zu erziehen und auszubilden, damit sie nicht vor der Zeit ausschwärmten und im Ausland studierten. Die Mainzer Urkunden lassen erkennen, daß der Versuch, Erziehung und Ausbildung der jungen Kanoniker der Kompetenz eines Stiftsbeauftragten, des Scholasters, zu sichern, gescheitert ist. Die Erziehung der Domizellare blieb ein eifersüchtig gehütetes Recht der adligen Familien, das sie über ihre Mitglieder wahrnahmen, die als Domherren eine Kapitelspfründe innehatten. Die wachsende Verfügungsgewalt des einzelnen Kanonikers über seine Pfründe brachte es mit sich, daß seine adlige Verwandschaft auch auf die Art der

Pfründennutzung Einfluß gewinnen konnte. Dies war eine der Ursachen dafür, daß sich im Verlauf der Zeit, seit dem 14. Jh. spätestens, an vielen reichen Stiften manche Pfründen zu reinen Studienpfründen entwickelten, die abwechselnd mit gleichzeitiger Residenzbefreiung des jeweiligen Inhabers von verschiedenen Familien nur noch genutzt wurden, um die teuren Studienreisen zu finanzieren.

Diese Verhältnisse standen indessen in keinem Zusammenhang mehr mit der Entwicklung der Wissensvermittlung auf europäischer Ebene. Fast alle Päpste des 12. Jh. waren bereits an französischen Schulen ausgebildet worden, ihre Gesetzgebung im Bereich von Bildung und Wissenschaft widersprach eindeutig der in Deutschland durch die großen Kapitel geübten Praxis. 1178 hatte Papst Alexander III. gefordert: Erziehung und Unterricht der Kompetenz eines Stiftsbeauftragten zu unterstellen, der, falls der Andrang junger Kleriker zu groß werden sollte, jedem dazu Geeigneten durch Verleihung einer Lehrbefugnis die Wissensvermittlung zu erlauben hätte. Diese Gesetzgebung trug den französischen Verhältnissen Rechnung, wo Bildung und Wissenschaft nicht innerhalb einer Adelskirche eingeschlossen blieb, sondern wo, wie ein Zeitgenosse 1127 schrieb, in den Kreuzgängen der großen Pariser Kirchen Tag und Nacht so viele junge Leute aus aller Herren Länder lagerten, daß man sie weder ernähren noch disziplinieren konnte. Der Abstand zwischen Deutschland und Frankreich begann auch auf dem Gebiet der Organisation von Unterricht und Wissenschaft schnell zu wachsen. Während in Deutschland nicht einmal jedes Kapitel durchgehend eine Scholasterstelle ausgewiesen hatte, oder, wie das Kapitel von Bamberg, einen frankreicherfahrenen Scholaster sofort wieder entließ, weil er, nachdem man ihn unter vielen Mühen endlich in die Domstadt hatte verpflichten können, in organisatorischen Fragen mit den Kanonikern nicht übereinstimmte, delegierten die französischen Kirchen in großem Ausmaß die Wissensvermittlung an dazu geeignete Kleriker. Diese Magister, die zum Teil aus den städtischen und ländlichen Mittelschichten kamen, unterrichteten unter der Rechtsaufsicht eines Stiftsbeauftragten innerhalb der jeweiligen kirchlichen Territorien. Für ihren Unterricht nahmen die Magister Geld, das ihnen den Unterhalt sicherte. Solche Verhältnisse hatte bereits der Autor der Lebensbeschreibung Adelberts II. festgehalten, sie aber gleichzeitig als verbrecherisch hingestellt. Aus der Sicht eines konservativen deutschen Kirchenmannes des 12. Jh. war eine solche Einstellung durchaus folgerichtig. Sie war eine Reaktion auf ein besonderes Dilemma der päpstlichen Gesetzgebung, soweit sie Unterricht und Erziehung betraf. Die Päpste hatten nämlich gefordert, daß die Kirchen für den zu leistenden Unterricht kein Geld nehmen dürften, da dies als Handel mit geistlichen Sachen zu gelten hätte, als Simonie daher unter Strafe stünde. Zugleich aber sollten alle, die zum Unterricht geeignet und ausgebildet waren, auch durch eine Lehrbefugnis (*licentia docendi*) als Magister zugelassen werden. Diese Magister indessen alle innerhalb der kirchlichen Institutionen anzustellen und aus dem Kirchenvermögen zu unterhalten, hätte bei dem großen Andrang junger Leute den Rahmen damaliger institutioneller und ökonomischer Möglichkeiten gesprengt. Während die meisten deutschen Kapitel ihre Ausbildungstätigkeit auf die wenigen eigenen Kanoniker und deren Verwandte beschränkten, fanden sich die französischen Bischöfe zu Kompromissen bereit. Sie erteilten fast überall großzügig durch ihre Scholaster allen Geeigneten die *licentia docendi*, verboten aber nicht, daß diese Magister Geld für ihren Unterricht nahmen. Viele Kapitel legten auf diesen Unterricht innerhalb ihres Jurisdiktionsbereiches ungeniert eine Steuer. Damit erfüllten sie die Forderung der Päpste, daß alle geeigneten Kleriker durch Unterrichten ihren Lebensunterhalt finden sollten, wenn die Methode auch nicht ganz im Rahmen der kanonistischen Norm lag. Die deutsche Kirche scheint aufgrund der Erfahrungen, die sie im Investiturstreit hatte machen müssen, sich hier viel mehr Zurückhaltung auferlegt zu haben. Der Autor der Lebensbeschreibung des Adelbert II. hatte das Verkaufen der *artes liberales* als ein simonistisches Verbrechen bezeichnet, bezahlten Unterricht als Verkauf geistlicher Substanz identifiziert. Hielt man sich aber konsequent an die Theorien der Reformer, so mußte eine solche Haltung auf Dauer für Wissenschaft und Bildung mehr Schaden als Nutzen bringen. Nach Auffassung der Reformer galten auch die Weihe beim Antritt eines Kirchenamtes und das mit dem Amt verbundene Kirchengut, die Pfründe, als unteilbare Einheit, Weihe und Pfründe waren *substantia* und *accidentia* ein und derselben Sache. Die zumeist hocharistokratische deutsche Kirche legte daher ein besonderes Gewicht darauf, daß vor jeder Weihe eines Kanonikers die Frage seines Lebensunterhaltes geregelt war, daß Titel und Weihe nicht auseinandertraten. Der theoretischen Möglichkeit, den Kreis derer auszuweiten, die vom Erziehungs- und Unterrichtsauftrag der großen Kapitel hätten profitieren können, war somit ein Riegel vorgeschoben. Dieser Kreis blieb beschränkt, obgleich die Päpste ja die absolute Ordination, d.h. die Aufnahme in die höhere Geistlichkeit ohne gleichzeitige Pfründenverleihung, nicht gänzlich verboten hatten. Sie hatten vielmehr die Möglichkeit einer Art »Zwischenfinanzierung« des betreffenden Geistlichen offen gelassen, bis eine Pfründe irgendwo frei werden würde.

So unterschiedlich die Situation von Bildung und Wissenschaft sich zwischen dem 11. und dem 13. Jh. in Deutschland und Frankreich entwickelt hatte, Gemeinsamkeiten gab es in den sozialen Konsequenzen dieser Entwicklung: die Zahl entwurzelter junger Leute, die Europas Straßen bevölkerten, um in den Schulen das Wissen zu erwerben, das ihnen später eine kirchliche Pfründe oder eine Stellung am Hof eines einflußreichen Adligen einbringen könnte, stieg beträchtlich an. In Frankreich, weil die vermehrten Bildungschancen auch für die nichtprivilegierten Schichten die Konkurrenz an den großen Schulen erheblich verschärft hatten, so daß die unterrichtenden Magister sehr bald versuchten, ihre eigene Zahl zu beschränken, in Deutschland, weil die ständische Exklusivität der Kirche ohnehin kaum neue Existenzmöglichkeiten bot. Alle diese jungen Leute bezeichneten sich als Kleriker, obgleich sie selten mehr ihr eigen nannten als die Tonsur, das geistliche Gewand oder eine Bildung, die ihnen nichts einbrachte. Eine solche Freisetzung von Bildung, ohne die Möglichkeit ihrer sofortigen Einbindung in eine berufliche Praxis – noch gab es für das vermehrte Wissen nicht genügend berufliche Laufbahnen – schuf ein Bewußtsein für soziale Spannungen und Ungleichheiten. In der sogenannten Vagantenpoesie, unter den von Schule zu Schule ziehenden Klerikern verbreitete Satiren, Trink-, Spiel- und Liebeslieder, haben diese Spannungen einen unerwartet scharfen Ausdruck gefunden. Von der Aggressivität vieler Scholaren an den neuen Schulen Frankreichs hat auch der Autor der *Vita Adelberti II.* gesprochen: er nannte sie *cynici* und *corrosores*, Leute, denen nichts mehr heilig war und die alle Wertvorstellungen zerstörten. Die Aggressivität, wie sie die Vagantenlieder zeigen, zielt in doppelte Richtung: sie ist kirchenfeindlich und verachtet den Adel. Der offene Neid auf die Existenz des durch ein Lehen oder eine geistliche Pfründe abgesicherten Adligen verwarf auch gerade den Anspruch des Adels auf das Studium. Die Vaganten erheben aufgrund ihrer Bildung selbst den Anspruch darauf, adlig zu sein. Sie besingen Golias als ihren sagenumwobenen Stammvater, den sie manchmal als Bischof, manchmal als Papst und manchmal schlicht als Vater aller heimatlosen Kleriker

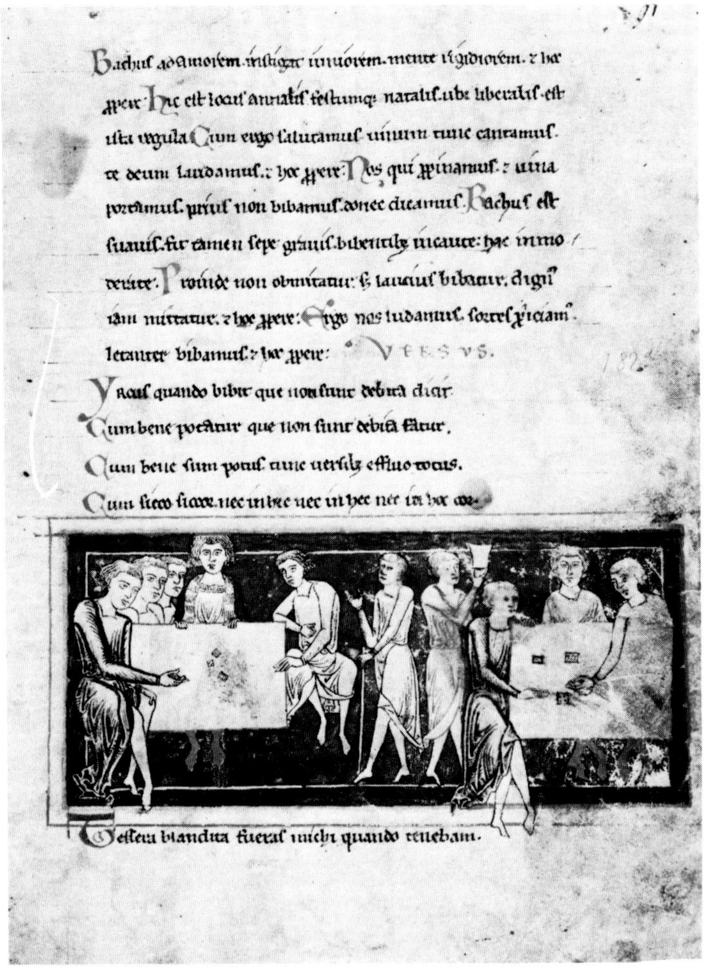

59. Spielende und trinkende Scholaren.

bezeichnen. In ihren Liedern erbauen sie eine Art »Antikirche«, sie nennen ihren Stand »ordo«, ihr Leben »vita nobilis«. Die Vertreter der hohen Geistlichkeit werden mit böser Ironie besungen. Sie erscheinen als schachernde Götzendiener, Simonisten, Vampirkinder und lüsterne Greise, die vor Geiz das Wort »geben« nicht konjugieren können:

Multum habet oneris	*Es ist ja doch ein schweres Wort:*
do das dedi dare	*Ich gebe, du gibst, ich habe gegeben und geben*
hoc verbum pre ceteris	*Vor allem dieses Wort*
volunt ignorare	*vergessen die Reichen gern;*
divites quos poteris	*so zähl getrost sie zu den*
malis comparare	*Bösen.*
	(Übersetzung von René Clemencic und Michael Korth)

Tafel I. Burgkapelle Hocheppan.

Die Lieder des Walter von Chatillon, wie sie in der im 13. Jh. auf deutschem Boden zusammengetragenen und nach dem Kloster Benediktbeuren benannten Sammlung erscheinen, gehören noch zu den harmloseren Formulierungen. Dennoch fühlt noch mancher moderne Editor der *Carmina Burana* sich zu einer Warnung an die Leser verpflichtet, »daß diese teilweise sehr scharfen Gedichte nicht als Kritik an der Institution Kirche und ihrer Hierarchie zu verstehen sind, sondern als Kritik an den Abweichungen von deren richtigem Zustand und Weg« (Michael Korth). Doch ist eine konsequent antireligiöse, jenseitsverachtende Haltung keineswegs erst eine Erscheinung der Neuzeit. Das Zerbrechen der Identität von Religion und Intellekt ist in der europäischen Geistesgeschichte möglicherweise kein gradliniger Prozeß, entspricht eher den arbeitenden Rissen in einem immer wieder von Erdbeben geschüttelten Haus. Ernst Kantorowicz hat gezeigt, daß im italienischen Umkreis Kaiser Friedrichs II. düstere, menschen- und gottverachtende Herrscher gediehen sind, die selbst im Angesicht des Todes jede priesterliche Gnadenmöglichkeit verwarfen, deren Schreckensregiment bewußt auf jede rechtliche oder geistliche Legitimation verzichtete und sich allein auf eine berechnende Intelligenz verließ, und deren mildeste Doktrin lautete: »Den Himmel dem Herrn des Himmels, die Erde aber den Söhnen der Menschen«. Der Intellekt, der sich im 12. Jh. zum ersten Mal von den traditionellen Normen abzulösen scheint, förderte nicht nur Bildung und Wissenschaft, er schuf zu den alten Höllen auf Erden auch neue hinzu. Auch der Zynismus zielte seither nicht mehr nur auf die Verfehlungen einzelner, sondern stellte die Gesellschaft insgesamt in Frage. So beteten manche Scholaren in ihrer Missa Gulonis, der Trinkermesse:

> *Deus qui multitudinem rusticorum ad servitium clericorum venire fecisti et militum et inter nos et ipsos discordiam seminasti, da nobis, quaesumus, de eorum laboribus vivere et eorum uxoribus uti et de mortificatione eorum gaudere per dominum nostrum deum Bacchum, qui bibit et poculat per omnia pocula poculorum. Stramen.*
>
> (Herr, der Du eine Menge Bauern und Ritter zum Dienst bei den Klerikern bestellt hast und zwischen ihnen und uns Zwietracht gesät hast, gib uns, wir bitten Dich, daß wir von der Arbeit jener leben und die Frauen dieser gebrauchen können und uns an den Qualen beider erfreuen dürfen, bei unserem Herrn und Gott Bacchus, der da säuft und bechert per omnia pocula poculorum. Strohsack.)

Fortschritte auf dem Gebiet der Sprache, des Rechnens, des Rechtes, der Medizin und der Naturerkenntnis

Es ist verständlich, daß unter den geschilderten Bedingungen in unserem Zeitraum der Schwerpunkt der in Deutschland geleisteten Bildungsarbeit auf sprachlich-literarischem Gebiet lag. Konkretisiert hat sich diese Bildung nicht nur in literarisch anspruchsvollen Geschichtswerken, wie etwa in der *Weltchronik* des Bischofs Otto von Freising, sondern ganz wesentlich in der Briefliteratur. Briefsammlungen und Briefe mit politischen, theologischen und privaten Inhalten haben im Mittelalter schon immer eine Rolle gespielt, die große Bedeutung, welche die Kunst des Briefeschreibens seit der Mitte des 11. Jh. in Deutschland erhielt, nährte sich vornehmlich aus zwei neuen Quellen. Die Bildungsziele innerhalb der ottonisch-salischen Reichskirche, notwendigerweise an gesellschaftlichen Normen und an der politischen Öffentlichkeit orientiert, hatten zunächst einmal die traditionellen Vorbehalte gegenüber den heidnischen Klassikern abgebaut. Widerstand gegen die Lektüre antiker Autoren regte sich zwar immer noch, war aber fast ausschließlich auf die Mönchsklöster beschränkt. Sich hinter dem Ohr zu kratzen, bedeutete hier noch immer, einer solchen verbotenen Lektüre gehuldigt zu haben, eine dem Hund abgesehene Geste, welche die niederen Beweggründe, von denen der Mönch sich hatte leiten lassen, bekennen sollte. Ein typischer Vertreter einer urbanen und aufgeklärten Haltung gegenüber den Klassikern war der Bamberger Domscholaster Meinhard, aus fränkischem Adel, der 1077 das Bistum Würzburg erhalten sollte. In seinen Briefen stehen Zitate aus christlichen Autoren harmonisch neben klassischen Dichterauszügen, Cicero trat hier als literarisch gleichberechtigtes Vorbild neben Augustinus. Meinhards Latein hat auch die Prägung durch den Sprachstil der Bibel fast vollkommen abgelegt. Wie Bamberg haben sich die meisten Domschulen nun eine gründliche Schulung ihrer Zöglinge an den lateinischen Grammatiken des Donat und des Priscian (4. und 6. Jh. n. Chr.) zur Aufgabe gemacht. Dies war nicht ganz selbstverständlich, denn noch immer gab es genügend Gelehrte, die in den Bemühungen um ein korrektes und elegantes Latein eine Art vermeidbaren Götzendienst sahen und – wie Otloh, Mönch im Kloster St. Emmeram bei Regensburg – es vorzogen, die lateinische Sprache an auswendigzulernenden Bibeltexten und Kirchenväterexzerpten zu unterrichten, wodurch, weitgehend ohne grammatische Kategorien, die Sprachführung imitativ erlernt und der Wortschatz eingeübt wurde. So ist noch von der Äbtissin Hildegard von Bingen (gest. 1179) überliefert, daß sie in ihrer Jugend zwar eine gründliche Kenntnis des Psalters hatte, viele biblische Wörter aber nicht verstehen konnte, da sie nichts vom Geschlecht, von den Kasus und den Zeiten der Wörter wußte. Die kleine Anfängergrammatik des Donat, die sogenannte *ars minor*, aufgebaut in Dialogform, geht, im Gegensatz zur modernen Auffassung, die den Stoff in Lautlehre, Formenlehre und Syntax einteilt, von den 8 Redeteilen aus, von Nomen, Pronomen, Verb, Adverb, Partizip, Konjunktion, Präposition und Interjektion. Die einzelnen Redeteile werden auf ihre verschiedenen Seinsweisen (Kategorien) hin untersucht: Das Nomen erfährt z. B. 6 Seinsweisen: Die Qualitas (ob es ein Eigenname oder ein Gattungsname ist), Comparatio (es erfährt drei Steigerungsgrade, *positivus, comparativus, superlativus*), Genus, Numerus, Figura (ist es zusammengesetzt, *compositum* oder *simplex*) und Casus. Das Adverb erfährt 3 Seinsweisen: Significatio mit 24 Möglichkeiten, wie Ort (*hic*), Zeit (*hodie*), Zahl (*semel*), verneinend (*non*), bejahend (*etiam*), Qualität (*doctus*), Quantität (*multum*) usw. Von dem, was

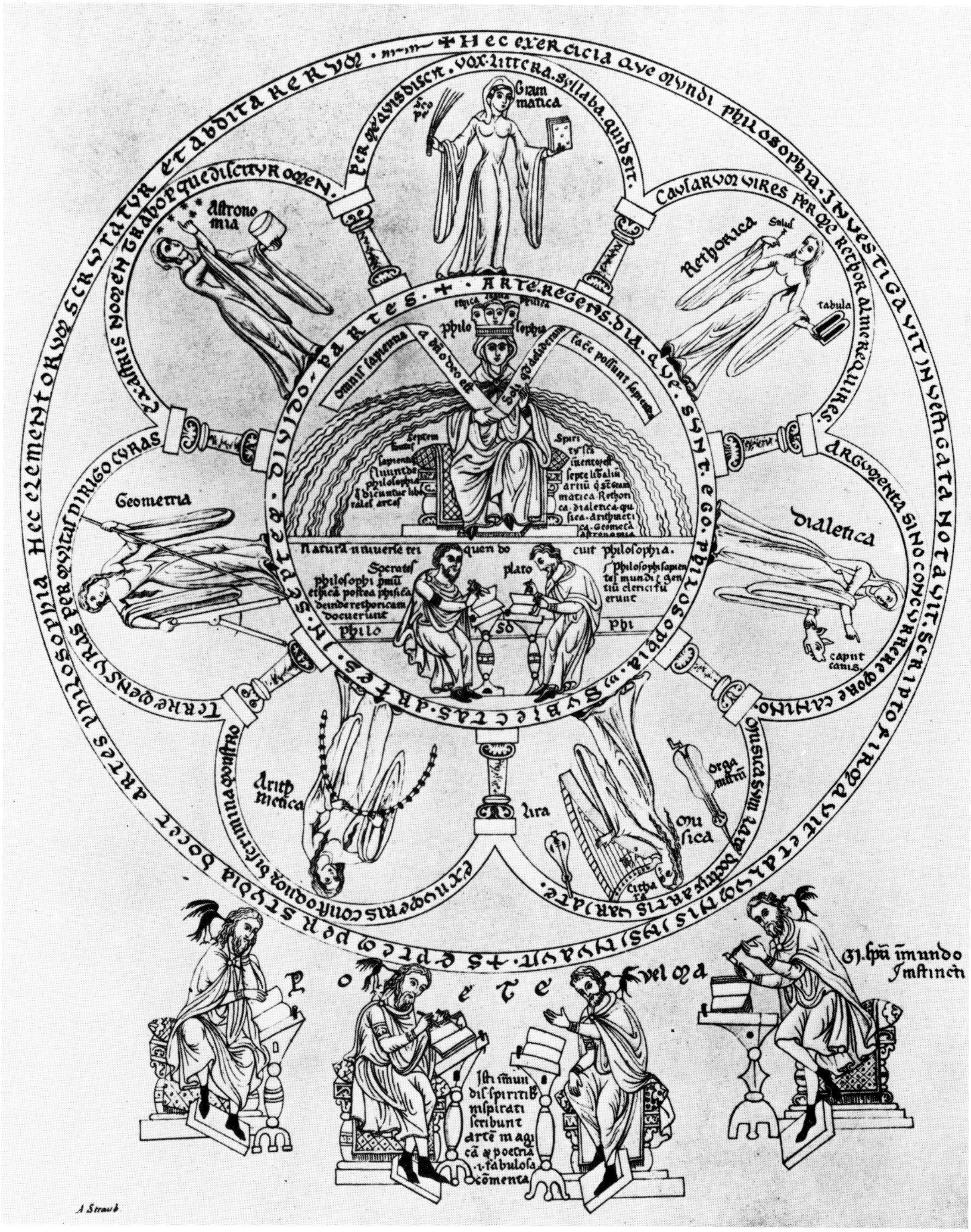

60. Die Sieben Freien Künste.

wir Syntax nennen, ist bei Donat nicht die Rede. Die kasuistische Anlage dieser Grammatik förderte indessen die Fähigkeit der Schüler, Textstellen wiederzuerkennen: hatten sie gelernt, daß »magis« ein auf die Kategorie Comparatio bezogenes Adverb ist, konnten sie bei der Übersetzung damit arbeiten. Wir können daraus schließen, daß diese Grammatik überwiegend dazu diente, Texte lesen, d.h. übersetzen zu lernen. Wenn seit dem 11. Jh. in den deutschen Domschulen mehr und mehr Latein geschrieben wird, das aber nicht mehr »übersetzt« ist, in dem die Gliederung und Auflockerung der – von den Schülern aller Zeiten gefürchteten – Perioden durch Hypotaxe und Parataxe vielen, wie Meinhard von Bamberg, schon zur Natur geworden ist, dann lag das zum einen an der Ergänzung des Donat durch die umfangreichere und mit zwei syntaktischen Büchern versehene Grammatik des Priscian, wesentlich aber auch an einem erweiterten Lektürekanon. Meinhard von Bamberg zitiert aus den Dichtern Horaz, Terenz, Plautus, Statius, Persius, Martial, bei den Prosaikern steht Cicero an erster Stelle, dann Seneca, Plinius d.J., Quintilian, und der Grammatiker Priscian. Meinhard scheint auch dafür gesorgt zu haben, daß die Bamberger Domschule in der zweiten Hälfte des 11. Jh. besser als andere Schulen mit Klassikerhandschriften versehen war. Auch ist heute erwiesen, daß ein Großteil der Bamberger Handschriftenbestände dieser Zeit aus Reims stammte. Eine ganze Reihe von Meinhards Bamberger Zöglingen hat damals schon in Reims studiert. Aus einem Gedicht des St. Galler Mönchs Ekkehard IV. (gest. um 1060), der eine Zeitlang Leiter der Mainzer Domschule gewesen ist, erfahren wir, daß damals zum Lektürekanon noch Virgil, Lucan, Iuvenal und Ovid gehörten. Ekkehard hatte den Bischof mit diesen Versen gebeten, seine Scholaren am Tage nach Epiphanias (6. Januar) sowohl von solcher Lektürearbeit zu befreien wie auch von allen Strafen.

Einen weit entscheidenderen Anstoß hat die Kunst des Briefeschreibens jedoch von ganz anderer Seite erfahren. Von jeher hatten Briefe auch Fragen der Politik, der Verwaltung und Rechtsangelegenheit behandelt. Brief- und Urkundenstil waren stets als nahe verwandt aufgefaßt worden. Seit dem frühen Mittelalter sind Briefe mit verschiedensten Adressaten und Inhalten zu Übungs- und Schulungszwecken und als Muster gesammelt worden. Die zunehmende Schriftlichkeit im 11. Jh., die Belange der königlichen Hofkapelle als Verwaltungszentrum, das Anwachsen der Urkundenausfertigungen, die zunehmende Bedeutung auch des Briefes in den politischen Auseinandersetzungen des Investiturstreites, alles das lenkte die Aufmerksamkeit des deutschen Klerus auf neue Entwicklungen in der Technik des Briefstils. Schon Ekkehard IV. hatte in der ersten Hälfte des 11. Jh. eine Anleitung zur Schulung des Briefstils verfaßt, die aber noch der rhetorischen Theorie des »ornatus«, der geschmückten Rede, untergeordnet war. Auch die Briefe Meinhards von Bamberg orientierten sich an der klassischen rhetorischen Literatur, insbesondere an der früher Cicero zugeschriebenen *Rhetorica ad Herennium*. Jetzt machte sich jedoch ein deutliches Bedürfnis nach einer mehr technischen Behandlung des Gegenstandes bemerkbar. In einer Welt, in der sich die Gesellschaft trotz aller Zerwürfnisse mehr und mehr in eine ständisch und rechtlich fest organisierte Ordnung umwandelte und dabei diese Welt auch verwandelte – nichts Geschaffenes gibt es mehr, das nicht dem Menschen dient, dichtet ein unbekannter elsässischer Verfasser im 12. Jh. – in einer solchen Welt mußte jede Existenz auch begrifflich faßbar werden. Jede gesellschaftliche Existenz, dahin ging eine an französischen Schulen entwickelte Theorie, bedürfe einer obrigkeitlichen Anerkennung a *principe*. Im Mittelpunkt der besonders in Orléans formulierten Briefstillehre (*ars dictaminis*) stand daher der Begriff *Privileg*. Privilegien waren die wichtigste Sonderform der Briefe, die Formulierungen, die bei der Ausfertigung eines Privilegs zu beachten waren und die Kriterien für diese Ausfertigung wurden in dieser Briefstellerlehre genau besprochen. Eine solchermaßen orientierte Briefkunst mußte sich noch näher als bisher an die noch junge Rechtswissenschaft annähern. Reims war wohl die erste der französischen Schulen, deren juristisch gefärbte *ars dictaminis* in Deutschland bekannt geworden ist. Wir erinnern uns: der Autor der *Vita Adelberti II.* hatte berichtet, daß, wenn seinen Helden nicht eine ernsthaftere Einstellung davon abgehalten hätte, er in Reims zu einem rechtskundigen »politicus« geworden wäre. Doch die konservative Haltung vieler deutscher Kirchenmänner verhinderte nicht den schnellen Siegeszug der *ars dictaminis*. In Orléans entstand um 1178 eine Briefsammlung, die noch vor 1200 nach Deutschland gebracht und hier bearbeitet worden ist, die sogenannte Donaueschinger Briefsammlung. Sie behandelt die einzelnen Teile einer *epistola*: die Salutatio, wobei angegeben wird, mit welchen Wendungen der Papst sich an Erzbischöfe, Bischöfe und Äbte zu wenden hat, mit welchen an weltliche Fürsten und Adlige, welche Anreden der Klerus zu wählen hat, wenn er sich an den Papst wendet, welche die weltlichen Fürsten usw. Dann das Exordium, d.h. die Begründung für die Abfassung des Briefes, die Narratio, die den Sachverhalt, die Petitio, die das Anliegen bringt und schließlich die Conclusio. Auch in den Kanzleien der deutschen Könige wurde die *ars dictaminis* schnell rezipiert. Ein gebürtiger Italiener, Anselm von Besate, konnte 1045 mit einer pompösen Darstellung dieser neuen Rhetorik sich sogar eine Stelle als Kaplan Heinrichs III. sichern. Gerüst dieser Arbeit ist ein fiktiver Familienkrach zwischen Anselm und mehreren seiner Verwandten, die Teile sind, einem Prozeßverfahren gemäß, dem *genus demonstrativum* (Falldarstellung), dem *genus deliberativum* (Erörterung) und dem *genus iudiciale* (Urteil) gewidmet. Cicero und Iustinian erscheinen hier als die Portalfiguren dieser Kanzleirhetorik, nicht zuletzt ein Ausdruck dafür, daß die *ars dictaminis* zunächst den Stil der deutschen Königsurkunden mit der neu entdeckten Terminologie des Römischen Rechts vertraut machte. Eine solche Stilschulung, die schnell breitere politische Konsequenzen hatte, war das erste Ergebnis des Kontaktes deutscher Scholaren mit der bologneser Rechtswissenschaft und den neuen Briefstilkunden seit dem 12. Jh. Mit den Wendungen des Corpus Iuris erneuerten die staufischen Kaiser ihren Anspruch, an die Traditionen des antiken Weltkaisertums anzuknüpfen. Dies beginnt mit der Titulatur der Kaiser (*Romanorum imperator, pius, felix, inclitus triumphator, semper augustus*), setzt sich in der Bezeichnung der Beamten, der Gesetze, des Reiches selbst (*sacrum imperium*) fort und führt schließlich zur Übernahme ganzer Formulierungen in den Urkundentexten (H. Coing).

Auch die Maximen des römischen Kaiserrechtes dringen mit der *ars dictaminis* in das politische Verständnis der Staufer ein, wie »princeps legibus solutus« (der Herrscher ist den bestehenden Gesetzen nicht unterworfen) oder das Recht des Kaisers »leges condere et interpretari« (Gesetze zu geben und auszulegen). Eine solche Stilschulung ging der engen Verbindung voraus, welche die Kaiser zu der neu entstandenen Rechtswissenschaft suchten. Von Heinrich II. bis zu Karl IV. läßt sich nachweisen, daß die deutschen Herrscher auf ihren Romzügen italienische Juristen an ihren Hof gezogen und als Räte und Richter eingesetzt haben. Doch auch weit unter dieser Sphäre formalisierte die *ars dictaminis* jetzt den Umgang der Menschen miteinander. Im Schulalltag machten sich manche Scholaren in spöttischen Übertreibungen Luft, wenn sie ihre frisch erworbenen Kenntnisse in Briefen an ihre Väter anwendeten, wie etwa im folgenden:

Meinem Vater alles Liebe usw. Dies ist die *Salutatio*. Ich danke Dir herzlich für das übersandte Geld. Dies ist das *Exordium* oder die *Captatio benevolentiae*. Ich bin aber immer noch sehr arm, habe viele Schulden usw. Dies ist die *Narratio*. Bitte schick mir weiteres Geld. Dies ist die *Petitio*. Wenn Du mir nichts mehr schickst, verliere ich meine verpfändeten Sachen, Bücher und Schreibgeräte und muß nach Hause zurückkommen. Dies ist die *Conclusio*.

Überall griff seit dem 11. Jh. die Praxis in den bestehenden Wissenschaftsbetrieb ein. Unter dem Druck solcher Bedingungen veränderten sich auch die traditionellen Auffassungen von der Wissenschaft selbst. Mit Beginn des 12. Jh. begann das aristotelische Einteilungsprinzip der Wissenschaften die alte, durch die Autorität der Kirchenväter legitimierte platonische Teilung in Ethica, Logica, Physica zu verdrängen. Das neue System unterschied Theorie, Praxis und die »mechanischen« Künste. Eine Bamberger Handschrift vom Beginn des 12. Jh. stellt die neue Einteilung folgendermaßen dar:

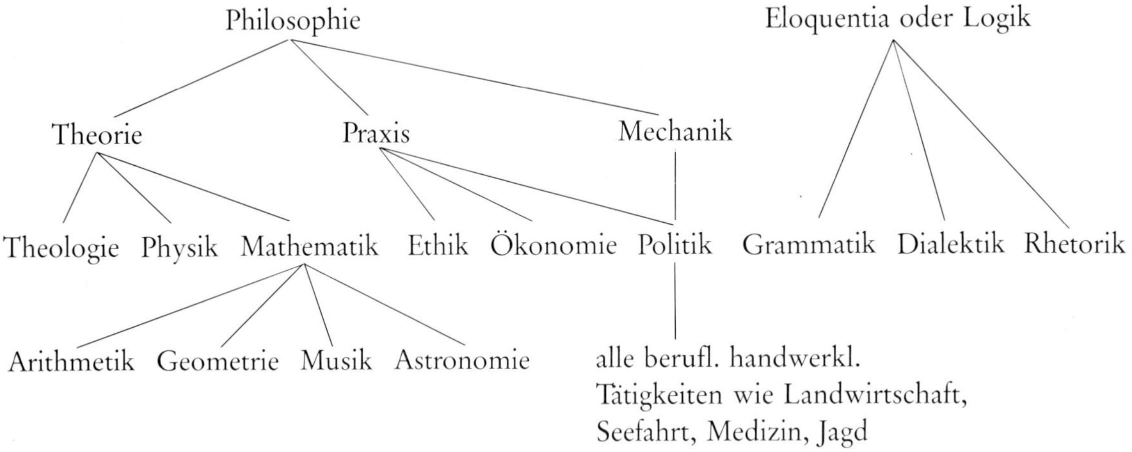

Während das Quadrivium, der alte naturwissenschaftliche Vierweg der Sieben freien Künste, nämlich Arithmetik, Geometrie, Musik und Astronomie, hier vollständig erscheint, gliedert diese Handschrift in ungewöhnlicher Weise das Trivium, Grammatik, Dialektik und Rhetorik, nicht der Philosophie unter, sondern der Eloquentia oder Logik, die der Philosophie nebengeordnet ist. Eine solche Einteilung scheint das Anliegen des konservativen deutschen Klerus zu illustrieren: der Ansturm neuer wissenschaftlicher Erfahrungen, bisher ungehörter theologischer Meinungen, die neuen Möglichkeiten, Sprache bis hin zu absurden Aussagen handhaben zu können und die größere gesellschaftliche Rolle der Bildung überhaupt, stellte als Zentralproblem das Verhältnis von Glauben und Wissen. Während in der Bamberger Handschrift die Philosophie als immer nützlich angesehen wird, heißt es von der Eloquentia, daß sie ab und zu auch Schaden stiften könne. Dieser Vorwurf wurde gerade in Deutschland immer wieder auch von einflußreichen Gelehrten gegenüber jeder scharfzüngigen Sprachbegabung gemacht. Selbst engagierte Gegner des Königs während des Investiturstreites, wie der Leiter der Konstanzer Domschule, Bernhard und Mangeold von Lautenbach (gest. nach 1103), die als hervorragend geschulte Grammatiker ganz sicher mit allen bis in die Mitte des 12. Jh. bekannten logischen Schriften vertraut gewesen sind, distanzieren sich häufig selbst von ihrer Art des Argumentierens. Dies ist umso erstaunlicher, da keiner von ihnen ein dialektisches System befolgt, geschweige denn formallogisch argumentiert. Die angewandte Kenntnis der formalen Logik, wie sie die zum Teil neuübersetzten Schriften des Aristoteles vermittelten, ist ohnehin vor dem 13. Jh. nicht greifbar. Sie beruhte auf den sechs Werken des Aristoteles, dem sogenannten *Organon*, das nach inhaltlichen Gesichtspunkten so geordnet war, daß man, vom Einfachen zum Zusammengesetzten fortschreitend, mit der Lehre von den Begriffen (Kategorien) begann, dann über das Urteil (Hermeneia) zum Schluß gelangte, zunächst zum Schluß im allgemeinen (erste Analytik) und dann zum wissenschaftlichen (zweite Analytik), dann zum diaklektischen (Topik) und zum Trugschluß (Elenchik). Möglicherweise hat Otto von Freising um 1130 bereits eine Handschrift des *Organon* mit nach Deutschland gebracht. Erstaunlich gründlich sind jedenfalls seine Kenntnisse von den philosophiegeschichtlichen Hintergründen, von der Bedeutung und Absicht der einzelnen Teile, auch von der logischen Technik selbst, wenn er anführt, daß kein Schluß auf zwei negativen Prämissen beruhen darf.

Wirksam aber wurde vor dem 13. Jh. nur die sogenannte alte Logik, die *logica vetus*, die sich im wesentlichen aus einer Einführung in die Kategorien (Isagoge) des Porphyrios (3. Jh. n.Chr.), der aristotelischen Schrift *Peri Hermeneias* (Lehre vom Satz) und der *Topica* Ciceros zusammensetzte. Besonders großen Einfluß auf die Sprachkenntnis hatte diese Arbeit Ciceros, in der er allgemeine dialektische Sätze (Topoi), aus denen sich spezielle Schlüsse ziehen lassen, etwa »wenn vom genus ausgesagt wird, wird zugleich auch von der species ausgesagt«, der Rhetorik angepaßt hatte, wodurch auch in abstrakteren Bereichen stringenter und folgerichtiger formuliert werden konnte. Auch an der *Einführung in die Kategorien* lernte das 11. und 12. Jh. die schriftliche Gedankenführung zu perfektionieren. Die Isagoge behandelte die Begriffe Gattung (Genus), Art (Species), Differenz, Proprium, und Akzidenz, mit denen der Scholar vernünftig zu denken lernte, etwa wenn er folgenden Sachverhalt zergliederte: »Von allen mit Sinnen begabten Wesen (Genus) ist der Mensch eine Art (Species). Einige unter den Menschen sind vernünftig (Differenz, die Aussage gilt nicht für alle); der Mensch kann lachen (Proprium) und ist weiß oder schwarz, sitzt oder steht etc. (die Akzidentien)«. Es kann kein Zweifel darüber bestehen, daß solche dialektischen Übungen dazu beigetragen haben, überhaupt abstrakte Sachverhalte selbständig und nicht mehr nur als Entlehnung zu formulieren und eine strikte Gedankenführung einzuhalten. Wenn wir dennoch bei vielen deutschen Klerikern ein Mißtrauen der Dialektik gegenüber feststellen, so hing das sehr häufig mit den Begleiterscheinungen der neuen Studienbedingungen zusammen, mit übermäßiger Streitsucht, Rechthaberei, Überheblichkeit und den respektlosen Frechheiten der vagabundierenden Scholaren. Wortführer der konservativen Partei waren Rupert von Deutz (gest. 1130) und Gerhoh von Reichersberg (gest. 1169), bei denen deutlich auch die Sorge um den inneren Frieden im Reich nach den Zerwürfnissen des Investiturstreites mitgespielt hat. Auf der anderen Seite bedauerte ein »homo politicus« wie Wibald von Stablo (gest. 1158), gebildet und Inhaber mehrerer hoher geistlicher Würden, der im Reichsdienst vielfältige Positionen eingenommen und unter vier Königen gearbeitet hat, daß gerade in Deutschland ein spürbarer Mangel an forensisch begabten Männern herrsche. Auch hatte Wibald durchaus ein Vergnügen an absurden Schlußfolgerungen nach Art einiger zeitgenössischer Spiegelfechter. Einem Freund teilt er zwei Kostproben mit, die ihm aus Frankreich zugetragen worden sind: Was du nicht verloren hast, hast Du. Hörner hast du nicht verloren. Also hast du Hörner. – Maus ist eine Silbe. Eine Silbe frißt keinen Käse. Also frißt die Maus keinen Käse.

Über die wirklichen Kenntnisse im traditionellen Quadrivium, in der Arithmetik, der Geometrie, Musik und der Astronomie, sind wir weit weniger gut unterrichtet. Das liegt zum einen an einer noch längst nicht aufgearbeiteten Quellenlage, zum anderen aber daran, daß sich hier sehr viel weniger als in der Grammatik und in der *ars dictaminis* eine Verbindung zwischen Theorie und Praxis herstellen ließ. So blieb die Beschäftigung mit der Arithmetik und der Geometrie zum großen Teil theoretisch und spekulativ, während das angewandte Rechnen, etwa im Bereich des Bauwesens, des Handels und der Geländevermessung, auf uralten Näherungsmethoden beruhte, die unschriftlich und innerhalb der einzelnen Berufszweige eingeschlossen weitergegeben wurden.

Zur Grundausbildung des Klerus gehörte seit jeher die Kenntnis des Kalenders, die Berechnung der wichtigsten kirchlichen Feste, nach denen ja das gesamte öffentliche und private Leben ausgerichtet war. Angelpunkt des Festkalenders war das Osterdatum, das nach christlicher Tradition stets auf den ersten Sonntag nach dem Frühlingsvollmond fallen mußte. Die Grundlagen dieser Zeitberechnung, des sogenannten Computus, hatte vor Jahrhunderten der Benediktiner Beda Venerabilis (gest. 735) gelegt. Seitdem war dieses Wissen mehrfach überarbeitet, aber nicht entscheidend erneuert worden. Die Technik der Festauffindung und Berechnung war durch Tabellen, Merkverse, Kalender und Exzerpte zur Routine geworden. Häufig finden wir folgende Notizen zu den einzelnen Monaten, die zur Anlage eines Kalenderschemas dienen konnten:

> *Ianuarius Augustus et December IIII Nonas habent, XVIIII kalendas post Idus et dies XXXI...*
> (Jan., Aug. und Dezember haben 4 Nonen [Die Nonen fielen in diesen Monaten auf den 5. Monatstag; rückwärts gerechnet ergeben sich also für die Nonen der 5., der 4., 3. und 2. Tag dieser Monate], und 19 Kalenden [Die Kalenden sind die Monatsersten; da wieder rückwärts gerechnet werden muß, ergeben sich von den pridie kalendas, dem 31., bis zum 14. insgesamt 18 Tage, wozu noch der Monatserste selbst zu zählen ist], und 31 Tage ...)

Schwierig sind die Rechenkenntnisse dieser Zeit einzuschätzen. Seit dem 10. Jh. hatte sich von den Arabern her die Kenntnis des Rechenbrettes, des sogenannten Abakus, verbreitet, auf dem man mit 9 neuen Zahlzeichen (apices) arbeiten konnte, den Urformen unserer Zahlen. So konnte man jetzt die übliche römische Schreibweise der Zahl 502, nämlich DII, folgendermaßen darstellen

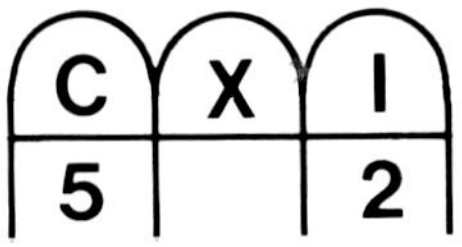

doch brachte dieses Verfahren keinen Durchbruch hinsichtlich der Rechenfertigkeiten, da man sich nicht über die Rolle der Null im klaren war. Überaus umständlich muten uns heute die Operationen auf dem Abakus an. So wurde die Division als eine fortgesetzte Subtraktion des Divisors vom Dividenden aufgefaßt. Zuvor wurde der Divisor auf die nächsthöhere Dezimale oder auf den nächsten vollen Hunderter erhöht, wobei die »Differenz« entsteht, die im Verlauf des Rechenganges dazu diente, die Subtraktion in Addition und die Division in Multiplikation zu verwandeln.

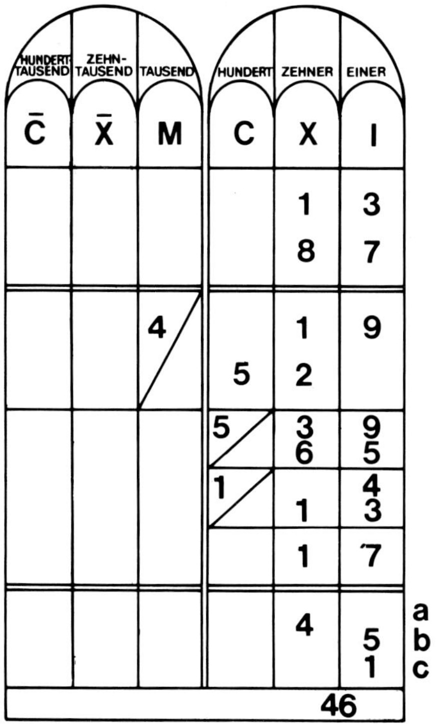

Ein Beispiel: 4019 : 87
Divisor 87
Dividend 4019
Differenz 100 − 87 = 13

Erster Schritt:
4000 : 100 = 40 Diese Zahl wird auf dem Abakus unterm Strich festgehalten (a)
40 mal 13 = 520 Zunächst fällt die 4 im Tausender weg, die mit 40 multiplizierte Differenz wird zu dem Rest 19 hinzugezählt = 539

Zweiter Schritt:
500 : 100 = 5 Diese Zahl wird wieder unterm Strich festgehalten (b)
5 mal 13 = 65 Mit derselben Operation wie oben ergibt sich 104 (65 + 39)

Dritter Schritt:
100 : 100 = 1 unterm Strich festhalten (c)
1 mal 13 = 13 ergibt mit der verbliebenen 4 den Rest 17

Ergebnis: 46 Rest 17

(Histoire générale des sciences, Bd. 1, S. 523)

Als man durch den im 12. Jh. eingeführten Algorithmus (s.o.) die Funktion der Null begriff, wurden die Abakuskolonnen überflüssig und die Positionsschreibweise, d.h. unsere heute noch üblichen schriftlichen Verfahren setzten sich durch. Dieser Prozeß brauchte jedoch seine Zeit. Das Abakusrechnen blieb im 11. und 12. Jh. eine Angelegenheit weniger und wurde nicht zu populärem Schulwissen. Noch Mitte des 13. Jh. mußte allen Anfängern die Positionsschreibweise mittels endloser Tabellen nach folgendem Muster deutlich gemacht werden:

CENTIES MILLE 1	DECIES MILLE 1	MILLE 1	CENTUM 1	DECEM 1	UNUS 1
BIS CEN-TUM MILLE 2	VIGESIES MILLE 2	BIS MILLE 2	BIS CENTUM 2	VIGINTI 2	DUO 2
TER CENTUM MILLE	TRICESIES MILLE	TER MILLE	TER CENTUM	TRI GINTA	TRIA
3	3	3	3	3	3

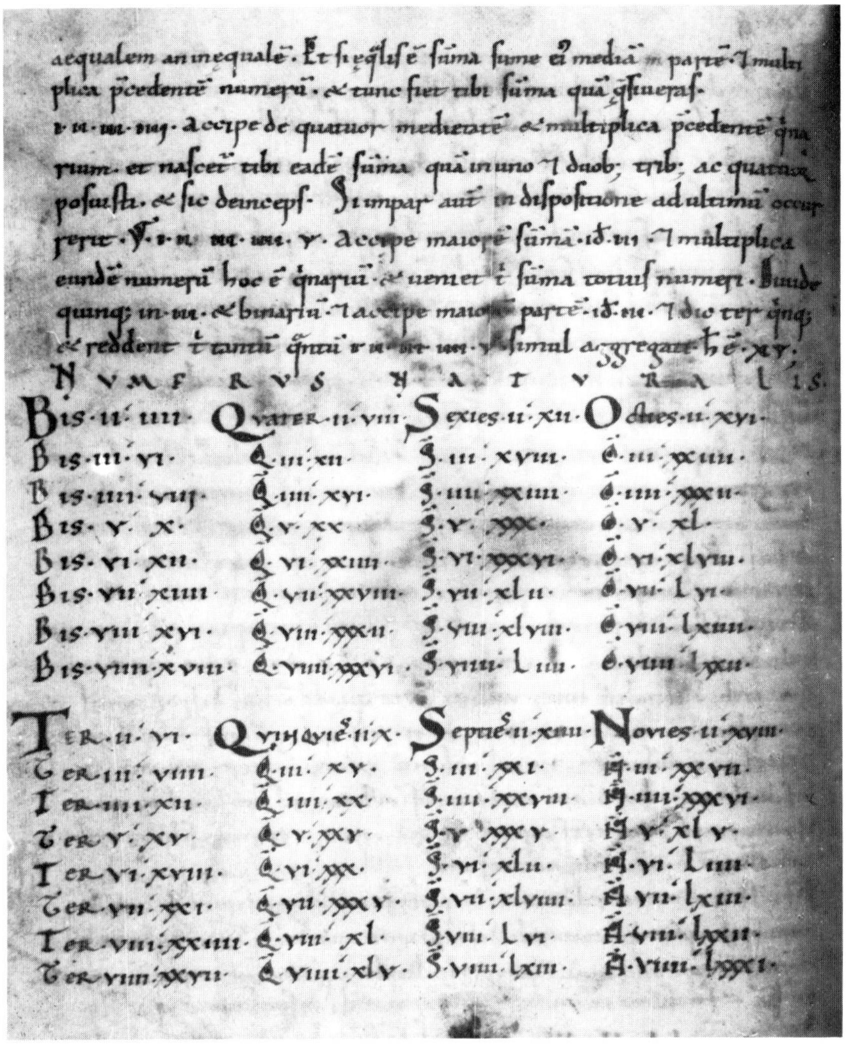

NVMERVS NATVRALIS

Bis.ii.iiii	Quater.ii.viii	Sexies.ii.xii	Octies.ii.xvi
Bis.iii.vi	Q.iii.xii	S.iii.xviii	O.iii.xxiiii
Bis.iiii.viii	Q.iiii.xvi	S.iiii.xxiiii	O.iiii.xxxii
Bis.v.x	Q.v.xx	S.v.xxx	O.v.xl
Bis.vi.xii	Q.vi.xxiiii	S.vi.xxxvi	O.vi.xlviii
Bis.vii.xiiii	Q.vii.xxviii	S.vii.xlii	O.vii.lvi
Bis.viii.xvi	Q.viii.xxxii	S.viii.xlviii	O.viii.lxiiii
Bis.viiii.xviii	Q.viiii.xxxvi	S.viiii.liiii	O.viiii.lxxii
Ter.ii.vi	Quinquies.ii.x	Septies.ii.xiiii	Novies.ii.xviii
Ter.iii.viiii	Q.iii.xv	S.iii.xxi	N.iii.xxvii
Ter.iiii.xii	Q.iiii.xx	S.iiii.xxviii	N.iiii.xxxvi
Ter.v.xv	Q.v.xxv	S.v.xxxv	N.v.xlv
Ter.vi.xviii	Q.vi.xxx	S.vi.xlii	N.vi.liiii
Ter.vii.xxi	Q.vii.xxxv	S.vii.xlviiii	N.vii.lxiii
Ter.viii.xxiiii	Q.viii.xl	S.viii.lvi	N.viii.lxxii
Ter.viiii.xxvii	Q.viiii.xlv	S.viiii.lxiii	N.viiii.lxxxi

61. Multiplikationstabellen.

Ob die folgende Rechenregel, die in einer Handschrift aus dem letzten Drittel des 11. Jh. überliefert ist, praktische Bedeutung hatte, läßt sich nicht feststellen, sie scheint vielmehr in der im Mittelalter so beliebten Tradition der Rechenrätsel zu wurzeln:

> Wenn du die Summe beliebig vieler fortlaufender mit 1 beginnender Zahlen wissen willst, dann gehe so vor: Ist die Zahl, welche du als extremus numerus wählst, d.h. die auf den letzten Summanden folgt, eine gerade Zahl, dann halbiere sie. Das Ergebnis multipliziere mit dem letzten Summanden, der dem extremus numerus vorangeht und daher ungerade sein muß und du erhältst die Summe aller Zahlen von 1 bis zum letzten Summanden.

Auch was die geometrischen Kenntnisse angeht, stehen wir vor dem selben Problem. Hugo von St. Viktor, einer der großen Schulautoren im Paris des 12. Jh. und möglicherweise ein Deutscher, hat geschrieben: Jede Wissenschaft ist zunächst in der Praxis geübt worden, ehe sie eine wissenschaftliche Disziplin geworden ist. Auch von der Geometrie sagte er daher, man habe schon längst Äcker ausgemessen, bevor es überhaupt eine Geometrie gegeben habe. Bis zur Mitte des 12. Jh. bestanden die geometrischen Kenntnisse aus einer mehr oder weniger umfangreichen Sammlung technischer Begriffe, und einfacher Prinzipien, wie »superficies vero est, quod longitudine latitudineque censetur« (eine Fläche wird durch Länge und Breite bestimmt), oder »Lineae vero fines puncta sunt« (die Enden einer Strecke werden durch Punkte bestimmt), deren Ursprung bis auf spätrömische Traditionen zurückging. Unterhalb dieser beinahe rein terminologischen Ebene gab es selbstverständlich eine praktische Geometrie, im Bauwesen, in der Landvermessung, die auf uralten Näherungswerten und Näherungsmethoden beruhte, von denen wir noch nicht allzuviel wissen. Von hier aber gab es keine Verbindung zum theoretischen Reflektieren über geometrische Probleme. Der Prozeß, in dem sich die Gelehrten des 11. und 12. Jh. die Grundlagen einer exakten Geometrie aneigneten, war lang und beschwerlich. Um 1025 korrespondierten der Kölner Schulleiter Ragimbold und sein Lütticher Kollege Rodolphus über die Summe der Innenwinkel im Dreieck. Ausgehend von dem durch Boethius überlieferten Theorem, daß ein Dreieck drei Innenwinkel hat, deren Summe gleich zwei rechten Winkeln ist, stellten sie sich die Frage, wenn Boethius von inneren Winkeln spricht, dann muß es auch äußere geben und welche sind diese äußeren Winkel. Bei ihren Überlegungen kamen sie zu dem Schluß, daß Innenwinkel der genannt wird, dessen Lot innerhalb eines Dreiecks liegt, woraus dann beide schlossen, Innenwinkel seien spitz und Außenwinkel stumpf.

Dennoch stehen wir auch schon im 11. Jh. vor erstaunlichen Einzelleistungen, deren Wirkung über Vermittler wie Schüler, Korrespondenzen oder Schriften allerdings nicht genau zu bestimmen ist. Es scheint eher, daß es sich hier um Männer handelte, die alle erreichbaren Kenntnisse ihrer Zeit erworben hatten und bis an die Grenzen des gültigen mathematisch-geometrischen Denkgebäudes gelangten, wie es seit der Spätantike in einer auf Boethius fußenden Tradition aufgebaut worden war. So ähnlich ist vielleicht auch die Leistung des Reichenauer Mönchs Hermannus Contractus (Hermann der Lahme) zu beurteilen, der um die Mitte des 11. Jh. eine Anleitung zum Bau eines Astrolabs verfaßte, ohne daß wir seine Quellen alle erkennen können, mit dessen Hilfe man, so Hermann, die Stunde des Auf- und Niederganges der Gestirne, auch deren Bewegungen durch die Himmelsräume, die tägliche und monatliche Höhe der Sonne, sowie die sicheren Stunden der Tage und Nächte fände. Diese Leistungen blieben zunächst ohne Echo, auf diesem Wege folgten nur wenige nach. Etwa gleichzeitig mit Hermann arbeitete in Lüttich Franco, der Leiter der dortigen Domschule, an dem Problem der Kreisquadratur. Er schied zunächst alle bisherigen Verfahren als methodisch unzureichend aus, darunter auch ein uraltes aber wohl nicht immer verwendetes, auf spätrömische Landvermesser zurückgehendes Näherungsverfahren, welches die Fläche eines Kreises mit demjenigen Quadrat gleichsetzte, dessen Seite gleich dem Viertelumfang des Kreises ist. Franco geht von einem Kreis aus, dessen Durchmesser 14 ist und errechnete mit Hilfe des Verhältnisses Kreisumfang : Durchmesser = $3^1/_7$ ($= \pi$) für den Umfang 44 ($2\pi r$) und für die Fläche 154 (πr^2), jeweils unter Vernachlässigung geringer Reste. Woher Franco den guten Wert für π hatte, wissen wir nicht. 154, so Franco, ist aber keine Quadratzahl, sie ist größer als 12^2 und kleiner als 13^2. Hier aus folgerte er, daß »non esse aequales spatio et numero quadratum et circulum«, daß die Fläche eines solchen Kreises zahlenmäßig nicht der Fläche eines Quadrates entsprechen kann. Geometrisch dagegen ließe sich die Gleichheit von Kreisfläche und Quadrat untersuchen.

Franco tut das auf die folgende Art:

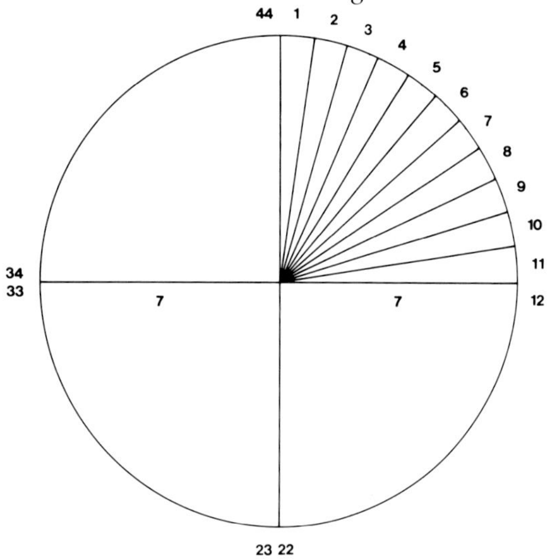

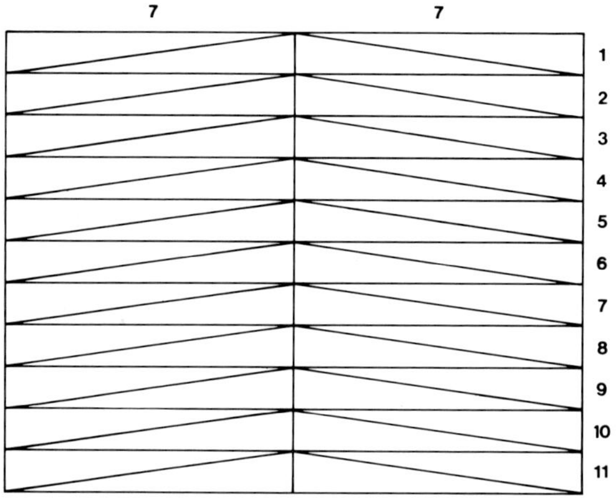

Weitere Kapitel seiner Arbeit führen ihn zu dem Ergebnis, daß 154, der Wert des Quadrates in seinem Beispiel, auch dann keine Quadratzahl ist, wenn man mit Brüchen arbeitet und daß $\sqrt{2}$, $\sqrt{3}$, $\sqrt{5}$ usf. irrational sind, aber doch geometrisch gefunden werden können, denn $\sqrt{2}$ ist ihm als Diagonale eines Quadrates mit der Seite 1 bekannt.

Die Grundlagen für die Weiterentwicklung der Geometrie lieferte indessen erst die Übersetzung der *Elemente* des Euklid aus dem Arabischen und Lateinischen durch Adelard von Bath, etwa um 1200. Die *Elemente*, in denen mathematische Probleme, etwa die Beschäftigung mit den quadratischen Irrationalitäten, auf geometrischem Wege gelöst werden, haben auch bald die schnellen Fortschritte der Algebra beeinflußt; hier sind insbesondere die Arbeiten des Italieners Leonard von Pisa (geb. 1180) zu nennen.

Deutlicher noch als in der Geometrie sind im medizinischen Wissen die beiden parallellaufenden Vermittlungsbereiche zu fassen: der dünne Faden der antiken Tradition, der einige wenige Grundsätze des Galen bewahrt hatte, so die Auffassung, daß die Grundlage aller körperlichen Funktionen vier Säfte seien, denen sowohl die vier Elemente wie vier Qualitäten, heiß – kalt, trocken – feucht, zugeordnet werden, und daß Krankheit eine Störung des Gleichgewichtes zwischen diesen Säften sei, oder die pharmakologische Vorschrift, daß Gegensätzliches mit Gegensätzlichem bekämpft werden muß. Neben einer solchen fragilen Tradition antiken Wissens lag der zweite Bereich der bodenständigen Volksmedizin, dessen Prinzipien und Konzepte wir jedoch kaum zu erkennen vermögen, da wir die Spuren seines Wirkens nur durch das Medium der christlichen Weltauffassung wahrnehmen können.

Das intellektuelle Gerüst der Medizin vor den neuen Einflüssen des 12. Jh. war noch immer das Prinzip der Gegensätzlichkeiten. Gesundheit bedeutete, daß alle Gegensätze in Harmonie zueinander stehen. So auch die vier Körpersäfte, Blut, Schleim, gelbe und schwarze Galle, denen die Elemente Feuer, Wasser, Erde und Luft zugeordnet waren und diesen wiederum die Qualitäten heiß, kalt, trocken und feucht. Isidor von Sevilla (7. Jh.) hatte dem Mittelalter die galenische Ansicht überliefert, wonach das Blut, das zwar einer der Körpersäfte ist, auch das Gemisch der vier Säfte sein kann. Krankheit konnte damit auch ausschließlich auf die Beschaffenheit des Blutes zurückgeführt werden. In einer seiner für ihn typischen Etymologien sagt Isidor: unde et sanitas dicta est, quasi sanguinis status, das Wort sanitas, Gesundheit, kommt vom Ausdruck »Situation des Blutes«. Das 11. und das 12. Jh. wußten daher: weil Gegensätzliches mit Gegensätzlichem bekämpft werden muß, wird dem Kranken eine kalte, trockene und bittere Medizin verabreicht, da das Blut heiß, feucht und süß ist. Melancholie, womit das Mittelalter eine ganze Reihe von depressiven, unruhigen, traurigen, zornigen, verzweifelten und schlafsüchtigen Verstimmungen bezeichnete, wurde auf die schwarze Galle hin behandelt und dementsprechend mit einem Umschlag aus Minze, Pfeffer und Gartenraute, Pflanzen, denen die Qualität »warm« zugeschrieben wurde, oder einer Mischung aus Öl, Mastix, Honig und diagridium, dem Saft einer südländischen Pflanze, behandelt.

Solche Kenntnisse waren in den Klöstern und Stiften des 11. und 12. Jh. weit verbreitet, ohne daß wir davon ausgehen müssen, daß dort Mönche oder Geistliche auf den besonderen Beruf Arzt hin ausgebildet worden sind. Dieses Wissen gehörte vielmehr zu ihrer Allgemeinbildung und von manchem ist überliefert, daß er hin und wieder ärztliche Funktionen übernommen hat, wie der junge Bernward, später Bischof von Hildesheim, der in dieser Eigenschaft an das Totenbett der Mathilde, der Tochter Ottos I. gerufen worden ist. Charakteristisch und repräsentativ für die Aneignung und Weitergabe solcher Kenntnisse ist der Inhalt einer Bonner Handschrift aus dem letzten Drittel des 11. Jh. In unsystematischer Reihenfolge, manchmal dort, wo andere Texte noch Platz auf dem Pergament übrig gelassen hatten, stehen hier Rezepte gegen Krankheitszustände neben verchristlichten Beschwörungsformeln, z.B. gegen eine Augenkrankheit (Schwamm): Adiuro te malum malannum per patrem et filium et spiritum sanctum ut non amplius crescas sed arescas, daß du nicht mehr weiter wächst, sondern austrocknest; Segenssprüche für schwierige Geburten neben Rezepten gegen Schlangenbisse: trink den Saft des Fenchel, des Rettichs oder der Raute; gegen den Husten: leg Myrrhe unter die Zunge. Gegen sexuelle Wünsche der Frau (*si mulier luxuriosa est*) sollte ein Trank aus Zehrkraut (Betonica), Haarwurz und Essig helfen, während eines Monats einzunehmen; den Männern, die »cum muliere non possunt«, half ein Trank aus Satureia (Dost oder die Bergminze) und in Wein und Öl gekochten Haselnüssen. Das Ganze mußte in einem heißen Bad eingenommen werden. Auffällig ist die Häufigkeit von Rezepten gegen alle Arten von Erkältungen, Schnupfen, Husten, Brustschmerzen, in denen immer wieder Honig, Essig, Wein und Flohkraut verarbeitet wird. Eine der bekanntesten Rezeptsammlungen, die auch in der erwähnten Handschrift breit ausgezogen ist, war der Liber medicinalis eines Quintus Serenus, dessen eine Fassung wohl schon im 9. Jh. zusammengestellt worden ist. Auch dieses Wissen veränderte sich demnach nur langsam, meist nur durch den Zuwachs immer neuer Zubereitungen. Gerade wegen dieser Vielfältigkeit seiner Quellen, aus denen es schöpfte, ist es immer selbst Gegenstand gelehrter Studien gewesen. Die nur schwer zu kategorisierende Mischung aus Volksglauben, christlichen Vorschriften, gelehrter Medizin und Magie machte solche Rezeptsammlungen für die Nachfolger schnell zu hermetischen Büchern. Sie wurden daher immer wieder auch sprachlich erschlossen: durch Erklärungen der lateinischen Pflanzennamen, aber auch durch deren Fixierung in der althochdeutschen Sprache.

Es kennzeichnet den Bereich des medizinischen und pharmakologischen Wissens im 11. und 12. Jh., daß die breiten Kenntnisse der Hildegard von Bingen († 1179) auf diesem Gebiet nur schwer auf bestimmbare Quellen zurückzuführen sind. Hildegard hat in ihrem Werk *Causae et Curae* (Über die Ursachen der Krankheiten und ihre Heilungen) eine »Summe der Klostermedizin« der Nachwelt überliefert. Nur zum Teil beruhte dieses Wissen auf Bücherlektüre, das meiste ist praktisches, übliches Wissen, das zum Bestand des Klosterlebens gehörte. Zweifellos aber ist dieses Werk auch in der Absicht geschrieben worden, das breite volksmedizinische Wissen, das ja durch seine heidnische Herkunft beunruhigen konnte, in das christliche Weltbild einzubinden. Krankheit begriff Hildegard als ein Versagen des Menschen, nicht so sehr des einzelnen, sondern des Menschen seit dem Fall Adams, Krankheit gehört demnach zu seiner conditio. Alle Heilung ist daher nicht nur bloße Wiederherstellung der Gesundheit, sondern ein Stück Heilsweg (Schipperges). Hildegard entwickelt ihre Vorstellung von Krankheit indessen nicht isoliert von den herrschenden Theorien ihrer Zeit. Die antike Viersäftelehre ist auch hier die Grundlage des Arbeitens, wenn auch das Grundprinzip auf die vier Elemente verschoben ist: vom Feuer erhält der Mensch die Wärme und seine Kraft, es konkretisiert sich im Sehvermögen. Die Luft bläst ihm den Atem ein und befähigt ihn zum Hören, Wasser wird im Körper zu Blut und macht den Menschen beweglich, die Erde erbaut Gewebe und Knochen und ermöglicht den aufrechten Gang. Anstelle der gelben und schwarzen Galle, von Blut und Schleim, erscheint das Phlegma (Schleim) in seinen vier Qualitäten des Trockenen, Feuchten, Schaumigen und Warmen. Aus dem Zusammenspiel der Kräfte resultiert Gesundheit, ein Übermaß der einen oder anderen Komponente führt zur Störung des Gleichgewichtes.

Unter diesen Prinzipien führt Hildegard eine Fülle von Krankheiten und Heilungsvorschriften an: Kopfschmerzen, Zahnschmerzen, die allerdings noch auf den Zahnwurm zurückgeführt werden, Brusterkrankungen, Magen und Darmleiden, Nieren- und Blasenerkrankungen, Hautkrankheiten, Gemütskrankheiten und Frauenkrankheiten. Manche Erklärungen, wie die der Wassersucht, sind auch vom heutigen Standpunkt aus als zutreffend anzusehen (Irmgard Müller). Dagegen ist ihr der Zusammenhang der weit verbreiteten Malaria mit Sümpfen und stehenden Gewässern unbekannt, obgleich dieses Wissen durch die Italienzüge der deutschen Könige immer wieder auch nach Deutschland gelangt ist. Für andere Erkrankungen, etwa die Epilepsie, reicht Hildegards Wissen nicht aus: im Gegensatz zu Lehrmeinungen, die unter dem Namen der Schule von Salerno in ihrer Zeit verbreitet waren und die auch für die Epilepsie natürliche Ursachen annahmen, spricht sie hier von Teufelseinflüsterungen.

Die Heilkraft ihrer Mittel werden zum Teil mit der galenischen Qualitätenlehre beschrieben: weil Kälte eine der schädlichsten Ursachen ist, kommt allen »wärmenden« Medikamenten große Bedeutung zu. Die Wärme des Weizens (als Umschlag?) vertreibt die Rückenschmerzen, der »heiße« Zimt verwandelt schlechte Säfte in gute. Kümmel schadet den Herzkranken, weil er das Herz nicht ausreichend erwärmt. Indessen eignet sich Schwarzkümmel, als Zubereitung auf die Wände verstrichen, zur Beseitigung der Fliegen (er enthält das giftige Thymochinon) (Irmgard Müller).

Die Qualitätenlehre hat Hildegard besonders fasziniert: Pflanzen, Bäume, Steine, Fische, Vögel,

62. Arzneimittelliste.

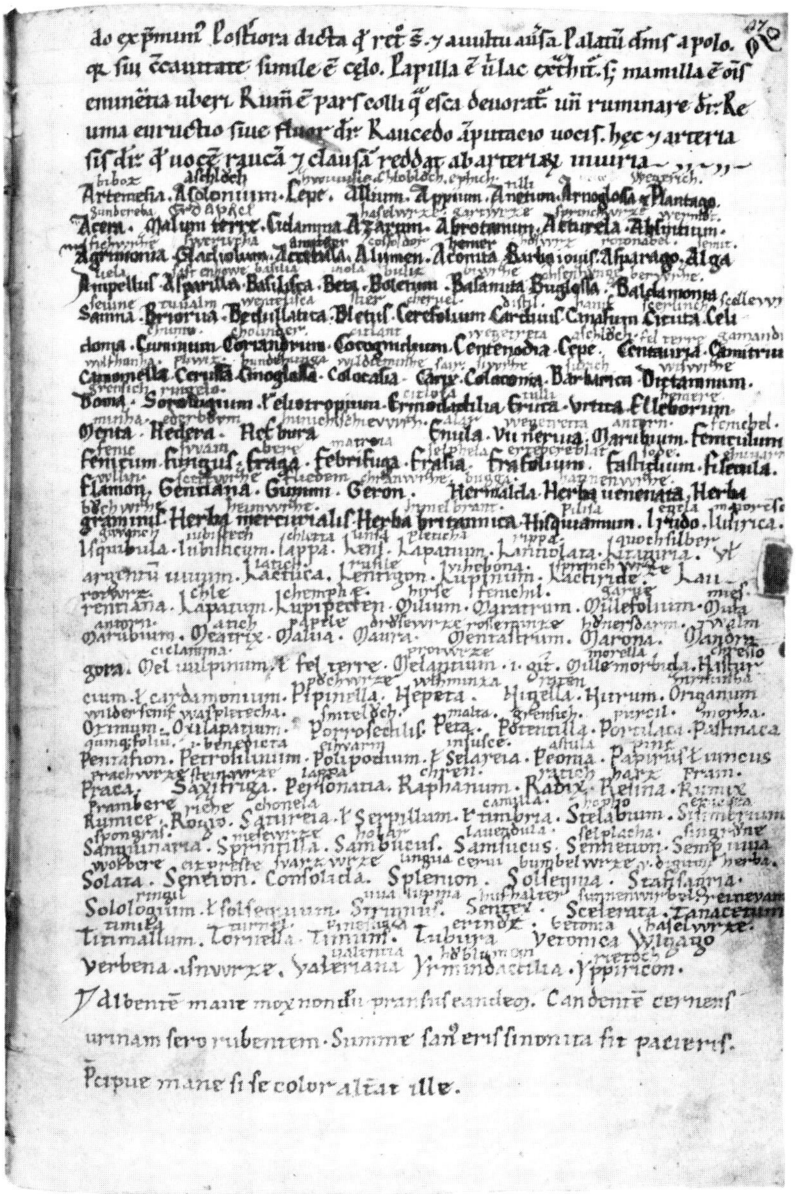

alle Natur wird von ihr mit diesen Qualitäten versehen. Löwe und Kamel sind heiß, der Esel warm und dumm, der Hirsch friert nie, er gehört zu den heißesten Tieren. Der Bär hat fast die Wärme des Menschen, zuweilen aber ist er kalt. Der Steinbock ist kalt und tückisch, das Rind warm und trocken. Schildkröte und Regenwurm sind warm, auch der Salamander. Karpfen, Stör, Wels, Hecht und Barbe neigen mehr zur Wärme, die Nase ist kalt, auch der Salm. Pfirsich, Kirsche und Pflaume sind warm, auch Mispel, Lorbeer und Kastanie. Tanne und Linde sind warm, die Eiche dagegen kalt, hart und bitter.

So nützlich und sachverständig die Arbeit der Hildegard von Bingen gewesen ist, ein Hauch von kindlicher Phantasie und Versponnenheit macht sie einer nüchternen Analyse beinahe unzugänglich. Kräftigen Spott gießen die fahrenden Scholaren sehr bald über diese Medizin aus: vermische lieber Schnee mit Taubenmilch, es könnte dir davon besser werden.

Die organisatorischen und personellen Möglichkeiten der medizinischen Zentren von Salerno, Montpellier, Toledo und Bologna haben den Ruhm dieser in sich geschlossenen und gottvertrauenden Medizin der Klöster bald verdunkelt. Neue Medikamente auf mineralischer Basis, wie das Kupfersulfat, Alaun, Salpeter, Arsenoxyd, Quecksilber- und Antimonsalz zur Behandlung von Hautkrankheiten wurden bekannt, Versuche, Operationen unter Narkose vorzunehmen, wurden schon im 12. Jh. in Salerno praktiziert, die Forderung, Sektionen an Schweinen zu Anschauungs- und Unterrichtszwecken durchzuführen, öffentlich erhoben.

Das staunende Deutschland blieb dabei noch bis ins 16. Jh. darauf angewiesen, seine Söhne nach Frankreich und Italien zu schicken, auch wenn es in manchen Bereichen durch die Leistung einzelner schon bald Anschluß an die vorwärtseilende Forschung finden konnte. Albertus Magnus, der um 1244 selbst in Paris studiert hat und dem alle späteren Gelehrten einen pantagruelischen Appetit auf Wissen nachgesagt haben, hat den Deutschen Aristoteles zugänglich gemacht. Insbesondere haben ihn die naturwissenschaftlichen Schriften des Aristoteles und solche, die unter diesem Namen umliefen, interessiert. Das enzyklopädische Element in seinen Arbeiten ist nicht zu übersehen. Vieles an ihm erinnert uns an Goethe: neugierig, den Dingen auf den Grund zu gehen, beobachtet er Fischer und Bergleute bei ihren Tätigkeiten, unternimmt lange geologische und botanische Exkursionen, beschäftigt sich mit Klassifizierungsproblemen bei Pflanzen, erkennt die Einflüsse des Lichtes und der Wärme auf das Wachstum; immer ist er auch nah an der Praxis, propagiert den Nutzen von Anpflanzungen als Schutz vor Bodenerosion, verbessert Düngungsmethoden und die Konservierung von Wein; er seziert das Maulwurfsauge und erkennt das Zentralnervensystem beim Skorpion und beim Krebs; er beobachtet den Weg von Ameisen, nachdem er ihnen die Fühler entfernt hat und Spinnen beim Bau ihres Netzes. Unbestritten sind die aufklärerischen Erfolge seiner Arbeit, die Entdämonisierung eines Teiles der Tierwelt und – bei aller aristotelischen Denkweise – die Einführung des Empirischen in die Naturbeobachtung. Eine Schule hat Albert der Große nicht begründet: auch bei seinen Schülern behielt daher die *peregrinatio academica*, die Reise an die fremden Hochschulen, ihre große Bedeutung für Wissenschaft und Bildung in Deutschland.

VI. NEUE SPIRITUALITÄT
WIRKENDE GEGENWART DER BIBEL, MEDITIERENDES SCHREIBEN, BIBLISCH ERFÜLLTES BAUEN UND GESTALTEN

Das Dasein der mittelalterlichen Menschen zumindest seit der karolingischen Zeit war in einer für die Moderne nur schwer nachvollziehbaren Weise von der christlichen Religion bestimmt, unabhängig davon, ob diese christliche Religion dem einzelnen Menschen innerlich existentiell auch etwas bedeutete oder nicht. Auf die Problematik der Vorhandenseins »innerlicher« Frömmigkeit in einer archaischen Gesellschaft wäre ohnehin ausführlicher einzugehen. Das Leben war eingebettet in christlich-religiöse Vorstellungsbahnen, die von der Geburt bis zum Tod den Sinn des Daseins sicherten, weitgehend auch die sozialen Normen, den Ablauf des Jahres regelten, und Denken, Erleben, Kunst und Herrschaft prägten. Müßig darüber zu streiten, ob dabei die einengenden, sogar erstickenden Kräfte oder die stimulierenden die größere Bedeutung hatten, und nicht minder müßig ist es, dies moderner Zensur zu unterwerfen. Es soll vielmehr gefragt werden, welche kulturellen Leistungen aus dem Kernbereich des Religiösen selbst erwachsen sind. Da das Christentum in der hochmittelalterlichen Epoche eben kein Randphänomen war wie in der modernen Welt, ist diese Frage von zentraler Bedeutung.

Frömmigkeit, für den modernen Menschen in seiner säkularisierten Umwelt höchstens eine Privatangelegenheit, die auch von sich aus nicht mehr nach wirklichkeitsgestaltendem Ausdruck drängt, also auch in ihrer Substanz anders geworden ist, war im Mittelalter bei aller sich anbahnenden Subjektivität und Verinnerlichung und allen kulturfeindlich-asketischen Wurzeln zutiefst mit dem Materiellen, Sinnenfälligen und dem Sozialen verbunden. Frömmigkeit und Spiritualität konnten zu kulturschaffenden Kräften hohen, ja höchsten Ranges werden. Die gestalteten, geistlich durchhellten Steinmassen der Kathedralen zeugen davon und das Kirchengebäude sollte noch lange die architekturale Großform bleiben.

Mittelalterliche Frömmigkeit und Spiritualität waren natürlich keine gleichbleibenden Größen, sondern in Wesen, Erscheinungsformen und Wirkung starken Veränderungen in der Zeit unterworfen. So wird man annehmen können, daß um etwa 1150 Frömmigkeit in verschiedenen recht einfachen Formen, aber beachtlicher Stärke, auch in breiten Schichten bereits über eine gefestigte Tradition verfügte. Dasselbe wird man von Spiritualität nicht behaupten können. Mittelalterliche Spiritualität, diese verfeinerte, verinnerlichte Form biblisch-theologisch geprägter Frömmigkeit, ist die Frucht vielfältiger Bemühungen, Entwicklungen und Einflüsse, und vor dem 12. Jh. können wir kaum eine größere Basis dafür erwarten. Im 12. und 13. Jh. allerdings, und das ist die entscheidende Veränderung und Neuerung, wird sie sich rasch und intensiv ausbreiten, auffächern, auch in heterodoxe Bereiche ausgreifen bzw. von dort Anstöße entgegennehmen, und sie wird ihre Wirkung auf Gebieten entfalten, die, wie die neue, erst entstehende profane deutschsprachige Literatur, von der Sache her zunächst nichts mit ihr zu tun haben. Eine scharf definierte Trennungslinie ziehen zu wollen zwischen dem allgemeinen Phänomen Frömmigkeit und der speziellen Spiritualität wäre aber wenig sinnvoll. An den jeweiligen Beispielen wird der Unterschied zu klären sein. Kaum minder schwierig wäre es, genau festlegen zu wollen, was in die mittelalterliche Frömmigkeit des Volkes an prächristlichen, archaisch magischen Vorstellungen eingeschlossen ist. Dies erschiene auch grundsätzlich bedenklich, da schließlich Religion und Christentum aus der Schöpfungsganzheit heraus zu verstehen sind und demnach auch starke Wurzeln in diesem archaischen, mythischen Bereich haben. Eine einseitig rationale Auffassung von Christentum und Religion läßt schließlich wesentliche Gemeinsamkeiten mit dem Mythischen, das nicht bloß ein vorwissenschaftliches Stadium darstellt, sondern ein die begrenzte Wissenschaft übersteigendes Phänomen sein dürfte, außer acht. Frömmigkeit im Mittelalter ist also eingebettet in eine dicke, oft sehr robuste Schicht diffuser Religiosität und umfassender, undifferenzierter sakraler Haltungen. Durch die unmittelbare Nähe zur nährenden, fruchtbaren Natur, durch das Ausgeliefertsein an sie und durch die unzulänglichen technischen Mittel, die Natur zu bändigen, wurde diese Haltung begünstigt. Die elementaren Bedürfnisse und Bedrohungen, wirklich elementar erlebt, wurden vor allem von der breiten Masse unter dem Aspekt dumpfer Religiosität gesehen (übrigens ja nicht nur im Mittelalter; diese Form der Religiosität hat sich mancherorts erst durch Feuerversicherungen, Traktoren und EG-Preisgarantien verflüchtigt).

So entwickelte sich eine Fülle von Arten und Anwendungsbereichen der Segnungen, so verstärkte sich die Hinwendung zu den Mittlern zwischen Gott und den Menschen, zu Heiligen und Engeln; diese erhielten immer mehr und teils sogar recht kuriose Kompetenzen zugeteilt. So konnte sich z.B. auch trotz des früh einsetzenden Widerstandes maßgeblicher kirchlicher Kreise das Gottesurteil als Mittel der Rechtsfindung behaupten. Die archaischen Denkstrukturen vor allem der illiteraten Massen, deren religiöse Unterweisung bei dem niederen Niveau des Landklerus ungemein dürftig gewesen sein muß, verlangten auch die Bindung an das Sichtbare, Fühlbare, Materielle. Das erklärt die Bedeutung der Gestik, der festen Formel, des Rituals, der Wiederholung, sowie die Wichtigkeit bestimmter Orte bei Pilger- und Wallfahrten, der festen Zeiten und Termine und der Sakralbauten. Dabei ist nicht nur an die ungebildete Masse der Bevölkerung zu denken; die Bindung ans Sichtbare ist ein Grundzug mittelalterlicher Religiosität überhaupt und eine besonders schöpferische Kraft. Imperiale Vorstellungsbahnen, in die die nachkonstantinische Kirche immer mehr hineingewachsen war und sich anverwandelt hatte, kamen als wichtige Stütze dieser Bindung ans Sichtbare hinzu. Die Heiligen, deren schaubare Reliquien die karolingische Zeit in steigendem Maß verehrte und zur Verfügung hatte, wurden von den Gläubigen weniger wegen ihres Gott wohlgefälligen Lebenswandels geschätzt, sondern wegen der geheimnisvollen Macht, die man eben in ihren Reliquien vermutete und derer man sich versichern wollte. Es war auch von großer Bedeutung, daß vom Frühmittelalter und der karolingischen Zeit her besonders das Alte Testament die Religiosität beeinflussen sollte. Die starke Ausprägung des Kultisch-Gebärdenhaften in der Religiosität des Alten Testaments übte auf die Welt des Früh- und Hochmittelalters, auch über die Wesensverwandtschaft eines archaischen Menschentums, eine besondere Faszination aus. Das zeigt sich z.B. in der oben schon erwähnten Sakralisierung des Königsamtes und im Salbungszeremoniell und ging hin bis zur Anwendung alttestamentlicher Vorschriften zum Sexualleben. Die Denkform der Typologie, die ja in der Überlegenheit des Neuen Testaments gegenüber dem Alten beruht und somit den mittelalterlichen Menschen über das Alte Testament mit voller Stärke aufs Neue hingeführt haben sollte, und dies teilweise ja auch tat, bewirkte aber doch auch eine starke Fixierung auf das Alte Testament als solches, besonders in jenen Bereichen, die eben der archaischen Mentalität nahelagen. (Nebenbei sei angemerkt, daß diese Überlegungen nicht den Eindruck erwecken sollten, das gesamte Alte Testament sei grundsätzlich einer zu überwindenden archaischen Mentalität zuzuordnen. Auch im Archaischen, wie oben schon angedeutet, steckt schließlich wesenhaft Menschliches. Es geht auch nicht um ein Entgegensetzen und Ausschließen, sondern um ein Verlagern von Gewichten.) Die Bedeutung des Alten Testaments wurde im Mittelalter erheblich begünstigt durch die machtvolle Präsenz der Psalmen in den Klöstern. Das wirkte überdies weit über das Mittelalter hinaus. Die Vorstellungswelt der europ. Frömmigkeit auch der Neuzeit ist z. B. über das Kirchenlied in hohem Maße von den Psalmen geprägt. Im Mittelalter hatte der Psalter auch noch eine wichtige praktisch-sprachliche Funktion. Im klösterlichen Leben war ihm ein fester Platz zugewiesen. Einmal wöchentlich sollte der Psalter durchgebetet werden, was dem Erwerb der biblisch geprägten lateinischen Sprache nützlich war.

Mönchstum – Aufbruch ins Gelobte Land

Über der massiven und undifferenzierten Volksfrömmigkeit, von ihr aber mitgetragen und in sie hineinwirkend, bildete sich allmählich eine hochmittelalterliche Spiritualität heraus, die in unserem Zeitraum reiche Frucht tragen sollte, neue Wege einschlug und neue Bereiche aufschloß. So sehr die oft geradezu unglaubliche Feinheit dieser Spiritualität der Masse des Volkes verborgen geblieben sein mag, so wäre es doch falsch, ihr jede Breitenwirkung vor allem indirekter Art abzusprechen. Doch wäre es andererseits auch bedenklich, diese hohe Spiritualität radikal von der traditionellen, auch im Archaischen wurzelnden Frömmigkeit zu trennen. Mit der Entwicklung einer neuen Form der Theologie in der Scholastik sollten sich dann freilich andere Möglichkeiten eröffnen. Diese Spiritualität, die sich ab dem 11. Jh. immer reicher zu äußern beginnt, war eine klösterliche Spiritualität und sollte dies auch noch lange bleiben. Die spätmittelalterliche deutsche Mystik war schließlich auch noch eine mönchische Angelegenheit. Meister Eckhart war Dominikaner. Kloster und Mönchstum kann man in diesem Zusammenhang nicht wörtlich und nicht ernst genug nehmen. Diese Spiritualität ist darum eine biblische Spiritualität. Versteht man also Spiritualität als die in bestimmter Weise geprägte Überhöhung und Vollendung der Frömmigkeit, letzteres als allgemeineres Phänomen aufgefaßt, so ist es wichtig zu wissen, aus welchen Wurzeln diese Prägung kommt. Diese können schließlich sehr verschiedenartig sein. Für das europäische Hochmittelalter und dessen Spiritualität liegen sie in der Verbindung von Mönchstum und Bibel. Wurden oben (S. 84 ff) materielle und wirtschaftliche Aspekte des Klosterwesens behandelt, so gilt es nun, die Bedeutung des Mönchstums für besonders maßgebende geistliche Züge der mittelalterlichen Kultur herauszuarbeiten.

Die Verbindung von Mönchstum und Bibel legte bestimmte Aspekte der mittelalterlichen Spiritualität fest und schuf Konstanten von erstaunlicher Zähigkeit, denn bei all den verschiedenen Reformbestrebungen im mittelalterlichen Mönchswesen bis hin zu den sich oft überstürzenden und revolutionär anmutenden Neuerungen und Neugründungen darf man das erstaunlich hohe Maß an bleibenden und übergreifenden Gemeinsamkeiten nicht übersehen. Was die Forschung noch bis in die Gegenwart gerade auf diesem Gebiet an irreführenden Vorstellungen aufgebaut hat, wäre zu vermeiden gewesen, wenn man sich mehr an die fundamentale Gegebenheit der Grundidee vom Mönchstum gehalten hätte, statt mit geschichtstheoretischem Aufwand effektvolle Gegensätze zu konstruieren, die in der Realität meist nur Unterschiede waren. Es sei nur daran erinnert, welch unheilvolle Rolle das Reformkloster Cluny mit seiner angeblichen Welt- und Bildungsfeindlichkeit aufgrund solcher Fehlurteile im Kulturbewußtsein nicht nur der gebildeten deutschen Öffentlichkeit gespielt hat und noch spielt. Die neuere Forschung (Hallinger, Leclercq, Schieffer, Tellenbach u.a.) hat manches festsitzende Vorurteil beseitigen können, hat das allem mittelalterlichen Mönchstum Gemeinsame in den Blick gerückt und aus dem düsteren Mythos Cluny wieder das gemacht, was Cluny war, ein mittelalterliches Kloster, in dem aufgrund günstiger äußerer Umstände, wie jeweils langer Regierungszeiten einer Reihe besonders tüchtiger Äbte, dazu eine geographische Lage knapp außerhalb des Reichs und auch außerhalb des Machtbereichs der französischen Könige, sich die mönchische Grundidee besonders eindrucks- und wirkungsvoll entfalten konnte. Diese mittelalterliche Spiritualität als mönchisch-biblische Erscheinung war, vor allem in ihren kleinen Verästelungen, der Masse der Gläubigen gar nicht oder kaum oder vereinseitigt vergröbert zugänglich. Mönche und Klöster waren nicht der Laienseelsorge wegen da und auch die klösterliche Liturgie, deren geistliche Ausstrahlung kaum zu überschätzen ist, rückte in erster Linie die Mönche in den engelhaften Umkreis des Göttlichen. Andererseits ist aber die ungeheure Bedeutung, die dieses mönchische Leben gerade für viele in der Welt lebende Laien, hoch wie niedrig, besaß, nicht zu verkennen; das ist ein weiterer in der Sache liegender Grund, bei Mönchstum und Bibel anzusetzen, um der mittelalterlichen Spiritualität als einem Kulturphänomen und nicht bloß einer Angelegenheit der isolierten Klosterzelle näherzukommen.

Das Vertrauen zur mönchischen Lebensform als einer besonders zuverlässigen und wirkungsvollen Heilssicherung hatte seit der karolingischen Zeit Wurzel fassen können, es breitete sich aus und war dann nicht mehr an zentralistisch-königliche Initiativen gebunden. Adelige, die die Mittel hatten, gingen immer mehr von sich aus daran, Klöster zu stiften, in denen für sie gebetet werden sollte, und die auch als mit besonderer Gnade ausgestattete Bestattungsorte dienen konnten. Die geistliche Kraft, die man im Kloster vermutete, und an deren heilvollen Wirkungen man Anteil gewinnen wollte, steht dabei eindeutig als Motivierung im Vordergrund. So war, um ein prominentes Beispiel zu nennen, auch Cluny eine Gründung eines adeligen Laien, Wilhelms von Aquitanien, im Jahre 910. Die mönchische Lebensform strahlte aus, sie ließ auch den Weltklerus nicht unberührt, was sich in der Institution der sogenanten regulierten Kleriker zeigte. Ein Echo davon dürfte im frühmittelhochdeutschen Ezzolied um 1060 zu vernehmen sein. Die Leute, von denen es dort heißt, daß sie in aller Eile sich einem mönchischen Leben zuwenden wollten, waren wohl Kleriker aus dem Umkreis des Bischofs Gunther von Bamberg. Diesem Aufschwung einer sich als Mönchskirche begreifenden Kirche mit konsequent kontemplativ-meditierender Ausrichtung stand in der Entwicklung der Kirche als Papstkirche eine zunehmende Juristisierung und Bürokratisierung entgegen, die auf ihre Weise auf eine Festigung der Position der Kirche in der Welt hinauslief. In der Auseinandersetzung mit den deutschen Kaisern seit Heinrichs III. Tod wurde diese Tendenz immer deutlicher erkennbar – man denke an die vielen typischen Juristenpäpste, die es zwischen 1159 und 1300 gab – und erreichte unter Innozenz III. einen Höhepunkt. Ob es sich dabei um komplementäre oder entgegengesetzte Entwicklungen handelte, ist schwer zu entscheiden. Schon Bernhard von Clairvaux hat jedenfalls harte Kritik an dieser Entwicklung der Papstkirche geübt und z.B. im Jahre 1150 Papst Eugen III. ins Gedächtnis gerufen, er solle doch nicht seine kostbare Zeit mit der Erledigung juristischer Streitfragen vertun.

Mönchische Lebensform erschien der Masse der Laien als erstrebenswertes Ziel. So berichtet z.B. Bernold von St. Blasien in seiner Chronik zum Jahre 1091, daß sich in Deutschland die Laien massenweise dem mönchischen Leben zuwenden wollten:

His temporibus in regno Teutonicorum communis vita multis in locis floruit, non solum in clericis et monachis religionissime commanentibus, verum etiam in laicis, se et sua ad eandem communem vitam devotissime offerentibus; qui, etsi habitu nec clerici nec monachi viderentur, nequaquam tamen eis dispares in meritis fuisse creduntur. (Migne, PL 148, Sp. 1407).

In dieser Zeit blühte im deutschen Reich vielerorts das religiöse Gemeinschaftsleben und zwar nicht nur bei Klerikern sondern besonders auch bei Laien, die sich und die Ihren aus tiefer Frömmigkeit heraus dem gemeinsamen Leben widmeten. Wenn sie auch in ihrem Erscheinungsbild nicht wie Kleriker oder Mönche aussahen, so standen sie diesen an Würdigkeit keineswegs nach.

Bernold erwähnt dabei eigens auch die große Zahl von Frauen. Welche Möglichkeiten der Spiritualität standen dem Mönchstum des Hochmittelalters offen? Zunächst muß man als moderner Betrachter von dem ausgehen, was sich vielfach noch heute dem Auge darbietet und dies in noch viel eindrucksvollerer Weise im Mittelalter getan haben muß: der meist gewaltigen Anlage der Klöster, die in ihrer massiven Bildhaftigkeit und Solidität mit Spiritualität nichts gemein zu haben scheint, und doch sind gerade diese wuchtigen Steinmassen auf typisch mittelalterliche Weise auch Träger dieser Spiritualität. Die Festigkeit der Klosterbauten scheint freilich dem zu widerstreben, was der Grundimpuls des mönchischen Daseins ist, der Idee der *peregrinatio*. Die irischen Mönche des Frühmittelalters waren im Westen die radikale Sichtbarmachung dieser Idee. Sie lösten sich von ihren Familienbindungen los, was in einer archaischen Welt, in der die Sippenverbände eine existentielle Bindung darstellten, etwas besonders Schmerzliches war; sie verließen sogar die Heimat, um auf Erden als Fremde und Pilger zu leben, deren wahre Familienbindung Christus ist, deren wahre Heimat der Himmel. Diese Idee der *peregrinatio*, und das ist bezeichnend für weite Bereiche des Denkens, Lebens und Handelns im Mittelalter, war nicht bloß als allgemein ethisch hochwertige Idee wirksam, sondern ging auf konkrete Bibelstellen zurück und blieb auch immer an Bibelstellen gebunden, aus denen und aus deren Deutung ständig neue Belebung möglich war. Typisch ist dabei auch der doppelte Einsatz im Alten und im Neuen Testament. So bezieht sich die mittelalterliche Mönchsliteratur, wie dies auch neutestamentliche Schriften, etwa die Apostelgeschichte 7,3, taten, immer wieder auf die Genesis und setzt bei Abraham an. Jahwe hatte zu Abraham gesprochen, Gen. 12,1, »ziehe fort aus deinem Land, aus deiner Verwandtschaft, aus deinem Vaterhaus, in das Land, das ich dir zeigen werde.« Christus selbst griff, diese alttestamentliche Aussagen erfüllend, auf diese Stelle zurück, wenn er z.B. bei

Luk. 14,26 sagt: »Wenn jemand zu mir kommt und nicht Vater und Mutter und Weib und Kind, Brüder und Schwestern und dazu auch sein eigenes Leben haßt, kann er nicht mein Jünger sein.« Christus, gemäß dem Neuen Testament, personalisiert und bezieht auf sich, was im Alten Testament reale räumliche Gegend war. Christus selbst nimmt den Platz ein, wo im Alten Testament terra (Land) steht, um dessentwillen Abraham ausziehen und das er in Besitz nehmen soll. Paulus erläutert im Hebräerbrief 11,8ff diesen Zusammenhang: »Durch Glauben gehorchte Abraham, als der Ruf an ihn erging, auszuwandern an einen Ort, den er zum Erbe erhalten sollte, und er wanderte aus, ohne zu wissen, wohin es ging. Durch Glauben ließ er sich als Beisasse im Land der Verheißung wie in einem fremden Land nieder und wohnte in Zelten mit Isaak und Jakob, den Miterben der gleichen Verheißung, denn er wartete auf die Stadt mit den festen Grundmauern, deren Baumeister und Gründer Gott ist ... Gläubig sind diese alle gestorben, ohne die Verheißung erlangt zu haben, sie haben sie von ferne gesehen und begrüßt und haben bekannt, daß sie Fremdlinge und Pilger seien auf Erden. Denn, die so sprechen, geben zu verstehen, daß sie eine Heimat suchen. Hätten sie aber jene im Sinn gehabt, aus der sie ausgezogen waren, so hätten sie ja Gelegenheit gehabt, umzukehren. Nun aber verlangen sie nach einer besseren, das heißt nach der himmlischen Heimat.« Neben Abrahams Auszug war der Auszug der Israeliten aus Ägypten ein weiteres wichtiges alttestamentliches Muster für die mittelalterliche *peregrinatio.* Auf das Wort Gottes und des Moses hin verließen die Israeliten Ägypten, d.h. die sündhafte Welt, durchschritten das Rote Meer, lebten in der Wüste, um schließlich das Land der Verheißung als reales Land in Besitz zu nehmen.

Der historisch konkrete Vorgang des Auszugs aus Ägypten bot eine große Möglichkeit der Vergeistigung und Verinnerlichung, die dem Neuen Testament und der Bibelauslegung entsprach und die auch vom Mönchstum des Mittelalters aufgegriffen wurde. Der reale, räumlich geographisch vollzogene Auszug aus Ägypten war ja nur als einmaliger historischer Akt den Israeliten möglich gewesen, doch die geistige Loslösung von der Welt ist überall und jederzeit möglich, da sie eine Sache des Willens, der *voluntas* ist. So war es denn auch nicht mehr nötig, nach Art der dinghaft-alttestamentlich erlebenden irischen Mönche eine real räumliche *peregrinatio* zu üben. Man konnte im Lande bleiben, sich aber geistig auf den Weg machen und wie Abraham oder das Volk Israel dem Ruf des Herrn folgen, also dem Willen nach *exul* und *peregrinus* sein. Das dinghaft real Räumliche kam dabei in neuer Weise, überbietend, typisch mittelalterlich, ebenfalls zur Geltung. Dies geschah in der Räumlichkeit des Klosters, die sich allerdings im mittelalterlichen Klostergebäude sofort wieder in ihrer spirituellen Grundlegung zeigte. Sie sollte aber doch nicht nur in allegorischer Weise über sich hinaus auf Geistiges weisen, sondern diesem Geistigen, dem der mönchische *peregrinus* hoffnungsvoll zustrebte, auch tatsächliche, räumlich sichtbare Wirklichkeit verschaffen. Schon in wichtigen Aspekten seiner rein baulichen Substanz, was die reale Wirtschaftspolitik andererseits nicht ausschließt, verkörperte das Kloster die Stationen des mönchischen Weges vom Auszug aus Familie und Welt bis hin zur mystischen Vereinigung mit Gott in der Herrlichkeit des neuen Himmels und der neuen Erde. Das mittelalterliche Kloster als Bau, Institution und Lebensform bot somit den Menschen der Provinzen Europas die große erfahrbare Möglichkeit, hier und jetzt als wahrer *peregrinus* zu leben und über Abraham und das auserwählte Volk hinaus zur *visio beatifica* zu gelangen. Das erklärt auch die oft geradezu unglaubliche

Anziehungskraft, die das mittelalterliche Kloster auf die Menschen immer wieder auszuüben vermochte, das erklärt auch mit die Tatsache, daß es, besonders in Zeiten gesteigerten Reformwillens, zu zahlreichen Klostergründungen kommen konnte. Wollte man das mittelalterliche Kloster auf eine paradoxe Formel bringen, so könnte man, besonders im Hinblick auf das reale Geschehen und die reale Geographie im Alten Testament die Umschreibung »neu verdinglichte Vergeistigung« wählen.

Der mönchische Grundimpuls der *peregrinatio* steht auch im größeren Zusammenhang des realen mittelalterlichen Pilgertums und der Wallfahrten, wobei Rom, Jerusalem, Santiago aber Ziele im wirklichen Raum waren. Die Tendenz zur Vergeistlichung des Auszugs Abrahams und Israels schloß ja auch im monastischen Denken die reale räumliche *peregrinatio* keineswegs aus. So verließ Norbert von Xanten (1082–1134) seine Heimat, ging als *peregrinus* nach Frankreich und gründete im Tal von Premontré im Jahr 1120 das dortige Prämonstratenserkloster. Die *peregrinatio* sollte aber andererseits in die *stabilitas* des neuen Klosterlebens einfließen. Mißbräuche im Pilgerwesen und die Gefahr, in Verkommenheit zu versinken, stärkten diese Tendenz, die räumliche *peregrinatio* nicht ausufern zu lassen. Deshalb wird die äußerliche *peregrinatio* als Pilger- und Kreuzfahrt immer mehr den Laien und Klerikern überlassen, der Mönch auf höherer Stufe vollzieht sie auf vollkommenere, auf geistige Weise. So konnte der Zisterzienserpapst Eugen III. († 1153) in sehr bezeichnender Weise die Gründung des Klosters Citeaux mit Abrahams *peregrinatio* vergleichen. Der Eintritt ins Kloster ist das räumlich verkürzte äußere Zeichen einer höheren geistigen *peregrinatio*; und am Ende dieser *peregrinatio* steht dann auch nicht das irdisch geographische Jerusalem, sondern das wahre, himmlische. Den Zugang dazu verbürgt das Kloster. Der Schritt ins Kloster führt, wie die Taufe, in eine neue Welt; wie einst auch der Durchgang der Israeliten durchs Rote Meer als Präfiguration der Taufe auf den Auszug aus Ägypten folgte und wie dann für das auserwählte Volk das Leben in der Wüste begann, so findet der neue Auserwählte, der Mönch, in der Einsamkeit des Klosters einen existentiellen geistlichen Raum als Entsprechung zur alttestamentlichen geographischen Wüste oder der Einöde, in der die frühen orientalischen Mönche lebten.

Der Bau und die Institution des mittelalterlichen Klosters erschaffen also gleichsam neu diese Wüste, einerseits in vergeistigter Form gemessen am Alten Testament, aber doch auch wieder dinghaft, weil eben im soliden Bauwerk des Klosters sichtbar präsent. Indem die Klöster, wenn man von denen der späteren Bettel- und Predigermönche absieht, vornehmlich in abgelegenen Gegenden errichtet wurden, wirkt auch noch diese alte am konkret Geographischen hängende Haltung nach, daß es der räumlichen realen Einöde bedürfte. Der abgeschlossene Bezirk des Klosters, daher der Name, verbürgte überdies im separaten *claustrum*, um das herum sich die weitläufigen Gebäude gruppierten, die immer mehr ins Profane ausgriffen, diesen Raum der Einöde; das in der Mönchsregel angeordnete Schweigen verschaffte ebenfalls Einsamkeit, Wüste, auch wenn realiter viele Menschen im Kloster anwesend waren. Das Schweigen ist aber gemäß der typologischen Struktur des Klosters nicht nur das Schweigen in der alten, geographischen Einöde, es ist noch viel mehr künftiges, apokalyptisches Schweigen, wie es in der Apokalypse 8,5 heißt: »als das siebte Siegel geöffnet wurde, trat eine Stille im Himmel ein«.

Die mittelalterliche Mönchsspiritualität, etwa eines Odo von Cluny, öffnete der mehr vordergründig asketisch-pädagogischen Schweigeanordnung der alten Benediktinerregel (Kapitel VI) neue Bereiche und vertiefte das Verhältnis zwischen mönchischem Leben und mystischen Traditionen. Die fundamentale Ausrichtung des Mönchsdaseins aufs himmlische Jerusalem entwickelte Energien von großer Ausstrahlungskraft. Nicht Höllenfurcht herrscht vor, wie man im Hinblick auf Cluny immer wieder behauptet hat, sondern antizipierte Himmelsfreude ist präsent; so wollen es die monastischen Autoren, und dieser vorweggenommene Jubel des himmlischen Jerusalems fand in der Liturgie vor allem Clunys auf großartige Weise seine Verdinglichung. Der liturgische Gesang der Mönche spiegelte den ewigen *jubilus* der Engel wider. Die Vorstellung vom Himmlischen Jerusalem, die hier für das Mönchstum und die Klosteranlage Bedeutung gewannen, werden bei der Betrachtung des Kirchengebäudes überhaupt wiederbegegnen. Bernhard von Clairvaux konnte den Mönch definieren als einen Bewohner Jersualems: *Monacus et Hierosolymita*, das Kloster demnach als himmlisches Jerusalem; und wenn auf dem Conventsiegel der 1128 gegründeten Benediktinerabtei Pforta bei Naumburg, die dann von den Zisterziensern übernommen wurde, das Genesiszitat 28,17 zu lesen steht: vere non est hic aliud nisi domus Dei et porta coeli (wahrhaftig, der Ort hier ist nichts anderes als das Haus Gottes und die Pforte des Himmels), so ist das wörtlich zu nehmen.

Von da aus gewinnt auch das Verhältnis des Mönchtums zur Natur seine eigentliche spirituell-eschatologische Bedeutung, mag dieses Verhältnis auch in der Praxis des Alltags immer wieder überlagert worden sein von vordergründig wirtschaftlichen Sachzwängen. Die wild wuchernde Natur entsprach zu sehr dem Zustand der Schöpfung nach dem Sündenfall. Es ging also darum, auch in der Natur die kommende Herrlichkeit der wiederhergestellten und verklärten Welt aufleuchten zu lassen. Das Trockenlegen von Sümpfen und das Anpflanzen von Fruchtbäumen ist auch unter diesem Aspekt zu sehen. Diese mönchischen Garteninseln, die so in der wilden Natur entstanden, konnten von den Mönchen des Hochmittelalters tatsächlich als Bild des Paradieses verstanden werden. Im inneren Raum des Klosters selbst, angelehnt an die Längswand der Kirche und vom Kreuzgang umschlossen, dessen Viereckigkeit die Struktur des Irdischen erkennen läßt und weitere geistliche Deutungsmöglichkeiten bereithält, wurde die Natur in einer Art paradiesischen Verklärung hereingeholt in einen geistlichen *locus amoenus*, der an dieser Stelle entstand: Brunnen, Pflanzen, Vogelgesang und Offenheit nach oben hin. Wiederhergestellte Natur im Zentrum der Klosterbaulichkeit, Vorwegnahme des Paradieses. In so manchem hochmittelalterlichen Klosternamen, vor allem bei den Klöstern der Zisterzienser, jenen Gründern des Neuen Klosters, wie sie sich ausdrückten, offenbart sich diese Paradiesesgewißheit besonders deutlich. Namen in Zusammensetzungen mit Klarheit, Friede, Freude, Himmel sind häufig zu finden, Clairvaux, Clairfontaine, Paix Dieu – Paradies, Himmelspforte, Gnadental usw. Im Namen des niederösterreichischen Zisterzienserklosters Zwettl schimmert durch den slawischen Ortsnamen, der Lichtung, heller Ort bedeutet, auch diese Grundidee durch. Gegenüber der rauheren Realität des Mönchsdaseins früher Jahrhunderte, mit dessen simplerer Selbstdeutung und geistigen Ausrichtung auf Askese und Buße, was freilich seine grundsätzliche Gültigkeit nie verlor, zeigt sich, daß das hochmittelalterliche Mönchstum seine eigene Position biblisch durchmeditierte und dabei vor allem ab dem ausgehenden 10. und 11. Jh. in immer höhere Bereiche der Spiritualität vorzustoßen fähig wurde und dies auch auf anderen Gebieten fruchtbar werden ließ.

Um nur die wichtigsten Wirkungsbereiche dieser neuen mönchischen Spiritualität anzudeuten, sei an die Monumentalarchitektur, an die Anlage und Ausgestaltung der Klosterkirchen, an die

63. Kreuzgang des ehem. Klosters St. Peter und Paul in Königslutter

reiche Entfaltung der Liturgie und an die literarische Konstituierung einer unverwechselbaren meditativ biblisch-mönchischen Theologie erinnert. Diese mönchische Spiritualität, die seit Ende des 11. Jh. zu einer gewaltigen Vermehrung der Klostergründungen führte und schließlich auch am Entstehen neuer Orden bis hin zu den Franziskanern beteiligt war, eröffnete auch im Quantitativen neue Dimensionen. Das setzt voraus, daß es gelungen war, religiöse Ideale tiefer in die Masse des gläubigen, aber passiven Laienvolkes hineinzutragen. Nun werden größere Volksmassen immer mehr auch als religiös handelnde Faktoren im gesellschaftlichen Leben wirksam. Ein früher Beleg für diese sich verändernde Situation des Erwachens größerer Massen ist der ungeahnte Erfolg des Kreuzungsaufrufs Urbans II. im Jahre 1095 in Clermont nicht nur bei den Rittern, denen er ja eine Rechtfertigung des Waffenhandwerks gab, sondern auch und eben bei einer Vielzahl von Gläubigen, die sich nun unabhängig von der militärischen Planung auf den Weg ins Heilige Land machten. Bezeichnenderweise ging dabei von Peter dem Einsiedler eine gewaltige, in ihren Folgen freilich verheerende Wirkung aus. Ohne die Predigten Bernhards von Clairvaux wäre ein halbes Jahrhundert später der zweite Kreuzzug kaum zustandegekommen. Der Mönch, der den *peregrinus*-Schritt aus der Welt ins Kloster getan hatte und dort die kommende Herrlichkeit zu erleben sich bemühte, und die Masse der in der Welt Lebenden rückten somit auf seltsame Weise zusammen.

Diese große Eruption der Frömmigkeit der Massen weist voraus auf die Äußerungen massiver Frauenfrömmigkeit, die im 13. und 14. Jh. manchmal die offizielle Kirche zu überrollen schienen, und auf die Geißlerzüge des späten Mittelalters, um nur zwei markante Erscheinungen zu nennen. Diese Eruption hat auf den ersten Blick freilich mit meditativer Spiritualität wenig gemeinsam und doch dürfte sie in manchem als deren populäre Entsprechung aufzufassen sein. Wenn dieses unerwartete religiöse Aktivwerden vieler Laien sich auch als Kollektivphänomen darstellt und somit eher archaische Züge hat, so ist andererseits nicht zu übersehen, daß ein religiöses Zusichkommen und Agieren des einzelnen Laien darin bereits als Ferment wirksam gewesen sein muß. Auf die wachsende Bedeutung des Laien, was sich auf besonders eindrucksvolle Weise im überraschenden literarischen Vordringen der Volkssprache und in einer in ihr sich vollziehenden Erschließung neuer Bereiche zeigt, und auf das immer stärker werdende Gewicht des Individuums werden wir noch an verschiedenen Stellen stoßen.

In diesem Zusammenhang ist auch auf die Reformpolitik des Papstes Gregors VII. zurückzuverweisen, die im Investiturstreit einen spektakulären Höhepunkt erreichte. Sie führte eine schärfere Trennung zwischen der kirchlichen Macht und der Macht der Laien herbei, was sich vor allem im Zurückdrängen des weltlichen Einflusses in geistlichen Bereichen, die nun klarer als solche erkannt wurden, zeigte. Diese Trennung schlug sich u.a. auch in der Gliederung des Kircheninneren nieder; immer häufiger wurden die trennenden Lettner errichtet, die den Klerus im Altarraum vom gewöhnlichen Laienchristenvolk drastisch absetzten. Kirche verstand sich dabei immer mehr als Kleruskirche. Diese Trennung, die indirekt auch Säkularisierungstendenzen fördern mochte, könnte aber ebenfalls die Laien zu größeren Eigeninitiativen ermuntert und bei ihnen religiöse Energien freigesetzt haben, die bisher unter der globaleren Sakralität der vorgregorianischen Zeit zugedeckt gewesen waren.

Nun wird man die großen Veränderungen, die sich im geistigen Leben des Mittelalters abgespielt haben, nicht monokausal auf die sich besonders eindrucksvoll entwickelnde mönchische Spiritualität zurückführen wollen. Die Grundwelle, von der auch diese getragen wird, wurde an verschiedenen Stellen in Gang gesetzt und entzieht sich einer restlosen Aufhellung. Doch im Mönchstum sind manche dieser Veränderungen auch aufgrund der guten Quellenlage exemplarisch zu studieren; der Einfluß des Mönchstums auf die damalige Welt steht ohnehin außer Zweifel. Festzuhalten ist dabei aber immer, daß die hochmittelalterliche mönchische Spiritualität, auch im weiteren Sinn, auf einem traditionellen Fundament ruht. Die Texte und Autoren, an denen sie sich inspiriert, waren nicht neu und doch entstand Neues, weil man mit neuen Augen las. Man vergleiche bloß das geistig literarische Gesicht des Mönchstums im 12. Jh. mit dem der karolingischen Zeit. Beide stehen zueinander, vergröbert gesagt, wie beunruhigende Dynamik zu imponierender Statik. Hinter dem neuen geistlichen Elan, der sich in verschiedener Weise offenbarte, stand eine starke Tendenz, die Religion auch als personale Macht zu erfahren, was für

Person und Individuum weitreichende Folgen hatte. Im Mönchstum verband sich das auch mit einem Rückgriff auf vorkarolingische frühchristliche Verhaltensweisen. Von Benedikt von Nursia, der im 6. Jh. den Benediktinerorden gründete, erfahren wir, daß er nach Rom kam, um dort zu studieren, dann aber angesichts der dortigen Zustände sich entschloß, die weltliche Akademikerlaufbahn aufzugeben, um in der Einsamkeit ein neues Leben zu beginnen. Auf den bewußten Entschluß dieses bereits gereiften Individuums kam es also an. Im karolingischen Europa, in dem die entscheidenden Initiativen in hohem Maße von oben ausgingen, hatte sich dann aber immer mehr eingebürgert, Kinder aus gutem Haus in zarten Jahren bereits einem Kloster zu übergeben, als *pueri oblati*, aus denen dann wie selbstverständlich und ohne den Ruck des reifen persönlichen Entschlusses Mönche wurden. In vielen Fällen entschieden der Zufall oder auch die körperliche Verfassung, welcher von den Söhnen eines Adeligen eine kriegerische Laufbahn einschlug und welcher fürs Kloster bestimmt wurde. Im Hochmittelalter vor allem bei den neuen Orden trat eine entscheidende Veränderung ein. Man nahm im Kloster vor allem den Erwachsenen auf, der sich, wie in frühchristlicher Zeit, bewußt von der Welt abgekehrt hatte und ein neus Leben beginnen wollte. Bernhard von Clairvaux trat mit einer Gruppe gleichaltriger Verwandter in Citeaux ein und der berühmte zweite Abt von Cluny, Odo († 942), war bereits 30 Jahre alt, als er Mönch wurde. Darin zeigen sich erhebliche Verschiebungen in den Ansichten, und das wurde seinerseits wieder Anlaß, weitere gewichtige Verschiebungen vorzubereiten, denn dieses Hervortreten und Ernstnehmen des Einzelnen, die Bedeutung des persönlichen Entschlusses, hatte Konsequenzen. Das zeigt sich auch in einer stärkeren Hinwendung zum Neuen Testament und im Bemühen, es existentieller zu verstehen.

Vom Neuen Testament erhielt die neue sich entwickelnde Spiritualität weitere Anstöße. So rückte die Person Christi erneut ins Licht, und zwar der Christus des Evangeliums, der Menschgewordene; nicht erst Franz von Assissi hat dieses radikale Nachleben Christi erfahren und erfahrbar gemacht. Er selbst steht in dieser Tradition der hochmittelalterlichen Spiritualität, die ihrerseits wieder auf Altes zurückgreift. Doch die Augen haben sich eben geändert, mit denen nun auf die altbekannten Bibelstellen und Vätertexte geblickt wurde. In dem 1098 Papst Urban II. gewidmeten Traktat *cur Deus homo* stellte der berühmte Mönch Anselm von Canterbury, der, aus dem Aostatal stammend, über Frankreich nach England kam († 1109), die Menschwerdung erneut ins Zentrum. Das bedeutete freilich nicht, daß damit der *Deus creator*, der Schöpfergott, der in karolingischer Zeit und besonders in der Germanenmission im Vordergrund stand, an Bedeutung verloren hätte. Neben Christus, dem Herrn und Richter, der in der Herrlichkeit wiederkommt, wird aber Christus als der Menschgewordene besonders umworben, der als Person das Heil verbürgt und darstellt, als Weg, Wahrheit, Leben, was immer wörtlicher genommen wurde. Für viele Mönche des Hochmittelalters wird diese Person Christi erneut und auf vertiefte Weise zur Richtschnur des monastischen Lebens. Für Etienne de Muret († 1124), den Gründer von Grandmont, ist die wahre Ordensregel das Evangelium Christi. Diese Regel sei vollkommener als die *Regula Sancti Benedicti.* Genauso argumentierte Norbert von Xanten, der Gründer der Prämonstratenser, indem er die Ordensregel personalisierte. Christus sei die *regula.* Das Mönchstum der Karolingerzeit hatte sich meist mit der Befolgung der Regel des hl. Benedikt begnügt. Die notwendige Folge war nun die vertiefte *imitatio Christi.* Schon der hl. Hieronymus, der ja selbst in Bethlehem wie ein Mönch lebte, hatte die kompromißlose Nachfolge Christi ins Bild der Nackt-

64. Initiale ›O‹ eines Hoheliedkommentars.

heit gefaßt, *nudus nudum Christum sequi*, nackt dem nackten Christus nachfolgen. Die extreme Entäußerung und die Anverwandlung des eigenen Lebens an das des menschgewordenen Gottessohnes prägte auch in hohem Maße das hochmittelalterliche Reformmönchstum und drang dann aus dessen Meditationen in die Praxis des franziskanischen Daseins ein. Der Einfluß neuer sozialer Entwicklungen – Aufschwung der Städte – kam dazu, und im franziskanischen Dasein konnte sich diese Idee der totalen Entäußerung sogar gelegentlich in grober Realistik – wie Ablegen der Kleider – äußern, worin man einen Rückfall in eine allzudingliche, ja materialisierte Auffassung des Religiösen sehen könnte.

Hat die hochmittelalterliche Spiritualität auch vom mönchischen Leben besonders starke Impulse erhalten, und ist sie durch die Internationalität des Mönchstums und den Rückgriff auf die allgemein verfügbare Tradition der Bibel und der Kirchenväter einzuordnen in die allgemeine geistliche Entwicklung der europäischen Christenheit, so zeigen sich doch bedeutende Konzentrationen in bestimmten Gegenden, und es zeichnen sich auch nationale Sonderentwicklungen ab, womit dieser Problemkomplex für unsere Fragestellung zusätzlich interessant wird. Dazu erweist sich, was bei der Allgegenwart der christlichen Religion im Mittelalter auch nicht verwundert, diese Spiritualität als entscheidender Kulturfaktor, der von der Monumentalarchitektur über Kunsthandwerk etc. bis hin zu einem ganz besonderen Umgang mit dem literarischen Wort seine Wirkung entfalten konnte. Wir setzen bei letzterem ein, da die Sprache an fixierbare Verfasser gebunden ist bzw. als Volkssprache am ehesten auch nationale Sonderentwicklungen erkennen läßt, die freilich nicht isoliert werden dürfen.

Das Hohelied – bräutlicher Jubilus

Ein besonders instruktives Beispiel für das Ineinander von nicht an Sprachgrenzen gebundener Spiritualität und nationalsprachlicher Sonderentwicklung bietet die Rezeption des Hohenliedes im Hochmittelalter. Dabei wird erneut, wie auf vielen anderen Gebieten, die Besonderheit der französisch-deutschen Kulturbeziehungen deutlich. Die mönchische Spiritualität des Hochmittelalters sollte das Hohelied als ihren Zentraltext entdecken und sich, von ihm beflügelt, in mystische Höhe erheben, wie dies seit der Zeit der Kirchenväter, man denke nur an die große und einflußreiche Hohelieddeutung des Origenes († um 253) nicht mehr geschehen war. Dabei waren natürlich das Hohelied und meist auch dessen frühchristliche Deutungen dem frühmittelalterlichen Mönchstum durchaus bekannt gewesen. So verweist der aus dem Osten stammende monastische Autor Johannes Cassianus († um 425 in Marseille, wo er als Klostergründer tätig war) in seinen *Collationes*, die grundlegend waren für das mittelalterliche Mönchstum, unmittelbar auf das Hohelied als Zieltext, auf den hin die Stufenfolge mönchischer Selbstentäußerung angelegt sei. Die dritte Stufe dieser Selbstentäußerung findet Cassian in der Abfolge der Biblischen Bücher: Proverbien, Ecclesiastes und schließlich Hohelied vorgebildet. Cassians Werk wirkte z.B. unmittelbar auf die Abfassung der Benediktinerregel ein, der Hinweis aufs Hohelied setzte aber dabei kaum etwas in Bewegung. Das Mönchstum verharrte in seinem Verhältnis zum Hohenlied zunächst in seinen traditionellen Positionen und begnügte sich im Grunde, die Ansichten Gregors des Großen und später Bedas eher schulmäßig weiterzureichen.

Erst Jahrhunderte später im französisch-deutschen Kulturraum wurden die spirituellen Energien dieses Textes für die Mönchsfrömmigkeit und von da aus weiterwirkend freigesetzt. Der Anstoß dafür, und das hat fast symbolhaften Charakter, kam aus dem Kernbereich der mittelalterlichen Kultur nördlich der Alpen, aus Ostfrankreich und dem westlichen Deutschland, vom niederrheinischen Benediktinermönch Rupert von Deutz und von dem burgundischen Zisterzienser Bernhard von Clairvaux. Friedrich Ohly hat gezeigt, daß der Schwerpunkt der neuen Hohelieddeutung im nordostfranzösischen Raum lag, und von da aus nach Deutschland und ins französisierte England ausstrahlte. Der Großteil der über 200 Hohelieddeutungen, die in der Zeit zwischen 200 n.Chr. und 1200 entstanden sind, stammt allein aus dem 12. Jh. Dieser quantitative Befund zeigt, daß sich im Qualitativen radikale Veränderungen vollzogen haben müssen.

Rupert von Deutz (um 1070 bis um 1130) muß im Kloster St. Lorenz in Lüttich eine sehr gute Ausbildung erhalten haben. Weil er auf Seiten der religiös reformerischen Kräfte stand, überwarf er sich mit dem im Investiturstreit eingesetzten simonistischen kaiserlichen Abt, fand aber im Reformkloster Sigburg bei Bonn Unterstützung. Rupert schaltete sich dann energisch in theologische Diskussionen seiner Zeit ein und scheute sich nicht, führende französische Theologen wie

Wilhelm von Champeaux und Anselm von Laon scharf und im Grundsätzlichen anzugreifen. Dem in der Lehre dieser Theologen sich anbahnenden modern dialektisch, rein denkerischen Bemühen setzte Rupert die betend meditierende mönchische Bibeltheologie entgegen, ein Vorgang übrigens, der sich in ähnlicher Form auf höherem Niveau und mit größerem Widerhall im Streit zwischen Bernhard von Clairvaux und Abaelard wiederholen sollte, für die tragenden Kräfte der Zeit also von besonderer Aussagekraft ist. Das Entscheidende in Ruperts theologischer Haltung ist der streng biblische Ansatz, und die darin fußende überraschende Gewißheit, daß jeder wahrhaft Glaubende sich der Bibel unmittelbar nähern und sich um ihr Verständnis bemühen dürfe, ja solle. Die Bibel sei wichtiger als selbst das, was die Väter über sie gesagt hätten. Höher als das Verharren in der Tradition der Kirchenväter stand also für Rupert das auf unmittelbarer Begegnung mit dem Bibeltext beruhende religiöse Erleben, wobei auch das visionäre Element Bedeutung gewinnen konnte. Letzteres sollte sich dann bei Hildegard von Bingen und anderen noch verstärken.

Von seinem Beschützer, dem Abt Kuno von Sigburg, dem nachmaligen Bischof von Regensburg, ermuntert, ging Rupert in der Zeit ab 1120 daran, einen Kommentar zum Hohenlied zu schreiben. Diese Anregung bestärkte eine frühe Vision Ruperts. Das Hohelied war für diesen mönchischen Geist auch der adaequate Text. Schon in frühen Werken, so in der Schrift über das Wirken der hl. Dreifaltigkeit, *de trinitate et operibus eius*, hatte Rupert die Kraft der göttlichen Liebe betont, die sich in der Menschwerdung Christi, dieser Vereinigung der göttlichen mit der menschlichen Natur wie in einem *osculum* (Kuß) manifestiert hatte. Das Hohelied setzt bekanntlich mit dem Kußthema ein, *osculetur me osculo oris sui.* Rupert betrachtete das Hohelied, und auch darin vermochte er Neues zu sehen, konsequent von der Menschwerdung Christi her und kam von da aus zu einer konsequent mariologischen Deutung, wofür es in der Tradition der Hohenliedexegese z.B. bei Hieronymus und Ambrosius bloß Ansätze gab, aber nicht mehr.

Mit Bernhard von Clairvaux, der bald nach Ruperts Tod daranging, in seinen Predigten das Hohelied durchzumeditieren – auf diesen wichtigen Wechsel des Mediums sei mit Nachdruck hingewiesen, die Hoheliedpredigt tritt an die Stelle der traktathaften Kommentare –, erreichte die mönchische Aneignung dieses biblischen Buches seinen Höhepunkt. 86 Predigten widmete Bernhard diesem Text und kam damit immer noch nicht ans Ende. Die mariologische Deutung fehlt aber bei ihm, das bräutliche Verhältnis zwischen göttlichem *Verbum* und der menschlichen *anima* wird aber dafür mit einer bis dahin unbekannten geistlichen Intensität ausgestaltet. Um und nach Bernhard entwickelte sich reiches Bemühen um den Hoheliedtext, worauf hier nicht eingegangen zu werden braucht.

Wie im Werk Ruperts von Deutz die deutsche Seite des Mönchtums in lateinischer Sprache einen wichtigen Beitrag zur Hoheliеddeutung leistete, so hatte das Deutsche auf dem Gebiet der Volkssprache bereits eine Tradition der Hoheliеddeutung geschaffen, für die es in den damaligen Volkssprachen, auch nicht im Französischen, kein Vorbild gab. Um 1060 war es bereits zur ersten volkssprachlichen Auslegung des Hohenliedes überhaupt gekommen. Sie stammt von dem ehrgeizigen Abt Williram von Ebersberg/Bayern. Dieses Werk zeigt freilich noch das große Übergewicht des Lateinischen und weist in seiner Deutung keineswegs auf das voraus, was das 12. Jh. dann an Hoheliedauslegungen bringen sollte. Das Werk Willirams zeigt von der Handschrift her eine bedeutsame Akzentuierung. In der Mitte, in der zentralen Position also, befindet sich der

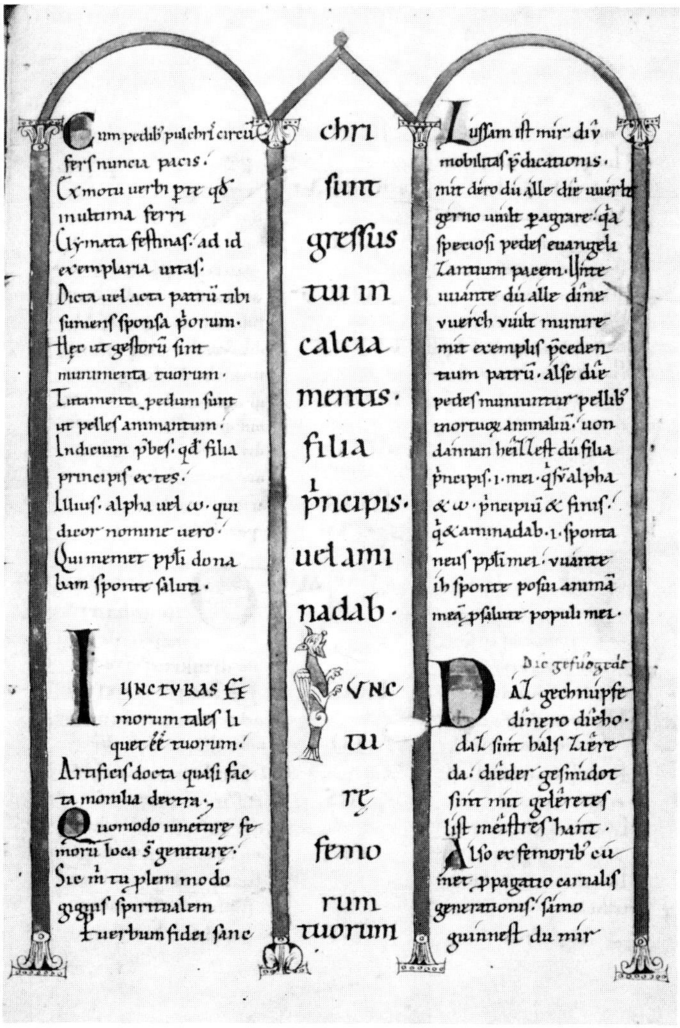

65. Seite aus der Hoheliedparaphrase Willirams

lateinische Vulgatatext. In der Spalte links davon steht eine Paraphrase des Bibeltextes in lateinischen Hexametern. Beides zusammen bildet das für das frühe und hohe Mittelalter bezeichnende Nebeneinander von Vers- und Prosafassungen. In der rechten Spalte aber, und somit über das traditionelle *opus geminatum* von Vers und Prosa hinausgehend, fügte Williram in Prosa eine volkssprachliche Umschreibung des Bibeltextes bei. Dieser Text bietet nicht reines Frühmittelhochdeutsch, er ist vielmehr durchsetzt mit lateinischen Ausdrücken und Textstücken, steht also ebenfalls in einer Tradition, die sich z.B. im umfangreichen, auf die Schule bezogenen Übersetzungswerk des St. Galler Mönchs Notker († 1022) besonders eindrucksvoll manifestierte.

Auch aus den weniger reichlich fließenden zeitgenössischen altfranzösischen Quellen kennt man die lateinisch-volkssprachliche Mischsprache. Es liegt also auch da ein umfassendes Phänomen vor. Eine Beschäftigung mit dem Hohenlied ist im Altfranzösischen um diese Zeit aber noch nicht nachweisbar. Dazu kam es erst kurz vor der Mitte des 12. Jh. Eine auf Mariae

Himmelfahrt bezogene liturgische Sequenz (das Fest Mariae Himmelfahrt war im 9. Jh. eingeführt worden) enthält einige direkte Anklänge an das Hohelied. Es handelt sich um die Sequenz *Quant li solleiz converset en leon.* Der Text ist schlecht überliefert, er umfaßt 30 Strophen aus je zwei Zehnsilblerversen und einem Viersilblervers. Für die Hoheliedeutung im engeren Sinn ist diese Sequenz unwichtig, das Hohelied hat darin nur Hilfsfunktion. Wohl aus den Siebzigerjahren des 12. Jh. stammt dann die erste umfangreiche selbständige französische Bearbeitung des Hohenliedes, die unser Interesse beanspruchen kann und für die Betrachtung der Sonderentwicklungen im Deutschen wie im Französischen aufschlußreich sein dürfte. Bereits 15–20 Jahre zuvor aber war in einem süddeutschen oder österreichischen Kloster eine großangelegte deutschsprachige Prosadeutung des Hohenliedes entstanden, der auf Grund der Komposition, des sprachlich-stilistischen Könnens und der Deutungsperspektive ein hervorragender Rang in der literarisch faßbaren Frömmigkeitsgeschichte zukommt. Zwischen dem deutschen und dem letzterwähnten französischen Text besteht keinerlei Zusammenhang. Beide Texte weisen auch in eine jeweils ganz verschiedene Richtung. Der etwas jüngere französische Text stammt aus der Gegend von Calais und wird mit guten Gründen dem theologisch geschulten geistlichen Berater am Hof Balduins II. von Guines Landri von Waben zugeschrieben. Er ist auch zur Erbauung von Laien verfaßt und einer Dame, wohl der Gräfin selbst, gewidmet. In der dichterischen Form folgt diese Hoheliedeutung der Mode der Zeit, sie ist in paarweise gereimten Achtsilblerversen geschrieben, dem sogenannten höfischen Reimpaarvers. Über 3500 Verse umfaßt das Werk, das in seiner stark ausgeprägten seelischen Intensität in unmittelbare Nähe zur höfisch-weltlichen Liebeslyrik und Romandichtung zu stellen ist. Mystik und höfisch verfeinerte weltliche Kultur des Herzens durchdringen dabei einander. Gegen Ende der 80er Jahre des 12. Jh. entstand am Hof der literarisch interessierten Gräfin Marie de Champagne – der Mäzenin Chrétiens de Troyes – eine auf die Liebesbeziehung Gottes zu Maria, der Kirche und der Seele bezogene Deutung des Psalms 44 (*eructavit cor meum verbum bonum*) im paarweise gereimten höfischen Vers. Der Verfasser bedient sich dabei bewußt und konsequent des Kernvokabulars der weltlichen Troubadourdichtung, das um diese Zeit bereits eine Tradition besaß. Leitwort ist *fin'amors*, diese umwälzende begriffliche Neuschöpfung der Troubadours aus der Zeit kurz vor der Jahrhundertmitte. (Im Deutschen ist eine vergleichbare Anlehnung der Sprache der Mystik erst im späten 13. Jh. in der Frauenmystik etwa Mechthilds von Magdeburg zu beobachten. Die religiöse Sprache der deutschen Hoheliedeutung des 12. Jh. ist dagegen ganz eigenständig und macht keinerlei Anleihen beim eben entstehenden deutschen Minnesang.) Der zeitlich vorausliegende deutsche Prosatext, das *St. Trutperter Hohelied* dagegen, ist ein Werk ganz anderer Art und kann als repräsentativ angesehen werden für eine im Deutschen sich in zunehmender Eigenständigkeit herausbildende geistlich-literarische Tradition, die bis hin zur spätmittelalterlichen deutschen Mystik ihre Wirkungen hervorbringen wird, und in der auch der Anteil der Frau als Nonne von besonderer Wichtigkeit ist. Ohne nationale Typologien aufstellen zu wollen, was schon aufgrund der dünnfließenden Quellen bedenklich wäre, seien einfach vorhandene Unterschiede zwischen dem Deutschen und dem Französischen in dieser Hinsicht registriert, die dann doch nicht zufällig sein dürften, sondern auf verschiedene Tendenzen im Kulturellen schließen lassen können.

Im französisch-occitanischen Kulturraum des 12. Jh. begegnen wir der Frau vor allem als höfischer Mäzenin geistlicher und weltlicher Literatur. Man denke an die Gräfin Alice, bzw.

Mathilde am Hof Heinrichs I. von England aus dem Anfang des 12. Jh., an die Gräfin Marie de Champagne am Ende des 12. Jh. und deren Mutter, die berühmte Eleonore von Poitou. Die höfische Dame tritt in diesem Kulturraum aber auch als Dichterin hervor, man denke an die Gräfin von Dias, die Troubadourdichterin, oder an Marie de France, von der wir zwar, typisch für die Zeit, auch ein geistliches Werk haben, die aber doch ihre innovatorische Leistung als Verfasserin weltlicher Dichtung, wir denken an ihre Lais, vollbracht hat. Das Deutsche bietet ein anderes Bild. Minnesängerinnen kennen wir aus dieser Zeit nicht, und das dürfte nicht nur ein Zufall der Überlieferung sein. Eine Marie de France mit vergleichbaren weltlichen Dichtungen fehlt ebenso und auch das weibliche Mäzenatentum scheint nicht so stark entwickelt gewesen zu sein wie im Westen. Die Gemahlin Heinrichs des Löwen kann man zwar mit ziemlicher Sicherheit in diesem Zusammenhang erwähnen, doch sie war Französin, und es ging um die Eindeutschung des französischen Rolandsliedes, es liegt also vor allem religiös-geistliches Interesse vor. Dafür aber hat das Deutsche schon in der ersten Hälfte des Jahrhunderts in Frau Ava eine geistliche Dichterin. (Wir könnten auch noch zurückdenken an Hrotswith von Gandersheim, die in ottonischer Zeit in lateinischer Sprache schrieb). Frau Ava verdanken wir aus dieser Zeit die Umdichtung des Neuen Testaments in die frühmittelhochdeutsche Volkssprache. (Die ersten umfassenden deutschsprachlichen Umdichtungen des Neuen Testaments überhaupt, Heliand und Otfrids Evangelienbuch, entstanden im 9. Jh.) Frau Ava, die beim Kloster Melk als Rekluse lebte, gehört nicht zum Typ der literaturbeflissenen mondänen Dame, sondern sie steht in der Reihe literarisch tätiger Nonnen. In den rheinischen Nonnen Hildegard von Bingen (1098–1179) und Elisabeth von Schönau (1129–1164), deren geistliche Werke lateinisch geschrieben wurden, kennt man die Stärke dieser Tradition. Sie zeigt sich in dem hohen geistigen und geistlichen Niveau der Schriften dieser Nonnen, aber auch in der starken sozialen Wirkung, die von ihnen ausgehen konnte, wie etwa Hildegard von Bingen zeigt. Das *St. Trudperter Hohelied* ist nun gerade wegen seiner Volkssprachlichkeit ein besonders eindrucksvolles Zeugnis, das einen Einblick in die geistliche Kultur der Nonnen im deutschen Raum ermöglicht.

Eine der erhaltenen Handschriften, die sich schon vor dem 16. Jh. in Wien nachweisen läßt, trägt den Besitzervermerk St. Trudpert, was freilich nicht bedeuten muß, daß diese Handschrift, geschweige denn das Original selbst, im Schwarzwaldkloster St. Trudpert entstanden sei. Nun sind aber östlich des Rheins und außerhalb des Kölner Raums auch lateinische Hoheliedkommentare nicht allzu zahlreich. Aus dem Südosten führt Ohly nur einen solchen lateinischen Kommentar aus Admont an, den der dortige Abt Irimbert vor der Mitte des 12. Jh. für Nonnen geschrieben hat. Da die volkssprachlichen Hoheliedkommentare und überdies solche für Nonnen noch viel rarer sind, wäre es keineswegs von der Hand zu weisen, mit Ohly Admont als Entstehungsort des deutschen Textes, unseres *St. Trudperter Hohenliedes* also, zu erwägen. Dort war, zumindest im lateinischen Kommentar des Irimbert, bereits eine günstige Ausgangsposition gegeben, zumindest Anregungen sind nicht auszuschließen. Bei dem regen geistigen Austausch innerhalb der Klöster ist es aber dann auch sekundär, wo ein Werk tatsächlich geschrieben wurde. Aus dem bairisch-alemannischen Sprachraum kommt der Text gewiß. Der deutsche Text, der keinerlei Angaben über Verfasser und Umstände enthält, gibt aber dafür eindeutige Hinweise, daß er sich an ein Nonnenpublikum wendet und ausschließlich für dieses geschrieben wurde. Dürfte man, mit Hinblick auf Frau Ava oder Hildegard von Bingen u.a., an eine Nonne als Verfasserin denken?

Im Epilog wird das Werk mit hohem Anspruch als *speculum* der Bräute des Allmächtigen, der Nonnen also, bezeichnet. Diese *speculum*-Spiegel-Metaphorik, die auch aus der Antike bekannt ist, hatte sich in der christlichen Tradition besonders gut entwickeln können. Sie drang z.B. im Hochmittelalter in viele Buchtitel lehrhafter und enzyklopädischer Werke ein. Das war mehr als eine oberflächliche Mode, denn es zeigt sich darin, wie sehr sich die Vorstellung verdichtete, daß es etwas Besonderes sei, auf diese bildhafte und schaubare Weise – im Spiegel – Einsicht zu gewinnen und für sich und sein Leben nutzbar zu machen. Das *St. Trudperter Hohelied* ist somit auch ein wichtiges Dokument, an dem sich die Bedeutung der Nonnenspiritualität und deren Kontinuität im Deutschen erhärten läßt.

Bernhard von Clairvaux hatte sich in seinen Hoheliedpredigten an seine Mitbrüder gewandt. Wenige Jahre nach seinem Verstummen antwortete ihm also aus dem bairisch-alemannischen Osten zum selben Thema die deutsche Nonnenmystik mit einem volkssprachlichen Text, dem *St. Trudperter Hohenlied.* Dieses gut 160 Buchseiten umfassende Werk, das den ganzen Hoheliedtext behandelt, zeigt schon in seiner Anlage, daß es wie Bernhards Predigten auch auf der formal-schriftstellerischen Höhe der Zeit steht. Es beginnt aber nicht mit einer kurzen Hinwendung an die Hörer, sondern setzt, ein anderes literarisches Genus markierend, mit einem etwa fünf Seiten langen Prolog ein, dem am Ende ein fast ebenso umfangreicher Epilog entspricht. Dazu ist vor allem der Prolog ein Meisterstück geistlicher Rhetorik, das für sich schon den singulären Rang dieses Werkes bestätigt. Von einem simplen Erbauungstext für biedere illiterate Nonnen kann hier keine Rede sein. Es dürfte nur wenige Texte aus dieser Zeit geben, in denen das mittelalterlich-biblisch-theologische Meditieren so unmittelbar in die Sprache umgesetzt und in ihr zum Wirken gebracht werden konnte, wie im *St. Trudperter Hohenlied*, und das noch dazu in der Volkssprache! Dieser Text belehrt nicht nur, führt auch nicht nur auf etwas hin und rührt nicht nur an, vielmehr vollzieht er das, wovon er spricht, er setzt beim Hörer etwas in Gang. Dieser Text ist mystische Meditation mönchischer Provenienz. Das typisch mönchische *ruminare*, dieses Widerkäuen eines Wortes, eines Verses, um ihm den süßen Kern zu entlocken, das Verborgene zur Wirkung zu bringen, wirkt in diesem Text ebenfalls mit. Große architektonische Klarheit, ja Berechnung, die sich bis hinein auch in syntaktisch raffiniert eingesetzte geistliche Zahlensymbolik erkennen läßt, einerseits, und das Erwecken innigsten Anteilnehmens andererseits, hören auf, Gegensätze zu sein, gehen ineinander über und bilden ein wirkungsbezogenes Neues. Für den modernen Menschen, der in der Organismusästhetik der Goethezeit das alleinige Maß sieht, ist ein derartiges Ineinander von dem, was er als einander ausschließende Gegensätze empfindet, schwer nachvollziehbar; allerdings haben ja neue Entwicklungen in der Dichtkunst gezeigt, daß diese Organismusästhetik eben auch historisch ist. Was z.B. Augustinus in seinen *Confessiones* oder Bernhard in seinen Hoheliedpredigten an derartiger sprachlicher Integration von rationaler Durchdringung und emotionaler Wirkung und Anteilnahme hervorzubringen in der Lage waren, findet sich grundsätzlich auch im *St. Trudperter Hohenlied.*

Kraftspendende Mitte dieser geistlichen Sprachkunst, die mehr ist als stilistisches Virtuosentum, ist die Idee der Menschwerdung des Logos, des göttlichen Wortes. Dies wird in diesem Text nicht bloß als Thema betrachtet, oder in einem philosophisch-scholastischen Traktat abgehandelt, sondern erscheint als immer neuer Vollzug. Prolog und Epilog des St. Trudperter Hohenliedes sind wohldurchdacht und in einem der Sache angemessenen Ansatz auf den Hl. Geist ausgerichtet. Ein

Hinweis auf den Hl. Geist findet sich auch in der Einleitung zu Ruperts von Deutz Hoheliedbedeutung und auch in der Einleitung zu Bernhards Hoheliedpredigten. Dem konsequent meditierenden Dichter des St. Trudperter Hohenliedes geht es aber nicht um einen Hinweis, er versucht vielmehr das Wirken des Hl. Geistes im Text präsent zu machen. Dabei greift er die theologische Trinitätsspekulation auf und macht diese, ausgehend von der Idee des innertrinitarischen Lebens, die diese Spekulation durchzieht, konsequent für seine Hoheliedauslegung fruchtbar. Aus dem innertrinitarischen Leben (Vater = Macht, Sohn = Weisheit, Hl. Geist = Güte) ging schon, so zeigt der Verfasser, die Schöpfung hervor. Dreizahl und Siebenzahl werden dabei immer wieder stützend und zusätzlich strukturell erhellend eingesetzt. In exakter Antithese zur Schöpfung aus dem Hl. Geist der göttlichen Liebe steht das zerstörerische Wirken des Teufels, das die Schöpfung zunichte machen will. Dieses Wirken verläuft auf negative Weise in den Bahnen, die in der göttlichen Schöpfungsordnung vorgegeben sind. Der Teufel ist also an die göttliche Systematik gebunden, ist demnach nicht in freier und eigenständiger Weise zur Zerstörung fähig; er kann nur Gott kopieren, womit seine letztliche Niederlage von Anfang an schon feststeht. Was der Teufel Punkt für Punkt zerstört, baut in Analogie zum ersten Schöpfungswerk die göttliche Liebe wieder auf. In Analogie zum Schöpfungswerk wird die gefallene Menschheit wieder aufgerichtet, eins nach dem andern. Das wird historisch vorgeführt an den Exempelgestalten des Alten Testaments, wird dann in einem neuen Einsatz ins Psychologische gewendet und ist somit für den Einzelnen jederzeit verfügbar, wird zum exemplarischen Heilsweg des Einzelnen; dabei wird immer wieder die Analogie zum Tagewerk der Urschöpfung hergestellt und somit die geschlossene Konzeption bestätigt. Dieser Heilsweg des Einzelnen wird präzisiert, es geht nicht nur in allgemein erbaulicher Weise um die Rettung des Menschen; der Heilsweg wird überhöht zum mystischen Einswerden mit der zweiten göttlichen Person, der Weisheit, dem Wort. Der Hl. Geist, so heißt es gegen Ende des Prologs, verwandelt unsere drei Seelenkräfte, die überdies in Analogie zu den eingangs aufgezählten Kräften des trinitarischen Lebens gesehen werden (*memoria, ratio, voluntas*), und bewirkt, daß der Mensch eins werden kann mit Gott in der *sapientia*. Dieses heilvolle Wirken kann der Hl. Geist aber nur deshalb entfalten, weil im Menschen als göttlichem Ebenbild die unsterbliche Seele lebt. Der Prolog versäumt auch nicht zu betonen, wie erhaben die Menschenseele sei und wie in ihrem Wesen die Bewegung nach oben hin zum Einswerden mit Gott angelegt ist. Diese Bewegung, die bildhaft in ihren verschiedenen Stufen angedeutet wird, vom Gehen über das Fortbewegen auf einem Reittier, wobei alt- und neutestamentliche Parallelen eingearbeitet werden, mündet dann ein in das alte platonische Bild, ohne das die ganze westliche Mystik nicht denkbar wäre, in das Bild von den Flügeln der Seele. Das ist also die Grundlage, die der Prolog für die anschließende Deutung des Hohenliedes legt; der Epilog besiegelt sie. Der Verfasser, und das fügt sich nahtlos ein in die Konzeption seines Werkes und in sein Anliegen, tritt nicht mit seinem Ich hervor, er stellt sich auch kaum seinem Publikum mit einer Ihr-Anrede gegenüber, er weiß sich vielmehr eins mit seinen Hörern und spricht, jede schädliche Distanzierungsmöglichkeit ausschaltend, im Wir-Stil.

Was diese deutsche Nonnenmystik in der deutschen Sprache in diesem viel zu wenig beachteten Text zu leisten vermochte, ohne direkte lateinische oder französische Vorlage, soll in der Analyse des auf den Prolog folgenden einleitenden Abschnittes angedeutet werden:

Wir habin virnomin von deme heilige geiste, wie er kosete durch den wisin
sal(o)monem, da er wunste einis starkin wibis. darnach
beg(und) er singin cant(i)ca cant(i)corum. nu segen was dc sanc si.
    (iz ist) sanc allir sange.
    ez ist och segin der(e) gesunecliken tugende.
    ez ist ein weide der inren sinne.
    iz ist ein riku kamere des hohesten wistumes.
    iz ist ein (vu)ore der hungergin.
    iz ist ein labe der sieken.
    iz ist ein spunne der sugente kinde.
    iz ist ein tranch der uulin inaderen.
    (iz) ist ein süezir stanc der mutsiekin.
    iz ist ein salbe der misilsutigen.
    iz ist ein ellen der fehtenten.
    iz ist ein lon der sigehaftin.
    iz ist ein widirladin der sigelosin ze dem andern strihte.
    iz ist ein koli der mudin.
    iz ist ein mandunge der rowenton.
    iz ist ein umbehalsen des wineliken kosses.
    iz ist ein gezerde der kuschen willin.
    iz ist ein wirdigiu corona des magetliken lebennes.
lvte dich, heiteru stimme, dc (dich) die ummuzigen fernemen.
ganc her vur, suzer ton, dc die uirnementen dich lobin.
hebe dich, wunnecliker clanc, dc du gesuegest den kradem der unsaligen welte.
nu h(e)beth ivch, heiligen nothen der wunnecliken musice.
hebe dich ane, heiligir iubil des wunnecliken brutsanges.
kum genuhtsamer tropfe des ewigin touwes dc du gefutest dc turre gelende mines innern menniskin.
ganc durc den sin des ungehorenten torn.
kum durch den munt des unsprekintin stummin.
kum durch den nebil des uinstern ellendis
dc din l(o)p si von dannan dc dc unferwarte sanc ge durch (den) unerwarthen munth.
dc ich l(o)p sage deme hohistin brutegomin un(de d)er heiligisten brute.
dc ich mich mendin muze des kosses da mit uirsuneth ist diu salige werlt.
dc ich mich muze mendin dc uirgolt(in) ist diu sulde wiplikis vallis.
dc ich mich mende dc widere giladit ist dc ferhundete her der uirlornen sele.
nu genc uf heiterer tach, du rinnist uf, heiteru sunne des ewigi(n) liehtis.
schin in die finsteren kamere unser ellenden sele, dc wir ge(uolg)in musin ze
deme kunnecliken gisidele dines prutstuoles,
    d(a) div diemuotege iuncfrowe virsuonet hat dich vater mit dinen kindin.
    da da gekussit ist diu kusiste bruth,
    da da gehalsin ist diu rainiste sele der magetliken mouter.

(d)ane hine fl(ie)hin die claenin unt die tumbin unt die kaltin sinne.
schrekin hinne dane diu getelosen kizze.
rennent hine dane die uf den olbenten sizzen.
hie werdin gerefsit die e genanthin magide ane d(ie) warheit, die sich uird(e)net haben
ane die stinchin(th)en minne der (v)ulichen boesheit.
hie gefahint rotin mit innechliker schame diu hufele die sich fliezint der
uzerun schone unde nieth der inren. smegint sich diu kint
des rifen, sine gefalle ane dc tu der lindin nath, odir
sie bischine dc lieth der heizzin sunnen.
nu swiegin die fleislikin unde niemen singe diz sanch ane gotes minne. wan den
zirbrickit iz

Wir haben vom Hl. Geist gehört, wie er redete durch den weisen Salomon, als dieser sich eine machtvolle Frau wünschte. Hierauf begann er cantica canticorum zu singen. Laßt uns nun betrachten, was dieses Lied ist:
es ist das Lied aller Lieder,
es ist überdies ein Betrachten der sichtbargewordenen Kraft,
es ist der Ort, wo der innere Sinn Weide findet,
es ist das prunkvolle Gemach der zweiten göttlichen Person,
es ist die Nahrung für die Hungernden,
es ist die Labung für die Kranken,
es ist die Brust für die Säuglinge,
es ist der Trank für die trägen Eingeweide,
es ist der süße Duft für die Mutlosen,
es ist die Salbe für die Kranken,
es ist die Stärke für die Kämpfenden,
es ist der Lohn für die Siegreichen,
es ist die Aufforderung an die Unterlegenen zu neuem Kampf,
es ist die Kühlung für die Erschöpften,
es ist die Seligkeit für die Ruhenden,
es ist das Umarmen für den Kuß des Geliebten,
es ist der Schmuck für das reine Wollen,
es ist die würdige Krone für das jungfräuliche Leben,
Ertöne, klare Stimme, damit dich die Tätigen hören,
tritt hervor, süßer Ton, damit die, die dich hören, dich preisen,
erhebe dich, wonnevoller Klang, damit du den Lärm der heillosen Welt zum Schweigen bringst,
erhebet euch, heilige Noten der wonnevollen Musik,
heb an, heiliger Jubel des wonnevollen Brautgesanges,
komm, du überquellender Tropfen des ewigen Taus, damit du das dürre Land meines inneren Daseins befeuchtest.
Geh ein durch den Sinn des gehörlosen Toren,
komm durch den Mund des sprachlosen Stummen,

komm durch den Nebel der Finsternis der Verbannung,
damit dein Lob sich ausbreite und das Lied ungehindert durch den verschlossenen Mund gehe,
damit ich dem höchsten Bräutigam und der heiligsten Braut Lob darbringe,
damit ich mich erfreuen könne des Kusses, womit die Welt heilvoll versöhnt wurde,
damit ich mich darüber freuen könne, daß die Schuld von Evas Fall beglichen ist,
damit ich mich freue darüber, daß die versklavte Schar der verlorenen Seelen wieder aufgenommen wird,

Nun, geh auf klarer Tag. Du steigst auf, klare Sonne des ewigen Lichtes.
Leuchte in das finstere Gemach unserer verbannten Seele, daß wir
hintreten können zu dem königlichen Sitz deines bräutlichen Stuhls,
wo die demütige Jungfrau dich Vater mit deinen Kindern versöhnt hat,
wo die keuscheste Braut geküßt wird,
wo die ganz reine Seele der jungfräulichen Mutter umarmt wird,
von wo wegfliehen sollen die schwachen verblendeten und erkalteten Sinne,
von wo erschreckt wegeilen sollen die zügellosen Zicklein,
von wo wegrennen, die auf den Kamelen sitzen.
Hier sollen in Wahrheit gezüchtigt werden, die vorher genannten
Maiden, die sich eingelassen haben mit der übelriechenden Minne
der trägen Nichtigkeit.
Hier empfangen voll tiefer Scham jene Wangen die Zuchtrute, die
auf die äußere Schönheit setzen und nicht auf die innere.
Die Maiden nehmen den Reif auf sich, wenn nicht der Tau
der milden Nacht auf sie fällt oder das Licht der heißen Sonne
sie bescheint.
Nun sollen schweigen alle die fleischlich sind und niemand soll
dieses Lied singen, der nicht in Gottes Liebe lebt; ihn würde es vernichten.

Dieser umfangreiche Eingangsabschnitt, der dann in den weiteren Text übergeht, ist deutlich erkennbar eingerahmt und in sich klar gegliedert, was aus der überlieferten Handschrift, die einfach fortlaufend aneinanderreiht, nicht sofort ablesbar ist. Besonders wichtig ist es zu sehen, wie der Dichter mit dem einleitenden Bibelvers *osculetur me osculo oris sui* umgeht. Im Gegensatz zur ersten volkssprachlichen Hohelied-Paraphrase des Abtes Williram, die dem Verfasser des *St. Trudperter Hohenliedes* bekannt war und im Gegensatz zu lateinischen Kommentatoren, von denen er auch einige kannte, wird der Bibelvers weder auf lateinisch oder deutsch direkt zitiert, sondern, kunstvoll auseinandergezogen, in die gesamte, großangelegte Meditation integriert. Er wird also nicht pedantisch kommentiert, sondern in der gesamten Exposition und darüber hinaus zum Ausstrahlen gebracht. Auch diese Einleitung setzt, die Tendenz des Prologs aufgreifend, mit dem Hl. Geist ein. Salomon, dem in der frühen Zeit die Verfasserschaft des Hohenliedes zugeschrieben wird, erscheint dabei betont als Sprachrohr dieses Hl. Geistes. Ausgehend von der mariologisch deutbaren Bibelstelle von der *mulier fortis* (Proverbia 31,10, also ebenfalls im sogenannten Salomonischen Corpus des Alten Testaments befindlich), wird der Titel des Werkes, *cantica canticorum*, eingeführt und wird dieses Werk als unmittelbar aus der Inspiration des Hl.

Geistes hervorgegangen erwiesen. Bedeutung und Macht dieses Textes werden natürlich dementsprechend erhöht, wenn er von Anbeginn als Werk des Hl. Geistes dargestellt werden kann. Man weiß aus dem Prolog, was der Hl. Geist bedeutet, daß er nämlich im Zentrum der Schöpfung, der Erlösung und der Verherrlichung der Welt steht. So bekommt von der Einleitung und vom Prolog her der ganze Text den großen heilsgeschichtlichen Hintergrund, in den das mystische Streben der einzelnen Seele und Nonne eingebettet wird. Das Hohelied also ist hier mit allen Voraussetzungen und Konsequenzen, als Lied des Hl. Geistes, als Äußerung der innertrinitarischen bonitas zu verstehen. Die Hinwendung zum Hörer *nu segen was dc sanc si* unterstreicht das. Den Rahmen dieser Exposition bildet das Thema des Gesanges, das aus dem Titel *cantica canticorum* abgeleitet wird. Es beginnt mit dem Vers *was dc sanc si* und es schließt *niemen singe diz sanch ane gotes minne.*

Innerhalb dieses Rahmens ergibt sich eine deutliche Dreigliederung, die auch durch die Anwendung bestimmter Satztypen unterstrichen wird. Der erste Teil ist von den *iz ist*-Aussagen beherrscht, es folgt ein Teil mit Imperativen und der dritte Teil ist sprachlich durch Orts- und Zielangaben gekennzeichnet. Das Wichtige daran ist, und dafür ist mir kein Gegenstück in der vorausliegenden lateinischen Hoheliedkommentierung bekannt, daß auf jeder dieser Stufen das Schlüsselwort des ersten, aber nicht direkt zitierten oder übersetzten Bibelverses zur Geltung kommt; das Schlüsselwort, das den Tenor dieser Hohelieddeutung bestimmt, ist das Wort *osculum*, womit das Vereinigungsthema ausgedrückt wird. Es erscheint im ersten Teil zweimal in substantivischer Form mit semantischen Varianten und dann verbal.

Es geht dem Dichter zunächst darum, aus dem Titel *cantica canticorum* dessen innerstes Wesen herauszuentwickeln. Das geschieht in einer langen Reihe syntaktisch gleichgebauter Aussagen, die mit litaneihafter Eindringlichkeit eins ans andere fügen. Ob diesen *iz ist*-Aussagen eine zusätzliche zahlensymbolische Bedeutung zukommt, ist vom Prolog her wahrscheinlich, an dieser Stelle aber nicht zu beweisen. Die Schwierigkeit liegt nämlich darin, daß man sich über die Zahl dieser gleichgeordneten Aussagen streiten kann, 17 oder 18. Beide Zahlen erlauben zahlensymbolische Anknüpfungen, die Zahl 18 ist eine Zahl, die Christus bedeuten kann, was gut zum Zusammenhang passen würde, denn in der vierten Aussage ist von *wîstum*, also von Christus die Rede. Aber auch die Zahl 17 ist zu erwägen, denn es ist nicht auszuschließen, daß die erste dieser Aussagen, die alle nach dem Muster *iz ist* angelegt sind, noch als deutsche Übersetzung des lateinischen Titels anzusehen ist, und also nicht eigentlich zur Liste der Aufzählungen gehört, es blieben also 17 Aussagen übrig. Über die Symbolhaftigkeit der Zahl 17, die eine Menge von Anknüpfungen ermöglicht, man denke an 10 + 7 (= Gesetz + Gnade), besteht kein Zweifel. Die Aussagen dieses ersten Teils schließen sich dann zu Gruppen zusammen und weisen eine bestimmte Richtung auf. Achtet man auf diese Gruppierungen, dann ergibt sich die größere Wahrscheinlichkeit, daß die ganze Aussagereihe von der Zahl 17 geprägt ist. So steht am Anfang nach der Wiedergabe des Titels eine Dreiergruppe, die sich durch die Hinzunahme je eines Adjektivs auszeichnet. Die Adjektive sind *gesunecliken*, *inren*, *hohest* (sichtbar, innerlich, höchst). Diese Gruppe gipfelt in dem Hinweis auf Christus als höchstem *wîstum*. Es folgen dann 11 Aussagen, die meist adjektivlos die spendenden Wirkungen, die von diesem Lied ausgehen, preisen. Im einzelnen sind diese Aussagen in der Tradition gut verankert (Speisemetaphorik z.B.). Diese Reihe gipfelt im Hinweis, daß das Lied eine Freude der Ruhenden sei. Ruhe und Rasten sind heilsgeschichtlich wichtig, wie aus verschiedenen Stellen auch des vorliegenden Textes selbst hervorgeht. Es geht um die Ruhe nach dem Schöpfungstagewerk oder um den ewigen Sabbat am Ende der Zeiten. Auf diese Elferreihe folgt die letzte Aussagereihe, wieder eine Dreiergruppe wie zu Beginn. Sie enthält als besonders wichtiges Element das Kußthema, in dem der lateinische Text variiert vergegenwärtigt wird im *umbehalsen des wineliken kosses*. Dieses Kußthema, das aus dem Hohenlied selbst stammt, verbindet sich nun, und das ist neu, im deutschen Text mit dem nicht minder wichtigen Nonnenthema, das sich als ein Hauptanliegen des ganzen Werkes erweist, denn am Ende dieses Teils, wo es darum ging, das Wesen des *canticum canticorum* zu bestimmen, wird festgestellt, daß dieses Wesen eben darin liegt, Krone, würdige Krone des jungfräulichen Lebens zu sein. Diese letzte Aussage ist überdies bezogen auf die abschließende Aussage der einleitenden Dreiergruppe. Dort war von der Kammer des höchsten *wîstumes* die Rede. In der Kammer der Weisheit, also Christi, wird die mystische Hochzeit der jungfräulichen Nonne mit dem Verbum erfolgen. Anfang und Ende dieses ersten Teils sind also deutlich aufeinander bezogen.

In einem zweiten Teil reiht der Dichter nun in Steigerung der Intensität direkte Apostrophen an das Hohelied aneinander. Auch das geschieht in wohldurchdachter und durchstilisierter Abfolge, in der immer drängender das Hervorbrechen dieses Liedes vorgeführt wird. Das *canticum canticorum* wird zur Stimme, zum Ton, zum Klang, zur Musiknote, zum Jubel. Diese Aussagen werden jeweils mit einem passenden Adjektiv und gegen Ende mit zusätzlichen Erläuterungen versehen. Auch da ist wiederum ein Höhepunkt deutlich markiert. Zwei semantisch verschiedene Imperative *lute, ganc* in Verbindung mit je einem daß-Satz leiten ein. Drei weitere Imperative vom Verbstamm *hebe* führen auf den Höhepunkt. Der erste dieser drei *hebe*-Imperative ist durch die Verbindung mit dem daß-Satz noch an die zwei vorhergehenden semantisch anders gearteten Imperative (*lute, ganc*) gebunden, was eine weitere kunstvolle Verschränkung der Aussage ergibt. Mit dem zweiten Imperativ *hebeth ivch* hört die Bindung an die daß-Sätze auf und dafür ist ein *nu* vorgeschaltet, das, wie man vor allem aus geistlichen Texten weiß, in besonderer Weise die Aufmerksamkeit erregt und zur Intensivierung beiträgt. Parallel dazu läuft die Steigerung der Aussagen, was die Anrede betrifft. Dabei ist eine Erweiterung zu erkennen. Auf die bloße Fügung Substantiv-Adjektiv folgt nun, statt der daß-Sätze, eine genetivische Ausweitung: *heiligen nothen der wunnecliken musice*. Parallel dazu gebaut ist der dritte Imperativ mit *heben*, der auf den Höhepunkt führt, dazu verbürgen die gleichbleibenden Adjektive *heilig* und *wunneclik* die weitere Verklammerung dieser Aussagen; auf das dreimalige *wunneclik* sei besonders aufmerksam gemacht. In den eigentlichen Anrede-Substantiven ergibt sich eine präzise Veränderung und weitere Steigerung. Es ist nun nicht mehr allgemein von Stimme, Klang, Ton und Musik die Rede, sondern vom *jubil* des Brautgesanges, womit wiederum das zentrale Thema präsent gemacht wird. Das Hohelied ist ein Brautgesang. Dazu ist *iubilus* ein Leitwort der mystischen Ekstase, einer Ekstase, die als bräutliche Liebesekstase erscheint. *Iubilus* ist auch bei Bernhard von Clairvaux belegt und weist dort in einen zentralen mystischen Bereich: *in corde iubilus* (im Herzen der Jubilus) heißt es bei ihm. Bei Richard von St. Viktor († 1173) wird *iubilus* zum Inbegriff des beseligenden mystischen Einswerdens mit Gott.

Nach dieser Definition des Hohenliedes als Iubilus ändern sich nun die Perspektiven der imperativischen Anrede an das Hohelied. Dazu ergeben sich Übereinstimmungen mit dem ersten Teil. War dort im allgemeinen von den heilvollen Wirkungen des Hohenliedes gesprochen worden, so werden nun diese in Fortführung der imperativischen Aussagen auf das Ich des Sprechers und damit auf jede der beteiligten Nonnen bezogen. Es ist nun von *mînem innern mennisken* die Rede und weitere ich-mich-Aussagen folgen. Dabei wird, wie schon oben bei den *iz ist*-Aufzählungen die Wirkung des Hohenliedes durch die Wortwahl auf raffinierte Weise in Beziehung gesetzt zum Wirken des Hl. Geistes, des Urhebers des Hohenliedes, wie es eingangs hieß. Die Exposition erreichte also eine immer dichtere Vergeistlichung. Wenn es im Text heißt, der Gesang des Hohenliedes möge kommen und die Dürre des inneren Menschen befeuchten, so ist das eine wörtliche Übernahme aus der alten Pfingstsequenz *veni sancte spiritus*, wo es heißt: *riga quod est aridum*, netze alles, was dürr ist. Wenn im ersten Teil von der Ruhe und der Kühlung die Rede war, *in labore requies*, Ruhe in der Mühsal, so stammte das ebenfalls aus dieser Pfingstsequenz. Nachdem der Klang des Hohenliedes eben als *iubilus* erkannt und apostrophiert wurde, ändert sich die Aussageweise. Die Imperative verbürgen den Zusammenhang mit dem Vorhergehenden, doch die syntaktischen Muster, die den neuen und nun persönlich ichbezogenen Inhalt aufnehmen, ändern sich. Bei den Imperativen dominiert das Verbum kommen *kum*, das dreimal eingesetzt wird; ein *kum* trägt auch die letzte Aussage dieses Abschnittes, die syntaktisch besonders komplex ist. Dieses *kum* ist wiederum aus den Anrufungen an den Hl. Geist übernommen. Es ist nichts anderes als das lateinische *veni* der Pfingstsequenz. Das erste *kum* nach dem *jubilus*-Wendepunkt hat einen daß-Satz bei sich, die zwei folgenden Imperative ganc, kum haben keinen Nebensatz. Das letzte *kum* löst allerdings eine Abfolge von sechs daß-Aussagen aus, von denen jeweils die eine aus der anderen hervorgeht. Diese Reihe der *kum*-Apostrophen enthält dann auch das inhaltlich Wichtige: hier ist nun die Rede von Braut und Bräutigam und vom Kuß, dem Thema des Hohenliedes von Anfang an. Als Erweiterung kommt das Thema der Freude hinzu, der Freude über die Aufhebung der Schuld Evas und über die erlangte Versöhnung der bisher vom Teufel versklavten Seelen.

Der Übergang zum dritten Teil dieser Exposition ist markiert durch ein *nu*, das auf Neueinsatz hinweist. Die zwei Imperative *genc uf*, *schin* schließen den zweiten Teil ab; inhaltliche Entsprechungen sichern auch den Zusammenhang mit dem Schluß des vorhergehenden Teiles. So verweist die Fügung *finsteren kamere unser ellenden sêle* antithetisch zurück auf den ersten Teil der Exposition, wo von der *rîku kamere des hoêhesten wîstumes* (der reichen Kammer der höchsten Weisheit) die Rede war. Auf den großen neuplatonischen Hintergrund, der in der bewußt eingesetzten Vorstellung von der Seele im irdischen Exil (*ellende*) präsent wird, sei nur hingewiesen. Die wichtigste Entsprechung liegt aber im Aufgreifen des Brautschaftsthemas. Der erste Teil war schon darauf angelegt, im Vers vom *umbehalsen des wineliken kosses*, der zweite Teil gipfelte im *Iubilus* darin und brachte das Brautschaftsthema direkt zur Sprache, der dritte Teil nun kann dabei als dem eigentlichen Kernthema verweilen. Das Thema der Brautschaft war am Ende des zweiten Teiles ganz konkret-räumlich beschworen worden im Brautstuhl, und dieses konkret räumliche Element zeigt sich auch in der Anlage der Sätze, die von Ortshinweisen, *da, hie*, einleitend beherrscht sind. Man ist also am Ziel und dies, typisch mittelalterlich, auch ganz räumlich konkret im Bild des an einem bestimmten Ort befindlichen Brautstuhls. Das Kuß-Thema wird aber ebenfalls in höchster Intensität vergegenwärtigt und mit den stilistischen Mitteln des Wortartenwechsels und in der syntaktischen Verteilung auf zwei *da*-Aussagen raffiniert mit dem vorhergehenden Teil verbunden. Die beiden Grundbestandteile des lateinischen Bibelverses, der verbale und der substantivische, *osculetur* und *osculum*, erscheinen somit auch im deutschen Text, im ersten und zweiten Teil substantivisch: *Kuß* und *umbehalsen*, im dritten Teil verbal, *gekussit, gehalsin.* Im deutschen Text sind diese beiden Grundbestandteile aber weit auseinandergelegt und sie sind integriert in das Gefüge einer umfassenden und sorgfältig abgestuften Meditation. Es ist kein Zufall, daß in diesem dritten Teil der Exposition, bei diesem dritten Umkreisen des Themas vom mystischen bräutlichen Kuß, die mariologische Deutung des Hohenliedes nun ganz vernehmlich anklingt. Maria ist es, die in dieser mystischen Weise umarmt wird, das Wort *kûsche* am Ende des ersten Abschnitts kann nun im dritten Teil als Superlativ wiederaufgegriffen werden: *du kûsiste brûth.* Damit verbunden ist das Thema der Jungfräulichkeit (*magetliken*), das am Ende des ersten Teils auf die Lebensform der Nonnen bezogen war; es wird nun, personalisiert, in Maria selbst präsent gemacht, wodurch Nonnen und Gottesmutter im Thema der bräutlich mystischen Vereinigung in ein und dieselbe Perspektive gestellt werden. Diesen zwei Teilen gemeinsam, und das hat Konsequenzen für die Erschließung des Psychologischen im hochmittelalterlichen Geistesleben, ist das Thema vom inneren Menschen. Nun ist freilich zu bedenken, daß die Fügung »innerer Mensch« im modernen, nachpietistischen oder nachfreudianischen Sprachgebrauch in einem anderen Kontext psychologischen Wissens steht als im 12. Jh. mit dessen theologisch-philosophisch geprägter Kunde vom Menschen und den völlig anderen, meist aus der Antike stammenden Einsichten in die Struktur des menschlichen Körpers und seiner verschiedenen Kräfte. Andererseits ist es aber auch wieder lehrreich, daß der moderne Mensch trotz Naturwissenschaft und Medizin und ametaphysischer Psychologie sich in seinen alltäglichen Äußerungen und Reaktionen noch in hohem Maße in älteren Vorstellungsbahnen bewegt – wir reden immer noch vom Herzen so wie vom blauen Himmel über uns. Freilich, Wendungen wie innerer Sinn, innerer Mensch, innere Schönheit, wie sie uns im *St. Trudperter Hohenlied* begegnen, erweckten im Mittelalter andere, uns nicht mehr geläufige Assoziationen.

Was für den modernen Menschen bloß noch gefühlsgeprägte Herzensmetaphorik ist, hatte in einem mittelalterlichen Text Anteil an präzisen theologischen Einsichten, die sich auf altertümliche physiologische Anschauungen stützen konnten. So heißt es im *St. Trudperter Hohenlied* entsprechend der in diesem Text wie bei Rupert von Deutz vertretenen mariologischen Deutung, daß Maria der Acker war und das Bett, an dem Gott ruhte (41,25). In Fortführung dieser Deutung kann es dann heißen, daß in Analogie dazu Gott auch in jeder reinen Seele ruht: in den Herzen aller der Guten wohne (42,6,11) und daß es uns vergönnt ist, Christus zu gebären (15,1). Gemeint ist, Christus in unseren Herzen zu gebären, wenn sie rein sind, dem Herzen Marias ähnlich. Das Herz nach Ansicht der Alten entstand als erstes der Organe unmittelbar nach der Empfängnis und war Sitz der vornehmsten geistigen Kräfte. So diskutierten die Kirchenväter, ob das Herz oder das Hirn Sitz des Verstandes sei. Hieronymus sagt über Plato, er habe sich für das Hirn als Sitz des Verstandes entschieden. Christus dagegen zeige, daß es das Herz sei. Für Laktanz steht fest, daß im Herzen das Leben und die Weisheit sei: *in eo (corde) sit et vita omnis et sapientia*, in ihm (im Herzen) sei alles Leben und alle Weisheit. Demnach kann im Herzen auch Raum sein für die göttliche Weisheit und deren Personifikation, die zweite göttliche Person, das Verbum. Das konkrete, wörtlich nehmende Denken des Mittelalters ist dabei kaum zu überschätzen. Wenn das Herz als Sitz von Leben und Weisheit als erstes entsteht bei der Zeugung, so ist es in dieser Denkform und Sprache nur ein logischer Schritt, daß das Herz selbst die Gedanken hervorbringt, sie gebiert. Das Herz als Geburtsort des Geistigsten im Menschen kann demnach auch der Ort sein, an dem die göttliche Weisheit geboren werden kann in geistlicher Analogie zu dem, was einst einmalig historisch und leiblich sich in Maria vollzogen hat. In der für die Spiritualität des Mittelalters grundlegenden alten Lehre von der Gottesgeburt in der Seele, die es den christlichen Denkern ermöglichte, vom persönlichen Schöpfergott ausgehend und deshalb nicht plotinischem Emanationsdenken verfallend, Mystiker zu sein, haben diese Gedankengänge eine imponierende Dichte und Folgerichtigkeit erreichen können. Der innere Mensch, von dem das *St. Trudperter Hohelied* an vielen Stellen und mit vielen Variationen spricht, kann folglich nicht unmittelbar für das in Beschlag genommen werden, was wir in der modernen Zeit als Innerlichkeit zu nennen gewohnt sind. Dennoch ist nicht zu leugnen, daß auch von diesen religiös-biblischen Meditationen her, vor allem in ihrer volkssprachlichen Form, so fremd deren biologisch-physiologische Grundannahmen uns auch sein mögen, für die weitere Entwicklung entscheidende Erweiterungen der seelischen Erlebnisfähigkeit und die Erschließung und Aufwertung neuer und innerlicher Bereiche gefördert wurde. Das konnte sich mit anderen, ebenfalls an das Innere appellierenden Tendenzen und Erscheinungen der Zeit, z.B. dem Erotischen, verbinden. Wir konstatieren ja auch, daß in der profanen Dichtung des 12. Jh. und durch sie das Herz einen ungeheuren Aufschwung nehmen konnte in der Troubadourdichtung, im Minnesang, in der Tristansage und auch im höfischen Roman, ja sogar im Heldenepos. Das Herz wird zu einer Macht, die die literarische Situation grundlegend und mit gewaltiger Fernwirkung zu ändern sich anschickt.

Der aus mönchischer Tradition stammende meditierende Umgang mit Sprache und Literatur dürfte neben dem selbstverständlichen Einfluß der lateinischen Schulpoetik nicht ohne direkte oder indirekte, aber jedenfalls tiefgreifende Folgen geblieben sein auf den Erzählstil gerade der größten deutschen Autoren dieser Zeit, besonders Wolframs und Gottfrieds. Bei beiden sind überdies direkte Wirkungen mystisch-theologischen Schrifttums zu verzeichnen. Man denke an Gottfrieds Tristanprolog und seine Schilderung der Minnegrotte, an viele andere Stellen im Text, wo sich auf subtile Weise der Literalsinn zu öffnen beginnt. Und Wolframs Werke sind ohne die Berücksichtigung solcher Traditionen auch nicht adaequat zu verstehen. Daß es zu dieser tiefwirkenden Integration von geistlichen-mystischen Denkformen und Schreibarten und höfisch-weltlicher, vorwiegend von Laien geschaffener Literatur kommen konnte, ist eine nicht unwichtige Besonderheit der deutschen Kultur um 1200. Gerade die große Abhängigkeit dieser deutschen Literatur von der occitanisch-französischen muß den Blick schärfen für bedeutsame Aspektverschiebungen. In der spätmittelalterlichen Mystik wird der Strom hochwertiger und eigenständiger geistlicher Literatur, der mit dem originellen *St. Trudperter Hohenlied* so mächtig einsetzte, weiter anschwellen und schließlich noch in der Reformation und im Barock weiterwirken und deutsche Sonderentwicklungen verfestigen helfen.

Diese im Hochmittelalter verstärkt zur Geltung kommende Blickrichtung nach innen, die sich in der Mönchsspiritualität, in neuen philosophischen Strömungen, in der höfischen Dichtung und anderem zeigte, blieb auch nicht ohne Folgen für die sich verändernde Auffassung von der Kirche und für die Religiosität überhaupt, in ihren hohen, auch künstlerischen Äußerungen bis hin zur Frömmigkeit der Massen, die ihrerseits auch manchen Anstoß nach oben zu geben vermochte. Die große, meist illiterate Masse des christlichen Volkes bis hinauf in hohe Laienkreise und darüber hinaus auch hinein in den unteren Klerus erlebte Religion und Kirche freilich nicht in der

Art konzentrierter Meditation mönchischer Innerlichkeit. Kirche und Religion waren in erster Linie eine große sichtbare Ordnungsmacht, die maßgebend in das Dasein der Menschen eingriff, die Formen des Gemeinschaftslebens bestimmte, soziale Normen gab und auch die Privatsphäre des Menschen, die in diesen Zeiten anders gelagert war als heute, zu reglementieren hatte bzw. versuchte, wobei freilich Anspruch und Realität in vielen Fällen nicht nur bei Laien weit auseinanderklafften, andererseits aber auch in der Propagierung der Keuschheit große Erfolge im Sinn der damaligen Lehre erzielt werden konnten, die mentalitätsbildend waren. Kirche und Religion waren also in hohem Maße Angelegenheiten des öffentlichen Lebens, was auch der Wesensart der Menschen einer in vielem noch archaischen Gemeinschaft entsprach, in der eben das Öffentliche von der Natur der Sache her einen anderen Stellenwert besaß als in späteren Zeiten, deren religiöses Empfinden und Handeln durch Pietismus, Restauration, Vordringen der wertfreien Naturwissenschaften, Laisierung des öffentlichen Lebens usw. sich grundlegend verändert haben. Kirche und Religion verwirklichten sich also damals in besonderer Weise nach außen hin, im feierlich-öffentlichen Kult, im Fest, in Prozessionen, Pilgerfahrten, Reliquienverehrung, vor allem aber in den religiösen Monumentalbauten, deren konkretes bauliches Erscheinungsbild auch meist die spannungsvolle Einheit von geistlichem und weltlichem Herrschaftsanspruch offenbart. Im Hochmittelalter, und die obenstehenden Ausführungen zur monastischen Spiritualität wiesen schon in diese Richtung, entwickeln sich aber auch neue, stärker innerliche Formen des Religiösen. Diese Entwicklung steht in Zusammenhang mit umfassenderen Bewegungen, welche die undifferenzierte, imponierend archaische Mentalität, die eine Autonomie des Inneren noch nicht so recht kannte und auch nicht brauchte, aufzufächern und zu verändern begannen. In der Entwicklung der Literatur beobachtet man (s. u.) eine vergleichbare Bewegung. Man braucht nur den Szenenstil, die Bindung an Gebärden und Formeln in der traditionellen Heldenepik mit den feinen Nuancierungen der Lais und der höfischen Romane und deren stilistischer Mittellage eines das Psychologische erfassenden Konversationstones zu vergleichen und die Fähigkeit dieser neuen Gattungen zu würdigen, auf erzählerische Weise menschliche Innenräume zu schaffen, die man mit einer später faßbar werdenden Entwicklung der religiösen Malerei, Plastik und Architektur in Zusammenhang bringen kann, die ihrerseits dann individuelle, fast private Andachtsräume hervorbringen wird.

Sakrale Kunst – die Ekstase des Schauens

Wir setzen mit dem ein, was in besonders augenfälliger Weise mit dem Aspekt des Öffentlichen zu tun hat, um gerade auch daran die Spiritualisierung aufzeigen zu können. Es ist die Kirche als Monumentalbau. Auf diesem Gebiet entstand unter den ganz besonderen Bedingungen des europäischen Mittelalters eine unverwechselbare Schöpfung sichtbarer Religiosität, die in ihrer Zielsetzung, die die Hervorbringung bestimmte, und in der Wahl ihrer Ausdrucksmittel, der Art und Intensität ihrer Inspirationsquellen und auch in der dadurch bedingten Art der Aufnahme durch die Betrachter sich nicht mit dem deckt, was andere Epochen und Kulturen auf diesem Gebiete hervorgebracht haben. Die Kirche als Monumentalbau war in der urchristlichen Zeit keine Selbstverständlichkeit, im Gegenteil, die stark spiritualistischen Tendenzen des Neuen Testaments setzten sich von der Dinglichkeit des Alten Testaments und der jüdischen Tradition, verkörpert im irdischen salomonischen Tempel, ab. Die Anbetung Gottes aus christlicher Sicht war ja nicht an den konkreten Ort Jerusalem gebunden. Andererseits war für das frühe Christentum auch jede Nähe zu römisch-heidnischen Tempelbauten zu vermeiden. Religiöse Eigendynamik und die geschichtliche Entwicklung drängten aber immer mehr danach, den Ort, an dem das Abendmahl gefeiert wurde, herauszuheben und vom profan-alltäglichen Versammlungsraum abzusondern. Dazu gab es auch im Neuen Testament etwa in den Worten Christi vom Felsen Petri, auf den er seine Kirche gründen wolle, zusätzliche Anregungen für die Errichtung einer sichtbaren Kirche in Form eines sakralen Gebäudes. Die immer weiter sich hinausschiebende Parusie ließ es außerdem als notwendig erscheinen, die Kirche stärker und dauerhafter im Irdischen zu verankern. Grob gesagt, mit dem Hineinwachsen der römischen Kirche in die Strukturen des römischen Weltreiches setzte sich auch das Verlangen nach einer christlichen Monumentalarchitektur durch, die sich immer mehr zu einer faszinierenden Ganzheit aus Architektur, Malerei, Skulptur, getragen und erfüllt von theologischem Sinn, entwickelte und über Jahrhunderte hinweg die künstlerischen Gestaltungskräfte an sich zog und zugleich stimulierte.

Aus der imperialen Vorstellungswelt drangen seit Konstantin dem Großen bedeutsame Elemente in die stürmisch sich nach außen entwickelnde Kirche ein. Die Kirche, die dem wahren Imperator huldigte, lehnte sich in Liturgie, Kleidung der Priester und religiöser Gestik an imperiale Sitten an, was zum Teil bis auf den heutigen Tag nachwirkt. Die Bezeichnung *ecclesia*, Kirche, die zunächst die versammelte Gemeinde meinte, nahm im Laufe dieser Entwicklung auch den Sinn von der Kirche als Bauwerk an, was zusammen mit weiteren Einflüssen der Idee des Versammlungsraumes eine völlig neue Dimension und metaphysische Würde verlieh. Wenn Kirche als Gottesvolk und Kirche als Bau eins werden, dann hat das Konsequenzen für die Architektur, von der füglich erwartet werden kann, daß sie Wesen und Weg des Gottesvolkes repräsentiert. Von weittragenden Folgen für Bau und Ausgestaltung der Kirchen sollte die Verbindung der auf Christus übertragenen römisch-byzantinischen Herrschaftsvorstellungen mit dem in biblischem Erleben wurzelnden eschatologischen Drang und dessen eigentümlicher Vorstellungswelt werden. Die Idee vom Kirchengebäude als Gottesstadt und Himmlisches Jerusalems übte zunehmende Faszination aus, was auch für das große quantitative Anwachsen der Kirchenbauten zu bedenken ist; überall war so ein Himmlisches Jerusalem, im Gegensatz zum alttestamentlichen Tempel, möglich! Alttestamentliche Vorformen – Weg des Volkes Israel, Bau des Tempels – verbanden sich mit Vorstellungen des Neuen Testaments – Menschwerdung Christi, Gang der Kirche durch die Geschichte bis hin zum Gericht und Eintritt in die Verherrlichung bzw. bis zur Herabkunft der Herrlichkeit.

Es lag in der Natur der Sache – wenngleich die Konsequenz beim Durchdenken und Durchgestalten dann doch immer wieder überrascht und in Erstaunen setzt –, daß der Vergegenwärtigung der Idee des Eintretens in diese neue Welt der Herrlichkeit in besonderer Weise die geistlichen und gestalterischen Energien gewidmet wurden. Dabei zeigte sich erneut, wie weit seit der frühchristlichen Zeit die Einschmelzung der Antike gediehen war. Bei der Vergegenwärtigung dieser Idee konnte man auf das römische Stadttor und den herrscherlichen Triumphbogen zurückgreifen. (In der Architektur der Kirche von Autun ist die Anknüpfung an die römische Stadtmauer sogar unmittelbar greifbar). Das Wort Christi, in dem er sich als Tor bezeichnete, das allein den Eintritt ins ewige Leben ermögliche (Joh. 10,9), kam dem dinghaft denkenden und die Bibel beim Wort nehmenden Mittelalter entgegen und verlieh den konkreten römischen Bauelementen die erhebende, anagogische, geistliche Durchsichtigkeit. Die Personalisierung des Heilswegs erklärt auch, daß das Hauptportal, dessen figürliche Gestaltung dann immer mehr Christus und seiner Herrlichkeit gewidmet ist, zu einem bevorzugten Ort werden konnte. Im Giebelfeld der französischen Portale wird diese figürliche Ausgestaltung zuerst faßbar, und sie wird in der Gotik in der monumentalen Figurenplastik der großen Portale sogar die tragende Funktion der bloßen Architektur mitübernehmen.

Die Ideen, die das Westportal beherrschen – die alte kosmisch-geistliche Orientierung West/Ost liegt ja den Kirchen zugrunde –, finden im Innern der Kirche ihre Fortsetzung, den Höhepunkt bildet im Osten der Altarraum, der Thronsaal Christi mit der entsprechenden meist an byzantinischen imperialen Vorbildern orientierten Ausgestaltung, die die Christozentrik des Baus unter Beweis stellt, woran sich grundsätzlich nichts änderte, als dann auch in der lateinischen Kirche die Darstellung der Gottesmutter immer mehr in diese bevorzugten Räume eindrang. Auf den im Osten des Kircheninneren thronenden Weltenherrscher Christus konnte alte imperiale Darstellungstypik zusammen mit der darin enthaltenen mythischen Vorstellung von der sieghaften Sonne – *sol invictus* (Christus = Sonne der Gerechtigkeit) – übertragen werden. Zum Thronsaal Christi, wo die leibliche Gegenwart des Erlösers im Altarsakrament gefeiert wurde, führte die *via triumphalis* des Mittelschiffs, das den Gläubigen gewidmet war, durch die Heilsgeschichte hindurch und brachte in den Nebenräumen auch die Heiligen zur Geltung. Die Vorstellung der Herrlichkeit Christi, die sich die Gegebenheit des antiken Triumphbogens zunutze machen konnte, drängte die andere Bibelstelle von der engen Pforte, die ins ewige Leben führt (Math. 7,14), etwas in den Hintergrund, wenngleich sie in der trichterförmigen Verengung des Portals und der dann im Inneren erfolgenden Ausweitung und Öffnung nach oben und Osten immer noch spürbar gegenwärtig blieb. Die *majestas Christi*, die das Hauptportal im Westen prägte, in dem sie auf das vorbereitete, was einen im Innern der Kirche im Osten in voller Herrlichkeit erwartete, konkretisierte sich seit der Romanik immer mehr zur Darstellung Christi als Weltenrichter; der Westen als Region der Dunkelheit und des Abends, auch des Weltabends, bot die entsprechende kosmische Anknüpfung dafür. Die im Altarraum im Ostteil der Kirche vorherrschende *ecclesia triumphans* verlangte nach der Darstellung der *ecclesia militans.* Das wehrhafte Stadttor des Westportals bot sich dafür an. Mit der Idee der *ecclesia militans* war aber auch die Möglichkeit gegeben, diesen Westteil dem Schutzherrn der Kirche und Vertreter der *militia,* dem weltlichen Herrscher, zuzuordnen, was seit karolischer und ottonischer Zeit in den mächtigen Westwerken vor allem der kaiserlich inspirierten Kirchenbauten seinen Ausdruck fand und den sakralen Charakter des Kaisertums sichtbarlich unterstrich. Der Rückgriff auf imperiale römische Bauelemente – noch im Hochmittelalter –, der möglicherweise auch dem Legitimierungsstreben der deutschen Kaiser entsprang, fügt sich problemlos ein in eine Monumentalarchitektur, die an sich schon ihre Hauptwurzeln in der konstantinischen Zeit hatte.

Um das 11. Jh. erreichte der Kirchenbau als Monumentalarchitektur im französisch-deutschen Raum eine neue Stufe, die von Grund auf und vor allem in flächendeckendem Sinn stilbildend werden sollte. Es ist das, was man seit dem 19. Jh., von Frankreich ausgehend, die Kunst der Romanik zu nennen pflegt. Ihre Anregungen holte sich die romanische Kunst aus verschiedenen

Bereichen; die Weiterentwicklung karolingischer und nachkarolingischer Bauformen ist genauso erkennbar wie Rückgriffe auf Byzanz; verschiedene, auch italienische bzw. südfranzösische Steinmetzschulen haben ihre Spuren hinterlassen und die ständige Begegnung mit dem Römischen – man denke an die vielen Romaufenthalte zahlreicher geistlicher und weltlicher Würdenträger – spielte eine nicht geringe Rolle. Aus der Sicht der späteren Zeit und als Gesamtphänomen betrachtet, wird man die Romanik aber doch als eine besonders wesentliche und umfassende Neuerung werten können, in der das nördlich der Alpen gelegene Europa, der Kernbereich des Mittelalters, in seiner Architektur wirklich zu sich selbst kam, wie das auf literarischem Gebiet in den Chansons de geste, den Troubadourliedern und dann im höfischen Roman auch geschah.

Je mehr man sich dem Hochmittelalter nähert, um so ungestümer wird auch die Bautätigkeit. Das Errichten von Kirchen tritt in ein neues Stadium ein und dieses Faktum war, was für uns, die wir zurückblicken, besonders aufschlußreich ist, den Menschen der damaligen Zeit auch bewußt, was ja keineswegs selbstverständlich zu sein braucht. So berichtet z.B. der französische Chronist und Mönch Raoul Glaber aus dem 11. Jh. in einem vielzitierten Text folgendes: »Als das dritte Jahr nach dem Jahrtausend ins Land zog, wurden fast auf der ganzen Erde, vornehmlich aber in Italien und Gallien die Kirchen umgebaut, nicht etwa wegen Baufälligkeit, die meisten waren sogar recht gut erhalten, sondern weil jede christliche Gemeinde, von glühendem Wetteifer erfaßt, eine noch prächtigere besitzen wollte als die Nachbargemeinde. Es war geradezu, als schüttelte die Welt ihr Alter ab und legte allenthalben einen weißen Mantel von Kirchen an. Damals wurden fast sämtliche Kirchen der Bischofssitze mit den verschiedenen Heiligen geweihten Klosterkirchen, ja selbst die Dorfkirchen von den Gläubigen schöner wiederaufgebaut.« (Migne, Pl 142, 651) Diese Bauwut, von deren wirtschaftlichen und sozialen Aspekten oben schon die Rede war, und die eine Fülle von Kirchen mit z.T. ungeheuren Dimensionen hervorbrachte, muß vor allem als religiöses Phänomen gesehen werden. Bei diesem glühenden Wetteifer ging es höchstens sekundär um profanes Prestigestreben, und wenn bei vielen und vor allem großen Bauten auch Machtrepräsentation und Herrschaftslegitimierung von Bedeutung sein konnten, so ist deren wesenhafte Verbindung mit dem Religiösen ohnehin unbestritten. Worum es in erster Linie ging, war ein elementarer Drang nach Vergegenwärtigung des Göttlichen und des Heils, der sich im Hochmittelalter ungemein verstärkte und in besonderer Weise präzisierte, wovon noch die Rede sein wird.

Bernhard von Clairvaux und die frühen Zisterzienser wandten sich zwar gegen die exzessive Bautätigkeit und üppige künstlerische Ausgestaltung der Kirchen und Klöster und kritisierten »der Bethäuser maßlose Höhe, ihre übertriebene Länge, ihre unnütze Breite, den Aufwand an Steinmetzarbeiten, ihre die Neugier reizenden und die Andacht störenden Malereien«. Die stark städtisch orientierten Bettelorden gingen in dieser Strenge dann sogar noch weiter und ihre Kirchen waren anfangs nicht viel mehr als schlichte Versammlungsräume. Das vermochte aber die mächtige Bewegung, die mit der Konstituierung der romanischen Kunst gleichsam unwiderstehlich geworden war und Bauherrn, Gestalter und Betrachter in ihren Bann zog, nicht aufzuhalten. Die Zisterzienser lenkten selbst auch bald ein in diesen Strom, in dem man im Sinne unseres Einleitungskapitels auch eines dieser neuen Phänomene zu sehen hat, die das Hochmittelalter kennzeichnen und die bis herauf ins Barock die europäische Kunstmentalität bestimmen sollten.

Die Voraussetzungen für diese Bewegung wurden schon früher geschaffen. Von Bedeutung war auch der Ausgang des grundsätzlichen Bilderstreits in karolingischer Zeit. Im 9. Jh. war dieser

66. Kirchenbaukarte Österreichs.

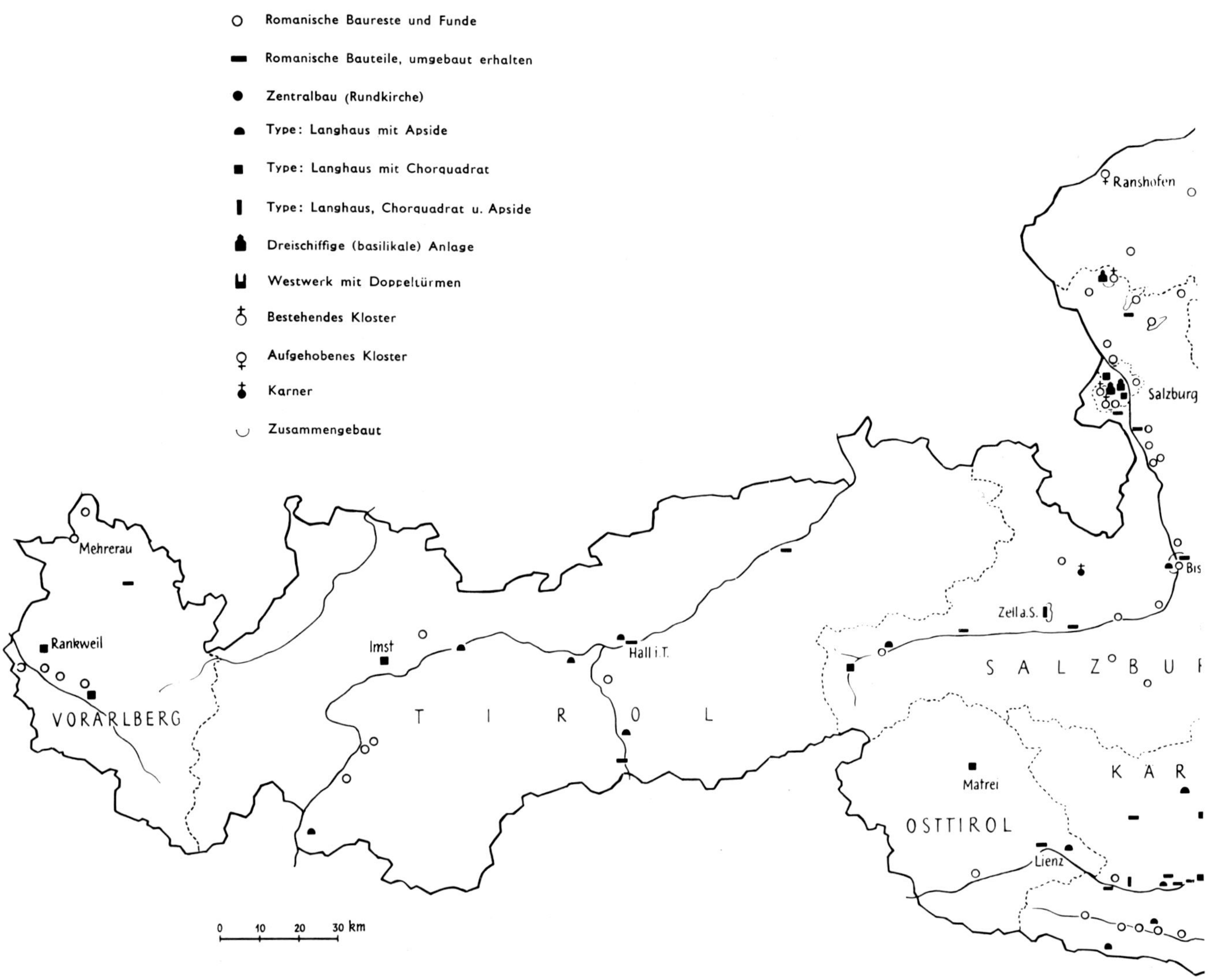

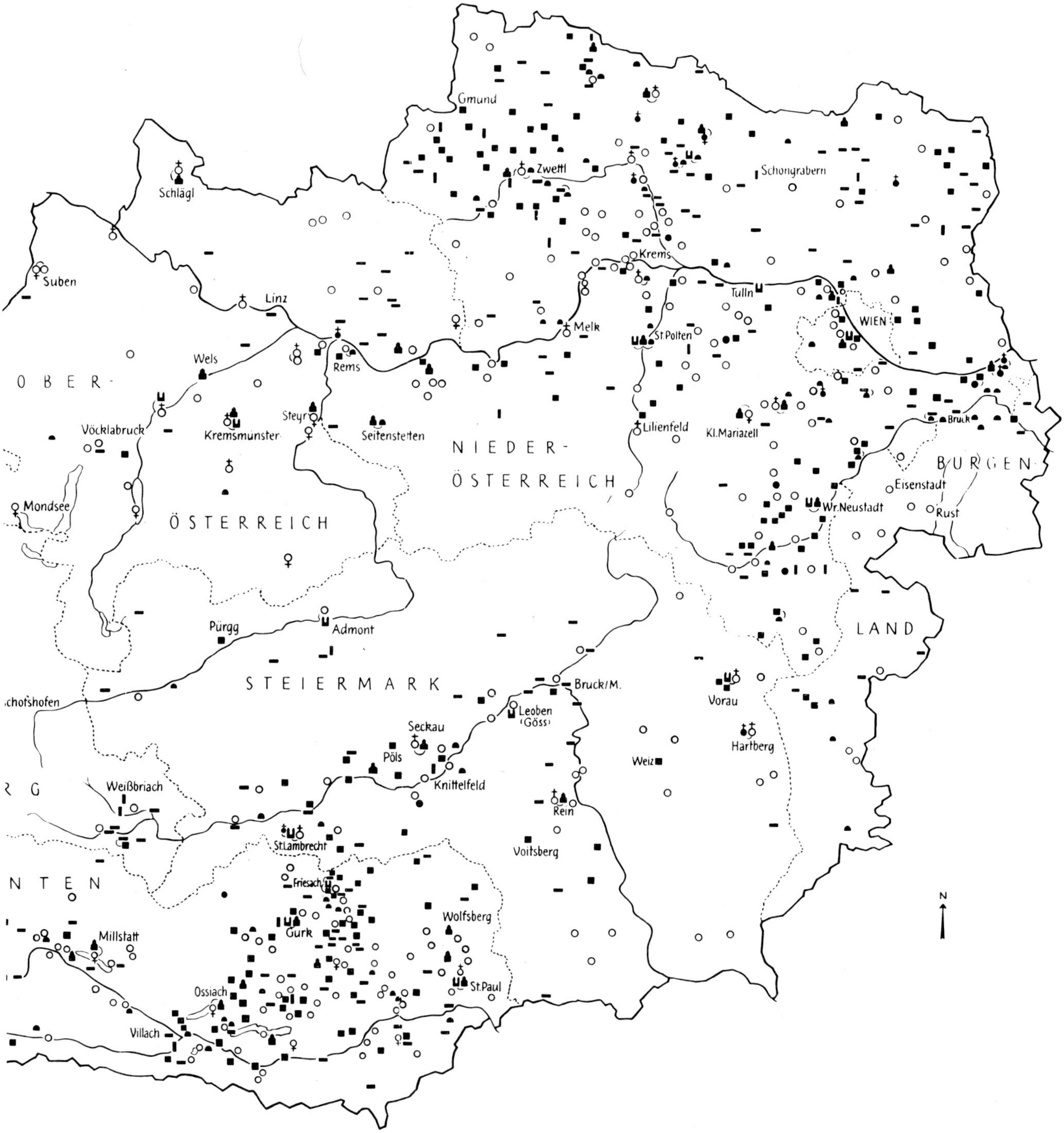
Gmund
Zwettl
Schongrabern
Schlägl
Suben
Linz
Krems
Tulln
WIEN
Melk
St.Polten
Wels
Rems
OBER-
Vöcklabruck
Kremsmünster
Steyr
Seitenstetten
Lilienfeld
Kl.Mariazell
NIEDER-
ÖSTERREICH
Bruck
BURGEN
Eisenstadt
Rust
Mondsee
ÖSTERREICH
Wr.Neustadt
Pürgg
Admont
LAND
STEIERMARK
Bruck/M.
Vorau
Bischofshofen
Leoben
(Göss)
Seckau
Hartberg
Pöls
Weiz
Knittelfeld
Weißbriach
Rein
St.Lambrecht
Voitsberg
NTEN
Friesach
Wolfsberg
Millstatt
Gurk
St.Paul
Ossiach
Villach
N

Streit, der sich am alttestamentlichen Bilderverbot und an der Idee der Transzendenz Gottes entzündet hatte, zugunsten der bildlichen Darstellung des Göttlichen, gestützt auch auf den Kernpunkt der christlichen Lehre, die Inkarnation, entschieden worden. Es gab also nun, anders als im Islam, keine religiös-theologischen Hemmnisse für die Entfaltung bildlicher Darstellungen des Göttlichen – für die Funktion der Kunst und die Entwicklung einer eigentümlich christlichen Kunstmentalität eine fundamentale Entscheidung. Diese lediglich theologische Rechtfertigung bildlicher Darstellung des Göttlichen kann freilich nicht erklären, wieso es im Hochmittelalter zu diesem überraschenden Wuchern bildlicher Darstellungen gekommen ist. Dieses Wuchern fügt sich ein in die ungemein reich sich entfaltenden Aktivitäten auf zahlreichen anderen Gebieten und gehört zur Signatur des Hochmittelalters, indem es diese Zeit als Epoche besonderer Schöpferkraft heraushebt aus dem Fluß der Geschichte. Dieses Wuchern des Bildhaft-Darstellerischen, hinter dem ein Drang zum Schauhaften, zum Vergegenwärtigen wirkt – beim Künstler wie beim Betrachter, die nach dem Emporgehobenwerden durch das Sichtbare verlangen –, bestimmt also das Profil des großen Aufbruchs dieser Zeit mit. Dieses Verlangen nach schaubarer Darstellung ist außerdem getragen von der gewaltig entfachten Hoffnung, nicht nur in den *visibilia* etwas von den *invisibilia* zu erahnen, sondern deren Gegenwart schaubar zu erfahren. Man stößt dabei auf ein letztlich mystisches Verlangen nach der *visio beatifica*, das sich freilich auch in krude materialistische Formen kleiden konnte, was aber nur das Elementare daran unterstreicht. Die intensive Beschäftigung der Mönchskirche mit der Bibel war vielleicht an der Erweckung und Steigerung dieser Faszination des Schauens nicht unbeteiligt; ein Großteil der sakralen Bauwerke waren schließlich Klosterkirchen und somit unmittelbar dem Einfluß der biblisch denkenden und gestaltenden Mönche unterworfen.

In der Bibel wimmelt es von Belegen für das Schauen. Das Stichwort *videre* füllt in der Bibelkonkordanz viele Seiten; es mußte die Aufmerksamkeit der meditierenden Leser auf sich ziehen. Dem Wortstamm *videre* vertraute die biblische Sprache mit Vorliebe die existentielle Gotteserfahrung des Menschen und das Erscheinen des Göttlichen an. Durch die häufige und einprägsame Verwendung des Wortes Antlitz/*facies* als Konzentration des Schauhaften wurde der Umkreis des biblischen *videre* noch beträchtlich erweitert. So ruft voll Sehnsucht der Psalmist: *sic in sanctuario contemplor te, ut videam potentiam tuam et gloriam tuam* – voll Sehnsucht schaue ich aus nach dir im Heiligtum, damit ich deine Macht und deine Herrlichkeit schaue, Ps. 63,3. Im Psalm 97,6 verkündet er: *caeli annuntiant justitiam eius et omnes populi vident gloriam eius* – die Himmel verkünden seine Gerechtigkeit und seine Herrlichkeit schauen alle Völker. Im Johannesevangelium, 1,14 heißt es: *et verbum caro factum est et habitavit in nobis et vidimus gloriam eius* – Und das Wort ist Fleisch geworden und hat unter uns gewohnt und wir haben seine Herrlichkeit geschaut. Der Hl. Paulus, die Begrenztheit des irdischen Sehens erkennend, verheißt unmittelbares Schauen: *videmus nunc per speculum in aenigmate, tunc autem facie ad faciem* – Wir sehen jetzt durch einen Spiegel, rätselhaft, dann aber von Angesicht zu Angesicht, 1.Kor. 13,12; und der Seher der Apokalypse schaut und schaut, um schließlich das neue Jerusalem zu schauen: *et vidi caelum novum et terram novam . . . et vidi sanctam civitatem Ierusalem novam descendentem de caelo a Deo* – Und ich sah einen neuen Himmel und eine neue Erde . . . und ich sah die heilige Stadt, das neue Jerusalem aus dem Himmel von Gott herabsteigen, Apok. 21,1f.

Dieses Verlangen konnte in die verschiedensten Bereiche eindringen. Wenn sogar in der Liturgie und da noch dazu an einem ganz besonders zentralen Punkt, der Wandlung, der von der Heiligkeit seiner Natur her Veränderungen kaum zugänglich ist, eine gewichtige Verschiebung im Dienst des unersättlich gewordenen Schauverlangens eintreten konnte, so zeigt das deutlich die Macht dieses zur Bewegung gewordenen Verlangens. Im Laufe des 12. Jh. wurde nämlich die Sehnsucht der Gläubigen immer mächtiger, Christus bei der Wandlung im Brot gleichsam leibhaftig zu schauen, was dann zur Elevation der Hostie führte. Weil damals der Kommunionempfang der Laien eine Rarität war, kam der schauhaften Verbindung mit Christus, die durch die Erhebung der Hostie hergestellt wurde, um so größere Bedeutung zu. Die Entwicklung der Monstranz und die dadurch ermöglichte gleichsam dauernde Vergegenwärtigung des Augenblicks der Verwandlung des Brotes in den Leib Christi, war eine weitere Folge dieses Dranges. Für die Zeit vor 1210 ist die Elevation der Hostie als sicher bezeugt. Dieser Anblick wurde für die Menge der Gläubigen zum Kernerlebnis der Messe überhaupt. Wie dinghaft konkret dieses Schauen sein konnte, geht auch daraus hervor, daß in kirchlichen Kreisen erwogen wurde, ob nicht ein Mensch, der sich im Stand der Sünde befinde, durch das somit unwürdige Betrachten der erhobenen Hostie eine weitere schwere Sünde auf sich lade; das äußerte sich auch darin, daß öffentlichen Sündern und Exkommunizierten das Betrachten der Hostie verboten werden konnte. Die Berichte von Hostienwundern begannen ebenfalls üppig ins Kraut zu schießen. Die Tragweite dieser schauhaften Tendenz wird einem klar, wenn man den Blick auf andere Bereiche richtet. So bemerkt man, daß im volkssprachlichen Parzivalroman die Verben sehen, schauen in den Szenen, die vom Gral handeln, zu Leitworten werden konnten, bei Chrétien wie bei Wolfram. Von Interesse ist auch die Tatsache, daß innerhalb der Weiterentwicklung der Graldichtung dieses Schauen noch an Bedeutung gewinnen konnte und in die ersehnte, beseligende und zugleich kaum ertragbare *visio* des Göttlichen überging, nach der die besten Ritter wie aus einem ekstatischen Drang heraus strebten, und der sie alles andere unterordneten. So ist die *Queste del Saint Graal* ganz und gar auf die höchste und letzte *visio* ausgerichtet:

Da Lanczelot diß rede hort, da biebte im syn hercz, und viel off syn knuw vor der ture, wann er gedacht wol das der heilige gral darinn were. Da sprach er weynende: ›Lieber vatter herre Jhesu Crist, det ich ye keyn ding das dir lieb were, lieber herre, umb die gút die in dir ist, nit verschmahe mich und laß mich gesehen ein teyl von dem das ich suchen.‹ Wann als bald als er das het gesprochen, da sahe er vor sich und sahe das die túre von der kammer was offen. Und in dem das sie offging, da kam daruß ein clarheit als groß, recht als die sonne. Und da er das gesah, da was er so recht fro und hett also groß begierde das er möcht wißen von wanne die clarheyt keme die also groß was das im alles des vergaß ... Da sah er off einer tafeln den heyligen grale, uberdecket mit einem roten sammat. Und sahe auch umb und umb engele uberall, die dem heyligen grale dienten, in der wise das sie da hielten rauchfaß von silber und kerczen. Und vor dem heiligen gral saß eyn alt man, gecleydet als ein priester. Und da er in der stillen von der messe was und unsers herren lichnam heben solt, da ducht Lanczelot das under des guten mannes hende weren dry persone, und die zwen saczten den júngsten zwúschen des guten mannes hende. Da hub er yn hoch und det recht als er fallen wolt ... ›Ich hann gesehen‹, sprach er, ›als groß wunder das es myn munt nit kúnd erzelen, noch myn hercz kúnde es nit gedencken wie groß freud das ist. Wann das ist nit gewest werntlich ding, wann es ist gewest geystlich, und wer myn groß súnde nit gewest, ich hett syn noch me gesehen, da ich verloß das gesiecht von mynen augen und die macht von mynem libe, umb die groß ungetrúwikeit die gott an mir fand.‹

(Als Lanzelot diese Worte hörte, erbebte sein Herz. Er fiel vor der Tür auf seine Knie, denn er glaubte, daß drinnen der Hl. Gral gegenwärtig sei. Weinend sprach er: »Lieber Vater, Herr Jesus Christ, wenn ich je etwas Gutes getan habe, das dir gefiel, lieber Herr, so verschmähe mich um deiner Güte willen nicht, sondern laß mich etwas von dem schauen, was ich suche.« Sobald er das gesagt hatte, blickte er vor sich hin und sah, daß die Tür der Kammer offen war. Und wie die Tür sich auftat, so entströmte aus dem Innern eine Klarheit stark wie die Sonne. Als er das sah, erfüllte ihn große Freude und er empfand großes Verlangen zu erfahren, woher denn diese große Klarheit käme, über der er alles andere vergaß ... Er erblickte auf einem Tisch den hl. Gral, der mit rotem Samt bedeckt war. Überall herum sah er Engel, die dem hl. Gral dienten, indem sie silberne Weihrauchfässer und Kerzen hielten. Vor dem hl. Gral saß ein alter Mann, der wie ein Priester gekleidet war. Als er sich anschickte in der großen Stille bei der Wandlung den Leib unseres Herrn emporzuheben, da schien es Lanzelot, daß unter der Hand des heiligmäßigen Mannes drei Personen seien und zwei davon den Jüngsten zwischen die Hände dieses Mannes rückten. Er hob ihn empor und es sah aus, als würde er umfallen ... Er (= Lanzelot) sprach: »Ich habe ein so großes Wunder geschaut, daß ich es nicht in Worte fassen kann und mein Herz kann es nicht ausdenken, welche Beglückung das bedeutet. Das war nichts Weltliches, es war etwas Geistliches. Meine Sündhaftigkeit hat mich daran gehindert, noch mehr zu erschauen; so aber wurde die Vision meinen Augen entzogen, mein Leib verlor seine Kraft; all das wegen der Treulosigkeit, die Gott in mir antraf.

Der Gralroman aus der ersten Hälfte des 13. Jh. steht an dieser Stelle inhaltlich in direkter Beziehung zur Liturgie; die Faszination, die von dem neuen Schauen ausging, reicht aber zeitlich weiter zurück und erfaßte nicht nur das religiöse Erleben, von dem hier besonders die Rede sein soll. Sie ist wirksam in vielen Minneliedern und den dahinterstehenden Troubadourkanzonen, in denen dieses Schauen als erotische Verzückung Gestalt annahm. Diese Faszination drang auch in den höfischen Roman ein, wie man an Parzival ablesen kann, der die Blutstropfen im Schnee anstarrt und dem dieses sichtbare Zeichen aus Rot und Weiß zum Bild der fernen unsichtbaren Geliebten wird; der Minneritter schlechthin, Lancelot, lebt diese Faszination vor, wenn er beim erbarmungslosen Zweikampf mit dem bösen Melegant hinaufstarrt zur Artuskönigin und sich wie ein Märtyrer den brutalsten Schwerthieben des grausamen Gegners ausliefert – gleichsam als ekstatische Überhöhung dessen, was im Hinaufschauen des verliebten Aeneas zum Turm, in dem sich Lavinia befand, angelegt war. In diesen mittelalterlichen Texten gewinnt das Schauen eine Macht besonderer Art, die den entsprechenden Verben *schouwen, sehen* romanisch *esgardar, vezer* eine Tiefendimension verleiht, die über das hinausweist, was z. B. die antik-ovidianische Tradition mit ihrer stereotypen Vorstellung vom Eindringen der Liebe durch das Auge leisten konnte. Auch darin wird die Überbietung der Antike durch das Mittelalter evident. Nur im bannhaft zerstörerischen Schauen des Narziß hatte die Antike eine dem Mittelalter vergleichbare Tiefendimension erreicht, die dem Mittelalter auch bekannt war; dieses auf sich selbst zurückbezogene, gleichsam der Immanenz verhaftete Schauen des Narziß führte zu Heillosigkeit und Selbstzerstörung, wogegen das Mittelalter, auch dort, wo es auf Narziß zurückgriff, wie z. B. beim Minnesänger

Heinrich von Morungen, den Kreis der äußeren Zerstörung zu sprengen und, gleichsam im Transzendieren, dem erotischen Schauen die Beseligung zu erschließen vermochte.

Mit diesem Drang zum Schauen konnten sich noch andere Kräfte und Faktoren verbinden, so das Lehrhaft-Erbauliche, das Streben nach Repräsentation; er nahm auch Anregungen aus Werken der Bildenden Kunst der römischen, byzantinischen und frühchristlich-orientalischen Welt in sich auf und entwickelte sich im Mittelalter zu einer mentalitätsformenden Grundmacht, die besonders in Architektur, Malerei und Plastik – und das bedeutet damals weithin religiöse Kunst – sich als schöpferisch erweisen sollte.

Mit dem bloßen Intensivieren des Drangs nach dem Schauhaften im Gestalten und im visuellen Aufnehmen des Gestalteten war es nicht getan. Nicht minder wichtig ist die Tatsache, daß es sich dabei um etwas Geordnetes, Systemgebundenes aber zugleich Wandelbar-Lebendiges handelte, hinter dem ein großes, am Bibelverständnis orientiertes Konzept stand. Damit ist schon erklärt, warum bei aller Systemhaftigkeit die Erstarrung vermieden werden konnte. Zwischen Kunst und Bibelverständnis ergeben sich dabei Parallelen. Für die frühchristliche und mittelalterliche Bibelexegese war der feste Buchstabe der Bibel das Fundament, aber dieser Buchstabe wurde als Aufgabe konzipiert und nicht als starres Besitzen. Es galt, immer tiefer einzudringen, immer mehr von der Wahrheit offenbar und wirksam werden zu lassen. Dem bibelexegetischen Konzept – Übergang vom schattenhaften Vorzeichen zur vollen Erfahrung der lebendigen Wahrheit – war auch das gestaltende und rezipierende Schauen unterworfen, und somit gab es immer schöpferisches Leben bei aller grundsätzlichen Unverrückbarkeit der Heilstatsachen und deren Repräsentationsprinzipien. In diesem bildhaften System sind Positionen im Raum, oben, unten, links, rechts, frontal, seitlich, außen und innen, Gestik und Körperhaltung, dazu groß und klein und die Farben mit erstaunlicher Präzision festgelegt und in dieser Fixierung lange Zeit verfügbar gewesen, oft bis herauf ins Barock. Daß aus so vielen und der Herkunft nach oft heterogenen Elementen ein so feingesponnenes, umfassendes und bedeutungstiftendes Schau-System werden konnte, daß der Konsens darüber sich wie selbstverständlich einstellte und sich in der ganzen mittelalterlichen Christenheit durchsetzte, ist wiederum eine der typischen mittelalterlichen Neuschöpfungen, die Schöpfung einer europäischen Sprache der Kunst des Mittelalters.

Der Schwerpunkt der romanischen Monumentalarchitektur und Kunst lag in Frankreich, bei unmittelbarer Beteiligung auch des deutschen Raums. Die typisch mittelalterlichen Kräfte der immer stärker sich auch kulturell profilierenden neuen Räume kamen zusehends zur Geltung. In der Gotik, dieser ganz eindeutig nordfranzösischen Leistung, die dann ebenfalls im mittelalterlichen Europa, Italien ausgenommen, ihren Siegeszug antreten konnte, wird sich das bestätigen. Im deutschen Raum gingen vom Kaisertum zusätzliche Impulse aus, die auch für die ab Mitte des 12. Jh. in Frankreich und Deutschland unterschiedlich verlaufende Entwicklung der Baukunst mit verantwortlich sein dürften. Die Konstituierung des neuen romanischen Stils zeigt sich auch darin, daß sich beim Kirchenbau ein gewissermaßen verbindlicher Grundstock unverzichtbarer Bestandteile herausbildete. Diese finden sich zwar meist einzeln auch schon früher und anderswo, werden aber nun in einem neu strukturierten Zusammenhang und in der Funktion, die sie darin erhalten, zu Merkmalen und Gliedern eines neuen Stils. Der Zeitpunkt, ab dem die einzelnen Elemente als stilkonstituierende Teile sich in das neue Architekturgefüge einzuordnen begannen, läßt sich auch mangels fester Chronologie der Bauwerke kaum exakt bestimmen. (Solche Einzelelemente, die der romanischen Architektur ihr Gepräge gaben, wären z.B. die grundsätzlich konsequent durchgehaltene Kreuzform als Grundriß, von begründeten Ausnahmen etwa in Ottmarsheim ist abzusehen, dann die volle Integration des Querschiffs und die damit verbundene raumgliedernde Rolle der Vierung, das System der Türme, die Gliederung der Wände etc).

Die besonders reiche künstlerische Entwicklung der französischen Romanik mag, wie manche Historiker annehmen, u.a. auch dadurch begünstigt worden sein, daß seit der nachkarolingischen Zeit im werdenden Frankreich die königliche Zentralgewalt weniger in Erscheinung trat und somit auch die Monumentalkunst und die ihr sich zuordnenden Künste weniger von einem königlichen Mäzen mit imperialem Repräsentationsanspruch abhing; dafür aber hatten lokale Initiativen einzelner Klöster oder anderer kultureller Zentren und verschiedene artistische Traditionen vielleicht größere Entfaltungsmöglichkeiten. Im Ostteil des alten Reiches hatte mit den Sachsenkaisern eine starke Zentralgewalt die ohnehin nur kurz unterbrochene karlische zentralistische Tradition aufgreifen können und vielleicht gerade den Monumentalbau stärker an das imperiale Darstellungsbedürfnis angenähert, was für manchen künstlerischen Neueinsatz auch hemmend gewirkt haben mag. Das Auseinanderdriften der beiden Teile des alten Reichs auch hinsichtlich der Eigenart der Monumentalarchitektur dürfte zunächst aber noch ziemlich sachte verlaufen sein. Noch unter den salischen Kaisern konstatiert man schließlich einen engen zeitlichen Zusammenhang zwischen der sich konstituierenden, nicht speziell imperialen neuen Monumentalkunst der französischen Romanik und der Baukunst im Reich. Bei allen Unterschieden ist auch diese Baukunst im Reich eben doch auch Romanik. Maria Laach, Speyer u.a. Bauten unterscheiden sich schließlich nicht gravierend von irgendwelchen burgundischen Klosterkirchen.

Mit dem Eintritt in unseren Zeitabschnitt bahnt sich aber in dieser Hinsicht eine Umschichtung an bzw. treten Sonderentwicklungen, die schon angelegt waren, vor allem im französischen Westen, immer deutlicher in Erscheinung. Nun wird man freilich nicht alle Veränderungen auch in der Monumentalkunst im französisch-deutschen Verhältnis auf verschiedene politische Konstellationen zurückführen dürfen. Dazu war der deutsche Raum selbst zu uneinheitlich. Ohne Einfluß aber war die politische Entwicklung auf die Monumentalkunst kaum. Mit den Stauferkaisern erhielt im deutschen Raum die imperiale Idee neue Kraft, doch gleichzeitig, wenn auch zunächst weniger spektakulär, erstarkte das französische Königtum. Dieses Erstarken war stetig und von Dauer über die Jahrhunderte hinweg. Von besonderer Bedeutung für das Erstarken des französischen Königtums im 12. Jh. war die geschichtsträchtige Verbindung von monastisch geprägter Spiritualität und der sich zusehends national entwickelnden Idee der Königsherrschaft. Diese Verbindung gewann durch das sich immer deutlicher ausprägende kulturelle Übergewicht Frankreichs und durch das Vorhandensein einer Hauptstadt zusätzliche Kraft.

Ein entscheidender Impuls ging von dem im 7. Jh. vom Merowingerkönig Dagobert gegründeten Kloster St. Denis bei Paris aus. Dieses Kloster war durch die Jahrhunderte hindurch in besonderer Weise ein Königskloster geblieben. Im 12. Jh. unter Leitung des großen Abtes Suger, eines der einflußreichsten Männer im damaligen politischen Leben Frankreichs, sollte St. Denis das sakrale Zentrum der französischen Königsidee werden. Abt Suger entwickelte beim monumentalen Um- und Ausbau seiner Abtei auch einen adäquaten neuen Stil, den man dann seit der Renaissance, zunächst verächtlich gemeint, Gotik zu nennen pflegt. Die schon alte, in karolingischer Zeit wurzelnde Gemeinsamkeit zwischen Frankreich und Deutschland, welche beide Länder als die mittelalterlichen Kernländer ausweist, bestätigt sich zwar auch hier wieder, denn außer in Frankreich (wozu auch das romanisierte England zu zählen ist; die iberische Halbinsel lassen wir beiseite) fand die Gotik in Deutschland besonders reiche Entfaltung. Doch, und das ist verglichen mit der Romanik nun bedeutsam, in Deutschland setzte sich der neue Stil erst mit ganz erheblicher Verspätung durch. Fast 100 Jahre liegen zwischen dem Bau Sugers und der Errichtung der ersten gotischen Kirchen in Deutschland, der Liebfrauenkirche in Trier und der Elisabethkirche in Marburg. Das volle Wirksamwerden der Gotik setzte in Deutschland erst nach der Mitte des 13. Jh. ein. Während auf dem Gebiet der Dichtung bei der Umsetzung einer französischen Novität ins Deutsche oft nur wenige Jahre das deutsche Werk von der französischen Vorlage trennten, dasselbe gilt auch für die Verpflanzung der neuen französischen Mönchsorden, verschloß sich also Deutschland zunächst der neuen Monumentalarchitektur aus der Königsabtei St. Denis. Dabei waren Barbarossa und seine geschichtstheologisch gebildeten Berater sehr wohl unterrichtet über das, was sich in Frankreich unter Rückgriff auf alte karlische Traditionen neu zu formieren begann. Man fragt sich, war vielleicht die französische Gotik für die kaiserliche Politik in Deutschland und für deren an ottonisch-salische Bauten orientierten Repräsentationswillen zu eng verbunden mit dem erstarkenden konkurrierenden französischen Königsanspruch, als daß man hätte mitgehen können, so wie man in der Romanik noch mitging? Wollte man durch das Verharren in der deutschen Version der romanischen Monumentalkunst die eigene Herrschaftskontinuität betont zum Ausdruck bringen? Es braucht kein Zufall zu sein, daß gegen Ende der Stauferzeit (Friedrich II. regierte ohnehin im fernen Sizilien, in einem völlig anderen Kulturkreis) in Deutschland die Gotik nun auf breiter Front übernommen und total assimiliert wurde, so daß Leistungen hervorgebracht werden konnten, die Deutschland neben Frankreich, aber mit Verspätung, zu einem Land der Gotik werden ließen.

Lenken wir auf zwei besonders repräsentative sakrale Monumentalbauten im wahrsten Sinn des Wortes zurück, die kurz vor der Schwelle unseres Zeitabschnittes liegen, auf die Klosterkirche in Cluny und den Kaiserdom der Bischofsstadt Speyer. Beide Kirchen hatten ihre Vorgänger. Die Kirche von Cluny wird zu Beginn des 10. Jh. bei der Gründung ein einfacher, einschiffiger Bau gewesen sein. Ende des 10. Jh. entstand aber bereits ein dreischiffiges Bauwerk mit gegliedertem Chor, Apsiden, zwei Westtürmen mit Vorbau, in der Kunstgeschichte als Cluny II bezeichnet, das um 981 eingeweiht wurde. Schon 100 Jahre später schritt der berühmte Abt Hugo (er leitete das Kloster von 1048–1109) zu einem radikalen fünfschiffigen Um- und Neubau von gewaltigen Dimensionen, die jene der Peterskirche in Rom nur knapp unterschritten: 187 m lang, 30 m hoch, Cluny III genannt. (Die Vorliebe für überraschend große Dimensionen ist freilich kein Novum der Romanik, sondern bereits mittelalterliche Tradition. So war z.B. schon der von Bischof Virgil in den Jahren 767–774 errichtete Dom in Salzburg ein imposantes Bauwerk – dreischiffig, fast 70 m lang und fast 40 m breit!) Bei dem Prestige, das Cluny um diese Zeit schon hatte, sind auf jeden Fall für den Ausbau der Kirchen weit und breit wichtige Anstöße von dieser Klosterkirche ausgegangen. In Speyer hatte um 1030 Kaiser Konrad II. die alte merowingische Kirche durch einen großen Neubau, der auch Grablege der Kaiser werden sollte, ersetzt. Dieser war erst seit etwa 20 Jahren vollendet, als Kaiser Heinrich IV. gleichzeitig mit Hugo von Cluny um 1081 einen großartigen Um- und Ausbau dieses Domes in Angriff nahm, der allein schon durch die bauliche Leistung der Einwölbung einen wichtigen Punkt in der deutschen Baugeschichte darstellt. Cluny

67. Speyer. Kompositkapitell.
(zu S. 217).

68. Ebda. Korinthisches Kapitell.

und Speyer stellten die größten romanischen Kirchen der damaligen Zeit dar. Den imperial inspirierten Sakralbau Heinrichs IV. gegen die monastische Monumentalkirche Hugos auszuspielen – Cluny befand sich nicht mehr auf Reichsgebiet und war päpstlich gesinnt –, wäre aber eine Verkennung der Situation; Abt Hugo war außerdem der Pate Heinrichs IV. Vielmehr geht es hier wie dort um die immer mehr expandierende architekturale Repräsentanz derselben Religiosität.

In der Lebensbeschreibung des Abtes Hugo heißt es über die Durchführung seines großen Bauvorhabens: *Deo juvante talem basilicam levavit intra viginti annos qualem si tam brevi construxisset imperator dignum admiratione putaretur.* (Mit Gottes Beistand errichtete er in diesem Zeitraum von 20 Jahren ein Gotteshaus, das, wenn es in derselben kurzen Zeit von einem Kaiser errichtet worden wäre, diesem zur Bewunderung gereicht hätte). Bei den Beziehungen, die zwischen dem Kaiser und Cluny bestanden, wird man nicht fehlgehen, diese Stelle konkret auf des Kaisers Bautätigkeit in Speyer zu beziehen; mehr darf man aber nicht herauslesen als das große Lob, daß eine Klosterkirche vor imperialen Maßstäben bestehen kann. Von nicht geringer Wichtigkeit ist in diesem Zusammenhang auch die Beobachtung der Kunsthistoriker, daß nicht nur der Kaiserdom in Speyer – wohl unter direktem Einfluß Heinrichs IV. – eine bedeutsame Verwendung antikisierender Bauelemente (bes. Kapitelle) aufweist, was den imperialen Aspekt des Baus unterstreichen würde, sondern daß auch in die Klosterkirche Hugos solche antikisierende Bauelemente integriert wurden. Dieses Nebeneinander antikisierender Bauelemente in beiden unterschiedlich orientierten Kirchen relativiert das kaiserliche Antikisieren am Speyrer Dom und führt wohl auf den einfachen Sachverhalt zurück, daß eben Kirche (auch als Klosterkirche) und Kaisertum aus innerer Notwendigkeit auf ihre antiken Wurzeln zurückgreifen wollten. Noch Abt Suger von St. Denis wird einige Jahrzehnte später erwägen, römische Säulen per Schiff zum Neubau seiner Abteikirche heranzuschaffen. Aus der Verwendung antiker Bauelemente einen scharfen Gegensatz zwischen Kaiser und Kirche zu konstruieren, dürfte verfehlt sein. Bei aller Bewußtheit, die man bei der Verwendung antikisierender Bauteile hier wie dort annehmen kann und der legitimierenden Funktion, die solche Bauteile gehabt haben können und in vielen Fällen wohl auch tatsächlich gehabt haben, darf nicht übersehen werden, wie sehr das Neue, eben das Mittelalterliche, in seinem vitalen Elan sich nicht grundsätzlich hemmen ließ und immer wieder auch über die antiken Formen hinwegwucherte. Gerade die antikisierenden korinthischen Kapitelle lassen die Kraft dieses Drangs der mittelalterlichen Bauplastik erkennen. So findet sich z.B. im Speyrer Dom das relativ reine korinthische Kapitell im nördlichen Querarm. Hält man ein Kapitell aus der St. Afrakapelle desselben Doms dagegen, so sieht man sogleich, wie die Antike von der dynamischen Verlebendigung und unersättlichen Schaulust des Mittelalters von innen her aufgesprengt wird; aus dem stilisierten korinthischen Pflanzenschnörkel wachsen Tierdarstellungen heraus – hier sind es z.B. Affen, deren geistliche Symbolhaltigkeit evident ist – Affe als Bild des Teufels, dessen, der Gott nachäfft. (Der Humanist würde angesichts dieser Veränderungen von einer Barbarisierung der Antike durch das Mittelalter sprechen.) Blickt man zum Vergleich auf ein Kapitell aus Saulieu, so erkennt man dieselbe Tendenz des Aufbrechens der antiken Formen. Die großartigen und mit Recht berühmten Kapitelle von Cluny aus dem Anfang des 12. Jh. oder sogar noch früher treiben diese Tendenz besonders weit. Die Antike ist hier nur noch Ansatz für das voll sich entfaltende mittelalterliche Leben; bedeutungstragende Tiere und Menschen beherrschen das Kapitell und erfüllen das bloße Dekorationselement mit Dynamik und geistlichem Sinn.

Kehren wir nach diesem Seitenblick auf ein Detail der Steinplastik zurück zum Gesamt der Kirchenarchitektur, von dem immer wieder auszugehen ist und das der Bezugspunkt bleiben muß. Aus diesem Seitenblick geht aber schon hervor, daß die mittelalterliche geistliche Qualität des Schauens nicht nur für die sakrale Monumentalarchitektur als solcher von Bedeutung war. Dieses neu intensivierte schauhafte Moment kam nicht minder bei der Ausgestaltung der Bauwerke zur Geltung. Dieser Drang zur schauhaften Ausgestaltung blieb ja auch nicht beschränkt auf die Werke der Architektur; bei den Handschriften war es nicht viel anders. Man begnügte sich nicht mit dem Voraugenführen der Buchstaben der Schrift – das wäre sozusagen die Architektur –, sondern man wurde nicht müde, die Buchstaben auszugestalten und den Text in ein großes schau-und symbolhaftes Universum einzuordnen. In der Architektur ging das bis zur Ausgestaltung riesiger Wandflächen und Gewölbe mit Monumentalmalerei und der Belebung der Bauwerke mit einer wuchernden Fülle von Skulpturen, die z.B. an den Säulenkapitellen sich auszubreiten begann, sogar die Wasserspeier bedeutsam umkleidete, Außenseite und Innenraum erfaßte, sich zu figuraler Größe erhob und schließlich im unermeßlichen Schnitzwerk gotischer Altäre aufging. Kaum ein Stück Mauer oder ein Einrichtungsgegenstand, der unbelebt und unschauhaft nackt blieb. Die älteste Verbindung, die diese Belebung ermöglichte, war die von

Malerei und Architektur. Wenn wir im zentraleuropäischen Raum bleiben, finden wir sie schon z.B. im 8. Jh. in der Kirche St. Prokulus bei Naturns in Südtirol. Die folgenden Jahrhunderte setzten die Intensivierung dieser Verbindung fort. Daß Steinplastik, Bronzeguß und Glasmalerei und das Schnitzwerk erst später in diese Verbindung eintraten, hat natürlich auch handwerkstechnische und materialbedingte Gründe. Es ist auch kein Zufall, daß dann besonders von Südfrankreich und der Lombardei aus, sicherlich gestützt durch die Nähe zur antiken Steinmetzkunst, die nördlich mittelalterliche Plastik sich neu zu konstituieren begann und die deutsche Entwicklung dabei hinter der südfranzösischen etwas herhinkt. Dagegen leisteten die Deutschen in der Kunst des Bronzegießens Hervorragendes – wenn man bloß an Bernward von Hildesheim († 1022) denkt. Ursprünglich scheint dabei der nördliche Teil Frankreichs sich ähnlich verhalten zu haben wie der Osten des alten karolingischen Reiches. Aus dem Anfang des 11. Jh. gibt es einen Bericht eines nordfranzösischen Studenten, der nach Südfrankreich kommt und voll Erstaunen vor den dort verbreiteten Skulpturen von Heiligen steht: »Bisher hatte ich immer geglaubt, daß den Heiligen nur in Zeichnung und Malerei die Ehre der Darstellung zuteil werden dürfe; es schien mir abwegig, ihnen Statuen zu errichten. Aber hier im Süden halten sie es ganz anders. Hier hat nach altem Brauch eine jede Kirche eine Statue ihres Patrons« (E. Mâle, L'art religieux du 12e siècle, Paris 1966, S. 200).

Auch für unseren Zeitraum gilt noch die enge Verbindung von Architektur und Malerei. Freilich ist nicht zu erwarten, daß diese Verbindung überall und vollständig verwirklicht werden konnte; schon äußere Faktoren wie Fehlen der Geldmittel oder geeigneter Maler werden in vielen Fällen das großzügige Ausmalen der Kirchen unmöglich gemacht haben; dazu kamen dann noch die Wechselfälle der Zeit mit Zerstörungen, Umbauten und Renovierungen, so daß das geplante oder auch vorhandene Gemäldekleid vieler romanischer Kirchen nicht mehr erhalten ist. Aus dem Erhaltenen läßt sich aber ablesen, daß der Malerei in den Bauten eine ganz besondere Funktion zukam. So sehr das Steingefüge der Sakralbauten an sich schon Träger geistlicher Bedeutung war, so mußte die Malerei zusätzliche und ihren Ausdrucksmitteln angemessene theologisch-biblische Botschaften übernehmen, damit der von seinem Wesen her darstellerische Gesamtauftrag des Kirchenbaus erfüllt werden konnte. Wenn also die Ausmalung fehlt, so fehlt für die jeweilige Kirche etwas ganz Wesentliches – bei aller Typik der Darstellungsmuster und den stark ausgeprägten Konventionen –, und das erschwert den richtigen Zugang zu einem derartigen Kirchenbau grundsätzlich. In diesem Zusammenhang ist auch an die Wandbehänge zu denken, die auch in Kirchen nördlich der Alpen ab dem 12. Jh. auftauchen; auch sie haben ihren wesentlichen Platz im schauhaften Gesamtkonzept. Freilich ist aus begreiflichen Gründen von diesen Textilien kaum etwas erhalten geblieben.

Die schon sehr früh festzustellende Verbindung von Architektur und Malerei wurde offenbar als etwas ganz Natürliches und Unproblematisches empfunden. Über die geistliche Bedeutung des Kirchengebäudes und einzelner Bauteile bestand theologisch-biblisch fundierter Konsens, den die Malerei auf ihre Weise zur Geltung zu bringen hatte. Die dann mit der Gotik aufgrund der veränderten architektonischen Bedingungen in überwältigender Fülle auftretenden Glasmalereien erschlossen zwar ungeahnte Möglichkeiten, die der vertieften theologisch-biblischen Deutung des Kirchengebäudes noch mehr entgegenkamen, sie setzten aber im Grunde fort, was in der Ausmalung der Kirchen schon vorher angelegt war.

Ist zwar auch nur wenig erhalten von der romanischen Kirchenausmalung, so läßt sich aus dem Überlieferten klar ersehen, daß Ausmalung und Architektur Hand in Hand gingen; bestimmte bauliche Punkte, Orte und Flächen erhielten die ihnen wesensgemäße Ausmalung, wobei reichlich Platz für die nötigen Variationsmöglichkeiten blieb. Von der Apsis im Osten bis zum Westportal brachte also die Malerei das in der Architektur angelegte geistliche Programm zur Geltung. So wurde die Apsis, der Thronsaal Gottes, mit dem Bild der *majestas Domini* ausgemalt, das Langhausgewölbe brachte biblische Geschichte, die immer mehr der typologischen Deutung unterworfen wurde, das Westportal war der bevorzugte Platz für den Weltenrichter und Szenen aus der Apokalypse. Die Seitenbereiche waren den Heiligen vorbehalten, dazu hatten die Sockelzonen und die Zwickel in den Gewölben ihre eigene Aufgabe. Unterschiede zwischen dem deutschen und dem französischen Raum lassen sich bei diesen Kirchenfresken wohl kaum ausmachen. Ein Blick auf die Fresken der Klosterkirche St. Savin sur Gartempe, die um 1100 entstanden sind und von denen der Großteil erhalten ist, zeigen grundsätzlich dasselbe Bild wie die Fresken in deutschen Kirchen, von denen noch zu sprechen sein wird; die Darstellung der biblischen Szenen im Langhausgewölbe steht in St. Savin noch nicht unter dem Gesetz der Typologie, doch daraus wird man keinen grundsätzlichen Unterschied machen dürfen.

Diese großen Freskenzyklen, die sich mit der Architektur verbinden und sie bedeutungtragend umhüllen und die auch nördlich der Alpen schon lange vor dem Hochmittelalter einsetzen, erhielten in der Kunst der Romanik eine kräftige Konkurrenz in den zu immer monumentaleren Formen aufsteigenden Steinskulpturen. Welche Faktoren auch immer dieses Vordringen der Steinmetzen auf Kosten der Freskenmaler – auf die Farbgebung wurde ja nicht verzichtet! – begünstigt haben, entzieht sich weitgehend unserer Kenntnis; dem mittelalterlichen Schauverlangen kam diese Entwicklung auf jeden Fall entgegen. Steinreliefs, die überdies immer mehr zur vollen Herausarbeitung des Figürlichen drängten, waren eine besonders intensive Form der Vergegenwärtigung und darauf kam es an. Malerei und Bildhauerei dürften im Früh- und Hochmittelalter auch nicht immer unter denselben sozialen Bedingungen gestanden sein. Bei den Steinmetzen, deren Hauptrekrutierungsgebiet der antikenahe Süden war, ist in viel höherem Maße als bei der Malerei mit Wandertrupps zu rechnen, die von Baustelle zu Baustelle zogen und stärker eigengesetzlich ihren handwerklichen Traditionen zu folgen geneigt und in der Lage waren. Der Maler dagegen stand vielfach den Handschriftenilluminatoren der klösterlichen Skriptorien näher, war somit möglicherweise dem Auftraggeber stärker untergeordnet und auch weniger in seiner Technik und handwerklichen Tradition der Antike verpflichtet.

In der Steinplastik kam es nun – und das ist ein Ereignis von großer kunstgeschichtlicher Bedeutung fürs Mittelalter – im 11. Jh. zu einem Durchbruch, der über das Bauliche und Malerische hinaus die neue mittelalterliche Architektur als Gesamtphänomen konstituieren half. In der sakralen Monumentalarchitektur der entstehenden Romanik vollzog sich in Frankreich der entscheidende Schritt der Integration großangelegter Skulpturprogramme in die Monumentalarchitektur. Wo die Ansätze zu dieser Entwicklung genau lagen, ist schwer auszumachen; ob im Süden oder in Burgund, jedenfalls wurde Burgund zu einem Zentrum dieser neu sich entwickelnden und, wie die Malerei immer schon, integrierten Monumentalskulpturen. Zwar ist auch in der französischen Romanik der Einfluß lombardischer Steinmetzen unverkennbar, es muß aber auch, besonders in Südfrankreich, kräftige eigenständige, an antike Techniken anknüpfende Traditionen

69. Naumburg. Hermann und Reglindis.

70. Ebda. Ekkehard und Uta.

gegeben haben, die es ermöglichten, hochentwickelte und großdimensionierte Steinskulpturen hervorzubringen. Im Deutschen fallen Architektur und größere Skulptur noch weitgehend auseinander, was bei der in architektonischer Hinsicht engen Verbindung zwischen deutscher und französischer romanischer Baukunst auffallen muß. Blickt man von der Hochgotik auf diese Entwicklung zurück, so erkennt man die große Wirkung, die mit dieser Integration auch der Großskulptur in die Architektur verbunden sein sollte; man sieht dann, wie immer mehr die hochentwickelte Skulptur architektonische Funktionen übernimmt und den bloß tragenden bzw. mit einem Fresko überzogenen Stein die zusätzliche schauhafte Gestalt der Skulptur aufzwang, besser gesagt, sie aus ihm herausholte, wie man aus dem Buchstaben der Bibel den Kern zu offenbaren sich bemühte. In diesem Unterschied zwischen Frankreich und Deutschland wird man, mit aller Vorsicht, eben doch auch Ansätze zu Sonderentwicklungen erkennen dürfen, wie sie dann bei der deutschen ›Verspätung‹ in der Übernahme der Gotik offenkundig werden. Von da aus wird man, ohne die deutschen Leistungen, die es auch auf dem Gebiet der sakralen

71. Vézelay, Hauptportal.

Großplastik gibt, schmälern zu wollen, die führende Rolle Frankreichs nicht aus dem Auge verlieren dürfen. Vieles, was die ältere deutsche Kunstgeschichte an national geprägten Urteilen produziert hat, man denke an den Mythos des Bamberger Reiters, ist revisionsbedürftig. So ist ja auch von der modernen Forschung die deutsche Genialität der Naumburger Stifterfiguren auf das richtige Maß zurückgeführt worden; dabei konnte erneut die große Bedeutung Frankreichs – es ist an bestimmte Figuren der Kathedrale von Reims zu denken – deutlich gemacht werden.

Lenken wir in diesem Zusammenhang nochmals rasch zurück zu Cluny und Speyer. Die Neuzeit hat von Cluny nicht viel stehen gelassen; bei dem großen Einfluß, den Cluny auch als Bauwerk auf viele französische Kirchen um 1100 ausgeübt hat, kann man aber getrost andere Kirchen zum Vergleich mit der großen deutschen Romanik heranziehen. Die von Frankreich ausgehende Integration der Skulptur in die Architektur setzte an bestimmten bevorzugten Punkten des Bauwerks ein. Die Gründe für diese Bevorzugungen scheinen immer noch nicht restlos aufgeklärt zu sein. Zweifellos war die in vieler Hinsicht wichtige Westfassade mit dem Haupteingang eine besondere Herausforderung für die Planer der großen in Stein gehauenen Bildprogramme. Vom Westportal Clunys sind nur Fragmente erhalten. Man kann aber von der Bischofskirche in Autun und der Kirche des von Cluny aus gegründeten Klosters von Vézelay – die Westportale beider Kirchen gehören zu den Glanzstücken romanischer Kunst überhaupt – auf das Vorbild Cluny zurückschließen, wenn auch Vézelay und Autun sich voneinander im Inhalt der Bildprogramme unterscheiden. Beide Westportale sind in der ersten Hälfte des 12. Jh. entstanden. Die Anziehungskraft des Wallfahrtsortes Santiago de Compostella in Nordwestspanien, an dessen Pilgerstraße viele cluniazensische Klöster lagen, wobei auch Burgund eine wichtige Rolle spielte, wird die Ausstrahlung der künstlerischen Ausgestaltung dieser burgundischen Kirchen noch beträchtlich erhöht haben, was natürlich auch für Pilger aus den deutschen Landen gilt. Während nun in diesen Westportalen französischer Kirchen das anspruchsvolle heilsgeschichtliche Bildprogramm aus dem Steinwerk der Monumentalarchitektur herauszuwachsen begann und dieses immer mehr mit zusätzlichem geistlichem Sinn versah, stand das Westportal des deutschen Doms in seiner dominierenden architektonischen Wucht da. Ein Blick auf weitere deutsche Sakralbauten, gerade auch von der Westgrenze – man denke an Kirchen aus dem staufisch beeinflußten Elsaß – geben den gleichen Befund, wonach die Skulpturen der deutschen Kirchen, wenn man von den Kapitellen absieht, die grundsätzlich mit den französischen übereinstimmen, vielfach noch wie aufgesetzte Ornamente wirken, wogegen die französischen Groß-

72. Maursmünster (Marmoutier) im Elsaß.

skulpturen der Portale eben in hohem Maße mit der Baustruktur verschmolzen. Das Nebeneinander von Skulptur und Architektur zeigt sich z.B. auch an einigen Stellen an der Ostseite, der Schauseite des Doms von Worms, in den vor 1150 entstandenen Tierskulpturen auf den Fensterbänken; auch die sogenannte Baumeistersäule der Zwerggalerie der Ostseite des Wormser Doms weist noch dieses Nebeneinander auf. Auch das Südportal, aufgrund der baulichen Gesamtanlage ist es das Hauptportal des Volkes, bleibt in seinem gemeißelten Giebelfeld aus der zweiten Hälfte des 12. Jh. grundsätzlich hinter dem zurück, was die großen französischen Portale bereits Jahrzehnte vorher bieten konnten. Dieses Giebelfeld, bei dem man lombardische Arbeit vermutet, zeigt Christus mit der für ein Portal bezeichnenden Inschrift: *ego sum via, veritas et vita* – ich bin der Weg, die Wahrheit und das Leben; flankiert wird der thronende Christus von Maria und Petrus, zwei weitere Gestalten – nur auf der rechten Seite erhalten – füllen den Rest des Feldes aus. Auch die großen und großzügig ausgestalteten Westportale des Doms von Gurk und der Klosterkirche von Milstatt aus der 2. Hälfte des 12. Jh., um Beispiele aus dem Südosten heranzuziehen, der in der Babenbergerzeit einen großen Aufschwung nahm, zeigen zwar Ansätze zu figuraler

73. Wormser Dom. Baumeistersäule.

74. Wormser Dom. Südportal. Giebel. (Zu S. 223).

Ausgestaltung, wie z.B. in den interessanten Säulenköpfen, gleichsam erweiterten Kapitellen, in Milstatt; der Abstand zu den großen Figurenportalen der Franzosen ist aber noch groß. Es zeichnet sich also auf dem zukunftsvollen Gebiet der Integration von Klein- und Monumentalskulptur in die Architektur im Deutschen eine Phasenverschiebung ab, aus der man ablesen dürfte, daß es nicht allein auf das handwerkliche Können ankam, denn lombardische Facharbeiter waren in Deutschland, wie man weiß, verfügbar. Bei der Hervorbringung einzelner Skulpturen, seien sie Teil der Außendekoration oder der Innenausstattung, zeigt sich auch im Deutschen durchaus europäisches Niveau. Die Ausgestaltung der Kapitelle, Sockel, Altarschranken, Lettner, Taufbecken etc. entsprach voll und ganz dem gestiegenen geistlichen Schaubedürfnis und hatte meist auch hohen theologischen Rang. Diese enge Verbindung von handwerklichem Können und theologischem Sinn wird z.B. im Freckenhorster Taufbecken – um ins Westfälische auszugreifen – eindrucksvoll verdeutlicht. Dieses Taufbecken, gut datierbar vor 1129 entstanden, ist getragen von der geistlichen Bedeutung des Zusammenwirkens einer unteren und oberen Zone: die Mächte des Bösen, dargestellt im wildverschlungenen Satanslöwen mit dem typisch verdrehten Kopf der Verdammten und Teufel, werden von der Größe des darüber herrscherlich dargestellten Christus besiegt. Der Mensch, in der Taufe den Mächten des Bösen entrissen, kann sich mit Christus der Herrlichkeit freuen.

Wägt man Steinskulptur und Monumentalmalerei gegeneinander ab, so erweist sich vor allem im deutschen Raum im Hochmittelalter die Kirchenausmalung als die intensivere Form der Umsetzung geistlich-theologischer Programme ins unmittelbar Schauhafte. Da man sich von der

75. Freckenhorster Taufbecken. (Zu S. 224).

Wirkung, die von dieser Monumentalmalerei ausgegangen sein muß, kaum noch eine Vorstellung machen kann – denn außer Krypten und Kapellen ist, abgesehen von Fragmenten, nicht viel erhalten –, muß man sich zumindest theoretisch über diese Wirkung und über das wirkliche Aussehen einer damaligen Kirche klar sein. Um die ungebrochene Tradition der deutschen Monumentalmalerei und ihre wesenhafte Bindung an die Architektur anzudeuten, sei – wie vorher bei der Steinplastik – auf die Zeit kurz vor unserem Zeitabschnitt hingewiesen; eine vollständige Bestandsaufnahme und Deutung ist damit nicht verbunden. Eine gute Vorstellung von dem, was den damaligen Kirchenbesucher erwarten konnte, vermitteln z.B. die erst vor wenigen Jahrzehnten entdeckten monumentalen Fresken im ehemaligen Westchor des Klosters Lambach in Oberösterreich aus der Zeit kurz vor 1100. In einem großangelegten Programm zeigen diese Fresken die Jugend Christi bis hin zu den ersten Krankenheilungen. Besonders breit dargestellt sind dabei die Geschichte der Heiligen Drei Könige und das Schicksal des Herodes. Die theologi-

76. Westportal von St. Peter (Salzburg).

sche Einordnung des Ganzen stößt auf Schwierigkeiten, da außer dem Freskenzyklus an dieser Stelle in der Kirche sonst nichts erhalten ist. Lambach war kein Einzelfall und im Südosten, in Salzburg, Regensburg kann man mit bedeutenden Malzentren rechnen. Im deutschen Südwesten war die Reichenau ein gut greifbares Zentrum sakraler Monumentalmalerei. Oberzell mit der Georgskirche zeigt aus der Zeit um 1100 an der Westseite die Darstellung des Weltgerichts – wie sie ungefähr gleichzeitig in den großen Skulpturprogrammen französischer Kathedralen in Stein und dreidimensional auf den Betrachter einzuwirken begann. Niederzell mit der Kirche St. Peter und Paul weist in der Apsis den typischen von Engeln umgebenen Majestas-Christus auf. Darunter sind Apostel dargestellt, die sich ihrerseits über den Propheten des Alten Testaments befinden; ein deutlicher Hinweis auf die typologische Sehweise, die gerade im 12. Jh. immer weiter um sich greifen und bedeutende Werke hervorbringen sollte; diese können helfen, zentrale Aspekte hochmittelalterlichen Darstellens und Schauens besser zu erfassen. Von daher ist unter

77. Fresken im ehemaligen Westchor des Stiftes Lambach.

78. Apsis von St. Peter und Paul, Niederzell.

79. Apsiden der Burgkapelle Hocheppan.

den nur punktuell verfügbaren Denkmälern hochmittelalterlicher Kirchenmalerei der Freskenzyklus von Idensen bei Hannover von besonderem Gewicht, womit auch der Norden zu Bild kommen kann. Diese Kirche, als Grablege des Bischofs von Minden gedacht und wohl unter direkter Anteilnahme hochkirchlicher Kreise ausgestaltet, was dem theologischen Niveau der Malereien zustatten gekommen sein wird – eine Grabkirche ist etwas besonders Wichtiges –, bietet in ihren aus der Zeit um 1130 stammenden Fresken ein auf typologische Darstellung angelegtes Bildprogramm und gehört zu den frühesten Beispielen dieser Art aus dem deutschen Raum, die einigermaßen erhalten sind. Das Gemälde in der Apsis zeigt den thronenden Christus und im Gewölbe des Langhauses sind bedeutsame Szenen aus dem Alten Testament solchen aus dem Neuen gegenübergestellt, z. B. dem Turmbau zu Babel das Pfingswunder; im Westteil erscheint im nördlichen Gewölbeteil das Jüngste Gericht, im südlichen als Entsprechung dazu die Szene von den klugen und törichten Jungfrauen, die auf das Kommen des Bräutigams harren – in den Westportalskulpturen späterer Zeiten ebenfalls ein besonders einprägsames Thema. Die von der

80. Freskenzyklus in Idensen.

theologischen Konzeption der Anlage des Kirchengebäudes vorbestimmten Orte finden also in der Ausmalung ihre gemäße Erfüllung. Besonders aufschlußreich für das hohe geistliche Niveau und die damalige Aktualität solcher das Kircheninnere erfüllenden Malerei sind dann die aus der Mitte des 12. Jh. stammenden – leider schlecht erhaltenen – Fresken der Unterkirche von St. Klemens in Schwarzrheindorf bei Bonn. In diesen Bildern wurde zeitgenössische theologische Meditation ins gemalte Bild umgesetzt, denn diese Ausmalung inspirierte sich am Ezechielkommentar Ruperts von Deutz; auch da dominiert die Typologie, das erhellende Gegenüberstellen von Altem und Neuem Testament, altem und neuem Jerusalem.

Der auch geistlich hohe Rang der romanischen Kirchenmalerei bewährte sich nicht nur in der großen schauhaften Integration von Bauwerk und gemaltem Bild, sondern auch in einer den Umständen entsprechenden Konzentration des malerischen Anteils auf bestimmte Stellen im

Kirchengebäude. In diesem Zusammenhang kann auf eine Möglichkeit dieser Art hingewiesen werden, die wegen der Geschlossenheit und wegen des guten Erhaltungszustands besondes wertvoll ist, ja sogar etwas Einmaliges darstellt; es ist die bemalte Holzdecke der St. Martinskirche in Zillis in Graubünden. Ort und Gegend hatten im Früh- und Hochmittelalter ungleich größere Bedeutung als heute. Chur, bereits in spätrömischer Zeit Bischofssitz, erfreute sich der Gunst Karls des Großen und späterer Herrscher bis herauf zu Kaiser Heinrich V. Die Lage an einer wichtigen Übergangslinie über die Alpen war dabei von großer Wichtigkeit; auch Zillis, talaufwärts von Chur gelegen, profitierte davon. Schon im Frühmittelalter ist ein Gotteshaus nachweisbar, das auf römische Fundamente zurückgehen dürfte. In der ersten Hälfte des 12. Jh. wurde dann ein einschiffiger romanischer Bau errichtet, der nicht eingewölbt, sondern mit einer Holzdecke versehen wurde, die in der zweiten Hälfte des 12. Jh. ihre Ausmalung erhielt. Der Drang nach bildhaft-malerischer Vergegenwärtigung des Heilsgeschehens war also unabhängig vom Material des Kirchengebäudes, erfaßte Steingewölbe wie Holzdecken. Die bemalte Holzdecke der Kirche in Zillis wird auch nicht die einzige ihrer Art gewesen sein. Die Deutung der Bilder und ihrer Gesamtfunktion im Kirchengebäude wird etwas beeinträchtigt durch die Tatsache, daß der ursprünglich romanische Altarraum einem gotischen weichen mußte, der alte Zusammenhang zwischen Bildprogramm der Decke und Gestaltung der romanischen Apsis also verloren ist. Man muß sich also auf die Betrachtung der Decke selbst beschränken. Der das Heilsgeschehen vergegenwärtigende Deckenmaler gab dem schauenden Beter und Gottesdienstbesucher von damals eine, wie sich herausstellen wird, sichtbare *theologia crucis*, die aus konsequenter Christozentrik ihre Inspiration schöpfte, wie überhaupt die Christozentrik, die man nicht wörtlich genug nehmen kann, für die religiösen Aspekte des hochmittelalterlichen Lebens- und Weltbildes grundlegend war. Weltbild ist in diesem Fall ebenfalls im Wortsinn zu nehmen. Während vielfach die Langhausfresken romanischer Kirchen die geschichtliche Seite des Heilsgeschehens betonen, zwischen thronender Majestas in der Apsis und Darstellung der Wiederkunft Christi im Westteil des Baus, ging der Maler dieser Holzdecke von der räumlichen Vorstellung, sozusagen von einer totalen Heilsgeographie aus. Wie die Forschung erkannt hat, liegt nämlich der Deckenbemalung das Modell der Weltkarte, der *mappa mundi*, zugrunde. Geographie nach damaligem Verständnis bildet die äußere Zone des Bildprogramms, dessen Hauptinhalt, in der inneren Zone gestaltet, aber nicht Geograhisches ist, sondern das historische Leben und Wirken Christi darstellt. In einer Vorstellungswelt, die Christus real und nicht nur geistig als den Herrn des Kosmos betrachtete, ist diese ›Verräumlichung‹ des ans Leben Christi gebundenen Heilsgeschehens nur konsequent, so schwer es für das moderne Denken sein mag, sich in die problematische Dinglichkeit mittelalterlichen Symboldenkens einzufühlen. Die Weltkarte, die der Deckenausmalung zugrunde liegt, stellt die Welt unter das Gesetz des Vierecks – begünstigt natürlich auch durch die Anlage der Kirche, aber das allein wäre nicht ausschlaggebend gewesen – und nicht unter das Gesetz des Kreises, des runden Horizonts, wie er sich dem Umblick des Menschen darbietet und wie er auch in der Fügung *orbis terrarum* – Erdkreis – zum Ausdruck kommt. Die berühmte Ebstorfer Landkarte aus dem 13. Jh. ist dann ja auch als Radkarte angelegt. Die Welt als Viereck; das geht also über die primäre und primitive Kreiserfahrung des Menschen hinaus und stützt sich auf die Hl. Schrift, wo z.B. im Buch Hiob oder vor allem in der Geheimen Offenbarung von den vier Enden der Welt die Rede ist. Die Schöpfung als *mundus* ist in der geistlichen Tradition der Vierzahl unterworfen (vier

Winde, vier Elemente usw). Das Viereck als Grundform dieser bemalten Kirchendecke drückt diese Vierzahl unmittelbar aus. Dazu ist die Deckenmalerei insgesamt auf einzelne Vierecke, die ineinander verfugt wurden, angebracht, so daß die Vierzahl auch im kleinen und durchgehend als Aufbauprinzip zur Geltung kommt. Die Vierzahl verweist aber nicht nur auf den *mundus*, sie ist zugleich eingebunden in ein das Irdisch-Weltliche übersteigendes Zahlenprinzip, denn die Decke setzt sich zusammen aus 17 mal 9 Vierecken, beides Symbolzahlen, die das Irdische geistlich durchleuchten, und das ergibt 153, was ausgehend von Joh. 21,11 sich auf die Erscheinung des Auferstandenen am See Tiberias bezieht; die Jünger, heißt es, konnten 153 Fische aus dem Netz holen, das sie auf Jesu Aufforderung hin ausgeworfen hatten. Die Christozentrik des *mundus* wird im Hinblick auf den Auferstandenen dadurch von vorneherein unterstrichen. Die 48 Bilder der äußeren Zone, durch ein Wellenband miteinander verbunden und vom mittleren Hauptteil abgesetzt als ozeanische Zone, das Gefährliche symbolisierend, was durch Monster, Schiffsbilder etc. angedeutet wird, setzen sich von der inneren Zone auch dadurch ab, daß sie senkrecht zu den Kirchenwänden aufgesetzt sind, während die Bilder der Zentralzone in einem Sinn, von Osten nach Westen, angelegt sind. Diese Bilder stellen das feste Land des Heilsgeschehens dar, was auch entsprechende Farbtöne zum Ausdruck bringen. Das überwältigende quantitative Übergewicht der Innenzone über die maritime Außenzone ist ebenfalls bereits als Deutungshilfe zu betrachten. 14 mal 7, zusammen also 98 quadratische Bildfelder der Innenzone zeigen das Leben und Wirken Jesu, von den Vorfahren über die Verkündigung bis hin zur Dornenkrönung. Die letzten sieben Bildfelder erzählen vom Leben des Kirchenpatrons, des Hl. Martin. Daß die Darstellungen der Passion Christi mit der Dornenkrönung aufhören, wird kein Fehler sein. Die nächste Station, die Kreuzigung, hat der Maler einer viel umfassenderen Darstellungsperspektive anvertraut, nämlich der monumentalen Vergegenwärtigung des Kreuzes selbst. Die 17 quadratischen Bildfelder, die sich in der Mitte der Länge nach von vorne nach hinten ziehen und die entsprechenden 9 Bildfelder, die seitlich in der Mitte sich damit überschneiden, formen ein durch spezielle Ornamentik herausgehobenes Kreuz, das alles beherrscht, auch die Bildfelder der bösen und gefahrvollen Randzone, und das somit das Zentrum der Bildbotschaft der gemalten Decke bildet. Bei aller theologisch-christozentrischen Durchgestaltung ist die Decke von Zillis in ihren Bildern stark episch bestimmt. Die Ausführlichkeit, mit der z.B. die Geschichte der Hl. Dreikönige und des Herodes dargestellt wird – darin besteht übrigens auffallende Übereinstimmung mit den Fresken in Lambach –, zeigt, daß der Maler die Vergegenwärtigung der Vorgänge als solcher als besondere Aufgabe empfand und sich auf die weitere geistliche Darstellungsebene, die Typologie, nicht einlassen wollte.

An diesem Punkt ist es angebracht, sich einer anderen Manifestation hochmittelalterlicher schaubarer Spiritualität zuzuwenden, die zwar durchaus monumentale Aspekte aufweist, mit der Architektur des Sakralbaus als solcher aber nicht mehr direkt verbunden ist wie die Fresken oder die Deckengemälde, sondern der Inneneinrichtung zugehört und außerdem in ein anderes Medium führt. Es geht um den sogenannten Verduner Altar von Klosterneuburg. Dieses in seiner Art einmalige Werk aus dem babenbergischen Südosten des Reichs macht auch wieder die Internationalität des Hochmittelalters deutlich – was Ansätze zu Sonderentwicklungen nicht ausschließt – und zeigt zugleich durch sein hohes geistliches Niveau und seine technische Perfektion, wie problematisch es ist, zu freigebig mit Begriffen wie Fortschrittlichkeit oder Fortschrittsfeindlichkeit, womöglich noch säuberlich auf geographisch bestimmte Räume verteilt, zu arbeiten. Punktuelle Initiativen, besonders günstige lokale Umstände und deren Zusammenspiel sind die entscheidenden kunstschaffenden Kräfte; alles andere, Institutionen und Mentalitäten, bilden nur die notwendige, aber nicht hinreichende Voraussetzung. Dieses seit dem 14. Jh. als Flügelalter verwendete und um je drei Bildreihen in der Mitte erweiterte große Emailbildwerk diente ursprünglich als Verkleidung der drei Seiten einer baldachinartigen Kanzel, die aus der Mitte des Lettners hervorragte und sich über dem Kreuzaltar befand. Diese Kanzel mit ihren damals 45 großen Emailtafeln war also den Laien im Langhaus der Kirche zugewandt. Die Inschriften waren dessen ungeachtet auf lateinisch und in Konzeption und Durchführung sind keinerlei Konzessionen an Primitives und Simples zu erkennen. Laienzugewandtheit ist also nicht gleichbedeutend mit naiver oder einfältiger Erbauungspädagogik. Es ging ja nicht nur darum, dem Auffassungsvermögen der Massen gerecht zu werden, sondern vor allem um das Vergegenwärtigen des Göttlichen. Der späten Inschrift aus dem 13. Jh. zufolge wird das Werk um 1181 vollendet gewesen sein, was zeitlich auch zu dem paßt, was man sonst über den Meister, Nikolaus von Verdun, den die Inschrift ebenfalls nennt, weiß.

Ein weiteres mit Sicherheit demselben Meister zuschreibbares Werk, der Marienschrein von Tournai, entstand um 1205. Der Verduner Altar führt also in den Umkreis der berühmten maasländisch-niederrheinischen Goldschmied- und Emailkunst, von der schon der berühmte Abt Suger von St. Denis sehr beeindruckt war, als er seine Abteikirche neu erbaute und glänzend

81. Der sog. Verduner Altar.

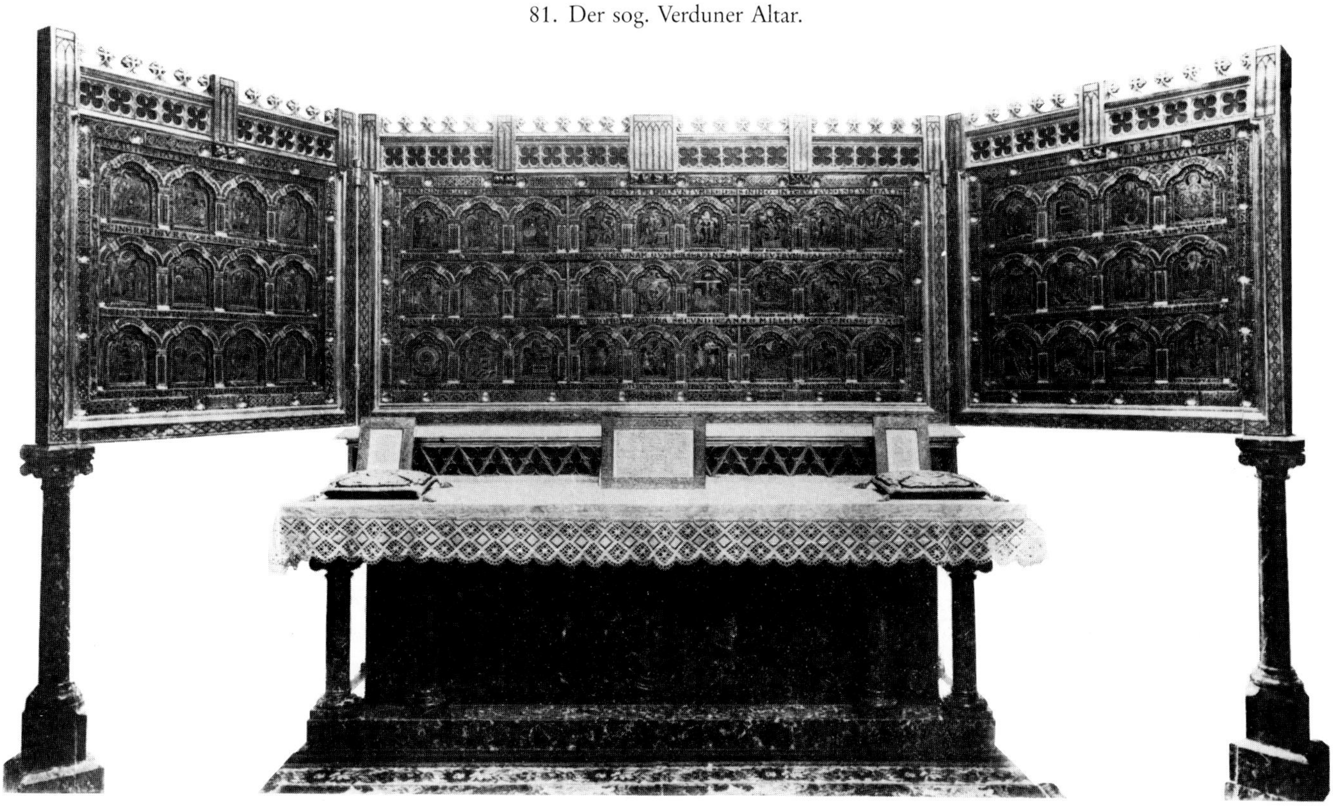

ausgestaltete. Die Ausstrahlung dieser Kunst reichte somit auch bis in den Südosten, ja sie brachte dort vielleicht im Verduner Altar eines ihrer größten Werke hervor. Man hat noch kein unmittelbares Modell für dieses Werk ausfindig machen können und auch Parallelwerke fehlen. Anregungen konnte sich der Meister holen aus Ausschmückungen von Kanzeln und Altarschranken in Nordfrankreich. Man wird zumindest mit einer relativen Sonderstellung des Werkes rechnen dürfen. Daraus kann man dann den Schluß ziehen, daß die damalige Sakralkunst, so festgelegt vieles, angefangen von den Orten im Kirchengebäude selbst, gewesen ist, die Künstler und deren geistliche Berater nicht total eingeengt haben kann; vielmehr konnten sie ihrem Drang zur immer leuchtenderen Sichtbarmachung des Heilsgeschehens ziemlich freien Lauf lassen. So setzten sich Malerei und Skulpturen mit ihren heilsgeschichtlich bedeutsamen Aussagen an immer mehr Stellen des Kirchengebäudes fest, auch an Altarschranken und Lettnern und Kanzeln. An dieser Ausdehnung und Intensivierung des Schaubarmachens nahmen auch die Klosterneuburger Mäzene und ihr weit hergeholter Meister Nikolaus teil, ja sie trieben sie noch weiter voran; denn in der schauhaften Ausgestaltung des Kircheninneren ist eine weitere Steigerung im Quantitativen und Qualitativen nicht zu übersehen. Zu Architektur, Malerei und Steinskulptur trat in diesem Emailwerk auf beeindruckende Weise der unwiderstehliche Glanz der goldtonhaltigen Bilder mit ihrem blauen Hintergrund hinzu und brachte dem Betrachter die Gegenwart des göttlichen Heils auf neue Weise überwältigend und wohl auch beseligend näher. Was Abt Suger vom Glanz seiner neuen Kirche und ihrer Einrichtung nicht müde wird zu rühmen, ließe sich wortwörtlich auf den Verduner Altar anwenden; bei der Orientierung des Werkes auf die Laiengemeinde hin ein zusätzlicher wichtiger Aspekt. Die für ein Emailwerk beachtlichen Ausmaße, das Mittelstück 260 cm breit, die beiden Seitenstücke je 120 cm, das Ganze über 1 m hoch, werden die Faszination, die von den Bildern ausgegangen sein muß, entsprechend verstärkt haben.

Auch der Verduner Altar ist, wie die bemalte Holzdecke von Zillis, eine bildliche *theologia crucis.* Acht Bilder führen von links nach rechts von der Verkündigung, über Geburt, Beschneidung, Anbetung der Weisen, Taufe Christi, Einzug in Jerusalem, letztes Abendmahl zur Kreuzigung. Nach rechts folgen Grablegung, Höllenfahrt, Auferstehung, Himmelfahrt, Aussendung des Hl. Geistes, Christi Wiederkunft und Jüngstes Gericht. Die Bilderreihe darüber gibt die Entsprechungen zum Heilsgeschehen aus der Zeit vor dem Gesetz, die Reihe darunter jene typologischen Vorbilder, die die Zeit unter dem Gesetz aufzuweisen hat. Der linke und rechte Außenrand weisen von oben nach unten die entsprechenden Inschriften auf: *ante legem, sub gratia, sub lege.* Dazu kommen weitere einrahmende Inschriften, die über den Sinn des Ganzen, über das Zusammenspiel der drei Zeitalter und über den Inhalt der einzelnen Bilder aufklären. Das Bild von der Kreuzigung in der Mitte ist außer durch seine beherrschende zentrale Position auch durch seine etwas größeren Abmessungen herausgehoben. Ihm entspricht, mit anderen Mitteln der Hervorhebung, am rechten Ende der Bilderreihe die Darstellung der Wiederkunft Christi. Diesem Geschehen, das die Erlösung vollendet, sind nämlich die zwei letzten Dreierreihen zur Gänze gewidmet. Darin äußert sich aber auch noch zusätzlicher theologischer Tiefsinn, denn diese Füllung der letzten sechs Bilder bedeutet zugleich das Aufgeben des bis zu diesem Punkt dominierenden typologischen Darstellungsprinzips. Die Vorausdeutungen sind nun zu Ende, die Erfüllung in Herrlichkeit ist da, *ante legem, sub lege, sub gratia* münden ein in die *gloria* der Wiederkunft Christi.

82. Verduner Altar: Grablegung, Höllenfahrt, Auferstehung.

Das typologische System, das der Verduner Altar vor Augen führt, zeichnet sich durch seine innere Geschlossenheit aus und der Altar steht auch darin auf der theologischen Höhe der Zeit. Eindrucksvoll wird vorgeführt, wie historische Abfolge nur für das zentrale Bildband, *sub gratia*, von Bedeutung ist. In dieser Bildfolge reiht sich eins chronologisch ans andere, von der Verkündigung bis zur Wiederkunft; was dagegen die Zeiten *ante legem et sub lege* an historischen Abläufen aufzuweisen hätten, verliert sein historisch chronologisches Gewicht und wird, aus seiner eigenen Historizität gelöst, zur frei verfügbaren Vorform des Wahren, an dessen Geschichtlichkeit und Chronologie nicht gerüttelt werden darf. Heilsgeschichte ist also erst mit der Inkarnation Geschichte im Vollsinn, alles Frühere ist Schatten und Präfiguration und hat somit im Grunde kein historisches Eigenleben. Für die theologisch inspirierten Bereiche mittelalterlichen Zeitbewußtseins dürfte diese Verabsolutierung der christlichen Heilszeit von nicht geringer Tragweite gewesen sein.

Eine Beobachtung, die mit dem theologischen Grundanliegen und der geistlichen Leistung dieses Werkes unmittelbar nichts zu tun hat – an sich aber ein wichtiges Indiz wäre – und die, wenn sie sich erhärten sollte, symptomatisch sein könnte für neue Möglichkeiten, die sich in der damaligen Zeit in der Kunstentwicklung abzuzeichnen begannen, muß noch angefügt werden. Die Kunsthistoriker haben mit Recht betont, daß Meister Nikolaus in der Art der Körperdarstellung auf erstaunliche Weise antikisierenden Tendenzen entgegenzukommen schien und in der Lage gewesen sei, diese gekonnt aufzugreifen. Man darf beim rein technischen Aspekt dieses Phänomens nicht stehenbleiben, denn dieses Integrieren antiker Körperlichkeit und naturalistischer Dynamik in ein geistliches Konzept, das das Schaubare in völlig anderer Weise konzipiert und einsetzt, ist ein bedeutendes geistes- und kulturgeschichtliches Problem. Mit dieser antikisierenden Körperlichkeit würde schließlich in die totale Sinngebundenheit der geistlich geprägten Kunst mit ihrer Unempfindlichkeit gegenüber der Natur, wofür das Mittelalter aus Byzanz wegweisende Modelle bezogen hatte, ein zukunftskräftiges Ferment hineingeworfen. Viele der Bilder des Verduner Altars zeichnen sich nun unleugbar durch durchgestaltete Körperlichkeit und natürlichen Bewegungselan aus und muten in mancher Hinsicht eben antikisch-naturalistisch an. Dafür gab es keine theologische Rechtfertigung und keine geistliche Notwendigkeit innerhalb des durchdachten typologischen Programms. Die Zeichenhaftigkeit der Darstellung, die in der bloßen Vergegenwärtigung der transzendenten Wirklichkeit ihre Daseinsberechtigung und Erfüllung hatte, scheint eine neue Substanz für sich zu gewinnen, wenn sie auch als Ganzes noch eingebunden bleibt. Erkennt man darin die zunächst noch feinen Bruchlinien, die dann das imponierende, aber vielleicht doch problematische, weil voreilig errichtete Total-Sinn-Gebäude geistlichen Vergegenwärtigungsdranges aufbrechen werden? Und wäre es gewagt, solche Bruchlinien, die in der stark geistlich gebundenen Kunst und in deren festen handwerklichen Traditionen länger brauchten, um voll zum Tragen zu kommen, mit Entwicklungen in der Dichtung um 1200 zu vergleichen, wo, bedingt durch das andere Medium, der Mensch, die Geschichte, die Natur früher in ihrer Eigengesetzlichkeit zum Durchbruch kommen konnten? Davon soll weiter unten die Rede sein.

Das Schauhaft-Bedeutungstragende erfüllte praktisch alle Bereiche der Sakralkunst und drängte überall dort, wo sich eine Fläche darbot, zu immer reicherer Verwirklichung. In diesem Zusammenhang sei in einem weiteren Schritt ein Denkmaltyp herangezogen, der mit der Kirchenarchitektur unmittelbar nichts mehr zu tun hat, ein sogenanntes *flabellum*, eher der Kleinkunst

83. Scheibenkreuz (Kremsmünster).

zuzurechnen; bisher kam ja vor allem das Monumentale zur Geltung. Auch an diesem Werk – es stammt wohl aus einer niederdeutschen Werkstatt und befindet sich seit dem 17. Jh. in Kremsmünster – läßt sich dieser Bild- und Deutungsdrang illustrieren und in seiner Problematik erkennen. Dieses Scheibenkreuz hatte sich schon bei seiner Entstehung im 12. Jh. von der ursprünglichen Funktion eines *flabellums* – mittels dieses fächerartigen Gebildes sollten Insekten von den Hl. Speisen ferngehalten werden – entfernt und diente als Vortrags- oder Altarkreuz. Das kupferne Kreuz als solches, 30 cm im Durchmesser, das einst mit Edelsteinen besetzt war, tritt hinter der typologischen Deutung, die die vier Bildfelder erfüllt und die das Gewicht der künstlerischen Gestaltung trägt, somit die ganze Aufmerksamkeit auf sich zieht, zurück. Das Kreuz bleibt zwar die Mitte und ist strukturtragend, aber es wird gleichsam überwuchert von der Deutung, die mit größter handwerklicher Sorgfalt in den Goldschmiedearbeiten der vier Felder vorgelegt wird; der Glanz der Edelsteine kam dazu. Bezog der Verduner Altar bestimmte Geschehnisse und Personen aus dem Alten Testament gemäß der Denkform der Typologie auf Christus, so wird auf diesem Scheibenkreuz die Natur, so wie mittelalterliche theologische Naturkunde sie auch sah, zu Christus in ein typologisches Verhältnis gesetzt. Löwe und Adler – in der Sicht des Physiologus – die in den beiden unteren Feldern dargestellt sind, weisen auf Christus hin, der die beiden oberen Felder beherrscht in Auferstehung und Himmelfahrt.

Diese an Intensität zunehmende Entwicklung zur schauhaften Vergegenwärtigung des Wahren, die uns als besonders wichtiges Merkmal mittelalterlicher Wesensart erschien und die ja weit in die Spätantike zurückreicht und über Buchmalerei, Herstellung von Kultgeräten, Ausgestaltung der Kirchen usw. zu einem Kulturfaktor ersten Ranges wurde, dürfte mit ihrem darstellerischen Totalitätsanspruch und ihrer Schauekstase im Hochmittelalter einem Höhepunkt zugetrieben haben. Soll man aus heutiger Sicht die Frage stellen, ob diese Entwicklung nur ein großartiger Irrweg war oder ob denn jenseits der historischen Bedingtheit dieser imponierenden Erscheinung tatsächlich, in irgendeiner Form, nicht nur für die Menschen der damaligen Zeit eine Vergegenwärtigung des Wahren geleistet wurde – wobei natürlich als Hypothese der christliche Standpunkt als Ausgangsposition für diese Frage eingenommen werden muß. Nun ist es evident, daß die unaufhaltsam voranschreitende empirische Erfassung der Welt, die es zusehends unmöglich machte, die Vielgestalt und Undurchschaubarkeit von Geschichte und Natur auf das typologische Deutungsmuster im mittelalterlichen Sinn zu reduzieren, eine wesentliche Grundlage dieser mittelalterlichen Sakralkunst zerstörte und ihre Zeitgebundenheit bloßlegte. Ist damit auch der Drang zur *visio* grundsätzlich als etwas Zeitgebundenes bloßgelegt oder ist er Substanz, vielleicht sogar in besonderer Weise christliche Substanz – unabhängig von den Formen, die er hervorbringen kann? Die Tatsache, daß es auch heute noch Sakralkunst gibt, brauchte kein Beweis dafür zu sein, denn diese Tatsache kann man sehr wohl auf das Nachwirken mittelalterlicher Traditionen zurückführen. Auch die Tatsache, daß man sich dem Eindruck, den mittelalterliche Sakralkunst auf uns macht, kaum entziehen kann, wird man nicht als Beweis dafür anführen dürfen, diese Kunst leiste über ihre Zeitbedingtheit hinweg einen, wenn auch heute als begrenzt erkannten, aber doch letztlich gültigen Beitrag dieser Vergegenwärtigung. Die Antwort liegt in der Definition von Vergegenwärtigung. Schon die Reformation hatte sich von dieser oft zu stark sinnenhaften Vergegenwärtigung des Transzendenten, wie die alte Kirche sie liebte, gelöst, ohne die Vergegenwärtigung selbst in Frage zu stellen, nur griff sie radikal auf das Wort zurück und entzog damit ebenfalls der mittelalterlichen Sakralkunst eine Grundlage. Die mittelalterliche Art der Vergegenwärtigung des Transzendenten, so vorschnell und problematisch sie in ihrer Sinnengebundenheit sein konnte und oft auch war, öffnete aber andererseits, gerade wegen ihrer Bindung ans Sinnenhafte, die ja unleugbar den Menschen in seiner Geschöpflichkeit existentiell anging, auch Möglichkeiten einer neuen und besonders intensiven Frömmigkeit, die eben darum aufgrund dieser Bindung nicht nur aus einer als theoretisch, sondern als wirklich erfahrenen Christuspräsenz schöpfen konnte. Der Akzent liegt dabei auf ›konnte‹ denn es ist nicht zu verkennen, daß bei aller Sinnenhaftigkeit in der mittelalterlichen Vergegenwärtigung des Göttlichen die nicht minder unmittelbar sinnenhaft erfahrbare Christuspräsenz im Elend der Menschen unbeachtet bleiben konnte. Aber, diese Bindung gab eben auch die Möglichkeit zu entscheidenden Durchbrüchen in dieser Hinsicht.

In diesem Zusammenhang ist an die ausstrahlende Frömmigkeit und Spiritualität der Hl. Elisabeth von Thüringen zu erinnern († 1231), was es uns außerdem ermöglicht, an die oben besprochene und fürs Deutsche besonders wichtige Tradition hochentwickelter Frauenfrömmigkeit anzuknüpfen und einen Bogen zu schließen. Die Hl. Elisabeth ist eine weibliche Entsprechung des Hl. Franz von Assisi († 1226). Der Sohn des reichen italienischen Stadtbürgers und die ungarische Königstochter und Gemahlin des thüringischen Landgrafen sind beide die markanten Vertreter derselben hochmittelalterlichen Frömmigkeit. Beider Frömmigkeit war wie die Spiritualität des Schauens in der mittelalterlichen Sakralkunst dinghaft, konkret. Wenn Elisabeth die elenden armen Aussätzigen pflegte und deren scheußlich entstellte und übelriechende Körper in ihre Arme schloß, so glaubte sie in radikaler Intensität Christus selbst wahrhaftig zu schauen, und das machte es ihr möglich, alle Rücksichten auf Stand, Hygiene, Gesundheit und Schicklichkeit fallen zu lassen. Das schloß nicht aus, daß Elisabeth auch durchaus praktische Hilfe leistete und, fast modern, Hilfe zur Selbsthilfe initiierte – der Kern ihrer Spiritualität und ihres Wohltuns hat aber mit moderner administrativer Brot-für-die-Welt-Frömmigkeit nur wenig gemein, er gehört einem anderen Äon an. Gerade weil Franziskus und Elisabeth in der modernen Welt besondere Sympathien genießen – da man ja heute viel von Solidarität mit den Armen spricht – und uns die beiden Gestalten so nahe zu sein scheinen, ist es wichtig, sich klar zu werden, daß sie uns sehr fern stehen und daß sich gerade an ihnen die fundamentale Fremdheit des Hochmittelalters manifestiert. Die reale, sinnenhafte *visio*, die ihre Frömmigkeit trägt, gehört nicht unserer abstrakteren neuzeitlichen Welt an.

VII. DAS MEDIUM DER NEUEN DICHTUNG – DIE HOCHMITTELALTERLICHE DEUTSCHE VOLKSSPRACHE

Da die volkssprachliche Dichtung der Zeit zwischen 1150 und 1250 den vielleicht faszinierendsten und wichtigsten Beitrag zur hochmittelalterlichen deutschen Kultur geleistet hat, ist es unumgänglich, die Sprache, in der diese Dichtung Gestalt gewinnen konnte, zu charakterisieren zu versuchen. Kulturen vorgeschichtlicher oder exotischer Völker mögen uns in ihren außersprachlichen Zeugnissen beeindrucken, wobei diese Sprachlosigkeit auf die Überlieferung zurückgeführt werden mag oder in der Natur der Sache liegen kann; die Kultur, mit der wir es im deutschen Hochmittelalter zu tun haben, ist von ihrem Wesen her, wofür in hohem Maße auch die christliche Tradition bestimmend war, wort- und sprachgebunden. Sprache stellt sich aber für die verschiedenen Schichten der hochmittelalterlichen Sprachträger in entscheidenden Aspekten nicht in der Weise dar, wie etwa für einen Angehörigen des deutschen Sprachraums der Gegenwart. Es ist darum nötig, sich den Zugang zur Sprache des Hochmittelalters zu verschaffen. Zwar mag das hochmittelalterliche Deutsch, bei aller spürbaren Fremdheit, auch für einen modernen Sprecher durchaus verstehbar sein und insofern mag auf der einfachen Verstehensebene Kontinuität herrschen; man kann aber nicht genug betonen, daß es sofort unter der Oberfläche dieses simplen Verstehens um diese Kontinuität schlecht bestellt ist. Die Situation der Sprache, vor allem was die Sprache der maßgebenden Sprachträger betrifft, ist grundverschieden von der Situation der Sprache im modernen deutschen Sprachraum; ja auch was die Situation der Sprache der »schweigenden Masse« etwa der Landbevölkerung angeht, wo die Kontinuität bis herauf in die moderne Zeit noch am ehesten gegeben sein müßte, erweist sich diese weitgehend als Schein.

Von einem nicht unwesentlichen Element der Kontinuität kann man allerdings ausgehen, von der Bezeichnung *deutsch* nämlich im Sinn eines übergreifenden sprachlichen Gemeinschaftsbewußtseins, das sich in den unserem hochmittelalterlichen Zeitraum vorausgehenden Jahrhunderten gebildet hat.

Der Sprachraum

Jene germanischen Dialekte, die südlich der jütländischen Halbinsel, begrenzt im Westen und Süden vom Romanischen, im Osten und Südosten vom Slawischen und Magyarischen, gesprochen wurden, entwickelten im ausgehenden Früh- und im beginnenden Hochmittelalter ein die Dialekte übergreifendes sprachliches Zusammengehörigkeitgefühl. Bestand in karolingischer Zeit, wie Otfrieds Zeugnis aus der Zeit um 860 beweist, die Möglichkeit, ja sogar die Wahrscheinlichkeit, daß sich der Name fränkisch als Bezeichnung einer überregionalen Volkssprache durchsetzen würde, so zeigt sich im rheinischen Annolied kurz vor 1100 ein anderes Bild. Über den einzelnen Stämmen und ihren Dialekten liegt die Bezeichnung deutsch, die zwar die Stammeseigenheiten und die Mundartvielfalt nicht beseitigte, die aber jenes übergreifende sprachliche Zusammengehörigkeitsbewußtsein ausdrückte, worin man sich von Romanen, Slawen und Magyaren, mit denen man sich als Angehöriger der verschiedenen deutschen Stämme auf jeweils verschiedene Weise auch verbunden wissen mochte, in einem besonders wichtigen Punkt als Gesamtheit absetzen konnte. Es ist also legitim, für diese Zeit von einem deutschen Sprachraum zu sprechen, was für die Jahrhunderte vorher in dieser Weise ein Anachronismus wäre. Für diese Zeit ist auch das Gebiet des heutigen Niederländischen einzubeziehen. Im Gefolge der politischen Verselbständigung dieses Gebietes entstand dort dann eine eigene Hochsprache, und somit fiel das Niederländische aus dem deutschen Sprachraum heraus. Eine ähnliche Entwicklung hätte sich im Spätmittelalter auch im niederdeutschen Raum ergeben können, wenn man an die Bedeutung der Hanse oder auch der Reformation denkt.

Die Westgrenze dieses deutschen Sprachraums ändert sich, wenn man von der Verselbständigung des Niederländischen absieht, kaum, so wenig wie dort das expansive Französische nennenswerten Gewinn verbuchen konnte. Die alte spätkarolingische Grenze zwischen West- und Ostreich erwies sich als stabiles Rückgrat für die beiden expansiven Volkssprachen östlich und westlich davon, trennt und verbindet sie. Im Südwesten und im Süden hatten die Alemannen und Bajuwaren die deutsche Sprachgrenze schon über den Alpenkamm hinuntergeschoben; spektakuläre Zugewinne sind auch da im Hochmittelalter nicht mehr zu verzeichnen, wohl aber dehnt sich der deutsche Sprachraum im Alpenraum immer weiter aus und löst die Alpenromania zusehends auf, ein Vorgang, der sich z.B. in Vorarlberg in der Zurückdrängung des Rätoromanischen bis in die frühe Neuzeit hinein verfolgen läßt. Auch im Südosten sind im Hochmittelalter die Verschiebungen nicht besonders gravierend, wenn man davon absieht, daß um diese Zeit das heutige Burgenland endgültig eingedeutscht wird.

Ist im Süden und Südosten die kontinuierliche sprachliche Expansion also relativ begrenzt, so fallen andererseits die weitausgreifenden punktuellen Expansionen sehr ins Gewicht. Im 12. Jh. beginnt die deutsche Siedlung in Siebenbürgen, größtenteils von Siedlern aus der Mosel-Gegend; aus punktuellen deutschen Niederlassungen, die zusammenwachsen, bildet sich dort ein bedeutender, zusammenhängender deutscher Sprachraum. Zuwanderer aus späterer Zeit sorgen für weitere Ausdehnung. Tiroler Siedler lassen sich um 1100 südöstlich von Trient nieder und es bilden sich die Sprachinseln der sieben und dreizehn Gemeinden (daß es sich hier um ältere Reste germanischer Siedlung handeln könnte, ist unzutreffend). Gegen Ende unseres Zeitraums, ab der Mitte des 13. Jh., kommt es zur Bildung weiterer deutscher Sprachinseln im norditalienischen Raum. Seit dem 11. Jh. ist auch in anderen Gegenden des Südostens die Entstehung von deutschen Sprachinseln zu beobachten: in Böhmen, Mähren, der Slowakei und in Ungarn. Es sind Bauern, Handwerker, Bergleute, Kaufleute, die die deutsche Sprache ausbreiten. Vielfach waren in diesen Gebieten die großen Handelszentren in ihrer Geschäftssprache deutsch geprägt.

Im Osten, im Gebiet zwischen Böhmen und der Lübecker Bucht, schiebt sich im Hochmittelalter die Sprachgrenze kontinuierlich und tief ins Slawische hinein vor. Von der, grob gesagt, Elbe-Saale-Linie der karolingischen Zeit ausgehend, erweiterte sich der deutsche Sprachraum bis

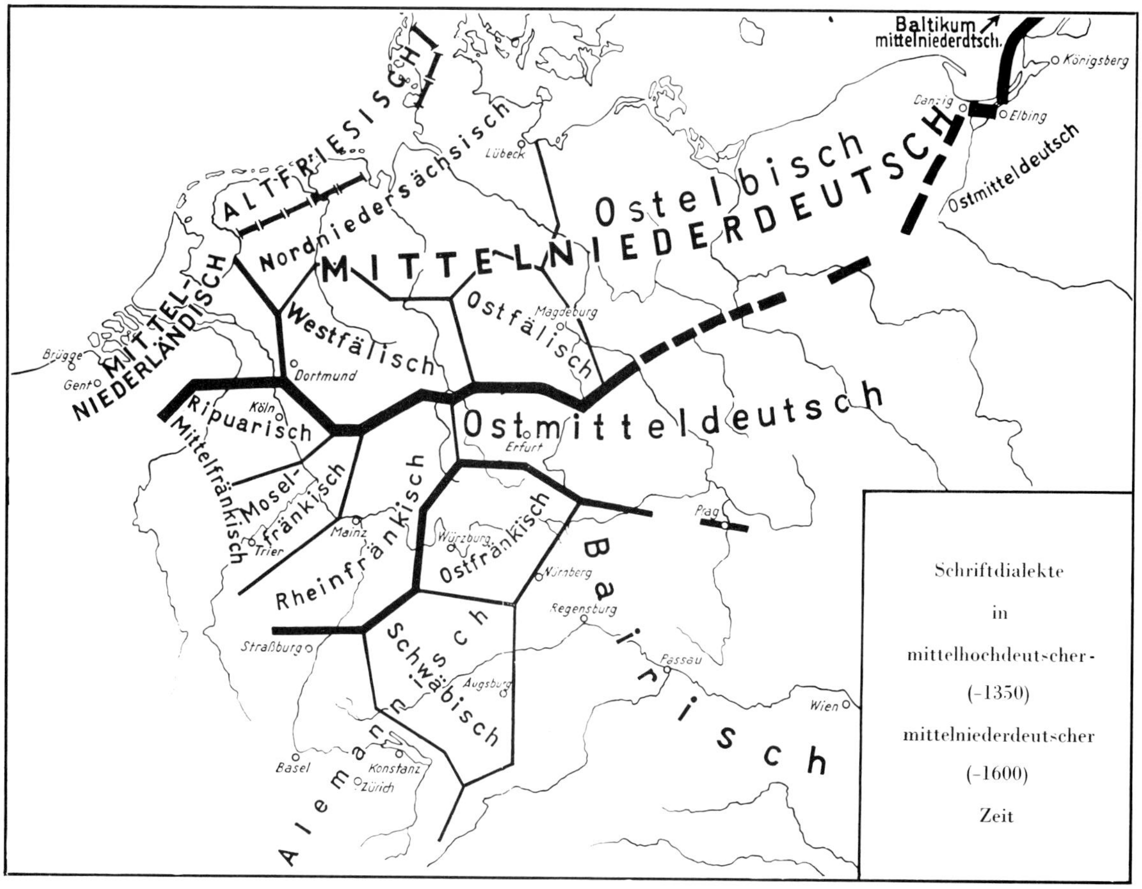

84. Der deutsche Sprachraum im Hoch- und Spätmittelalter.

zur Oder und darüber hinaus; es kam aber zu keiner klaren Grenzbildung. Mitte des 12. Jh. wird Lübeck gegründet, Anfang des 13. Jh. ist z.B. Breslau als deutsche Stadt etabliert. Auch wenn man annimmt, daß zunächst nicht unerhebliche slawische Enklaven erhalten blieben – in den sorbischen Sprachinseln sind sie ja bis heute greifbar –, kann man feststellen, daß im Hochmittelalter der deutsche Sprachraum sich etwa um ein Viertel bis zu einem Drittel seiner vorherigen Ausdehnung vergrößert hat. Verglichen mit der Situation etwa um 1000 bedeutet dies eine grundlegende Veränderung. Vor allem die massive und kontinuierlich vorgetragene Ausdehnung des Sprachraums im Osten brachte es mit sich, daß es – anders als in den meist homogenen Sprachinseln – zu Dialektmischungen und Vereinheitlichungen kam, die die Entwicklung der neuhochdeutschen Gemeinsprache sicherlich mitbeeinflußt haben dürften.

Diese erhebliche und rasch vollzogene Erweiterung des deutschen Sprachraums war aber noch nicht durch eine allgemein akzeptierte Hochsprache abgesichert; sie war getragen von wirtschaftlich, kulturell und politisch aktiven Vertretern verschiedener deutscher Dialekte und ermöglichte die Bildung völlig neuer Zentren, die sowohl in den slawischen Osten ausstrahlen als auch ins Altland zurückwirken konnten. Die Bedeutung dieser Ausweitung liegt nicht so sehr in der sprachlichen Beeinflussung des Slawischen durch das Deutsche und umgekehrt – dieser Austausch blieb im Grunde punktuell und meist auf das Vokabular beschränkt –, sie liegt vielmehr darin, daß ein größeres kulturelles, wirtschaftliches und politisches Potential geschaffen wurde, das sich deutscher Dialekte bediente und ohne das die weitere Geschichte anders verlaufen wäre. Man erwäge die Möglichkeit, die deutschen Ostsiedler hätten sich sprachlich an die Umgebung angeglichen, so wie die Westfranken dies einige Jahrhunderte früher im Nordosten des heutigen Frankreichs getan hatten, oder die Langobarden in Norditalien. Daß die deutschen Dialekte im Osten sich als prestigeträchtiges Instrument erwiesen, dürfte die Position des Deutschen im Bewußtsein der Sprecher beträchtlich gestärkt haben, im Neuland wie im Altland, und auch das war auch nicht ohne Folgen für die weitere Entwicklung. Diese Ausdehnung ist überhaupt Ausdruck einer größeren Dynamik, die auch die Sprache mitriß und ihrerseits wieder von der Sprache profitiert haben dürfte. Diese Dynamik verbindet übrigens das hochmittelalterliche Deutsch mit dem Französischen; diese beiden Räume, die Kernbereiche des alten karolingischen Reiches, zeigen auch im Sprachlichen ihre Vitalität. So setzt mit der Eroberung Englands im Jahre 1066 eine intensive Französisierung sogar des alten britischen Kulturbodens ein, die zwar das ererbte Angelsächsisch nicht zum Verschwinden bringen konnte, so wie das Deutsche in den germanisierten Ostgebieten das Slawische praktisch zum Verschwinden brachte, die aber doch der Oberschicht die maßgebende Sprache lieferte und von da aus auch das germanische Substrat grundlegend beeinflussen sollte. Im Gefolge des ersten Kreuzzugs – eines weitgehend französischen Unternehmens – wurde die französische Sprache als Kolonialsprache in den Nahen Osten verpflanzt und gewann dort Bedeutung als internationales Verständigungsmittel. Daß das Französische nicht auch noch auf der iberischen Halbinsel Fuß fassen konnte – schließlich waren in hohem Maße französische Ritter Träger der Reconquista –, hängt u.a. wohl damit zusammen, daß dort das romanische Substrat ohnehin sehr stark und über das Katalanische der Übergang zum Occitanischen hin fließend war.

Der hochmittelalterliche deutsche Sprachraum kam der Ausdehnung des Deutschen vor dem Zweiten Weltkrieg schon recht nahe, wenn man u.a. von der Eindeutschung Ostpreußens, die vom deutschen Ritterorden ab der Mitte des 13. Jh. vorangetrieben wurde, absieht. Dieser Sprachraum wies auch bereits die dem späteren Stand vergleichbare Gliederung in die mundartlichen Räume auf. Dennoch war die Situation der Sprache in diesem Sprachraum damals grundsätzlich anders als in späteren Zeiten. Dieser Sprachraum war verkehrstechnisch nur unzulänglich erschlossen. Das Leben eines großen Teils der Bevölkerung spielte sich in einem engen Umkreis ab, wie überhaupt die starke Bindung an die Landwirtschaft mit ihren tagtäglichen Erfordernissen größerer Mobilität entgegenstand. Andererseits ist aber eine nicht unerhebliche Beweglichkeit der Menschen, auch der Masse der Unterschicht, zu beobachten. Feste, die den Jahresrhythmus verbindlich regelten, Besuch der Märkte, Wallfahrten u.a. lockerten auf und förderten sprachliche Austauschmöglichkeiten und das Ausbreiten von Neuerungen. Die großen städtischen Ballungsräume, die für die Sprachgeschichte der neuesten Zeit entscheidend werden sollten, waren aber noch nicht vorhanden. Die Bedeutung der ziemlich dicht gestreuten kleinen Zentren wie Herrenhöfe, Marktflecken, Kleinstädte, Klöster und Bischofssitze mit Insassen von oft recht unterschiedlicher sprachlicher Herkunft, ist aber nicht zu unterschätzen; das gilt natürlich auch für die Schmelztiegelfunktion der ganz wenigen größeren Städte, die es bereits gab, und für deren Ausstrahlung in die nähere Umgebung. Wozu es aber im deutschen Sprachraum, im Gegensatz zum sich bildenden Französischen, nicht kam und was für die unterschiedliche Entwicklung dieser beiden Sprachräume in der Folgezeit richtungsweisend werden sollte, war die Herausbildung einer Hauptstadt. Im 12. und noch im 13. Jh. war diese Entwicklung freilich noch nicht abzusehen, ihre Grundlegung aber war vollzogen. Diese Tatsache ist auch in Verbindung mit weiteren wichtigen Faktoren, die die Situation der Sprache damals kennzeichnen, zusammen zu sehen.

Bevor aber die sprachvereinheitlichende prestigeträchtige Ausstrahlung der Hauptstadt im französischen Raum zu wirken begann – ähnliches gilt für die wenigen größeren Städte im deutschen Bereich –, beobachtet man bereits Tendenzen zur Etablierung überregional geltender Sprachen. So singen die südfranzösischen Troubadours nicht einfach in ihrem kleinräumigen Lokalidiom, sondern bedienen sich einer Art Koiné, deren Kern die Sprache des Limousin bildete; wenige Jahrzehnte später kann man bei den deutschen Minnesängern das gleiche Phänomen feststellen; unabhängig von ihrer Herkunft bedienen sich die Minnesänger eines alemannisch geprägten Oberdeutsch. Diese Tendenzen zur Bildung von Sprachen überregionaler Geltung waren nicht das Ergebnis eines sprachlichen Drucks quantitativer Art von unten her, getragen von der natürlichen Dynamik größerer Ballungs- und Mischungsräume; sie gingen vielmehr vom kulturellen Prestige bestimmter Höfe aus, hatten demnach auch eine nur schmale soziale Basis und waren stark funktions- und gattungsbezogen. Sie entfalteten aber eine beträchtliche Wirkung, wenn man bedenkt, daß die Troubadoursprache als Dichtersprache über Sprachgrenzen hinweg bis ins Italienische hinein wirken konnte. Im Deutschen war es nicht viel anders, der Niederfranke Heinrich von Veldeke legte im Laufe seiner dichterischen Entwicklung sein heimatliches Idiom weitgehend ab. Für die Bildung der modernen Einheitssprache war dieses begrenzte Medium freilich keine ausreichende Grundlage, weder fürs Französische noch fürs Deutsche; da bedurfte es neuer und anderer Anstöße und Voraussetzungen, seine Rolle als einmal verwirklichtes einigendes Band in der historischen Entwicklung ist aber dennoch nicht zu unterschätzen.

Der Anwendungsbereich der Volkssprache

Die deutsche Sprache dieser Zeit ist noch in hohem Maß ein mündliches Phänomen. Dies ist für die Erscheinungsform und Entwicklung dieser Sprache grundlegend; dazu muß aber die besondere Art der Mündlichkeit berücksichtigt werden, denn es kommt auf den kulturellen Kontext der jeweiligen Mündlichkeit an. Die vorchristliche germanische Welt gehörte zu jenen Kulturen, in denen die geistigen Werte, der Mythos, die Dichtung, das Recht etc., das, worin die materielle Kultur eingebettet ist, voll und ganz in der Mündlichkeit aufgehoben waren. Die Sprache als Glied und Träger dieser Mündlichkeit hatte somit vollen Anteil an diesem Überbau, war an Normen gebunden, die stabilisierend wirken konnten, was nicht ohne Folgen für manche Aspekte der Sprache selbst blieb. Die Mündlichkeit der deutschen Sprache im Mittelalter war hingegen dadurch gekennzeichnet, daß sie von diesem Überbau weitgehend abgeschnitten war, denn dessen Medium war nun das bewährte und verläßliche Latein, das zusätzlich als Sprache der mittelalterlichen Bibel und der antiken Bildung eine besondere Würde besaß. Gewiß bedeutete das nicht, daß das mittelalterliche Deutsch ausschließlich auf die Befriedigung der Kommunikationsbedürfnisse des primitiven Alltags eingeschränkt war und keinerlei höhere geistige Bezirke mehr verwaltete. Die Literarisierung, sogar eine gelegentlich recht anspruchsvolle, setzt schon früh ein, blieb aber auf lange Zeit hin doch ein punktuelles Phänomen. Erst mit dem Hochmittelalter beginnt die Zeit der immer weiter ausgreifenden und kontinuierlichen Verschriftlichung, die der Volkssprache einen Bereich des geistigen Lebens nach dem andern erschließen sollte. Der Ausdehnung der deutschen Dialekte im Geographisch-Quantitativen entspricht im Hochmittelalter auch eine erstaunliche Erweiterung im Qualitativen; der Geltungsbereiche der Sprache bezieht immer mehr und immer Wichtigeres ein bis im Spätmittelalter etwa in der geistlichen Prosa eines Meister Eckhart das Deutsche als Instrument der spekulativen Mystik neben dem Latein seinen Platz nicht nur behaupten sollte.

Zur Mündlichkeit als der ererbten und zunächst natürlichen Lebensform des mittelalterlichen Deutsch tritt in zunehmendem Maße, gleichsam als neue und zweite Natur, die Schriftlichkeit hinzu. In ihrem Stellenwert nähert sich die Volkssprache dem traditionellen Latein an. Schriftlichkeit bedeutet zugleich Annäherung an Normierung, Überregionalität und eine Stärkung des konservativen Elements in der Sprachentwicklung. Manche Fragen stellen sich somit nicht mehr in der Weise wie beim frühmittelalterlichen Deutsch (vgl. den Band: Deutsche Kultur im Frühmittelalter). Die Mündlichkeit, die aber bei aller oft rasch voranschreitenden Verschriftlichung noch im Hochmittelalter ein wichtiger Faktor blieb, muß auch in ihrer Bedeutung für Mentalität und Kultur überhaupt gesehen werden. So ist bei vielen Menschen auf bestimmten Gebieten mit großen, ja erstaunlichen Gedächtnisleistungen zu rechnen – viele durch die modernere Zeit bedingte Belastungen waren dem Gehirn ja noch fremd –, die nur äußerlich mit den Gedächtnisleistungen moderner Schauspieler zu tun haben dürften. Die Art des Erfassens von Stoff in einem von Mündlichkeit bestimmten kulturellen Kontext war grundsätzlich anders; sie entzieht sich freilich unserer Einsicht. Es ist auch nicht zu übersehen, daß das Literarische selbst immer noch dem Mündlich-Gedächtnishaften nahe blieb, vom Memorieren biblischer Texte bis hin zum formelhaft variierenden Verarbeiten vorgegebener Erzählmuster beim Tradieren von Heldenliedern und zum genauen Auswendiglernen und Wiedergeben kompliziert gebauter Minnekanzonen mit ihren subtilen Reimeffekten und wohlkalkulierten Wortresponsionen, die kaum geringste Abweichungen erlaubten. Für den Umgang mit Quellen, für Anspielungen und für Wesen und Funktion des Zitats ist dieses Eingebettetsein in eine mündlich geprägte Sprachkultur von großer Bedeutung. So ist auch nicht zu übersehen, daß die Bindung an die besondere Art der mittelalterlichen Mündlichkeit das mittelalterliche Deutsch selbst wesentlich geprägt und noch in dessen schriftlicher Form ihre Spuren hinterlassen hat. Diese Tatsache ist von großer Tragweite. Manche grundlegende Verschiebung vom Mittelhochdeutschen zum Neuhochdeutschen geht darauf zurück, daß die deutsche Sprache nicht mehr fast ausschließlich gesprochene Sprache in einer jeweils konkreten Situation ist, sondern von der Schriftlichkeit bestimmt wird und somit in verschiedene neue Zwänge aber auch Möglichkeiten hineinwächst und vielfach ohne konkreten Gesprächspartner und ohne konkrete Gesprächssituation als außersprachlichen Verständnishilfen bestehen muß. Sie muß diese Verständnishilfen selbst entwickeln, damit Mißverständnisse, die die gesprochene Sprache z.B. durch Tonfall und Gesten gar nicht erst aufkommen läßt, unterbunden werden. Die dadurch bedingte Tendenz zur Differenzierung und Präzisierung bringt nicht unerhebliche Veränderungen im Gefüge der Sprache mit sich. Man denke an Kasus außerhalb der

Konstruktion, an lockere und – vom späteren Zustand aus – unklare pronominale Beziehungen zur vorhergehenden Aussage, an den modalen Bereich, an den komplexen Umkreis der Negation, an das Tempussystem usw.

Die Beschreibung und Charakterisierung der deutschen Sprache des Hochmittelalters leidet unter einigen gewichtigen Umständen; so ist die gesprochene Sprache höchstens in Ausrufen etc., die in literarische Quellen eingebettet sind, faßbar, was eine zusammenhängende Darstellung nicht erlaubt; dazu erfassen die schriftlichen Quellen längst nicht alle Lebensbereiche, sind einseitig dichterisch-literarisch und überdies durch die Versifizierung von der Sprachwirklichkeit des Alltags abgehoben. Außerdem bleiben für uns ganze soziale Schichten dieser Zeit weitgehend stumm.

Die Beschaffenheit des hochmittelalterlichen Deutsch

Wenn wir hier nach der Beschaffenheit des hochmittelalterlichen Deutsch, des sog. klassischen Mittelhochdeutsch, fragen, dann geht es nicht um eine vollständige Bestandsaufnahme und um die Lösung noch ungeklärter Probleme, sondern um den Versuch, einige Perspektiven zu erfassen, die dieses Deutsch von unserer modernen Hochsprache unterscheiden und die möglicherweise für den Sprecher der damaligen Zeit und seine Art, Vorgänge, Gegenstände und Geistig-Seelisches aufzunehmen und mit den verfügbaren sprachlichen Mitteln zu gestalten, von Bedeutung waren. Es geht also nicht nur um das Registrieren punktueller, lautlicher, lexikalischer, morphologischer und syntaktischer Besonderheiten, die dem modernen Betrachter auffallen mögen, wenn er einen mittelhochdeutschen Text liest. Darauf muß natürlich einleitend ebenfalls kurz eingegangen werden.

Lautgestalt

Die Sprache der Literatur um 1200, die eine Tendenz zu überlandschaftlicher Geltung und Unterdrückung mancher lokaler Eigenheiten aufweist, war alemannisch geprägt. Wie weit die heutigen südwestdeutsch-schweizerischen Mundarten einen einigermaßen akustisch adäquaten Eindruck vom Mittelhochdeutschen vermitteln können, muß offenbleiben. Im Munde von Dichtern aus Thüringen oder aus dem Rheinland klang damals dieses etwas vereinheitlichte Deutsch natürlich anders als aus dem Mund südwestdeutscher Dichter. Die manche Laien interessierende Frage, ob das Mittelhochdeutsche schön geklungen habe, wobei mitschwingt, daß dann das Althochdeutsche noch schöner geklungen haben müßte, ist falsch gestellt und nicht zu beantworten. Die in diesem Zusammenhang immer wieder bemühten volleren Endungen der älteren Sprachstufen haben wenig zu sagen, da Akzent und Artikulationsbasis der Sprecher als entscheidende Faktoren für den Klangwert nicht mehr nachvollziehbar sind.

Wenn man die Lautveränderungen, die seit dem Hochmittelalter stattgefunden haben, bedenkt, darf man das sog. klassische Mittelhochdeutsch nicht ohne weiteres als festen Bezugshorizont ansetzen und meinen, ein bestimmter Laut dieses Mittelhochdeutschen sei dann in der einen oder anderen Mundart zu einem bestimmten anderen Laut geworden. Auch wissenschaftliche Arbeiten erwecken oft diesen falschen Eindruck. Das klassische Mittelhochdeutsch war nur in bestimmten Situationen und auch da nur annäherungsweise Sprechnorm; die jeweilige moderne Mundart ist mit der entsprechenden Mundart im damaligen Raum, die freilich kaum faßbar ist, in Beziehung zu setzen und nicht mit *dem* Mittelhochdeutschen.

Im folgenden werden wir freilich gezwungen sein, uns immer wieder zwischen dem literarischen Mittelhochdeutsch und den Mundarten hin und her zu bewegen, einmal Erscheinungen aus diesem und dann auch aus jenem Bereich heranzuziehen. Die für den Vokalismus der neuhochdeutschen Hochsprache so entscheidende Diphthongierung, i/u/iu (= ü) werden zu ei/au/eu, läßt sich an unseren klassischen mittelhochdeutschen Texten noch nicht ablesen. Dabei hatte sie sich um 1200 im Südosten des deutschen Sprachraums bereits durchgesetzt, der Südwesten des deutschen Sprachraums – das Niederdeutsche ebenfalls – ist bis heute bei der alten Lautung verblieben. Ähnliches gilt für die Monophthongierung, alte uo/üe/ie werden zu u/ü/i. In diesem Fall ist es der östliche mitteldeutsche Raum, der schon in mittelhochdeutscher Zeit diese Lautungen aufweist; die oberdeutschen Mundarten sind bis heute bei der alten Lautung verblieben, was nicht heißt, daß sich die Klangfarbe nicht geändert habe. Nicht unerheblich für die Lautgestalt der Sprache sind die Lautqualitäten. So ist in den mittelhochdeutschen Dialekten das Verhältnis zwischen langen und kurzen Vokalen anders gewesen als heutzutage (*geben* mit kurzem e wird zu *gēben*), wobei wiederum, freilich in geringem Maße, in manchen Gegenden wie z. B. in verkehrsfernen Alpentälern, alte Quantitätsverhältnisse erhalten sein können. Bei Vokalrundungen (*helle* zu Hölle, *leschen* zu löschen; *mâne* zu Mond, *âne* zu ohne; *liegen* zu lügen, *finf* zu fünf) oder Entrundungen (*küssen* zu Kissen; *gümpel* zu Gimpel; *slöufe* zu Schleife, *kriusel* zu Kreisel), die das literarische Mittelhochdeutsch vom Neuhochdeutschen sehr hörbar unterscheiden, gilt auch wieder, daß weite Gebiete keineswegs die hochsprachliche Lautung aufweisen. Die Abschwächung der Vokale in Nebensilben setzt sich in mittelhochdeutscher Zeit fort; Umlauterscheinungen dringen weiter durch und variieren das Klangbild.

Aus dem konsonantischen Bereich seien ebenfalls einige auffällige Erscheinungen genannt, die das Lautbild des hochmittelalterlichen Deutsch geprägt haben und es vom Neuhochdeutschen abheben. Weitere Gebiete des heutigen Mitteldeutschen und Oberdeutschen sind auf dem Weg zur Neuzeit von der sog. binnenhochdeutschen Konsonantenschwächung erfaßt worden (*fader* statt Vater, *gnobf* statt Knopf). Für die Zeit um 1200 ist von der Wirkung dieser wichtigen Veränderung des Konsonantismus in den Texten noch nichts zu erkennen, in Wien ist sie gegen Ende des 13. Jh. nachweisbar. Verschiebungen im Konsonantismus, die als Fernwirkung der zweiten Lautverschiebung anzusehen sind, unterscheiden das Mittelhochdeutsche ebenfalls vom späteren Deutsch. So steht einem neuhochdeutschen Zwerg ein mittelhochdeutsches *getwerg* gegenüber. Wichtig ist auch die Entwicklung des s-Lautes. Im 11. Jh. läßt sich erkennen, daß sich s in bestimmten Kombinationen auf den breiten Zischlaut hin zu entwickeln beginnt. Diese Entwicklung breitet sich aus, sl/sm/sn werden zu schl/schm/schn und erfaßt auch die sp- und st-Kombinationen; sie ist dann über das von der modernen Hochsprache Akzeptierte hinaus zu einem Charakteristikum der oberdeutschen Mundarten, vor allem des Alemannischen und Südbayrischen geworden, z. B. gestern zu geschtern, Kost zu Koscht, wo auch im Inlaut und Auslaut der breite Zischlaut sich durchsetzt, währen der Norden sich dieser Entwicklung nur zögernd oder gar nicht öffnete.

Lautliche Veränderungen z.B. Abschwächung der Endsilbenvokale, können in Verbindung mit anderen Tendenzen der Sprachentwicklung zu bedeutsamen Verschiebungen im grammatischen Gefüge führen. Innerhalb der germanischen Sprachen zeichnet sich ja das Deutsche im Formenbau – neben dem Isländischen – durch besondere Altertümlichkeiten aus, die freilich auch im Laufe der Entwicklung vereinfacht wurden. In der hochmittelalterlichen Sprachperiode ist die deutsche Sprache in der Morphologie dem modernen Zustand näher als dem zeitlich näheren Althochdeutschen; oder, richtiger formuliert, die Entwicklung verlief nur eben langsamer, auch weil von der zunehmenden schriftlichen Fixierung der Sprache eine stabilisierende Wirkung ausging.

Morphologisch-Syntaktisches

Die auf indogermanische Sprachstruktur aufbauende Gliederung der Substantive in Stämme nach dem vokalischen oder konsonantischen Stammesauslaut entsprach auf früher Entwicklungsstufe auch im Deutschen noch den sprachlichen Gegebenheiten. Sie dürfte ursprünglich auch ein bedeutungshaftes Element enthalten haben, noch erkennbar in den Stämmen auf -r, die vor allem den Bereich der Familienbeziehungen und Verwandtschaftsnamen abdecken; diese Gliederung hatte auch mit den genera zu tun, die o-Stämme enthalten z.B. nur Feminina. Durch lautliche Veränderungen und den Verfall der Endungen wurde diese alte Einteilung aber undurchsichtig, die Grenzen zwischen den Stämmen wurden verwischt (u-Stämme gleiten zu den i-Stämmen hinüber z.B.), die Einteilung verlor ihre Verankerung in der sprachlichen Wirklichkeit. Es ergaben sich auf anderen Grundlagen neue Einteilungskriterien für die Nominalflexion, wobei sich grob gesagt eine Loslösung vom bedeutungshaften Element vollzog und formale und funktionale Aspekte in den Vordergrund rückten, ein Phänomen, das von grundsätzlicher sprachgeschichtlicher Bedeutung sein dürfte; es ist freilich nicht leicht, wissenschaftlich abgesicherte Einsichten zu gewinnen. An die Stelle der alten Einteilung in Stämme, die noch längere Zeit nachwirkte, trat eine Gliederung nach einer neu sich konstituierenden Flexionsweise. Ist in dieser Hinsicht das Bild des Mittelhochdeutschen uneinheitlich, so lassen sich die das Nominalsystem modernisierenden Tendenzen doch erkennen. In dem neu sich bildenden System spielt die Numerus-Kennzeichnung (Singular, Plural) eine neue Rolle und gewinnt auch auf Kosten der Kasusentwicklung immer mehr an Boden. Das ältere klassische Mittelhochdeutsch weist hierin noch bemerkenswerte Unterschiede gegenüber dem Neuhochdeutschen auf, die auf eine Umschichtung hinweisen. Der in manchen Kasus bestimmter Wortklassen vorhandene Umlaut wurde, gestützt durch Pluralbildung auf -ir/-er, die ihrerseits Umlaut bewirkten und zunächst nur eine kleine Gruppe neutraler Substantive kennzeichnete (*lamp/lembir* = Lamm/Lämmer), zusehends zum Kennzeichen des Plurals überhaupt und auf Wörter angewendet, die von sich aus gar nicht umlautfähig waren. So taucht schon im Mittelhochdeutschen z.B. der Plural *nächte* auf; im Spätmittelalter greift das immer mehr um sich, den noch mittelhochdeutschen Pluralformen *lant, kint, wort, buoch* etc. stehen dann die deutlicher markierten Formen Länder, Kinder, Wörter, Bücher gegenüber und bestimmen wesentlich das neue System der Substantivflexion und -gliederung. Demgegenüber ebnete sich die Markierung der Kasus immer mehr ein; bereits der mittelhochdeutsche Zustand ist vom späteren nicht mehr weit entfernt.

In Verbindung mit dem Zurücktreten der präzisierenden Endungen des Substantivs steht das weitere Vordringen des Artikels und der Präpositionen, wodurch in einem neuen sprachlichen Kontext eine neue Art der Präzisierung hergestellt wird. Die Beschaffenheit der Sprache wird dadurch entscheidend verändert, vor allem in der Syntax, wo sich neue Strukturen ergeben. Diese Veränderungen sind auch nicht auf das Mittelhochdeutsche allein beschränkt. Sie reihen sich ein in die grundlegende Systemverschiebung, die vom stark synthetisch geprägten alten indogermanischen Sprachbau, wo das einzelne Wort die Festlegung auf Genus, Kasus, Numerus, Person, Tempus, Modus... in sich trägt (lat.: laudabor), zum vorwiegend analytisch bestimmten Sprachbau der mittelalterlichen europäischen Volkssprachen geführt hat, wo das einzelne Wort praktisch nur als Bedeutungsträger dient, es aber zur Festlegung der Aussage weiterer Wortmaterialien – Pronomina, Hilfsverben, Präpositionen etc. – bedarf (deutsch: ich werde gelobt werden). Dabei ist vor allem ans Germanische und Romanische gedacht. Diese Entwicklung hatte zur Folge, daß die Stellung der Worte in der Abfolge der Aussage immer stärker fixiert werden mußte. Man ziehe als Extrembeispiele das klassische Latein für die relativ freie Stellung und das moderne Englisch für die stark festgelegte Wortstellung heran, wobei das Deutsche bei aller Tendenz zum analytischen Sprachbau sich in der ausgeprägten Wahrung der Kasus noch wesentlich vom Englischen unterscheidet.

Das mittelhochdeutsche Vierkasussystem hat sich in der deutschen Hochsprache bis in die Gegenwart erhalten, auch wenn seit langem in den meisten Mundarten sich ein reduziertes Kasussystem (Genitivschwund) durchgesetzt hat. Das Kasussystem als solches ist aber auch in diesen Mundarten prinzipiell erhalten. Im Innern dieses alten Vierkasussystems haben sich freilich vom Mittelhochdeutschen bis zum Neuhochdeutschen erhebliche Veränderungen vollzogen. Im klassischen Mittelhochdeutsch hat z. B. der Genitiv noch die Kraft, nicht nur Nomina, sondern auch Verba in seinen Bannkreis zu ziehen, z. B. *sie was des goldes milde* (sie ging freigiebig mit dem Gold um) oder, verbal: *er tranc eines wassers* (er trank von dem Wasser bzw. er trank/das/ Wasser.) Im Neuhochdeutschen findet sich das meist nur noch in gekünstelt archaisierender Diktion oder in festen Wendungen (sei guten Mutes).

Verglichen mit dem Mittelhochdeutschen hat im modernen Deutsch der Akkusativ weit um sich gegriffen, auch zu Lasten des Dativs. Handelt es sich hier bloß um systemimmanente Verschiebungen, wobei sich die verwendeten sprachlichen Mittel ändern, am Ende aber schließlich das Gleiche herauskommt, oder verfügte das Mittelhochdeutsche darin über andere und vielleicht bedeutsame Perspektiven und Dimensionen, die in der Gegenwartssprache durch grundsätzlich andere Perspektiven und Dimensionen ersetzt wurden? Der Kulturpessimismus hat in der Beurteilung solcher sprachlicher Erscheinungen ein beliebtes Aktionsfeld. Es fragt sich, ob das äußerlich gesehen noch intakte Vierkasussystem der Hochsprache innerlich nicht bereits einem anders angelegten System gewichen ist oder zumindest auf dem Weg dazu ist. Das Problem gravierender Verschiebungen von Perspektiven und Dimensionen, das sich dabei möglicherweise stellt, ist ernstzunehmen, auch wenn es sich unserem Zugriff weitgehend entzieht und man sich vor spektakulären Aussagen hüten muß. Man denke an den »Menschen im Akkusativ« mit deutlich negativem Akzent: die Akkusativierung bringe eine Erniedrigung zum Objekt mit sich. Wenn es bei Walther von der Vogelweide z. B. heißt, ›*ich enhan nicht rosses*‹, so ist das nicht »humaner« als das Neuhochdeutsche ›ich besitze kein Pferd‹. Freilich kann diese genitivische Fügung der älteren

Sprache vielleicht etwas über eine besondere Art des Besitzens aussagen, was in der neuhochdeutschen Fügung nicht mehr mitschwingt, bzw. anderem gewichen ist. In der älteren Sprache ist die genitivische Fügung als Perspektive auch dadurch gestützt, daß solche Konstruktionen häufig waren, und dadurch eben eine bestimmte Sehweise, etwa den partitiven Sinn, begünstigten, während die moderne akkusativische Wendung eher isolierend sich ausschließlich und präziser auf ein Objekt als solches richtet, das nun weniger in einem übergeordneten Zusammenhang, aus dem es als ein Teil anvisiert würde, betrachtet wird. Zieht man das Vordringen der präpositionalen Fügungen heran, so läßt sich erkennen, daß in den Veränderungen des Kasussystems eine Tendenz zu schärferer Präzisierung wirken dürfte. Das zeigt sich z.B. in der Auflösung nicht eindeutiger Kasuskonstruktionen, etwa genetivus objectivus oder genetivus subjectivus, zu präzisen eindeutigen Konstruktionen mittels präpositionaler Zuordnung. Eine spätmittelalterliche Aussage wie »wer nicht an Gott glaubet, dem mangelt die Liebe des Nächsten«, wird für ein Denken, das auf dem Weg zum neuen System ist, allmählich unklar und muß präzisiert werden zur »Liebe zum Nächsten«. Ein Denken, Hören und Sprechen, das sich ohnehin in stark ausgeprägten Genitivfügungen bewegte, war durchaus fähig, aus den durch den bloßen Kasus angebotenen Bezugsmöglichkeiten die jeweils richtige auszuwählen. Diese Fähigkeit tritt im Laufe der Entwicklung parallel zum Schwinden der Kasuskennzeichnung zurück. Man wird nicht fehlgehen, wenn man die Präzisierungstendenz, die sich durch vermehrten Einsatz von Artikel und Präpositionen auf dem Weg zur modernen Sprache immer stärker bemerkbar macht, auch auf anderen Gebieten der Sprache am Werk sieht. Die Intensität dieser Bewegung braucht freilich nicht in allen Bereichen und zu allen Zeiten gleich zu sein.

Sprachbedingte Perspektiven

Betrachtet man, wie sich im Mittelhochdeutschen die Aussagen zueinander verhalten, wie also das syntaktische Beziehungsinstrumentarium beschaffen ist, so erkennt man auch darin erhebliche Unterschiede gegenüber dem modernen Zustand der Sprache, Unterschiede, die wichtiger sind als die ohrenfälligen, lautlichen Veränderungen, die vor allem die akustische Seite der Sprache betreffen, in den Handbüchern aber meist über Gebühr herausgestellt werden. Sieht man sich so manchem mittelhochdeutschen Text gegenüber, so merkt man, daß häufig die präzise und differenzierende syntaktische Zuordnung der Aussage fehlt, daß Sätze, nach modernem Gefühl, unverbunden nebeneinander stehen bzw. daß die Verbindung, selbst wenn sie markiert ist, oft unpräzise und für uns zu global deutbar erscheint. Für diese nicht oder nur wenig entwickelte syntaktische Präzisierung ist der dominant mündliche Charakter der mittelhochdeutschen Sprache sicherlich mitverantwortlich. Verbunden mit der Mündlichkeit als bestimmendem Faktor bei der unter- oder unentwickelten Präzisierung syntaktischer Bezüge ist dabei auch mit einer anderen, altertümlichen Sehweise zu rechnen, in der manches global zusammenfällt, was die spätere Sprach- und Geistesentwicklung säuberlich getrennt und genauer fixiert haben möchte. So stehen in den mittelalterlichen Texten, wobei auch die Unterschiede der literarischen Gattungen und der stilistische Entwicklungszustand zu beachten sind, Aussagen häufig nebeneinander wie Blöcke. Ein in F. Tschirchs Sprachgeschichte zitiertes Beispiel aus der geistlichen Dichtung der *Wiener Genesis* (um

1060), wo immerhin bereits von der Gattung her die stärkere Hinwendung zur Schriftlichkeit vorauszusetzen ist, mag das veranschaulichen:

Kain unt sin bruder
prahten ir oppher.
Kain was ein achermanm
eine garb er nam.
er wolte sie oppheren
mit heren iouch mit agenen.
daz oppher was ungename,
got newolt iz inphahen.
Abel was einvaltich unt semfter.
er hielt siniu lember.
an nehein ubel er nedahte,
ein lam z'opphere brahte.

»Kain und sein Bruder brachten ihr
Opfer dar. Und zwar nahm Kain als Bauer
eine Garbe, um sie mit Ähren und Grannen
zu opfern. Doch war dieses Opfer Gott so
wenig willkommen, daß er es nicht annahm.
Abel dagegen, der, einfach und friedfer-
tig, wie er war, seine Schafe hütete und
an nichts Böses dachte, opferte ein Lamm.«

Diese offenbar dem Wesen der älteren Sprache gemäßen Leerstellen zwischen den Sätzen – modernem Empfinden erscheinen sie als solche – sind in diesem Ausmaß in der modernen Schriftlichkeit nicht mehr möglich, es sei denn, es handelt sich um bewußte Stilmittel, was beim Text der *Wiener Genesis* sicherlich auszuschließen ist; er widerspiegelt vielmehr einen Sprachzustand und keinen Stilwillen. Die moderne Sprache drängt danach, sich kausal, final, kopulativ, adversativ, konsekutiv etc. festzulegen. Diese Festlegung ist andererseits aber auch in gewissem Sinn eine Einschränkung, ein Verlust. Die syntaktische Orientierung auf die eine Möglichkeit schließt die anderen aus, wo der ältere Sprachzustand eben nicht festgelegt und in globaler Weise gleichsam offener war. Dies wirkt sich nicht nur in der Grammatik aus, sondern prägt auch die Kompositionsweise volkssprachlicher Dichtung der älteren Zeit und ist somit für weite Bereiche mittelalterlicher Geistigkeit Merkmal einer typischen Mentalität. Man darf z.B. nicht zuviel modernes Zeitbewußtsein (Sinn für klare chronologische Abfolgen und für Gleichzeitigkeit) und Logik in mittelalterlicher Dichtung erwarten. Die Sprache gab das zwar auch schon her, doch eben nur in geringem Maße und das Sensorium dafür war weithin noch nicht nötig. Ein so repräsentativer Text wie das *Nibelungenlied* ist in diesem Zusammenhang aufschlußreich. Wollte man z.B. die Schilderung von der Ankunft der Burgunder bei Etzel nach chronologischer, logischer und psychologischer Folgerichtigkeit hin lesen, käme man aus dem Gestolper nicht mehr heraus, ja sogar Widersprüchlichkeiten auf engstem Raum brächte einen in Bedrängnis. Den mittelalterlichen Hörer störte das nicht.

Eigentümlichkeiten der mittelalterlichen Sprache erweisen sich auch möglicherweise als geeignete Voraussetzung für eine bestimmte Art des Erfassens und Gestaltens von Personen, Geschehen und Reaktionen, die ein Ineinander ermöglichte, das auf seine Art Aspekte aufwies, die in späterer Sprachentwicklung und Kompositionstechnik nicht mehr gegeben waren. Dem stehen natürlich andere und neue Möglichkeiten, die die Modernisierungstendenz gebracht hat, gegenüber. Nun ist nicht zu vergessen, daß ein Text wie das *Nibelungenlied*, der um fast 150 Jahre jünger ist als die Probe aus der *Wiener Genesis*, und der dennoch in der Aneinanderreihung der Aussagen kaum eine Modernisierung gegenüber dem älteren Text aufweist, besonders stark von mündlicher Tradition und deklamatorisch-szenischem Vortrag bestimmt war. Somit kommt das *Nibelungenlied* von der Gattung her der Beschaffenheit der alten Sprache als mündlichem Phänomen entgegen. Diese so beschaffene und z.T. auch gattungsmäßig fixierte Sprache (es werden noch weitere Merkmale zu besprechen sein) ist nicht recht vorstellbar als Medium für komplexe, psychologische Überlegungen und philosophische Meditation. Dem muß aber gleich hinzugefügt werden, daß vor allem in den neuen, im Westen entwickelten volkssprachlichen Gattungen und Ausdrucksformen, wo die Mündlichkeit zurückzutreten beginnt, auch gleich die Sprache geschmeidiger erscheint und sich komplizierten Zuordnungen und Unterordnungen immer besser gewachsen zeigt. Für weite Bereiche auch des literarischen Schaffens, selbst im Hochmittelalter, gilt das aber doch nur in gewissen Grenzen. Es ist überdies ein schwieriges Problem, zu entscheiden, an welchen Texten man ein repräsentatives sprachliches Mittelmaß ablesen darf.

Neben der meist stark ausgeprägten undifferenzierten Aneinanderreihung der Aussagen ist zu bemerken, daß selbst dort, wo sprachliche Mittel zur Präzisierung der Verbindung zwischen Sätzen zur Verfügung stehen, diese nicht einfach in der ihnen heute zukommenden Eigenart aufgefaßt werden dürfen. So kann ein *und* in einem mittelhochdeutschen Text eine Reihe verschiedener Bindefunktionen in sich schließen, wofür die neue Sprache präzisere Differenzierungen und Kompetenzverteilungen vorgenommen hat. So muß das zweite *und* in folgender Stelle aus dem *Gregorius* Hartmanns von Aue:

herre, iu sendet diz kint,
liute die iu willic sint,
mîns bruoder tohter und ir man,
und geloubent starke dar an,
ob irz selbe toufet,
dem kinde si gekoufet
dâ mite ein saeligez leben.
(V. 1118)

in der modernen Sprache präzisiert werden als Relativpronomen: »welche glauben« oder, unterstreichend, »sie glauben nämlich ganz fest«. Im *Parzival* Wolframs heißt es z.B.:

der gast dem wirte durch râten neic,
sîner muoter er gesweic,
mit rede *und* in dem herzen niht, ... (V. 173,9)

Dieses *und* muß im Neuhochdeutschen adversativ festgelegt werden: »doch nicht in dem Herzen«. Im *Gregorius*:

ich hân die kunst und ouch den sin,
ich genise wol, *und* wil ez got. (V. 1421)

ist das zweite *und* hingegen konditional zu präzisieren: »wenn Gott nur will«. In mittelhochdeutschen Texten schlägt in diesen und ähnlichen Fällen die Tendenz zur bloßen Aneinanderreihung immer noch durch, von der Intention der Aussage her aber lädt sich die Zusammenfügung der Sätze durch das *und* zusätzlich auf, was in der modernen Sprache dann genauer bestimmt werden muß.

Diese globale Sicht und die noch nicht ausgeprägte Notwendigkeit und Fähigkeit, zu differenzieren und damit festzulegen, findet sich ebenfalls im Tempussystem der älteren Sprache. Vom reichentwickelten und sehr abgestuften indogermanischen Verbsystem, das ursprünglich nicht so sehr temporalen Charakter hatte, sondern Aktionsarten bezeichnete (wie ein Vorgang ist und verläuft), war im Germanischen nur das, was man Präsens und Präteritum nennt, übriggeblieben, wobei parallel zu dieser Schrumpfung auch die Festlegung auf den temporalen Charakter dieser beiden Kategorien erfolgte. In althochdeutscher Zeit setzte dann eine Tendenz zu neuer Differenzierung und langsamer Auffächerung dieses auf zwei Kategorien gründenden simplen Systems ein, wobei gemeinsame Entwicklungen im Vulgärlatein und Altfranzösischen zu bemerken sind (siehe Band: Deutsche Kultur im Frühmittelalter).

Neben dem zunächst nur schwach ausgeprägten Vermögen und Bedürfnis, im Vergangenheitsbereich genauer zu unterscheiden, wird auch allmählich das kommende Geschehen einem präziseren temporalen Zugriff zugeführt. Das Tempussystem des hochmittelalterlichen Deutsch ist aber im wesentlichen noch altertümlich undifferenziert und mancher Modernisierungsvorstoß setzt erst so recht im Spätmittelalter ein, wobei auch das Trägheitsgesetz der schriftlichen Fixierung zu berücksichtigen ist. (Auf die teilweise recht unterschiedlichen Entwicklungen in den Mundarten soll hier nur nebenbei hingewiesen werden. Im oberdeutschen Raum muß um 1300 der radikale Verfall des Präteritums eingesetzt haben, der bis auf den heutigen Tag und hineinwirkend in den hochsprachlichen Gebrauch den süddeutschen Sprecher vom norddeutschen abhebt. Dem norddeutschen »ich aß« steht das süddeutsche »ich habe gegessen« gegenüber!) So erscheint in mittelhochdeutschen Texten das Vergangene in globaler Sicht auf eine Ebene der Vergangenheit projiziert, in sich nicht weiter gegliedert oder temporal präzisiert, was unserer modernen verwissenschaftlichten Sprache, die auf genauere Fixierung aus ist, zuwiderläuft. Vor allzu tiefsinnigen philosophischen Folgerungen über das Zeitgefühl mittelalterlicher Menschen wird man sich aber in acht nehmen müssen. Schließlich bedienen sich die literarisch Tätigen um diese Zeit ja auch des Lateins und bewegen sich in dessen subtilerem Tempussystem. Dennoch dürften für die Masse der Sprecher in dieser fehlenden zeitlichen Differenzierung auch perspektivische Probleme enthalten gewesen sein. So heißt es, V. 159,27, in Wolframs *Parzival*:

> kiu künegîn reit ûz der stat,
> daz heilectuom si vüeren *bat*
> ob dem künege von Kukûmberlant
> den *tôte* Parzivâles hant.

Bat und *tôte*, tötete, sind im Text zeitlich nicht geschieden, obgleich klare Vorzeitigkeit des Tötens vorliegt und wir heute sagen müßten: »den Parzival getötet hatte«. Dasselbe liegt in Wolframs *Willehalm* vor, wenn es V. 344,15 heißt:

> die *brâhte* der künec Arfiklant
> und des bruoder Turkant,
> auch bî Sînagúne *riten*:

Brâhte und *riten* befinden sich auf einer Vergangenheitsebene, obgleich auch da »*brachte*« eindeutig vorzeitig ist und wir sagen müßten: »im Heer des Sinagun ritten auch jene, welche von König Arfiklant und dessen Bruder herbeigebracht worden waren«. Ein Differenzierungsmittel, das sich im Mittelhochdeutschen in solchen und ähnlichen Fällen gelegentlich findet, stammt bezeichnenderweise aus dem Bereich der Bezeichnung der Aktionsart (hier perfektivierend). Es ist das Präfix ge-, das dann zugunsten der rein temporalen Mittel (zusammengesetzte Tempora) wieder verdrängt wurde. So heißt es im *Erek* Hartmanns:

des âbendes dô sie *gâzen*
und dar nâch *gesâzen*,
der wirt sprach ... (V. 4614),

wo wir sagen müssen: »am Abend, als sie gegessen und sich gesetzt hatten, sagte der Hausherr«. Die moderne Ausdrucksweise ist unabhängig von der Art des Vorganges und berücksichtigt nur die zeitliche Komponente. Bei der Beurteilung der Komposition mittelhochdeutscher Werke ist diese sprachsystemgebundene Unempfindlichkeit gegenüber neutral zeitlichen Kategorien und Differenzierungen immer mitzuberücksichtigen.

Was die sprachliche Erfassung noch nicht eingetretenen Geschehens betrifft, beobachtet man ebenfalls, daß die moderne neutrale zeitliche Sicht als Tempuskategorie erst im Entstehen ist. Das Präsens gleitet auch heute noch in die nähere Zukunft hinüber und reicht als Verbkategorie aus, Funktionen einer selbständigen Futurkategorie zu übernehmen. Bei bestimmten Formen des Ausgreifens ins kommende Geschehen genügte aber häufig schon im frühmittelalterlichen Deutsch das Präsens nicht, wie das Auftauchen von futurischen Umschreibungskonstruktionen zeigt, bei denen, typisch für die archaische Sicht, das Instrumentarium aus dem Modalbereich genommen wurde. Sollen, müssen, wollen dienen dazu, das kommende Geschehen sprachlich zu erfassen. Sie zeigen es nicht in einem nur neutral zeitlichen Licht, sondern geben ihm eine modale Aufladung. Das bedeutungshafte Element, das den Modalverben innewohnt, z.B. ein schicksalhafter Aspekt, Offenheit gegenüber äußeren Mächten oder subjektiven Impulsen, ist dabei stark ausgeprägt. Man wird zwar nicht fehlgehen, wenn man annimmt, daß die Grammatikalisierung dieser modalen Umschreibung für kommendes Geschehen schon früh anzusetzen ist, aber auch im Mittelhochdeutschen wird man noch mit dem Vorhandensein älterer Vorstellungen bei diesen Futurumschreibungen rechnen müssen. Erst auf dem Weg zum Neuhochdeutschen hat sich die Umschreibung mit *werden*, die semantisch relativ neutral ist, indem sie den Vorgang, das Geschehen ausdrückt, für die Erfassung eines künftigen Geschehens, durchgesetzt. Im Englischen wurde das ursprünglich stärker modalbeschwerte *sollen* grammatikalisiert, was auch im heutigen norddeutschen Sprachgebrauch noch erkennbar ist. In der modernen Hochsprache ist grundsätzlich eine saubere Trennung der Funktion, ob temporal oder modal, vollzogen.

Besonderheiten und eigentümliche Perspektiven, die für den Bau der älteren Sprache bezeichnend sind, so schwer nachvollziehbar sie manchmal für den modernen Menschen auch sein mögen, prägen auch das Vokabular. Es geht dabei nicht nur um das banale Faktum, daß ein neuhochdeutsches Wort, das dem Aussehen nach dem alten mittelhochdeutschen sehr nahe steht oder gar gleich aussieht, eben etwas anderes bedeutet. (Das gibt es bekanntlich auch bei modernen

Sprachen. Man vergleiche das moderne englische »brave« mit der äußerlich exakt übereinstimmenden deutschen Entsprechung, der es nicht anzusehen ist, daß die beiden Wörter nicht bedeutungsgleich sind.) Es geht vielmehr um anders angelegte Möglichkeiten im Wortschatz des mittelalterlichen Deutsch und Sprachen älterer Zivilisationsstufen überhaupt. Dies gilt vor allem für den nicht gegenständlichen Bereich. Besonders deutlich wird dies also bei Bezeichnungen für Werte, Verhaltensweisen, Denken, Fühlen, für das Psychologische, das Religiöse, das Soziale. Das alles befindet sich im Mittelhochdeutschen in einem anderen Koordinatensystem und trägt dieses wiederum mit. Der lateinische Begriffsapparat, mit dem viele mittelalterliche Quellen an diese Sachverhalte herantreten – man denke an die Bezeichnungen für soziale Verhältnisse des mittelalterlichen Lebens –, verstellt häufig den Zugang zur damaligen Realität.

Geht man vom modernen Sprachgebrauch aus, so konstatiert man, daß sich auf dem Weg vom Mittelhochdeutschen zum Neuhochdeutschen in vielen Fällen eine Präzisierung und Einengung des Geltungsbereichs vollzogen hat und daß im Mittelhochdeutschen dasselbe Wort über eine größere, aber eben globalere und undifferenziertere Begriffsfülle verfügen konnte, vergleichbar den vorhin erwähnten morphologischen und syntaktischen Eigentümlichkeiten der älteren Sprache. Modern *Mut* und mittelhochdeutsch *muot* sind natürlich dasselbe Wort, mittelhochdeutsch *muot* aber umfaßt global eine ganze Reihe innerer Kräfte des Menschen, die somit in anderer Weise anvisiert wurden als heutzutage, wo wir auch über eine andere Psychologie verfügen. Das neuhochdeutsche Wort *Mut* hat aus all diesen inneren Fähigkeiten des Menschen eine herausgelöst und präzisiert; im Französischen zeigt sich genau dieselbe Entwicklung beim Wort *courage* (= Mut). So finden sich auch Kombinationen etwa *herze unde lîp*, die neuhochdeutsch zwar genau zu entsprechen scheinen, im Mittelhochdeutschen aber in einem anderen psychologischen, sozialen, religiösen und ethischen Bezugssystem stehen. Ein mittelhochdeutsches *rîch* stimmt äußerlich genau mit unserem *reich* überein. Bei näherem Zusehen erkennt man, daß neuhochdeutsch *reich* weitgehend auf den isolierten und präzisierten finanziellen Aspekt beschränkt ist und diesen genau erfaßt; das Bankkonto, von dem die Öffentlichkeit nichts zu wissen braucht, reicht aus. Bei einer mittelhochdeutschen Fügung wie ein *rîcher künec* wäre es sinnlos, diesen finanziellen Aspekt zu isolieren. Das Finanzielle, das Soziale, die Macht, das Auftreten, das gesellschaftliche Ansehen bilden im Wort *rîch* eine untrennbare Einheit. Wenn neuhochdeutsch *Ehre* sich praktisch nur noch auf Innermenschliches bezieht – Älteres wirkt natürlich noch nach, etwa in der Fügung jemandem Ehre erweisen –, so ist mittelhochdeutsch *êre* vor allem gesellschaftsbezogen, ist neben der Tugend des Ehrgefühls vor allem das Ansehen, das man genießt, die Macht, die man ausübt, gar die konkrete, raumbezogene Herrschaft, wie z.B. aus dem *Iwein* Hartmanns von Aue, V. 2437, hervorgeht: *des tôten ist vergezzen: der lebende hât besezzen beidiu sîn êre und sîn lant.* Wie undifferenziert die Möglichkeiten im Wort *êre* angelegt sind, zeigt auch ein Blick auf den *Gregorius* Hartmanns. V. 308 erfährt man, daß der Teufel das Geschwisterpaar zum Inzest verführen will, denn es mißfällt ihm die *êre*, in der die beiden leben, was Ehrenhaftigkeit und vor allem Ansehen und Macht besagt. Etwas später, der Inzest steht unmittelbar bevor, V. 390, wagt es die Schwester nicht, Lärm zu schlagen, was sie ja vor der Sünde retten würde, denn sie hat Angst um ihr beider *êre*; hier bezieht sich *êre* allein auf das Ansehen, die äußere Fassade, wie man heute sagen würde. Das Mädchen gibt aber dem Teufel zugleich die Möglichkeit, seinen Plan, die *êre* des Geschwisterpaares zu zerstören, auszuführen. Ein Wort deckt also beides. Im Altfranzösischen ist das nicht viel anders. *Honor* umfaßt neben Ehre im modernen Sinn vor allem Besitz und konkret das Lehen. Wenn Wolfram, um einen anderen Zentralbegriff heranzuziehen, eine seiner Gestalten sagen lassen kann, Gott sei *ein triuwe*, so ist klar, daß eine Gleichsetzung mit dem verengten neuhochdeutschen Treuebegriff die Fülle und Andersartigkeit der Beziehungen, die das mittelhochdeutsche Wort enthält, nicht mehr trifft, daß aber auch das neutestamentliche lateinische *caritas*, das mit dahinter steht (*Deus est caritas – got ist ein triuwe*), seinerseits die Eigentümlichkeit dieser mittelhochdeutschen Bedeutungsfülle nicht erfaßt, daß also eine typisch mittelalterliche Perspektive in dieser Bezeichnung erkennbar wird. Diese wichtige perspektivische Verschiebung vom mittelhochdeutschen zum modernen Ausdruck bei gleicher Lautgestalt zeigt sich auch besonders deutlich beim mittelhochdeutschen Wort *leit*, neuhochdeutsch *Leid*. Im mittelalterlichen Deutsch ist es oft schwierig, ja unmöglich und manchmal noch gegen die Natur des Sprachzustandes, die innerseelische Seite, den inneren Schmerz, vom nicht minder wichtigen äußerlich gesellschaftlichen Aspekt (Beleidigung, Schmerz als Beeinträchtigung der Position des Menschen) trennen zu wollen; so konnte man z.B. das Leid der Kriemhild im *Nibelungenlied* noch ganz aus dieser archaisch-globalen Deutungs- und Auffassungsweise verstehen. Man geht aber nicht fehl, wenn man in diesem Fall die modernisierende Auffassung vertritt und im *Nibelungenlied* das Auseinandertreten von Außen und Innen in der Wortbedeutung *leit* annimmt, womit auch diese Dichtung ein wertvolles Zeugnis für das beginnende Versinken einer archaischen Perspektive zugunsten des modernen psychologischen und einseitig verinnerlichenden Aspekts wird.

Bezeichnungen, die sich auf Nichtdingliches beziehen, aber auch Vorgangsbezeichnungen neigen im Mittelhochdeutschen dazu, diesem Phänomen die Gestalt von Wesenheiten zu verleihen. Einiges davon mag, erstarrt und sinnentleert, das Mittelalter überlebt haben, im Mittelalter aber stand diese Art des Bezeichnens wiederum in einem Zusammenhang, der anders gelagert war als in der modernen Sprache. Die Personen mittelhochdeutscher Dichtung sind häufig von Wertbezeichnungen wie von Wesenheiten umgeben. So heißt es von Parzival, er sei *der tumpheit genôz*; oder von Keu, er sei der *werdekeit genôz*; vom Teufel kann man sagen, daß *untriuwe* ihn nicht meide; von der vorbildlichen Dame heißt es, daß eh und je *triuwe* ihre Begleiterin sei. In vielen dieser Fälle mag dies auch ein Stilistikum sein, eine auch von der Poetik angeregte Tendenz zur Personifizierung. Man möchte auch an den philosophischen Realismus denken, an eine Art vornominalistischen Glaubens an die Existenz der Allgemeinbegriffe; eine altertümliche, von aller Philosophie unabhängige Sicht des Seelischen und Ethischen etc. ist aber mitzubedenken; Beispiele aus dem Altnordischen können in diesem Zusammenhang interessantes und ähnlich gelagertes Material liefern, wenn es dort z.B. von einem Gewalttäter heißt, *vighugr var á honum*, die mächtige Absicht, einen Totschlag zu begehen, kam also über ihn; die Tötungsabsicht wird gleichsam als Macht außerhalb des Menschen existierend angesehen, wogegen in der modernen Auffassung einzig und allein aus dem Inneren des Menschen diese Kräfte kommen. Wenn es im Mittelhochdeutschen heißen kann, *ein lachen wart getân*, so ist das, bei gleichzeitig durchaus vorhandener verbaler Fügung, nicht einfach gleichzusetzen mit dem verblaßten modernen Ausdruck, er stimmte ein Gelächter an, sondern verweist auch auf altertümliche Erlebnisweisen.

Neben diesen perspektivischen Problemen, auf die man auch bei der Betrachtung des Wortschatzes stößt, müssen jene Veränderungen ebenfalls bedacht werden, die z.B. im 12. Jh. sich durch den immer stärker werdenden Einfluß des Altfranzösischen auf die deutsche Literatursprache ergeben haben. Die europäische Einbindung des Deutschen – zunächst geht es vor allem um die Bindung Deutsch-Französisch – zeichnet sich in dieser Zeit ab und weitet sich im weiteren Verlauf beträchtlich aus. Auch die anderen europäischen Sprachen geraten zusehends in dieses Kraftfeld hinein, wirken meist in Schüben auf das Deutsche ein und erfahren ihrerseits Wirkungen durch das Deutsche, wobei zu sagen ist, daß die Wirkung des Deutschen vor allem im Osten, Südosten und Norden erkennbar ist. Das Französische gab dem hochmittelalterlichen Deutsch nicht nur wichtiges Vokabular, vor allem aus dem höfischen Lebensbereich, sondern auch fruchtbare Wortbildungsmittel, die z.T. wie die Verbalformen auf *-ieren* schon im Hochmittelalter zu wuchern begannen.

Der Versuch, die Beschaffenheit der mittelalterlichen Sprache in einigen grundsätzlichen Aspekten zu kennzeichnen, kann aufgrund der Quellenlage freilich nur im Hinweis auf seine Unvollständigkeit und Problematik münden. Unsere Beobachtungen stützen sich notwendigerweise auf literarische Zeugnisse, die in Stiltraditionen stehen und auch gattungsgebunden sind. Sie heben sich überdies stark vom gesprochenen Deutsch ab, in ungleich höherem Maß, als dies bei literarischen Zeugnissen der Gegenwart der Fall ist. Der Versuch, sich auf Merkmale dieser mittelalterlichen Volkssprache zu besinnen, hat über seine Berechtigung, die darin liegt, daß es an sich wissenswert ist, über die Sprache einer bestimmten Epoche etwas zu erfahren, hinaus einen besonderen Sinn darin, daß eben diese Volkssprache das Medium, Instrument und der Entfaltungsraum der hochmittelalterlichen Literatur ist, in der sich das Eigentümliche der Kultur dieser Zeit auf besonders eindrucksvolle überraschende und unvorhersehbare Art manifestiert hat und worin auch das besonders Schöpferische dieser Epoche liegt.

VIII. DIE NEUE DICHTUNG

Vergleicht man das, was zu Anfang des 12. Jahrhunderts an volkssprachlicher Literatur vorliegt, mit dem, was ein Jahrhundert später vorhanden ist, so sind die Veränderungen so tiefgreifend und der Fortschritt so gewaltig, daß man darin die eigentümliche kulturelle Leistung jener Zeit auf besonders überzeugende Weise verkörpert sehen kann. Über die Sprachgrenzen hinweg gibt es in den Literaturen dieser Zeit ein lebhaftes Hin und Her, aus dem sich dann als besonderes Merkmal die Anlehnung des Deutschen ans Französische herauskristallisieren sollte. Auch die lateinische Literatur dieser Zeit wurde, freilich mit etwas Abstand, von dieser Bewegung erfaßt. Die Ursachen dafür sind komplex. Das Latein, das in Theorie und Praxis auf die Volkssprachen hinwirkte, ist aber seinerseits auch nicht unberührt geblieben von der sprachlichen Kraft, die von diesen ausging, wie die Vagantendichtung zeigt. Die neue Dichtung dieser Zeit ist aber eine Hervorbringung der Volkssprachen, des Französischen und Deutschen. Der Nord-Südachse, die die deutsche Politik schon seit langem bestimmte und das verletzliche Rückgrad des Reiches bildete, steht also in der Dichtung eine West-Ostachse gegenüber und gibt der hochmittelalterlichen Kultur Mitteleuropas eine zusätzliche Verstrebung. Es geht im folgenden darum, zu versuchen, Merkmale der deutschen Dichtung der zu behandelnden Epoche zu erfassen; dies ist um so wichtiger, weil eben die deutsche Literatur immer mehr unter französischen Einfluß gerät.

Voraussetzungen der neuen Dichtung

Traditionen im Deutschen und im werdenden Altfranzösischen

Es ist nötig, etwas früher einzusetzen, damit die Positionen im Deutschen und im Französischen deutlicher hervortreten und damit Tendenzen und spätere Entwicklungen besser beurteilt werden können. Die Veränderungen, die sich im subliterarischen Leben der Dichtung kurz vor unserem Zeitabschnitt abgespielt haben, sind zwar nicht in ihrer konkreten Gestalt greifbar, müssen aber mitbedacht werden. Die deutsche Literatur hatte aus althochdeutscher Zeit her gegenüber dem Französischen einen zeitlichen Vorsprung. Ab der 2. Hälfte des 8. Jahrhunderts liegen bereits schriftliche Denkmäler im Deutschen vor, einer Zeit, als es noch gar kein Französisch gab. Auch das erste schriftliche Denkmal aus dem französischen Raum, der romanische Teil der *Straßburger Eide* aus dem Jahr 843, kann noch nicht ganz dem Altfranzösischen zugezählt werden. Aus galloromanischen Idiomen, die vor allem im Norden und Nordosten im hohen Maße unter germanisch-fränkischem Einfluß standen, konstituierte sich das Altfranzösische. Am

Ausgang des 9. Jahrhunderts brachte es im *Eulalialied* seinen ersten poetischen und sprachlich als Altfranzösisch identifizierbaren Text hervor. Um diese Zeit geht bereits das Jahrhundert der althochdeutschen Literatur im engeren Sinn seinem Ende entgegen. Dieser erste altfranzösische Text und die ausgehende althochdeutsche Literatur haben gemeinsame Grundlagen. Ein symbolhafter Zufall der Überlieferung hat das altfranzösische *Eulalialied*, das im Nordosten Frankreichs anzusiedeln ist, und das westfränkische althochdeutsche *Ludwigslied*, das um 881/882 entstanden sein muß, in derselben Handschrift, von derselben Hand geschrieben, aufeinander folgen lassen. Beide Texte sind außerdem Endreimdichtungen, wie überhaupt die erste deutsche Endreimdichtung großen Stils, Otfrids Evangelienbuch, um 860 in Weißenburg entstanden, an die Westgrenze des deutschen Sprachraums führt. Inhaltliche und stoffliche Verflechtungen kommen dazu. Die Geschehnisse des deutschen *Ludwigsliedes* scheinen in einer später überlieferten trümmerhaften Chanson de geste archaischen Stils, *Gormond et Isenbart*, ein versprengtes Echo im Französischen gefunden zu haben. Die Endreimdichtung, die also im selben geographischen Großraum im späten Althochdeutschen und im beginnenden Französischen hervortritt, leitete eine Entwicklung von unabsehbaren Folgen ein. Der mittelalterliche Gebrauch des Endreims, der ab dem 9. Jahrhundert in immer stärkerem Maße auch in der lateinischen Dichtung spürbar wird (z.B. bei Gottschalk dem Sachsen), bedeutete nämlich nichts Geringeres als die Schaffung der Grundlage der europäischen Dichtersprache schlechthin. Im 12. Jahrhundert wird dann auf dieser Grundlage die europäische Dichtersprache zur vollen Entfaltung geführt, indem sich z.B. in der Dichtung der Troubadours und der Minnesänger die, die Jahrhunderte überdauernde, europäische Sprache der Liebe konstituierte, wie Theodor Frings es formuliert hat. Mit dem Endreim begann auch eine Bewegung, das Deutsche und das Französische erfassend, die dazu führte, daß im Hochmittelalter in der volkssprachlichen Literatur so ziemlich alles vom Reim erfaßt wurde. Gerade weil im Deutschen die Prosa – auch ein Erbe der althochdeutschen Zeit – gelegentlich noch kräftig durchschlägt, fällt der Siegeszug des Reims um so mehr ins Gewicht.

Aus Gründen, die sich unserer Kenntnis entziehen, fließen ab Ende des 9. Jahrhunderts die deutschsprachigen Quellen gut 150 Jahre hindurch recht spärlich, wenn man vom großen Prosawerk des Mönches Notker von St. Gallen absieht. Aber auch im eben einsetzenden Altfranzösischen kann man noch nicht von einer zusammenhängenden Literatur sprechen. Aus der Zeit vor 1000 bzw. vor 1100 liegen im Altfranzösischen aber doch einige biblische und hagiographische Dichtungen mittleren bzw. geringeren Umfangs vor. Sie sind in Abschnitten bzw. in Strophen abgefaßt. (*Passion, Leodegarlied, Lied auf die Hl. Fides, Alexiuslied*). Diesen poetischen Texten geistlicher Inspiration stehen zur gleichen Zeit im Deutschen zunächst keine gleichartigen gegenüber und auch von Übersetzungen aus dem Französischen fehlt jede Spur. Andererseits fehlt in der französischen Dichtung um diese Zeit z.B. eine Entsprechung zum umfangreichen Prosawerk Notkers von St. Gallen. Man wird aus diesen Unterschieden mangels statistischer Breite keine großen Schlüsse auf sich abzeichnende Tendenzen hier wie dort ziehen dürfen.

Mit dem Beginn der 2. Hälfte des 11. Jahrhunderts ändert sich das Bild. Das Quellenmaterial wird reicher und vielgestaltiger und erlaubt in begrenztem Rahmen Schlüsse auf neue Tendenzen und Ansätze zu nationalsprachlichen Eigenentwicklungen. Etwa um die Zeit, in der im Altfranzösischen hagiographische, strophisch-abschnitthafte Dichtung geringeren Umfangs vorliegt, taucht im Deutschen bereits eine neue erzählerische Großform auf, die sich zunächst biblischer Stoffe annimmt. Sie ist weniger vom strophischen abschnitthaften Darstellen geprägt und weist schon Ansätze zu fortlaufendem Erzählen auf. Die sog. *Wiener Genesis* aus der Zeit um 1060 zählt bereits über 6000 Kurzverse. Weitere Bearbeitungen und Überarbeitungen der ersten Bücher der Bibel folgen. Die schon eingangs erwähnte Tendenz (S. 20) zum ständigen literarischen Neubearbeiten bereits vorhandener Fassungen, auf die wir im Hochmittelalter immer wieder stoßen, tritt dabei deutlich hervor. Sie ist nicht an die Sprachgrenzen gebunden und zeigt sich auf eindrucksvolle Weise ja auch auf anderen Gebieten, man denke an die Monumentalarchitektur (S. 206). Im Französischen tauchen die ersten vergleichbaren bibelepischen Texte erst ab der Mitte des 12. Jh. auf. Daneben findet sich im Deutschen aber auch geistliche Prosa, was es als verlockend erscheinen läßt, eine Tradition von Notker her anzusetzen. Es ist zunächst noch wie bei Notker eine deutsch-lateinische Mischprosa. Besonders wichtig daran ist die Tatsache, daß in dieser geistlichen Prosa um 1060 die erste volkssprachliche Kommentierung des *Hohenliedes* überhaupt geleistet wird, eines Textes, ohne den die hochmittelalterliche Spiritualität undenkbar wäre (s. o. S. 189). Was das geistliche Schrifttum in der Volkssprache betrifft, dürfte das Deutsche über eine in ältere Zeiten zurückreichende Eigenständigkeit verfügen, die sich dann auch noch später deutlich manifestiert, um 1160 im *St. Trudperter Hohenlied*, jenem einmaligen volkssprachlichen Prosatext, der für die Mystik von großer Bedeutung ist; schließlich ist an die Literatur der deutschen Mystik des Spätmittelalters überhaupt zu erinnern. Diese Eigenständigkeit hat bei der im 12. Jh. immer stärker werdenden Anlehnung vor allem der profanen deutschen Literatur an die französische besonderes Gewicht. In der ersten Hälfte des 12. Jh. folgt im Werk der Frau Ava, einer Rekluse des Klosters Melk, die volkssprachliche Fassung des Neuen Testaments, wiederum in epischer Großform. Kurz vor der Jahrhundertmitte erfaßt im Deutschen die epische Großform nicht nur die Heilsgeschichte als biblische Geschichte im engeren Sinn, sondern auch als Weltgeschichte; das geschah in der deutschen *Kaiserchronik*, einem der umfangreichsten volkssprachlichen Werke aus dem 12. Jh. . Wie im späten Althochdeutschen und im beginnenden Französischen, so findet sich in dieser neu einsetzenden deutschen Literatur geistlicher Provenienz ab der zweiten Hälfte des 11. Jh. auch das hagiographische Genus mittleren oder geringeren Umfangs.

Die Verfasser dieser religiösen Dichtungen gehören in den meisten Fällen nicht der ersten Garnitur der Gebildeten an; als Publikum stellt sich in erster Linie eine des Lateinischen kaum oder nicht mächtige Laienschicht dar, was höhere darstellerische und geistige Ansprüche keineswegs ausschließt; als Publikum kommen auch Teile des Klerus sowie Klosterangehörige in Frage. Die Aufgabe dieser Dichtungen war nicht mehr primitivste Unterweisung in religiösen Grundwahrheiten und liturgischen Notwendigkeiten simpelster Art. Wenn der Verfasser der *Wiener Genesis* seinen Hörern auf Deutsch den Beginn der biblischen Geschichte bis hin zu Joseph in Ägypten darlegt, so geht es nicht um eine hausbackene Episierung der Genesis, wie die ältere Forschung anzunehmen geneigt war und wie das volkssprachliche Sprachkleid mit seiner wenig anspruchsvollen Versifikation nahelegen könnte. Es geht um Vermittlung der Biblischen Geschichte aufgrund einer den Erzählstoff überlagernden und ihn durchdringenden geistlichen Perspektive. Das zeigt sich bei näherem Zusehen – es ist wichtig für die Einsicht in das Niveau dieser Texte, daß es ausdrücklich dieses näheren Zusehens bedarf – z. B. bei der Schilderung der Erschaffung des Menschen. Der Dichter hebt diesen Teil des Schöpfungswerkes besonders heraus, indem er sich in 35 Versen (171–206) eine Plattform schafft, von der aus er zurückschaut und aufs

Kommende, die Erschaffung des Menschen, vorausblickt. Eingerahmt wird diese Plattform durch den Hinweis auf die Gottebenbildlichkeit des zu schaffenden Menschen. Vom bisherigen Schöpfungswerk heißt es, daß es *got mit sîner krefti* vollbracht habe. Diese Fügung *Kraft Gottes* zeugt keineswegs von naiv-sinnenfälliger Ausdrucksweise, sondern ist auf dem Hintergrund der Trinitätsformel zu verstehen, wonach Gott-Vater die *Potestas* zugeordnet wird. Diese Trinitätsspekulation wird überdies zu Beginn der Schilderung des Vorgangs der Formung des Menschen in dessen Leiblichkeit aufgegriffen. Von der Erschaffung des leiblichen Menschen geht der Dichter dann in einem neuen Einsatz zur Schilderung der Erschaffung des geistlichen Menschen über, worin die Gottebenbildlichkeit sich erfüllt. Dieser Abschnitt umfaßt genau 46 Verse, was dem Zahlenwert der griechischen Buchstaben für den Namen Adam entspricht und in den 46 Jahren, in denen der Tempel der Juden erbaut wurde, eine weitere Stütze erhält. Da Adam in dieser Denktradition als Präfiguration Christi erscheint, dürfte die Schilderung der Erschaffung der Welt und des Menschen in der *Wiener Genesis* überhaupt einen starken christologischen Aspekt enthalten; weitere Indizien dafür liegen vor. Das weist über eine bloße Episierung, wonach die Bibel bloßer Erzählstoff wäre, hinaus und legt eine theologische Durchdringung dieses Erzählstoffes nahe. Diese Durchdringung zeigt sich in der *Wiener Genesis* auch in verschiedenen Kommentaren, zu denen die biblische Handlung Anlaß gibt. Sie erscheint auch in gebethaft hymnischen Zügen, die den Text erhöhen und über die bloße Vermittlung von Geschehen hinausheben.

In wiederholten Anläufen bemühen sich nun geistliche Autoren des 11. und 12. Jh., dieses biblische Geschehen immer wieder aufzugreifen und neu zu gestalten. Dieses Bemühen nach anspruchsvoller geistlicher Durchdringung religiöser Stoffe und nach deren Neubearbeitung zeigt sich auch bei religiösen Werken mittleren Umfangs, die durch Form und Umfang sich einreihen lassen in die französisch-deutschen Gemeinsamkeiten, wogegen die epische Großform der frühmittelhochdeutschen Bibelepik ja zunächst als deutsche Eigenentwicklung angesehen werden muß. Diese frühmittelhochdeutschen Zeugnisse religiös erzählender Dichtung mittleren Umfangs, die also möglicherweise aus älterem gemeinsamem französisch-deutschem Grunde emporsteigen, sind aber nicht Bearbeitungen französischer Vorlagen, sondern eigenständige Werke, denen man überdies sogar eine gewisse Überlegenheit über die vergleichbaren französischen Werke kaum wird absprechen können. In der geistlich inspirierten deutschen Dichtung dieser Zeit scheinen sich eigenständige Traditionsstränge beachtlicher Qualität herauszubilden, die es zu verfolgen gilt. Wir konnten bei der Behandlung der Frage der hochmittelalterlichen Spiritualität im Deutschen schon darauf hinweisen; darüber hinaus ist aber zu fragen, ob diese offenbar das Deutsche in besonderem Maße kennzeichnenden Traditionsstränge und Kräfte, die diese geistlichen literarischen Leistungen hervorbrachten, im Laufe des 12. Jh. sich abschwächten oder gar verschwanden oder ob sie von den neuen Entwicklungen, die aus Frankreich kamen, bloß in den Hintergrund gedrängt wurden und nur in einem engeren Bereich sich behaupten konnten oder ob sie darüber hinaus, integriert in die Bearbeitungen weltlicher Stoffe, vielleicht sogar einen eigenen, gewichtigen Beitrag zur deutschen Sonderart der hochmittelalterlichen Literatur leisteten.

Als erstes dieser Werke mittleren und geringeren Umfangs ist das *Ezzolied* zu nennen, das ebenfalls um 1060 entstanden ist. Nicht um Hagiographie oder Legende geht es – wie in vergleichbaren Texten im Altfranzösischen –, sondern wiederum im engeren Sinn um Heilsgeschichte mit betont christozentrischer Orientierung. Auch dieser Text liegt nicht in einer einzigen Fassung vor.

Eine Straßburger Handschrift bietet 76 Verse einer wohl älteren Fassung, die Vorauer Handschrift aus der zweiten Hälfte des 12. Jahrhunderts gibt eine jüngere und vollständige Fassung. Auch hier versuchte die ältere Forschung in Verkennung der mittelalterlichen Eigentümlichkeit dieses ständigen Neumachens ein *Ur-Ezzolied* herauszudestillieren, was grundsätzlich fragwürdig ist. Die Vorauer Fassung, deren Einleitungsstrophe über die Entstehungsumstände und Wirkungen dieses Textes berichtet (Bischof Gunther von Bamberg habe die Anregung gegeben, die Geistlichen Ezzo und Wille hätten Text und Melodie geschaffen; jene, auf die der Text wirkte, hätten sich hierauf strenger mönchischer Zucht unterworfen), umfaßt 34 strophenartige Abschnitte von insgesamt 420 Versen. Diese Abschnitte, wenn man von der im Deutschen fehlenden durchgehenden Assonanz am Versende absieht, lassen an die altfranzösischen Laissen denken. Die Zahl 34 wird kaum zufällig sein. Bei einem so sehr auf Christi Heilstat bezogenen Text, gipfelnd in der hymnischen Verehrung des Hl. Kreuzes, werden die Lebensjahre Christi, 33 oder 34 Jahre, die zusätzlich strukturell vergeistlichende, zahlensymbolische Grundlage bilden. Von der Schöpfung über den Sündenfall und die schattenhaften Präfigurationen Christi im Alten Testament führt der Text zur Menschwerdung Christi und zu seinem Tod am Kreuz. In der Mitte der Dichtung, wenn man von der Anzahl der Abschnitte ausgeht und zählt, stellt der Dichter die Taufe Christi im Jordan dar. Unsere Sünden wurden damit abgewaschen, heißt es, in der Taufe legen auch wir den alten Namen ab und werden Gotteskinder. Die Zahl 17 dieses Abschnittes, zusammengesetzt aus 10 plus 7 = lex und gratia, unterstreicht diesen heilsgeschichtlichen Vorgang und die Bedeutung der Einrichtung der Taufe. Gezielt eingesetzte lateinische Einsprengsel, biblische Assoziationen, Verwendung theologisch-exegetischer Spekulation, wie z. B. auch die Trinitätsformel, die Anfang und Ende prägt und immer wieder durchschimmert, und Typologien zeigen, daß nicht nur vordergründig und auf niederem Niveau in der Volkssprache geistliche Gehalte vermittelt werden, sondern daß der Dichter seine gläubigen Hörer und Sänger dieses Textes zu Teilhabern einer theologisch aufgehellten und durchleuchteten Heilsgeschichte machen will.

Der einzige vom Stofflichen her ungefähr vergleichbare altfranzösische Text, die *Clermonter Passion*, freilich älter als das *Ezzolied*, es wird vor 1000 angesetzt, ist eine strophische Dichtung von vergleichbarem Umfang – 516 Achtsilblerverse. Sie bewegt sich aber fast ausschließlich auf rein erzählerisch faktischem Niveau. Ein den deutschen Texten, wenn auch mit Abstand, vergleichbares geistliches Niveau, allerdings nicht in einem Stoff biblischer Inspiration, bietet dann im Altromanischen bloß der altprovenzalische *Boeci* aus der Zeit um 1100. Auch da fällt die Christozentrik auf. Die allegorische Gestalt der Philosophie aus der Tradition der *consolatio philosophiae* des Boethius erscheint als *sapientia* (= zweite göttliche Person) und tröstet den Gefangenen im Kerker.

In der Gattung der hagiographischen Texte kann die deutsche religiöse Dichtung der frühmittelhochdeutschen Epoche kurz vor 1100 eine besonders markante eigenständige Leistung vorweisen, die sich sowohl von vergleichbaren lateinischen Texten als auch von altfranzösischen Texten durch ihre Qualität grundsätzlich abhebt. Dabei gibt es gerade bei diesem Text, mehr noch als beim Ezzolied, besonders aufschlußreiche formale Gemeinsamkeiten mit der immer stärker hervortretenden altfranzösischen Literatur, die aber die Eigenständigkeit des deutschen Textes nur noch deutlicher zeigen. Es handelt sich um das rheinische *Annolied.* Was die Vergleichbarkeit im Stofflichen und in der Gattung betrifft, wäre aus dem Altfranzösischen auf das *Leodegarlied* hinzuweisen, das etwas älter ist als unser *Annolied.* Wie das *Leodegarlied* handelt es von einer einheimischen historischen Person, dem Kölner Bischof Anno. Doch da zeigt sich schon ein wesentlicher Unterschied. Dieser Bischof gehört nicht einer fernen Vergangenheit an wie Leodegar, sondern der unmittelbaren Gegenwart, er ist praktisch ein älterer Zeitgenosse des Dichters. Nirgends in der frühen altfranzösischen Dichtung findet man auch nur einen entfernt vergleichbaren Aktualitätsbezug. Erst Ende des 12. Jh. wird in der *Vie de St. Thomas* im Altfranzösischen eine Gestalt der Zeitgeschichte, Thomas Becket, Gegenstand hagiographischer Literatur. Da aus dem Ende der althochdeutschen Zeit, 881/882, im *Ludwigslied*, im Deutschen bereits eine volkssprachliche Stellungnahme zu einem aktuellen historischen Ereignis vorliegt und dann aus der Mitte des 12. Jh. im Riesenwerk der *Kaiserchronik* erneut historische Aktualität bis herauf zum Zweiten Kreuzzug Gegenstand volkssprachlicher Darstellung wird, ist man versucht, in diesem aktualisierenden Strang eine weitere Besonderheit der frühen deutschen Literatur zu sehen. Ja, man möchte die Linie noch weiter ziehen, hinein in die große neue Dichtung um 1200, die zwar nun ganz nach französischem Vorbild orientiert ist, aber über dieses hinausgehend, etwa in der Einleitung zu Wolframs *Parzival* und dann durchgehend in Wolframs *Willehalm*, in besonderer Weise die historische Realität, ja Aktualität berücksichtigt. In der deutschen Fassung des *Roman de Renard*, im *Reinhart Fuchs* aus dem ausgehenden 12. Jh., würde sich ebenfalls gegenüber den ahistorischen französischen Schwänken die politische Aktualisierung erkennen lassen.

Das *Annolied*, das 878 Verse umfaßt, also nicht der epischen Großform dieser Zeit zuzuordnen ist, sondern eher den im Altfranzösischen belegten hagiographischen Dichtungen mittleren Umfangs nähersteht, ist aus 49 erzählerisch deutlich markierten strophenartigen Abschnitten zusammengesetzt, wie sie sich in frappierender Übereinstimmung im Altromanischen nachweisen lassen. Die bezeichnenderweise in nordfranzösischer Manier, wie es heißt, abgefaßte provenzalische *Chanson de Sainte Foi* aus der Mitte des 11. Jh., mit 593 Versen, die sich auf ebenfalls 49 Abschnitte verteilen, kann als Beweis für solche französisch-deutsche Gemeinsamkeiten, was die formale Tradition, die Bauform und auch den Vers, betrifft, herangezogen werden. Ausgehend von dieser möglicherweise gemeinsamen formalen Grundlage entwickelt das deutsche *Annolied* aber seine volle Eigenständigkeit. Die volkssprachliche religiöse Literatur erreicht in diesem Text ein Niveau, das seinesgleichen sucht. Dies zeigt sich im großen im Aufbau, im einzelnen in Syntax und Stilisierung und in der ungewöhnlichen auf direkte Wirkung angelegten Stoßrichtung des zeitgeschichtlichen Aspekts. In kühner Konstruktion führt der Dichter den ersten noch biblisch verankerten heilsgeschichtlichen Teil hin auf Köln und Bischof Anno. Anno und Köln treten dabei nicht zufällig im 7. Abschnitt beherrschend hervor. In einem zweiten, ungleich mehr Stoff umfassenden, weitgespannten Bogen, der bei der Stadtgeschichte einsetzt und über die Geschichte der Weltreiche und der deutschen Stämme auf Rom, Cäsar und Augustus zu Christus reicht, gelangt der Dichter erneut ins heilige Köln und zum Kölner Bischof Anno; wieder unterstreicht eine geistlich fundierte Symbolzahl den Aufbau, denn das Entscheidende vollzieht sich im Abschnitt 33, was die Analogie Christus – Anno deutlich macht. Von diesem doppelten Fundament aus, das in den Abschnitten 7 und 33 wirksam ist, behandelt der Dichter dann in den restlichen 16 Abschnitten in stilisierter Straffung das Wirken, die Leiden, den Tod Annos und das Wunder nach dessen Tod. Dabei fällt erneut die Vergeistlichung auf, die in Analogien, Typologien, Metaphern, biblischen Vergleichen usw. den Text durchleuchtet. Ein theologisch ausgeklügelter Prolog und ihm entsprechender Epilog rahmen dieses ungewöhnliche Werk ein, das vom überraschend hohen Niveau dieser deutschen, geistlich inspirierten Dichtung zeugt, die, wie auch aus französischen Texten deutlich wird, auf einer breiten und an sich eher anspruchslosen Gattungsgrundlage steht.

Vorstöße in der erzählenden Dichtung lateinischer Sprache: Das Bild des miles.

Diese volkssprachliche Literatur ist zunächst und ihrem Wesen nach auf biblische oder hagiographische Stoffe festgelegt. Das in besonderer Weise für die literarische Zukunft wichtige Ereignis der Öffnung dieser Literatur gegenüber der Welt, dem Dasein des Laien vor allem, steht noch aus. Dabei geht es um den kriegerischen Laien, den miles-chevalier-Ritter, dem in der literarischen Erschließung der damaligen Welt die Schlüsselrolle zufallen wird – passiv wie aktiv. Es ist vom Standpunkt vergleichender Kulturgeschichte aus von Wichtigkeit, zu versuchen festzustellen, wo die Ansätze zu dieser folgenreichen Öffnung liegen. Zufälle der schriftlichen Überlieferung trüben freilich das Bild und lassen nur in begrenztem Rahmen Schlüsse zu. Die Fakten scheinen klar zu sein. Nicht die frühmittelhochdeutsche geistliche Dichtung hat diese Öffnung zustandegebracht, sie vollzieht sich vielmehr ab 1100 im französischen Westen, dessen religiös-volkssprachliche Dichtung nicht das Niveau der vergleichbaren deutschen Dichtung hatte und dessen mündlich tradierte Dichtung wir so wenig exakt beurteilen können wie im Deutschen. Könnte man sagen, daß im Westen die religiöse Literatur nicht in dem Maße wie in der Osthälfte des alten karolingischen Reiches die volkssprachlich-literarischen Kräfte absorbierte, sondern daß es dort mehr Freiraum gab für die Entfaltung neuer und nicht biblisch-hagiographisch festgelegter Dichtung? Dem steht aber entgegen, daß es im deutschen Raum neben der geistlichen Literatur eine hochentwickelte, religiös irrelevante heldenepische Dichtung mündlicher Tradition gegeben haben muß, von der so eine Öffnung hätte ausgehen können. Außerdem, und das ist noch wichtiger, beobachten wir, daß dieser selbe östliche Kulturraum bereits in der 1. Hälfte des 11. Jh., allerdings in lateinischer Sprache, ein im Sinn einer Öffnung zur Welt zukunftsweisendes Werk hervorgebracht hat. Dies geschah kurz vor dem Neueinsetzen volkssprachlicher geistlicher deutscher Dichtung um 1060. Es handelt sich um den sog. *Ruodlieb.*

Damit hinsichtlich der literarischen Traditionen im Latein die Sonderstellung und das Neue dieses Werkes deutlich werden, muß zeitlich etwas zurückgegriffen werden und ist räumlich nach dem später dann literarisch so modernen Westen zu blicken. Dort, im Burgundischen, entstand in der 1. Hälfte des 10. Jh. rund 100 Jahre vor dem *Ruodlieb*, die *Vita Geraldi*, verfaßt von Odo, dem zweiten Abt des 910 gegründeten und rasch berühmt gewordenen Klosters Cluny. Odo, keineswegs ein weltfremder Mann, vielmehr von seiner Biographie her mit dem Leben der Feudalgesellschaft vertraut, schildert in dieser Vita das Leben eines adeligen Laien, Geralds von Aurillac, der weder König noch Kaiser ist. Das Werk ist deshalb so wichtig, weil es einen Laien der damaligen jüngsten Vergangenheit darstellt, der dennoch Heiliger war. Der Laie erscheint hier also nicht erst insofern interessant, als er sich vom Weltdasein losgelöst hat und ein mönchisches oder klerikales Leben beginnt. (Das berühmte Beispiel hiefür wäre die Vita des Hl. Martin von Tours aus dem 4. Jh.). Als adeliger Laie in der Welt und in der Gegenwart kann man also *homo sanctus* und *famulus Christi* sein, wie es heißt. Folgendes an dieser Vita ist für unsere Fragestellung besonders aufschlußreich. Das Leben dieses adeligen Laien – die vornehme Abkunft ist typisch und wesentlich – wird noch nach den Maßstäben und Darstellungstraditionen der mönchisch getönten Heiligenvita filtriert und zurechtstilisiert. Von der Abstammung aus der typisch gottesfürchtigen Familie über die schon von Vorausdeutungen auf die spätere Heiligkeit geprägte Jugend hin zu den Wundern nach dem Tode reicht der übliche Bogen. Von dem tatsächlichen irdischen Dasein dieses Heiligen können auf diese Weise nur isolierte Reste stehenbleiben; die realen, irdisch-weltlichen Kausalitäten in den Geschehensabläufen und Handlungen können nicht zur Geltung kommen, sie werden vom geistlichen Schema verdeckt bzw. treten überhaupt nicht in den Gesichtskreis. Für eine Ausgestaltung dieses Laienlebens in Anlehnung an andere Erzählmodelle als die Heiligenvita ist auf dieser Ebene noch kein Platz. Zwei bedeutsame Komplexe aus der realen Welt des Laien werden aufgegriffen, allerdings ebenfalls in mönchischer Brechung, und werden besonders ernst genommen: Das Waffentragen und Töten einerseits und Eros und Ehe andererseits. Von Gerald heißt es, daß er, obgleich Laie, wie ein Mönch lebte. Sein Schwert sei nie in Blut getaucht worden. Desgleichen widersteht er erotischen Versuchungen und auf die Ehe verzichtet er. Diese zwei Komplexe, Waffentat und Minne, werden aber gerade das zentrale Problem der späteren hochmittelalterlichen Literatur in der Volkssprache bilden, und sich von da aus als jener Machtfaktor erweisen, der nicht nur der literarischen Kultur des Hochmittelalters sein unverwechselbares Gepräge verleihen wird. Der adelige Laie Geraldus wird also noch nicht als *miles* im Sinn des späteren Ritters gesehen. Vom überraschenden und glanzvollen weltlichen Aufstieg dieser Bezeichnung ist in diesem Text noch nichts zu erkennen. Geraldus ist *homo laicus et potens et dives et nobilis* und wird auch als *dominus* bezeichnet. Dazu ist er *homo beatus*, *famulus Christi*, *vir Christi*. Die Bezeichnung *miles* bezieht sich in diesem Text noch auf den untergeordneten Waffentragenden. Wenn *miles* auf Gerald angewandt wird, dann nur im frühchristlichen Sinn von *miles* Christi, was auf das geistliche *militare*, den Kampf gegen das Laster hinweist. Dazu ist noch eine weitere und ähnlich gelagerte traditionsreiche Bezeichnung zu erwähnen, wenn von *athleta* und *militia coelestis* gesprochen wird. Das irdische Kriegertum fehlt im Bild Geralds. In der geschichtlichen Wirklichkeit der Zeit war es natürlich eine sehr bedrängende und auch notwendige Realität, freilich terminologisch noch nicht recht fixiert und schon gar nicht literarisch aufgewertet.

Der deutsche, wahrscheinlich ebenfalls mönchische Dichter, der etwa 100 Jahre später, wohl im Kloster Tegernsee, den sog. *Ruodlieb* ebenfalls in lateinischer Sprache verfaßte, vollzog gegenüber Odos Vita des adeligen Laien Gerald eine Öffnung von großer Tragweite. Selbstverständlich ist dies nicht als eine bewußte Distanzierung von dieser Vita zu verstehen, es geht um Typen und Möglichkeiten. Rückschlüsse allgemeiner Art auf das geistige Klima im damaligen Frankreich oder Deutschland ziehen zu wollen, wäre unzulässige Verabsolutierung von Zufälligkeiten der literarischen Überlieferung. Man wird aber festhalten können, daß es um diese Zeit östlich des Rheins eben nicht nur Rückständigkeit und Obskurantismus gegeben hat; es ist auch unwahrscheinlich, daß die deutsche Kultur nach Erscheinen des *Ruodlieb* grundsätzlich in engem Klerikalismus erstarrt sei, nur der Westen hingegen sich zu freier geistiger Entfaltung im 12. Jh. aufgeschwungen habe. Damit sollen Unterschiede im kulturellen Niveau und der geistigen Orientierung im Westen wie im Osten nicht eingeebnet werden. Sie konkret zu fassen, ist aber, auch aufgrund der Quellenlage, schwierig, meist unmöglich. Das Werk dieses deutschen Mönchs ist seiner Struktur nach in hohem Maße vom antiken Abenteuerroman bestimmt. Freilich, andere erzählerische Momente christlicher Herkunft und Funktion werden hinzutreten. Das Werk ist auch nicht in lateinischer Prosa geschrieben, sondern huldigt dem Vers, dem im Mittellatein sehr beliebten leoninischen Hexameter. Das Werk ist von der Hauptgestalt her weder der Bibel, noch der Hagiographie, noch der Antike verpflichtet, sondern führt, wie schon in anderem Kontext die *Vita Geraldi*, in die Welt des Mittelalters selbst. Allerdings ist im *Ruodlieb* die Hauptgestalt keine historisch faßbare oder als solche konzipierte Person, vielmehr eine echte Romanfigur. Das Werk öffnet sich also sachte der Fiktion. Punktuelle Anknüpfungsmöglichkeiten an politische Ereignisse aus der Zeit Heinrichs III. dürfen nicht verabsolutiert werden; selbst wenn sie zutreffen, machen sie aus dem Werk noch keinen Schlüsselroman, denn romanhafte u.a. Bauelemente sind gewichtiger.

Die Hauptgestalt dieses Werkes erscheint, und das wird sich als besonders zukunftsweisend herausstellen, immer mehr als *miles* im weltlichen Sinn. Die schlechte Überlieferung des Werkes steht einer Gesamtinterpretation zwar im Wege und mahnt zur Vorsicht, die vorliegenden Fragmente bieten aber eine ausreichende Basis, von der aus bestimmte Schlüsse gezogen werden können. Der wichtigste Schluß ist der, daß in diesem Werk der mönchisch geistliche Verfasser sich einer bestimmten, einflußreichen Schicht der Laien annimmt und zeigen will, wie diese Laien, verantwortungsvoll und auch vor Gott bestehend, voll in dieser Welt leben und die ihnen gemäße Aufgabe darin erfüllen können. Der Verfasser führt einen jungen Adeligen aus bester Familie, der wegen Schwierigkeiten mit seinem Herrn ins Exil geht, in die Bewährung und über die richtigen Entscheidungen zur Daseinserfüllung in vorbildlichem Herrschertum und in der Ehe. Für das Ernstnehmen des irdischen Daseins spricht auch die Tatsache, die von großer Tragweite sein sollte, daß nämlich die Bauform des antiken Abenteuerromans aufgegriffen, in ihren Qualitäten und Entwicklungsmöglichkeiten erkannt und somit entscheidend aufgewertet wurde. Wichtig ist auch die Selbstverständlichkeit, mit der von der noblen Abstammung des Helden ausgegangen wurde. Auch daran wird sich bis hin zum Artusroman kaum etwas ändern.

Als größere Perspektive kennt man dahinter die mittelalterliche Auffassung von der *natura*; gute Früchte stammen eben vom guten Baum. Freilich, unser Mönch begnügt sich nicht mit dem Hinweis auf die angeborene und somit kaum zerstörbare *nobilitas* seines Helden, er fügt die *mores* hinzu, die also nicht einfach so angeboren sind. Erzählerisch eingeführt wird der Held als *quidam vir*, was an die epische Einleitungstypik der *fuit-vir*-Formel erinnert, wie sie auch in Heiligenviten und Abenteuerromanen vorkommt. Der zunächst namenlose junge Held – verlockende Schlüsse zu ziehen auf eine subtilere erzählerische Problematik der verzögerten Namensverleihung erlaubt der Zustand des Textes kaum – erscheint hierauf als *juvenis* bzw. in seinen Rollen als *exsul*, *venator* usw. Ab dem 2. Fragment wird dann immer häufiger und ziemlich konsequent die Bezeichnung *miles* auf den Helden angewandt. Vergleicht man damit die etwa hundert Jahre ältere Vita Geraldi, in der *miles*, abgesehen von der geistlichen Bedeutung, vor allem den waffendienstleistenden, meist untergeordneten Soldaten bezeichnet, so erkennt man im *Ruodlieb* den Aufstieg von Wort und Sache, von dem auch gleichzeitig und schon seit Ende des 10. Jh. Rechtstexte aus dem südfranzösischen Raum Zeugnis ablegen. Ihre offensichtlich noch benötigte Rechtfertigung erhält die aufgewertete Bezeichnung *miles* in diesem Text durch die *nobilitas* der Herkunft des Helden und durch das Herrscheramt des religiös geprägten Königtums, auf das die Handlung angelegt ist. Insofern ist also dieser waffentragende und kämpfende Laie als *miles* sozusagen noch nicht ganz emanzipiert, denn er ist eingebunden in das Kraftfeld des vorbildlichen Königs und der diesem zugeordneten erzieherischen Literaturgattung. Wo die *Vita Geraldi* das Dasein des Laien in der Welt als ein Weltleben wider Willen stilisiert und an mönchischer Askese ausrichtet, führt der *Ruodlieb* ins irdische Dasein hinein. Schon insofern vollzieht der *Ruodlieb* den entscheidenden Durchbruch, von dem in der *Vita Geraldi* noch keine Rede sein konnte.

Dieses Dasein in der Welt schließt auch die Beteiligung an kriegerischen Taten ein. Aus dem fragmentarischen Zustand des Textes lassen sich zwar keine Belege für Ruodliebs Waffentaten beibringen und der Schwerpunkt von Ruodliebs Tun liegt auch noch nicht im Kriegerischen, sondern darin, daß es den heillosen Kreislauf von Töten und Wiedertöten durchbricht. Ruodlieb selbst äußert sich sogar programmatisch dazu, wobei ihm der Dichter mit deutlich erzieherischem Akzent den Standpunkt der Kirche unterstellt und nicht den, den die *bellatores* und *pugnatores* in Wirklichkeit vertreten haben dürften. Ruodlieb, der *miles*, belehrt die rachedurstigen Krieger, daß man beim Kämpfen ein Löwe, beim Rächen aber ein Lamm sein solle (Fragm. 3, V. 12). Ruodlieb steht damit bereits auf derselben Stufe wie der weise *rex major*, der u. a. als Statthalter Christi auf Erden konzipiert ist und von dem es ebenfalls in dieser biblischen Metaphorik heißt, er sei wachsam wie ein Löwe und fromm wie ein Lamm (Fragm. 4, V. 85; vom Bischof Anno wird, Annolied Abschn. 34, V. 5, dasselbe ausgesagt werden). Wie vom Grafen Gerald heißt es auch von Ruodlieb, daß er sich vorbildlich um Witwen und Waisen kümmert (Fragm. 5, V. 240). Der *miles* wird also im *Ruodlieb* eingefügt in christlich gerechtfertigtes Herrschertum. Dazu paßt, daß Ruodlieb wie einst König Salomon sich für die Weisheit entscheidet; zur christlich konzipierten *fortitudo* des Kriegers tritt die biblisch fundierte *sapientia* des Königs. Im *Ruodlieb* verbindet sich das mit der Tradition der Fürstenspiegel, was ihn an die Alexanderdichtungen, die wenig später immer wichtiger werden sollen, annähert. Ruodlieb, der über beachtliche intellektuelle und künstlerische Qualitäten verfügt, wird also kein *rex illiteratus* und ergo kein *asinus coronatus* sein. Mit einer anderen und mehr fabulösen Seite des mittelalterlichen Bildes vom König Salomon verbindet Ruodlieb die Beherrschung seltsamer Künste und Tricks. Es zeigt sich eben, daß dieses ritterlich-königliche Erziehungsbuch aufgepfropft ist auf den Stamm des Abenteuerromans. Zum Bild des vorbildlichen *miles* und künftigen *rex* gehört auch die Einbeziehung des geordneten Eros in der Ehe. Dies geht mit Sicherheit aus den Fragmenten hervor. Der Ruodlieb, dieses christlich-ritterliche Erziehungsbuch, gibt im Zusammenhang mit der Ehethematik aber auch Raum für einen weiteren wichtigen Erzählstrang der mittelalterlichen Literatur, für den Schwank, wenn das beliebte Thema der Klerikerminne angetippt wird, wobei sich auch ein Seitenblick auf einheimische volkssprachliche und zweisprachige Liebesdichtung ergibt. So ist der südostdeutsche *Ruodlieb* ein Werk, dem eine Schlüsselstellung an der Schwelle zur hochmittelalterlichen Epoche zukommt. Die Verbindungslinien hin zum höfischen Roman des ausgehenden 12. Jh. sind verschlungen und nicht exakt aufzuzeigen, dennoch wird man dem *Ruodlieb* seinen wichtigen Platz in der Geschichte des mittelalterlichen Romans kaum streitig machen können. Der *Ruodlieb*, in seiner Struktur und in seinen Perspektiven ein typisches Produkt des Mittelalters, ist auch in seinem Sprachkleid grundsätzlich von vulgärsprachlichen Tendenzen geprägt. Das Latein dieses Werkes ist alles eher als sauberes Humanistenlatein, dessen das Mittelalter, vor allem dann im 12. Jh., sehr wohl mächtig war.

Dasselbe 11. Jh. bringt in den sog. *Cambridger Liedern* auf dem Gebiet der Lyrik Werke hervor, die wie der Roman *Ruodlieb* in einem lockeren, von der Volkssprache geprägten Latein verfaßt sind und in der Mehrzahl ebenfalls in den deutschen Sprach- und Kulturraum weisen. In diesen lateinischen Liedern aus dem Geist der mittelalterlichen Volkssprache und im Roman *Ruodlieb* gleicher Inspiration könnte man Vertreter einer sich neu konstituierenden mittellateinischen Literatur erkennen, die, kein romanisches Substrat benötigend, sich unbefangen gebärdet und sich der Zuchtrute der klassischen Grammatik weitgehend entzieht. In den *Carmina burana* aus der 1. Hälfte des 13. Jh., die aber auch älteres Material enthalten, wird diese Art lateinischer Dichtung einen Höhepunkt erreichen.

Dennoch war diesem neuen Ansatz im Latein keine wirkliche Zukunft mehr beschieden. Dafür mag es vielfältige Gründe geben. Zwei dürften besonders ins Gewicht fallen. Die Literarisierung der germanischen und romanischen Volkssprachen war schon in vollem Gange. Dazu kam, getragen von den Bildungszentren des besonders aktiven Westens, eine starke humanistische Strömung, die dem der Vulgärsprache angenäherten Latein entgegenstand und somit, direkt wie indirekt, an der elitären Isolierung des Lateins als Fachsprache mitwirkte. Daß die weltlichen Töne, die sich in diesen lateinischen Werken volkssprachlicher Inspiration im deutschen Kulturraum vernehmen ließen, durch die angeblich geistige Enge der Cluniazenser erstickt worden sein sollen, ist eine schwer ausrottbare Legende. Die meisten deutschen Klöster hatten ohnehin Reserven gegenüber der Reform aus dem Westen und ausgerechnet Frankreich, das Kernland der cluniazensischen Reform, hat schließlich mit Beginn des 12. Jh. die Führung auf dem Gebiet des Weltlichen in der Literatur übernehmen können.

Neue erzählerische Großformen in der Volkssprache
Neue Züge im Bild der kriegerischen Laien

Kurz nachdem also im süddeutschen Raum in der ersten Hälfte des 11. Jh. im vulgärsprachlich geprägten lateinischen Roman *Ruodlieb* eine neue, typisch mittelalterliche erzählerische Großform entstand, die kein Abbild des klassischen römischen Epos oder des antiken Prosaromans war, zeigte sich, wie oben angedeutet, ab 1060, wohl im österreichischen Südosten, eine neue erzählerische Großform in der volkssprachlichen Bibelepik. Daß diese neue Erzählform im Deutschen sich zuerst an geistlichen Stoffen herausbildete und nicht an heldenepischen, hat auch darin seinen Grund, daß letztere zu wesenhaft mit der mündlichen Tradition und nicht mit der Schrift verbunden waren; überdies waren – was nicht weniger bedeutsam war – die germanischen Sagenstoffe nicht religiös auswertbar. Wenige Jahrzehnte nach diesem Neueinsatz im Deutschen zeichnet sich im Altfranzösischen eine folgenreiche eigenständige Entwicklung ab, die kaum zu unterschätzende Rückwirkungen auf die deutsche Literatur des 12. und 13. Jh. haben sollte, während umgekehrt die eben angebahnten deutschen Sonderentwicklungen in der Bibeldichtung so gut wie ohne Einfluß auf die französische Literatur blieben. (Diese sich immer deutlicher abzeichnende kulturelle Beeinflussung durch den französischen Westen ist ein Phänomen, das nicht von der Literaturhistorie allein gedeutet werden kann.) Die erzählerische Großform – insofern ist die Entwicklung ähnlich wie im Deutschen um diese Zeit – tritt nun auch im Altfranzösischen hervor,

er rief uil gerit. wir haben hi an sconez uolc
wic. der wize uan wart tot. pruian gelac da
tot. unt sin herre amirafel. unt ander manic
helt snel. Di cristen durch drungen si.
si riefen ander stunt monsoy monsoy. da uie
len di haidenisken man. daz iz ui nieman
gesagen kan. si uielen dicke unt dicke. wec
unt gewicke. was allez perunet. di christen
heten da gefrumt. manigen helm prunen.
blach unt uerhouwen. manige sele zu der
helle. der potiche geuelle. was harte egeslich.
da uiel der gotes gerich. über di wôt grim
men. uz den gotes kinden. geuielen ahtzec unt
sibene. di urouwent sich iemir da zehimele.

in der *Chanson de Roland*, die man um 1100 ansetzt. Diese Großform verwirklicht sich aber, und das ist von den deutschen vergleichbaren Texten grundverschieden, nicht in einem vorgegebenen biblischen Stoff, sondern in Stoffen aus der einheimischen heldenepischen Tradition. Dies war im Französischen eher möglich, weil dort die mündlich tradierte Heldendichtung, im Gegensatz zu den germanischen Sagen der Völkerwanderungszeit, im religiös deutbaren Maurenkampf der christlichen Karolinger wurzelte. Daß es außerdem in einer Zeit geschah, in der der Aufstieg des *miles-chevalier-ritter* in Sache und Wort immer deutlichere Spuren hinterließ, und schließlich im ersten Kreuzzug einen mächtigen zusätzlichen Anstoß erhielt, begünstigte diese literarische Erschließung einheimischer Heldensage christlichen Hintergrunds. Die dichterische Qualität dieser neuen heldenepischen Großform des *Rolandsliedes* trug ein Übriges dazu bei, diesen sich eben entwickelnden Strang volkssprachlicher Literatur fest im Französischen zu etablieren, und ihm, über das Französische hinaus, Modellcharakter zu verleihen. Eine reiche heldenepisch inspirierte Literatur um Roland, Wilhelm, Vivians, Karl usw. bildet sich im 12. Jh. heraus und kann auf den deutschen Raum hinüberwirken, der erst etwa 100 Jahre später im *Nibelungenlied* um 1200 in literarischer Form Gleichwertiges hervorbrachte. Freilich erschloß dann diese schriftliche Bearbeitung der Nibelungensage ihrerseits vom literaturgeschichtlichen Standpunkt aus gesehen Neuland.

Die erzählerische Großform in der Volkssprache – und dies war nicht weniger folgenschwer – erfaßte aber ungefähr gleichzeitig mit dem Rolandslied, etwa Anfang des 12. Jh., auch einen besonders fruchtbaren Stoff der Antike, den Alexanderstoff. Das Erregende daran ist nicht so sehr die Erschließung eines zukunftsträchtigen Stoffgebiets – neben Karl dem Großen und Artus wird Alexander bis tief in die beginnende Neuzeit hinein die Phantasie der Dichter, Maler, Bildhauer und Herrscher fesseln und monumentale Werke hervorbringen –, es ist vielmehr die unerwartete Perspektive, die diesen ersten französischen *Alexanderroman* auszeichnet und an der sich ablesen läßt, daß französische und deutsche Rezeption der Antike bei allem, was sie auch verbindet, dennoch auseinanderzustreben scheinen, und daß der französische Westen – wenn man verallgemeinern darf – eigene Deutungsansätze zu entwickeln begann, die im Deutschen fehlten. Die in karolingischer Zeit wurzelnde Verflechtung der beiden Kulturen macht immer mehr der Abhängigkeit der östlichen von der westlichen Platz. Als geistesgeschichtliches Dokument ist dieser erste französische *Alexanderroman* sogar von größerer Tragweite als etwa das dichterisch ungleich höherwertige *Rolandslied.*

Der älteste Niederschlag des Alexanderstoffes in volkssprachlicher Dichtung des Mittelalters findet sich allerdings schon im rheinischen *Annolied* vor 1100, also etwa 15–20 Jahre vor der französischen Bearbeitung. Alexander ist ja schon in der Bibel präsent und konnte somit entfernt in den weiteren Umkreis der Bibelepik hineingezogen werden. Im streng heilsgeschichtlich angelegten *Annolied* ist der Alexanderstoff durch den Bezug auf Daniels Vision eingebettet in den christlich gedeuteten Geschichtsablauf. Gut 50 Jahre später haben wir in der deutschen *Kaiserchronik* noch den gleichen Befund. Das hat natürlich mit dem Genus mittelalterlicher Geschichtsschreibung zu tun, aber auch dieser Befund, wonach in der deutschen volkssprachlichen Literatur

85. Kampfszene, Rolandslied.

der Alexanderstoff eben in erster Linie als heilsgeschichtlich gebundener Stoff verfügbar war, ist aufschlußreich.

In Frankreich dagegen, in der ersten frankoprovenzalischen Fassung des Alexanderstoffes, erscheint dieser Stoff losgelöst von derartigen Bindungen und steht bereits für sich. Dieser erste selbständige Alexanderroman emanzipiert sich aber nicht nur stofflich, man konstatiert auch in der Perspektive des Werkes eine Loslösung von biblischen Bindungen; ein neuer Geist scheint zu atmen, der Geist einer fast humanistischen Hinwendung zur Antike, der ja tatsächlich bei einer ganzen Reihe französischer Dichter lateinischer Sprache um diese Zeit zu finden ist und offenbar nicht auf diesen engen Kreis beschränkt blieb, sondern ins Volkssprachliche hinein zu wirken begann. Alberich, der Verfasser dieses ersten volkssprachlichen Alexanderromans, geht zwar von der Bibel aus und zitiert eingangs als lateinisches Einsprengsel die *vanitas vanitatum*, eine an sich

86. Alexanders Greifenflug.

adäquate Idee, die ja auch viele Alexandertexte begleitet und eben die Nichtigkeit irdischer Machtfülle illustriert. Alberich aber distanziert sich von diesem Zitat, er hält der biblischen *vanitas*-Idee die Überzeugung entgegen, daß aus der *antiquitas* (erneut dieser gehobene Latinismus im französischen Text, der die Opposition zur *vanitas* betont) Trost und Zuversicht – *solace* – zu schöpfen sei. Daß der deutsche Bearbeiter dieses Textes, der rheinische Pfaffe Lamprecht, der den langen Reigen solcher Bearbeitungen französischer Dichtungen eröffnete, einige Jahrzehnte später diese kühne Umdeutung der *vanitas*-Idee nicht übernahm, reicht zwar allein nicht aus, um weittragende kulturgeschichtliche Schlüsse zu begründen; da seine Haltung sich aber mit dem Befund des *Annoliedes* und der *Kaiserchronik* deckt, ist diese Abweichung von Alberich doch nicht ohne Gewicht. Die Präsenz der heidnischen Antike in der *Kaiserchronik* ist durchaus stark; viele Kurzgeschichten, die dieser umfangreiche Text enthält, zeigen das. Es handelt sich dabei aber nicht um selbständige novellenartige Gebilde wie später bei den lai-artigen altfranzösischen Bearbeitungen von Ovids *Metamorphosen*, sondern die Kurzgeschichten der *Kaiserchronik* sind eingebunden in ein übergreifendes geschichtstheologisches Kompositionssystem. Im Deutschen dürfte also die Tendenz, auch den Alexanderstoff an die Heilsgeschichte zu binden, ungleich stärker gewesen sein als im Französischen. Bei grundsätzlich ähnlichen Ausgangsbedingungen scheint die führende deutsche Literatur stärker an die Bibel gebunden geblieben zu sein als die nun sich besonders stürmisch entwickelnde französische Literatur. Andere Bereiche des kulturellen Lebens im damaligen Frankreich zeigen ähnliche Verhältnisse. Das mag mit den besonders intensiv arbeitenden Bildungszentren im französischen Westen zusammenhängen, wo eine folgenschwere *curiositas* kultiviert wurde. Wieso es dazu kommen konnte, braucht in unserem Zusammenhang nicht erörtert zu werden.

Was die Form betrifft, so steht dieser erste volkssprachliche französische Alexanderroman in den um diese Zeit verfügbaren Traditionen. Der lateinischen Prosa steht der typisch volkssprachliche Vers gegenüber, von der eigentlichen Romanform trennt ihn noch die Komposition in deutlich markierte Kurzabschnitte (Laissen); der gereimte Achtsilblervers, der sich auch in anderen Texten schon findet, weist in die Zukunft. Die 105 Verse, die erhalten sind, lassen zwar noch nicht auf die voll realisierte epische Großform schließen, deuten aber auf eine Entwicklung in diesem Sinne. Alexander, der mächtige Krieger, ist zugleich vorbildlicher Herrscher; der *miles* ist insofern, wie Jahrzehnte früher im lateinischen *Ruodlieb*, auch im französischen Alexanderroman an die Idee vom Herrscher-König gebunden. Ob dabei, wie im *Ruodlieb*, christliche Ideale eine Rolle gespielt haben, läßt sich aus dem kurzen Text nicht entscheiden, ist aber eher unwahrscheinlich. Das *miles-rex*-Ideal des *Ruodlieb* in seiner grundsätzlichen Christlichkeit hat man mit Recht als Gegenbild zur *miles-rex*-Vorstellung der lateinischen Alexandertradition deuten können.

Nun ist der frankoprovenzalische *Alexanderroman* freilich ein typisch mittelalterliches Werk und keineswegs ein durch und durch humanistisches Dokument. Von humanistisch im engeren Sinn zu sprechen, ist im Zusammenhang mit diesem Text ohnehin gewagt. Dennoch ist seine Weltlichkeit von der Weltlichkeit des um ein halbes Jahrhundert älteren *Ruodlieb* verschieden. Der *Ruodlieb* ist mittelalterlicher, was auch seinen Niederschlag im mittelalterlichen Latein findet, wogegen der französische Alexanderroman sich zumindest in der Theorie, die im Prolog zum Ausdruck kommt, an eine weltlich konzipierte Antike anlehnt. Es wäre irreführend, waschechte, sogenannte renaissancehafte Züge in der altfranzösischen Antikekonzeption, die mit dem Alexanderstoff begann und dann rasch ab der Jahrhundertmitte um sich griff, entdecken zu wollen und zum Beurteilungsmaßstab zu machen. Dazu schillert auch der Begriff Renaissance zu sehr. Vielmehr ist der mittelalterliche Kontext, wofür auch die deutsche Seite wertvolle Belege bringen kann, heranzuziehen und zu fragen, was diese altfranzösische Antikenrezeption auf diesem Hintergrund auszeichnet. Dabei ergibt sich eben doch bei aller volkssprachlichen Brechung so etwas wie ein humanistisches Profil dieses Textes. Mächtige traditionelle geistliche Denkformen schlagen hier nicht mehr voll durch. Sie scheinen auch sonst, vor allem angesichts der Antike, in der Literatur des französischen Westens verblassen zu können. Es ist das zunächst freilich nur punktuell zu verstehen und eingegrenzt auf einzelne Aspekte einzelner Werke einzelner Männer und legt nicht deren gesamten geistigen Habitus oder gar den der Epoche ein für allemal fest.

Hildebert von Lavardin z.B., später Bischof von Tours, ein Zeitgenosse des eben erwähnten Alberich, befindet sich mit seiner berühmten Rom-Elegie schon von der zweiteiligen Anlage des Werkes her auf traditionell mittelalterlichem Boden: dem antik heidnischen Rom wird antithetisch überbietend das neue christliche Rom der Apostel und Märtyrer entgegengestellt; aber dieses mittelalterliche Schema, dem Hildebert zwar folgt, erfaßt nicht mehr ganz die eben doch humanistisch getönte Perspektive, die in dem einen Teil, der dem heidnischen Rom gewidmet ist, zum Ausdruck kommt. *Par tibi, Roma nihil*, nichts ist dir gleich, Rom! setzt dieser Teil ein. Den altfranzösischen Bearbeitungen antiker Stoffe fehlt freilich dieser fast nostalgisch-humanistische Blick, den Hildebert den Ruinen der heidnischen Stadt Rom zuwendet. Die Erzählfreude ist in den volkssprachlichen Bearbeitungen antiker Stoffe meist viel zu robust und die traditionelle mittelalterliche Mentalität zu stark.

Miles – Chevalier – Ritter

In dieser für unseren Zeitraum vorbereitenden Epoche um 1100 scheint sich nicht nur hinsichtlich der Rezeption der Antike der deutsche vom französische Kulturraum in mancher Hinsicht stärker zu differenzieren; es ist schwer, an Zufall zu glauben, wenn man, ungefähr gleichzeitig mit dem frankoprovenzalischen *Alexander*, in der volkssprachlichen Liebesdichtung Südwestfrankreichs das Entstehen einer neuen, eigenständigen, profanen Liebesdichtung beobachten kann. Daß es eine Schicht primitiver erotischer Dichtungen in den westeuropäischen Volkssprachen über die Grenzen hinweg gegeben hat, wird man heute aufgrund verschiedener komparatistischer Forschungen kaum noch leugnen oder als »romantisch« abqualifizieren können. Diese formal sehr einfache Dichtung, die auch nur über ein begrenztes Repertoire verfügte, hat ihre Spuren im Iberoarabischen und Hebräischen sowie im Mittellateinischen hinterlassen (man denke z.B. an die zweisprachige *Alba von Fleury*). Spuren davon sind, freilich überlagert, auch noch in der neu sich entwickelnden volkssprachlichen Liebesdichtung des 12. und 13. Jh. zu erkennen, die im Südwesten Frankreichs entstand. Diese hochentwickelte Liebeslyrik brachte eine qualitative Veränderung mit sich. Sie kann nicht als eine natürliche Weiterentwicklung der archaischen Lyrik betrachtet werden. Ihre Ausbreitung ist dann auch nicht auf Polygenese zurückzuführen, sondern auf Übernahme.

Diese neue Liebesdichtung ist die sogenannte Troubadourdichtung, die sich, wenn man sich allein auf die Zeugnisse verläßt, und andere sichere Grundlagen gibt es nicht, in wenigen Jahrzehnten in ihrer Eigenart zu konstituieren vermochte und dann auszustrahlen begann. Diese neue Liebesdichtung, und dies bedeutet eine grundsätzliche Neuorientierung, ist bewußte Ritterdichtung. Das schließt nicht aus, daß es unter den Troubadours – was es im frühen deutschen Minnesang bezeichnenderweise nicht gibt – auch den Kleriker, den Mönch und die Dame gab. Der entscheidende Faktor war und blieb der *chevalier*. Das äußere Verhältnis des volkssprachlichen Dichters, nicht nur des Minnesängers, zum Publikum, ein Verhältnis des Vortragens und Zuhörens, bleibt weiterhin bestimmend. Dies gilt für unsere ganze Epoche. Wie bisher ist das Verhältnis Dichter-Publikum auch ein Verhältnis, das praktisch nur für die gehobenen Schichten erfaßbar ist, wobei man von Fall zu Fall nicht zu scharf zwischen Laien einerseits und Klerus und Mönchen andererseits trennen darf. Die mündlich tradierte Heldendichtung z.B. sprach natürlich vor allem die kriegerische Laienschicht an, aber nicht nur diese fand Gefallen daran; und die geistlich inspirierte Dichtung, die im Deutschen ab 1060 wieder einsetzte, war von ihrem theologischen Niveau her mehr als simple Unterweisung primitiver Laien, sie hatte auch dem Klerus und Klosterangehörigen etwas zu bieten. Die, wie die Heldendichtung, im Traditionellen-Kollektiven wurzelnde archaische Liebesdichtung fand ebenfalls nicht nur Amateure bei den Laien. Diese Verhältnisse wirken weiter – mit wechselnder Intensität und mit Verschiebungen. Dann aber vollziehen sich in der Substanz der Dichtung wesentliche Veränderungen und Neuerungen. In der volkssprachlichen Dichtung konstituiert sich also im 12. Jh. zuerst in der Lyrik eine neue Welt, in deren Zentrum, das sich immer mehr als anregend und schöpferisch erweisen sollte, eine konkrete hochmittelalterliche Wirklichkeit, der Ritter, steht. Diese Bindung weiter Bereiche der volkssprachlichen Literatur im 12. und 13. Jh. an Gestalt und Problematik des Ritters hat viel dazu beigetragen, diese Literatur in ihrem Wesen zu bestimmen. Erst durch diese Bindung wird diese Literatur aus einem Nebengebiet zu einem tragenden Kulturfaktor, ja geradezu zur Signatur des Zeitalters. In dieser Literatur zeigt sich dieses Zeitalter auf der Suche nach sich selbst und in dieser Literatur fand dieses Zeitalter seinen unverwechselbaren Ausdruck. Das Konzentrieren wichtiger Probleme und Aspirationen der Zeit auf den Ritter stellt sich als vielschichtige Bewegung dar, die sich auf drei Tendenzen zurechtschematisieren läßt: auf die objektiv erkennbare Aufwertung von Sache und Wort Ritter im sozialen Gefüge der Zeit; auf das Bemühen, vor allem kirchlicher Kreise, diesen Aufstieg von Wort und Sache Ritter zu beeinflussen, auf den Ritter also grundsätzlich und nachhaltig einzuwirken; auf das erstarkende Selbstbewußtsein dieser Ritter selbst, das dann schließlich auch nach künstlerischer Manifestation und Überhöhung strebte.

Wird in der neuen Liebesdichtung bereits in der ersten Hälfte des 12. Jh. die unverwechselbare Stimme des *chevalier*, des ritterlichen Laien, als eines schöpferischen Subjekts vernehmbar, so ist es dagegen in der neuen erzählerischen Großform, im höfischen Roman, immer noch bis Ende des 12. Jh. fast ausschließlich die Stimme des *clericus*, die man vernimmt. Der Gegenstand dieser höfischen Romane ist allerdings auch der ritterliche Laie, aber er ist eben Objekt, mit dem literarisch etwas geschieht, bis dann die deutschen Ritter Hartmann von Aue und vor allem Wolfram von Eschenbach das Werk des französischen Klerikers Chrétien aufgreifen und als Ritter bearbeiten. In ihren Werken erscheint der Ritter als Objekt und schöpferisches Subjekt zugleich, wie schon Jahrzehnte früher in der volkssprachlichen Liebesdichtung. Daß der romaneschreibende Ritter später hervortrat als der kanzonendichtende, hat auch damit zu tun, daß die Kunst, umfangreiche Erzählwerke zu schaffen, ihrer Entwicklung nach an literarische Schulung, ja an die Vertrautheit mit dem Latein gebunden war; das aber war die Lebenswelt des Klerikers und normalerweise nicht die des waffentragenden Ritters. In der Lyrik war das anders, die Mündlichkeit war auf diesem Gebiet durchaus konkurrenzfähig.

Dieser literarische Aufstieg des Ritters war nicht vorhersehbar. Die Beobachtungen, zu denen die Betrachtung der Vita Geraldi und des *Ruodlieb* Anlaß gaben, erhalten erst rückblickend aus der Sicht des Jahrhunderts, dem unsere Darstellung gewidmet ist, den Charakter von Ansätzen, denen aber noch nicht anzusehen ist, daß sie auf einen der wichtigsten Faktoren der Kultur der Zeit von 1150 bis 1250 vorausweisen sollten. Es ist nötig, vor Eintritt in die Betrachtung der Literatur dieser Epoche einige Aspekte des Phänomens *miles* darzulegen.

In archaischen Kulturen konnte der waffentragende Mann immer mit besonderer Wertschätzung rechnen. Das international nachweisbare Phänomen der Heldendichtung ist die dichterische Spiegelung davon. Auch das christliche Mittelalter mit seiner noch unzulänglichen Zentralgewalt, dem Fehlen einer wirksamen Exekutive, den äußeren Feinden und inneren Fehden, ist auch in dieser Hinsicht durchaus den archaischen Kulturen zuzuordnen. Durch das Christentum, das als Religion, Bildungsmacht und Verwaltungsapparat die Menschen zu prägen versuchte und auch prägte, geriet der Krieger im europäischen Mittelalter in ein Koordinatensystem hinein, das in anderen archaischen Kulturen nicht gegeben war. Mag auch die mittelalterliche Grobeinteilung der Menschen in *laboratores*, *bellatores* und *oratores* die Struktur einer alten indogermanischen Trias entfernt widerspiegeln, so haben im christlichen Hochmittelalter diese drei Gruppen eine bestimmte und entscheidende Aufladung und es ergeben sich gravierende Verschiebungen in der Einschätzung dieser drei Gruppen. Bei den *laboratores* werden diese Verschiebungen erst später durchschlagen; bei ihnen stand zunächst einer auszeichnenden Sonderentwicklung u.a. auch im Wege, daß der Arbeit seit der Vertreibung des Menschen aus dem Paradies ein Makel anhaftete. Dieser Makel ließ sich freilich (s.o. S. 91f) unter asketischen Gesichtspunkten ins Positive wenden. Die traditionelle und religiös fundierte Hochschätzung der *oratores*, seien es nun Kleriker oder Mönche, brauchte nicht weiter begründet zu werden. Der Heilige blieb auch nach wie vor eine Leitgestalt von hohem Rang und großer Ausstrahlung. Ausgerechnet die Gruppe der *bellatores*, jene also, zu deren Wesen Waffentragen und Töten gehört, wurde aber im Hochmittelalter am intensivsten von einer Verschiebung erfaßt und zog in besonderer Weise die Aufmerksamkeit auf sich. Vor allem dadurch wurde das Phänomen Ritter zu dem, was es im 12. und 13. Jh. dann literarisch tatsächlich war. Entscheidend für unsere Fragestellung ist nun, daß bestimmte äußere Gegebenheiten, die die Herausbildung des Ritters begünstigten, und die auch anderswo denkbar waren und auch existierten, im europäisch-christlichen Hochmittelalter geistig-religiöse Kräfte mobilisierten und eine fruchtbare Auseinandersetzung herausforderten. Dies ist in dieser Form nicht ohne weiteres auch in anderen vergleichbaren Kulturen der Fall. Der literarische Aufstieg der Angehörigen dieser Gruppe ist in der einmaligen Situation des europäischen Hochmittelalters von einigen faßbaren Faktoren bestimmt; das oben erwähnte Ansehen der Elitekrieger in einer archaischen Gesellschaft – selbst in westlichen Ländern erst in neuester Zeit erlöschend – bot

87. Vulkan schmiedet Ritterrüstung. Darüber Venus und Mars.

Div goter
Wulkanus
Wlkanus
venus
Ih wil ez allez sunen mache gewafen eneasen dem chunen

günstige Voraussetzungen für die Entwicklung eines Selbstbewußtseins dieser Schicht und für Äußerungen dieses Selbstbewußtseins, wenn die Umstände dies möglich machten. Die religiöse Problematik, die im Waffentragen und Töten lag, förderte die Tendenz, auf diese auch für den Bestand der Kirche dringend benötigte Kriegerschicht einzuwirken und sie trotz ihrer Verhaftetheit ans rohe Waffenhandwerk soweit wie möglich zu veredeln. Im Nachhinein läßt sich erkennen, daß diese Tendenz sich in der *Vita Geraldi* bis zu den Gralromanen des 13. Jh. wie ein roter Faden gerade durch die besonders wertvolle Literatur zieht und dichtungsprägend und gattungsbestimmend wurde.

Auf die historischen Gegebenheiten, die den Aufstieg dieser bestimmten Kriegerschicht, der berittenen Elitekrieger der Feudalgesellschaft, begünstigten, wurde an früherer Stelle schon hingewiesen. Wir können beim Problem der Herausbildung der neuen Bezeichnung für diese Sonderform der Krieger einsetzen. Schon das Latein der mittelalterlichen Urkunden und anderer Texte, das aufgrund seiner Bindung an altrömische Verhältnisse keineswegs immer gut geeignet war, die veränderten sozialen Gegebenheiten des Mittelalters präzis zu benennen, gibt bedeutsame Hinweise. Bezeichnungen wie *pugnator*, *bellator*, die durchaus sachgerecht im vordergründigen Sinn sind, finden sich immer wieder, konnten aber keine literarische Fortüne machen. Anders verhielt es sich mit der Bezeichnung *miles*, die im mittelalterlichen Latein der nachkarolingischen Zeit an Bedeutung gewinnen sollte. *Miles* wird zur bevorzugten Bezeichnung für den Krieger, was im römischen Latein ja nicht in dieser Weise der Fall war, und erhob sich über die direkten Sachbezeichnungen wie *bellator*, *pugnator*. Dies war auch deshalb möglich, weil die Bezeichnung *miles*, zusätzlich gestützt durch den biblischen Sprachgebrauch, auch die Vorstellung des Dienens einbrachte, wie die verbale Fügung *militare alicui* (Paulus) nahelegt. Den Bedürfnissen der mittelalterlichen Feudalgesellschaft kam das entgegen, es ordnete darüber hinaus die Ausübung des Waffenhandwerks einem Ziel zu, das es ermöglichte, dieses Tun mit einem höheren Sinn zu versehen. Die christliche Vorstellung des Kämpfens gegen das Böse als *miles Christi* förderte zusätzlich die Aufwertung des Wortes *miles*; darauf wurde im Mittelalter auch immer wieder zurückgegriffen. Man hat zeigen können, daß in südfranzösischen Rechtstexten ab der zweiten Hälfte des 10. Jh. die Bezeichnung *miles* immer häufiger wird und andere Termini, etwa aus dem Lehenswesen, wie *fidelis*, oder das aus der Volkssprache stammende *vassus*, oder auch Termini, die die hohe Abstammung signalisieren, wie *nobilis*, ersetzen konnte.

Im 11. Jh. scheinen hohe Herren aus dem südfranzösischen Adel bereits Wert darauf zu legen, ihre Namen mit dem Zusatz *miles* zu versehen, was offenbar als Auszeichnung empfunden wurde. Das typisch mittelalterliche, die Volkssprache, leistete aber für diese Entwicklung einen ganz entscheidenden Beitrag. Dem lateinischen Wort *miles* war es ja nicht anzusehen, daß es vor allem den berittenen Krieger bezeichnen sollte, was aber aus der Entwicklung der Kriegstechnik, die von der des alten Rom sich grundlegend unterschied, eindeutig hervorging. Die lateinischen Texte sprechen zwar auch vom *ordo equestris*, was eindeutig die Berittenen meint, doch war dieser Terminus auch mit der Bezeichnung *ordo militum* identisch, wo die Festlegung auf die Berittenen wieder nicht zur Geltung kommt. Von der Volkssprache her kam nun die Präzisierung, der die Zukunft gehören sollte. Der Ausgangspunkt für diese Präzisierung war nun nicht die Einbettung dieser Krieger ins soziale, hierarchische Gefüge, sondern deren konkretes, prestigeverleihendes Erscheinungsbild, das Berittensein. Das lateinische Wort *equus*, Pferd, wurde im volkssprachlichen

Latein immer mehr vom Wort *caballus*, das ursprünglich pejorativ gemeint war, verdrängt; zu *caballus* wurde nun *caballarius*, der Berittene, gebildet, das dann über den französischen *chevalier* einen ungeahnten Aufschwung erleben sollte. Das Pferd ist also das Entscheidende, es ist ja auch nicht mehr bloßes Vehikel zum Transport für Kriegsmaterial und Soldaten, sondern es bildet mit dem Reiter und dessen neuer Bewaffnung – es ist vor allem an die Entwicklung der schweren Stoßlanze zu denken – eine neue waffentechnische Einheit, die dem Krieger und seiner Waffe unwiderstehlichen Elan verlieh.

In unserem Zusammenhang ist die Frage von Wichtigkeit, ob es sich bei der Entwicklung der Terminologie nicht auch wiederum um eine französisch-deutsche Gemeinsamkeit handeln könnte. Die Belege sind freilich in der frühen Zeit zu wenig dicht. Von den Sozialhistorikern, die sich nur auf Urkunden, also lateinische Texte, stützen, sind zwei volkssprachliche Belege unbeachtet geblieben, zeitlich nahe beisammen, räumlich aber weit auseinanderliegend. Der eine Beleg, um 1050, aus dem *Lied* auf die *Hl. Fides*, *Chanson de Sainte Foi*, führt ins äußerste Südwestfrankreich, der andere, um 1060 aus der *Wiener Genesis* in den südostdeutschen Sprachraum. Von der spanischen Heiligen, der hl. Fides, heißt es in diesem Lied, sie sei die Tochter eines *cavaller* gewesen, V. 340. Aus einer anderen Stelle, V. 65, geht dann eindeutig hervor, daß der Vater dieses Mädchens, dieser *cavaller*, der Herr, *seinner*, über die ganze Stadt Agen war und über riesige Besitzungen gebot; *chevalier* bezeichnet hier also nicht bloß einen simplen berittenen Krieger. Die *Wiener Genesis* bringt den ältesten Beleg für die deutsche Entsprechung zu *chevalier*. V. 5060 erfährt man, daß Josef, der in Ägypten zum mächtigen Herrn aufgestiegen ist, seinen Angehörigen entgegenreitet. Es ist ein großer, repräsentativer Auftritt und mit Josef, heißt es im Text, reitet *manic ritter gemeit*, was fast schon traditionell, formelhaft preisend klingt. In der etwas jüngeren Milstätter Fassung erscheint dann auch der mächtige Potiphar als Ritter. Die sozialgeschichtliche These, wonach im Südwesten Frankreichs die schon in karolingischer Zeit nicht stark ausgeprägte und dann noch mehr verfallende Zentralgewalt den Aufstieg des *chevalier* bedingt hätte, wäre demnach zu relativieren, oder man muß eben annehmen, daß es auch im Ostreich nicht so zentralistisch diszipliniert zuging und daß dort in gleicher Weise der als berittener Krieger, als Ritter, auftretende lokale Machthaber erhebliche Autorität besaß. An Entlehnung aus dem Französischen zu denken, stößt bei diesem frühmittelhochdeutschen Beleg auf Schwierigkeiten. Dabei spielt weniger die räumliche Entfernung eine Rolle; sie hat bei den Zufällen der Überlieferung wenig Bedeutung. Stärker fällt ins Gewicht, daß die Wortbildung Ritter (auf das Nebeneinander von *rîter*, *ritter* sei nicht eingegangen) keine Übereinstimmung mit dem französischen *chevalier* aufweist. Das germanische Etymon *rîdan* hat nur mit Fortbewegung zu tun und sagt nichts über das Fortbewegungsmittel aus; dabei war im Germanischen kein Mangel an Ausdrücken für Pferd. Einem französischen *chevalier* hätte etwa ein ›rosman‹ entsprochen – das Englische verfügt z.B. über horseman; es ist wohl eher so, daß dasselbe kampftechnisch-soziale Phänomen – prestigeträchtiger berittener Krieger – im Deutschen selbst zur Schaffung einer Bezeichnung aus dem eigenen Sprachmaterial herausgefordert hat.

Nur wenige Jahrzehnte später als diese Texte tritt in der südwestfranzösischen Troubadourdichtung der selbstbewußte *chevalier* bereits als Individualdichter, Komponist und Vortragskünstler hervor. Die bevorzugte Stellung des südfranzösischen Raums dürfte im hohen Niveau bestimmter Bildungszentren – man denke auch an den Kirchengesang – dieser Gegend und im Interesse, das

88. Schild aus der Stauferzeit.

bestimmte Feudalherren diesen Bildungszentren entgegenbrachten, begründet sein; die Nähe zum iberoarabischen Raum ist ebenfalls mitzubedenken. Der gleichzeitige frankoprovenzalische Alexanderroman und die Leistungen humanistischer Dichtung erlauchter Lateiner aus dem Westen Frankreichs runden das Bild einer in die Breite wirkenden und im Aufbruch befindlichen Kultur des gesamten französischen Raumes ab.

Die neue ritterliche Liebesdichtung

Wilhelm IX. von Aquitanien und der Kürnberger

In seinen Liedern prunkt der mächtige Herr Südwestfrankreichs, der sogenannte erste Troubadour, Wilhelm IX. von Aquitanien (1071–1127), nicht mit seinem Titel Graf oder Herzog, sondern sieht sich als *chevalier*, wobei ein ganzer Umkreis ritterlichen Treibens faßbar wird. Wilhelm IX. trumpft, ebenfalls als *chevalier*, in eroticis gegenüber dem Kleriker und dem Mönch auf, von denen er dichterisch-musikalisch sicherlich viel gelernt hat. (Der mögliche iberoarabische Einfluß bleibe dahingestellt.) Die älteste deutschsprachige Liebesdichtung, die sich aus der anonymen erotischen Dichtung, die hier wie dort anzusetzen ist, heraushebt, ist ebenfalls an eine bestimmte Dichterpersönlichkeit gebunden. Es handelt sich auch da um einen Ritter, den Kürnberger. Im Gegensatz zu seinem wohl um ein paar Jahrzehnte älteren Dichterkollegen aus Südfrankreich wissen wir über ihn aus anderen Quellen nichts. Sein Wirken dürfte zu Beginn der zweiten Hälfte des 12. Jh. und im oberösterreichischen Donauraum liegen. Wie in den elf Liedern Wilhelms tritt uns in den Strophen des Kürnbergers das selbstbewußte Ich des Ritters entgegen. Wenn wir hier Wilhelm IX. und den Kürnberger zusammen nennen, so sollen weder die tiefen Verschiedenheiten eingeebnet noch direkte Abhängigkeiten vermutet werden. Es geht zunächst um das Aufzeigen wichtiger Möglichkeiten, vielleicht Typen, die auch Gemeinsames und Vergleichbares aufweisen, wofür es außerhalb des französisch-deutschen Kulturraums dieser Zeit keine Parallelen gibt. Daß, wie oben dargelegt, die ersten gewichtigen Belege für *chevalier* und *ritter* aus den gleichen Ecken kommen, möchte man dann doch nicht so gerne als Zufall ansehen.

Der geringe Umfang des unter der Bezeichnung ›der von Kürenberg‹ erhaltenen Strophenkorpus, 15 Strophen in Langzeilen, davon meist vierzeilige Strophen, erlaubt keine weittragenden Schlüsse, einige nicht unwichtige Einsichten lassen sich aber gewinnen. Verglichen mit der Dichtung seines älteren und mit Recht berühmteren südwestfranzösischen Artgenossen ist beim Kürnberger die Loslösung einer eigenständigen erotischen Ritterdichtung aus den Bindungen an die anonyme volkssprachliche Liebesdichtung noch nicht ganz vollzogen. Die ritterliche Lyrik erscheint bei ihm noch nicht als vollkonstituiert. Was die Form betrifft, so liegt bei Wilhelm IX. in manchen Liedern schon die später dominierende Kanzone fast ausgebildet vor. Die Verse des Kürnbergers dagegen bewegen sich noch weitgehend auf der Ebene der simplen Reihung von Langzeilen, was die Nähe zum ereignis-vorganghaft orientierten Erzähllied verrät. Wenn bei Wilhelm IX. und in der auf ihn folgenden Troubadourdichtung und im Minnesang die Stimme des Mannes allein zur Geltung kommt, so tritt z.B. beim Kürnberger in der Tradition des simplen Frauenliedes – was nicht unbedingt die Frau als Dichterin voraussetzt – noch die Stimme der Frau hervor. Der Mann kann beim Kürnberger noch als *geselle* apostrophiert werden, was an die erotischen Relationen anonymer primitiver Liebeslyrik und deren Terminologie erinnert. Auch der gelegentlich vorgangsbetonte oder eine allgemeine Sentenz enthaltende Stropheneinsatz weist in diese Richtung. Von diesen deutlich erkennbaren Grundlagen hebt sich aber beim Kürnberger die ritterliche Männerpoesie ab, ja sie dringt selbst in jene Stellen ein, wo noch die Stimme der Frau zu vernehmen ist. Dies zeigt sich in der Bedeutung, die die Vokabel *ritter* enthält; etwas vom frischen Stolz über diese Neuerung in der Terminologie, wonach der *ritter* den *gesellen* oder *vriedel* ersetzt, ist zu verspüren. Die aufwertenden Beiwörter, mit denen die Bezeichnung Ritter darüberhinaus noch ausgestattet wird, unterstreichen diesen Stolz. So, wenn der Dame in den Mund gelegt wird, sie denke inständig an den *ritter edele* oder wenn sie, offenbar geschmeichelt, behauptet, sie habe das Auge auf einen *hübschen*, sprich höfischen, Ritter gerichtet. Im Gegensatz zu Wilhelm – und das ist von großer Bedeutung für die bildungsmäßig grundsätzlich anderen Voraussetzungen Wilhelms IX. – fehlt in den erhaltenen Strophen des Kürnbergers jede direkte Polemik mit Kleriker oder Mönch. Es ist aber nicht auszuschließen, daß allein schon in der selbstbewußten Betonung, die eben auch beim Kürnberger auf dem Wort Ritter liegt, eine polemische Note mitschwingt. (Man denke nur an die Tradition, für die das nicht genau datierbare Streitgedicht *Phyllis und Flora* aus den *Carmina Burana* stehen mag, in dem sich zwei Mädchen um die Vorzüge des *miles* oder *clericus* streiten, wobei letzterem, wie üblich in der lateinischen Dichtung, die Überlegenheit zuerkannt wird.) Vergleichbar Wilhelm IX., bezeichnenderweise aber ohne dessen Zuhilfenahme des poetologischen Fachwortschatzes, was wiederum die anderen, eben klerikalen Bildungsvoraussetzungen Wilhelms unterstreicht, pocht der Kürnberger als ritterlicher Laie auf seine Kunst, wenn er die Dame ungestüm nach dem Ritter verlangen läßt, der am Vorabend so vorzüglich in *cürenberges wîse* gesungen habe. In dieselbe Welt des Aristokratisch-Junkerlichen weist auch die Falkenmetaphorik der berühmten Strophen des Wechsels *ich zôch mir einen Falken* ... Die derb erotische, ja obszöne Note, die bei Wilhelm immer wieder durchschlägt, was erneut auf dessen Nähe zur frivolen erotischen Dichtung der Kleriker hindeutet, fehlt wiederum in den erhaltenen Strophen des Kürnbergers. Sie ist aber in dieser Weise auch bei den französisch-provenzalischen Nachfolgern Wilhelms nicht mehr so ausgeprägt.

Ist auf der männlichen Seite nun der Ritter die führende Größe, in den Liedern Wilhelms wie in den Strophen des Kürnbergers, so entspricht dem nun auf weiblicher Seite die *domina*, die Dame. In den Strophen des Kürnbergers und auch weiterhin erscheint zwar auch *wîp*, die Geschlechtsbezeichnung, die dann bei Reinmar und Walther von der Vogelweide eine besondere Aufwertung erfahren wird, so wie bei Wilhelm IX. auch *mulier* belegt ist, immer mehr verfestigt sich aber – wenn man es so entwicklungsgeschichtlich sehen darf – in den Versen des Kürnbergers und der nachfolgenden Sänger die Bezeichnung *frouwe*, wie beim Troubadour die Bezeichnung *domina*. Dieser *frouwe* gegenüber tritt der *ritter*, hier wie dort, zunächst voller Selbstvertrauen auf. Die bei Wilhelm IX. erst andeutungsweise vorhandene Unterwerfung unter die Dame, die dann im Deutschen direkt aus der weiterentwickelten Troubadourdichtung übernommen wird, fehlt auf dieser frühen Stufe, bei der es wohl weniger um Entlehnung als um ähnliche Entwicklung geht. Der Kürnberger, der unter dem Gelächter seiner Kumpanen – so kann man es sich ausmalen – verkündet, daß er lieber ins Exil gehen wolle, als das Liebesangebot der stürmischen Dame zu akzeptieren – die Tonlage ist hier derbjunkerlich wie in Wilhelms *companho*-Liedern –, ruft ausgerechnet nach seinem *ros und îsengwant*, nach Pferd und Rüstung, den Wesensmerkmalen des Ritters, des neuen Elitekriegers. (Noch der junge Parzival, wenige Jahrzehnte später, wird bei seiner ersten Begegnung mit Rittern im Wald gebannt sein von deren *ros und îsengwant*, und meinen, in diesem äußeren Erscheinungsbild sei bereits das Wesen des Ritters ganz und gar enthalten.)

Beim Kürnberger zeichnet sich dann die Bildung der stehenden Wendung *ritter unde frouwe* ab, die im Deutschen stärker ohrenfällig ist als im Altromanischen und die für die auch in der Sprache sich äußernden neuen Beziehungen der höfischen Menschen untereinander von großem Aussagewert ist. Beim Kürnberger wird das Gewicht dieser Paar-Formel auch durch die metrischen Gegebenheiten unterstrichen; noch in der Schlußstrophe des Nibelungenliedes werden *ritter unde frouwe* als eine herausgehobene Einheit markiert. Der Ritter steht in dieser volkssprachlichen Dichtung mit seinem vollen Eigengewicht im Mittelpunkt und braucht nicht mehr als Fast-Mönch oder vorbildlicher Herrscher nach Daseinsberechtigung zu streben. Dazu hat dieser Ritter in der *vrouwe* seine Entsprechung. Wenn das Deutsche diese bezeichnende Paarformel *ritter unde vrouwe* selbst entwickelt hat, ließe das auf eine starke eigene Tradition schließen, wie wir sie schon bei der Herausbildung des neuen Fachausdrucks Ritter konstatieren zu können glaubten. Wir werden bei der Betrachtung der großen deutschen Erzählliteratur von 1200 auf dieses Problem zurückkommen müssen und fragen, ob es nicht auf dem Gebiet der literarischen Kultur im Deutschen in der Relation *miles/clericus* gegenüber Frankreich Verschiedenheiten gab, die gerade für die Stellung der Frau in der Literatur Konsequenzen gehabt haben könnten.

Weisen die beiden junkerlichen Typen, Wilhelm IX. und der Kürnberger, jeder in seiner Art, einige nicht unwesentliche übereinstimmende Züge auf, die nicht auf Entlehnung, sondern auf Gemeinsamkeiten in den Grundlagen hindeuten, so zeigt sich doch, daß der südfranzösische Westen, bereits in den Liedern Wilhelms, Sonderformen in der weltlich-ritterlichen Liebesdichtung zu entwickeln im Begriffe war, für die im deutschen Raum keine Ansätze aus eigener Überlieferung auszumachen sind. Die literarische Kultur der deutschen Ritter, die nun als Dichter von Liebeslyrik hervortreten, wird, wie auch im höfischen Roman, entscheidend von ihren westlichen Vorbildern geprägt. Die delikate Frage nach dem Deutschen an dieser Liebeslyrik, am Minnesang im engeren Sinn also, verengt sich ab der zweiten Hälfte des 12. Jh. immer mehr zur Frage nach der Art, wie die westlichen Anregungen von den Deutschen verarbeitet wurden. Es genügt dabei nicht, als Literarhistoriker eine einmalige Verbeugung nach dem Westen zu machen, wie dies in den meisten Literaturgeschichten üblich ist, und dann die deutsche Literatur doch wieder ganz aus sich heraus darzustellen; der Westen muß vielmehr ständig präsent gehalten werden, soll das Bild der deutschen Literatur nicht verfälscht werden.

Betrachtet man die Dichtung der deutschen ritterlichen Minnesänger auf dem Hintergrund der Lieder der provenzalisch-französischen Dichter, indem man Walther von der Vogelweide noch beiseite läßt – er lebte ja bereits, manchem Troubadour ähnlich, von seiner Dichtung und war eben nicht dichtender Dilettant wie seine deutschen Kollegen –, so erscheint die romanische Lyrik bunter, vielgestaltiger und aspektreicher, auch was Herkunft und Stand der Dichter betrifft. Im Deutschen scheinen ganze lyrische Untergattungen zu fehlen. Die Lieder der Minnesänger würden sich demnach als große Vereinseitigung darstellen, als deren Inbegriff Reimar von Hagenau, der gegen Ende des 12. Jh. am Wiener Hof wirkte, gelten könnte. Dieser Eindruck, der sicherlich Richtiges enthält, muß etwas relativiert werden. Die Überlieferung des Minnesangs ist schließlich mitzubedenken; die späten Kompilatoren der großen Sammelhandschriften und ihre Mäzene hatten nämlich ihre Auswahlkriterien und vieles dürfte nicht aufgenommen worden sein, was deren Normen nicht entsprach. Daß das Bild auch im Deutschen, selbst bei nicht berufsmäßigen Dichtern, bunter gewesen sein muß, zeigt z.B. die Existenz eines Neithard von Reuental oder eines Ulrich von Lichtenstein. Grundsätzlich wird man aber doch annehmen können, daß sich im

Deutschen eine Konzentration und Vereinseitigung vollzogen hat. Wie diese Vereinseitigung beschaffen ist, läßt sich beschreiben, wieso es in dieser Weise dazu kommen konnte, wird weitgehend Frage bleiben müssen.

Troubadourdichtung und früher Minnesang

Die Troubadourdichtung ist in ihrem Wesen und in ihren ersten Vertretern vor allem Dichtung ritterlicher Laien. Während dies beim deutschen Minnesang zunächst ausschließlich gilt, soweit unsere Quellen eine solche Aussage erlauben, ist die Lage bei den Troubadours doch erheblich komplexer. Einige Troubadours des 12. und beginnenden 13. Jh. rekrutierten sich aus dem geistlichen Milieu bzw. wandten sich diesem zu: Peire Rogier, Peire d'Auvergne, der Moine de Montaudon, Folquet de Marseille. Daß dies eine Annäherung an die lateinische, gelehrte und liturgische Tradition begünstigt haben dürfte, wird man annehmen können, wie ja schon die Dichtung des ersten Troubadours, Wilhelms IX. u.a., sich auch aus der Spannung zum Kleriker und Mönch zu entwickeln begann. Auch die große Bedeutung des Dichtungstechnischen könnte mit dieser Nähe zu Klerikerbildung zusammenhängen. Unter den Troubadours findet sich, gleichsam als lyrische Entsprechung zu Marie de France, auch die Frau, z.B. die Gräfin von Diaz. Auch der Anteil der unteren Gesellschaftsschichten ist nicht unbeträchtlich, man denke an Marcabru, an Bernart de Ventador. Neben den materiell unabhängigen Aristokraten erscheint auch der berufsmäßige Dichter und Sänger. Auf die Breite der Gattungen innerhalb der Troubadourdichtung hatte all dies sicherlich Einfluß. Im Deutschen wäre in unserem Zeitraum nur Walther von der Vogelweide, aber eben als atypisch für das Deutsche, anzuführen. So finden sich im opus der Troubadours verschiedener Herkunft neben der zwar dominierenden Minnekanzone in voller Selbständigkeit auch die anderen meist neuen lyrischen Untergattungen wie Sirventes, Tenzone, Planctus, Pastourelle, Alba, Kreuzlied. Bei den deutschen Minnesängern zeigen sich demgegenüber gewichtige Verschiebungen. Neben dem möglicherweise einseitigen Bild, das die Überlieferung vermittelt, was aber nicht alles erklärt, mag auch der zeitliche Abstand des deutschen Minnesangs von den ersten zwei, drei Troubadourgenerationen eine Rolle spielen.

Als die entscheidende Errungenschaft in der Troubadourdichtung schält sich immer mehr die Minnekanzone heraus, in der sich die südwestfranzösischen Ritter das adäquate Medium, neu in Form und, damit verbunden, im Inhalt, für die neue Liebesauffassung geschaffen hatten. Aus Gründen, die sich kaum restlos aufhellen lassen, gewann dieses Medium ungeahntes Ansehen und entwickelte traditionsstiftende Energie. Die übrigen lyrischen und lyrisch-epischen Kleingattungen übten offensichtlich auf die deutschen Adeligen keine vergleichbare Wirkung aus und wurden von ihnen viel weniger oder gar nicht aufgegriffen. Erst Walther von der Vogelweide z.B. konnte darangehen, die ins Aktuelle eingreifende Dichtungsgattung, die Spruchdichtung, auf hohes aristokratisches Niveau zu bringen. Aber Walther war eben Berufsdichter und nicht dichterisch dilettierender Aristokrat. Wenn also der ältere deutsche Minnesang, verglichen mit der Troubadourdichtung z.B., unpolitischer erscheinen mag, so sind keine grundsätzlichen Folgerungen über französische oder deutsche Wesensart daraus zu ziehen; wie gerade Walther zeigt – von der deutschen epischen Dichtung zu schweigen –, fehlt die politische Komponente im Deutschen keineswegs, es liegt nur eine Verlagerung vor. Die frühen Minnesänger überließen bestimmte Aspekte eben anderen Kräften und widmeten sich vor allem der großen Minnekanzone, welche, und das ist nicht zu vergessen, als etwas besonders Aktuelles, Neues betrachtet worden sein muß. Der überraschend starke Anklang, den die Minnekanzone im volkssprachlichen Mittelalter fand, ist nur verstehbar, wenn man annimmt, daß dieses Zeitalter eben ein Zeitalter des Aufbruchs auf verschiedenen Gebieten war. Einer dieser Aufbrüche, und einer der wichtigsten, war der Aufbruch nach innen, der sich auf vielen Ebenen beobachten läßt und demnach als ein umfassendes Phänomen dieser Zeit betrachtet werden muß. In der Minnekanzone gelang es dem ritterlichen Laien, sich in einer neuen Liebesauffassung von der meisten frivolen Liebespoesie der lateinisch dichtenden Kleriker in der Ovidnachfolge weitgehend freizuhalten, sich aber auch von archaisch-volkssprachlichen erotischen Dichtungstraditionen, wie sie im Tagelied, in der Frauenklage, in der Pastourelle usw. präsent bleiben, zu lösen und einen Reflexionsraum dichter Innerlichkeit zu schaffen. Diesen folgenschweren Schritt, den die Ritter im französischen Südwesten kurz vor 1150 getan haben, vollziehen wenige Jahrzehnte später, begünstigt durch den zeitlichen Fortschritt, die deutschen Ritter im Minnesang mit besonderer Bewußtheit, indem sie durch die Konzentration auf die Gattung der Minnekanzone zu ungunsten anderer lyrischer Gattungen dieses Neue besonders überzeugend zur Geltung bringen.

Die Loslösung einer betont individuellen, ritterlichen, erotischen Dichtung aus der traditionellen anonym volkssprachlichen Liebesdichtung wies, wie das Beispiel des Kürnbergers zeigt, Gemeinsamkeiten mit demselben Phänomen im französischen Südwesten auf, die wohl polygenetisch zu erklären sind; doch dann geriet eben die erotische Dichtung der deutschen Ritter massiv unter den Einfluß jener unvorhersehbaren Neuerung, die die Ritter des Südwestens Frankreichs hervorgebracht hatten und die in den Liedern Wilhelms IX. noch nicht entwickelt war, der Minnekanzone als Gefäß einer neuen Liebesauffassung. Dasselbe gilt für die Dichtung Nordfrankreichs, die, etwa gleichzeitig mit der deutschen, diese Dichtung der Troubadours übernahm. Neben der direkten Auseinandersetzung der deutschen Ritter mit der Dichtung der Provenzalen ist in einigen Fällen mit der Bearbeitung nordfranzösischer Lieder durch deutsche Minnesänger zu rechnen, wobei der zeitliche Abstand oft minimal ist. Dies zeigt sich besonders deutlich bei Liedern, die in Verbindung mit dem dritten Kreuzzug stehen und chronologisch klar fixierbar sind. Daraus lassen sich Schlüsse ziehen auf ein literatursoziologisches Phänomen von großer Tragweite, das ebenfalls in der Individualdichtung der Troubadours vorgebildet war und das nun die ganze westeuropäische Ritterschaft, soweit sie an der Dichtung Anteil nahm, erfaßt: das Phänomen, daß diese Dichtung eine Plattform bildet, auf der kennerisches Publikum und Dichter einander begegnen können, wo bestimmte Erwartungshaltungen möglich werden, neue Lieder sofort aufgegriffen werden, wo zitiert wird und Aktuelles und Älteres in gleicher Weise verfügbar erscheint. Auf zwar schmaler gesellschaftlicher Basis, aber immerhin den engen Bereich der lateinisch Gebildeten sprengend, entsteht in dieser Zeit an den Höfen ein literarisches Publikum, entfaltet sich ein reger Literaturbetrieb, um einen modernen Ausdruck zu verwenden, mit engen Verflechtungen. Die große erzählende Dichtung, wovon an anderer Stelle zu handeln sein wird, steht dem nicht nach und wird diese Plattform erweitern und verfestigen. Wie die Troubadours aufeinander freundlich oder angriffslustig eingehen und z.B. Nachrufe auf verstorbene Kollegen veröffentlichen, genauso im Deutschen ab Ende des 12. Jh., man denke nur an das Verhältnis zwischen Reinmar und Walther von der Vogelweide. Neben diesen direkten Anspielungen aber darf das indirekte Aufgreifen und Zitieren nicht übersehen werden. Es ist oft noch wichtiger. Die Fähigkeit zum Erfassen feiner Nuancen und Anspielungen kann bei diesem noch nicht durch Medienüberfluß abgestumpften Publikum kaum überschätzt werden. Die Schaffung einer literarischen Geselligkeitskultur in dieser Zeit ist ein wichtiges Ereignis, an dem sich Wesen und Wirkung dieser neuen volkssprachlichen Dichtung in Lyrik und Epik neu orientieren konnten. Diese neue Dichtung, die diese Geselligkeitskultur mitgeschaffen hatte, wurde nun ihrerseits von dieser Plattform mitgetragen und konnte sich in einer Weise vervollkommnen und differenzieren, wie das bei den traditionellen Dichtformen stärker kollektiver Prägung – Heldenlied, anonymer Liebesdichtung – unmöglich gewesen war. Das Dichten selbst, vor allem dann das Erzählen im höfischen Roman, konnte so zu einem zentralen Problem werden, dem sich Dichter und Hörer mit besonders wachem Bewußtsein zuwandten.

Die deutschen Minnesänger, die sich also vor allem der Minnekanzone annahmen, brachten aber in ihren Liedern durchaus eigenständige Leistungen hervor, wobei die positive Seite der erwähnten Vereinseitigungstendenz hervorzuheben ist. Diese zeigt sich in der konsequenten Konzentration auf das Zentralthema, die Minne, in ihrer vergeistigten und ethisch herausfordernden Form. Das sinnliche Element, das in den Kanzonen der Troubadours immer wieder durchschlägt, tritt bei den deutschen Minnesängern in den Hintergrund. Das hat aber kaum etwas mit verschiedenem erotischen Verhalten der deutschen und südwestfranzösischen Ritter zu tun; in dieser Hinsicht gab es sicherlich keine gravierenden Unterschiede. Der Grund liegt vielmehr darin, daß die deutschen Minnesänger, die die Minnekanzone und ihren Inhalt aufgreifen, die dort schon angelegte und zum Teil auch sehr weit gediehene Vergeistigung konsequent weitertreiben; wie man ja bei Übernahmen und Entlehnungen beobachten kann, daß Teilaspekte des Übernommenen schärfer profiliert werden. Für die Aneignung der französischen höfischen Romane durch die deutschen Dichter des Hochmittelalters gilt dies auch. Das Physische, Äußere tritt in den deutschen Minnekanzonen überhaupt stark zurück, ein Indiz für die Konsequenz bei der Übernahme des Troubadourvorbildes. So spielt in der Minnekanzone der Troubadours der Natureingang eine große Rolle. Eine Durchsicht der wichtigsten Troubadours des 12. und beginnenden 13. Jh. zeigt, mit der einen Ausnahme der Lieder Peirols vielleicht, eine überwältigende Anzahl von Liedern, die mit der typisierten Frühlingsszenerie oder deren Verkehrung ins Negativ-Winterliche einsetzen. Diese feste Verankerung in der, freilich stilisierten, Außenwelt, die sich auch in anderen Gattungen findet – auch in Chansons de geste und im höfischen Roman –, wird von den deutschen Minnesängern in ihren Kanzonen weggelassen oder zurückgedrängt zugunsten der Minnereflexion, die man sehr wohl von den provenzalischen Kanzonen übernimmt und zu intensivieren sich bemüht. So findet sich in den überlieferten Liedern des rheinhessischen Adeligen Friedrich von Hausen, der im Umkreis des Kaisers Friedrich I. zu finden ist und vom dritten Kreuzzug nicht mehr heimkehren sollte, kaum eines mit Natureingang. Dabei gehört Friedrich von Hausen zu jener ersten Generation der Minnesänger, die unter starken provenzalischen Einfluß geriet. Unter den acht erhaltenen Liedern des westschweizer Minnesängers Rudolf von Fenis, die ebenfalls vom starken Einfluß der Troubadours zeugen – man denke an Liedeinsätze des Typs *mir ist als dem ...* –, befinden sich nur zwei mit Natureingang. Auch im umfangreichen Werk des gegen Ende des 12.

Jh. am Wiener Hof wirkenden Reinmar von Hagenau ist die Minnekanzone nicht mit dem typischen Natureingang versehen. Beim Thüringer Heinrich von Morungen, mit dem wir an den Anfang des 13. Jh. gelangen und der seine Lieder aus intensiver Auseinandersetzung mit der Troubadourdichtung schuf, findet sich unter den drei Dutzend Liedern nur eines mit Natureingang.

Sieht man näher zu, so erkennt man, daß es sich im frühen und hohen deutschen Minnesang nicht nur um ein Weglassen oder Verdrängen des Natureingangs handelt, daß hier also ein Stück stilisierter Außenwelt, aber immerhin Außenwelt, weggelassen wird, sondern daß vielmehr die eben erschlossene Innenwelt diese Außenwelt aufsaugt oder sie sich anverwandelt. Die Provenzalen verbinden gern das frühlingshafte Naturerwachen mit dem eigenen Singen und sprechen vom *chant novelh.* Daraus wird fast so etwas wie ein Merkmal ihrer Poesie, so häufig trifft man auf diese Fügung. Die Troubadourlieder unterscheiden sich darin auch nicht unwesentlich von der mittellateinischen erotischen Dichtung, wie ein Vergleich mit den *Cambridger Liedern* und mit den *Carmina Burana* zeigt. Dort gibt es zwar auch das *novus* in seinem frühlinghaften Kontext und in den *Carmina Burana* findet sich auch, allerdings isoliert, ein Beleg für *carmina nova,* was dem *chant novelh* der Troubadours entsprechen würde. In ihrer selbstbewußten und weitgetriebenen Ausgestaltung dieses Themas von *canticum novum* in Verbindung mit dem Natureingang zeigt sich aber bei den Troubadours große Eigenständigkeit gegenüber der lateinischen Liebesdichtung. Auf die möglichen geistlich-biblischen Hintergründe dieser troubadourhaften Version des *canticum novum* (s.o. S. 17f) soll hier nicht weiter eingegangen werden. In vergleichbaren weltlichen lateinischen Liedern sind seltsamerweise diese geistlichen Hintergründe ungleich weniger stark ausgeprägt als etwa bereits beim ersten Troubadour Wilhelm IX. Mit dem Zurücktreten des Natureingangs bei den Minnesängern verliert auch die volkssprachliche Entsprechung der Fügung *canticum novum* ihren Platz; bei diesem Vorgang kommt aber auch die Verinnerlichungstendenz zur Geltung. In einem Lied Reinmars von Hagenau (187,31) taucht ausgerechnet in der ersten Strophe die Wendung *sanc* und *niuwen* auf, was den *chant novelh* als Bezugspunkt präsent macht. Bei Reinmar aber fehlen Natureingang und das selbstbewußte Vorstellen des eigenen Liedes als eines *canticum novum.* Dafür macht sich die Tendenz bemerkbar, dieses *novus* aus der eigenen Minnereflexion herauszuspinnen und ihr unterzuordnen, denn wir erfahren, daß Reinmar seine *alte nôt mit sange niuwen unde klagen muoz.* Darauf folgt der Hinweis auf *niuwen kumber.* Ein Leitwort der Troubadourdichter ist also präsent, der Kontext aber ist völlig anders. Reinmar läßt dann raffiniert dasselbe Lied mit einem in Zitaten evozierten Natureingang in der vierten und letzten Strophe ausklingen. Aus dem Natureingang wird also ein Naturausgang. Heinrich von Morungen löst im Lied 123,10 die Fügung von *niuwen sanc* vom Liedeingang ab, auch der Natureingang fehlt; er verwendet sie am Ende der dritten Strophe in hypothetischer Art und bezeichnet damit eine Art des Gesangs, die vielleicht die Gunst der Dame finden könnte: *nu lâ sên wer mich gelêren kunne, daz ich singe niuwen sanc.* 124,6.

Wo die Provenzalen also die Neigung zur Bildung fester Typen und bestimmter sprachlicher Wendungen beim Liedeinsatz zeigen, worin auch ein Aspekt ihrer Eigenständigkeit gegenüber der Lateinischen wie der volkstümlichen Dichtung liegt, lösen sich die Minnesänger davon los, geben z.B. dem Natureingang und der *novus*-Thematik einen anderen Stellenwert im Aufbau und integrieren beides stärker in die Minnereflexionen. Einen vergleichbaren Befund bietet auch die

Betrachtung der Liedausgänge. Viele Troubadourlieder zeigen auch am Liedausgang die Neigung zur Typenbildung und zu festen Formen, was sich hier formal in einer Veränderung der Strophenstruktur zeigen kann. Viele Lieder der Troubadours sind nämlich am Schluß mit einer sogenannten Tornada, auf Französisch *envoi*, versehen, die sich von den vorhergehenden Strophen unterscheidet und meist einen starken Bezug zur Außenwelt hat. Der Sänger wendet sich darin häufig an einen Boten, der das Lied überbringen soll, Namen werden genannt, Örtlichkeiten erwähnt, dem Boten wird Sorgfalt beim Vortrag des Liedes ans Herz gelegt. Die Minnesänger um 1200 haben dieses Merkmal der Troubadourlieder nicht aufgegriffen. Ihre Minnereflexionen verbleiben auch am Schluß des Liedes im Innenbereich. Bei ihnen ist auch der Bote, ebenfalls ein solider Faktor der Außenwelt, in den Hintergrund gedrängt. Bei Ulrich von Lichtenstein, Jahrzehnte später, wird dann der Bote, wie bei den Troubadours, auftauchen, im frühen und hohen Minnesang aber ist er bedeutungslos. Der Bote war aber diesen Minnesängern keineswegs unbekannt. Bei Reinmar finden wir z.B. im Lied 178,1 einen Text, der sich von Anfang an an einen Boten wendet. Das Lied 175,1 enthält in der zweiten Strophe eine Anspielung auf einen möglichen Boten. Im Lied 152,21 wird ein Bote direkt angesprochen. Bei der Anzahl der Lieder Reinmars fällt das aber nicht ins Gewicht. Eine besonders hübsche verinnerlichende Variante des Botenmotivs findet sich bei Heinrich von Morungen in der zweiten Strophe des Liedes 131,25. Da werden die Blicke, die der Sänger der Dame zuwendet, zu den Boten, die er ihr schicken kann.

Die Konzentration der deutschen Minnesänger auf die Minnekanzone brachte es mit sich, daß überhaupt – auch innerhalb der Minnekanzone – weniger an Außenwelt, Anspielungen auf Personen oder Orte, vergegenwärtigt wurde. Bei Rudolf von Fenis ist Derartiges gar nicht belegt. Bei Friedrich von Hausen finden sich wenige isolierte Belege, wo in den Reflexionen des Sängers Außenwelt, z.B. in Form von Rhein und Po, erscheint; dem steht bei manchem Troubadour z.B. bereits ein verselbständigtes Lob auf die südfranzösische Heimat gegenüber. Das umfangreiche Liedkorpus Reinmars weist ebenfalls keine Anhaltspunkte dieser Art in der Außenwelt auf. Desgleichen treten in den Kanzonen der Minnesänger auch Anspielungen und Seitenhiebe auf bestimmte Personen zurück, und auch die meist zu Vergleichen, Analogien und Überbietungen herangezogenen literarischen oder historischen Namen, die in den provenzalisch-französischen Kanzonen immer wieder anzutreffen sind, finden sich im Deutschen vergleichsweise selten. Wir treffen z.B. in den provenzalisch-französischen Kanzonen auf Namen aus der Dichtung der Antike wie Aeneas und Helena, aus der mittelalterlichen Heldenepik, aus dem Umkreis der Artusdichtung. Im Deutschen wäre hier bloß Friedrich von Hausen zu erwähnen, der an einer Stelle sein Verhältnis zur Dame im Bild des Aeneas und der Dido sieht. Die weitere Ausbeute ist aber mager. Selbst Tristan, der ja in der Troubadourdichtung immer wieder als Bezugspunkt auftaucht, erscheint bei den Minnesängern nicht; wenn Heinrich von Veldeke in einem seiner Minnelieder auf Tristan anspielt, dann nur deshalb, weil dieses Lied eine Übersetzung eines Liedes Chrétiens de Troyes ist.

Auch vom Umfang her gibt es zwischen den Kanzonen der Troubadours und der Minnesänger beträchtliche Unterschiede. Bei den Troubadours findet sich eine ungleich höhere Zahl vielstrophiger Lieder, acht und sogar mehr Strophen, die Minnesänger bleiben darunter. Bei den Minnesängern tritt auch das poetologische Element, das schon beim ersten Troubadour stark ausgeprägt ist, in den Hintergrund. Das mag, wie oben angedeutet, auch damit zusammenhängen, daß das Verhältnis zu Klerus und klerikaler Bildung im Provenzalisch-Französischen anders war als im Deutschen, was sich ja auch darin zeigt, daß es offenbar im frühen und hohen Minnesang nur den ritterlichen Laien als Dichter von Minneliedern gibt. Im Zusammenhang damit ist auch die Tatsache zu sehen, daß bei den Minnesängern trotz ihrer von Fall zu Fall freilich unterschiedlichen Abhängigkeit von den Troubadours deren dunkle verschlüsselte Kunst, das *trobar clus*, fehlt; desgleichen sind sogenannte Unsinnsgedichte bei den Minnesängern nicht anzutreffen. Auch das ein Indiz dafür, daß der Minnesang bei allem westlichen Einfluß auch als eigenständiges Phänomen zu betrachten ist, daß also die von außen kommenden Anstöße nicht auf eine *tabula rasa* getroffen sind, sondern vom selbstbewußten Ritter-Dichter in ausgewählter Form aufgegriffen und dann eingeschmolzen wurden. Das zeigt sich – und damit tritt man in das Innere der Minnelieder und Troubadourlieder ein – auch in der Behandlung zentraler Begriffe, die jeweils das Leitwortgeflecht tragen. Die deutschen Minnesänger haben nicht einfach das provenzalische Leitwortsystem übersetzt, sondern ein eigenes aufgebaut, das zwar teilweise romanische Leitbegriffe übernimmt, manche aber wiederum nicht, bzw. nicht im gleichen Stellenwert, so daß also in einem neuen Kontext ein anders gelagertes Leitwortgeflecht entsteht mit neuen Kombinationsmöglichkeiten. So sucht man bei den Minnesängern vergebens nach einer strukturgleichen Übernahme des provenzalischen Paars *fin' amors* und *fin' amant.* Im Deutschen findet man z.B. als ungefähre Entsprechungen *hohe minne*, *hoher muot* für das eine, für den *fin' amant* ist aber kein klares, übereinstimmendes Äquivalent zu entdecken, so daß sich auch aufgrund der anderen semantischen und etymologischen Gegebenheiten im Deutschen neue Konstellationen ergeben. Die Schaffung einer europäischen Sprache der Liebe, nach dem oben zitierten schönen Wort von Theodor Frings eine der großen Errungenschaften dieser Epoche, brachte also nicht nur Gleichklang zwischen den Sprachen und Liedern der Völker hervor, sondern eine darüber hinausgehende Polyphonie.

Wendet man das Wort von der europäischen Polyphonie an auf das Gemeinsame und Unterscheidende in den drei lyrischen Sprachen des 12. und 13. Jh, dem Okzitanischen, Nordfranzösischen und Deutschen, wobei das Deutsche sich an die beiden romanischen Schwestern anlehnt, so scheint das Deutsche in einigen wichtigen Merkmalen eher mit dem Nordfranzösischen als mit dem Okzitanischen zusammenzustimmen. Dabei darf freilich nicht vergessen werden, daß die Kanzonen der nordfranzösischen Dichter und der Deutschen in vielen Fällen zeitlich fast zusammenfallen. Ein umfassender Versuch, diese Dreierbeziehung gründlich aufzuhellen, ist freilich immer noch ein Desiderat. Den nordfranzösischen Dichtern wie auch den deutschen Minnesängern konnte z.B. eine so charakteristische Erscheinung wie das *trobar ric* und *trobar clus* der okzitanischen Dichter nicht verborgen geblieben sein, wurde aber von ihnen nicht aufgegriffen und nachgeahmt. Desgleichen war ihnen die im Okzitanischen stärker ausgeprägte Trennung der lyrischen Untergattungen wohl durchaus bewußt. Nordfranzosen wie Minnesänger neigten aber leichter dazu, die Gattungsgrenzen innerhalb der Lyrik aufzuweichen. Der deutsche Minnesang hat aber darin nicht einfach nordfranzösische Tendenzen kopiert und übersetzt, sondern hat, getragen von der Konzentration auf die Minnekanzone, selbständig und konsequent weitergedacht. So erreicht bei den deutschen Minnesängern die Integrationskraft der Minnekanzone einen besonders hohen Grad; über das Okzitanische und Nordfranzösische hinaus wurde damit eine weitere Möglichkeit verwirklicht. Als Beispiel dafür mag die Kreuzzugslyrik dienen. Die Lieder, in denen die europäischen Ritter zur Teilnahme an Kreuzzügen aufgerufen wurden, haben von ihrer Entstehung, Thematik, Form und Funktion nichts mit der Minnekanzone zu tun. Die rund 35 okzitanischen Kreuzlieder, die man registriert hat, sind demnach auch überwiegend der lyrischen Untergattung Sirventés zuzuordnen und nicht der Kanzone. Das schließt nicht aus, daß Kreuzzugsthematik punktuell auch in okzitanischen Minnekanzonen faßbar wird (Peire Vidal und Peirol z.B.). Nun gibt es andererseits auch im Deutschen sozusagen reine Kreuzzugslieder, man denke an Walthers berühmtes *Palästinalied* oder, um auf ein anderes lyrisches Genus einzugehen, den *Kreuzzugsleich* Heinrichs von Rugge. Die meisten Minnesänger aber, in deren Liedschaffen die Kreuzzugsthematik nicht geringere Bedeutung hatte, haben sich nicht so sehr in Kreuzzugs-Sirventés versucht, sondern vielmehr die Minnekanzone zur Plattform der Auseinandersetzung mit der Kreuzzugsthematik gemacht. Ihre nordfranzösischen Kollegen gingen in ähnlicher Weise vor und waren in manchen Fällen darin sicherlich Vorbild für die Deutschen. Wollte man rein formalisierend die entsprechenden Lieder der nordfranzösischen Dichter einerseits und der Troubadours andererseits einander gegenüberstellen, so wäre es schwierig, zwischen den deutschen und den nordfranzösischen Kollegen genau zu unterscheiden. Dennoch sind gewichtige Unterschiede da. Die formalisierende Methode würde eben nicht ausreichen, diese Unterschiede faßbar zu machen. Simplifiziert ausgedrückt, ließe sich sagen, daß die nordfranzösischen Dichter in vielen Fällen die Minnekanzone und das eigentliche Kreuzzugslied miteinander vermengen, die Minnesänger dagegen das Kreuzzugslied in stärkerem Maße in die Minnekanzone integrieren. Am Beispiel zweier bekannter Kreuzlieder aus der Zeit des Barbarossa-Kreuzzugs läßt sich das erhärten. Für diesen Kreuzzug schrieb der nordfranzösische Dichter Conon de Béthune, der später in Konstantinopel eine große staatsmännische Laufbahn beenden sollte, das Lied *ahi amors*, das sich, wie die Überlieferung zeigt, sehr großer Beliebtheit erfreute. Friedrich von Hausen, der rheinische Minnesänger, der von diesem Kreuzzug nicht mehr zurückkehren sollte, hat dieses Lied des Conon de Béthune aufgegriffen und bearbeitet, nebenbei ein interessanter Beleg dafür, wie rasch in den interessierten Kreisen, und nur um die geht es, Dichtungen zirkulierten und wie wenig die Sprachgrenzen in diesen Kreisen bedeuten konnten.

Ahi! Amours, con dure departie
Me convendra faire de la meillour
Qui onques fust amee ne servie!
Dex me ramaint a li par sa douçour!
Si voirement que m'en part a dolour!
Las! qu'ai je dit? Ja ne m'en part je mie:
Se li cors vait servir Nostre Seignour,
Li cuers remaint du tout en sa baillie.

Mîn herze und min lîp diu wellent scheiden,
diu mit ein ander varnt nu mange zît.
der lîp wil gerne vehten an die heiden:
sô hât iedoch daz herze erwelt ein wîp
vor al der werlt. daz müet mich iemer sît,
daz si ein ander niene volgent beide.
mir habent diu ougen vil getân ze leide.
got eine müeze scheiden noch den strît.

Das sechsstrophige französische Lied mit Geleit setzt wie eine Minnekanzone ein. Ein männliches Ich reflektiert sein Verhältnis zu einer Dame. Die Form ist eine simple Kanzonenform, worin Anlehnung an Erzähllieder bzw. an den Aufzählungsstil der Kreuzzugsaufrufslieder nachwirken mag. Die Strophen bestehen aus acht Zehnsilblerversen, sind also isometrisch gebaut, Auf- und Abgesang kommen mit den Reimen ab aus, bloß die Reimstellung kehrt sich im Abgesang um. Je zwei Strophen werden von denselben Reimen zusammengehalten. Die erste Strophe, in der, überdeutlich die Perspektive bestimmend, mit einem Anruf an die Minne - *amours* - eingesetzt wird, führt vor, wie der Liebende unter der bevorstehenden Trennung von der Dame leiden wird. Aus dem typischen Vokabular der Minnekanzone stammt der Hinweis, daß es sich um die beste und vollkommenste Dame handle, der je ein Liebender gedient hat (Dienstmotiv). Lieben und Dienen stehen zunächst noch vereint im dritten Vers des Aufgesangs und sind auf die Dame bezogen. Am Ende des Abgesangs treten sie auseinander. Im vorletzten Vers heißt es, daß der Leib des Liebhabers fortzieht, um Gott dem Herrn zu dienen, worauf im Schlußvers, durch die Position herausgehoben, betont wird, daß das Herz des Liebenden zurückbleibt in der Obhut der Dame. Die Vokabel *cuers*, Herz, nimmt das Verb *amer*, lieben, auf. Die Wiederholung des Wortes dienen - *servir* - sichert die Responsion. Leitwort dieser Strophe ist das *partir*, Fortziehen. Im ersten Vers bildet es das Schlußwort, in substantivischer Form und kontrastbildend zum tragenden Wort des Versbeginns *amours*. Im fünften und sechsten Vers erscheint es als finites Verb; im Schlußvers ist es im Gegenwort *remaint* als überwunden präsent. Im vierten Vers, wo der Liebhaber den Wunsch äußert, Gott möge ihn wieder heimkehren lassen zur Dame, klingt das Kreuzzugsthema an und erreicht im vorletzten Vers seinen Höhepunkt in der Feststellung, daß der Körper des Liebhabers, *cors*, sich eben wegbegibt im Dienst Gottes. Das Leitwort *partir* verliert, und darin liegt der Überraschungseffekt dieser Einleitungsstrophe, im Schlußvers seine Macht, denn wir erfahren, daß das Herz gar nicht weggeht, sondern hierbleibt bei der Dame. Der lautliche Anklang des Verbums *remener* (*rameint*), zurückführen, Vers vier, an das Verb *remaindre* (*remaint*), verbleiben, im Schlußvers bringt eine weitere Verklammerung mit sich, die das Schmerzliche des *partir* der ersten Strophe, das ohnehin seine volle Kraft nicht entfalten kann, überwölbt. So ist diese erste Strophe eine Mischung aus Kreuzlied und Minnekanzone, die saubere Aufteilung auf Leib und Herz, *cors* und *cuers*, läßt erkennen, daß es bei einem Nebeneinander bleiben wird. Am Beginn der zweiten Strophe klingt im Seufzen das Minnethema noch einmal an, doch dann ist das Lied reines Kreuzlied, in dem, wie in einem traditionellen propagandistischen Aufrufslied, die herkömmlichen Kreuzzugsthemen abgehandelt bzw. angetippt werden. Das geht sogar soweit, daß der Plural, das christliche Gemeinschafts-Wir, sich über das lyrische Kanzonen-Ich legen kann. Nur in der abschließenden Geleitstrophe taucht noch einmal das Minnethema auf.

Friedrich von Hausen hat dieses Lied sofort aufgegriffen. Die näheren Umstände, die dafür maßgebend waren, sind uns verborgen. Friedrich von Hausen schließt sich in Metrik und Reimgebung an die Vorlage an, es kommt dabei nur zu kleineren Änderungen. Sein Lied umfaßt aber, und das ist nun typisch für die deutsche Tradition, weniger Strophen als die französische Vorlage, es sind hier vier, statt sechs bzw. sieben. In Hausens Bearbeitung stehen Minnekanzone und konventionelles Kreuzzugslied nicht mehr nebeneinander, sondern sie durchdringen einander. Die Perspektive der Minnekanzone, das Reflektieren des männlichen Ich, bleibt bestimmend, auch wird auf das Abhandeln von typischen Themen des Kreuzzugsaufrufs verzichtet. Und doch, und das ist wohl mit der Effekt, endet das Lied de facto als Kreuzlied und nicht als Minnekanzone, ja sogar als Absage an den konventionellen Inhalt der Minnekanzone. Friedrich von Hausen greift die saubere und problemlose Antithese Leib-Herz, in der die erste Strophe von Conons Lied gipfelt, auf und setzt sie problematisiert gleich an den Beginn der ersten Strophe seines Liedes. Auch das französische Leitwort *partir*, *scheiden*, greift Friedrich auf, nimmt es aber aus dem Zusammenhang des französischen Liedes, wo es Signal für den Abschied des Kreuzritters von der Dame ist, heraus und stellt es in einen verinnerlichten Zusammenhang, denn es heißt ja nun, daß *herze und lîp* sich voneinander trennen wollen. Nur an zwei Stellen spielt die Außenwelt des Kreuzzugsgeschehens herein, so wenn es heißt, *der lîp wil gerne vehten an die heiden* und in der zweiten bzw. dritten Strophe im Hinweis *do ich daz kriuze nam*. Die bestimmende Kraft des ganzen Liedes ist die Gottesminne des Kreuzfahrers. Das Leitwort in dem Lied Friedrichs von Hausen, mit dem er sich von Strophe zu Strophe auseinandersetzt, ist *herze*, ein Bereich, dessen Erschließung eine der großen Errungenschaften der volkssprachlichen Dichtung im 12. Jh. darstellt. Dieses Herze ist der Minne und der Dame verhaftet und kümmert sich nicht um des Ritters Seelenheil; nun muß es dem religiösen Anspruch weichen, der sich in der Schlußstrophe geradezu triumphierend durchsetzt. Dort ruft der Dichter zur Abkehr von aller irdischen Verblendung, *tumpheit*, wie es heißt, auf. Nicht ohne Bedeutung ist es, daß sich dieses Lied einreiht in eine größere Abfolge von Liedern, die um Minne- und Kreuzzugsreflexionen kreisen. Diese Lieder stehen nicht unverbunden nebeneinander, sondern sind integrierende und integrierte Bestandteile einer übergreifenden Reflexion, die sich in kunstvoll durchdachten Variationen äußert. Gerade diesem Aspekt haben die deutschen Minnesänger ihr besonderes Augenmerk geschenkt. Eine weitere Stufe des Integrierens und liedübergreifenden Reflektierens und Weiterspinnens von Ansätzen erreicht der deutsche Minnesang in den Liedern Reinmars von Hagenau, Walthers von der Vogelweide und Heinrichs von Morungen. Von deren Liedern, in denen der deutsche Minnesang seinen Höhepunkt erreicht, soll weiter unten die Rede sein, wenn auch die Richtung der volkssprachlichen Erzählkunst klarer geworden ist, deren Höhepunkt mit dem der Lyrik zeitlich zusammenfällt.

Die neue volkssprachliche erzählende Literatur im Westen

So wenig vorhersehbar das Auftauchen der Troubadourdichtung und des Minnesangs im 12. Jh. war, so unvorhersehbar war auch die Entwicklung, die sich in der erzählenden Dichtung in rascher Abfolge vollziehen sollte. Auch darin war der hochmittelalterliche Ritter passiv wie auch aktiv die entscheidende Kraft. Während diesem Ritter aber bereits zu Beginn des Jahrhunderts als südfranzösischem *chevalier* in der Liebeslyrik der Durchbruch zu einer neuen, ihm eigenen Dichtung gelang, dauerte auf dem Gebiet der erzählenden Dichtung die Vorherrschaft des lateinisch gebildeten Klerikers länger an. Auf diesem Gebiet, ist der Ritter zunächst noch Objekt, deshalb freilich nicht weniger wichtig. Die Problematik des Vorhandenseins und der Notwendigkeit einer waffentragenden und tötenden Elite forderte Antworten. Eine archaische Gesellschaft wie die des europäischen Mittelalters, in der das Waffenhandwerk eine Selbstverständlichkeit war, erwies sich also immer mehr als fähig, sich selbst zu problematisieren und über eines ihrer wesentlichen Glieder, über die Krieger, nachzudenken. In der europäischen heldenepischen Tradition mündlicher Art war das kriegerische Element auf naive Weise im Mittelalter immer präsent, geriet aber ebenfalls in den Sog anspruchsvoller theologisch-religiös-ethischer Reflexionen. Es hat seinen guten Grund, daß dies erst auf einer Spätstufe der literarischen Entwicklung um 1200 geschah. Zuerst mußten bestimmte literarische Instrumentarien geschaffen werden, bevor diese massiv heldenepische Welt, deren pathetische Mündlichkeit tief in die Vergangenheit führte, aufgearbeitet werden konnte. Es gehört dies zu den besonders eigentümlichen Leistungen der deutschen volkssprachlichen Literatur des Hochmittelalters. In den schriftlichen Fassungen der *Nibelungensage* und der *Kudrun* und in Wolframs Bearbeitung der robusten Heldenepik der Chansons de geste im *Willehalm* ist diese Leistung hohe Literatur geworden. Der Weg dorthin wurde, eigentlich überraschend schnell, in wenigen Jahrzehnten durchmessen. Im Französischen ist diese Leistung in dieser Weise nicht gegeben, wohl auch deshalb, weil über der Welt der Chansons de geste von Anfang an das Licht des Christentums lag.

Knüpfen wir an die Besprechung der *Vita Geraldi*, des *Ruodlieb* und des ersten volkssprachlichen *Alexanderromans* an. In allen drei Texten, die gattungsmäßig und stofflich unterschiedlicher Natur sind, bemüht sich der geistliche Verfasser jeweils um den *miles/chevalier*. Die antiken Stoffe, die über den Alexander auf die volkssprachliche erzählerische Großform einzuwirken begannen, setzten in steigendem Maße weltliches Potential frei. *Eneas-*, *Theben-*, *Trojaroman* bilden um 1150–1160 eine große erzählerische Trias im Altfranzösischen. Die Bindung des Ritters an Herrschaft, Königsamt und Welt-Heilsgeschichte verschwindet freilich nicht völlig. In der deutschen Fassung des Eneasromans im Werk Heinrichs von Veldeke wird sich das stärker zeigen als im Französischen; wiederum dürfte sich eine deutsche Sonderentwicklung abzeichnen.

Der eigentlich mittelalterliche Durchbruch in der großen erzählerischen Dichtung der Volkssprache ging aber von der matière de Bretagne (den Stoffen um König Artus) aus und ist auch insofern ein völlig unvorhersehbares Ereignis. Daß hagiographische Literatur aus frühchristlich-lateinischer Tradition und daß die Werke der heidnischen Antike in der entstehenden erzählerischen Großform der Volkssprache des Mittelalters eine Rolle spielen würden, war zu erwarten. Dabei hätte es auch bleiben können; es blieb aber nicht dabei. Ungefähr gleichzeitig mit der immer stärker werdenden Aneignung antiker Epenstoffe und deren Umwandlung zu altfranzösischen Romanen im etymologischen und modernen Sinn des Wortes vollzog sich eine Öffnung ins Unerwartete, Unbekannte, in der das Mittelalter, was seine erzählerische Großform betrifft, seine Erfüllung finden sollte. Es ist die Öffnung zur Artuswelt. Dabei darf man den Blick nicht nur auf das stofflich Neue richten, das mit der matière de Bretagne nun verfügbar wurde. Deren bloß stoffliche Erschließung hat zwar die neue Entwicklung und Öffnung erheblich gefördert und weitere bisher ungeahnte Bereiche zugänglich gemacht, die keltischen Stoffe allein hätten aber nicht genügt und wären taubes Gestein geblieben, wenn sie nicht von einer neuen geistigen und emotionalen Bereitschaft getragen worden wären, von der schon die Troubadourlieder zu Beginn des Jahrhunderts zeugen und die auch die antiken Stoffe nicht unberührt gelassen hat. Diese Bereitschaft ist kein isoliertes literarisches Phänomen, es handelt sich dabei vielmehr um eine umfassende kulturelle Erscheinung, die sich freilich in der Artusdichtung auf besonders eindrucksvolle Weise äußert. Diese geistige Bereitschaft, die eben am besten als Öffnung zu charakterisieren ist, hatte schon in der volkssprachlichen Liebesdichtung die große Fiktion der *fin'amors* der Troubadours hervorgebracht, die nicht aus den verfügbaren lyrischen Traditionen wie Frauenklage, Tagelied, lateinischer Liebesdichtung usw. ableitbar war. In der erzählenden Dichtung sollte der Artusdichtung die Schaffung einer nicht geringeren Fiktion gelingen. Als bedeutsames und Gemeinsamkeit anzeigendes Element ist vor allem die neue Intensität des Erotischen anzusehen, sie hat an der Aneignung der großen antiken Epenstoffe und auch der kleineren ovidianischen Erzählungen aus den *Metamorphosen* wesentlichen Anteil. Sie wird nicht zuletzt das eigentümlich Mittelalterliche der neuen Erzählwelt begründen helfen, ohne sie wäre wohl auch die ungeahnte Entfaltung der Artusdichtung nicht in dieser Weise möglich gewesen. Diese neue literarische erotische Intensität ist in Verbindung mit dem Ritter zu sehen, auch wenn die Verfasser der großen Artusromane zunächst keine Ritter waren.

In der einsetzenden Artusdichtung wie bei der Aneignung der antiken Epenstoffe wird die *courtoisie*, in Verbindung mit *chevalerie* und Eros, zu einem tragenden Begriff von zukunftsweisender Bedeutung. Diese Verbindung von *chevalier*, *amour* und *courtoisie*, ohne die die neue volkssprachliche Romanliteratur nicht das wäre, was sie geworden ist, hat ihre Entsprechung in der Troubadourdichtung und im Minnesang.

Im altfranzösischen Rolandslied aus dem Beginn des 12. Jh. taucht neben den altepischen Kriegerbezeichnungen bereits auch das modernere Wort *chevalier* auf, von einer Verbindung mit *amour* und *courtoisie* ist aber noch nichts zu spüren. Die antiken Epenstoffe und die zunächst schwerer faßbaren, oft nur aus mündlichen Quellen stammenden Überlieferungen zum König Artus geraten nun in das Kraftfeld dieser Begriffe und verstärken dieses ihrerseits, indem sie vor allem eine breite neue stoffliche Grundlage liefern, von der aus die kommenden Generationen weitererzählen konnten.

Die ›Historia regum Britanniae‹ und Waces ›Roman de Brut‹

Ende der dreißiger Jahre des 12. Jh. erschien in England das lateinische Prosawerk *Historia regum Britanniae* des britischen Geistlichen und späteren Bischofs Galfred von Monmouth. König Artus, bisher historiographisch kaum faßbar und höchstens in mündlichen Traditionen der Inselkelten eine heroische Gestalt, wird damit mit einem Schlage in das Zentrum einer historiographisch auftretenden und mit dem Prestige des Lateinischen versehenen Schrift gerückt, aufgewertet und damit, wie sich herausstellen sollte, unsterblich gemacht. Bereits wenige Jahre nach Erscheinen dieses lateinischen Werkes liegen zwei volkssprachliche französische Bearbeitungen in Versen vor. Die zweite dieser volkssprachlichen Bearbeitungen, der *Roman de Brut* (die erste ist nur trümmerhaft überliefert), stammt von dem anglonormannischen Kleriker Wace und ist um 1150/55 anzusetzen. Ungefähr gleichzeitig mit ihr entstand der altfranzösische Thebenroman. Was *chevalier*, Eros und *courtoisie* betrifft, weisen diese beiden volkssprachlichen Werke Gemeinsamkeiten auf, wie aus dem Vergleich mit den lateinischen Vorlagen hervorgeht. Diese Gemeinsamkeiten zeugen für die neue, mittelalterliche Mentalität. Die Hauptgestalten dieser Werke sind Könige bzw. Königssöhne. Die Ausübung des Waffenhandwerks ist also immer noch an das

Herrscheramt gebunden und von da aus gerechtfertigt. Die geistlichen Verfasser visieren aber in erster Linie den *miles*/Ritter an, König und Königssöhne sind als solche konzipiert. Der erste Troubadour Wilhelm IX. von Aquitanien pochte ja auch als Dichter nicht auf seinen Herzogs- oder Grafentitel, sondern sah sich in erster Linie als *chevalier*. Für den Verfasser des Thebenromans gibt es nur zwei Kategorien von Menschen, die für die gehobene Literatur in Frage kommen, den Kleriker und den Ritter. 30, 40 Jahre später wird dann im Deutschen Hartmann von Aue beides in einer Person vereinen, nicht ohne Stolz.

Waces volkssprachliche Versbearbeitung von Galfreds *Historia* weist bei engem Anschluß an die lateinische Vorlage bedeutsame Veränderungen auf. Wo Galfred von Monmouth in seinem Bericht über Artus die historiographischen Angaben auf heldenepische Stilebene hebt, vollzieht, simplifiziert gesagt, sein volkssprachlicher Bearbeiter den weiteren Schritt zum Roman, Ansätze der Vorlage auf eine neue Stufe bringend. Das Zentrum dieser Modernisierung ist der Ritter. Artus ist zwar, stoffbedingt, auch bei Wace der große Erobererkönig, darin Alexander nicht unähnlich, doch eine neue Sicht, die sich nicht mehr mit dem heldenepischen Kriegertum begnügt, öffnet sich. Die Siege des Artus leiten, so heißt es, eine Friedensperiode von zwölf Jahren ein. Wir erfahren, daß in dieser Zeit der Hof des Königs Artus ein Mittelpunkt feinen Benehmens wird. Leitworte sind *chevalier* und *courtoisie*. Die Tafelrunde, die König Artus einsetzt – diese Stelle für späte Interpolation zu halten, besteht kein Grund –, und an der jeder den gleichen Rang innehat, ist ein Symbol der Abkehr von der Welt der Heldenepik, in der sich die sozialen Strukturen und die Macht der großen Feudalfamilien deutlicher widerspiegeln. An der Tafelrunde dagegen zählt vor allem der individuelle *chevalier*. Wace fügt hinzu, daß sich in dieser langen Friedenszeit auch jene wunderbaren Begebenheiten, die *merveilles*, und seltsamen Vorfälle und Einbrüche ins gewöhnliche Hofleben, die *aventure*, ereigneten, die von Artus in so großer Zahl berichtet werden. Neben der traditionell heldenepisch stilisierten Welt des rauhen Kriegertums und Eroberns öffnet sich in *merveille* und *aventure* ein neuer Bereich für den nun im eigentlichen Sinn höfischen Ritter. Dabei bleibt es aber nicht.

Eine Gestalt dieses Artushofes, die später eine Schlüsselfigur der Artusromane werden sollte, wird vom volkssprachlichen Bearbeiter, ohne Anregung in der Vorlage, in einer Weise hervorgehoben, die in die Zukunft weist. Es ist der Ritter Gawein. Während eines großen Artusfestes kommen Boten von Rom und bringen die Forderungen des römischen Herrschers vor, die mit dem Hinweis auf Cäsars Eroberungen und darauf fußenden Rechtsansprüchen unterbaut werden. Bei Galfred von Monmouth wird daraus eine große heldenepisch angelegte Szene, ein Graf springt auf, es ist wie im alten Rolandslied ein paar Jahrzehnte früher, und schlägt kompromißlos kriegerische Töne an: endlich stehe wieder eine Zeit kriegerischer Bewährung und Heldentaten bevor. König Artus, der unmittelbar darauf das Wort ergreift, spricht in der gleichen Weise. Wace, der volkssprachliche Bearbeiter, durchbricht an dieser Stelle diese feste heldenepisch-historische Konzeption. Ausgerechnet Gawein, der auf subliterarischer Ebene bereits in eine bestimmte Rolle hineingewachsen sein dürfte, meldet sich in der volkssprachlichen Fassung, in Abweichung von der lateinischen Vorlage, zwischen dem Grafen und dem König Artus zu Wort und sprengt den typisch heldenepischen Rahmen. Er weist auf die Vorzüge des Friedens hin: der Friede, der das Land aufblühen lasse, biete die Möglichkeit für *gaberies* und *drueries* (galante Scherze und Liebesabenteuer). Gawein schließt mit einer Neubestimmung des ritterlichen Daseins: *por amistiez et por amies font chevalier chevaleries* (V. 10770ff. Aus Minne und wegen ihrer Geliebten vollbringen Ritter ritterliche Taten.). Wenn man sich an der großen heldenepischen Beratungsszene orientiert, entspricht Gaweins Intervention dem Auftreten Geneluns im Rolandslied. Die Haltung hat sich aber geändert. Held und Verräter sind nicht mehr die einzige Alternative.

Die Bresche, die Gawein hier in die traditionellen heldenepischen Betätigungen des Ritters schlägt, findet wenige Jahre später in zwei neuen erzählerischen Gattungen ihre unvorhersehbare Ausgestaltung, in den Versnovellen (= Lais) der Marie de France und im Artusroman Chrétiens de Troyes. In der Art, wie sich diese Ausgestaltung vollzieht, zeigt die französische Literatur große innere Konsequenz z.B. darin, daß sowohl die Aneignung antiker Stoffe als die der matière de Bretagne sich in der erzählerischen Großform wie auch in novellistischer Kurzform verwirklichte. So stehen die umfangreichen Romane mit antiken Stoffen (Theben, Eneas, Troja) und die novellenartigen Kurzgebilde aus den Metamorphosen Ovids, vereint im selben Metrum, dem paarweis gereimten Achtsilbler, nebeneinander. Dementsprechend auf der Seite der neu erschlossenen keltischen Stoffe die großen Artus- und Gralromane, denen als novellenartige Kurzgebilde die *Lais* an die Seite treten. Die Deutschen haben praktisch nur die erzählerischen Großformen, den antiken Roman und den Artusroman, übernommen, und auch das mit Auswahl, wobei hier wohl der Zufall, die Interessen bestimmter Mäzene, die Bedeutung dynastischer Verbindungen usw. eine Rolle spielt. (Der skandinavische Norden hat, freilich mit Verspätung, z.B. auch die Lais der Marie de France übernommen in den *strengleikar*). Mit einiger Sicherheit läßt sich an diesen Unterschieden zwischen der Situation dieser neuen Schicht volkssprachlicher Literatur in Frankreich und der Situation ihrer deutschen Bearbeitungen ablesen, daß der Fächer der Möglichkeiten im Westen breiter war. Die intensive volkssprachliche Aneignung antiker Stoffe war vom französischen Humanismus des 12. Jh. auf jeden Fall gefördert worden; was die matière de Bretagne angeht, so war durch die engen Kontakte zwischen dem französischen Festland und dem romanisierten England die Nähe dieser zunächst mündlich kolportierten Stoffe größer als im deutschsprachigen Osten. Wieso es aber bei der Übernahme französischer Erzählwerke dieses Mißverhältnis zwischen der Rezeption der Großform und der Nichtrezeption der antiken und artushaften Novellistik gab, bleibt offen. Sollten bestimmte – uns nicht faßbare – Voraussetzungen für eine freiere Entfaltung ausgerechnet der erzählerisch-literarischen Kleinform im Französischen günstiger gewesen sein als im Deutschen? Es ist vielleicht kein Zufall, daß auch die literarische Kurzform des Schwanks, man denke vor allem an die verschiedenen und reich aufgefächerten Reinhart-Fuchs-Schwänke, sich in Frankreich besonders gut entwickeln konnte; im Deutschen steht dem nur der ganz anders angelegte *Reinhart Fuchs* des Elsässers Heinrich gegenüber. Damit ist freilich noch nichts geklärt. Bei der engen Verflechtung der beiden Kulturen um diese Zeit kann es aber erhellend sein, solche Unterschiede deutlich zu machen, auch wenn eine befriedigende Erklärung nicht gegeben werden kann.

In der volkssprachlich-französischen Bearbeitung des lateinischen Werkes des Galfred von Monmouth wird, wie Gaweins Äußerung, der Hinweis auf die Einführung der Tafelrunde und die Bedeutung von *mervoille* und *aventure* während der langen Friedenszeit zeigen, jene folgenschwere und unvorhersehbare Neuorientierung der volkssprachlichen europäischen Literatur erkennbar, in deren Zentrum auf neue Weise der *miles-chevalier*-Ritter steht. Diese Neuorientierung bedarf dann der Stütze des Lateinischen nicht mehr, ja das Lateinische wird an ihr auch keinen Anteil mehr haben. Daß die deutschen Kleriker und vor allem Ritter in der Lage waren, diese Neuorientierung aufzugreifen und weiterzuentwickeln, ist ein bedeutsames Faktum, das für die Kraft der alten Verflechtung der beiden Kulturen spricht.

Diese im *Roman de Brut* bei aller Gebundenheit an die lateinische Vorlage erkennbare Neuorientierung scheint sich zunächst in den *Lais* der Marie de France wie in Reinkultur zu manifestieren. Die erzählerische Kurzform der *Lais*, die zu novellistischer Strukturierung und Pointierung neigt, läßt das Neue und Wesentliche scharf hervortreten. An einem der berühmtesten *Lais* der Maire de France, der auch deshalb wichtig ist, weil er in der Artuswelt spielt, läßt sich das fast idealtypisch ablesen. Es ist der *Lai Lanval.*

Marie de France: Der Lai ›Lanval‹ und die neue erotische Innerlichkeit.

Dieser Lai, einer der größten, umfaßt 664 Verse. Wie die meisten anderen leitet ihn das Wort *aventure* ein, in Verbindung mit dem dazugehörigen Verb *avenir* (geschehen, hereinbrechen). Marie de France will, wie sie im Prolog sagt, die *aventure* eines *Lai* erzählen, also das, worauf es ankommt. Dieser *Lai* beginnt mit dem typischen Artusthema, dem großen Fest zu Pfingsten in Kardoeil. In einigen Versen wird angedeutet, daß Artus mit den räuberischen Überfällen der Schotten und Pikten zu tun hatte. Dies sind Reste der historiographisch orientierten Darstellung, die entfernt an Galfred und Wace erinnern; ausgeführt wird das nicht mehr. Die Erzählung der Marie de France geht vielmehr in die Richtung, die aus den Worten Gaweins im *Roman de Brut* ablesbar war. Artus selbst erscheint zwar noch als der Feudalherr, wovon in den großen Artusromanen dann kaum mehr etwas nachwirkt; zugleich ist aber auch die Tafelrunde präsent, was wiederum aus der Feudalrealität herausführt. Wir hören, daß Artus Geschenke verteilt und daß er *femmes e terres* (Frauen und Ländereien) vergibt. Der Ritter Lanval, der Artus gedient hat, wird als einziger vom König bei der Vergabe der Lehen und Geschenke vergessen. Der realistisch feudale Hintergrund wird dadurch verstärkt, daß es ausdrücklich heißt, Lanval gehöre zur *maisniee* (Haushalt, engeres Gefolge) des Königs. Die unhistorische und unrealistische Tafelrunde versinkt hier punktuell wieder zugunsten der *maisniee.* Lanval, ein vorbildlicher *chevalier*, ist der Sohn eines Königs aus einem anderen Land und sehr nobler Abstammung. Er ist nun am Ende seiner finanziellen Resourcen, bei dem höfischen Lebensstil und dem Zwang zur Repräsentation eine kritische Situation. An diesem Punkt tritt die Wende ein – und dabei verläßt man die stilisierte Feudalrealität.

Dies läßt sich durch die Heranziehung eines Textes aus den sich ausschließlicher in der Feudalwelt bewegenden Chansons de geste illustrieren. Eine der kurzen Chansons de geste aus dem Wilhelmszyklus, *le charroi de Nîmes*, knapp 1500 Verse umfassend, zeigt am Beginn dieselbe Situation. Ludwig der Fromme hält in Paris Hof. Er vergibt die Lehen. Wilhelm, der seiner Lieblingsbeschäftigung, der Jagd, nachgeht, und sein Neffe Bertrand gehen leer aus. Als Wilhelm das erfährt, stößt er ein gellendes Gelächter aus und verkündet, er werde es dem König Ludwig zeigen. Er stürmt die Treppe hinauf und eine grelle, spektakuläre Szene rollt ab. Wilhelm, der treue Vasall, verlangt vom König Rechenschaft, wobei sich die blamable Schwäche des Königs in traditioneller Weise offenbart. So reagiert also der Graf Wilhelm, wie er ausdrücklich genannt wird. Es ist eine stilisierte Reaktion natürlich, denn um Wilhelm hat sich bereits eine gewisse

Charaktertypik entwickelt, aber immerhin eine Reaktion, die die Illusion der Realität wachhält; wie in der historischen Wirklichkeit geht es um Macht, Besitz und Recht. Lanval, der Königssohn, im *Lai* der Marie de France, reagiert anders. Er äußert sich nicht, er ist introvertiert, traurig – *pensis*, wie das Leitwort heißt, V. 34. Dieses einsame Grübeln steht als literarisch neue Möglichkeit gegen das brutale Durchfechten von Rechtsansprüchen in der Öffentlichkeit des Hofes. Dazu weisen die räumlichen Angaben geradezu symbolhaft in eine neue Richtung: Wilhelm eilt an den Hof, ins Zentrum der Feudalwelt, er fordert seinen Neffen Bertrand auf, sich eilends zu bewaffnen. Lanval dagegen, um auf andere Gedanken zu kommen, wie es heißt, verläßt allein, *tuz suls*, was zu einem Leitwort der Artusepik werden wird, die Stadt, V. 44. Er reitet vom Hof weg. Die an die Realität sich annähernde literarische Feudalwelt versinkt.

Der Kriegertyp, den es nun braucht, ist der einzelne, nachdenkliche Ritter. In den Romanen *Erec*, *Yvain*, *Lancelot*, *Perceval*, wird dann dieser Ritter im Mittelpunkt komplexer Handlungsstrukturen und vielschichtiger Probleme stehen. Guigemar, die Hauptfigur eines anderen *Lai* der Marie de France, reitet nach der Begegnung mit der seltsamen Hirschkuh ebenfalls allein weiter und trennt sich bewußt von der Welt des Hofes. Auch er ist nachdenklich wie Lanval. Im Lai *Lanval* findet sich keine außergewöhnliche Hirschkuh, kein Feenboot. Der Übergang zur anderen Welt ist sanfter, der Austritt des Ritters *tuz suls* wird mehr von ungefähr und aus dessen psychischer Situation heraus dargestellt. Diese andere Welt, obgleich oder gerade weil Lanval äußerlich weitgehend im Raum der Artuswelt verbleibt, entfaltet aber dennoch eine ganz besonders starke Eigenständigkeit, die schließlich zur endgültigen Loslösung des Ritters von der Artuswelt führen wird. Lanval nähert sich auf seinem einsamen Ausritt einem Gewässer. Das Pferd beginnt zu zittern, heißt es. Ob das Tier hier durch die Nähe des Wassers nervös wird, realistisch also, oder deshalb, weil etwas Ungewöhnliches eintreten wird? Bei der knappen Erzählweise ist es unwahrscheinlich, daß dieses Zittern des Pferdes etwas Banales bedeuten soll. Lanval selbst legt sich hin, nimmt den Mantel als Kopfkissen und sinniert. Die Passivität dieses ritterlichen Helden ist damit durch das Gebärdenhafte deutlich unterstrichen. Vom waffenklirrenden Kämpfer der Chansons de geste ist man weit entfernt, und doch ist dieser Lanval Ritter! Diesem untätig Daliegenden widerfährt nun das Außergewöhnliche. Nicht durch ritterlich-kämpferische Tüchtigkeit kann er es verdient haben, er hat es nicht einmal gesucht, er ist ja nur ohne Ziel weggeritten vom Artushof. Was ihm hier widerfährt, wird ausdrücklich als *aventure* bezeichnet, im etymologischen Sinn des Wortes. Es ist nicht nur ein Ereignis, das erzählenswert ist, sondern etwas, was auf den Ritter zukommt, gleichsam als Gnadengeschenk oder als Heimsuchung von außen. (In der weiteren Entwicklung des *aventure*-Begriffs im Artusroman wird es Verschiebungen geben.) Die Erzählerin weist nochmals auf die passive Position Lanvals hin und dann heißt es, daß Lanval flußabwärts schaut und daß von dorther zwei Damen von außergewöhnlicher Schönheit und Pracht erscheinen. Sie gehen schnurstracks auf den liegenden Ritter zu; es ist dies der dritte Hinweis auf diese die Passivität ausdrükkende Position Lanvals. Der höfliche Lanval steht nun auf, die Damen kommen aber seinem Gruß zuvor und übermitteln ihm eine Botschaft. Lanval soll mitkommen zu ihrer Herrin, deren Zelt ganz in der Nähe sei. Daß diese Herrin, in deren Auftrag sie handeln, *courtoise* ist, gehört dazu. (Nähe des Gewässers und Zelt einer Dame sind Signal für Feenhaftes. Man kann motivgeschichtlich an eine Art Wasserfee denken. Jeschute im *Parzival* würde auch zu dieser Familie gehören.)

Im Lai *Lanval* fehlt bezeichnenderweise der männliche Verteidiger dieser feenartigen Dame. Der *chevalier* Lanval geht mit den beiden Damen, sein Pferd überläßt er sich selbst. Die Passivität des Ritters wird erneut zum Ausdruck gebracht. Die Damen haben die Initiative, der Ritter gehorcht fast wie unter einem Bann. Eine kleine wortspielerische Pointe, welche *chevalier* und *cheval* in zwei Versen gezielt aneinanderrückt, kommt dazu. Dieser *chevalier* läßt also sein *cheval* im Stich, löst sich von dem, was historisch seine kriegerische Überlegenheit und seinen sozialen Aufstieg begründet hat. Die Damen führen Lanval ans Zelt ihrer Herrin. Die Erzählerin nimmt sich Zeit für eine höfische descriptio, wobei Assoziationen an die Antike, an die Reichtümer der Semiramis und des Augustus, aufgeboten werden. Der altfranzösische *Eneasroman* ist hier wohl mitzudenken (beide Texte haben den Hinweis auf den goldenen Adler oben auf der Zeltspitze, wobei der Eneasroman, V. 7321, wörtlich mit V. 87 des Lanval, auch was den Reim betrifft, übereinstimmt). Vielleicht spielt auch eine ähnliche Schilderung aus dem *Thebenroman* herein. Auch an den *Roman de Brut* des Wace ist zu denken. Marie de France stellt aber, bewußt überbietend, das Zelt der mittelalterlichen Dame-Fee über das der Antike. Im Zelt ruht auf einem kostbaren Lager in betont erotischer Pose die Dame. Das Öffnen und Zurückdrängen des kriegerisch-feudalen Horizonts ist also zugleich eine Öffnung ins Erotische. Das Hochmittelalter schuf sich damit in der Phantasie seiner Autoren eine neue Welt. Der *chevalier*, wie es ausdrücklich heißt, nähert sich dem Lager der Dame. Die Dame ruft ihn zu sich, nennt ihn beim Namen und sagt, sie komme aus ihrem Land, von weit her, und habe ihn gesucht. Das Signum der Artus- und Gralritter, das Suchen, wird hier der seltsamen Dame zugeordnet. Die Dame offenbart dem Ritter ihre Liebe und verspricht ihm, wenn er wirklich *pruz et curteis* (tüchtig und höfisch) sei, werde er mehr Freude und Reichtum als ein Kaiser oder König haben. Typische und traditionell-gesellschaftsbezogene Bestandteile der Definition des Ritters (*pruz e curteis* – kriegerisch und höfisch) werden in den neuen, erotischen Zusammenhang gestellt. Lanval verspricht totale Ergebenheit. Wiederum spüren wir etwas von der Bannhaftigkeit dieser Minne, vor allem im Hinweis auf die Loslösung von der menschlichen Gesellschaft. (Man denkt – s.u. S. 322ff an die Minne-Isolation des Mabonagrin am Ende des *Erec* bzw. an die Minneverfallenheit des Erec selbst am Beginn des Romans. Der höfische Artusroman wird dann diesen Bann sprengen. Der Tristanroman wird eine aufschlußreiche Zwischenstellung einnehmen.)

Marie de France nennt die Richtung, die Lanval nun eingeschlagen hat, *dreite veie*, den geraden Weg, was an die Wegsymbolik des Artusromans denken läßt. Sieht man von den direkten Avancen ab, die die Dame dem Ritter macht, so gibt es Berührungspunkte mit Erscheinungen der Troubadourminne, der terminus *comandement* deutet z.B. in diese Richtung, ebenso die totale Ergebenheit des Ritters, dazu die Diskretion hinsichtlich der Identität der Dame. Die Dame verspricht dem Ritter herrliches Liebesdasein bei ihr, so oft es irgendwie möglich sei ohne Verletzung der Etikette, ohne *vilainie*, desgleichen verspricht sie Reichtum. Lanval verspricht, die Bedingungen zu halten und verwendet dabei seinerseits das Verb *comander*, so daß die Szene von diesem Leitwort, als Substantiv und als Verb, *commandement* und *comander* eingerahmt ist. Lanval wird dann bestens bewirtet und ausstaffiert. All das, wie es ausdrücklich heißt, gefällt dem *chevalier* außerordentlich, hierauf wird sein Pferd herbeigeführt, *chevalier* und *cheval* sind also wieder beisammen. Lanval kehrt an den Hof zurück.

Besonders bedeutsam an diesem Lai ist die Integration der erotischen Feen-Jenseitswelt in die

Welt des Hofes. Lanval verbringt ja nicht wie in anderen Feenmärchen eine Periode im Jenseits der Feenwelt, wobei häufig Jenseitszeit und Diesseitszeit weit auseinanderklaffen, sondern Lanval verbleibt raum-zeitlich in der Welt des Artushofes. Er kann aber immer wieder ausbrechen in die Welt der Fee bzw. die Welt der Fee bricht immer wieder ein in die normale Welt des Artushofes. Lanval kehrt also äußerlich heim an den Hof, blickt aber immer wieder zurück, ist außer sich und kommt von dieser *aventure* nicht los. *Aventure* konkretisiert sich hier immer mehr zu dieser das Normale sprengenden erotischen Begegnung. Auch das bedeutsame Verb *esbair*, fassungslos sein vor Staunen, stellt sich dabei ein, das z.B. auch im Gralroman an wichtiger Stelle steht. Wie Lanval in sein Quartier kommt, bemerkt er, daß sich sein Lebensstandard beachtlich gehoben hat. Die Fee hält also ihr Versprechen. Man beobachtet nun eine bezeichnende materielle Rekonstituierung des vorbildlichen Ritterdaseins, aber auf neuer, nicht lehensrechtlicher Grundlage. Lanval kann nun wieder wie ein *chevalier* repräsentieren, ja keiner kann es ihm nun gleichtun. Mit allerlei Stilmitteln unterstreicht Marie de France diesen Sachverhalt. Lanval erscheint als der vorbildliche höfische Mensch, der einlädt, beschenkt, die Spielleute großzügig ausstattet usw. Liegt hier implizite Sozialkritik vor? Der im Feudalsystem ökonomisch frustrierte Ritter würde sich Entschädigung durch eine imaginäre Welt erträumen? Evasive Literatur also? So simpel modern geht es wohl nicht zu. Die höfische Dame Marie de France, die für den englischen Königshof schrieb, war kein Sprachrohr der Interessen angeblich oder wirklich unterprivilegierter Ministerialen. In den anderen Lais mit ihren Variationen der Feenliebe spielt übrigens der materielle Aspekt meist gar keine Rolle. Wir dürfen ihn auch hier im Lanval nicht verabsolutieren.

Auch der evasive Aspekt, der durchaus bedacht werden muß, was geistesgeschichtlich interessante Folgen hat, ist zu relativieren. Die Befriedigung materieller Bedürfnisse und die »Evasion« sind schließlich in diesem Text auf etwas bezogen, sie sind Verdeutlichungsmittel für das Neue, das Marie de France den Rittern am Beispiel eines Ritters offenbaren will. Und dieses Neue liegt in der Entdeckung und Erschließung einer verfeinerten erotischen Innenwelt auch für den *chevalier*. Dafür stehen die Fee und der ihr eigene abgegrenzte Raum außerhalb oder innerhalb der höfischen Welt. Nicht so sehr ökonomisch fundierte Evasion liegt vor, vielmehr ein Aufbruch in eine für die volkssprachliche Epik und für den *chevalier* eben erst entdeckte Welt der Innerlichkeit. Der Abschnitt schließt denn auch mit der Betonung des Erotischen. Das Materielle ist nicht mehr als Zugabe. Dem Ritter eröffnet sich eine neue irdische Welt jenseits der traditionellen materiellen Güter. Die weitere Handlungsführung dürfte das bestätigen.

Gawein und dessen Vetter Iwein – immer wieder diese fürs Mittelalter typischen Verwandtschaftsbeziehungen! – reiten aus und kommen am Turm vorbei, in dem sich die Artuskönigin aufhält. Da meint Gawein – es ist kein Zufall, daß es wiederum Gawein ist –, sie sollten sich etwas mehr um Lanval kümmern, der so freigebig sei und überdies einen reichen und mächtigen Vater habe. Sie reiten zurück und laden Lanval ein, mit ihnen auszureiten. Es kommt zu einer Fensterschau. Die Königin blickt hinaus, sieht die Ritter und erspäht Lanval. (Der höfische Roman wird die Fensterschau ebenfalls einsetzen und dieses altepische Motiv in neuer Funktion zu einem wichtigen Bestandteil werden lassen.) Sie reitet nun mit ihren Damen ebenfalls aus und trifft auf die Ritter. Es kommt zu einer galanten Episode. Das Höfische äußert sich im gewählten Sprechen. (Die Bedeutung dieser wesensbestimmenden Bindung des Höfischen an eine bestimmte Sprechkultur ist von den Mediävisten noch nicht entsprechend gewürdigt worden, obgleich darin jene gehobene Geselligkeit faßbar wird, die bis tief in die Neuzeit herauf die europäische Kultur geprägt hat.) Lanval hält sich abseits, er denkt an seine Feen-Dame und nimmt an der höfischen Galanterie nicht teil. Es wird betont, daß Lanval *suls* (allein) ist, die Parallele zu seinem einsamen Ausritt drängt sich auf. Selbst innerhalb der höfischen Welt gibt es also um ihn herum einen besonderen Bezirk der Absonderung. Auf die Erschließung solcher Innenräume werden wir immer wieder stoßen. Die Artuskönigin nähert sich und macht Lanval großzügige Avancen. Die Parallele zu den Avancen der Fee liegt auf der Hand. Es zeigt sich erneut, daß das Problem vordergründigen materiellen Notstands im Grunde nur auslösende Bedeutung hat. Lanval, zwar einst vom König übersehen, würde nun von der Königin selbst mehr als entschädigt werden. Darum geht es also nicht, vielmehr um die besondere Form der Minne, und diese vertritt die Fee und nicht die ehebrecherische Feudalherrin der normalen höfischen Welt. (Der Ehebruchschwank spielt übrigens auch hier wie in anderen Lais entfernt herein.) Lanval lehnt ab. Lehensrechtliche Werte kommen dabei auch wieder zur Geltung. Lanval will seinen Herrn nicht betrügen. Die Artuskönigin ist wütend und wirft Lanval vor, er sei wohl homosexuell; ein Vorwurf, der aus dem Eneasroman stammen dürfte.

Dieses negativ-grobe Bild der Artuskönigin ist motiv- und sagenhistorisch von Interesse, einerseits im Hinblick auf Galfred, wo es um den Ehebruch der Artuskönigin mit dem Neffen des Königs, Mordret, geht, andererseits hinsichtlich Chrétiens *Lancelot.* Lanval, in seiner Ehre angegriffen, schlägt zurück. Er habe eine Geliebte, deren letzte Zofe viel mehr wert sei als die Artuskönigin. Die Königin, wie einst Potiphars Frau, beschuldigt nun dem König gegenüber Lanval unlauterer Annäherungsversuche, außerdem habe er sie beleidigt, da er die Zofe seiner Geliebten über sie gestellt hätte. Lanval sitzt wieder sinnierend und passiv in seinem Quartier. Er ist sich bewußt, daß er das Schweigegebot gebrochen und somit seine Freundin verloren hat. Von einer Ohnmacht fällt er in die andere. Artus ruft seine Barone ein und lädt Lanval vor. Es kommt zu einer höfischen Gerichtsszene. Wiederum setzt sich der galante Gawein für Lanval ein. Lanval erhält Gelegenheit, an einem festgesetzten Tag vor dem ganzen Hof den Wahrheitsbeweis anzutreten, seine Geliebte in ihrer Schönheit vorzuführen. Lanval sinniert wiederum traurig vor sich hin. Schon will man das Urteil fällen, da erscheinen zwei Fräulein. Es beginnt ein großer Auftritt in drei Stufen, bis endlich vor der verblüfften Artuswelt die Fee selbst auf einem Pferd erscheint und Lanval rechtfertigt. In einer ausführlichen descriptio erfahren wir, daß Venus, Dido und Lavinia – der *Eneasroman* wird also beschworen – sich gegenüber der Schönheit dieser Dame als unvollkommen erweisen. Die Antike wird also vom Mittelalter erneut überboten. Die Dame tritt vor Artus hin, läßt den Mantel fallen (auf die Mantelgebärde in mittelalterlicher Epik sei hier nicht weiter eingegangen) und verlangt eine Entscheidung. Es braucht keine Diskussion, Lanval ist rehabilitiert. Die Dame kehrt um und reitet fort. Und noch einmal geschieht etwas Unerwartetes. Lanval springt aufs Pferd der Dame und beide entschwinden.

Mit dem Erscheinen der Fee wird der Artushof mit dieser anderen Welt konfrontiert. Im eigentlichen Artusroman wird es auch immer wieder vorkommen, daß am Hof des Artus Gestalten und Boten aus dieser anderen Welt, die sich immer mehr als Raum der *aventure* konstituiert, losgelöst vom historischen Kampf und den historischen Betätigungsfeldern des Ritters, erscheinen. Bei Marie de France ist diese Welt der *aventure* präzisiert als Welt einer besonderen Minne; *aventure* als Kampf und Bewährung, als befreiende Tat, als Suche, spielt dagegen kaum eine Rolle.

Die Wiedergewinnung ritterlich-kämpferischer Aktivität auf neuer Grundlage gehört dann zu den besonderen Verdiensten des Artus-Gralromans; sie wird auch dem Religiösen im Artusroman zusehends einen entscheidenden Anteil gewähren. Der Lai *Lanval* bietet am Ende eine Variante des Artusschicksals. König Artur, heißt es bei Galfred und Wace, sei in der letzten großen Schlacht gegen den verräterischen Neffen schwer verwundet worden und habe sich zur Heilung nach Avallon transportieren lassen, wo er, fügt Wace hinzu, nach Meinung der Bretonen bis auf den heutigen Tag noch leben soll und vielleicht wiederkommen werde. Marie de France greift das auf. Lanval, aufs Pferd der Fee aufgesprungen, entfernt sich vom Hof der Artuswelt und gelangt mit der Fee nach Avallon, einer herrlichen Insel. Der Lai, der also in der realen Feudalwelt einsetzte, der auch die Begegnung mit der neuen, anderen Welt nicht in der äußeren Loslösung Lanvals von dieser Artus-Feudalwelt geschehen ließ, führt am Ende doch aus der Artus-Feudalwelt heraus; man wird hinübergeleitet in ein märchenhaft konzipiertes Avallon-Jenseits, ein Avallon nicht des Kriegers, der dort seine Wunden kuriert, sondern ein Avallon des Minnenden.

Die entscheidende Errungenschaft dieser Lais liegt darin, daß bewußt der Schritt aus der bisher verfügbaren und vertrauten literarischen Welt heraus vollzogen wird. Das Neue, das damit in der Volkssprache literarische Wirklichkeit wird, konnte dabei mit erstaunlicher Folgerichtigkeit auf fast allen Ebenen des Erzählens zum Durchbruch kommen. Das zeigt sich schon in der Art, wie die Koordinaten Zeit und Raum eingesetzt werden. Die damals dominierenden erzählerischen Gattungen projizierten vieles, was zeitlich in der Vergangenheit mehr oder weniger auseinanderlag, auf eine zeitliche Plattform in irgendeiner Vergangenheit. Bei den biblischen wie antiken als auch heldenepischen Stoffen war damit eine historische Fixierung gegeben und wurde meist auch als solche angestrebt. An den Lais der Marie de France läßt sich nun beobachten, wie aus dieser meist globalhistorisch orientierten Vergangenheitsplattform eine von historischen Präzisierungen absehende und dafür freier gewordene erzählte Zeit sich herauslöst und ein Eigenleben bekommt. Diese neue erzählerische Zeit ist in viel höherem Maße dem frei Imaginären zuzuordnen und bereits von einer fast modern anmutenden Sentimentalität und auch Melancholie geprägt. Das Leitwort dafür ist bei Marie de France *jadis*, das nicht mehr ein historisches Einst bedeutet, vielleicht noch an die Antike oder an Karl den Großen oder an einen zunächst auch noch historisch konzipierten König Artus gebunden, sondern das in eine freiere Welt sentimentaler Phantasie führt. Wenn Marie de France im Lai *Guigemar* noch von dem *tens ancienur*, der alten Zeit, V. 26, spricht, vergleichbar dem Prolog des *Alexiusliedes*, so zeigt gerade das, wenn man dann die vielen *jadis* als leitmotivische Zeitsignale heranzieht, den Unterschied zum *Alexiuslied*; dort ist der *tens ancienur* die Zeit der Väter und somit vorbildlicher Maßstab im Kontrast zur heruntergekommenen Gegenwart; in dem dominierenden *jadis* der Marie de France beginnt diese antithetische moralische Bindung sich aufzulösen, und diese alte Zeit, von der erzählt wird, ist erzählerisch weitgehend autonom geworden. Eine Vergangenheit neuer Qualität und Intensität tut sich auf.

Gut faßbar sind auch die Verschiebungen in der Konzeption des Raums. Räume, in dem sich Seltsames ereignen konnte, waren zwar literarisch bereits verfügbar. Man denke an den Alexanderroman mit seiner Öffnung gegenüber einer fabulösen exotisch-orientalischen Welt oder auch an den sog. spielmännischen Roman, der ebenfalls in einen Bereich phantastischer Ereignisse führen kann. Auch der Heldensage waren solche Bereiche nicht fremd. Das Reisethema war ein beliebtes

Mittel zur Erschließung dieser neuen Räume. Nach spätantikem Vorbild verwandelt ein Seesturm mit seinen Folgen das Szenarium und führt den Leser ruckartig von der normalen Welt in die ferne Welt des Phantastisch-Exotischen. Der Raum im Werk der Marie de France ist anderer Art. Es ist ein erzählerischer Freiraum des Wunderbaren, der sich unversehens mitten in der gewöhnlichen Welt auftun und zum eigentlichen Handlungsraum werden kann. An der bedeutsamen Schrumpfung des Reisemotivs läßt sich das z.B. ablesen. Lanval braucht sich nur ein paar Kilometer vom Artushof zu entfernen und gelangt bereits in den ganz anderen Raum der Feenliebe. Der verletzte Guigemar folgt bloß dem Pfad durch den Wald, in dem er und die anderen Ritter zu jagen pflegen und kommt nach der Begegnung mit der Hirschkuh an das Ufer, wo schon das Feenboot wartet. Symbolhaft verdichtet erscheint dieser imaginäre Raum, der zugleich ein Raum erotischer Innerlichkeit ist, in jenen auch im Artusroman immer wieder auftretenden geschlossenen Bezirken, wie Türmen, Gemächern, Grotten usw., die innerhalb des normalen literarischen Handlungsraumes einen neuen dichterischen Erlebnisraum möglich machen. Räume dieser Art konnten in dieser neuen Erzähldichtung, die auf die eben zugänglich gewordene matière de Bretagne aufbaute, zu Trägern neuer Vorstellungen werden und zu einem vertieften Verständnis des Erotischen führen; mit dem Erotischen verbunden vermochten sie auch in den Gestalten dieser Dichtung die künstlerischen Kräfte zu wecken, was bis zur Wiedergabe bzw. zum Aufbau einer erotischen Erlebniswelt in bildlicher Darstellung gehen konnte. So ist z.B. das abgeschlossene Gemach, in dem die Dame im Lai *Equitan* sich aufhält, mit Wandgemälden erotischen Inhalts geschmückt; im Tristanroman erreicht das eine höhere Stufe: Tristan selbst, nachdem er von seiner Geliebten getrennt wurde, legt sich in einer Höhle einen Statuensaal an und bildet dort die Welt seiner Isolde so lebensgetreu nach, daß der Uneingeweihte die Skulpturen für die tatsächlichen Menschen hält. Die Kunst in dieser neuen Dichtung des 12. Jh. ist also darauf und daran, das Leben einzuholen, ja zu überholen. Lancelot, eingeschlossen im Turm, wird das Abenteuer seiner Liebe zur Artuskönigin in einer kunstvollen Wandmalerei wiederholen, neumachen, verewigen. Ihre größte Bedeutung werden diese neuerschlossenen Innenräume in der Minnegrotte der Tristansage erreichen, an deren Ausgestaltung die geistliche Tradition mitbeteiligt war.

Doch nicht nur diese geschlossenen Räume innerhalb der normalen Feudalwelt sind von Wichtigkeit, sondern die Tatsache überhaupt, daß in diesen literarischen Werken, die im westlichen Europa spielen, z.B. das Überschreiten eines Gewässers den Übertritt in eine andere Welt bedeuten kann, daß ein Ritter auf einer gewöhnlichen Jagd, dem Feudalvergnügen schlechthin, von einer Hirschkuh auf einen Pfad gebracht wird, der in eine andere Welt führt; daß am Ufer ein Boot liegt, das dasselbe vermag. Dieses neue Raumerlebnis findet seinen Niederschlag auch in der großen Bedeutung, die der Wald Brozeliande aus inselkeltischer Tradition gewinnen konnte, dieser seltsame Wald schlechthin, in dem an jedem Punkt die Öffnung in die andere Welt möglich zu sein schien. Das hat natürlich seinen Ansatz in der Wirklichkeit des mittelalterlichen Daseins – Europa war noch von immensen Waldungen bedeckt, in denen es auch nicht immer ganz geheuer zu sein brauchte. Der Wald hatte auch als Jagdrevier des Adels zusätzliche Realitätsbedeutung. Die dem Mittelalter aus literarisch-geistlichen Quellen überlieferten symbolhaften Qualitäten der *silva obscura* konnte an die andere, reale Bedeutung des Waldes leicht angeschlossen werden. Es ist nicht verwunderlich, daß Wege, Richtungen, Fortbewegungsweisen und Fortbewegungsmittel nun ebenfalls symbolhafte Qualitäten annehmen konnten und daß sich ein immer dichteres Netz an symbolhaften Beziehungsmöglichkeiten zu konstituieren begann, wodurch dieser neue Raum geistig-geistlich und ethisch durchdrungen wurde und verfügbar gemacht werden konnte. In den novellenartigen Lais spielt das wegen deren geringerer epischer Substanz noch kaum eine Rolle.

Neben dem Wald erhält in dieser neuen Erzählliteratur auch das Wasser zusätzliche Bedeutung. Auch das hat Wurzeln in der Daseinswirklichkeit des Mittelalters und weit dahinter zurück. An der Küste öffnet sich das oft schwer durchdringliche Land den Schiffen fremder Länder und die Flüsse ermöglichen tieferes Eindringen. Die Ufer der Seen waren ähnlich den Ufern des Meeres. Die matière de Bretagne mit ihrem maritimen Hintergrund wirkte verstärkend ein und lieferte entsprechende Erzählmuster und Erzähltopoi (die einschlägigen Anregungen aus Antike und Orient müssen ebenfalls mitbedacht werden). Wie beim Wald, so verbanden sich auch Meer und Gewässer mit weit zurückreichenden Deutungsansätzen mythischer und christlicher Provenienz, die dann vor allem in der weiteren Entwicklung der Gralromane in Prosa zur Entfaltung kommen sollten. Innerhalb der realen mittelalterlichen Welt und der bisher verfügbaren literarisch-dichterischen Stilisierungen entwickelten volkssprachliche Dichter im Westen ein neues, stark imaginäres raumzeitliches Koordinatensystem, das in der Lage war, immer mehr Symbolhaftes an sich zu ziehen und seinerseits den Sinn für Symbolhaftes zu fördern.

In einer neuen Beleuchtung erscheint, schon in den Lais, auch der Mensch, er ist ein einzelner. Nun stehen gewiß auch in der Heldendichtung einzelne Krieger vor uns, freilich mit wenigen, aber scharf ausgeprägten Zügen; Krieger, denen die Bewunderung gilt. Wir werden den Metamorphosen dieses Kriegertyps bis hin zu Wolframs Willehalm auch nachspüren. Dieser heldenepische Krieger ist aber holzschnitthaft als Held konzipiert, er kämpft an der Spitze einer Kriegerschar, eingebettet in ein Kollektiv, er kämpft für den Lehensherrn und die Christenheit und bleibt damit letztlich der uralten mythischen Legitimation des Helden, die darin liegt, für die Gemeinschaft eine wertvolle Tat zu vollbringen, verpflichtet. Die Ritter der *Lais* der Marie de France lösen sich aus dem Zusammenhang mit dem kollektiven Erleben der heldenepischen, aber auch der höfischen Welt, zu deren Wesen die Öffentlichkeit gehört. Sie lösen sich selbst daraus und sie werden daraus gelöst durch die Intervention aus der Feenwelt. Lanval und seine literarischen Artgenossen leben für sich und ihren Eros in selig-problemloser Versponnenheit. Das Zurücktreten des Kriegerischen läuft parallel mit dem Verblassen der sozialen Bindungen und Verpflichtungen. Equitan, der König, läßt seinen Seneschall, wie es bezeichnenderweise heißt, *draußen* am Hof schalten und walten, während er selbst *drinnen* nur dem Eros lebt. Dieser von den Verpflichtungen der Öffentlichkeit freigesetzte Ritter unterwirft sich ausschließlich der Geliebten, wobei sich, und das weist über die Schwänke, die von erotischer Freizügigkeit handeln, hinaus, eine neue Form des Minneethos bildet, dessen Kern Einmaligkeit und Unverbrüchlichkeit sind. Im Tristanroman wird das einen Höhepunkt erreichen, vielleicht aber auch bereits in Frage gestellt werden. Die Verlagerung der erzählerischen Perspektive von der Öffentlichkeit des mittelalterlichen Lebens in die individuelle Innerlichkeit des liebenden Paares, in dem der eine Teil Ritter ist, begünstigte, oft auch nur als Nebeneffekt, weitere Aspekte, für die z.B. in der Heldenepik kein oder nur in ganz begrenztem Ausmaße Platz war. So kommt es in den *Lais* in neuer Weise zur Gestaltung von Nachdenklichkeit, Sorge, Hoffen usw. Auch der Vers streift den auf öffentliche Rezitation abgestimmten Stil heldenepisch-pathetischer Formelhaftigkeit ab und wird zum dezent gebrauchten Instrument menschlicher Intimität, wo es auf die Zwischentöne, nur geringfügig oberhalb und unterhalb der Mittellage kultivierter Konversation, ankommt.

Chrétien de Troyes und die Erweiterung des neuen Horizonts

Etwa gleichzeitig mit Marie de France nimmt sich der französische clericus – denn als solchen müssen wir ihn einstufen – Chrétien de Troyes, ebenfalls dieser neuen Stoffe und Erzähltraditionen an. Chrétien kann man als eines der großen Genies der Weltliteratur bezeichnen, und ohne ihn wäre die mittelalterliche Literaturlandschaft, vor allem auch die deutsche, eine dürftige und rauhe Gegend. In Chrétiens erstaunlich umfangreichem Werk sind exemplarisch die meisten literarischen Möglichkeiten der Zeit verwirklicht. Sein volkssprachliches erzählerisches Opus wächst noch aus der Anlehnung an die Antike heraus; er hat sich um die volkssprachliche Aneignung Ovids verdient gemacht, seine Umsetzung lateinischer Werke, von denen er selbst im Prolog zum Roman *Cligès* berichtet, sind aber, wenn man von der *Philomele* absieht, die ihm möglicherweise zuzusprechen ist, nicht erhalten. Vielleicht hat Chrétiens erzählerisches Werk auch eine Wurzel im Legendenroman, im geistlichen Bereich also, wenn man den *Wilhelm von England* zu seinen Werken zählen darf. Das würde auch gut ins literarhistorische Bild passen. Wie für Marie de France wird aber die matière de Bretagne zu seinem eigentlichen Arbeitsgebiet, das sich auch tatsächlich am zukunftsträchtigsten erweisen sollte. Dabei ist zu betonen, daß sich Chrétiens Werk auch in langer und intensiver Auseinandersetzung mit der immer mächtiger werdenden Tristansage vollzog, der er selbst seinen Tribut gezollt hatte. Chrétien vollzieht in der Auseinandersetzung mit der matière de Bretagne, über Marie de France hinausgehend, den folgenschweren Schritt zur erzählerischen Großform. Dem antiken Roman tritt der Artusroman an die Seite. Die Artusromane Chrétiens wurden mit Ausnahme des *Karrenritters* von literarisch interessierten deutschen Höfen übernommen, der *Erek*, der *Yvain* und der Artus-Gralroman *Perceval.* In beiden Sprachräumen liegt neben dieser neuen Erzählwelt eine neue volkssprachliche Liebeslyrik vor. Im okzitanisch französischen Westen war diese schon seit einigen Jahrzehnten etabliert, im Deutschen entwickelte sich die neue lyrische Dichtung, die sich am Westen orientierte, ungefähr gleichzeitig mit dem Artusroman. Im Westen lag in der Volkssprache ein breiterer Fächer antiker Dichtung vor, Großformen und Kleinformen. Dem stand im Deutschen zunächst nur die *Eneit* Heinrichs von Veldeke gegenüber, die selbst wiederum chronologisch mit dem ersten Artusroman parallel geht; was im Französischen sich in zeitlicher Stufung vollzieht, erscheint im Deutschen also weitgehend zusammengedrängt auf eine sehr kurze Zeit, ja ist gleichzeitig. Im Französischen konnte sich der Artusroman auf die volkssprachliche Fassung der *Historia Regum Britanniae* des Wace zurückbeziehen, eine Verdeutschung des *Roman de Brut* fehlte aber. Das schließt keineswegs aus, daß im Osten mehr über Artus bekannt war als im ersten deutschen Artusroman, dem *Erek*, zugänglich gemacht worden war. Im Französischen hatte die Verschriftlichung der einheimischen Heldensage bereits große Werke hervorgebracht, die ebenfalls als literarischer Hintergrund des neu entstehenden Artusromans mitberücksichtigt werden müssen. Im Deutschen ist um diese Zeit die einheimische Heldensage noch immer im Stadium der Mündlichkeit; die bereits seit Jahrzehnten verschriftlichte französische Heldensage wird erst im *Rolandslied* des Pfaffen Konrad importiert, ebenfalls etwa gleichzeitig mit dem *Eneasroman* und *Erek.* Demgegenüber dürfte im

Deutschen die religiöse volkssprachliche Literatur mit Einschluß theologisch geprägter Geschichtsdichtung stärker ausgeprägt und auch qualitativ dem Französischen überlegen gewesen sein. Den in Frankreich reich entwickelten und um diese Zeit literarisierten, unterhaltsamen Tierschwänken steht im Deutschen der zielstrebige, statt zyklisch angelegte *Reinhart Fuchs* gegenüber, dessen scharfe Satire mit der losen Scherzhaftigkeit des französischen *Roman de Renard*, der im Grunde kein Roman ist, wenig gemein hat. Wir konstatieren also vielfache Verklammerung der deutschen Literatur dieser Zeit mit der französischen, zugleich aber auch nicht unerhebliche Unterschiede. Beides verbietet eine isolierte Betrachtungsweise der deutschen Literatur dieser Zeit.

So wichtig die Neuerungen waren, die in den *Lais* der Marie de France sichtbar wurden, so bedeutete doch der Schritt zur Großform des Artusromans eine weitere und auch qualitative Veränderung. Diese liegt in der anspruchsvollen Bauform mit ihren neuen immanenten Sinnstrukturen und in der Wiedergewinnung des Ethisch-Sozialen und auch des Religiösen auf einer neuen Ebene. Dazu konnten sich Einzelmotive und Themen, die etwa in den *Lais* nur anklingen bzw. dort gar nicht in Erscheinung treten, in dem neuen hochorganisierten Großgebilde in ungeahnter Weise entfalten. Man denke an Problemkreise wie *aventiure* und Suche. Auch der neuerschlossene Raum – Wald und Gewässer – kann in seiner Ausdehnung mit seinen neuen Möglichkeiten an Wegen, Richtungen, Fortbewegungsweise etc. zu wirken beginnen. Neben den Artusromanen Chrétiens und dessen unvollendetem Gralroman wurden auch andere Werke aus diesem Umfeld ins Deutsche umgesetzt. So im *Lanzelet* des Schweizer Geistlichen Ulrich von Zatzikoven, vor allem aber in der Geschichte von Tristan und Isolde. Dazu, und dies ist kaum weniger bedeutsam, wird dann auch das umfangreiche Prosawerk, der sogenannte *Prosalanzelot*, aus der ersten Hälfte des 13. Jh. bald nach seiner Entstehung ins Deutsche übersetzt, so daß ein umfassender und zentraler Bereich hochmittelalterlicher französischer Literatur dem deutschen Publikum zugänglich wurde. Der Erzählkomplex um Artus und Gral entwickelte offenbar seit den ersten Bearbeitungen eine beachtliche Eigendynamik. An eine einheitliche Übersetzungspolitik ist bei den Bearbeitungen freilich nicht zu denken; die Aneignung dieser verschiedenen französischen Texte erstreckt sich über Jahre, tritt in verschiedenen Gegenden des deutschen Sprachraums zutage, wird von verschiedenen Dichtern geleistet und hat recht unterschiedliche Mäzene.

Die Art, wie die deutschen Bearbeiter mit den französischen Vorlagen umgegangen sind, ist von Dichter zu Dichter verschieden. Man kann deren Arbeitsweise nicht über einen Leisten schlagen. Neben der teilweise ähnlichen, teilweise aber auch recht unterschiedlichen literarhistorischen Konstellation, die die deutschen Bearbeitungen französischer Werke bestimmt hat, ziehen weitere Faktoren bei diesem Umsetzungsvorgang unsere Aufmerksamkeit auf sich. Es ist zu überlegen, ob nicht politische Gegebenheiten, etwa Deutschland als Kernland des Reichs, auf die Perspektiven bestimmter Autoren Einfluß haben konnten. Globale Antworten darauf geben zu wollen, wie das in der gegenwärtigen soziologisch geprägten Betrachtungsweise Mode zu sein scheint, ist eine unzulässige Vereinfachung, der man mit Skepsis begegnen muß. Als punktuelle Möglichkeit ist freilich ein derartiger Einfluß immer wieder zu berücksichtigen. Man sollte nur nicht von d e n politischen Verhältnissen in Frankreich und d e n angeblich ganz anderen politischen Verhältnissen in Deutschland reden; diese gab es nicht; der damalige französische Raum war kein politischer Monolith so wenig wie der deutsche. Zwischen Dichtern wie Heinrich von Veldeke, Wolfram, Hartmann und Gottfried usw. die dann alle von d e n politischen deutschen Verhältnissen determiniert sein müßten, bestehen derartige Unterschiede in ihrer Bearbeitungsweise der französischen Texte, daß jeder Determinismus dieser Art als realitätsfern zurückgewiesen werden muß. Zu bedenken wäre auch, ob das im Deutschen deutlicher sichtbar werdende Hervortreten der Ritter nicht nur als Minnesänger, sondern auch als Verfasser erzählerischer Großwerke eine Verschiebung in den Intentionen und Perspektiven mit sich gebracht hat. Der *clericus* ist zwar auch im Deutschen nach wie vor an der Hervorbringung dieser Erzählwerke beteiligt, man denke an Ulrich von Zatzikoven oder – wahrscheinlich – an Gottfried, um bei der älteren Generation zu verbleiben. Dem *clericus* Chrétien, dem Schöpfer des Artusromans, steht im Deutschen aber nicht wieder ein *clericus* gegenüber, sondern zwei Laien, Hartmann von Aue und Wolfram von Eschenbach. Wollte man aber beiden das gleiche Bewußtsein unterstellen, so ginge man in die Irre. Das Faktum aber bleibt bestehen, daß die jeweiligen deutschen Mäzene keineswegs immer einen Hofkleriker mit der Bearbeitung eines französischen Werkes beauftragten. Die Erwartung, bei ritterlichen Laien möglicherweise größere Bereitschaft für Weltliches vorzufinden, kann es nicht gewesen sein, die diese Mäzene dazu bewog, denn der Schweizer Ulrich von Zatzikhofen, obgleich *clericus*, bearbeitet ohne Hemmungen den sehr weltlichen Lanzeletstoff und für Gottfried von Straßburg gilt, zumindest was den von ihm bearbeiteten Stoff betrifft, dasselbe. Man wird demnach annehmen dürfen, daß es im deutschen Sprachraum ritterliche Laien gab, die dem clericus an poetisch-sprachlicher Schulung keineswegs nachstanden, so wie schon früher im Okzitanischen, allerdings auf dem Gebiet der Lyrik, der *chevalier* Wilhelm IX. sich bewußt und voll Stolz als erfolgreicher Konkurrent des *clericus* zu profilieren vermocht hatte. Hartmann, der sich an zwei Stellen als literarisch gebildeten Ritter bezeichnet, dies offensichtlich aber nicht als Normalzustand ansah, geht dennoch nicht auf polemische Distanz zum *clericus*, sondern stellt nur fest, mit berechtigtem Stolz, dasselbe literarische Bildungsniveau zu haben.

Im Prolog zum *Iwein* (V. 29 ff.):
Ein rîter, der gelêret was
unde ez an den buochen las,
swenner sîner stunde
niht baz bewenden kunde,
dazu er ouch tihtennes pflac ...
er was genant Hartman
und was ein Ouwaere,
der tihte diz maere.

Im Prolog zum *Armen Heinrich* (V. 1 ff.):
Ein ritter sô gelêret was
daz er an den buochen las
swaz er dar an geschriben vant:
der was Hartman genant,
dienstman was er z'Ouwe.

Anders steht es in dieser Hinsicht mit Wolfram; die ritterlichen Laien waren auch als Literaten nicht von einem einheitlichen Bewußtsein erfüllt. Bei diesen Bearbeitungen französischer Texte durch deutsche Ritter und Geistliche gilt es herauszubringen, wie sie ihr Tun verstanden, ob als bloßes Übersetzen, als Vermitteln spannender Stoffe oder als Weiterspinnen dessen, was ein anspruchsvoller französischer, meist klerikaler Romancier begonnen hatte, als Teilhabe an einem die Sprachen übergreifenden literarischen Gespräch, als Überbietung, als Krönung der Vorlage in tiefgreifender Neuorientierung. Beobachtungen, zu denen der Vergleich deutscher Minnesänger mit den Liedern ihrer romanischen Zeitgenossen und Vorgänger geführt hat, wiesen in diese Richtung.

Schon der Verfasser des französischen *Thebenromans* hatte auf der engen Verbindung von *clericus* und *caballarius-chevalier* insistiert, was kaum als naive Feststellung gemeint sein konnte, sondern als Bemühen, ein um diese Zeit oft als problematisch empfundenes Verhältnis neu zu deuten. Das läßt sich einreihen in die vielgestaltigen Bemühungen um den Ritter überhaupt, die im 12. Jh. immer größeres Gewicht bekamen. Der berittene Krieger, um den es geht, und nicht um die angebliche Klasse der Ministerialen, hatte nicht zuletzt durch die Kreuzzüge weiter an Prestige gewonnen; neben dem traditionellen Interesse der Geistlichkeit an Königen und Herrschenden, das sich u.a. auch in Fürstenspiegeln niederschlug, konnte der Ritter als solcher in den Mittelpunkt des Interesses rücken und immer mehr Rechtfertigung erhalten. Was im französischen *Thebenroman* nur anklang, wird bei Chrétien klar durchdacht, geschichtsphilosophisch fundiert und bereits aus französischem Nationalbewußtsein heraus proklamiert. *Chevalerie* und *clergie* rücken bei ihm eng zusammen und erhalten in Frankreich ihr Zentrum. Im Vers 28ff. seines Prologs zum Roman *Cligès* betont Chrétien, daß man aus den Büchern der Antike ablesen könne, daß zuerst Griechenland der Hort der *chevalerie* und *clergie* gewesen sei. Dann seien *chevalerie* und *clergie* nach Rom gelangt und nun sei *France* das Zentrum beider. Gott möge geben, daß es so bleibe und daß die beiden nie mehr von Frankreich fortgehen. Den anderen, den Griechen und Römern, hatte Gott *chevalerie* und *clergie* nur geliehen; von Griechen und Römern sei nun nichts Nennenswertes mehr zu berichten, der lebendige Funke sei dort erloschen. Die Tendenz, sich in überbietender Weise von der Antike abzusetzen, wurde durch die in christlicher Bibelexegese wurzelnde Denkform der Typologie begünstigt; diese war eine wichtige Grundlage für das besonders im 12. Jh. stark hervortretende ›Fortschrittsbewußtsein‹ des Mittelalters. Chrétien spricht von *clergie* und *chevalerie* mit dem gleichen Gewicht auf beiden Teilen; das Hauptgewicht bei der Überbietung von Griechenland und Rom liegt auf *la France*. Zweimal in vier Versen, mit deutlicher Rahmenfunktion, fällt dieses gewichtige Wort.

In Frankreich das Zentrum der zeitgenössischen Kultur, in Paris ein neues Athen zu sehen, war im 12. Jh. eine verbreitete Ansicht und hatte bereits eine Tradition. In einer St. Galler Chronik wird schon die Zeit Karls des Großen unter Alkuins Bildungspolitik in den Dreischritt Athen, Rom, Frankenreich hineingestellt. Hugo von St. Viktor im Paris des 12. Jh. beruft sich in seinem Bild von der Entwicklung der Theologie auf denselben Dreischritt. Auch die Parallelisierung von *scientia* und *militia* ist bei lateinischen Autoren um diese Zeit belegt. Auch die Bemühungen des Abtes Suger von St. Denis um die Stärkung der Königsidee gehören hierher. Chrétien reiht sich hier also ein in gängige Vorstellungen. Bedeutsam ist aber, daß er in voller Bewußtheit diese zu seiner Zeit verbreiteten Translationsvorstellungen auch für die immer anspruchsvoller werdende volkssprachliche Literatur nutzbar macht und die konkreten, tatsächlich mittelalterliche Verhältnisse bezeichnenden volkssprachlichen Termini *clergie* und *chevalerie* einsetzt. Im Werk Chrétiens verwirklicht sich diese Verbindung von *chevalier* und *clergie* in der imaginären Welt des Artus- und Gralromans. Der *clericus* Chrétien verschreibt sich mit dem Artus- und Gralroman ganz der matière de Bretagne und einem neuen Ritterbild, zu dem er selbst Wesentliches beiträgt. Er läßt aber keinen Zweifel daran, daß er es ist, der gebildete *clericus* Chrétien, dem dabei die ausschlaggebende Leistung zukommt. So erhält die französische *chevalerie* seiner Artusromane, die über der *chevalerie* Athens und Roms einzuordnen ist, ihr Pendant in dem unsterblichen Ruhm des Autors Chrétien; dieser Ruhm wiegt mehr als antiker Unsterblichkeitsglaube, da er mit dem Christentum verbunden ist. Chrétiens *exegi monumentum . . .*, in dem der Prolog seines ersten Artusromans, des *Erec*, gipfelt, führt nicht weniger wie seine Translationstheorie wiederum in die humanistische Strömung hinein, die schon beim französischen Alexanderroman aufgefallen war. Es wird zu fragen sein, wie es um diese mittelalterliche humanistische Komponente bei den deutschen Bearbeitern bestellt ist, welche Formen sie dort annimmt, welche Eigenarten sie aufweist und welchen Rang sie hat.

Neue Ansätze in der erzählenden deutschen Literatur

Dem französischen Muster folgend gewähren nun auch die deutschen Erzähler prominenten Nichtchristen immer mehr Raum in ihren Werken und lassen sie zu Hauptgestalten großer Dichtungen werden. Für die zunehmende Bedeutung des Laien aber auch des Irdischen ist das ein wichtiges Indiz. Wie zu erwarten, ging es auch im Deutschen mit der Antike an. Im Altfranzösischen scheint die Aneignung antiker Epen und kurzer Verserzählungen zunächst – und dies ist geistesgeschichtlich wichtig – ein rein erzählerisches Phänomen zu sein, sich sozusagen auf der Ebene des *sensus literalis* abzuspielen. Geschehen und Menschen werden in ihrer packenden Vordergründigkeit erfaßt; von einer Einbindung in einen sinngebenden übergeordneten geschichtstheologischen Rahmen, von allegorisch-typologischer Deutung ist kaum etwas zu erkennen, wenn wir diese volkssprachlichen antiken Romane und die Bearbeitungen der Geschichten aus den *Metamorphosen* nicht gründlich mißverstehen (erst spätere Generationen werden den *Ovid moralisé* hervorbringen). Im Deutschen dürfte sich das etwas anders verhalten. Da die Aneignung der Antike durch deutsche Autoren nicht direkt erfolgte, sondern über die Bearbeitung französischer Werke ging, hat es zusätzliche Bedeutung, wenn bei diesen deutschen Bearbeitungen in wichtigen Aspekten Unterschiede gegenüber den französischen Vorlagen zu verzeichnen sind. Die Perspektive der deutschen Dichter, die mit antiken Stoffen umgingen, scheint sich stärker aus Bibelexegese und Geschichtstheologie entwickelt zu haben als das bei den französischen Autoren dieser Art der Fall war. Daß im Deutschen, im Ostteil des alten karolingischen Reiches, die sakralimperiale Idee stärker Fuß gefaßt hatte und als reale Macht länger nachwirkte als im Westen, wo sich zwar subliterarisch die Karlstradition stark entwickelte, die machtpolitischen Realisierung und Repräsentanz des Reiches aber ferngerückt war, hatte für diese Entwicklung sicherlich auch Bedeutung. So gab kurz vor 1100 der Dichter des *Annoliedes* den Translationsdreischritt, der dann von Chrétien de Troyes pointiert und bewußt wiederaufgegriffen wurde, auf und wandte sich der Theorie direkter, biologischer Abstammung der deutschen Stämme von Trojanern und anderen antiken Völkern zu, die in der Chronik des sogenannten Fredegar, wohl im 7. Jh., zum ersten Mal auftauchte. Der Verfasser des größten deutschsprachlichen Werkes des 12. Jh., der deutschen *Kaiserchronik*, griff das um die Jahrhundertmitte wieder auf. (Galfred von Monmouth verfuhr in seiner *Historia Regum Britanniae* ähnlich; auch er stellte die direkte genealogische Kontinuität zurück bis zu den Trojanern her.) Wie im *Annolied*, so sind auch noch in der *Kaiserchronik* die großen antiken Stoffe – Troja, Alexander, Cäsar – eingebunden in den geschichtstheologischen

Zusammenhang, was bei den altfranzösischen antiken Romanen fehlt. Die Antike erscheint in diesen deutschen Werken als gebunden, sie steht nicht für sich da (s.o. S. 271ff). Novellistische Erzählstoffe aus der Antike, die von ihrer Kurzform her entfernt an die selbständigen laiartigen altfranzösischen Bearbeitungen der ovidianischen Verserzählungen erinnern, verlieren in der *Kaiserchronik* ihre Selbständigkeit und erscheinen als legendenartige Gebilde in einem moralisch durchdachten, von der geistlichen Typologie bestimmten Gefüge. Selbst in der deutschen Bearbeitung des erzählerisch bereits selbständigen Alexanderstoffes ist ja die Antike ans moralisch-biblische Schema gebunden.

Die Aneignung der Aeneis

Welche Tendenzen lassen sich nun an der deutschen Bearbeitung des altfranzösischen Eneasromans erkennen, mit der diese moderne Großform des Romans im Deutschen aufgegriffen wurde? Daß diese Bearbeitung von den mittelalterlichen deutschen Autoren selbst als literarisches Ereignis von großer Tragweite empfunden wurde, zeigen die entsprechenden Äußerungen Gottfrieds von Straßburg in seinem *Tristan* wenige Jahrzehnte später. Der große antike Einsatz im Altfranzösischen mit Theben-, Troja- und Eneasroman kurz nach der Mitte des Jahrhunderts wirkt im Deutschen erst über zwei Jahrzehnte später und zunächst nur mit dem Eneasroman weiter. Diese Auswahl kann natürlich auf den Zufall zurückgehen, aber der Eneasroman hängt doch in so bevorzugter Weise mit Rom und Reich zusammen, daß es geschichtsphilosophisch und politisch nahezuliegen scheint, wenn ein deutscher Dichter gerade der Barbarossazeit sich von diesem Stoff besonders angezogen fühlte.

Mit Heinrich von Veldeke, dem Bearbeiter des französischen Eneasromans, kommt man in den deutschen Nordwesten. Von ihm liegt auch ein geistliches Werk vor, die Servatiuslegende, die von einem Heiligen handelt, der in Maastricht und der Umgebung besonders verehrt wurde. Von Heinrich von Veldeke stammen auch Minnelieder, u.a. Bearbeitungen von Strophen Chrétiens. Der deutsch-flämische Nordwesten, zum Französischen hin offen, sollte immer mehr zum Zentrum des Ritterlichen werden, wie viele mittelhochdeutsche Texte betonen. Heinrich von Veldeke hatte klerikale Bildung. Neben der französischen Vorlage seiner *Eneit* kannte er auch Vergil. Der *clericus*, was den Bildungsstand betrifft, und darauf kommt es an, steht also auch am Beginn des großen deutschen Romans in der zweiten Hälfte des 12. Jh. Aus den Angaben des Epilogs erfahren wir nicht, wer Heinrich zur Bearbeitung des französischen Eneasromans animiert hatte. Es heißt, er habe sein opus, das schon weit gediehen war (bis an die Stelle, wo Eneas den Liebesbrief der Lavinia erhält), der Gräfin von Kleve geliehen. Warum gewährte er gerade dieser Dame Einsicht? Am vernünftigsten ist wohl die Annahme, daß sie die Mäzenin und Anregerin war, und daß der Dichter sie vom Fortschritt der Arbeit überzeugen wollte. Wir haben es also wahrscheinlich, wie in anderen Fällen auch, man denke an Chrétien oder an Wace, mit der hohen Dame als Mäzenin zu tun. Wir erfahren dann, daß diese Gräfin den Landgrafen Ludwig von Thüringen heiratete. Bei der Hochzeit in Kleve sei das Buch von einem Grafen Heinrich, möglicherweise einem jüngeren Bruder des Landgrafen Ludwig, gestohlen worden. Dies ist kulturgeschichtlich von nicht geringem

Interesse, zeigt sich doch in diesem Diebstahl die Hochschätzung, der sich ein solches literarisches Unternehmen in Adelskreisen erfreuen konnte. Nach neun Jahren habe Heinrich von Veldeke das Manuskript zurückerhalten, als er nämlich selbst an den Thüringer Hof des Pfalzgrafen Hermann, des Bruders Ludwigs III. berufen wurde. Ein weiterer naher Verwandter, Graf Friedrich, heißt es im Epilog, sei ebenfalls an der Vollendung des Werkes interessiert gewesen. Diese Angaben des Epilogs ergeben als Spielraum die Jahre 1181–1190; dazu zeigt sich, daß punktuelle dynastische Verbindungen und persönliche Beziehungen und weniger »die« gesellschaftlichen Strukturen für die Entstehung dieser mittelalterlichen Literatur das Entscheidende sind. Diese Angaben lassen auch an das deutsche *Rolandslied* oder an Wolframs *Willehalm* denken. Es ist zu betonen, daß bei dieser Eindeutschung des Eneasstoffes von direkten imperialen Anregungen seitens des staufischen Hofes keine Spur zu erkennen ist. Dies schließt freilich nicht aus, daß Heinrich von Veldeke selbst solche politischen Perspektiven in sein Werk eingebaut haben könnte, was dann vielleicht sogar aufschlußreicher wäre, als wenn die Einführung solcher Perspektiven auf unmittelbares Einwirken des Kaisers oder seiner Kanzlei zurückzuführen wäre. Ist nun diese mittelhochdeutsche *Eneit*, was die Deutung und Einverleibung der Antike betrifft, mit dem *Annolied* und der *Kaiserchronik* vergleichbar oder stellt sich die Antike, wie weitgehend im französischen Eneasroman, als relativ freier, autonomer Erzählstoff dar? Es ist geistesgeschichtlich wichtig festzustellen, daß der Befund zwiespältig zu sein scheint. Heinrichs Text, so wie er überliefert ist, bietet beides: In der Hauptsache, wie in der französischen Vorlage, eine erzählerisch für sich stehende antike Welt, in der mittelalterlichen Umdeutung natürlich, dann aber, darüber hinausweisend, doch nicht integriert, den Versuch, diese Welt geschichtstheologisch einzuordnen.

Zum Ersten, zu der grundsätzlichen Übereinstimmung mit der altfranzösischen Darstellung und damit Umdeutung der lateinischen *Aeneis*. Schon beim altfranzösischen *Thebenroman*, der die antike Romantrias im Altfranzösischen chronologisch anführen dürfte, zeigt sich, daß das lateinische Epos nicht einfach nach dem Muster des mittelalterlichen volkssprachlichen Heldenepos, das um diese Zeit in seiner Stilistik und in seinen Perspektiven ziemlich fest und traditionserhaltend und traditionsbildend etabliert war, der Volkssprache einverleibt wurde. Im einzelnen gibt es freilich chansons-de-geste-hafte Züge. Ein entscheidender Unterschied gegenüber den Chansons de geste liegt im Eneasstoff in der Herstellung einer Verbindung zwischen *militia* und *amor*. Der mittelalterliche Eneasroman ist über Vergil hinaus bereits in seiner Struktur vom Minnethema bestimmt. Die festen Ansatzpunkte, die Vergils Text bieten konnte, wurden dabei systematisch ausgebaut. Dies ist besonders aufschlußreich. Eneas ist schließlich der Gründer des römischen Reiches, dessen Bedeutung für das Mittelalter und das 12. Jh. im besonderen nicht weiter bewiesen zu werden braucht. Wenn nun dieser geschichtstheologisch und politisch so wichtige Eneas vor allem in seiner Bindung an die Minne gesehen werden kann, so hat das besonderes Gewicht.

Daß der französische Eneasroman und ihm folgend Heinrich von Veldeke den reichen mythologischen Überbau des Vergilschen Textes weitgehend beseitigt haben, ist ein normaler Vorgang für einen christlichen mittelalterlichen Dichter. Daß aber, weit über Vergil hinausgehend, die Minnehandlung, vor allem die Beziehung Lavinia-Eneas, so sehr in den Mittelpunkt gerückt werden konnte, ist symptomatisch. Der Sinn des altrömischen Reichsepos wird durch diese Ovidianisierung, wie man diese Hinordnung auf die Minnethematik nennen kann, grundlegend

89. Aus der Eneit: Didos Selbstmord.

90. Ebda. Didos Tod und Bestattung.

verschoben. Eneas, der Epenheld und Reichsgründer, erscheint in erster Linie als Minneritter, und die Aufmerksamkeit des Publikums wird nicht so sehr auf das Reich gerichtet, sondern darauf, wen Lavinia schließlich heiraten werde. Wenn der kriegerische Laie nicht mehr nur als Ritter, sondern als Minneritter konzipiert und somit aus der heldenepischen Tradition herausgenommen wurde, so bleiben doch im Stilistischen Reste heldenepischer Diktion stehen, die beim nur wenig jüngeren Artusroman, vor allem in den deutschen Bearbeitungen, kaum noch anzutreffen sein werden. Der antike Roman ist hierin ein wertvolles Bindeglied. Die vor allem im Variationsstil der traditionellen Heldenepik beheimateten Kriegerbezeichnungen wie *wigand*, *helt*, *degen*... und ihre Entsprechungen im Altfranzösischen geraten zwar zahlenmäßig, wie übrigens schon im altfranzösischen *Rolandslied* gegenüber der modernen Bezeichnung *chevalier*, *ritter* ins Hintertreffen, aber auch der moderne Terminus chevalier, Ritter, kann durchaus noch in heldenepischer Manier eingesetzt werden. So können im französischen Eneasroman Krieger des Turnus oder Eneas wie einige Jahrzehnte früher im *Rolandslied* feierlich episch als *franc chevalier* angesprochen werden. Heinrich von Veldeke hat zwar an den entsprechenden Stellen diese Exklamation gestrichen, es finden sich aber auch bei ihm Beispiele für heldenepische Stiltraditionen dieser Art, was bis zur Verwendung formelhafter Wendungen geht. Fügungen wie *der helt küene und gemeit* oder *der helt vermessen*, *der helt guot*, *der helt bald*, *Eneas der degen*, *die guoten knechte* usw. hören sich an, als kämen sie aus der Nibelungendichtung. Auch bei den Kampfschilderungen schlägt in beiden volkssprachlichen Texten immer wieder die einheimische epische Stiltradition durch. So heißt es bei Heinrich von Veldeke *mit einem scharphen swerde daz houbet her im abe sluch*, oder mit *einem scharphen swerde daz her an der hant truch* (auf das heldenepische *ein* ist mit Nachdruck hinzuweisen); von einem gewissen Helenor wird gesagt, daß er das *swert zôch*, *daz was scharf unde lank*. Auch das klingt wie aus dem Nibelungenlied.

Neben diesen traditionell heldenepischen Stilzügen dringt aber das Moderne, Minneritterhafte in anderer Weise als dann im *Nibelungenlied* in die Darstellung ein. Die Intensität dieses Eindringens ist verschieden. Auch darin ist also keineswegs Integration erreicht. Es gibt stärker modernhöfisch, ritterlich durchsetzte Stellen und solche, wo das Archaische dominiert. Ein gutes Beispiel ist der große Zweikampf am Ende des Werkes, wo endlich Turnus und Eneas miteinander kämpfen. Die Schilderung des Kampfes entspricht, wenn man bloß auf das Inhaltliche achtet, bis zu dem Punkt, an dem das Schwert des Turnus zerbricht, durchaus dem, was etwa der Artusroman auch bieten wird: Anrennen zu Pferde mit der Lanze, dann Schwertkampf zu Fuß. Die Durchführung aber ist heldenepisch und folgt noch nicht dem Artusroman. Weder im französischen noch im deutschen Text gibt es einen Ansatz zu einer Allegorisierung des Kampfes, vielmehr steht wuchtige epische Realität vor dem Leser. Es werden auch die Kämpfenden an dieser Stelle niemals als Ritter bezeichnet, vielmehr herrschen die schweren altepischen Bezeichnungen vom Typ *helede wolgeboren* vor und das vorherrschende Adverb oder Adjektiv ist *grimmic*, *grimmiclich*. Ein aufschlußreicher Beleg findet sich an der Stelle, wo das Modernere, die Minne also, in den Kampf eingreift, als nämlich Eneas seine Geliebte Lavinia am Fenster erblickt. Es heißt: *des gewann der helt guot grimmigen hohen muot*. *Grimmic* und *hoher muot* stehen also in einem Vers nebeneinander und signalisieren symbolhaft das In- und Nebeneinander der beiden Bereiche, des Altepischen und des modern Romanhaften-Minnesängerischen. Gegenüber der französischen Vorlage hat Heinrich von Veldeke bei der Schilderung des Zweikampfes stark erweitert. Die Vokabel

Ritter, die er sonst reichlich verwendet, lief ihm aber dabei nicht in die Feder. Nur am Anfang der Schilderung, bei der Vorbereitung des Kampfes – im französischen Text fehlt hier Vergleichbares – kommt in einem knappen Initialenabschnitt zweimal das Adverb *ritterlich* vor. Es heißt, die beiden waren gerüstet *ritterliche* und von Eneas heißt es speziell, daß er auf dem Pferd saß, das ihn *ritterliche truch*; doch dann herrscht die Bezeichnung *grimmic* vor. Das Modernere hat dagegen ungleich mehr Entfaltungsmöglichkeiten in anderen beschreibenden Passagen. So kann es beim Auftritt der Frau Kamille heißen *ir gewand... daz stunt ihr ritterlîche*, oder *si was gewâfent ritterlîche.* Heinrich von Veldeke hat überhaupt eine besondere Vorliebe für die Bezeichnung *ritterlîch.* Von den Beschreibungen dieser Art kann dieses Adverb oder Adjektiv auch in einzelne Kampfschilderungen eindringen, so z. B. in die Schilderung des Kampfes zwischen Turnus und Pallas. Beide, als *wîgande* bezeichnet, *tâten eine juste harde ritterlîche*, oder *si dacten sich ritterlîche mit den schilden.* Häufig findet sich dasselbe Adverb bei der Schilderung des Kampfes zwischen Eneas und Mezentius; auch die Kämpfe der Kamille sind vom Adjektiv *ritterlîch* durchsetzt; das gilt auch für die Grabinschrift. An vielen Stellen präzisiert dann Heinrich von Veldeke das kämpferische Geschehen, indem er den im Französischen vorgebildeten Terminus *faire chevalerie* auf das blutige Kämpfen anwendet. De facto geht es dabei um *strîten*, wie es herkömmlicherweise heißen müßte; es heißt aber nun an vielen Stellen mit der neuen Wendung *ritterschaft tun.* Dabei handelt es sich in manchen Fällen um eine besondere Art des Kämpfens. So wird von einer der kriegerischen Begleiterinnen der Kamille gesagt, sie hatte in dem *strîde ritterschefte vil getan.* Eine neue Art des Kämpfens und des sich Auszeichnens im Kampf wird erkennbar. Von Kamille heißt es, sie sei gekommen, sich *niuwan an ritterschaft ze keren.* Dasselbe gilt für Kamilles Gegenstück, den jungen Pallas: Der wollte *ritterschaft da tuon*, und weiter, daß er mit seinen Begleitern *vil schône ritterschaft frôliche da began.* Die Zahl der Belege wäre leicht zu erhöhen. Innerhalb des Kämpferischen und eingebettet in die alten heldenepischen Beschreibungsweisen hebt sich eine neue Art kriegerischer Betätigung ab, die etwas Besonderes und Faszinierendes an sich gehabt haben muß. Die Kämpfer werden nicht nur mit den alten, episch ehrwürdigen Vokabeln wie *helt, wigand, kneht, degen* bezeichnet, sondern eben auch als *ritter.* Dabei geht es nicht bloß um die Sachbezeichnung berittener Krieger, in einem neutralen und in unserem Zusammenhang also uninteressanten Sinn, sondern um eine positive, moderne Bezeichnung. Ritter meint in vielen Belegen etwas besonders Auszeichnendes, Strahlendes. So etwa, wenn Eneas an der Leiche des jungen Pallas klagt: *edel ritter Pallas.* Im französischen Text steht an derselben Stelle *fleur de jovent.* Von einem der Leute des Turnus heißt es z. B. *er war ein ritter wolgeborn*, was auch noch die noble Herkunft unterstreicht. Die Hauptgestalt Eneas und auch Turnus sind zwar noch weitgehend im Banne der alten heldenepischen Nomina, aber bei Eneas entsteht, wie oben angedeutet, durch das Wort *ritterlîch, ritterlîche* schon ein dichtes Netz neuer Bezüge.

Eneas erscheint aber nicht nur als Krieger, Stadt- und Reichsgründer und Herrscher. Viele Hunderte von Versen zeigen ihn, ohne Anhaltspunkt bei Vergil, als den nachsinnenden Minneritter. Das ist von großer Bedeutung, da es ja in erster Linie der Herrscher und König mit seiner sakralen Aura war, auf den hin der waffentragende Laie überhaupt positiv gesehen werden konnte und als literaturwürdiger Gegenstand zu akzeptieren war. König und Herrscher als Ziel und Rechtfertigung des Ritters werden zwar auch noch im Artusroman weiterhin präsent bleiben und nachwirken, als Zentrum und Ziel der Darstellung beginnen sie aber doch zu verblassen. Ein

91. Askanius erlegt den zahmen Hirsch.

besonderes Bild vom Ritter tritt hervor, bestimmt vor allem durch die Faszination des Eros, die immer deutlicher faßbar wird, ein Bild vom Ritter, das seinen Sinn stärker in sich selbst hat als in der ausschließlichen Hinordnung auf das königliche Herrscheramt. Heinrich von Veldeke zeigt diese Hinordnung auf den Minneritter weniger in der tragischen Didoepisode als in der glückverheißenden Minnehandlung mit Lavinia. Daß Eneas mütterlicherseits, seine Mutter ist ja Frau Venus selbst, in dieser Hinsicht vorbelastet war, dürfte für den mittelalterlichen Autor, der das Mythologische radikal zurückdrängte, von untergeordneter Bedeutung gewesen sein. Auch die Prophezeiung des alten Anchises, das Schicksal des Eneas in Latium betreffend, hätte nicht genügt, das Bild des Kriegers so sehr auf die Minne hinzuordnen wie eben dies in den zwei volkssprachlichen Fassungen der *Aeneis*, vor allem bei Heinrich von Veldeke, eingetreten ist. Hier wirkte als selbständiger Faktor die kulturelle Situation des Hochmittelalters herein und trug dazu bei, den lateinischen Text entscheidend umzugestalten. Auf breiter Basis dringt nun die Minne in die altepische Dichtung ein. Typisch romanhafte, moderne Erzählelemente, die als neue Errungenschaft bestaunt wurden, begannen sich auszubreiten. Im *Eneasroman* ist freilich der Entfaltungsbereich dieser neuen, ins Altepische eindringenden Macht des Eros noch begrenzt auf zwei Typen und ist auch strukturell und darstellerisch gebunden und damit etwas entschärft: auf die zerstörerische Minne der Dido einerseits und die heilvolle, weil geschichtstheologisch relevante Minne der Lavinia andererseits, die an die Etablierung römischer Herrschaft gebunden ist, und den Ritter somit noch an das Königsherrscherbild bindet. Die folgenden großen Romane der hochmittelalterlichen Literatur können als Weiterentwicklung und -entfaltung der Minnethematik angesehen werden. Weitere Möglichkeiten der Minne werden ausgelotet bis hin zum *Tristan*, in dem es scheint, daß sich die Minne aus den verfügbaren Bindungen und Typen zu lösen vermochte, bis sie dann im *Prosalanzelot* wieder vom Religiösen eingeholt wurde.

Lavinia, dem Turnus versprochen, wird von ihrer Mutter, die die Sache des Turnus mit Energie betreibt, auf die Minne vorbereitet. Dies geschieht in einem großen Lehrgespräch, das als eine der moderne Erzählattraktionen den epischen Text zu verändern beginnt. Lavinia fragt naiv, was denn das sei, *minne*. Die Mutter erläutert umständlich; die Ovidrezeption des 12. Jh. kann dabei zur Geltung kommen. (Dieses Minnegespräch hat ja auch, freilich nur punktuell, auf die Exposition des Nibelungenliedes eingewirkt.) Hierauf werden Lavinia und Eneas in den Vordergrund gerückt. Die Aufmerksamkeit wird geweckt, indem der Autor das Publikum apostrophiert: *Nu horet eine ander rede*. Der Parallelismus zum vorhergehenden Minnegespräch, das um Lavinia und Turnus kreiste, ist evident. All das geschieht in der Zeit des Waffenstillstands, der zwischen Eneas und Turnus ausgehandelt worden war. Es ist dies aber keine tote Zeit, wie das vom kriegerischen Standpunkt aus der Fall sein müßte. Diese Zeit wird auch nicht mit altepischen Botensendungen und Beratungsszenen gefüllt. Es ist dennoch eine Zeit hoher, allerdings innerlicher Aktivität. Über der heldenepisch-kriegerischen Handlung entsteht ein neuer Handlungsraum, der nicht minder wichtig ist; denken wir zurück an Wace, wo Gawein die Zeit des Friedens gerühmt hatte als eine Periode ritterlicher Entfaltung in einem besonderen, vom Heldenepischen abweichenden Sinn. De facto wird das im mittelalterlichen Eneasroman vorgeführt. Es heißt, daß Eneas sich sein Pferd bringen läßt und daß er mit einigen Begleitern ausreitet, ohne bestimmtes Ziel, nur um sich zu zerstreuen.

Vom Situationstyp ist man beim Lai *Lanval*. An dieser Stelle ist allerdings nicht so sehr an die Begegnung Lanvals mit der Fee zu denken, sondern eher an die Stelle, wo die Artuskönigin vom

Turm aus die vorbeireitenden Ritter erblickt und sich in Lanval verliebt. Eneas und seine Begleiter gelangen vor die Stadt Laurente. Eneas bleibt stehen, Lavinia erblickt ihn von oben. Im Text steht, es kam eben so. In einem Lai der Marie de France oder im Artusroman hieße es wohl, es kam *von aventiure*. Eneas wird an dieser Stelle *minnesâleg* genannt, was an den *Lanzelet* des Ulrich von Zatzikhofen denken läßt und den Text weiter von altepischer Tradition entfernt. Frau Venus trifft Lavinia mit dem Minnepfeil durchs Auge direkt ins Herz. Heinrich von Veldeke spielt seitenweise die innere Verfassung Lavinias durch. Wir erfahren, daß Eneas wieder heimwärts reitet und daß Lavinia ihm, wie einst Dido, sehnsüchtig mit den Augen folgt. Dann wird weiter ausgestaltet, was Lavinia empfindet; wir erfahren, wie ihre Mutter dahinterkommt und schließlich merkt, daß Lavinia den Falschen liebt. Das Geständnis vollzieht sich auf besonders literarische Weise. Es kommt zu einem Buchstabenspiel mit den Namen. Statt des von der Mutter erwarteten Namens Turnus kommt der Name Eneas heraus. Die Literarisierung der Minne geht aber noch weiter. Lavinia macht sich daran, Eneas einen Liebesbrief zu schreiben, lateinisch natürlich. Nicht mehr der *clericus* ist der Adressat einer zarten schriftlichen Botschaft. Der *miles*-Ritter macht ihm bereits Konkurrenz. Der *miles*-Ritter muß demnach auch lesen können und von ihm muß man erwarten können, daß er ein Organ hat für derartige literarische Delikatessen. Der Brief wird, nachdem die Tinte getrocknet ist, wie Heinrich von Veldeke ausdrücklich hinzufügt, sorgfältig verschlossen. Wieder wendet sich der Erzähler mit einem *nu horet* ans Publikum, um auf die außerordentliche Begebenheit hinzuweisen. Lavinia sucht sich einen Bogenschützen, der den Brief hinausschießen soll. Eneas, der erneut ausgeritten ist, trifft zwar auf keine Fee wie Lanval, sondern auf den Brief der Lavinia, der aber auf ungewöhnliche Weise die normale Erwartung des Waffenstillstands durchbricht, gleichsam auf ihn zukommt. Eneas trifft auch, zumindest visuell, auf Lavinia selbst. In der Pfeilmetaphorik sind natürlich auch entsprechende erotische Assoziationen im Spiel. Eneas, der den Brief gelesen hat, blickt hinauf zur Burg, sieht das Fräulein im Fenster und verneigt sich, was zu einem länger anhaltenden galanten Verneigen nach oben und von oben herab führt. Ungeachtet der Hänseleien eines Begleiters bleibt Eneas bis zum Sonnenuntergang vor dem Burgfenster und starrt hinauf zu Lavinia.

Dieser Ritter Eneas, der in seiner Minneversunkenheit hinaufstarrt zu seiner Geliebten, ist in dieser wichtigen Erzählphase kein Epenheld mehr, er ist vielmehr eng verwandt mit dem hochmittelalterlichen Romanhelden Perceval-Parzival, der stundenlang die Blutstropfen im Schnee anstarrt, die in ihm das Bild der Geliebten wachrufen. Dieses verzückte erotische Schauen kennt man ebenfalls aus der vorausliegenden und gleichzeitigen Dichtung der Troubadours; es ist, ungefähr gleichzeitig, auch aus der altfranzösischen Überlieferung der ovidianischen Fassung des Narziss bekannt; es wurde in Chrétiens *Lanzelot* zu einem durchgehenden Aspekt eines ganzen Romans; und der deutsche Minnesänger Heinrich von Morungen wird nicht müde werden, sich von dieser *visio* faszinieren zu lassen. (In Gottfrieds *Tristan* wird die erotische Faszination mehr vom Hören, von der Musik getragen, womit der zweite Pol mittelalterlicher Liebespsychologie, das Eindringen der Liebe durch das Ohr, zur Geltung kommt).

Es ist interessant, von da aus auf das Ende des Werkes, auf den entscheidenden Zweikampf zwischen Eneas und Turnus zu blicken. Dieser Kampf erhält bei aller heldenepischen Brutalität, die durchschlägt, eine davon abweichende typisch mittelalterlich-erotische Note. Lavinia sorgt sich um Eneas, weil er keinen Talisman von ihr hat. Fünf solcher Talismane, die sie ihm hätte geben können, zählt sie auf, wobei die Freude des Erzählers an der modernen Rhetorisierung erkennbar wird. Ein Stück von ihrem Haarband, Schleier oder Ärmel, einen Ring, eine Borte. Die Vorstellung, die dahinter steht, findet sich im Artusroman und in mittelalterlichen Turnierpraktiken. Mitten im Kampf selbst spielt dann die Minne als *visio* ebenfalls herein. Eneas blickt auf zum Fenster, erblickt Lavinia, gewinnt neue Kraft und versetzt Turnus den entscheidenden Hieb. Wir denken an Lanzelots Kampf vor der Artuskönigin, an Parzivals Kampf mit Feirefiz; bei letzterem ist es nicht die direkte *visio*, sondern der Gedanke an die Geliebte, der Kraft verleiht. Der Minnedialog nach dem siegreichen Kampf des Eneas und das ausführliche Nachspiel ist dann von Heinrich von Veldeke zu einer besonderen erzählerischen Attraktion, alles Heldenepische hinter sich lassend, ausgestaltet worden. Die mittelalterliche Literatur erhält mit dieser gelungenen Szene ein frühes, eindrucksvolles Liebesduett.

Zum zweiten, zum Problem der geschichtstheologischen Einbindung dieses antiken Stoffes. An einigen wichtigen Punkten der Handlung zeigen sich solche Ansätze. Setzen wir beim Schluß ein. Eneas hat eben Turnus besiegt. Eneas und Lavinia sind nicht so sehr aus politischen Gründen und wegen der Voraussage der Götter ein Paar geworden, sondern vor allem wegen der neuen Minneauffassung. Vergils Text endet in heroischer Tradition mit dem Tod des Turnus. Der mittelalterliche Text endet mit dem großen Fest der Vermählung von Eneas und Lavinia und damit der Einführung des Eneas in das Herrscheramt. Das Fest als soziale Grundfiguration des Mittelalters, die das Dasein erfüllend überhöht, wird immer öfter begegnen. Es wird adeliger und bürgerlicher Geselligkeit und Repräsentation bis tief herab in die Neuzeit die besondere Prägung verleihen. König Latinus ist schon alt, wie immer betont wird. Eneas wird dabei in bezeichnender Mißachtung realer Chronologie – immerhin war er bereits ein gestandener Mann, als er Troja verließ, sein Sohn Ascanius ist bereits ein vollwertiger Krieger – von Heinrich von Veldeke als der junge König Eneas bezeichnet, was variiert aufgegriffen wird, wenn vom *niuwen* König Eneas die Rede ist. Diese Belege fehlen im französischen Text. Ob in diesem Kontext *jung* und *neu* bloße Synonyma sind oder ob in *neu* ein typologisches *novus* mitschwingt, wäre zu überlegen. Es folgt die römische Genealogie bis hin zu Cäsar und vor allem Augustus, unter dem Christus geboren wurde. Dabei ist auch Zahlenkomposition mit im Spiel, was von der Sorgfalt des Erzählers zeugt. Der Hinweis auf Christi Geburt, der in der französischen Vorlage nicht ausgeprägt ist, kann bei Heinrich kaum nur chronologisch zu verstehen sein. Er gibt vielmehr Anlaß zu heilsgeschichtlichen Überlegungen. So kommt es zu einem Rückverweis auf Adams Sündenfall und auf die in der Geburt Christi vollzogene Erlösung, die mit der Regierungszeit des Augustus, des entfernten Nachfolgers des Eneas, zusammenfällt. Eneas wird demnach in einen heilsgeschichtlichen Rahmen gestellt. Am Ende des Werkes steht auch die religiöse Formel *Amen in Nomine Domini.*

Im französischen Text fehlt dieser Rahmen, das Werk schließt dort mit dem Ausblick auf die römische Geschichte nach Eneas. Dieser der deutschen Fassung eigene großangelegte Schluß ist also als deutsche Eigentümlichkeit voll belastbar. Von diesem heilsgeschichtlichen Schluß her, der das Königsamt des Eneas von der augusteischen *pax Romana* her rückwirkend überhöht, ist zu fragen, ob dieser neue König Eneas nicht auch typologisch zu deuten sei. Schließlich vollzieht sich mit Eneas, so der deutsche Text, der Anbruch einer neuen Zeit, die das augusteische und damit das christliche Zeitalter vorwegnimmt und das alte, das mit König Latinus zu Ende ging, vollendet, so wie das Neue Testament sich über das Alte erhebt.

92. Barbarossa mit seinen Söhnen

Der deutsche Text begnügt sich aber nicht damit, er stellt außerdem im Zusammenhang mit der Schilderung dieses großen Vermählungs- und Krönungsfestes eine Verbindung zu einem aktuellen Ereignis her. Das Eneasfest, so heißt es, sei das größte Fest überhaupt gewesen; nur von einem Fest werde es übertroffen, dem Hoffest in Mainz, das Kaiser Barbarossa im Jahre 1184 veranstaltete. Das Barbarossafest ist also eine Überbietung des Eneasfestes. (Es ist aufschlußreich für die Konzeption Heinrichs von Veldeke, der es an konsequenter Integration mangelt, daß hinsichtlich der Überbietung der Antike uneinheitlich verfahren wird. Die typologische Überbietung wird nicht durchgehalten. Bei der Schilderung der Rüstung des Eneas z.B. müssen typisch mittelalterliche Schwerter, wie sogar Rolands Schwert, zurückstehen; das Schwert des Eneas ist wertvoller. Hier

Tafel II. St. Martin in Zillis (Schweiz).

ist also, kontextbedingt, die Antike nicht als Vorstufe für das christliche Mittelalter konzipiert.) Als Höhepunkt dieses geschichtstheologisch eingeordneten Barbarossafestes benennt Heinrich von Veldeke die Schwertleite der beiden Söhne des Kaisers. Für die Idee, die man sich vom Ritter machte, ein wichtiger Beleg. In diesem Zusammenhang ist auch auf die zweite aktualisierende Passage in Heinrichs Text, ebenfalls unabhängig von der französischen Vorlage hinzuweisen. Wiederum ist der Ansatzpunkt nicht bedeutungslos. Wie dort das große Fest des Eneas, so sind es hier die Feierlichkeiten bei der Beerdigung des jungen Königssohns, des Ritters Pallas. Das Grabmal dieses jungen Ritters zieht die besondere Aufmerksamkeit der volkssprachlichen Erzähler auf sich. Im deutschen Text kommt es, ähnlich wie in der französischen Vorlage, zu einer typisch mittelalterlichen *descriptio*. Im Grabmal ist auch eine Art ewigen Lichts angebracht. Der deutsche Text fügt auch hier etwas Aktualisierendes hinzu. Dieses Licht im Grabmal des Pallas, so heißt es, leuchtete bis zu dem Zeitpunkt, an dem Kaiser Friedrich Barbarossa nach Rom kam. Dabei wurde das Grab des Pallas entdeckt und geöffnet; das zweitausend Jahre alte Licht erlosch, es blieben nur Rauch und Asche übrig. (In der Metaphorik von Chrétiens national französischer Variante der Translationstheorie heißt es ähnlich, daß von Griechen und Römern nichts mehr übrig sei: *et estaint la vive brese*, die feurige Glut erloschen – *Cligés*, V. 42, s.o. S. 305f). Mit dem Erscheinen des mittelalterlichen Kaisers Barbarossa geht ein neuer Tag auf, das alte Licht der Antike erlischt.

Die geschichtstheologische Komponente, die im französischen Eneasroman fehlt, könnte in ihrer Ausprägung im Deutschen durch zwei Faktoren begünstigt worden sein. Erstens durch die in *Annolied* und *Kaiserchronik* erkennbare Tradition einer bestimmten Geschichtsdichtung, welche die Antike sozusagen nur in gebundener Form gelten läßt, eine Tradition, die im Französischen fehlte und der dort die stärker spürbare anders orientierte Renaissance des 12. Jh. entsprach. Zweitens durch die Aktualisierung, die die christlich imperiale Idee in der Person Barbarossas erfuhr. Festzustellen, inwieweit deutsche Dichter lateinischer Zunge dieser Zeit, etwa faßbar in Texten der *Carmina Burana*, einer freien und stärker humanistisch getönten und nicht so sehr geschichtstheologisch gebundenen Antike zuneigten, ist bei der Schwierigkeit der Zuordnung der meisten dieser Dichtungen ein Problem. Die vagantenhaft freiere Rezeption der Antike ist aber sicherlich auch für den deutschen Kulturraum anzusetzen. Doch selbst bei einem Dichter wie dem Archipoeta, falls er ein Deutscher war, ist die Präsenz der Bibel ungleich stärker als die der Antike. Romverse wie die Hildeberts von Tours aus der ersten Hälfte des Jahrhunderts sind aus dem deutschen Raum auch aus der zweiten Hälfte des Jahrhunderts nicht zu belegen, was nicht nur Zufall sein dürfte. Das heißt nicht, daß es nach Heinrich von Veldeke in der deutschen Literatur nicht auch eine eigentümliche und anspruchsvolle Rezeption der Antike gegeben hätte, die über die französische und deutsche Fassungen des Eneasstoffes hinausging. Diese Rezeption gab es und sie war sogar nicht mehr stoffabhängig, nicht direkt an antike Vorlagen mit oder ohne französische Zwischenstufen gebunden, sondern entfaltete sich in typisch mittelalterlichen Stoffen. Die Antike wird dabei, so scheint es, eingeschmolzen in die authentische mittelalterliche Literatur und hat also an einem Integrationsvorgang Anteil, der überhaupt einen Großteil der deutschen Literatur um 1200 prägte, was mit dazu beigetragen haben mag, daß diese Literatur schon für die Generation, die gegen die Mitte des 13. Jh. dichtete, als klassisch galt. Bei diesem Einschmelzen der Antike verfuhr die deutsche Literatur um 1200 in hohem Maße selbständig, auch wenn sie von französischen Werken ausging wie in Gottfrieds *Tristan* oder Wolframs *Willehalm*, von denen auch unter diesem Aspekt weiter unten die Rede sein wird. Dieser Integrationsvorgang, der bei Heinrich von Veldeke noch nicht zu verzeichnen ist, erwies sich dann als gattungsübergreifend und gattungsverschmelzend, wie am *Nibelungenlied* und besonders an Wolframs *Willehalm* gezeigt werden kann. Bei diesem Integrationsvorgang, in dem Anstöße aus dem Westen, Stoffe und Gattungen verschiedener Art aus dem Geist der psychologischen und religiösen Errungenschaften des 12. und beginnenden 13. Jh. künstlerisch verwandelt wurden, lassen sich bestimmte Gravitationspunkte erkennen, die herauszuarbeiten die Aufgabe der folgenden Kapitel sein wird.

Der frühe Artusroman im Deutschen

Wenn die enge Verzahnung der deutschen mit der französischen Literatur auch keine Vollständigkeit bei der Übernahme französischer Werke durch deutsche Autoren mit sich gebracht hat, so überraschen doch das Ausmaß und der oft sehr geringe zeitliche Abstand der deutschen Bearbeitungen. Demnach wird es auch mehr als bloßer Zufall sein, sondern in dieser besonderen Art der französisch-deutschen Beziehungen liegen, daß der erste französische Artusroman, Chrétiens *Erek*, bald nach seinem Erscheinen durch Hartmann von Aue ins Deutsche übertragen wurde, dem wir auch die Bearbeitung von Chrétiens späterem Werk, dem *Yvain*, verdanken. Im ersten Artusroman vollzieht der Dichter in einer neuentwickelten anspruchsvollen Erzählstruktur literarische Veränderungen von großer Tragweite. Sie erstrecken sich u.a. auf die raum-zeitliche Natur der dargestellten Wirklichkeit, auf die Eigenart des Protagonisten, auf den neuen Rang des Innermenschlichen. Von der fest eingeführten Gattungsbezeichnung Artusroman, die nicht aus dem Mittelalter stammt, braucht sich der moderne Leser nicht irreführen zu lassen. *Erek* und *Iwein* u.a. sind keine Artusromane in dem Sinn, daß Artus der Hauptträger der Romanhandlung wäre. Im Prolog zu seinem ersten Artusroman sagt Chrétien auch ganz klar, daß das folgende Werk von Erek handle. Die Bezeichnung Artusroman hat aber doch auch ihren guten Sinn. Sie zeigt an, in welch neuem Koordinatensystem sich die neuen kriegerischen Gestalten und die Hauptgestalt bewegen. Was oben (S. 295ff) über die Intervention Gaweins gesagt wurde, wird im ersten Artusroman voll umgesetzt in erzählerische Wirklichkeit; aus dem noch isolierten Beleg bei Wace wird der höfische Artusroman, der die Welt des Kriegers neu strukturiert, so daß sie von der Rolands, Alexanders oder der des Aeneas grundverschieden sein sollte. Im zentralen Punkt, der Stellung des Kriegers und der Art der Kämpfe, ist der Roman *Erek* schon losgelöst von heldenepischer und antiker Tradition. Es gibt keine Massenkämpfe mit politisch-nationalem Aspekt mehr, der Held ist nicht mehr eingebettet in das große kriegerische Kollektiverlebnis, vielmehr reitet er allein aus, nicht mehr um Feinde des Kaisers und der Kirche zu besiegen oder um eine Weltherrschaft aufzubauen, sondern um sich selbst zu suchen. Im Handlungsraum, in dem das Geschehen des *Erek* sich vollzieht, kann man andererseits noch eine gewisse Zurückhaltung des Autors, sich voll und ganz auf die neue seltsame Artuswelt einzustellen, erkennen, denn das Wunderbare, daß dann immer mehr die Atmosphäre des Artusromans bestimmt und ihn entschieden herauslöst aus den historisch real geographischen Bedingungen der Heldenepik oder des antiken Romans, so abstrus und unrealistisch diese dem modernen Leser gelegentlich auch erscheinen mögen, wird im

Erek noch mit Zurückhaltung eingesetzt. Es ist, als ob Chrétien, der in der Exposition noch seine Bindung an heldenepische Szenerie verrät, sich erst allmählich im neuen Raum des Wunderbaren und Abenteuerlichen zurechtfinden müsse. Der *Erek* wäre also in dieser Hinsicht noch nicht ganz der kompakteren Welt der Heldenepik und des antiken Romans entwachsen. Chrétiens weitere Romane dagegen zeigen dann einen Autor, der sich auch räumlich in dieser neuen Welt des Wunderbaren, die an jedem Punkt durchlässig ist, mit traumhafter Sicherheit bewegt. Diese neue erzählerische Welt wird im Artusroman für den neuen Typ des Helden nicht einfach Selbstzweck, es bleibt nicht bei der Entdeckung des individuellen Ritters und der Öffnung ins Wunderbare, sondern auf diesen neuen Grundlagen wird eine neue Beziehung zum Sozialen, Ethischen und Religiösen hergestellt, was dann sogar, in der sogenannten nachklassischen Zeit, real modellhaft auf das Verhalten der sich ständisch verfestigenden Ritterschaft – und darüber hinaus aufs Bürgertum – zurückwirken konnte.

Der erste Teil des Romans, dem ein ungleich ausführlicherer zweiter Teil als überhöhend-vollendende Entsprechung folgt, ist ein raffiniert angelegter Erzählabschnitt mit doppeltem Boden, was als solches schon als bedeutsames Novum in der Entwicklung der erzählerischen Großform zu vermerken ist. Artus, die Tradition respektierend, wie es heißt, veranstaltet eine große Jagd, nach deren Abschluß der erfolgreiche Jäger von der schönsten Dame des Hofes den Kuß entgegennehmen soll. Man ist damit nicht mehr in der Welt Rolands oder des Eneas, schon der Name Artus weckte ja auch beim mittelalterlichen Hörer nicht mehr vorwiegend realhistorische Assoziationen; weit ab von der aristokratisch höfischen Lebenswirklichkeit liegt diese Jagd-Exposition aber nicht, und die Beziehungen zu Szenen der Chansons de geste sind noch nicht ganz abgebrochen; im französischen Text – Hartmanns Fassung ist ohne den Anfang überliefert – wird das bezeichnenderweise durch eine Bemerkung Gaweins unterstrichen. Gawein warnt nämlich vor Streit und Feindseligkeit, die diese Jagd mit Kuß der Schönsten auslösen könnten. Als Erzähltyp, an den Chrétien sich dabei anlehnt, taucht für einige Augenblicke die typische, turbulente Beratungsszene der Heldenepik auf. Andererseits aber lenkt das Motiv vom weißen Hirsch von einer Hofszene dieser Art weg und öffnet den Zugang zur Welt des Feenmärchens, die nun auch tatsächlich, wenn auch immer wieder kräftig vom Normal-Höfischen überformt, als Hintergrund für Schauplatz und Geschehen des ersten Teils mitzubedenken ist. Raffinierterweise aber läßt der Autor das Motiv vom weißen Feenhirsch liegen und führt den jungen Ritter Erek auf andere Art in den neuen Bereich des Unerwarteten, des Abenteuers. Setzt der Autor schon dadurch ein Zeichen, daß das Publikum nicht ein simples Feenmärchen nach Art der *Lais* der Marie de France zu erwarten hat? Erek hat sich nicht der engeren Jagdgesellschaft des Königs angeschlossen – eine Begründung für diese nicht unbedeutsame Absonderung von der Masse der Ritter erhält man nicht, das Problem der Vereinzelung eines bestimmten Ritters dürfte aber dabei bereits eine Rolle spielen; er reitet ohne Waffen neben der Königin und deren Begleiterinnen. Im Auftrag der Königin soll er nun herausbringen, wer der Ritter sei, der in einiger Entfernung in Begleitung einer Dame und eines Zwergs vorbeireitet. Ein Hoffräulein der Königin hatte dies eben vergebens versucht und war vom Zwerg mit der Peitsche geschlagen worden. Erek ergeht es nicht besser. Er folgt nun den dreien in gehörigem Abstand und hofft auf Gelegenheit, sich Genugtuung verschaffen zu können. Erek verläßt also allein nun auch die Artuskönigin, nachdem er vorher sich schon von der Jagdgesellschaft abgesetzt hatte. Das Paradoxe daran ist, daß ausgerechnet dieser

Erek den krönenden Abschluß der geselligen Jagdszene ermöglichen wird. Bei der Suche nach einem Nachtquartier in dem Ort, wo die drei abgestiegen sind, trifft er auf ein wunderschönes Mädchen – wobei strukturell, aber in höfisch-menschlicher ›Verfremdung‹, das Motiv der schönen Fee aus dem Märchen anklingt. Erek erfährt, was es mit den dreien, denen er nachgeritten ist, auf sich hat, er erhält Waffen und kann am folgenden Tag den Ritter, dessen Zwerg ihn geschlagen hat, im Zweikampf besiegen, wie andererseits die Begleiterin dieses Ritters durch die Schönheit Enitens, der Tochter von Ereks Gastgeber, besiegt wird. Am Artushof, an den Erek zurückkehrt, erweist sich Enite ebenfalls als die Schönste. Artus hat inzwischen den weißen Hirsch erlegt und erhält den Kuß, während Erek als der beste Ritter gefeiert wird. Erek und Enite werden getraut und lassen sich in Ereks Heimat im königlichen Schloß nieder. Sie leben aber im Grunde nicht in der Welt der menschlichen und öffentlichen Beziehungen des Hofes, denn Erek kümmert sich nicht um die sozialen Seiten des Ritterdaseins; er ist gefangen in der bannhaften Zweisamkeit der Erotik des Feenmärchens. Wenn es sich um ein Feenmärchen handelte, könnte die Geschichte an diesem Punkt auch aufhören; der Artusroman aber setzt nun erst ein.

Erek, der durch eine seltsame Zufallsfügung aus dem Mund der verstörten Enite von den Schmähungen gehört hat, denen er am Hofe ausgesetzt ist, verläßt zum zweiten Mal die Hofgesellschaft, diesmal nicht die des Artushofes, sondern des eigenen; er reitet diesmal in Waffen aus – Hartmann weicht hier bedeutsam von Chrétien ab, indem er Erek seine Waffen verstohlen anlegen und unter der Kleidung verbergen läßt. Erek reitet auch nicht ganz allein aus – freilich ohne feudales Gefolge, wie es sich für einen Königssohn schicken würde –, vielmehr muß ihn Enite begleiten, was jeder realistischen Grundlage entbehrt und als solches schon ein Signal dafür ist, daß man es mit einer symbolhaft zu deutenden Ausreise zu tun hat. An dieser entscheidenden Stelle steht im Text auch das zentrale Wort Abenteuer. Auf *aventiure* zielt also Erek ab und sprengt damit den Rahmen herkömmlicher höfisch ritterlicher Erwartungen; der Weg erweist sich dabei als das lenkende aktive Prinzip, was die andere, symbolhaft durchleuchtete, neue Raum- und Bewegungskonzeption durchscheinen läßt. In einer Reihe wohlabgestufter und zusehends an Substanz gewinnender kämpferischer Begegnungen, die den Charakter von bedeutsamen Situationen haben, zeigt Erek sein kämpferisches und menschliches Format und kann Enite ihre ausdauernde Geduld und Leidens- und Liebesfähigkeit beweisen und somit die feinen Schleier der Dame aus dem Feenmärchen endgültig abstreifen. Beide werden erneut und nun erst im höfisch menschlichen Vollsinn ein Paar. Erek kann nun auch als Befreier tätig sein, womit sich überdies eine besonders wichtige Funktion der Artusritter ankündigt. Im letzten Abenteuer besiegt dieser neue Erek einen in einem Zaubergarten lebenden Liebhaber, den riesigen Mabonagrin, der wie einst Erek selbst in asozialer bannhafter Zweisamkeit dahinliebt. Erek tötet den Besiegten nicht, damit ist auch dieser wichtige hochmittelalterliche Problemkreis, der uns noch beschäftigen wird, angeschnitten; er bricht vielmehr den Bann und holt den Besiegten aus dem Zaubergarten ins höfische Leben zurück. Auch die Geliebte des Mabonagrin verliert alle Feenallüren, sie entpuppt sich sogar, typisch für die Vorstellungswelt der mittelalterlichen Großerzählungen und die Humanisierung des Feenmärchens vollendend, als Verwandte Enitens.

Mißt man den ersten Artusroman an den Feenmärchen der Marie de France, so könnte man ihn, mit Hofmannsthal, als das erreichte Soziale bezeichnen; ein Soziales freilich, das nicht mehr identisch ist mit der kompakten Kollektivität der Heldenepik, sondern das durch die Krise der

93. Der Waldmensch.

94. Iwein am Zauberbrunnen.

95. Iweins Kampf mit Askalon.

Iweinfresken auf Schloß Rodenegg

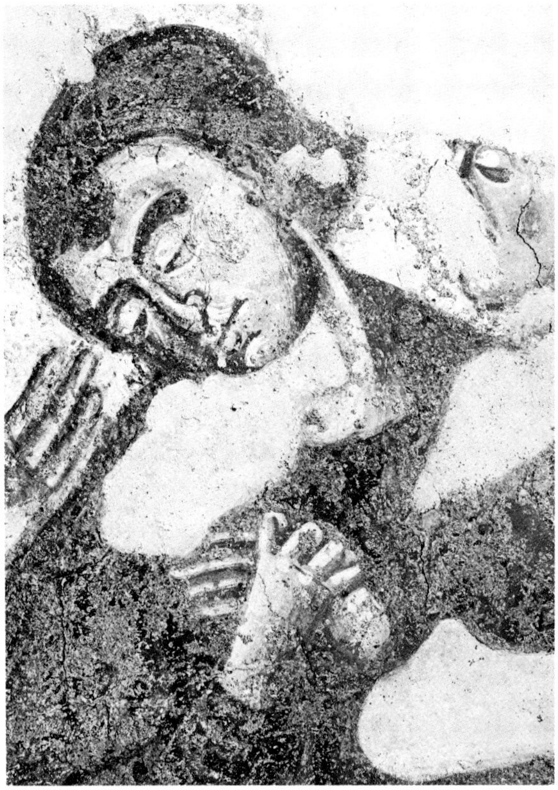

96. Blick auf sterbenden Askalon.

97. Beweinung Askalons. (Höflinge)

Vereinzelung des Ritters hindurchgegangen ist, ein Vorgang, der eine grundsätzliche Veränderung und Erweiterung der literarischen Optik voraussetzt.

Der nächste Artusroman Chrétiens, den Hartmann von Aue bearbeitet hat, der *Yvain/Iwein*, stellt sich von der Thematik her wie eine Umkehrung der Problematik des *Erek* dar. In einem ersten kurzen Romanteil wird erzählt, daß Iwein wie im Fluge die Hand der Laudine gewinnt. Dann kehrt sich die Thematik um. Iwein verliert die Gunst seiner Gemahlin, weil er in seinem sportlichen Rekordrittertum aufgeht und den festversprochenen Termin zur Heimkehr übersieht. Dem Erek vergleichbar, findet Iwein nach einem langen und mühevollen Abenteuerweg die Verzeihung seiner Gattin wieder und die beiden werden auf höherer Ebene ein wirkliches Paar. Das wird in einem langen zweiten Teil des Romans erzählt, auch darin dem *Erek* nicht unähnlich. Der *Iwein* erschöpft sich aber nicht in diesen strukturellen und thematischen Parallelen zum Erek, vielmehr werden neue Perspektiven des Artusromans eröffnet, die sich gerade auf dem Hintergrund des *Erek* besonders gut abheben. Daß das Verdienst Chrétien zukommt, ist evident, Hartmann aber war ein eigenständig mitdenkender Bearbeiter, wie auch schon seine Fassung des *Erek* zeigt.

Chrétiens *Yvain* setzt wie eine Chanson de geste ohne Prolog ein. Hartmann hat diesen Kunstgriff, über dessen Sinn man verschiedener Ansicht sein kann, nicht übernommen, sondern, wie es sich gehört, seinem *Iwein* einen der Gattung Roman gemäßen Prolog vorangestellt, in dem er über sich selbst in seiner ungewöhnlichen Situation als Ritter und Literaten und über die Stellung des Königs Artus im Bewußtsein der Zeit Auskunft gibt. Dann folgt er seiner Vorlage. Die Eingangssituation des *Iwein* ist anders als beim *Erek*, doch nicht weniger vielschichtig. Sie ist gekennzeichnet durch eine Veränderung in der Aktionsform ritterlichen Tuns und durch eine wichtige Verschiebung des Gewichtes vom König Artus weg auf seine Ritter. Daß Erek die Artusgesellschaft verläßt und allein dem Ritter nachreitet, dessen Zwerg ihn geschlagen hat, ist begründet und geht handlungsmäßig aus der Situation hervor, obgleich freilich auch da vom Standpunkt realistischen Verhaltens gewichtige Fragwürdigkeiten festzustellen wären. Bei seinem zweiten Ausritt hat Erek immerhin noch seine Frau bei sich. Es ist so, als ob sich im *Erek* der neue Typ des artushaften Ausreitens erst allmählich abzuzeichnen begänne. Ganz anders der Ritter in der Exposition des *Iwein*. Er reitet von sich aus ohne Begründung weg vom Hof, er ist gerüstet, also voller Ritter, doch fehlen Schildknappe und Packpferd, wie es der Realität entspräche; er reitet auch seltsamerweise in den Wald, sucht *aventiure* und schlägt, wie in einem System absoluter Symbolgeographie befindlich, einen Weg zur Rechten ein. Während im *Erek* ein aktiver König Artus von sich aus die große Jagd inszeniert, hält er an derselben Stelle im *Iwein* nur ein Mittagsschläfchen, und statt wirklich sich ereignender, von außen kommender *aventiure*, die Artus normalerweise braucht, um zum Festmahl schreiten zu können, wie wir aus anderen Quellen wissen, wird *aventiure* auf die Ebene der Erinnerung eines erzählenden Artusritters verlagert. Kalogreant, dieser Ritter, berichtet nicht ohne Humor – was dem *Erek* noch fremd ist – von seinem mißglückten Abenteuer am Zauberbrunnen, das schon zehn Jahre zurückliegt. Erst der schließlich aus dem Schlaf erwachte Artus, der davon hört, entwickelt nun, mit bezeichnender Verspätung, eine gewisse Aktivität, indem er beschließt und schwört, mit seinem Gefolge dieses Abenteuer zu bestehen. Iwein, der dem zuvorkommen will, aus Ruhmsucht also, verläßt allein und heimlich den Artushof, besteht das Abenteuer, indem er den Herrn des Brunnens tötet und innerhalb kurzer Zeit die Frau des Erschlagenen zur Gemahlin gewinnt. Incognito verteidigt Iwein dann erfolgreich den Zauberbrunnen gegen den großmäuligen Truchseß Keu, der als erster der Artusritter die Niederlage Kalogreants rächen wollte. Iwein gibt sich zu erkennen und man feiert das Wiedersehen. Gawein, in typischer Rolle, ermahnt nun Iwein, nicht als verheirateter Herr des Brunnens zu versauern, sondern sich nun erst recht ritterlichem Treiben hinzugeben. Die Erek-Thematik kehrt sich also um; doch dabei bleibt es nicht. Man bemerkt, daß zum einen Haupthelden weitere Ritter in bedeutsame Relation treten. So ergibt sich in der Einleitung das Nacheinander Kalogreant/Iwein, im Zwischenstück zwischen dem ersten und dem umfangreichen zweiten Teil des Romans ist es das Nebeneinander von Gawein und Iwein, das am Schluß des Werkes in dem Rechts-Zweikampf, den Iwein unbekannterweise gegen Gawein, den Artusritter schlechthin, führt, einem symbolhaften Höhepunkt erreicht; in diesem Kampf gipfelt eine Reihe gut strukturierter, nicht ichbezogener Kämpfe, die den ganzen zweiten Teil füllen. In diesem letzten Kampf Iweins, der hohe ethische und soziale Qualität hat, der außerdem in der Öffentlichkeit des Hofes stattfindet und in Versöhnung endet, wird aber auch Iweins erster Kampf, der in der Einsamkeit des Zauberbrunnens stattfand und ichbezogen auf rücksichtslosen Ruhmerwerb ausgerichtet war, überhöht und gutgemacht.

Gegenüber dem *Erek* erweitert sich im *Iwein* auch der Erzählraum nicht unbeträchtlich. Neben der stilisierten Welt des Artushofes, die den freilich idealisierten Bezug zur höfisch-ritterlichen

Wirklichkeit aufrechterhält, gewinnt das Seltsam-Wunderbare an Bedeutung. Dieses Wunderbare zeigt sich in besonders konzentrierter Form im Umkreis der weiblichen Hauptgestalt Laudine. Schon die Stationen auf dem Weg zu Laudine bilden deutliche Signale dieser Art: die Burg, auf der die abenteuernden Ritter nach Verlassen des Artushofes Herberge finden, stellt sich Iwein, der zehn Jahre nach Kalogreant dort eintrifft, in absolut gleicher Weise wie einst dem Kalogreant dar, was die Starrheit der Märchenwelt evoziert; der riesenhafte Hirte der gefährlichen Tiere auf der Waldlichtung scheint nicht einfach ein Menschenwesen zu sein; der Erzähler lenkt die Aufmerksamkeit auf dieses Problem, indem er diesen Hirten auf die neugierige Frage des Ritters hin sich ostentativ als Menschen identifizieren läßt; der Wunderbrunnen, auf den dieser seltsame Viehhüter aufmerksam macht, ist ganz und gar ein Märchenelement; das Wasser aus diesem Brunnen, das man auf den Stein gießt, löst ein furchtbares Gewitter aus, das mit Märchenautomatik den Verteidiger des Brunnens auf den Plan ruft; nicht minder märchenhaft ist der unsichtbarmachende Ring, den die andererseits wieder sehr menschliche Zofe Lunete dem im Burghof zwischen den Fallgittern eingeschlossenen Iwein gibt; Märchenrequisit ist natürlich auch die von einer Fee stammende Salbe, mit der der vernunftlos daliegende und verwilderte Iwein im Handumdrehen wieder in einen stattlichen Ritter verwandelt wird; manche Gegner, mit denen Iwein im zweiten Teil kämpfen muß, weisen über das Menschliche hinaus, so der Riese Harpin und die zwei Teufelsriesen auf dem seltsamen Schloß, in das man zwar hineinreiten kann, aus dem man aber nicht mehr ungeschoren herausdarf. An der Grenze zum Märchenhaft-Wunderbaren befindet man sich auch mit dem hilfreichen Löwen, der Iwein folgt, weil er ihn vor dem Drachen gerettet hat. Dieser Löwe trägt Züge des aus dem Märchen geläufigen hilfreichen Tieres, freilich geht der Iwein-Löwe nicht ganz darin auf. Der Handlungsraum im Iwein öffnet sich aber auch der Legende, wenn auch nur potentiell. Iwein, der nach der Verwünschung durch die Botin Laudinens dem Wahnsinn verfällt und nackt in die Wildnis eilt, trifft dort auf einen biederen Einsiedler, der ihn über Wasser hält. Religiöse Kraft entfaltet dieses aus der Legende stammende Element aber im *Iwein* noch nicht; über den religiös aktiven Einsiedler im Gralroman wird es sich aber kräftig entwickeln und im Prosalancelot die Tonalität des ganzen Werkes bestimmen helfen. Die Frauengestalt Laudine, die offenbar nur über den Zauberbrunnen erreicht werden kann, erinnert schon dadurch ungleich stärker als Enite an die Fee, die einem anderen Bereich zugeordnet ist und häufig auch mit dem feuchten Element in wesenhafter Verbindung steht – man denke z.B. an den *Lancelot.* Darüber hinaus verkörpert Laudine auch bestimmte Allüren der unnachgiebigen Minneherrin, was an Minnesang denken läßt. In der raschen Sinnesänderung Laudinens nach der Erschlagung ihres Gemahls durch Iwein schlägt dann das Thema der leicht getrösteten Witwe durch und verleiht der Episode von der Annäherung Laudinens an den Besieger ihres Gemahls und künftigen Brunnenverteidigers eine scherzhafte Note, zu der besonders die kokette Zofe Lunete beiträgt. Lunete wird in dieser Szene ohnehin immer mehr zur lustspielhaften Zofe, wofür es im *Erek* ebenfalls keine Ansatzpunkte gibt. Das große Thema Minne rückt dadurch in diesem Roman in ein anderes Licht als im *Erek.* Auch bei den höfischen Romanen, nicht nur in den Liedern des Minnesangs muß man also auf das grundsätzliche Problem des Variierens achten, was einen davor warnen sollte, die Minneauffassung eines Werkes zu verabsolutieren.

Als besondere erzählerische Errungenschaft, von der im *Erek* kaum etwas wirksam zu sein scheint, ist im *Iwein* die Einbeziehung des Humorvoll-Ironischen zu werten, was um diese Zeit keineswegs eine literarische Selbstverständlichkeit war. Die Heldenepik, auch in ihrer literarischen Form, im Französischen wie im Deutschen oder Lateinischen (*Waltharius*), kannte Komik, häufig in derber, meist szenisch gebundener Form; diese Komik ist aber nicht unbedingt gattungskonstitutiv, wie das *Rolandslied* zeigt. Ironie und feiner Humor finden sich in der Heldenepik ohnehin praktisch nicht, sie werden erst mit dem sich entwickelnden höfischen Roman zu einem Instrument, dessen sich nun auch die volkssprachlichen Literaturen bedienen lernen und das gattungskonstitutiv wird. Im Werk Wolframs wird sich beides, Ironie und Humor so wie auch die Komik, entfalten können. Der *Iwein* zeigt auch die Problematik des ritterlichen Daseins in einem anderen Licht als im *Erek*, was durch die antithetische Thematik besonderen Bezugswert erhält. Wie die Minne, so gerät nämlich auch die Problematik des ritterlichen Treibens in den Strahlbereich des Humorvoll-Ironischen; bei einem Verfasser wie Hartmann, der selbst auf sein Rittertum pochte – anders als der *clericus* Chrétien der Vorlage –, hat das natürlich zusätzliche Bedeutung. Hartmann hat überdies in dieser Hinsicht nicht nur mit Chrétien gleichgezogen, sondern gelegentlich das Humorvoll-Ironische noch verstärkt. Im Iwein wird die *aventiure*, das Kernwort der neuen Konzeption vom Ritter, zur Diskussion gestellt; im *Erek* war man noch nicht so weit. Man hat sich zu Unrecht daran gewöhnt, in der *aventuire*-Definition, die vom Ritter Kalogreant in der Exposition des Romans gegeben wird, ein ritterliches Credo Hartmanns und hinter ihm Chrétiens und damit der ganzen neuen Ritterdichtung zu sehen. Davon kann keine Rede sein. Der Roman *Iwein* als ganzes stellt vielmehr eine grundsätzliche Problematisierung dieser *aventiure*-Definition dar. Diese Problematisierung ist übrigens von der Handlung her in den zwei Kämpfen Ereks mit dem starken Guivreiz bereits vorgebildet, es fehlt dort aber noch der Begriff. Eine wichtige Lektion des Romans *Iwein* wäre die, daß der Ritter eben mehr und Höheres im Sinn haben sollte, als auszureiten und in Analogie zur Realität des turnierhaften Treibens, das damals ja Mode war, Gegner aus dem Sattel zu stechen, so wie es Kalogreant voll Stolz dem Waldmenschen verkündet:

›âventiure? waz ist daz?‹
›daz wil ich dir bescheiden baz.
nû sich wie ich gewâfent bin:
ich heize ein rîter und hân den sin
daz ich suochende rîte
einen man der mit mir strîte,
der gewâfent sî als ich.
daz prîset in, ersleht er mich:
gesige ich aber im an,
sô hât man mich vür einen man,
und wirde werder danne ich sî.

›Aventiure was ist denn das?‹ (fragt der Waldmensch). ›Das werde ich dir jetzt genauer erklären‹ (erwidert Kalogreant). ›Schau meine Rüstung an: Ich bin nämlich ein Ritter und darum besteht mein Dasein darin, daß ich ausreite und einen suche, der bereit ist, mit mir zu kämpfen; er muß so gerüstet sein wie ich. Wenn er mich tötet, so steigt sein Ruhm, besiege aber ich ihn, so betrachtet man mich als besonders tüchtigen Menschen und stellt mich höher als ich vielleicht sein mag ...‹

Durch den Kontext, Kalogreants humorvoll selbstkritisch getönte Geschichte, rückt diese Definition in ein schiefes Licht: vorher Angst dieses *aventiure*-Ritters vor den Tieren und dem Waldmenschen, dann Angst vor dem heranstürmenden Herrn des Brunnens, Sturz aus dem Sattel, schmähliche Position auf dem Erdboden, Verlust des Pferdes, kleinlaute Heimkehr. Das Fragwürdige dieser Definition liegt zunächst im Mißverhältnis zwischen Anspruch und Verwirklichung; es wird aber noch grundsätzlicher. In der Motivdoppelung, zu der es kommt, als die Erzählung in Handlung übergeht, indem Iwein sich aufmacht, um im Sinn dieser Definition ritterliche Selbstbestätigung zu finden, erfährt diese Definition eine gravierende Belastung, da ihre konsequente Anwendung Iwein geradezu zwingt, den todwunden und fliehenden Brunnenherrn Askalon zu verfolgen und auf ihn einzuschlagen (Versuche, Iweins Verhalten zu entschuldigen, können nicht überzeugen; der Text Chrétiens, wo greller erzählt wird – mehr im Stil der Chansons de geste –, läßt überdies keinen Zweifel an Iweins Brutalität). Im hemmungslosen turnierhaften Treiben, zu dem nachher Gawein und Iwein aufbrechen und das sie über ein Jahr durchhalten, wird Kalogreants Definition nochmals in ihrer Einseitigkeit illustriert. Artus selbst muß vor diesen zwei Rittern ins zweite Glied zurücktreten, was aber hier nur bedeutet, daß Artus ebenfalls in den Kategorien dieser Definition lebt und sie anerkennt. (Das Problematische der Artus-Gestalt, das ja schon in der Exposition – Mittagsschläfchen und dann übereilter Entschluß zum Bestehen des Brunnenabenteuers – angedeutet wurde, wird dann durch das Einblenden der Geschichte von Ginovers, der Artuskönigin, Entführung weiter vertieft.)

Iwein beginnt aber nun einzusehen, daß er gegen die *triuwe*, das Versprechen, den Termin einzuhalten, verstoßen hat. Damit beginnt die entscheidende Krise, die die Erzählung zum Roman macht, vergleichbar dem *Erek*, und die Hauptgestalt aus den statischen Typen der Artusgesellschaft heraushebt. Der umfangreiche zweite Teil des Romans dient dazu, im wahrsten Sinn des Wortes am Beispiel des Iwein einen neuen Rittertyp aufzubauen, der über die in der Exposition überdeutlich herausgestellte *aventiure*-Definition grundsätzlich hinauszuwachsen in der Lage ist. Dieses Hinauswachsen gründet wie im *Erek* im Aufsichnehmen sozialer, menschlich-ethischer Verantwortung. Statt auf den bloß ruhmbezogenen *aventiure*-Ritter zielt der Roman *Iwein*, wie schon der *Erek*, auf den Ritter als Befreier ab, was auch erhebliche erzählerisch-motivgeschichtliche Bedeutung haben sollte. Dieser Typ wird im weiteren Verlauf der Entwicklung sowohl die hochwertigen, religiös geprägten Gralromane bestimmen, als auch in die verschiedenen Typen des Artusromans eindringen, von Chrétiens *Lanzelot* bis hinab in teils triviale Formen. Dieses Aufbauen des wahren Ritters Iwein scheint nur außerhalb des Artushofes möglich zu sein. Im *Iwein* greifen dabei in besonders aufschlußreicher Weise äußere Anstöße und Innermenschliches symbolhaft für die neue literarische Gattung des höfischen Romans ineinander. Iwein, so erfährt man, der sich nach Verstreichen der Frist in höchstem Ansehen inmitten der Artusgesellschaft befindet, verfällt ins Sinnieren – man denke an Lanval im *Lai* der Marie de France – die höfische Welt um ihn herum nimmt er nicht mehr zur Kenntnis, so als wäre er nicht mehr bei Sinnen. Dieser bedeutsame innerseelische Vorgang, zu dem Iwein also fähig ist, erhält das äußere Pendant. Die Zofe Lunete erscheint, schmäht im Auftrag ihrer Herrin Laudine den Ritter Iwein und bricht mit ihm. Nun wird Iwein tatsächlich auch äußerlich zum Toren – das Mittelalter braucht das Zeichen! – er reißt sich die Kleider vom Leib, ein Vorgang von hoher Symbolkraft, und rennt nackt in den außerhöfischen Bereich, in den Wald, der sich nun in anderem Sinn als beim ersten Verlassen des

98. Fabel vom Fuchs und Storch.

Artushofes als bedeutsamer Raum erweisen wird, aus dem die Überraschungen kommen. Der Ritter Iwein als gesteigerter Kalogreant, als bloßer *aventiure*-Ritter, existiert nicht mehr, er ist mit seinem Kleid abgestreift. (So streift auch Gregorius das Kleid des weltlichen Landesherrn ab, freilich bewußt als Büßer, nicht als Irrer, und geht in den außerhöfischen Raum.) Dieses zweite Verlassen des Artushofes, allein, nun aber ohne Insignien des Ritters, korrigiert das erste Ausreiten und weist in eine höhere Zukunft. Der Weg ins neue Leben wird dann, gemäß der etwas unbeschwerteren Tonlage dieses Romans, durch ein betont äußerliches Mittel, die Salbe der Fee, freigemacht, das Religiöse bleibt dabei ausgespart; aber dennoch, das Neue ist da, Iwein erhält neue Kleider, das frühere Ritterdasein wird zum Traum, das wahre Ritterdasein kann beginnen, es ist Dienst am Nächsten und am Recht, bringt Heil für alle, auch für ihn selbst und Laudine; am Ende sind die beiden wieder ein Paar.

Die deutsche Variante der Tierdichtung: Heinrichs Reinhart Fuchs

Im 12. Jh. gewinnt in zunehmendem Maße die Figur des Reinhart Fuchs erzählerisches Profil und erfährt literarische Entfaltung. Dieser Aufstieg des Reinhart Fuchs ist Teil der reichen und raschen Ausgestaltung des dichterischen Spektrums, die sich in diesem Jahrhundert beobachten läßt, und muß mit den übrigen literarischen Gattungen, die entstehen, zusammengesehen werden. Dies umso mehr, als literaturgeographisch die Geschichten von Reinhart Fuchs ins französisch-deutsche Misch- und Grenzgebiet führen und insofern eine ausgeprägte eigene Vergangenheit

99. Fabel vom Fuchs und vom Storch.

haben, die wiederum auf den alten karolingischen Kulturraum, besonders auf Lothringen, zurückverweist.

Es gibt wohl keine Kultur auf der Erde, in der nicht auch das Tier immer wieder zum Vorschein gekommen wäre. Diese fast seinshafte Notwendigkeit, dem Tier in der Kultur eine bestimmte Rolle zuzuweisen, ist auch für die Menschen des europäischen Hochmittelalters von vornherein als Voraussetzung anzusetzen. Wohnverhältnisse, Arbeit, Zustand des Landes, das noch weithin von Wäldern bedeckt war, Bedeutung der Jagd usw. ließen in dieser noch weitgehend untechnisierten Welt Mensch und Tier eng zusammenrücken in freundlicher und feindlicher Weise. Aus dieser unmittelbaren und dauerhaften Berührung sind Anregungen verschiedener Art gekommen, die, unter bestimmten Voraussetzungen und gestützt durch Bildungstraditionen, in der Dichtung und Kunst ihren Niederschlag finden konnten. Die erste freistehende Großplastik des deutschen Mittelalters ist sogar eine Tierstatue, der Braunschweiger Löwe aus der zweiten Hälfte des 12. Jh. Die mittelalterliche Tierdichtung huldigte aber nicht so sehr dem machtvollen, freistehenden Löwen, sie hat ihm vielmehr den Fuchs beigesellt, ja diesen zur Hauptgestalt größerer erzählerischer Gebilde werden lassen.

Literarische Kleinformen, die aus der Antike ererbt waren, oder Erzählungen, die aus dem Einheimischen kamen, wurden nun auf höheres literarisches Niveau gehoben. Freilich, der Versuch der vollen Literarisierung der Tierdichtung – in Parallele zum höfischen Roman oder Heldenroman – ist nicht ganz gelungen, doch nicht zuletzt dadurch ergeben sich interessante Einblicke. Zu diesen literarischen Kleinformen, die für die mittelalterliche Tierepik zunächst strukturbestimmend waren, gehört die aus der Antike ererbte Tierfabel; dazu kommt die geistlich orientierte Charakterisierung von Tieren, realen und fabulösen, die der *Physiologus* dem Mittelalter als wichtiges Erbe hinterlassen hatte. Die Welt des Klosters, des wichtigsten Kulturträgers bis ins hohe Mittelalter hinein, bildete dazu einen Rahmen, der die Entwicklung der Tierepik entscheidend beeinflußte.

Aus diesen Traditionen und unter hinzutretenden neuen Bedingungen gewinnt im 12. Jh. die Gestalt des Reinhart Fuchs als Zentrum einer sich konstituierenden Tierepik immer mehr Bedeutung. Der zeitliche Zusammenfall mit anderen zum Teil revolutionären literarischen Neuerungen wird kaum zufällig sein. Die Gestalt des Reinhart Fuchs profitierte aber nicht nur von einer umfassenden literarischen Entwicklungstendenz, die Dichtung von Reinhart Fuchs nahm darin auch Stellung und leistete einen charakteristischen Beitrag, ohne den diese Epoche um eine wesentliche Nuance ärmer wäre. Das Vorhandensein größerer Dichtungen über den Fuchs Reinhart zeigt auch die Fähigkeit der hochmittelalterlichen literarischen Kultur, nicht nur den Fächer der Möglichkeiten zu öffnen, sondern sich auch der Kritik zu stellen; ein Zeichen dafür, daß sich eine eigenständige kulturelle Epoche herausgebildet hat, wenn Gegenkräfte und das Verlangen, sich selbst einen Spiegel vorzuhalten, ein anspruchsvolles Medium finden und zu einem integralen Bestandteil der Literatur dieser Epoche werden können. An der umfassenden Episierung, die die verschiedenen Gestalten und Stoffe, angefangen bei der Bibel, Heldensagen und antiken Stoffen und typisch mittelalterlichen, wie König Artus, in der Volkssprache erfaßte und zur erzählerischen Großform erhob, hatte also auch der Schalk Anteil. Neben Tristan, Parzival, Hagen, Kriemhild usw. erscheinen Reinhart Fuchs und Isengrim. Natürlich unterscheidet sich die sich entwickelnde Reinhart Fuchs-Epik von anderen epischen Großformen und sie kann auch nicht ganz auf eine Stufe damit gestellt werden; ausschlaggebend aber ist die Tendenz, auch diesen Stoff einzufügen in das vielstimmige Konzert der neu entstehenden literarischen Gattungen in der Volkssprache. So wuchs die Reinhart-Fuchs-Epik aus dem Latein und dem Kloster heraus und fand den Weg zum volkssprachlichen Roman; so wurde die Geschichte vom Hoftag des kranken Königs, die lange in der Form der Fabel gelebt hatte, immer mehr zu einem Kristallisationspunkt, von dem aus sich größere erzählerische Gebilde, über Fabel und Schwank hinaus, zu organisieren begannen.

Die Tatsache, daß der Königshof sich in verschiedenen Bereichen der Dichtung und Kultur als Ordnungszentrum von variabler, aber großer Bedeutung erweist, auch als Zielscheibe moralischer Kritik und Satire, die aber kaum je das System als solches infragestellt, spiegelt typisch Mittelalterliches wider. So ist der Hof in der französischen Heldenepik zu einem Zentrum geworden, auf das verschiedene, ursprünglich wohl anders orientierte heroische Geschehnisse bezogen werden konnten. In der Artusdichtung ist der Bezug auf den Hof offenkundig und selbst die Nibelungensage ordnet das Geschehen in hohem Maße dem Hof unter. Der mittelalterliche Hof ist also eine Größe, die nicht unwesentlich an der Ausrichtung auch ursprünglich anders gearteter Stoffe beteiligt war. Auch für die Entwicklung der alten Hoftagsfabel, die unabhängig von jeweiligen Gesellschaftsformen tradiert wurde und die bei Aesop kaum eine Sonderstellung unter den Fabeln innehatte, dürfte diese besondere mittelalterliche Voraussetzung günstig gewesen sein. Man kann dies daran sehen, wie z.B. bei Marie de France die Tiere der Aesopischen Fabeln dargestellt werden. Wie in der Heldenepik erscheinen sie als Barone, die der Löwe als Feudalherr an seinen

Hof kommen läßt. Die strukturelle Eigenart der einzelnen Tiergeschichten stand aber einer konsequenten Ausrichtung auf die Hoftagsfabel hindernd im Weg. Die verschiedenen Versuche mittelalterlicher Epiker, mit diesen isolierten Schwänken und Fabeln innerhalb übergeordneter epischer Strukturen fertigzuwerden und auch der Hoftagsfabel eine besondere Stellung einzuräumen, erweisen sich als aufschlußreiche Etappen, die im mittelhochdeutschen Kurzroman, dem *Reinhart Fuchs*, eine sonst nicht erreichte erzählerische Präzisierung erfahren sollten. Diesem Werk gelang es, die Hoftagsfabel als das strukturell entscheidende Element in ein größeres Erzählganzes einzubauen.

Ansätze zu dieser Tendenz des erzählerischen Ausgestaltens der Hoftagsfabel lassen sich schon in der Tierdichtung, die am Hof Karls des Großen entstand, erkennen. In 68 lateinischen elegischen Distichen erzählt eine Dichtung, vielleicht von Paulus Diakonus verfaßt, die Geschichte des kranken Löwen und sprengt dabei bereits die Gattungsgesetze der aesopischen Fabel, die ja in der Exemplifizierung der Moral »wer andern eine Grube gräbt . . .« aufgeht. Diese Moral ist nur noch implicite präsent, das Erzählerische, in dem neue Perspektiven eröffnet werden, ist aber mindestens ebenso wichtig. So wird das Erscheinen der Tiere am Hof des kranken Königs Anlaß zu einer Aufzählung, die, deutlich erkennbar, an dem Heldenkatalog der heroischen Dichtung orientiert ist. Dabei wird, durch metrische Mittel unterstrichen, die Sonderstellung des Fuchses – dieser erscheint ja nicht am Hof – deutlich gemacht. Auch die Figur des Königs, des Löwen, ist reicher als in der bloßen Fabel. Die bedenkenlose, übereilte Aburteilung des abwesenden Fuchses sowie dann der nicht minder übereilte Befehl zur Häutung des Bären offenbaren Zweifel an des Königs richterlichen Qualitäten; punktuell scheint ein negativer Fürstenspiegel einzuwirken. Am Hof stimmt also etwas nicht. Dies wird zu einem wichtigen traditionellen Thema der mittelalterlichen Tierdichtung weiterentwickelt werden. Der König hat aber auch souveräne Züge, und auch darin geht diese karolingische Dichtung über die Fabel hinaus. Er hat Verständnis für den listigen Fuchs und wartet mit Spannung, ja Sympathie auf das, was der durchtriebene Geselle, der endlich am Hof erschienen ist, vorbringen wird. Über die aesopische Fabel hinaus geht auch der klerikale Spott, mit dem die Geschichte endet. Der Fuchs fragt spöttisch den gehäuteten Bären, ihn als Pater anredend, angesichts der diesem verbliebenen Haarbüschel an Kopf und Pranken, wer ihm wohl die Tiara und die kostbaren Handschuhe verliehen habe. Diese witzige Pointe erweist sich als Ziel der Erzählung und nicht so sehr die Fabelmoral. Als Antipode des Fuchses erscheint in dieser kurzen Erzählung nicht der Wolf, sondern der Bär. Von der mittelalterlichen Feudalisierung ist noch nichts zu erkennen; die Tiere, die an den Hof kommen, kommen aus freien Stücken und werden noch nicht als Vasallen vorgestellt.

Ein wichtiges Zeugnis auf dem Weg zur Konstituierung der typisch mittelalterlichen Tierepik ist dann die sogenannte *Ecbasis cuiusdam captivi*, ein Werk, etwa 1200 lateinische Hexameter umfassend, wohl aus der Mitte des 11. Jh. und mit Sicherheit aus dem lothringischen Kernland stammend. Eine konsequente Deutung dieses schwierigen Textes ist immer noch nicht gelungen. Sicher ist, daß es sich um den Versuch handelt, Tierdichtung in erzählerischer Großform zu bieten mit Prolog und durchdachtem, komplexen Aufbau, der sich nicht in einer Aneinanderreihung von Tierfabeln und Schwänken erschöpft; sicher ist auch, daß es sich um ein besonders stark vom Kloster geprägtes Literaturdenkmal handelt. Letzteres zeigt sich schon im Prolog, wo die klösterliche Schulstube und die Arbeit der Mönche draußen zur Geltung kommen, es zeigt sich auch am

Einbau liturgisch-klösterlicher Elemente, in der Bedeutung von Essen und Fasten und auch darin, daß auch der Löwe der Hoftagsgeschichte nicht nur Züge des Löwenkönigs hat, sondern gelegentlich wie ein Abt vorgestellt wird, was sogar unbewußt geschehen sein könnte. Die Gleichung Wolf-Mönch nimmt Konturen an und wird parallelisiert durch die Mönchisierung auch des Fuchses, der *monastica vulpis*. Die Gleichung Wolf-Mönch, in der sich die Bedeutung des mittelalterlichen Mönchtums niederschlägt – der Aufschwung der Reformorden tat ein übriges –, wird in der Zukunft besonderes Gewicht erhalten und die Satiren hervorbringen, die in diesem Text noch fehlen. Die Hoftagsfabel vom kranken Löwen steht auch in diesem Text im Mittelpunkt. Von der Struktur der Fabel rückt der Erzähler grundsätzlich ab, indem er dem Geschehen einen historischen Bezug gibt, statt einfach eine exemplarisch konzipierte Handlung darzulegen. Der Wolf, der das entlaufene Kälbchen, den unreifen Klosterinsassen, in seine Gewalt gebracht hat und als Osterlamm verzehren will, berichtet von seinem Vorfahren, dem einst der Fuchs Übles angetan habe; dabei wird die Hoftagsgeschichte erzählt, die somit in einen größeren episch konzipierten Vergangenheitszusammenhang eingeordnet ist. Durch parodistische Anleihen bei der hohen Epik, z. B. bei Vergil, wird die Tendenz zur Episierung unterstrichen. Bei einer Tierdichtung, die so stark vom klösterlichen Geist geprägt ist, fällt auf, daß die geistliche Tierdeutung, wie sie im *Physiologus* vorliegt, zwar durchschlägt, aber auch immer wieder abgebrochen werden kann und somit nicht für den gesamten Text verbindlich ist. (Erklärungsversuche, die die Außenfabel dieser Geschichte mit der Tierdeutung der Fabeltradition, die Binnengeschichte aber mit der Tierdeutung des *Physiologus* in Zusammenhang bringen wollen, scheitern am Textbefund.) So schillert denn auch in dieser Hinsicht dieses eigentümliche Werk, das die Reinhart-Fuchs-Geschichten zum ersten Mal in lateinischer Sprache auf das Niveau beginnender epischer Großdichtung gehoben hat.

Ebenfalls aus dem Raum des alten Lothringen, aus dessen nördlicher Ecke, stammt das um 1150 entstandene lateinische Großepos *Isengrimus* des Nivardus von Gent, wie eine Handschrift des 14. Jh. den Verfasser nennt. Der Deutung dieses Werkes stehen nicht die grundsätzlichen Schwierigkeiten entgegen, mit denen man bei der Deutung der *Ecbasis* zu tun hat. Die mittelalterliche Tierdichtung tritt am Beginn unseres Zeitraums mit diesem imponierenden Großepos auf; die volkssprachlichen Entsprechungen und Parallelentwicklungen im Altfranzösischen wie im Deutschen, die auch aus diesem Mittelbereich zwischen Frankreich und Deutschland stammen, ließen nicht lange mit der Literarisierung auf sich warten. Die Wolf-Fuchs-Geschichte kann sich bei Nivardus – anders als in der *Ecbasis* – frei entfalten, sie füllt 6000 Verse, Hexameter und Pentameter. Ein anspruchsvolles erzählerisches Bauprinzip scheint aber nicht angestrebt zu sein, die Reihung von Episoden herrscht vor. Dies zeigt sich dann auch in den altfranzösischen Texten. Der Artusroman, gestützt auf Bauformen der Legende und des antiken Abenteuerromans, wird das Bauprinzip der bloßen Episoden-Reihung überwinden; im Tristanroman wirkt es aber noch nach.

Im *Isengrimus* tragen die Tiere bereits ihre dann traditionellen Namen, die in ihren Hauptvertretern Wolf und Fuchs, Isengrim-Reinhart, auf den deutschen Sprachraum verweisen. Das Klösterliche durchtränkt nicht mehr wie in der *Ecbasis* die Darstellung, es ist vielmehr mit anderen Erscheinungen der Zeit Zielscheibe der Satire geworden. Die Dichtung des Nivardus erschöpft sich dabei nicht in der Variation traditioneller Themen und Topoi, sondern ist in manchem ein wirkungs- und anspruchsvoller Zerrspiegel des klösterlichen Lebens, das gerade im 12. Jh. einen großen Aufschwung erlebte. Im *Isengrimus* sind die verschiedenen Tiergeschichten des Wolfes wegen da; Reinhart Fuchs zieht natürlich die Aufmerksamkeit auf sich, er dient aber doch vor allem dazu, daß an der Figur und den Erlebnissen des Wolfes etwas gezeigt werden kann.

Der Dichter des *Isengrimus* hat sicherlich in den überlieferten Schwank- und Fabelbestand eingegriffen, indem er den Wolfsmönch, hinter dem die Vertreter des Zisterzienserordens sichtbar werden, zur Hauptgestalt des Epos gemacht hat (in der ersten Hälfte des 13. Jh. wird dann im vorletzten Teil des großen Prosawerkes um Artus-Gral, in der sogenannten *Queste del Saint Graal*, der Zisterziensermönch eine erhabene Rolle spielen bei der Überwindung der weltlich-ritterlichen Artuswelt). Die entschiedene Ausrichtung dieser satirischen Tierdichtung auf den Wolfs-Mönch ist von sozialkritischer und geistesgeschichtlicher Bedeutung. Es ist auch kein Zufall, daß sich das in lateinischer Sprache vollzog; die erst zur Literaturfähigkeit aufsteigenden Volkssprachen verfügten um diese Zeit noch nicht über das gleiche satirische Instrumentarium. Mit der *Ecbasis* verbindet den *Isengrimus* die aufbautechnisch wichtige Tatsache, daß die Hauptgestalt, der Wolf, schließlich getötet wird, wodurch das Prinzip der unendlichen Reihung der Schwänke und die damit verbundene »Unsterblichkeit« der tierischen Hauptgestalten zugunsten einer grundsätzlichen Finalität überwunden wird. Durch die Verschärfung des schonungslos herausgestellten Themas vom Wolfsmönch wird diese Finalität noch gewichtiger. Sie fügt sich ein in die um diese Zeit sich immer deutlicher abzeichnende Tendenz zu anspruchsvoller Gestaltung literarischer Großformen. Die Faktoren, die die Vernichtung des Wolfsmönchs herbeiführen, sind aber nun nicht konsequent und konkret aus dem Wesen des zeitgenössischen Mönchtums herausentwikkelt; das lag noch außerhalb der satirisch-kritischen Möglichkeiten der Dichter dieser Zeit. Das Mönchsleben wird vielmehr auf dem Hintergrund der traditionellen Mönchssatire nur punktuell in konkreter Form zur Zielscheibe der Kritik; die strukturierenden Faktoren der Erzählung selbst aber haben damit nichts zu tun, sie sind anderen Bereichen entnommen und dem Klischee vom Wolfsmönch von außen auferlegt.

Nivardus setzt an einem für mittelalterliches Denken besonders zentralen Punkt ein und geht von da aus konsequent weiter. Dieser Punkt ist der *natura*-Begriff. In der Natur des Wolfes liegt die Gefräßigkeit, die ihn immer wieder auf die Listen des Fuchses hereinfallen läßt. Die Tatsache, daß der Wolf ausgerechnet als *senex* vorgestellt wird, illustriert drastisch, daß neben der Gefräßigkeit auch die *stultitia* zur Natur dieses Wolfes gehört; diese Natur wird – typisch mittelalterlich – als unveränderlich betrachtet. Auf dieser Grundlage wird der Wolf eine Beute des Schicksals; Fortuna führt ihn ins Verderben. Fabel und Schwank würden sich hier mit lustigen Variationen zum Thema des dummen und gefräßigen Wolfs begnügen. Die unheilvolle Fortuna im *Isengrimus* aber gibt dem ganzen Werk einen Überbau und dem Geschehen im einzelnen eine an die Heldenepik erinnernde Fatalität und Finalität. Die Figurenkonstellation Wolf-Fuchs erinnert ja ebenfalls an den Heldentopos von *fortitudo* und *sapientia*. Auf diese Nähe zur Heldenepik, die diesen Tierfabeln an sich gar nicht eigen ist, stoßen wir wieder beim deutschen Text des *Reinhart Fuchs*. Die epische Strukturierung des *Isengrimus* geht vom Gedanken der Fortuna aus. In der Gestaltung der Episoden entfaltet sich das Erzählerische, das somit der satirischen Schärfe nicht geopfert wird. Die gelungene Episode ist also auch in diesem Text immer noch das Zentrale. Bei der Gestaltung der einzelnen Episoden überrascht der Dichter des *Isengrimus* immer wieder durch einen Einfallsreichtum, der ebenso üppig ist, wie er konsequent und gezielt eingesetzt wird. Das

Publikum, an das sich diese Dichtung wandte, ist schon wegen des souverän gehandhabten Lateins in den Kreisen der Gebildeten zu suchen.

Während die altfranzösischen Reinhart-Fuchs-Dichtungen, die ab der zweiten Hälfte des 12. Jh. auch literarisch zu wuchern beginnen und schließlich ein Quantum von über 30000 Versen erreichen, über die Reihung von Schwänken nicht hinausgingen und demnach immer das unterhaltende Moment im Zentrum behielten, legt die mittelhochdeutsche Fassung dieses Stoffes, der *Reinhart Fuchs* des Elsässers Heinrich, einen Text vor, der folgerichtig auf ein Ziel angelegt ist. (Der mittelhochdeutsche Text ist darin noch konsequenter als die *Ecbasis* oder auch der *Isengrimus*.) Dieser Unterschied zwischen den beiden volkssprachlichen Reinhart-Fuchs-Dichtungen darf belastet werden: Im Altfranzösischen verbleibt die volkssprachliche Dichtung auf dem Niveau des Amüsierens mit punktuellen Ausfällen gegen Klerus und Obrigkeit. Im Deutschen dagegen wird die volkssprachliche Tierdichtung zu einem gezielt eingesetzten anspruchsvollen Instrument präzis-konkreter Zeitkritik. Die Zielscheibe ist der Hof, die weltliche Herrschaft, nicht so sehr das Kloster wie im *Isengrimus*.

Gegenüber dem *Isengrimus* findet auch eine Gewichtsverlagerung bei den Hauptgestalten statt, worin ebenfalls die Konsequenz der Neuordnung des Reinhart-Fuchs-Stoffes deutlich wird. Erzählerisch wichtiger als die Dummheit des gefräßigen Wolfes bzw. Wolfsmönchs ist nun die Bosheit des Fuchses. Der Fuchs ist die Hauptgestalt und nicht der Wolf; nicht so sehr der unveränderbare Wolf scheitert an seiner *natura* und der Macht der Fortuna, sondern die *untriuwe* des Fuchses kommt zu einem totalen Sieg, der als exemplarisch gilt für die Zustände in der Welt des Hofes. Allerdings, eine vollwertige Großerzählung ist daraus nicht geworden, der deutsche *Reinhart Fuchs* erreicht kaum 2300 paarweise gereimte Kurzverse, bleibt also weit unter dem Umfang eines zeitgenössischen höfischen Romans oder der literarisierten Heldenepik. Anders als im französischen *Roman de Renart* oder gar im *Isengrimus* tritt im deutschen Text die epische Ausgestaltung der Einzelepisode zurück, immer wieder schlägt strukturell etwas von der erzählerischen Kargheit der moralisierenden Fabel durch. Der Dichter rechnet offenbar auch damit, daß der Hörer mit Einzelgeschichten vertraut war und tippt manches nur an. Umso klarer tritt die durchgehende Linie, die *untriuwe* des bösen Höflings, des Fuchses, hervor. In einer dreistufigen Abfolge enthüllt der Dichter mit steigender Intensität diese *untriuwe*, die sich schließlich als Prinzip des höfischen Treibens herausstellt.

In einem ersten Teil (V. 1–384) wird der Fuchs noch vorwiegend als Tier des Schwanks und der Fabel gezeigt. Den Rahmen bildet die bäuerliche Welt, die Tölpelhaftigkeit des Bauern (der vom Bauern verfertigte Zaun schützt nicht vor dem Fuchs) und die bäuerliche Geldgier (im blinden Eifer, den Fuchs zu erschlagen, um den Pelz zu bekommen, zerhaut der Bauer die Fuchsfalle) sind typische Schwankelemente. Daß am Anfang auch noch die derbe Bäuerin zu Wort kommen kann, verstärkt die schwankhafte Tendenz. Reinhart Fuchs hat es auf dieser ersten Stufe mit kleineren Tieren zu tun und zieht den kürzeren. Die ersten drei Abenteuer dieser Stufe konfrontieren ihn mit Geflügel; sie werden auch zeitlich zusammengefaßt, da sie sich an ein und demselben Tag ereignen. Nach einem Abenteuer mit Hennen und Hahn muß Reinhart, nach einem Anfangserfolg, wegen seiner Eitelkeit auf seine Beute verzichten, hat aber sonst weiter keine Unannehmlichkeiten. Beim Abenteuer mit der Meise erntet er Schande. Beim Abenteuer mit dem Raben gerät er wegen seiner Gier – er will zum herabgefallenen Käse auch noch den Raben selbst fressen – in arge

Bedrängnis; nur mit Mühe kann er sich vor den Hunden retten, die der Rabe auf seine Fährte gelenkt hat. Beim Abenteuer mit der Meise klingt bereits vernehmlich das *triuwe*-Thema an, was sich im Rabenabenteuer steigert. Es folgt das Abenteuer mit dem Kater und der Fuchsfalle des Bauern. Reinharts *untriuwe* wird in Parallele zur Steigerung des aus der Epik entlehnten Verwandtschaftsthemas massiv apostrophiert. Reinhart entgeht mit nur genauer Not dem Untergang, muß aber bereits allerlei erdulden und verdankt sein Entkommen mehr der Gier des Bauern als seiner eigenen List. Im altfranzösischen Text steht das Kater-Fuchsfalle-Abenteuer vor der Begegnung des Fuchses mit dem Raben. Beim deutschen Text lassen sich auch Reste dieser Reihenfolge, die sachlich gut begründet ist, erkennen. Heinrich hat hier wohl bewußt umgestellt, ohne alle Reste auszutilgen; die Zusammengehörigkeit der drei Geflügelabenteuer war ihm offensichtlich wichtiger. Die Begegnung mit dem Kater, einem größeren Tier also, konnte somit in einer linear fortschreitenden Konzeption der Geschehensabfolge besser überleiten zu dem Wolfsabenteuer, möglicherweise auch das Verlangen des eben arg mitgenommenen Fuchses nach Bundesgenossen zusätzlich begründen.

Auf der zweiten Stufe der Geschehensabfolge (V. 385–1060), die erzähltechnisch anspruchslos mit der ersten Stufe verbunden ist – darin wirkt, wie an anderen Stellen auch, das für diesen Stoff geltende Prinzip der Reihung nach – wird gezeigt, wie Reinhart sich an den Wolf heranmacht und wie dieser die immer unheilvoller werdenden Folgen dieser Gemeinschaft zu spüren bekommt. Der Dichter meidet jeden Hinweis darauf, daß Wolf und Fuchs schon früher miteinander zu tun hatten. Der Kreislauf der Schwänke wird also auch hier zugunsten einer linearen, zielgerichteten Abfolge durchbrochen. Eine massive Hörerapostrophe lenkt die Aufmerksamkeit auf die Verschlagenheit und Bosheit des Fuchses, das Thema der *untriuwe* stellt sich immer deutlicher als das zentrale Anliegen heraus. Der Fuchs macht sich an den Wolf heran, im Schwank treffen die beiden Feinde meist zufällig aufeinander. Heinrich nimmt dabei mit verschobenen Rollen einen Bestandteil der alten Hoftagsfabel auf. Dort wird der Fuchs gewarnt vor den Machenschaften seiner Feinde. In Heinrichs Fassung spielt sich der Fuchs als Warner des Wolfes auf. Unter Anspielung auf den heldenepischen Topos von der *sapientia* und *fortitudo*, eigener List und Stärke des Wolfes, bietet der Fuchs dem Wolf Gesellschaft an, womit das Thema für die zweite Erzählphase geliefert und ein Rahmen zwischen V. 396 und 1049 abgesteckt ist. Eine weitere Anspielung auf Heldenepisches liegt darin, daß es vom Wolf heißt, er berate sich, was an den Erzähltyp der altepischen Beratungsszene denken läßt. Die verknappende Erzählweise, der es mehr um die Betonung der neu gedeuteten Grundlinien als um die darstellerische Rundung der Abenteuer geht, ermöglicht dennoch einen satirischen Seitenhieb auf das Feudalwesen und auf den Minnesang. Der Fuchs trägt seinem Herrn, dem Wolf, und dessen Frau, der Herrin, seinen Dienst an. Das Minnedienst-Thema wird dabei betont und indirekt mit dem stilisierten, langen Warten der Troubadourminne auf ernüchternde Weise kontrastiert. In einem doppelten Anlauf wird diese Exposition des zweiten Teils aufgebaut (V. 389 ff. und 413 ff.). Der Fuchs erhält ein Hofamt, wie Tristan in Eilharts Roman wird er beim Wolf Kämmerer! Der Dichter nennt ihn *hobischere*, den typischen Höfling. Die Fuchs-Wolf-Abenteuer setzen, was Zufall sein kann, wie im *Isengrimus* mit der Episode der Schinkenbeschaffung ein. Dabei kann nochmals der tölpelhaft geldgierige Bauer andeutungsweise vorgeführt werden, was eine Rückbindung an die erste Erzählphase ermöglicht. Der Wolf ist mit dem Fuchs zufrieden. Auch das anschließende Abenteuer, die Trankbeschaffung im Klosterkeller, läßt in ihm keinen Verdacht aufsteigen. Der Wolf lockt durch sein Geheul die Wächter herbei und muß bereits Prügel einstecken. Die Söhne des Wolfes reiben ihrem Vater dessen Dummheit unter die Nase, was den Fuchs veranlaßt, scheinheilig beim alten Wolf um Verständnis für dessen vorlaute Söhne zu werben. Der Dichter wollte zeigen, wie der Wolf in Sicherheit gewiegt wird, damit er umso unheilvoller die Perfidie des Fuchses erleiden müsse. Die Schilderung der Episode vom Fischfang im vereisten Teich, wobei Heinrich gerade darin, daß der Fuchs den Wolf über die wahren Gründe im unklaren läßt, sich z.B. von der Fassung bei Nivardus unterscheidet, geht ebenfalls in diese Richtung; leider weist der Text an dieser Stelle eine Lücke auf. Die Geschichte von Hersants, der Wölfin, Ehebruch mit Reinhart wird bei Heinrich nur angetippt, sie kann sich also nicht wie im Altfranzösischen zum typisch mittelalterlichen Sexualschwank entfalten; vielmehr dient sie dazu, dem alten Wolf rührend pathetische Züge zu verleihen und seine enge und positiv dargestellte Bindung an Weib und Kinder zu illustrieren, von der sich die Hinterlist des Fuchses umso negativer abhebt. (Die Strukturmerkmale der traditionellen Fuchs-Wolf-Schwänke schlagen freilich an manchen Stellen durch und verwischen gelegentlich die klare Linie der Neuorientierung des Stoffes. Aufgabe der Erzählung ist es auch, die Dummheit des Wolfes zu illustrieren und dessen in seiner unveränderbaren Natur begründetes Tun zu zeigen in den Rollen, die er sich anmaßt und vom Fuchs aufdrängen läßt.)

Der Fuchs, und dies ist wiederum ein Hinweis auf das Wirken der linear-finalen Umgestaltung der traditionellen Schwänke, hat sich schließlich einen festen Wohnsitz im Wald gebaut. Er muß vor dem Wolf auf der Hut sein. Der Duft der gebratenen Aale, der aus Reinharts Burg strömt, läßt im hungrig herumstreifenden Wolf alle Bedenken verfliegen. Erneut spielt dabei das Gesellen-Thema herein, nun vom hungrigen Wolf ausgehend (V. 672). Der Wolf, der gern bei Reinhart Koch sein möchte (Berufsthematik und Unveränderbarkeit der Wolfsnatur klingen an) läßt sich in die Mönchsrolle drängen. Das Motiv vom Wolfsmönch wirkt also ebenfalls nach. Der Wolf muß hinnehmen, daß der Fuchs ihm mit heißem Wasser eine Tonsur brennt; dabei kann sich punktuell religiöse Komik äußern. In heiterem Kontrast zur typischen Dummheit des Wolfes, diese aber nur bestätigend, zeigt sich der frisch tonsurierte Bruder Wolf in fragwürdiger Weise lernfähig, wenn gezeigt wird, wie ihm sofort die religiösen Floskeln von den Lippen gehen und er sich mit den Zisterziensern sozusagen einig weiß. Erneut, wie im lateinischen *Isengrimus*, dieses Abzielen auf die Zisterzienser! Hierauf betätigt sich der Wolf als Fischer und verliert dabei seinen Schwanz. Das anschließende Brunnen-Abenteuer setzt die Schwanzlosigkeit in zweifacher Hinsicht ein, wodurch eine solide Verknüpfung der Episoden erreicht wird. Für den Sprung in den Brunnen ist auch Ysengrins Liebe zu seiner Frau maßgebend. Dies ist nicht unwichtig für die positiven Züge des Wolfes, auf die es dem deutschen Verfasser eben auch ankommt. Die Mönche, die den Wolf herausholen, schlagen ihn halbtot; nur Tonsur und Schwanzlosigkeit (Zeichen der Beschneidung) und die Dummheit der Mönche retten ihn vor dem Schlimmsten.

Mit dem Abenteuer im Ziehbrunnen des Klosterhofes geht die zweite Erzählphase zu Ende, was der Dichter mit leitmotivischen Mitteln wie dem Aufgreifen des *untriuwe-* und *gesellesсhafts-*Themas unterstreicht und somit erneut betont, daß das zyklische Reihungsprinzip der französischen Schwänke zugunsten linearer Zielstrebigkeit zurückzutreten hat. Aus den bei Heinrich auf Steigerung angelegten Wolf-Fuchs-Schwänken wird nun die offene Fehde zwischen Fuchs und Wolf; damit tritt man in die dritte und letzte Erzählphase ein (V. 1061). Dabei dürfte auch eine

100. Wolfsunterricht.

Analogie zur Heldenepik vorliegen; wenn V. 1790 von *Isengrines nôt* (bzw. *arbeit*) die Rede ist, möchte man an die Nibelungensage denken; dies umso mehr, als an früherer Stelle (V. 662) auf den Nibelungenhort angespielt wird. Das Thema vom Krieg zwischen Fuchs und Wolf findet sich zwar auch in den französischen Schwänken, hat aber dort keine strukturelle Bedeutung. Im deutschen Text dagegen, und dies ist eine folgenschwere Neuerung, wird das Thema von der Fehde zwischen Fuchs und Wolf zeitlich mit dem Ereignis des Hoftages, in dessen Zentrum die alte Fabel vom erkrankten Löwen steht, verbunden. Die Geschichte vom königlichen Hoftag, in der Heinrichs Fassung gipfeln wird, erhält somit ein episches Fundament, über dem sich eine chronologische, kausale und finale Konzeption erheben kann. Die Welt der lustigen Tierschwänke und moralischen Fabeln kann sich damit in der deutschen Fassung aber auch in umfassender Weise zur realen Welt hin öffnen und ihr einen Spiegel vorhalten.

Die Spannungen zwischen Fuchs und Wolf haben nun einen bestimmten Grad an Öffentlichkeit erreicht und sind zum Politikum geworden. Die Verwandten der beiden Gegner und weitere Kreise werden aktiv, ein Gerichtstermin wird angesetzt. Die Partei des Wolfes will dabei mit fragwürdigen Mitteln – der Fuchs soll einen Eid auf den Zähnen des angeblich toten Schäferhundes schwören – dem Fuchs das Handwerk legen. Heinrich entlastet bezeichnenderweise den Wolf, indem er den Bären für dieses bedenkliche Vorgehen verantwortlich macht. Der Fuchs wird gewarnt, geht nicht in die Falle und kann die fragwürdige Gerichtsaktion in eine weitere und öffentliche Demütigung des Wolfes verwandeln (Vergewaltigung der Wölfin durch den Fuchs in aller Öffentlichkeit). Heinrich hebt dabei erneut die Figur des Wolfes als eines pathetischen Opfers der Bosheit hervor. Dann erfährt man, daß diese Fehde zwischen Wolf und Fuchs und diese seltsame Gerichtsverhandlung während eines von König Vrevil angeordneten Landfriedens stattfanden. Dieser Landfriede, eine sehr positive Einrichtung, die dazu bestimmt war, das Fehdewesen einzudämmen (1103 erließ Heinrich IV. die erste Verordnung dieser Art; berühmt wurde ja dann der Landfrieden Barbarossas vom Jahre 1152 und der Friedrichs II. vom Jahre 1235, der bereits in deutscher Sprache konzipiert war), erhält aber in der satirischen Darstellung Heinrichs einen negativen Beigeschmack. Der Anlaß zu diesem Landfrieden ist nämlich ein Übergriff des obersten Rechtswahrers selbst, des Königs. Dieser König, dem die Tugend der *sapientia* fehlt (V. 1304) und der den sprechenden Namen Vrevil trägt, in bedeutsamer Abweichung von der Bezeichnung Nobel in den französischen Texten, hatte sich in einem Verstoß gegen die *natura* die Herrschaft über den Ameisenhaufen angemaßt und, als er auf Ablehnung stieß, die Burg der Ameisen zerstampft und Tausende von Ameisen getötet. Der König hatte sich daraufhin unter eine Linde gelegt und war eingeschlafen; ein schlafender Rechtswahrer unter einer Linde, dem Ort der Rechtssprechung! Der Burgherr der Ameisen war hierauf dem Tyrannen mit *krefte* – *fortitudo* – ins Ohr gesprungen und hatte begonnen, im Schädel des Löwen zu wüten, was auch nicht ohne Symbolhaltigkeit zu sein braucht: es fehlt also im Kopfe! Heinrichs Fassung weicht auch darin von der Tradition der Krankheit des Löwen ab. In den französischen Schwänken wird der König erst krank vor Wut über Reinhart und die Krankheit geht vom Herzen aus! In der *Ecbasis* leidet der König an den Nieren! Im *Isengrimus* wird die Krankheit nicht spezifiziert. Der Schmerz im Haupte bringt den König zunächst sogar ein Stück auf den richtigen Weg der Einsicht; er erkennt, daß er die Erfüllung seiner Pflichten als oberster Herr des Rechts verschlafen hat und setzt deshalb einen Hoftag an. Der Fuchs, der alles beobachten konnte, kennt die Ursache der Krankheit und kann seine Maßnahmen treffen. (Die rationalisierende Tendenz des deutschen Verfassers tritt deutlich hervor; das erinnert an das Verfahren Gottfrieds von Straßburg, mit dem es ohnehin Übereinstimmungen geben dürfte). Der König schreitet aber nicht auf dem Weg der Einsicht weiter, im Gegenteil, Unfähigkeit, Verblendung und Egoismus führen ihn ins Verderben. So ist seine Haltung beim Hoftag, an dem die Beschuldigungen gegen Reinhart vorgebracht werden, nicht von der Abgewogenheit des wahren *judex* bestimmt, sondern von unkontrolliertem Zorn. Nach dem geschickten Auftreten Reinharts wiederum kommt es zu einem unköniglichen Stimmungsumschwung. Reinhart, der als Arzt auftritt, bringt diesen König im Handumdrehen dazu, daß er seine Vertrauten opfert und sich vom Bösewicht verblenden läßt.

Die Ausführlichkeit und Sorgfalt, mit der Heinrich diesen Hoftag und die Heilung des Löwen schildert, dient unmittelbar als Interpretationshilfe. Dieser König, fast schon auf dem Weg zur Einsicht, gerät also während seines Hoftages – in seiner ureigensten Domäne – immer mehr auf die schiefe Ebene. Reinhart, die personifizierte *untriuwe*, erweist sich als die treibende Kraft am Königshof. Der nackte Egoismus, Heilung um jeden Preis, treibt den König von einem Rechtsbruch zum andern – im Rahmen seines Hoftages! (Als Lehensherr hat er keinen Rechtsanspruch auf die Haut seines Vasallen.) Reinhart, der diabolisch gezeichnete Arzt (Ständesatire!), vergiftet schließlich den König, nachdem er ihn von seinem Leiden vordergründig geheilt hat. Zu spät erkennt der schlechte Herrscher seinen Fehler und stirbt, sein Schädel zerspringt in drei Teile, die Zunge spaltet sich in neun, womit in negativer Analogie zu geistlicher Zahlensymbolik die Verfallenheit an die Hölle unterstrichen wird.

Mit diesem großangelegten und zielstrebig verfolgten Abschluß endet Heinrichs Fassung. Ob es sich bei diesem kleinen Roman um einen politischen Schlüsselroman handelt und inwieweit sich Spannungen zwischen der Politik oberrheinischer Adelssippen und der des Kaisers darin widerspiegeln, ja ob vielleicht mit diesem Roman selbst Politik gemacht werden sollte, ist im einzelnen umstritten. Sicher ist, daß die deutsche Fassung dieser Tierschwänke gegenüber dem französischen *Roman de Renart* eine überraschend eigenständige Leistung darstellt und einen Durchbruch signalisiert, welcher beweist, daß es im Deutschen noch in der zweiten Hälfte des 12. Jh. eine starke autochthone Tradition aktualisierender politischer Dichtung gab, die vom althochdeutschen *Ludwigslied* über das *Annolied* bis ins Hochmittelalter herüberreichte.

Neue Perspektiven in der Entwicklung der hochmittelalterlichen deutschen Legendendichtung (Hartmanns »Gegorius« und »Armer Heinrich«)

Die Frage, inwieweit und ob überhaupt die religiöse Literatur und die sie tragende Spiritualität an der Ausgestaltung der Besonderheiten der deutschen Erzähldichtung um 1200 beteiligt gewesen sein könnte, ist in ihrer Grundsätzlichkeit im komparatistischen Zusammenhang kaum gestellt worden, wenn man von den Arbeiten Julius Schwieterings, Friedrich Ohlys und Max Wehrlis absieht. Meist begnügt man sich mit der Darstellung eines Nebeneinanders von weltlich und geistlich inspirierter Literatur. Dabei ist es gar nicht so sicher, daß beide Literaturen sich immer in getrennt voneinander verlaufenden Bahnen entwickelt hätten. Daß es Bereiche gab, in denen diese Trennung Tatsache ist, enthebt nicht der Pflicht, nach möglichen und von der Existenzform der mittelalterlichen Literatur auch sehr wahrscheinlichen Wirkungen der älteren religiösen Literatur auf die jüngere weltliche Großdichtung zu fragen. Verschiedenheiten zwischen französischen und deutschen Verhältnissen könnten dabei deutlicher werden, und Besonderheiten der weltlichen, vom Französischen abhängigen deutschen Literatur könnten sich dadurch besser erklären lassen. Wie schon mehrfach angedeutet, verfügte die deutsche religiöse Literatur über eine alte und vom Französischen unabhängige Tradition, der man aufgrund ihres höheren Alters und der Qualität ihrer Hervorbringungen beachtliches Gewicht zuschreiben kann. Diese Tradition brach nicht ab, als ein großer Teil der deutschen Literatur gegen Ende des 12. Jh. sich immer mehr an französischen Vorbildern zu orientieren begann. Aufgrund religiös-kultureller Gegebenheiten, besonders der großen Einheitlichkeit der Kirche, ist es nicht zu verwundern, daß es in der religiösen Literatur im Deutschen wie im Französischen Gemeinsamkeiten im Stofflichen gibt, die nicht die Abhängigkeit der einen volkssprachlichen religiösen Literatur von der anderen zu signalisieren brauchen. Ganz hält sich dann auch die religiöse Dichtung nicht aus dem immer stärker werdenden West-Ost-Sog heraus. Werke dieser Art können instruktive Beispiele für unsere Fragestellung, die Herausarbeitung deutscher Besonderheiten, liefern. Solche Besonderheiten werden aber in noch höherem Maße in jener religiösen Literatur, die nicht auf französischen Vorlagen beruht, sichtbar. Dabei ist zu fragen, ob diese im Deutschen fest etablierte Tradition religiöser Literatur stark genug war, über den religiösen Bereich im engeren Sinn hinaus zu wirken.

Das *Annolied* vom ausgehenden 11. Jh. und die *Kaiserchronik* aus der Mitte des 12. Jh. haben gezeigt, wie stark das religiöse Moment bei der Bindung z. B. der antiken Stoffe sein konnte. Die deutsche Fassung der *Chanson de Roland* durch den Pfaffen Konrad und später der *Chanson de Guillaume* durch Wolfram von Eschenbach sind weitere Belege für die Macht der religiösen Tradition im Deutschen. Wie z. B. das Werk der Frau Ava aus der ersten Jahrhunderthälfte und in noch höherem Maße das *St. Trudperter Hohelied*, das nach der Jahrhundertmitte entstand, zeigen, war die religiöse Literatur kein bloßes Medium simpler religiöser Unterweisung auf niederem Niveau. Das Innerliche, auch das Emotionale, wird in dieser religiösen volkssprachlichen Literatur zusehends zu einem bevorzugten Zentrum des Interesses, an dessen Erschließung sich unabhängig von französischen Vorbildern ein beachtliches sprachliches Instrumentarium herausbildete, das neben den Vorschriften der antiken Poetik und Rhetorik, die dann mit Heinrich von Veldeke auf breiter Front in die Erzähldichtung eindringen, weitere darstellerische Möglichkeiten zugänglich machte. Als besonders wichtig und zukunftsreich ist daraus die Entwicklung einer meditierenden Sprache hervorzuheben, in der durchstrukturierter Bericht und Beschreibung einerseits und Kommentierung andererseits sich zu einem Ganzen verbinden. Auch das läßt etwas von jenen Integrationsvorgängen erkennen, die uns auch in anderen Zusammenhängen noch beschäftigen werden. Es wäre eine reizvolle, wenn auch delikate Aufgabe, die großen deutschen Dichter um 1200 daraufhin zu untersuchen, in welchem Ausmaß neben der antiken Poetik und den französischen Errungenschaften auch diese geistlich inspirierte Sprache für sie bestimmend war; daß diese Faktoren einander nicht entgegengesetzt waren, braucht nicht betont zu werden. (Da in der Nonnenmystik des Mittelalters diese geistliche Sprach- und Stilform weiterwirkt und von da auch in die hohe Mystik eindringt, im Deutschen also eine Tradition mystischen Meditierens vorliegt, sind solche Überlegungen hinsichtlich einer möglichen breiteren Wirkung der religiösen Sprache auch schon für frühere Zeiten berechtigt.)

Diese eigenständige deutsche religiöse Literatur entwickelt sich nicht nur in einem Sonderbereich weltloser Innerlichkeit, sondern vermochte sich, wie besonders Wolframs *Willehalm* zeigt, zu öffnen. Man kann auch bei Chrétien, etwa in dessen *Conte del Graal*, von einer Öffnung des Innerlich-Religiösen zur Welt hin sprechen, die Art aber, wie in diesem Werk Religion und Welt zueinander gebracht werden, deckt sich doch nicht ganz mit dem, was sich dann im Werk Wolframs von Eschenbach vollzieht und was sich als bewußte und volle Integration bezeichnen läßt. Bei Heinrich von Veldeke ist dieser Integrationsvorgang nicht zu beobachten und von seinem Werk aus würde man ihn für die weitere Entwicklung der deutschen Literatur auch nicht erwarten. Säuberlich nebeneinander liegen bei ihm drei Stränge: Bearbeitung französischer Liebeslyrik ohne religiöse Problematisierung, die Heiligenlegende *St. Servatius* und der antike Roman, die *Eneit.* Dieses Nebeneinander ist der Normalzustand. Mit Hartmann von Aue tritt eine Verschiebung ein. Grob gesehen hat man zwar erneut dieses Nebeneinander. Hartmann schreibt Minnelieder, wir haben von ihm die zwei Legendendichtungen *Armer Heinrich, Gregorius* und die beiden weltlichen Werke, *Erek* und *Iwein.* Gerade weil aber dieses herkömmliche Nebeneinander zugrundeliegt, sind die Veränderungen innerhalb der Gattungen gravierend. Im Werk Hartmanns ist diese Integration von Welt und Religion nicht in jedem Bereich mit gleicher Intensität spürbar, was ein wichtiger entwicklungsgeschichtlicher Anhaltspunkt ist, wenn man an Wolfram vorausdenkt, wo diese Integration viel weiter gediehen und im Spätwerk, dem *Willehalm*, tatsächlich vollzogen ist. Anhaltspunkt für diese im Deutschen stark ausgeprägte Integrationstendenz ist die Ritterproblematik mit Herrschen, Lieben, Glauben, Töten. Diese Integrationstendenz bringt eine bedeutsame Aktualisierung mit sich, die gerade bei der herkömmlichen Gattung der Legende ins Gewicht fällt. Die Gregoriuslegende, die im Werk Hartmanns hinsichtlich der Integrationstendenz eine aufschlußreiche Zwischenstellung einnimmt, sei zuerst erwähnt.

Hartmanns *Gregorius* ist eine Bearbeitung einer französischen Vorlage, wie das in der zeitgenössischen weltlichen Literatur damals Mode war. (Hartmanns Dichtung selbst erfuhr dann eine lateinische Rückübersetzung durch den Abt Arnold von Lübeck, wurde also von der lateinischen

Dichtung akzeptiert.) Hartmanns Anteil an der Ausgestaltung der Legende ist bei aller Problematik der Handschriftenlage des französischen Textes klar ablesbar. Der geistlich geschulte ritterliche Laie Hartmann trägt eine besondere Note in die Gregoriuslegende hinein. Das war nicht selbstverständlich. Man würde eher erwarten, daß die eben erst auch zu literarischer Betätigung aufgestiegenen deutschen Ritter-Laien sich besonders eng an das konventionelle Bild der Legende halten würden, statt von ihrem religiösen Standort als Laien heraus umgestaltend in die Legendenschablone einzugreifen. Daß es nicht so kam, hängt nicht damit zusammen, daß Hartmann Dienstmann, Ministeriale, war, sondern daß um diese Zeit die Stellung des Ritters sich gefestigt hatte und der Ritter so viel Prestige und künstlerisches Niveau (Minnesang) besaß, daß er auch innerhalb konventioneller Formen wie der Legende eigenen Ausdruck suchte.

Im *Gregorius* stößt Hartmann freilich immer wieder an die Grenzen der vorgegebenen Legendenschablone und unterwirft sich ihnen auch, sicherlich in aller Selbstverständlichkeit und ohne darunter zu leiden. Auf die erzählerisch-psychologischen Errungenschaften der weltlichen Werke des französischen Klerikers Chrétien aufbauend, in dessen Werk der Ritter noch Gegenstand war, kann der Ritter Hartmann die Humanisierung auch der volkssprachlichen Legende vom Standpunkt des Ritters als Subjekt vorantreiben. Im *Gregorius* Hartmanns hat denn auch das modern Höfisch-Weltliche mehr Bedeutung als in der französischen Vorlage. Dies ist freilich auch zu einem Teil erzählerischer Automatismus. Der höfische Roman ist um diese Zeit in Deutschland im Kommen, und man entzieht sich ihm nicht, wo die legendarische Vorlage Ansatzpunkte für ein Einschwenken auf dieses moderne Genus liefert. So liest sich z.B. Gregors Kampf mit den Freiern seiner Mutter wie eine Episode eines weltlichen Artusromanes; Legende und weltlich-höfischer Roman scheinen dabei nicht integriert zu sein, sondern unverbunden im selben Werk nebeneinanderzustehen. In diesem streckenweisen Einschwenken auf die Bahn des höfischen Romans ist aber doch auch Bewußtheit am Werk und nicht nur Automatismus; eine Bewußtheit, die das besonders Ritterliche herausarbeitet, es zum Problem macht, um es letztlich als unzureichend darzustellen. Das trifft für das große Gespräch zwischen dem Abt und Gregor zu. Ein Wegweiser in diesem Sinn ist das gewichtige Wort *muot*, das über Hartmann hinaus ein Zentralwort der neuen höfischen Literatur um 1200 ist. Der Abt muß feststellen, daß sein Zögling Gregor *des muotes* nicht ein Klostermann ist, daß er sich in seinem *muote* vielmehr im ritterlichen Waffenhandwerk übt. Eine Innenwelt der Phantasie und des Strebens nimmt hier also bereits Gestalt an und erhebt sich über die äußere Realität der Daseinsbedingungen des Knaben im Kloster. Dieser *muot zer werlde* wird von Hartmann aber nicht in simpler Schwarzweißmalerei als etwas Böses hingestellt, vielmehr wird klar, daß den Jüngling ein edles und verstehbares Streben beflügelt und daß er einem Ziel dient, das in der Literatur dieser Zeit überhaupt immer mehr an Bedeutung gewinnt: der Suche des Menschen nach seinem wahren Ich. Nicht nur schlechtweg Böses allein kann also den Menschen dem Teufel in die Arme treiben, sondern auch durchaus Wertvolles und Achtbares, gute Absichten und Ideale. Hartmann, der in der Pointierung dieses Sachverhalts grundsätzlich über seine Vorlage hinausgeht, rückt damit seine Fassung der Legende entschieden ab vom herkömmlichen primitiv holzschnitthaften Typ der Bekehrungsgeschichte, wie sie z.B. etwa gleichzeitig die auf irisch-lateinische Traditionen aufbauende Erzählung vom Ritter Tundalus verkörpert. In dieser Geschichte ereilt einen gottvergessenen und schuldhaften Ritter eben die Strafe; dieser Ritter erhält noch die Möglichkeit, sich zu bekehren und ein krasses

Exempel für die Mitmenschen abzugeben. In Hartmanns Text dagegen ist die Bewußtheit zu erkennen, die Legende zur Welt hin und zum Menschen, zum Ritter, zu öffnen.

Besonders eindrucksvoll ist jene Stelle, wo Gregorius und seine Mutter, die unwissentlich im Inzest lebten, erfahren, wer sie eigentlich sind. Im französischen Text heißt es, Gregorius sei *dolent e irascuz* gewesen und habe sofort den Teufel apostrophiert. In der Anrede an den Teufel zeigt sich auch gleich die geistige Überlegenheit Gregors – der geistliche Verfasser spricht aus Gregor –, der Teufel werde sich täuschen, wenn er meine, ihn verderben zu können. Er, Gregorius, sei zu jeder Buße fähig, wenn Gott ihm helfe. Im französischen Text ist man also unproblematisch auf festem religiösem Boden. Bei Hartmann liest sich das etwas anders, dabei scheint er sogar wörtlich an den französischen Text anzuknüpfen: dem einen Vers *dolent* und *irascuz* entsprechen bei ihm zwei Verse, die beiden Termini werden aufgegriffen, aber mit einer wesentlichen Verschiebung des zweiten Bestandteils, des *irascuz*. Es heißt, Gregorius *was in leides gebote*, was an *dolent* denken läßt, doch dann, fügt Hartmann hinzu, *huob er sinen zorn hin ze gote*, wobei das französische *irascuz* anklingt. Hartmanns Gregorius bäumt sich also auf gegen Gott, wovon im französischen Text nichts zu erkennen ist. Hartmanns Gregorius fragt sich, wie Gott es zulassen konnte, daß der ehrliche und legitime Wunsch, zu erfahren, wer er denn sei, auf diese greuliche Weise erfüllt würde. Die stereotype Legendenfigur wird also zu einer vollen menschlich-pathetisch erlebenden Gestalt eines höfischen Romans.

Freilich zeigen sich auch die Grenzen dieser ans Psychologische sich annähernden Darstellung, wir erleben nämlich nicht, wie dieser Zorn des Gregorius zurückweicht, sich verwandelt und theologischer Einsicht Platz macht. Vielmehr wird dieses Hervortreten der theologischen Einsicht in unmittelbarem Anschluß daran abrupt und lehrbuchartig geäußert. Dieses Sichaufbäumen gegen Gott hat auch typische Züge, und es ließen sich auch Varianten dazu nennen. Hartmann selbst führt einige an; diese decken sich aber doch nicht mit der Haltung, die Gregorius zum Ausdruck bringt. Hartmanns *Gregorius* befindet sich hier vielmehr auf dem Weg zum *Parzival*; etwa ein Jahrzehnt später wird in Wolframs Dichtung eine ähnliche Situation gestaltet. Parzival ist nicht mehr Figur in einer traditionellen Legende, sondern Gestalt in einem höfischen Roman. Er ist Ritter ohne klösterliche Bindung. Am Wendepunkt des Geschehens wird es heißen, daß Parzival mit Gott hadert, ja mit Gott bricht. Parzival geht eine Stufe weiter als Gregorius, der eben doch an die Legende gebunden ist. Gegenüber dem Einsiedler gesteht Parzival, daß er Gott seit Jahren feindlich gegenüberstehe. Die Worte des Einsiedlers enthalten auch das Motiv des Zorns in verbaler Form: *zürnen*. Eine vergleichbare Episode, die Jahrzehnte vorher sich tatsächlich abspielte und vom geistlichen und geistigen Ritter, dem Dialektiker Petrus Abaelardus handelt, drängt sich auf. Abaelard wird bedrängt von der Geistlichkeit, die seine Schriften verwirft. Sein Buch soll ins Feuer geworfen werden, und da begehrt er gegen Gott auf. Abaelard selbst schildert es in seiner *historia Calamitatum: Deus ... te furibundus accusabam;* und dann ist von seiner *desperatio* die Rede, dem *zwîvel*, der ja auch in Hartmanns *Gregorius* eine große Rolle spielt und nicht minder im Parzival. In Hartmanns *Gregorius* öffnet sich also die traditionelle Legende für den neuen Menschentyp, den Ritter, der für fähig gehalten wird, anspruchsvolle religiöse Probleme existentiell zu erfahren und dazu Stellung zu nehmen. *Muot zer werlde* und *zorn ze gote* könnten als zwei Schwerpunkte aus diesem Werk herausgestellt werden, *muot* und *zorn* als Triebkräfte in Hartmanns Deutung der Gregoriusfigur.

Eine weitere Stufe auf dem Weg fortschreitender Verinnerlichung wird in Hartmanns zweiter religiöser Erzählung, dem *Armen Heinrich*, erreicht. Eine französische Quelle für diesen Text gibt es nicht, man befindet sich im rein Deutschen. Die Gestalt des Gregorius stand in der Tradition der Legende, der Heiligenvita im engeren Sinn, wobei es unwichtig ist, ob er von der Kirche die offizielle Sanktion erhalten hat oder im kirchengeschichtlichen Halbdunkel dahinlebte; die Hauptgestalt des *Armen Heinrich* dagegen konnte auch zur Zeit Hartmanns nicht mit irgendeinem wirklichen oder vermeintlichen Heiligen der Christenheit in Verbindung gebracht werden, dazu fehlte auch jede Absicht Hartmanns, wie auch aus dem Prolog und dem Epilog hervorgeht. Auch die Handlung selbst bleibt von Anfang bis zum Ende ausschließlich im Raum des Weltlichen. Das gilt schon für die Geographie, die die Gebiete Schwaben und Italien erfaßt, allerdings nicht Italien im Sinne Roms, sondern des profanen medizinischen Zentrums Salerno. Es ist auch keine Rede von einem fernen Kloster jenseits des Meeres und es gibt auch keinen wüsten Felsen weitab in einem Gewässer. Die Handlung setzt auch nicht im fernen Aquitanien ein, sondern im heimatlichen Schwaben und bleibt im Grunde auch da. Der Schwabe Hartmann siedelt also seine Hauptfigur in Schwaben an. All das verleiht der religiösen Wirklichkeit dieser Erzählung eine andere Qualität. Nur die Zeit ist nicht präzisiert; wie oft in Legenden und anderen Erzählungen spielt die Geschichte in irgendeiner aber doch wohl nicht zu fernen Vergangenheit.

Die Hauptgestalt dieser Erzählung, der Herre Heinrich, ist nobler Abstammung und im Fürstenrang, sein Besitz ist groß und er verfügt über alle Vorzüge und guten Eigenschaften. All das, was einen Ritter auszeichnet, ist in dieser Gestalt vereinigt. Der Ritter erscheint also als der Bezugspunkt. Das Materielle, das eine große Rolle spielt, wird dabei überragt von Werten wie *êre* und *muot*. Auch in dieser Hinsicht ist die Hauptgestalt ein Ausbund an Vollkommenheit. Das Schlüsselwort der Exposition ist Ritter. Heinrich ist die Verkörperung dieses Ideals. Ritter wird an dieser Stelle auch, und das sei nebenbei erwähnt, mit Jugend verbunden, was man meines Erachtens zu wenig beachtet hat. Hier könnte man eine Übereinstimmung mit dem im Französischen besonders ausgeprägten Sprachgebrauch erkennen, denn dort wird der Ritter besonders gern mit dem Begriff *joven* verbunden; dieser spielt schon in der Dichtung der ersten Troubadours eine große Rolle und ist auch in der Realität zu verankern. Im Gegensatz zum Ritter Tundalus z.B. ist Heinrich also in jeder Hinsicht vorbildlich, von primitiver Schwarzweißtechnik ist man weit entfernt. Heinrich ist im Besitz der *triuwe*, er schützt die Bedrängten, übt sich in Freigebigkeit, ist ein guter Ratgeber usw. Als letztes Positivum wird hinzugefügt, daß er auch Minnesänger war. Vom Religiösen ist allerdings nicht direkt die Rede, weder im positiven noch auch im negativen Sinn. Dann zeigt sich allerdings in der Exposition auch das Legendenklischee, wenn der Erzähler sagt, daß all diese weltliche Vollkommenheit, über die Heinrich verfügt, keinen Bestand haben könne; dabei spielt Hartmann das traditionelle Vergänglichkeitsthema durch. Dieser vollkommene Ritter mißfällt aber Gott, was sich im Aussatz äußert, der den glänzenden Weltmann befällt. Statt der Darstellung einer punktuellen, ruckartigen Veränderung im Dasein der Hauptgestalt, wie im Gregorius, bietet Hartmann im *Armen Heinrich* bereits Ansätze zur Schilderung der Entwicklung einer inneren Krise. Der Ritter Heinrich versucht, zunächst alle materiellen Möglichkeiten auszuschöpfen und meint, damit den Aussatz heilen zu können. Allmählich wird ihm klar, daß das nichts nützt; doch nun, statt des Zornes, den man im Gregorius beobachten konnte, ist es Resignation, die diesen Ritter überkommt. Diese Darstellung von Resignation ist erzählerisch von großer Tragweite. Hartmann zeigt einen Ritter, der fähig ist zum Insichgehen, zum Überlegen und schließlich zum Akzeptieren eines elenden Schicksals. Heinrich wird gezeigt als einer, der fähig wird zum Verzicht. Durch den Verzicht auf Heilung um jeden Preis kann er dann der Gnade und des Heils teilhaftig werden.

Diese kleine religiöse Erzählung ist von großer geistes- und literarhistorischer Bedeutung; aus der Schematik der Legende entsteht Neues, ein komplexeres religiös-psychologisches Phänomen wird erfahrbar und innerhalb der Volkssprache gestaltbar. Die Gestalt, an der dies gezeigt wird, ist ein Ritter, und der dies erzählt, ist ebenfalls ein Ritter. (Die *militia saecularis* erscheint also in einem anderen Licht als Jahrzehnte vorher im Traktat des Bernhard von Clairvaux.) Wichtig ist dabei, daß wir in diesem Text praktisch nie aus der normalen menschlichen Welt herausgeführt werden. Als Schwundstufe des wichtigen Strukturelements des Verlassens der Welt könnte man den Rückzug auf das Landgut Heinrichs bezeichnen, aber das ist eben keineswegs etwas Spektakuläres, dieses Landgut befindet sich immer noch irgendwo im Schwäbischen. Strukturell würde diesem Rückzug auf das Landgut der Auszug des Gregorius zur fernen Insel im Meer entsprechen, aber der Ritter Heinrich ist kein extremer Büßer mehr, der den Eintritt in einen extremen Bereich braucht, sondern er ist eher ein immanenter Grübler; die Erzählung verbleibt in der Immanzenz des Weltlichen, im normalen Lebensraum des mittelalterlichen Menschen. Doch aus dieser Immanenz heraus ist die Geschichte fähig zur Transzendenz, wie sich dann zeigt, wenn dieser Ritter der Gnade teilhaftig wird. Die Entscheidungen im *Armen Heinrich* kommen vor allem von innen. Beim Anblick des Mädchens, das bereit ist, auf dem Operationstisch in Salerno sein Leben hinzugeben, faßt Heinrich den Entschluß, sein Ich hintanzusetzen. Es heißt, er gewinnt einen *niuwen muot* und verzichtet auf das Opfer. Echt mittelalterlich ist das Zeichenhafte, Äußere noch ein wichtiger Faktor in diesem Vorgang: im Messerwetzen wirkt das Akustische, im angebundenen Mädchen das Visuelle auf Heinrich ein; man darf aber nicht übersehen, daß all dem, das nun den entscheidenden Entschluß provoziert, eine lange Inkubationszeit vorausgeht, welche Raum schafft für das Entfalten des Innermenschlichen. Es handelt sich überdies um eine grundsätzlich andere Art des äußeren Eingriffs als etwa in Bekehrungsgeschichten, wie die Visionsliteratur sie bietet: dort werden in aller Kraßheit die Qualen der Hölle vorgeführt und lösen die Bekehrung aus! Auf der Heimreise von Salerno erfolgt die Heilung, das wird aber nicht als spektakulärer Eingriff von außen dargestellt, es erscheint in der Erzählung eher als eine dezente Draufgabe. Das Transzendente wird diskret ins Menschliche hineingenommen. Daß der Ritter Heinrich dann das opferwillige Mädchen niedrigen Standes sogar noch heiratet, ist ein weiterer wichtiger Anhaltspunkt; auch das Erotische, freilich nur andeutungsweise, hat in dieser Geschichte seinen Platz und seine Berechtigung.

Diese Gestalt des Ritters, die der Ritter Hartmann hier entwirft, weist überraschende Übereinstimmungen mit jenem Rittertyp auf, der uns schon in den Lais der Marie de France begegnet ist. Lanval, so hatten wir gesehen, zog sich, in ähnlich psychologisch feiner Weise dargestellt, resignierend und nachdenklich vom Hof zurück, wo seine Stellung schwierig geworden war – gegenüber dem Rittertyp der Chansons de geste eine entscheidende Humanisierung und Verfeinerung. Bei Hartmann kann man Ähnliches gegenüber dem Typ des Legendenhelden bemerken. Was Marie de France auf der Ebene der erotischen Kleinerzählung keltischen Hintergrunds leistete, vollzog der deutsche Ritter Hartmann auf der Ebene der religiösen Kleinerzählung.

Erschließen und Freisetzen der menschlichen Innenwelt. Lieben, Töten, Glauben als existenzielle Kräfte der deutschen Dichtung um 1200

Die große deutschsprachige Dichtung um 1200, die sich in starker Anlehnung an französische Vorbilder entwickelte – auch die immer wieder gerühmte Sonderstellung des Nibelungenliedes ist davon nicht unbetroffen –, läßt sich in ihrer Eigenart am ehesten von der in ihr zu besonderer Geltung gebrachten Leitvorstellung des Herzens erfassen. Die deutsche Dichtung konnte dabei auf den von den französischen Vorbildern eröffneten Wegen weitergehen, sie ging aber auch eigene Wege, was mit ihren teilweise doch recht anderen Grundlagen zusammenhing. Im Deutschen lag eine andersgeartete einheimische Heldensage vor als in Frankreich, die religiöse volkssprachliche Literatur hatte eine längere und bedeutendere Tradition, die historische Komponente ist auch in volkssprachlichen Werken deutlich ausgeprägt, das Verhältnis Ritter/Kleriker war im Minnesang anders als bei den Troubadours. Die Hinordnung auf das *herze* brachte nicht nur eine konsequent durchgeführte Erschließung des Innermenschlichen mit sich, sondern führte auch zu dessen Problematisierung. Diese Problematisierung äußerte sich in der Liebeslyrik auf andere Weise als in den großen epischen Werken, in denen sie zugleich an das Bewußtmachen tragischer Dimensionen des Daseins heranführte. Letzteres wäre auch deshalb von besonderer Bedeutung, weil dieses Bewußtmachen des Tragischen eben aus dem beharrlichen Erschließen des Innermenschlichen heraus möglich zu werden schien und sich überdies in Texten ganz unterschiedlicher Art und Herkunft und bei verschiedenen Autoren beobachten läßt.

»*des herzen hôchgemüete*«. Deutsche Liebeslyrik um 1200

Mit den 80er Jahren des 12. Jh. hatten die deutschen Ritter-Sänger auf den Grundlagen ihrer deutschsprachigen Tradition den Anschluß an den Kernbereich der Troubadourdichtung, die Minnekanzone, gewonnen. Mit Walther von der Vogelweide stellte die deutsche Lyrik dann sogar einen Dichter, in dessen Werk sich die Breite der Troubadourdichtung voll widerspiegelt und in dessen Dasein sich ebenfalls wesentliche Elemente so mancher Troubadours, wie das Berufssängertum, wiederfinden. Walther unterscheidet sich darin nicht unwesentlich von seinen dichtenden deutschen Vorgängern und Zeitgenossen, die keine Berufssänger waren und die aus der Gattungsvielfalt der Troubadourdichtung nur einen Ausschnitt übernahmen und sich darauf konzentrierten. Walther, den man nicht ganz zu Unrecht als besonders deutschen Vertreter der Lyrik der Zeit angesehen hat, ist zugleich der occitanischste unter den Minnesängern – auch in seinem ›Nationalismus‹, denn der lehnt sich an occitanische Vorläufer an. Walthers Dichtung ist freilich nicht nur eine Kopie occitanischer Lieder und Liedtypen, sein Beitrag zur Anverwandlung der romanischen Anstöße ist groß, nur sollte man Walthers Originalität nicht dort suchen, wo sie nicht ist. Walther ist nicht so sehr der Entdecker einer neuen Art der Minne; in der Minneauffassung unterscheidet sich Walther nicht grundsätzlich von dem, was so mancher Troubadour oder die Vaganten oder Reinmar zu bieten hatten. Gottfried von Straßburg, der Zeitgenosse, sah in

Walther den Anführer der Minnesänger, der, nachdem Reinmar nicht mehr unter den Lebenden weilte, im wahrsten Sinn des Wortes tonangebend sein müsse. Stellt Gottfried den Minnemusiker Walther praktisch auch über Reinmar, so bleibt Walther durchaus im Kreis der Minnesänger, der Nachtigallen, wie es heißt, und für das Mittelalter – wie nach eigener Einschätzung – war er eben Minnesänger; gerade auf dem Hintergrund der occitanischen Lyrik und Reinmars Dichtung ist Walthers Werk nicht das Werk eines revolutionären Ausbrechers. Freilich, auch dort, wo er grundsätzlich den Bahnen folgt, die z.B. von anderen gelegt worden waren, überrascht er durch die Bewußtheit seines künstlerischen Zugriffs, man denke etwa an das berühmte Lindenlied, das an sich in der Tradition der romanischen Pastourelle steht. Auch Walthers politische Dichtung, von hoher Qualität, ist eine Frucht vom Baum occitanischer Lyrik, der Gattung der sirventés; sein Tagelied, sein Palästinalied zeigen ebenfalls, daß sich sein Gattungsbewußtsein am Occitanischen Vorbild orientierte. Gerade was das Kreuzlied betrifft, zeigt sich, daß Walthers ältere Zeitgenossen wie Hartmann, Friedrich von Hausen u.a. sich anders verhielten und über die occitanischen Gattungsgrenzen hinweg ihre Kreuzlieder schufen, wie oben am Beispiel der Integration von Kreuzlied und Minnekanzone gezeigt wurde. Walthers Leistung zeigt sich aber auch dort, wo er, die integrierenden Tendenzen der Minnesänger aufgreifend, Neues hervorbringt, was nicht in das Gattungsspektrum der occitanischen Lyrik eingeordnet werden kann und auch einheimische Formtraditionen neu zusammentreten läßt. Das ist z.B. der Fall in einer geradezu monumentalen Dichtung, der sogenannten Elegie, in der der alternde Walther sich in besonders pathetischer Weise an seine Mitwelt wandte und damit auch über die Jahrhunderte hinweg die Nachwelt anzusprechen vermochte. Davon soll weiter unten die Rede sein.

Ohne Walthers Leistung als Minnesänger zu schmälern, sei vor allem, wo wir uns noch einmal dem Hohen Minnesang zuwenden und seine besondere deutsche Note herausarbeiten wollen, des Thüringer Minnesängers Heinrich von Morungen gedacht. Heinrich von Morungen war Ritter, dem Quellenhinweis auf einen *miles* seines Namens wird man trauen dürfen. Dichten war nicht Heinrichs Beruf. Sein Werk konzentriert sich auf die Minnekanzone; Heinrich steht somit genau in der Tradition der deutschen Minnesänger, aus der Walther als atypisch herausragt. Heinrich von Morungen ist zugleich ein besonders intimer Kenner der occitanischen Liebeslyrik und führt in manchem auch diese, indem er der deutschen Sonderentwicklung der Minnesänger folgte, auf einen Höhepunkt. Das *canticum novum*, das zu Anfang des Jahrhunderts Wilhelm IX. angestimmt hatte, sollte im *niuwen sanc* (MF 124,7) Heinrichs eine unvorhersehbare Erfüllung finden. Heinrich von Morungen verstand es, inspiriert von der durch ihn konsequent durchdachten Liebeslyrik seiner Zeit vor ihm, die Grenzen des Sagbaren in einem Ausmaß zu erweitern, was es der volkssprachlichen Lyrik ermöglichte, sich grundsätzlich über das Latein zu erheben. Mit erstaunlicher Folgerichtigkeit und mit sicherem Sinn für die Ergiebigkeit des Ansatzes holt Heinrich aus den Grundmetaphern und Perspektiven der Troubadourlyrik und der deutschen Traditionen das Entscheidende heraus, entfaltet die darin liegenden Möglichkeiten, setzt wirkungsbewußt all das ein, was das assoziative Umfeld der einzelnen Bilder und Vorstellungen – sei es religiös, volkstümlich, antik, magisch, gelehrt – zu bieten hatte und leistete, deutscher Minnesangtradition folgend, ein Höchstmaß an Integration, wobei es ihm sogar gelang, das Tagelied, eine besonders ausgeprägte Sondergattung, nahtlos einzuschmelzen in seine Minnekanzone.

Der *hôhe muot*, was eine bis dahin ungeahnte Steigerung des Lebensgefühls ausdrückt, den der

Ritter, der die Dame mit seinem Lied umwirbt, aus diesem poetischen Dienst zu gewinnen hofft und den er sogar noch, paradoxerweise, in der Niedergeschlagenheit des Abgewiesenseins, im *trûren*, verspürt, dieser *hôhe muot* kann sich im Lied Heinrichs auf unverwechselbare Weise mit einer Intensität entfalten, die nicht ihresgleichen hat. Das läßt sich z.B. an einem Lied, MF 125,19ff, ablesen, das nicht einmal zu seinen berühmtesten gehört:

In sô hôher swebender wunne
sô gestuont mîn herze ane vröiden nie.
ich var, als ich vliegen kunne,
mit gedanken iemer umbe sie,
Sît daz mich ir trôst enpfie,
der mir durch die sêle mîn
mitten in daz herze gie.

Swaz ich wunneclîches schouwe,
daz spile gegen der wunne, die ich hân.
luft und erde, walt und ouwe
suln die zît der vröide mîn enpfân.
Mir ist komen ein hügender wân
und ein wunneclîcher trôst,
des mîn muot sol hôhe stân.

Wol dem wunneclîchen maere,
daz sô suoze durch mîn ôre erklanc,
und der sanfte tuonder swaere,
diu mit vröiden in mîn herze sanc,
Dâ von mir ein wunne entspranc,
diu vor liebe alsam ein tou
mir ûz von den ougen dranc.

Saelic sî diu süeze stunde,
saelic sî diu zît, der werde tac,
dô daz wort gie von ir munde,
daz dem herzen mîn sô nâhen lac,
Daz mîn lîp von vröide erschrac,
und enweiz von liebe joch,
waz ich von ir sprechen mac.

In einem so gewalt'gen Glückstaumel schwebte mein Herz noch nie,
niemals noch war es so voller Freude. Ich kreise, gleich als ob ich
fliegen könnte, in Gedanken stets um sie, weil ein ermutigendes Wort
von ihr kam, welches durch meine Seele mitten in das Herze drang.

Alles, was ich an Beglückendem schaue, spiegele sich wider in dem Lustgefühl,
das ich empfinde! Himmel und Erde, Wald und Aue sollen den Frühling meiner
Freude begrüßen. Zu mir ist eine freudige Hoffnung und eine beseligende
Zuversicht gedrungen. Darum soll mein Herz empor sich schwingen.

Gepriesen sei die freudespendende Nachricht, die so lieblich in meinem
Ohr klang, gepriesen der so angenehm wirkende Schmerz, der zugleich
so freudevoll sich in mein Herz senkte. Daraus entsprang ein Ent-
zücken, das mir wie der Tau vor Freude aus den Augen perlte.

Gepriesen sei die beglückende Stunde, gepriesen der Frühling, der hohe
Tag, da das Wort von ihrem Munde kam, das mir so sehr am Herzen lag,
daß ich vor Freude erschrak und vor Entzücken nicht weiß, was ich von
ihr sagen kann. (Übersetzung nach Helmut Tervooren).

Dieses Lied, was hier nicht im einzelnen gezeigt werden kann, was aber für das Vorverständnis unerläßlich ist, steht in engem Zusammenhang mit den wohldurchdachten Variationen, die das gesamte, etwa drei Dutzend Lieder umfassende Opus Heinrichs ausmachen. Die Sorgfalt, mit der Heinrich die Kunst der Variation betreibt, läßt das bis dahin bei Troubadours und Minnesängern Erreichte grundsätzlich hinter sich.

Während der deutsche Minnesang, besonders unter Reinmar, das bei den Troubadours angelegte stark reflektierende Element vor allem auf das *trûren* hin fortentwickelte, setzte Heinrich in diesem Lied bei jenem Leitwort an, das der Troubadourdichtung von Anfang an ihre eigene Tonalität verliehen hatte, bei dem Wort *joys*, Freude. Diese dichterisch anspruchsvoll gestaltete Entdeckung der Freude, die das gedanklich-emotionale Auskosten der Beziehung zur Dame mit sich brachte, kann als ein zentrales Ereignis hochmittelalterlich weltlichen Fühlens bezeichnet werden. Wo in der anonymen Liebesdichtung eher die dunklen Töne vorherrschten, wie die verbreitete Frauenklage, Lieder von Trennung und Schmerz zeigen, oder, wenn dort schon hellere Töne erklangen, diese von naiver Simplizität waren, oder wenn in der lateinischen Liebesdichtung, wo es zwar an Ausdruck erotischer Freuden nicht mangelt, diese meist ein fragwürdig frivoles Niveau haben, so verkörperte der *joys* der Troubadours eine neue Möglichkeit beseligenden und als hochwertig empfundenen erotischen Glücks.

Heinrich von Morungen greift das Leitwort *joys* in doppelter deutscher Brechung, *wunne* und *fröide*, auf, wobei die feinen Bedeutungsnuancen dieser Bezeichnungen, die sich nicht mehr ganz exakt bestimmen lassen, für das mittelalterliche Ohr weitere reizvolle Assoziationsmöglichkeiten eröffnet haben dürften. Wonne und Freude bilden das begriffliche Gerüst dieser vier Strophen und schließen Anfang und Ende einerseits und die beiden Mittelstrophen andererseits zusammen, wie z.B. aus der Verwendung von *wunneclîch* in den beiden Mittelstrophen hervorgeht. In Spannung dazu steht eine aufsteigende Gedankenführung mit einer andersgearteten Gliederung, die sich mit dem Wonne-Freude-Gerüst verschränkt: die zwei letzten Strophen erheben sich durch ihren anrufhaften Einsatz über die zwei ersten Strophen, die mehr feststellenden Charakter haben. Auch die Reimtechnik unterstreicht diese enge Verklammerung; jede der siebenzeiligen Strophen kommt mit zwei Reimen aus, wovon der zweite ein Übergewicht hat, das durch die reimlose vorletzte Zeile vielleicht sogar noch betont wird. Wonne und Freude des Sängers, womit die erste Strophe einsetzt – in der romanischen Lyrik pflegt an dieser Stelle der Natureingang zu stehen –, haben bei Heinrich ihre Ursache nicht in der Außenwelt, etwa im Erwachen der Frühlingsnatur, sondern ausschließlich darin, daß der Sänger im Innersten von dem hoffnungweckenden Zuspruch der Dame getroffen wurde – im Fachausdruck *trôst* spiegelt sich das occitanische *solatz* wider.

Freude und Wonne sind, wichtig für die Dichtung dieser Zeit, ganz und gar dem Herzen zugeordnet, das sich ebenfalls als Leitwort des Liedes erweist. Dieses *herze* des Sängers ist gestimmt auf ein *Exsultet* und *Magnificat*, was in seiner religiösen Qualität wörtlich zu nehmen ist. Damit verbunden taucht in der Einleitungsstrophe das Bild von den Seelenflügeln auf, das auf platonisch-mystische Tradition hindeutet und das man in ähnlichem Kontext aus der Minnegrotte in Gottfrieds Tristan kennt. Hinter den *gedanken*, die sich beflügelt erheben, ist das occitanische *cossir* zu sehen, das bei Heinrich von Morungen in neue Zusammenhänge rückt. Erfüllt von diesem überströmenden Glücksgefühl wendet sich der Sänger in der zweiten Strophe der Außenwelt zu, die somit der Innerlichkeit der ersten Strophe nachgeordnet wird, und möchte nun, daß das

Leben, das durch den *trôst* der Dame in ihm geweckt wurde, auch in der Natur sich zu entfalten beginne. Es kommt also zu einer genialen Umkehrung traditioneller und auch poetologisch verfestigter Vorstellungen. Es wird in dieser zweiten Strophe der typische Natureingang evoziert, die Belebung geht aber nicht von der österlich-frühlingshaften Natur aus, um den Sänger zu erfassen, sondern umgekehrt, aus dem durch das Wort der Dame belebten Herzen des Sängers kommt der Frühling, an dem nun auch die Außenwelt, die Natur Anteil haben soll. In Parallele zur ersten Strophe kommt am Ende der zweiten Strophe der Sänger in gesteigerter Form auf dieses beglückende Wort der Dame zurück. Herz und Natur geraten in einen totalen Einklang, der aber vom Herzen des Sängers ausgeht, in das hinein die Dame gesprochen hat.

Der *hôhe swebenden wunne* vom Beginn der ersten Strophe entspricht am Ende der zweiten Strophe der *muot der hôhe stân sol.* Das ist die Grundlage für die zwei auf Steigerung angelegten Lobpreisungsstrophen, mit denen das Lied schließt. Sie sind wiederum auf das *herze* angelegt als innerstem Kern, der von der Botschaft der Dame getroffen wurde. Die Analogie zur Botschaft des Engels an Maria, verbunden mit der dem Mittelalter geläufigen Vorstellung der jungfräulichen Empfängnis durch das Hören, stellt des Sängers Minneerleben in religiös-mystische Zusammenhänge, die an die alte Vorstellung von der Gottesgeburt in der Seele denken lassen. Die Schlußstrophe erhebt sich mit ihren zwei einleitenden Seligpreisungen über den *wol*-Ausruf der dritten Strophe und umkreist den Zeitpunkt, zu dem der beseligende Zuspruch der Dame, von dem schon die erste Strophe schwärmte, geschah. Die Freude, die den Sänger nun überkommt, ergreift nicht mehr nur sein *herze,* sondern seine ganze Person – *lîp* – und bringt ihn, der sich ja nun eigentlich im Lob auf die Dame verströmen müßte, zum Verstummen. Mit dieser wiederum ans Mystische streifenden Pointe der Sprachlosigkeit des Dichters und Sängers im höchsten Glück endet das Lied, das mit den andern ähnlich hochwertigen Liedern Heinrichs von Morungen einen Höhepunkt der volkssprachlichen Liebesdichtung des Hochmittelalters markiert.

An diesem Punkt ist es angebracht, auf den Antipoden Heinrichs von Morungen hinzuweisen, dessen Werk für die Einsicht in das eigentümlich deutsche Spektrum des Minnesangs besonders wertvoll ist, auf Neithart von Reuental, der im bairisch-österreichischen Raum lebte und dichtete. Neithart, Zeitgenosse Walthers und Heinrichs, setzte die höfische Minne ins Bäurische um; auch eine Art Problematisierung der Minne, kann man sagen, denn naive Volkstümlichkeit ist es ja nicht, die in Neitharts frischen Liedern aufklingt. Der Hof, sehr zum Mißvergnügen Walthers, fand Gefallen auch an dieser Liebeslyrik, was ein Indiz dafür ist, daß man die Geschmacksrichtung des höfischen Publikums nicht auf den Hohen Minnesang einengen darf, andererseits aber doch auch auf sich anbahnende Verschiebungen schließen läßt. Bei der Behandlung der nachklassischen Epik werden wir auf vergleichbare Verschiebungsphänomene treffen und am Beispiel Ulrichs von Lichtenstein auf die dann ganz offenbar gewordene veränderte literarische Landschaft auch im Minnesang hinweisen können.

›*Daz künecrîche des herzen*‹. Der deutsche Beitrag zur Sage von Tristan und Isolde

Unter den Leistungen, welche die französische Literatur des 12. Jh. hervorgebracht hat, gehört das Aufgreifen und literarische Ausgestalten der Tristansage aus dem Bereich der Artusdichtung im weiteren Sinn zu den besonders erregenden Phänomenen. Auch die deutsche Literatur hat sich in verschiedenen Anläufen bemüht, sich die Tristansage anzueignen. Der erste Anlauf, die Übertragung französischer Fassungen durch Eilhart von Oberge, bietet noch nichts nennenswert Neues und fürs Deutsche Bezeichnendes. Dies gelang erst dem nächsten Bearbeiter, Gottfried von Straßburg. Sein Werk kann als eigentümlich deutscher Beitrag der französischen Tristandichtung an die Seite gestellt werden. Der Anglonormanne Thomas von Britannien hatte diesen fragwürdigen ehebrecherischen Stoff, der zunächst in zwar eindrucksvollen, aber rauhen Gestaltungen vorlag, auf das subtile Erzählniveau des höfischen Roman gehoben und im Vollsinn des Wortes hoffähig gemacht. Der nächste Schritt, der diesen Stoff auf das höchste Niveau brachte, das im Hochmittelalter überhaupt erreichbar war, wurde in Deutschland getan. Gottfrieds Werk ist ein besonders instruktives Beispiel für die mittelalterliche Tendenz des Neumachens schon vorliegender Werke auch über die Sprachgrenze hinweg. Wenn auch letzte Gewißheit bei der Analyse dieser deutschen Fassung der Tristansage kaum zu erreichen sein wird (das fehlende Schlußstück läßt eine endgültige Deutung nicht so recht zu, und die Meinungen der Forscher gehen auseinander), so kann man doch Darstellungsprinzipien daraus ablesen, die eine Konzeption von derart erstaunlicher Feinheit und Folgerichtigkeit erkennen lassen, die nur durch die literarische Realisierung selbst übertroffen werden dürfte.

Der literarisch und musikalisch hochgebildete Straßburger *clericus* Gottfried – als solchen wird man ihn ansehen müssen –, der über eine ans Unglaubliche grenzende Sprachvirtuosität verfügte, hat es verstanden, den überlieferten und von Thomas vorgeformten Tristanstoff von dessen bewegendem Zentrum her, dem menschlichen Herzen, zu erfassen und von da aus mit einer Konsequenz darzustellen und zu deuten, wie sie einem in der Beharrlichkeit begegnet, mit der mittelalterliche Mönche über dem Buchstaben der Hl. Schrift zu meditieren verstanden. Das *herze* ist natürlich keine Erfindung Gottfrieds, es gehört zu den Errungenschaften des 12. Jh. überhaupt und manifestiert sich auf vielen Gebieten bis hin zur *Theologia cordis.* Gottfrieds Leistung liegt u.a. in der Klarheit, mit der er diesen Kern des Tristanstoffes erkannte, freisetzte und dessen Möglichkeiten vielleicht sogar bis ins Tragische hinein zur Entfaltung zu bringen versuchte. In der Hinordnung seiner Dichtung auf das *herze* ließ er sich nicht minder konsequent von zwei Kräften bestimmen, die bei den ihm vorliegenden literarischen Gestaltungen des Tristanstoffes höchstens punktuell und nur in anderer, meist untergeordneter Qualität hereinspielen konnten: Christentum und Antike. Das Entscheidende ist, daß es Gottfried gelang, in beharrlicher Denk- und Spracharbeit das überlieferte, vordergründige, epische Geschehen unter kühnster Ausnützung biblischer Perspektiven und raffinierter religiöser Resonanz sowie unter wohlabgewogener Verwendung der antiken Bildungstraditionen und -werte zu einem vielschichtigen, von der eigenen inneren Komplexität gehaltenen Gebilde zu verbinden, das in seiner sprachlichen Gestaltung zum vollkommenen Spiegel seiner tragenden Kräfte und Intentionen wurde. Das Problem der Integration der Antike, das oben beim *Alexanderroman* und *Eneasroman* berührt wurde, erfuhr im Werk Gottfrieds einen Lösungsversuch, der im Lichte der französisch-deutschen Beziehungen besonders aufschlußreich erscheinen muß.

Gottfrieds Text bricht mit V.19548 ab, mitten in der Episode, die von Tristans Grübeleien bei Isolde Weißhand nach seiner Flucht von König Markes Hof erzählt. Gottfried hat seinem Werk einen Prolog vorangestellt, dessen geistiges und stilistisches Niveau von kaum einem anderen mittelalterlichen Prolog übertroffen werden dürfte; dieser Prolog ist für die Deutung des Werkes voll belastbar und hilft etwas über den fehlenden Schluß hinweg. Gottfried stellt sich mit seinem Prolog in die in der Antike wurzelnde, gelehrte Bildungstradition, die in den französischen Romanautoren des 12. Jh. gelehrige Schüler gefunden hatte. Dieser Prolog ist eine Summe der damals verfügbaren Prologthemen und darstellerischen Verfahren; diese Themen und Verfahren erhalten aber bei Gottfried eine eigentümliche Wendung und stehen in einer nicht aus der Tradition erlernbaren, kühnen Gesamtkonzeption. Gottfrieds Prolog, der 244 Verse umfaßt, ist für diese Zeit schon von seinen Dimensionen her etwas Besonderes, Aufmerksamkeit Erregendes; er ist auch auf Überbietung angelegt. Die von der mittelalterlichen Poetik favorisierte Zweiteilung des Prologs in einen *prologus praeter rem* und einen *prologus ante rem* unterstreicht Gottfried durch stilistische Mittel. Die ersten 44 Verse sind monogereimte Vierzeiler mit Akrostichon und mit telestichischen Effekten. Darauf folgen 200 Verse in stichischen Reimpaaren. Hinter dieser schematisch erscheinenden Fassade der Zweiteilung, die Gottfried selbst aufbaut, setzt sich der Dichter über die Trennung der beiden Teile hinweg, indem er durch subtile Responsionen und thematische Anklänge Verklammerungen erzeugt. Damit integriert er beide Teile in ein übergeordnetes neues Prologganzes. Diese Verbindung der beiden Prologteile, von denen der erste traditionellerweise um Dichtungstheoretisches, um Publikum und Kunstverständnis zu kreisen pflegt und mit dem nachfolgenden Stoff nicht unmittelbar zu tun haben muß, legt schon eine wichtige Perspektive der Deutung der nachfolgenden Erzählung, auf die gewöhnlich erst der zweite Prologteil hinführen soll, fest, nämlich die wesenhafte Verbindung von Tristanliebe und Kunst, eine Verbindung, die bei Gottfried immer stärker wird und schließlich in einer Art Gleichklang von Eros und Musik ihre reinste Äußerungsform erreichen wird, dabei aber auch fragwürdig zu werden scheint, worin eine der gravierendsten Innovationen dieser deutschen Fassung liegen könnte. Gottfried setzt mit dem antiken *memoria*-Thema, verbunden mit dem Thema Welt, ein: was in der Welt Hohes, Großes geschehe, müsse im Gedächtnis behalten werden, sonst verkomme dieses Große in der Welt. Am Ende des strophischen und zu Beginn des stichischen Prologs reiht Gottfried sein eigenes künstlerisches Tun ein in diese Thematik und präzisiert zugleich. Es geht nicht einfach um Welt mit all den geistlichen Assoziationen, die sich damals einstellen mußten; er visiert vielmehr eine besondere Welt an, die Welt der *edelen herzen*. Das in Prologen meist schematisch abgehandelte, auf die Hörer bezogen *tumb-wîse*-Thema wird dabei geschickt und gezielt variiert, indem ein neues Publikum sichtbar gemacht wird. Gottfrieds eigenes Vorhaben, die Neufassung des Tristanstoffes, wird im Ablauf des Prologs schrittweise in bisher ungeahnte Bereiche vorgetrieben. Das Thema vom Gedenken an das Hohe in der Welt verdichtet sich vom bloßen Nachruhm zur aktualisierenden, lebensspendenden Macht in der Welt der *edelen herzen*. Am Ende des Prologs steht als Überbietung und Vollendung antik-heidnischen *memoria*-Denkens die christliche Eucharistie-Analogie als strahlende Möglichkeit weltlich erotischer Dichtung vor dem Leser. Die alte Speisemetaphorik (Dichtung als Speise) wird dabei auf überraschende Weise, aber typisch mittelalterlich erfüllt, wenn der Erzähler am Ende dieses an Überraschungen reichen Prologs verkünden kann, der Tod des Liebespaares sei das Brot der Lebenden.

In Gottfrieds auffällig umfangreichem Prolog fehlt eine Hinwendung an einen Mäzen. Der Name Dietrich, der aus dem Akrostichon hervorgeht, könnte in diesem Sinn verstanden werden. Es fehlt auch die Anrufung einer höheren Instanz um Beistand. Ersteres hätte auch in einem Epilog untergebracht werden können, Letzteres hingegen holt Gottfried, völlig unvorhersehbar, an einer bestimmten Stelle mitten im Text nach. Dieser Sachverhalt ist ungewöhnlich und kein Vorbild dafür ausfindig zu machen. Die angeblich sklavisch an die Vorlage gebundene mittelalterlichen Autoren verfügten über mehr Originalität und Freiheit als moderne Interpreten wahrhaben wollen. Die Textstelle, an der Gottfried, zunächst der Quelle folgend, die Vorbereitung zu Tristans Schwertleite schildern sollte, wobei es reichlich Möglichkeiten gab, die damals moderne Errungenschaft literarischer Deskriptionstechnik voll spielen zu lassen, nimmt er überraschenderweise zum Vorwand, innezuhalten und diese Technik kritisch zu befragen. Er schützt, Prologtopik aufgreifend, eigene Unfähigkeit vor und statt der zu erwartenden Schilderung von höfischem Prunk und Ritterspielen läßt er ein geistiges Turnier ablaufen. Ausgehend von der Idee des Anspruchs auf Dichterkrönung läßt er bestimmte Autoren der zeitgenössischen deutschen Literatur Revue passieren und holt sich nach raffinierten dichtungstheoretischen Reflexionen in der Anrufung der Musen Selbstvertrauen für die Weiterführung seines Werkes; ein Selbstvertrauen, das ihn dann de facto über die Leistungen der bisherigen Dichter und Konkurrenten hinauswachsen läßt. Er stellt sich dabei auch als Überbieter der antikisierenden Dichtung vor. Mit erstaunlichem Selbstbewußtsein gibt er zu verstehen, daß seine Art, die Schwertleite zu schildern und Tristan und dessen Begleiter auszustaffieren, von höherer Qualität sei als die herkömmlichen Beschreibungsverfahren. Diese Überbietung der Antike (Vulkan als Rüstungslieferant) ist zugleich eine Verinnerlichung, denn nicht so sehr um die feinziselierte Rüstung geht es, sondern um *guot, muot, bescheidenheit, höfschen sinn.* Gegenüber dem von Gottfried selbst gerühmten Neueinsatz der deutschen Literatur durch Heinrich von Veldeke kommt es also zu einem zweiten Neueinsatz mit Gottfrieds Tristan, dem wahren Neueinsatz aus wirkender Innerlichkeit heraus. Gottfried versieht dieses Problematisieren der modisch-literarischen Verfahren und deren Überbietung im eigenen Tun mit einem besonderen Akzent. Aus dem vorgespiegelten Unvermögen, in den konventionellen Bahnen weiterzudichten, steuert er auf einen eigentümlichen Musenanruf hin. Die Antike ist somit massiv präsent, was auch gut zur renaissancehaften Vorstellung von der Dichterkrönung paßt. Gottfrieds Musenanruf richtet sich aber dann nicht so sehr an den traditionellen Helikon, sondern an den *wâren Elicon.* Die pointiert überbietende Fügung verrät Gottfrieds Vertrautheit mit dem Sprachgebrauch der Bibelexegese und zeigt deren Erwartungshorizont an. Ist dieser *verus Helicon* gleichzusetzen mit dem christlichen Hl. Geist, der die Antike vollendend überbietet, so wie eben *verus, noster, novus* in Verbindung mit einem Nomen das Neutestamentliche, Christus und Christliches bedeutet? Die Antwort auf diese Frage entscheidet über einen wichtigen Aspekt der deutschen Geistesgeschichte um 1200. (Wenn im folgenden in einer bestimmten Richtung argumentiert wird, so bedeutet das keineswegs, daß dies die einzigmögliche und allein richtige Deutung sei.)

Eine Parallelstelle aus dem Text mag die Problematik erhellen. Als Tristan von seiner ersten Irlandfahrt zurückkehrt, die er nach dem Kampf gegen den tributfordernden Morold unternommen hatte, um bei Morolds Schwester, der Königin Isolde, Heilung zu finden – ein gefährliches Unterfangen, das Tristan dank seiner ausgeklügelten Berechnung und seiner Künstlerqualitäten zu einem guten Ende zu führen vermochte –, preist er am Hof Markes die Schönheit der Prinzessin Isolde. Gottfried bietet in Tristans Worten seine klassische Bildung auf, indem er feststellt, daß selbst Helena einen Vergleich mit Isolde nicht aushalten würde. Bloße Floskel? Nein, denn diese Aussage wird in einer bestimmten Weise präzisiert: die Sonne sei gar nicht damals in Mykene aufgegangen, und die vollkommene Schönheit erstrahlte nicht in Griechenland, sondern hier und jetzt; Isolde sei die neue Sonne, angekündigt vom Morgenrot, ihrer Mutter, der Königin Isolde. Dieser neuen Sonne solle man sich nun zuwenden. Die Abfolge Morgenrot – Sonne, die schon an früherer Stelle, beim Auftreten der beiden Frauen am irischen Hof, eingesetzt worden war, evoziert vor allem im Mittelalter geistliche Assoziationen; die Fügung neue Sonne *sol novus*, gleichbedeutend mit *verus sol, noster sol*, tut dies in gleicher Weise. Schließlich ist die Vorstellung von Christus als der wahren Sonne in der christlichen Tradition fast ein Gemeinplatz. Ist Isolde nun deshalb identisch mit Christus oder Maria? Kaum, vielmehr liegt eine analoge Verwendung geistlicher Denkverfahren vor. Der wahre Helikon brauchte dann ebenfalls nicht einfach den Hl. Geist zu bedeuten, was überdies auch auf syntaktische Schwierigkeiten bei der Interpretation der entsprechenden Stelle stoßen würde. Der Parallelismus der beiden Textstellen beschränkt sich nicht auf die bewußte Annäherung an die Antike und auf deren Überbietung nach dem Muster christlich-typologischen Denkens, beiden Stellen gemeinsam ist darüberhinaus das, worauf es Gottfried überhaupt ankommt, das *herze*. Dieses *herze* ist es, wodurch Gottfrieds mittelalterlicher Helikon über dem der Antike steht und weshalb sich die irische Prinzessin Isolde über die antike Helena erhebt. Das Lob Isoldes, der neuen Sonne, gipfelt in der Feststellung, daß sie das *herze* dessen, der sie anschaut, läutere wie das Feuer das Gold. Vom *wâren Elicon* kann Gottfried in gleicher Weise abschließend feststellen, daß die Worte, die von seiner Inspiration erfüllt werden, ins *herze* eindringen und es mit Freude erfüllen. Gottfried unterstreicht dann, daß er das Können, das ihm vom wahren Helikon zukomme, nicht in konventioneller Deskriptionspraktik verschleudern will; anders als die Autoren in der Vergilnachfolge will er nicht Kleider und Rüstung schildern, sondern die angeborene Kleidung Tristans, nämlich die, die von des *herzens kammer* kommt. In der Erschließung des Herzens als des eigentlichen Handlungsraums dieser neuen Dichtung liegt die Überbietung der Antike. Isolde steht über Helena, nicht weil sie so christlich ist, sondern weil sie ins *künicrîche des herzen* führt und dort herrscht. Das gilt nun für Gottfrieds Dichtung überhaupt. Gottfried sieht sich in der antiken Tradition, er überbietet sie gleichsam als neuer Ovid, weil er, wie keiner vor ihm – dies seine eigene Meinung –, den Eros als Macht des Herzens, *lieb und leit* umspannend, wahrhaftig offenbart und feiert.

In gesteigerter Form prägt diese Überbietungstendenz auch die berühmte Minnegrottenepisode, die in ihrer geistigen Durchdringung wiederum nicht einfach Übersetzung der französischen Vorlage ist. Tristan und Isolde, die den Hof König Markes verlassen müssen, ziehen sich in die Einöde zurück, wo Tristan einmal *von aventiure*, wie es im Text heißt, und womit ein Zentralbegriff der Artusdichtung evoziert wird, eine Grotte entdeckt hat, aus der heidnischen Zeit stammend und der Göttin Venus geweiht. Die *süeze minne*, die Tristan und Isolde nun in der Grotte vereint, ist die Überbietung dessen, was in dieser Grotte in früherer Zeit angelegt war. Denn, so heißt es, was dort an außergewöhnlichem Minnegeschehen der alten Zeit als fabulöse Geschichte tradiert wurde, offenbart sich an diesen beiden Liebenden nun in der vollen Wahrheit, und die wahre Herrin der Grotte zeigt an ihnen erst wirklich ihre Macht. Wiederum stellt sich das *herze* ein, wenn es heißt, daß diese Liebenden nur das tun, wozu sie ihr *herze* antreibe. Daß diese Verbindung mit dem Herzen, wie oben beim Helikon und bei dem Lob auf Isolde und an anderen Stellen, kein Zufall ist, zeigt sich auch darin, daß es in der ausdeutenden Anwendung der Minnegrottenepisode auf alle Lebenden ebenfalls heißt, wer immer dorthinein gelange, der finde die

Erfüllung seines Herzens. Wie Helikon und wahrer Helikon, wie Helena und Isolde, so entsprechen nun Venus (Göttin Minne) und wahre *wirtinne* (Herrin in der Grotte) einander. Man wird nicht leugnen können, daß eine durchdachte Konzeption am Werk ist, die, wie der Exkurs bei der Schwertleite zeigt, nicht aus der Vorlage übernommen werden konnte, sondern die einen originellen, großartigen Beitrag zur Neufassung der Tristanfabel darstellt, als deren schöpferisches Zentrum das *herze* hervortritt. Nun spielt in die Schilderung des Geschehens in der Minnegrotte die Überbietung der Antike ebenfalls herein. Nachdem die Umgebung der Grotte geschildert wurde, worauf die allegorische Ausdeutung der Grotte folgte, erfährt man, was die Liebenden treiben. Dabei kommt es zu einer bedeutsamen Abfolge: die Liebenden lauschen am Morgen lustwandelnd im betauten Gras dem Gesang der Vögel und dem Plätschern des Wassers. Gegen Mittag erzählen sie sich im Schatten der Linde traurige Liebesgeschichten von antiken Liebespaaren. Dann aber, auf der dritten und letzten Stufe, all das hinter sich lassend, begeben sie sich in die Grotte und feiern dort die Musik ihrer beseligenden, wechselseitigen Minne, worin sich, wie eben ausgeführt, das im Alten schattenhaft Angedeutete erfüllt.

Eine eindringliche Form der Überbietung der antiken Minne führt Gottfried auch im Anschluß an die große Abschiedsszene nach der Entdeckung des Ehebruchs durch Marke vor. Die Trennung des Liebespaares, die daran anschließt, wirft das Problem Leben und Tod auf, das Gottfried in äußerster Bewußtheit und Virtuosität in weitgespannten Reflexionen Isoldens und Tristans auslotet, wobei immer wieder die Leitworte Leben und Tod ihre Macht ausstrahlen können. Der Schwerpunkt verlagert sich dabei bezeichnenderweise immer mehr auf Isolde. Von ihr heißt es schließlich, daß sie Tristan nachblickt, wie er auf dem Schiff davonsegelt, eine dem Mittelalter aus dem *Eneasroman* vertraute Situation. Dido blickt dem Schiff des flüchtigen Eneas nach, der sie schnöde verlassen hat. Dido, die Minnende des Altertums, kann nicht mehr weiterleben und stürzt sich ins Schwert und in den brennenden Scheiterhaufen. Von Isolde, der Minnenden der neuen Zeit, kann Gottfried dagegen sagen, daß ihr *herze* nicht brach, Tristan, ihr Leben, lebt ja noch. Freilich bricht an dieser Stelle auch der tragische innere Widerspruch dieser Minne auf. Ihr beider Leben aus der Minne heraus ist eins, Tristans Ferne bedeutet für Isolde Tod, und zwar einen besonderen Tod, denn ohne Tristan, so meditiert Isolde, sei sie recht innerhalb des *herzen* tot. Genau das hat vorher der Erzähler von Tristan ausgesagt, der vom Hof Markes floh, um sein Leben zu retten, doch diese Flucht bedeutet ja Ferne von Isolde und somit Tod; diese Ferne ist eine Drangsal, die im Herzen tötet. Isolde will ihr elendes Dasein in der Tristanferne durchstehen. Tristan, so meint sie, leide ja mehr als sie, was sich zwar dann als nicht ganz richtig herausstellen wird. Um sich für ihn und sich selbst zu erhalten, will sie weiterleben. In dieser Episode agiert Isolde vom Szenentyp her wie eine neue, wahre Dido. Sie wächst aber in dieser Eigenschaft über diesen Bezugshorizont hinaus und gewinnt in ihren Reflexionen immer mehr die Nähe zu Abaelards Geliebten und Gemahlin Heloise. Mit dieser Entwicklung Isoldens kontrastiert dann die anspruchslosere Haltung Tristans, die sich in der Isolde-Weißhand-Episode in einem Einschwenken auf vordergründige ovidianische *remedia amoris* äußert.

Zurück zur Minnegrotte. Der Jäger König Markes, der das schlafende Liebespaar durch das Fenster in der Grotte erspäht, hält Isolde ob ihrer Schönheit für eine Göttin. Das Motiv von der Göttin Minne als der Herrin der Grotte kann also nochmals zur Geltung kommen. Doch nicht nur die Antike spielt dabei herein. Gottfried setzt sich auch mit der Tradition des keltischen

Feenmärchens, wie es mancher französische *Lai* verkörpert, auseinander. Der Ritter, der auf seltsame Weise den gewöhnlich höfischen Bereich verläßt, weil *aventiure* im Spiele ist, tritt in eine andere Welt ein und erfährt dort die Minne einer Fee. Als Vermittler zwischen den Bereichen fungiert z.B. ein eigentümliches Tier. All das, freilich in variierter Anordnung, findet sich auch in der Minnegrottenepisode der Tristansage: der andere Bereich, die Grotte mit ihrem *locus amoenus*, unzugänglich für den gewöhnlichen Menschen, die schöne Frau, das seltsame Tier. Ein weißes Tier, halb Hirsch, halb Pferd, lenkt mit seiner Fährte den Jäger Markes auf die richtige Spur. Gottfried überbietet also auch das Feenmärchen und vollendet es in der Fülle der Tristanliebe, in der sich mehrere Ströme vereinigen. Liegt in der Auseinandersetzung mit der Antike und dem mittelalterlichen Feenmärchen bereits eine eigentümliche Leistung Gottfrieds, so steigert sich sein Anteil bei der Neugestaltung der Tristansage vor allem durch die Einbeziehung des religiösen Elements. Das zeigt sich besonders in der Minnegrottenepisode, die im Laufe der Sagenentwicklung immer mehr zu einem Höhepunkt geworden war. Die Grotte der Einöde wird bei Gottfried zur verschlossenen Klause, deren Inneres sich an der Symbolik des Kirchengebäudes orientiert und somit präzise allegorisiert werden kann; das kristallene Bett der Liebenden erhöht sich zum Lager Salomonis; das seltsame weiße Tier, dieser *vremede hirz*, dessen Fährte mit den Spuren des Liebespaares im Gras verschmilzt – ein bedeutsamer Vorgang von hoher Symbolkraft –, gewinnt, wie Rathofer gezeigt hat, Ähnlichkeit mit dem Einhorn und dessen geistlichen Assoziationsmöglichkeiten. So wie der Prolog mit dem antiken *memoria*-Topos einsetzt und in der Analogie zur christlichen Eucharistie gipfelt, so gipfelt die Minnegrottenepisode, die mit der alten heidnischen Venusminne beginnt, in der mystisch-religiösen Überhöhung in der neuen, Gottfriedschen Herzensminne.

Läßt das bisher Festgestellte eine unverkennbare und hochentwickelte Eigenart dieser deutschen Fassung der Tristansage erkennen, so darf man auch fragen, ob nicht sogar im Aufbau des Werkes, wo dem deutschen Bearbeiter von der Vorlage her besonders feste Grenzen gesetzt waren, Indizien zu einer die Vorlage übersteigenden geistigen Durchdringung zu beobachten sind. Dabei ergibt sich möglicherweise ein Zusammenhang mit dem, was wir bisher am Text beobachten konnten. Die Geschichte von Tristan und Isolde gehört vom Aufbau her zu den nicht besonders anspruchsvollen Gebilden und kann in dieser Hinsicht nicht mit den höher entwickelten Artusromanen konkurrieren. Der Tristanstoff bleibt weitgehend eine Aneinanderreihung von z.T. vertauschbaren Episoden, nicht ganz unähnlich der Anhäufung von Schwänken im französischen *Roman de Renard*. Die Gliederung in Vorgeschichte und Hauptgeschichte, ursprünglich von stofflichen Interessen bestimmt – der Hörer will wissen, woher der Hauptheld kommt – bot aber vom Aufbau her einen Ansatz zu einer Vergeistigung dieses Stoffes.

In Gottfrieds *Tristan* ist, ähnlich wie in Wolframs *Parzival* – wobei freilich Wolfram auch im Inhaltlichen über die Vorlage hinausging –, die Abfolge Vorgeschichte-Hauptgeschichte nicht nur etwas, was den Inhalt angeht. So wäre denkbar, daß Gottfried hinter der bloßen Stofflichkeit der Abfolge von Vor- und Hauptgeschichte ein an die biblische Typologie von Vorausdeutung und Erfüllung angelehntes Darstellungsmodell als aufwertenden Bezugsrahmen wirksam machen wollte. Innerhalb der Vorgeschichte selbst ist ein Wendepunkt zu verzeichnen, der das Leben Riwalins, des Vaters Tristans, in ein Vorher und Nachher gliedert und dieses Leben unter das Zeichen von Schatten und Wahrheit stellt. Von Riwalin heißt es nach der Begegnung mit Blanscheflur, daß er nun ein anderer Mensch sei (V. 941) und Anteil an einem anderen, neuen Leben habe, V. 938. Dieses *niuwe leben*, diese *vita nova*, wurde ihm geschenkt, von der rechten minne, der wahren Anfeuerin, wie Gottfried es formuliert, die in Riwalins *herze* wirkt. *Novus* und *verus* sind Leitbegriffe. Für Blanscheflur gilt dasselbe. Riwalins vordergründig-höfische Kavalierstour an den Hof Markes – dieser Hof ist in Analogie zum berühmten Artushof stilisiert, den die Ritter aufsuchen – mündet also in etwas Neues ein, das diese konventionellen Werte und Normen der höfischen Welt zurücktreten läßt und eine völlig andere Entwicklung einleitet. Tristans Fahrt an Markes Hof, in der Hauptgeschichte, ist dann nicht mehr eine bewußt unternommene Kavaliersreise zur Verhöfischung, sondern erscheint aufgrund der neuen Voraussetzung, die der Knabe Tristan auf dem Hintergrund der Vorgeschichte, die er vollenden wird, mitbringt, als schicksalhafte Fügung. Nicht Tristan möchte am Hof Markes etwas lernen, vielmehr wird er dort als Lehrer auftreten. Das Getroffenwerden von der Minne, nun symbolisiert und gesteigert im Minnetrank, kann sich in der Hauptgeschichte in der ganzen Breite und Fülle entfalten. An bewußt hergestellten überbietenden Parallelen zur Schilderung des Erwachens der Liebe zwischen Riwalin und Blanscheflur fehlt es dabei nicht. Die Parallelen sind in der Personenkonstellation angelegt. In der Vorgeschichte handelt es sich um Riwalin und Blanscheflur und um die noch etwas kupplerische Vertraute der Blanscheflur. Bei Tristan und Isolde tritt an die Stelle der Kupplerin die treuergebene Zofe Brangäne. Weitere Übereinstimmungen zwischen Vorgeschichte und Hauptgeschichte, was das Erwachen der Minne und die Liebesproblematik betrifft, kommen dazu. Dem physisch lebensgefährlich verletzten Riwalin der Vorgeschichte, der aus der Liebesbegegnung mit Blanscheflur und auch mit Gottes Hilfe, was aber als Interjektion aufgefaßt werden kann, gleichsam von den Toten aufersteht und ein neues Leben erhält, steht nun das psychisch verwundete Paar Tristan und Isolde gegenüber, V. 12166; statt der kupplerischen Meisterin, die mit dem Trick das schicksalsschwere Rendezvous unter dem Vorwand ermöglicht, sie bringe eine wirkliche Ärztin zu dem Verletzten, ist es nun die Minne selbst, die als Ärztin agiert und die beiden Liebenden vereinigt, V. 12164. Die Zofe Brangäne registriert dabei nur fassungslos das Geschehen, statt als Kupplerin zu handeln. Das Agieren der kupplerischen Vertrauten bei Riwalin und Blanscheflur ist noch ein Echo aus der Welt des Schwanks. Gottfried, indem er diese Liebesbegegnung unter das Gesetz des Todes stellte, löste aber schon die Erotik der Vorgeschichte vom Schwank los. Riwalin ist verwundet wie auf den Tod, Blanscheflur fällt in seinen Armen in Ohnmacht und ist wie tot. Dem entspricht bei der ersten Liebesbegegnung zwischen Tristan und Isolde Tristans bewußtes Bekenntnis zum Tod, ein Bekenntnis, das diesen Tod als strahlende, bewußt angenommene ganzheitliche Erfüllung dessen auffaßt, was bei Riwalin und Blanscheflur noch der Krücke des physischen Scheins bedurfte, V. 12495 ff. All das ist außerdem so grundsätzlich aus der an die deutsche Sprache gebundenen Durchgestaltung im Einzelnen herausentwickelt, daß man kaum wird sagen können, Gottfried habe einfach übersetzt.

Zu erwägen ist auch, ob Gottfried, über die typologieartige Gliederung der Vor- und Hauptgeschichte hinausgehend, nicht auch über die rohe Stofflichkeit der aneinandergereihten Episoden, die teilweise aus dem Repertoire der Eheschwänke schöpfen, ein feines Netz sinngebender Strukturen gelegt hat. Gottfried scheint ein solches Netz gerade vom neuralgischen Punkt dieser Eheschwankepisoden aus gelegt zu haben, der darin liegt, daß sich der Leser fragt, wann denn das Liebespaar endlich vom betrogenen König und Ehemann Marke entdeckt werden wird. Diese im

Schwankhaften wurzelnde, niedrige Erwartung würde dabei verwandelt und erhöht zu einer geistigen Haltung, die in der Lage ist, hinter der platten Thematik vom Ertapptwerden ein tieferes Problem zu sehen, das Problem nämlich, daß bei dieser verabsolutierten Minne vordergründige Wahrheit und hintersinniger Schein, Täuschung auf der einen, Erkenntnis auf der anderen Ebene nicht mehr in herkömmlicher Weise zu beurteilen sind. Verschiedene Stellen der Vorlage wertet Gottfried bewußt in diesem Sinne aus, stellt sie als bedeutsame Markierungspunkte in eine zielgerichtete Abfolge hinein und macht sie somit einem sinngebenden Aufbauprinzip dienstbar. Wir greifen drei dieser symbolhaft stilisierten Erkennungs-Szenen heraus.

Der Truchseß Marjodo, ein Zimmergenosse Tristans, entdeckt nächtlings den Ehebruch von Tristan und Isolde; der Jäger König Markes entdeckt das schlafende Liebespaar in der Minnegrotte in der Einöde, Marke selbst erblickt dann durch das Fenster die beiden, zwischen denen das Schwert liegt; Marke schließlich steht zur Mittagszeit unmittelbar vor dem Liebeslager der beiden im Baumgarten des Schlosses und sieht unverhüllt die Wahrheit. Beim ersten Mal folgte der Truchseß der Spur, die Tristan allein bei Neuschnee im Mondlicht hinterlassen hat. Ein wilder Traum von einem Eber, der des Königs Bett verwüstet, hatte den Truchseß aus dem Schlaf gerissen und ihn direkt auf die Spur Tristans gebracht. Er hört das Geflüster von Isolde und Tristan und versucht nun, König Marke von der Schuld der Liebenden zu überzeugen. (Die Baumgartenszene, in der König Marke und der Zwerg Melot, auf dem Baum sitzend, dem Liebespaar im Mondschein auflauern, um es in flagranti zu ertappen, ist im Grunde nur eine schwankhafte Motivdoppelung der Marjodo-Geschichte, die dazu dient, die zweite feindliche Gestalt, den bösen Zwerg Melot, der natürlich aus der Vorlage stammt, ins Spiel zu bringen; man kann also beim Zählen der Erkennungsszenen bei der Dreizahl bleiben.) Beim zweiten Mal folgt Markes Jäger der Spur des seltsamen Hirsches, die sich nun mit den Spuren beider Liebender vereinigt. Der Jäger blickt durch das Fenster und sieht im hellen Licht das Liebespaar. Marke, ebenfalls nur durchs Fenster blickend, ohne direkten Zutritt, überzeugt sich von der scheinbaren Unschuld des Paares, sieht er doch das Schwert, das Tristan listigerweise zwischen sich und Isolde gelegt hat. Beim dritten Mal ist man wieder in der höfischen Welt der Intrigen; nun braucht es keine Symboltiere mehr, auch keinen Helfer und keine Spuren. Marke, was eine wichtige Neuerung gegenüber Thomas von Britannien ist, tritt allein an das Liebeslager heran, hat direkten Zutritt zum schlafenden Liebespaar, das kein Schwert mehr trennt, und erkennt vordergründig die Wahrheit. Nun ist es Marke, in seltsamer Ironie, der den Hof von der Schuld des Paares überzeugen möchte, was äußerlich gesehen mißlingt. Das bewußte Ausnützen des Lichts bei der Enthüllung der Wahrheit weckt geistliche Assoziationen, deren Funktionen freilich im einzelnen nicht restlos klar sind, da ja auch ein spannungsreiches Verhältnis zwischen der schuldhaften Tristanminne und dem geistlichen Licht der Wahrheit vorzuliegen scheint. Bedeutsam ist, daß vor allem bei der zweiten und dritten Szene weitere geistliche Symbole zur Lichtsymbolik hinzukommen, wodurch diese beiden Erkennungsszenen als besonders eng aufeinander bezogen erscheinen, was dadurch gestützt wird, daß beide Male Marke selbst das Liebespaar tatsächlich sieht; aber was heißt bei einem König Marke schon »sehen«?

Diese drei Erkennungsszenen sind vom Dichter bewußt auf vielfältige Weise voneinander abgesetzt. Verschiedene Verständnisebenen schieben sich dabei ineinander, was die Interpretation erschwert. Die zweite Erkennungsszene, deutlicher Höhepunkt, zeigt dem räumlich aus der

Intimität der Grotte ausgeschlossenen König Marke durchs Fenster in mystischer Verklärung ein unschuldiges Liebespaar, der Trick mit dem Schwert braucht diese Unschuld, die von der einen Verständnisebene aus betrachtet vorgespiegelt ist, nicht zu entwerten, sie ist ja schließlich einem anderen Bereich zugeordnet; der Trick richtet sich nur gegen die feindliche Außenwelt, die auf einer anderen Ebene angesiedelt ist. Die unmittelbare Einsicht in die Schuld des Liebespaares, welche dann die dritte Szene bietet, braucht darum auch wieder nicht letzte und eigentliche Wahrheit zu sein, schließlich spielt diese Szene ja wieder in der Welt der Hofintrigen. Gottfried hat ausgerechnet diese Erkennungsszene in die Sündenfallssymbolik gekleidet; Isolde als Versucherin, als Eva, die das Verderben über beide bringt. Diese Liebesbegegnung im Garten des königlichen Hofes ist auch als eine bedenkliche Karikatur oder irdisch-höfische Kopie der mystisch überhöhten Begegnung in der Grotte der Einöde zu sehen. In manchen und mit sicherer Hand eingesetzten motivlichen Details der Beschreibung wird dabei die Minnegrotte präsent gemacht und damit der ungeheure Abstand zu ihr verdeutlicht. Der *locus amoenus*, der in der Minnegrottenepisode in viermaliger Gestaltung und höchst funktional amplifiziert worden war, fällt nun nicht nur dem rhetorischen Kniff der *brevitas* zum Opfer; der Dichter macht deutlich, daß nur noch ein schwacher Abglanz dieses *locus amoenus* möglich ist. Die mystische Lichtverklärung der beiden schlafenden Liebenden ist in der Hofwelt zur bloß ästhetisch wohlgefälligen Form geworden, die sich an der bildenden Kunst orientiert wie einst beim turnierenden Riwalin in der Vorgeschichte. Das Strahlen, ja Glühen, das von der schlafenden Isolde in der Grotte ausging, war ausdrücklich nicht mit vorausgegangenem erotischen Tun begründet worden. Anders nun, unzweideutig heißt es, daß das Liebespaar nach bestimmten Aktivitäten schläft. Der strahlenden Sonne, die die Grotte in überirdisches Licht tauchte, entspricht nun eine sengende Sonne, es ist auch Mittag, doch nicht die Zeit mystischer Heimsuchung, sondern eher die Stunde des *daemon meridianus*, wozu die Sündenfall-Eva-Obst-Analogie passen würde. Diese Erkennungsszene zur Mittagszeit ist aber auch als mittelalterliche Überbietung ovidianischer erotischer Schilderungen zu lesen, so daß erneut die Frage nach Überbietung und Integration der Antike akut wird. Da der Schlußteil des Gottfriedschen Fragements überhaupt zahlreiche Ovidanspielungen enthält, wird man auch für diese Erkennungsszene Ovid heranziehen dürfen. (Verbot und Mittagszeit in Ovids Amores III, Kap. 4, 1. Buch). Eine große und letzte Erkennungsszene ist für das nicht vorhandene Ende des Romans anzusetzen: Marke, dem im Liebestod der beiden nun wirklich die Wahrheit enthüllt wird.

Mit Sicherheit über die Vorlage hinausgehend hat Gottfried auch die bedeutsame Zahl als feines und geheimes Bauprinzip im einzelnen eingesetzt, wenn er schon am Ablauf des Geschehens und an der Anordnung der Episoden im einzelnen nicht rütteln konnte und wollte. Als überzeugendes Beispiel ist die sogenannte Dichterschau heranzuziehen, die natürlich nicht übersetzt sein kann. In genau 200 Versen (V. 4620–4820) handelt Gottfried wohldurchdacht die Literatur seiner Zeit ab, wobei bei den einzelnen Dichtern und Problemen erneut exakte Zahlenkomposition im Spiel sein dürfte, deren möglicherweise im Geistlichen verankerter Sinn freilich umstritten ist. Auf überraschende Zahlenkompositionen, in mittelalterlicher Art in den laufenden Text hineingeheimnist, hat Petrus Tax aufmerksam machen können.

Als weiteres Aufbauprinzip sind die im laufenden Text immer wieder zu beobachtenden Stilisierungs- und Gliederungsbemühungen des Dichters zu betrachten, die zwar an der überlieferten Abfolge der äußeren Handlung nichts verändern, hinter ihr aber einen neuen, typisch Gottfriedschen Horizont erkennen lassen. Die Schilderung der seltsamen Ankunft des Knaben Tristan am Hof König Markes, seines Onkels, bietet ein gutes Beispiel. Diese Erzählphase ist nicht nur der Vorlage nachgebildet, sie ist ein altes Requisit romanhaften Erzählens, das vom raschen Aufstieg eines Fremdlings am Hof handelt. Gottfried legt dieser Erzählphase, die von der Entführung Tristans bis zu seiner Aufnahme am Hof König Markes reicht, ein kunstvoll gestuftes, auf einen Höhepunkt angelegtes Schema zugrunde, das den Geist der Gottfriedschen Neufassung zur Geltung bringt. In einem ersten Schritt wird Tristan über drei Begegnungen räumlich an den Bereich des Königs Marke herangeführt: über die norwegischen Kaufleute, die Tristan wegen seiner kulturellen Überlegenheit entführen, über die Pilger, die sich von der glänzenden Erscheinung des Knaben beeindrucken lassen und über die biederen Jäger des Königs Marke selbst. In einem zweiten Schritt verwandelt der Knabe Tristan, der eben auf diese Jäger gestoßen ist, deren primitives Tun – sie haben gerade einen Hirsch erlegt und wollen ihn zerwirken – in eine glanzvolle Szene, in der das Zerlegen des Wildes zum Kunstwerk wird. Diese Szene ist in sich wieder sorgfältig gestuft (z.B. Dreizahl der französischen Fachausdrücke als Gliederungsprinzip) und gipfelt darin, daß der Jagdzug sich zum Festzug formiert, dessen Mittelpunkt der tote und zerlegte, aber kunstvoll neu zusammengefügte Hirsch bildet – gleichsam als Neuschöpfung aus dem Geist der bildenden Kunst und darum der Natur und dem Leben überlegen. Von da aus erfolgt der dritte Schritt: der Festzug wird zum musikalischen Ereignis. Tristan als Meisterhornist zieht in Markes Burg ein, die von den Klängen dieser dort noch nie vernommenen Musik widerzuhallen beginnt.

Auch das Initialenspiel, das vom Akrostichon des Prologs ausgehend sich wie ein Ornament (es geht vor allem um die Anfangsbuchstaben TI: Tristan und Isolde) durch den Text zieht, war wohl als zusätzliches, in die übrigen Mittel des Aufbaus integriertes Bau- und Gliederungsprinzip gedacht. Das unvollendet gebliebene Werk schließt hier leider letzte Klarheit aus.

Gottfrieds Dichtung als Sprachkunstwerk gibt Anlaß zu einer weiteren Überlegung, die den Bau des Werkes betrifft. Es fragt sich, ob man nicht die Existenz eines wort-musikalischen Kompositionsprinzips erwägen sollte, das ausgehend vom Leitwort *herze* auf der wohltemperierten Tonfolge einer weiteren Reihe von Leitwörtern beruht, die der überkommenen Abfolge der Episoden Haltung, Richtung und zusätzlichen Sinn verleiht, vergleichbar den Reimbändern der provenzalischen Lyrik den Erzählstoff wie ein kostbares Band durchwirkt und zugleich auch die Grundmelodie bildet in einem thematischen Geflecht, in dem dann nicht mehr viele Noten frei sind.

Gottfrieds Werk ist ein wichtiges Zeugnis in der Diskussion um den hochmittelalterlichen Humanismus und um deutsche Sonderformen bei der Aneignung der Antike. Die biblisch-christliche Komponente scheint bei Gottfried, wie die zentrale Minnegrottenepisode zeigt, besonders mächtig zu sein, mächtiger als die Antike, die sie sich integriert. Die Antike würde demnach auch bei Gottfried nicht in ihrer Eigenständigkeit zur Geltung kommen, wofür es doch im französischen Humanismus des 12. Jh. beachtliche Ansätze zu geben scheint. Die Antike ist aber bei Gottfried dennoch nicht auf simple Weise religiös gebunden und entschärft wie im *Annolied*, der *Kaiserchronik*, dem *Alexander*, denn auch die biblische Komponente dürfte bei ihm nicht das Letzte sein. Dieses ist vielmehr das *herze*, das Gottfried freisetzt und verabsolutiert. Gottfried leistete damit einen unvorhersehbaren und bedeutenden Beitrag zum Humanismus des Mittelalters, an dem die Betrachtung der europäischen Geistesgeschichte nicht vorübergehen sollte; dieser Beitrag hat seinen unverwechselbaren Platz neben dem eines Hildebert von Tours u.a. Gottfrieds konsequent durchgeführte Verabsolutierung des Herzens, worin die antike ovidianische Erotik ihre mittelalterliche Überbietung und Erfüllung erfährt, kann in Parallele gesetzt werden zu der gleichzeitig sich entfaltenden *theologia cordis*, einer wichtigen Seite altchristlich-mittelalterlicher Spiritualität. Der Minnesang Heinrichs von Morungen mit seinen starken mystischen Akzenten hat bereits unseren Blick in diese Richtung gelenkt.

Die Verabsolutierung des Herzens weist bei Gottfried eine besonders eigenwillige Note auf. Diese liegt vor allem in der Musik. Auch das ist eine Neuerung dieser deutschen Fassung der Tristansage. Das Künstlerische, das der Gestalt Tristans schon von der Sage her wesenhaft zugehört – es ergeben sich Gemeinsamkeiten mit dem Helden des lateinischen Ruodliebromans aus dem 11. Jh. –, verdichtet sich in Gottfrieds Fassung immer mehr zum Musikalischen und dies nicht nur im Sinn eines dekorativen Beiwerks, sondern des wesenhaften Zusammenklangs von Eros, Musik, *herze.* Mit Tristan zieht eine bisher noch nie vernommene Musik am Hof des Königs Marke ein; am irischen Hof wiederholt sich das gesteigert, denn Isolde tritt hinzu und in ihr findet Tristans musikalisches Können seine verkörperte Vollendung. Isoldens Gesang und Saitenspiel treffen nicht nur das Ohr, sie dringen ein ins *herze*; die körperliche Schönheit Isoldens wird zum innersten Singen, wie es im Text heißt. Das Geschehen der Minnegrotte ist ebenfalls vom Ineinander von *herze*, Eros und Musik bestimmt und noch in der tragischen Verirrung – der Flüchtling Tristan sitzt am Hof des Herzogs von Arundel bei Isolde Weißhand, einer beklemmenden Kopie von Tristans erstem Aufenthalt am irischen Hof – büßt die Musik nichts von ihrer Kraft ein, denn das Zentrum von Tristans Gesang ist die unwiderstehliche Musik des Namens Isolde. Das alte Thema der Tristansage, die Bannhaftigkeit der Minne, erlebt somit in der Musikalisierung, die ihr in der Fassung Gottfrieds zuteil wurde, eine ungeahnte Metamorphose und Auferstehung. Der höfische Roman selbst, dieses Werk des französischen Genius, wird bei Gottfried fast zu einem durchkomponierten Wortkunstwerk, das nicht mehr nur anspruchsvolles Unterhaltungsmedium ist, sondern eine aus sich heraus wirkende Welt aufbaut.

Mit der konsequenten Orientierung des Tristanstoffes auf die Kunst und auf das *künecrîche des herzen* führte Gottfried eine Tendenz, die schon in der alten Tristansage spürbar war, auf einen Höhepunkt, nämlich die radikale Abkehr von der Ausrichtung des Helden auf äußere Herrschaft und Königtum. Der hochwertige volkssprachliche Roman um 1200 schüttelt eine alte Bindung ab, die in der kirchlich inspirierten Tradition lag und darin bestand, mit dem Phänomen des Kriegers fertig zu werden. Wiederum ist an den ersten höfischen Roman, den lateinischen *Ruodlieb* des 11. Jh. zu erinnern, in dem diese Bindung des *miles* an das Herrscherideal voll zum Tragen kommt. Beim ersten antiken Roman, dem *Alexander*, ist diese Bindung ebenfalls grundlegend, tritt aber bei den weiteren Bearbeitungen antiker Stoffe bereits zurück – selbst im *Eneasroman*, wo die Minne bereits wichtiger wird als das Herrschertum. Im *Perceval*-Gralroman kann sich diese Bindung, allerdings in der Idealität der religiös getönten Gralwelt, im äußeren Erzählrahmen behaupten; im Artusroman, in den der Gralroman eingebettet ist, tritt sie aber grundsätzlich zurück. Es geht da um den einzelnen Ritter als solchen, wie es ja auch im Gralroman auf den *ordre de la chevalerie* ankommt. Freilich ist dieser Ritter meist noch Königssohn und wird schließlich auch Herrschaft ausüben, dies aber mehr in Form eines erzählerischen Appendix. (Wie man behaupten kann, diese Romane hätten die ideologische Bewältigung des Ausbaus hochmittelalterlicher Territorialherrschaft zum Ziel, entzieht sich meiner Einsicht!) Die Loslösung des Helden von der Bindung an das Herrschaftsamt hat, auch auf frühere Entwicklungsstufen der mittelalterlichen Kultur, in der Legende ihren Platz. Noch in der höfischen Legende Hartmanns, im *Gregorius*, bleibt zunächst die Handlung an dem Punkt stehen, wo Gregorius Herrscher geworden ist. Erst die radikale Abkehr davon führt weiter, wenn Gregorius als Büßer seinen Herrschaftsbereich verläßt. Tristan, keine Legendenfigur und keine Gestalt eines Artusromans im engeren Sinn, verfährt nicht weniger radikal, ja er zeigt überhaupt kein Interesse an der Ausübung von Herrschaft und Königsamt, er demissioniert ganz und gar, übergibt die Herrschaft über sein Land an irgendwelche Leute, er selbst lebt ausschließlich für das *künecrîche des herzen.* Dies ist umso wichtiger, als Tristan, im Gegensatz zu den Helden des Artusromans, eine vorzügliche Ausbildung erhalten hat und demnach als Herrscher kein *asinus coronatus* wäre. Diese Ausbildung, in deren Mitte die Kunst steht, hat aber die Bindung an das Königsamt verloren und ist ausschließlich auf das *herze* bezogen. Gottfrieds Tristan ist nur der Extremfall in einer umfassenderen Entwicklungstendenz der volkssprachlichen Literatur um 1200 überhaupt, die immer mehr auf die Erschließung des Innermenschlichen abzielt.

Des ›herzen jâmer‹

Gottfried bekannte sich in seinem Tristanprolog zur unlösbaren Einheit von *liep unde leit.* Etwa zur gleichen Zeit kommentierte der Dichter des Nibelungenliedes, unter dessen Händen die alte Heldensage von Drachentötung, Goldgier und Mord immer mehr zur Tragödie der liebenden Frau geworden war, mit denselben Worten, freilich mit anderer Akzentuierung, am Ende seines Werkes die Tragödie: *mit leide was verendet des küneges hôchgezît, als ie diu liebe leide z'allerjungeste gît.*

Von der Nibelungensage zum Nibelungenlied

Es ist kulturkonstituierendes Merkmal, wenn sich geistige Erscheinungen nicht mehr bloß als isoliertes Aufblitzen offenbaren, sondern wenn sie in repräsentativer Breite zu leuchten anfangen und eine gemeinsame Lichtquelle erkennen lassen. Die hochwertigen Texte der deutschen Literatur des Hochmittelalters sind davon geprägt. Das zeigt sich auf besonders eindrucksvolle Weise, wenn man das Nibelungenlied mit jenen deutschen Texten in Verbindung bringt, die von französischen Quellen abhängen. Die stofflichen und überlieferungsmäßigen Voraussetzungen sind beim Nibelungenlied völlig anders als bei den deutschen Bearbeitungen der Artus-Gralsage und der Chansons de geste. Für die Einsicht in das, was man als deutsche Besonderheit bezeichnen kann, ist die Betrachtung der Präsenz der Nibelungensage im deutschen Südosten um 1200 besonders förderlich. Diese Präsenz konnte nämlich eine Erscheinungsweise erreichen, die kaum weniger vorhersehbar war wie das Auftauchen der literarischen Artusdichtung im französischen Westen. Daß im französischen Kulturraum die dort einheimische Heldensage schon früh im 12. Jh., möglicherweise sogar noch kurz davor, das Stadium der ihr wesenhaften Mündlichkeit verlassen konnte und in die werdenden literarischen Großformen einging, war weniger überraschend. Diese Heldensage, die von den Kämpfen fränkisch-christlicher Krieger gegen die Mohammedaner in Südfrankreich und auf der iberischen Halbinsel erzählte, war schon ein Beitrag hochmittelalterlich-christlich geprägter Kultur und konnte im 12. Jh. zusätzlich von der Kreuzzugsstimmung und dem immer stärker werdenden karlisch-französischen Herrschaftsmythos profitieren, der überdies über ein so bedeutsames religiöses Zentrum wie die Abtei Saint Denis bei Paris verfügte. Daß dann literarische Werke dieser Art wie *Rolandslied* und *Willehalm* auch von den Deutschen aufgegriffen wurden, fügt sich problemlos ein in das West-Ost-Gefälle. Im Deutschen hätte es dabei bleiben können. Es blieb aber nicht dabei; daran läßt sich ablesen, daß die deutsche Kultur um 1200 imstande war, selbständig wirkende Kräfte freizusetzen. Ein breiter Strom mündlich tradierter, religiös irrelevanter Heldensage und Heldendichtung, der in Geschehnissen der Völkerwanderungszeit seinen Ursprung hatte, sich aber auch – man denke an die Hildesage – aus anderen Bereichen nährte und der in der ganzen Germania seine Spuren hinterlassen hat, fließt im hochmittelalterlichen Deutschland weiter, auch unter den gelegentlich recht wohlwollenden Augen kirchlicher Würdenträger. So hätte es weitergehen können. Anonymität und Mündlichkeit sorgten für schützende Abgrenzung gegenüber anderen dichterischen Phänomenen und neuen literarischen Entwicklungen. Im 12. Jh. aber, auf jeden Fall gegen dessen Ende, ändert sich der Stellenwert, den man diesem Traditionsstrom beizumessen gewohnt war. Man hörte zum Teil damit auf, Heldenlieder wie bisher naiv weiter zu tradieren, man literarisierte sie vielmehr und begann sie zu problematisieren, was ein Ernstnehmen dieses Traditionsstromes voraussetzt. Damit änderte sich das Niveau der Mündlichkeit; was ab jetzt weiterhin in der Mündlichkeit verblieb, sank ab, verlor die Würde traditioneller altepischer Mündlichkeit und wurde subliterarisch, was auf das neue Koordinatensystem hinweist. Spätmittelalterliche balladeske Gebilde bezeugen das.

Warum dieser Bruch, warum diese Neuorientierung? Im hohen Norden z. B. fehlt innerhalb der traditionellen Gattung Heldenlied ein vergleichbares Phänomen; dort wird im Grunde mit den gattungsüblichen Varianten weitertradiert und zu Beginn des 13. Jh. gesammelt und relativ problemlos verschriftlicht. Die Problematisierung der heroischen Vergangenheit bedient sich im Norden eines neuen Mediums, der Sagaprosa. Es ist weiter von besonderem Gewicht und zeugt von historischer Folgerichtigkeit, daß es gerade die Nibelungensage war, die um 1200 den Anstoß dazu gab, das naive Tradieren im Deutschen anzuhalten, die Gattung neu zu bestimmen und den Stoff zu problematisieren. Die Nibelungensage war innerhalb der Germania die Heldensage schlechthin geworden; andere Sagen, von Beowulf, von Waltharius, die Geschichten um Dietrich von Bern, die Hildesage usw., haben sich nicht in gleicher Weise von Kärnten bis Island normgebend und die Menschen über viele Jahrhunderte faszinierend durchsetzen können. Es ist ein schönes Zeugnis, daß die deutsche Kultur um 1200 gerade an dieser Sage die hochwertige geistige Auseinandersetzung mit der einheimischen Heldensage gesucht hat und sie durchzustehen vermochte, offenbar unter großer Anteilnahme der interessierten Öffentlichkeit, wie die vielen Handschriften beweisen. Das setzt natürlich auch voraus, daß die Nibelungensage, und damit die Heldensage als solche, im kulturellen Haushalt des deutschsprachigen Raums um 1200 eine besondere Stellung innehatte und demnach nicht mit sogenannten spielmännischen Stoffen auf dieselbe Stufe bloßer Unterhaltungsliteratur gestellt wurde. Daß ein oder mehrere Dichter um 1200 und ein entsprechendes Publikum fähig waren, das humane Problempotential, das gerade die

Nibelungensage bot, in seiner Größe zu erkennen, sich ihm zu stellen und es schonungslos zu entfalten, ist eine eigenständige Leistung von Rang. Bei der damals engen Bindung der deutschen Literatur an die französische ist diese Sonderentwicklung besonders bedeutsam. Im Französischen, wo die einheimische Heldensage zuerst literarisiert wurde, blieb sie neben dem um die Jahrhundertmitte einsetzenden höfischen Roman (antiker Roman und dann Artusroman) ein autonomer Bereich, weitgehend unbeeinflußt von den Errungenschaften des modernen höfischen Romans und der neuen geistigen Entwicklung überhaupt. Im Deutschen, wo die einheimische Heldensage erst 100 Jahre später und in ungleich geringerem Umfang literarisiert wurde, fand zwar auch keine totale Integration in die literarische Szene der Zeit um 1200 statt – auch das literarische *Nibelungenlied* ist immer noch ein Stück traditioneller Heldensage –, aber es kam doch zu einer grundsätzlich anderen Konstellation als in Frankreich. Über das intensive Bewußtwerden und Bewußtmachen der Grundthematik des Tötens und Liebens wurde auch die Heldensage hineingenommen in die geistigen Auseinandersetzungen der Zeit und konnte darin einen wesentlichen Beitrag leisten, statt wie im Französischen nur im eigenen Traditionsstrom weitergespült zu werden.

Der Dichter des *Nibelungenliedes* verstand es, die Möglichkeiten, die die mündliche Tradition der Nibelungensage bot, mit dem zu verbinden, was es in der literarischen Szene um 1200 zu leisten galt. Dies fällt umsomehr ins Gewicht, als diese anspruchsvolle Literarisierung der Nibelungensage, die zugleich eine Neuorientierung des Stoffes darstellt, vor Wolframs *Willehalm* anzusetzen ist, d.h. daß also dieser wichtige Text, der leitbildhaft hätte wirken können, als Anregung ausscheidet. Man situiert das Nibelungenlied nicht richtig, wenn man es als Abrechnung mit der optimistischen westlichen Artusdichtung betrachtet. Dieser Auffassung liegt die ältere Ansicht zugrunde, daß der deutsche Südosten westlichen Neuerungen gegenüber besonders resistent gewesen sei, was nicht stimmt, wie schon ein Blick auf den Minnesang beweist. In unserem *Nibelungenlied* setzt sich vielmehr ein bedeutender Dichter in erster Linie mit der einheimischen Heldensage selbst und deren Kernstück, der Nibelungensage, auseinander; er hielt deren menschliche Substanz in all dem Geschiebe der Traditionen für bedeutsam genug, auf literarisches Buchniveau gehoben zu werden, was mehr war als bloßes Verschriftlichen mündlich tradierter Stoffe.

Während also im Altfranzösischen die Chansons de geste eher unverbunden neben den sich bildenden neuen erzählerischen Gattungen einherlaufen, hat der Dichter des *Nibelungenliedes* die Nibelungensage ins literarische Bewußtsein der Zeit zu integrieren versucht und dieser Zeit somit eine Dimension erhalten bzw. neu gewonnen, die ihr sonst fehlen würde. (Daran konnte man, wie dann die *Kudrundichtung* zeigt, auch nicht mehr vorbeigehen.)

Worin bestehen die Eingriffe des Dichters des Nibelungenliedes und was läßt sich an ihnen für das Problembewußtsein der literarisch interessierten Kreise um 1200 ablesen? Wenn Chrétien de Troyes, der Vater des modernen höfischen Romans im engeren Sinn, von seinem Tun sagt, er habe diffuse Erzählungen verschiedener Art und niederen Niveaus zu einem hochorganisierten Gefüge zusammengeschlossen, so gilt das, bloß ohne Autorennennung und Rechenschaftshinweis, de facto auch für das *Nibelungenlied.* Die Nibelungenforschung hat meist über Gebühr das Traditionelle betont, das sicherlich wichtig ist und mehr Bedeutung hat als das, was die Conteurs dem Romancier Chrétien zu bieten hatten. Dennoch, auch das Nibelungenlied hat den Traditionsstoff gesichtet, neu geordnet und manches Bunt-Abenteuerliche, mit dem das Publikum zu rechnen

gewohnt war, unterdrückt, abgewertet oder verdrängt. Der ganze Umkreis der Vorgeschichte des *Nibelungenliedes*, in der nordischen Überlieferung eine der Hauptattraktionen der Sage, hat im *Nibelungenlied* kein Recht mehr auf selbständige Existenz. Nur zögernd und punktuell wird darauf angespielt, wenn die Handlung es unbedingt verlangt. Hortgewinn, Begegnung mit Brünhild büßen somit ihre Bedeutung ein. Die achte *aventiure*, die von Siegfrieds Fahrt ins Nibelungenland handelt, bewahrt Reste davon, wendet das Ganze aber fast zur Burleske bzw. ins Märchenhafte. So wird die Drachentötung, das Kernstück der Siegfriedsage, das Wurzeln im Mythischen hat, im *Nibelungenlied* nur nebenbei erwähnt. Auch Brünhild wird zur Hintergrundfigur, die in erster Linie dazu dient, Kriemhild herauszustellen; Siegfried selbst tritt hinter Kriemhild und deren Liebe zu ihm zurück. Andere und neue Schwerpunkte werden gebildet.

Der Dichter des *Nibelungenliedes*, der aus mündlichen Traditionen verschiedener Art ein großes Buchwerk formte, das noch stark vom mündlichen Erzählstil geprägt ist, legte den von ihm ausgewählten und akzentuierten Sagenstoff auf zwei etwa gleich umfangreiche Teile fest, die er kausal miteinander verband. Der entschiedene Einsatz: *ez wuohs in Burgonden ein vil edel magedîn* beinhaltet eine grundsätzliche Orientierung des Stoffes; Kriemhild, genauer gesagt, Kriemhildens Liebe zu Siegfried, wird im Buchepos zur Hauptmacht des Geschehens, Kriemhilds Schmerz über den ermordeten Gemahl zum Grundproblem. Wie in Wolframs *Parzival* und noch mehr im *Willehalm*, ist im *Nibelungenlied* des *herzen jâmer*, z.B. Str. 1010, eine epische Größe, die nur im zweiten Teil von der Kriegerfreundschaft Hagens, Rüdegers und Volkers überboten wird. Dieses Herausarbeiten der Kriegerfreundschaft ist ein nicht minder bewußter, ergreifender Versuch, auch dem Ritter-Krieger und dem Töten als Gegenstück zum *herzen jâmer* der *vrouwe* eine neue menschliche Perspektive zu erschließen. Minne, Schmerz und heillose, schuldhafte Rache werden als ein imponierender, aber auch fragwürdiger seelischer Komplex erfahren, der zum Kriegertum in Spannung gerät und über den nachzusinnen der Dichter das Publikum, das mit spannenden Nibelungenabenteuern, Drachentötung und Hortgewinnung rechnete, auffordern wollte. Daß genug an Spannendem und Spektakulärem erhalten geblieben ist, ja hinzukam, steht dem nicht entgegen.

Als erzählerisch strukturellen Leitfaden hat der Dichter des *Nibelungenliedes* das Brautwerbungsschema des sog. spielmännischen Romans gewählt, was ein Abweichen von rein heldenepischen Bauformen und Erwartungen ist. In drei Varianten spielt er dieses Schema durch, am ausführlichsten bei Siegfried-Kriemhild. Hier verbindet sich das Schema von der gefährlichen Brautwerbung mit dem vor allem für den Artusroman wichtigen Bauelement der Herausforderung des Königs inmitten seines Hofes. Dieses Strukturzitat hat auch dadurch Bedeutung, daß König Gunther nicht Herr eines Artusreiches ist, sondern im realen Worms hofhält, und daß der Herausforderer nicht aus einem seltsamen Jenseitsbereich in die Artuswelt eindringt, sondern aus dem nicht minder realen Xanten kommt. Weitere Strukturanleihen kommen hinzu. Kriemhild und ihre Mutter unterhalten sich, ausgehend von Falkentraum, über die Minne; dabei arbeitet der Dichter die modern gewordene Minnedisputation aus dem *Eneasroman* ein; auf die Exempla unglücklicher Liebe in der Antike bezieht sich wohl Str. 17. Das auf Siegfried und Kriemhild angewandte Brautwerbungsschema erhält mit Wendungen und Bildern des donauländischen Minnesangs eine Atmosphäre zarter Innerlichkeit. Noch der Tod Siegfrieds bei Blumen, Brunnen und Linde beschwört die Szenerie des *locus amoenus*. In der psychologisch gelungenen Schilderung

des Verhaltens Kriemhilds in der Botenszene nach dem Sachsenkrieg läßt der Erzähler wiederum die Minne hervortreten und schließlich in der Freude des Vermählungsfestes gipfeln; die öffentlichen Tränen der Brünhild bieten dazu ein unheilvolles Kontrastbild.

In ihrer strukturellen Eigengesetzlichkeit deutlicher ausgeprägt ist die zweite Variante des Brautwerbungsschemas. Gunthers Werbung um die starke Brünhild. Der Dichter entledigt sich dabei auch eines Teils der Vorgeschichte Siegfrieds, an der ihm nicht gelegen war. Bei allem abenteuerlichen und unterhaltsamen Rankenwerk, man denke an die Schilderung der Wettkämpfe, erweist sich als das Zentrale dieser Brautwerbung nicht so sehr die Minne, sondern das Betrugsmotiv; Siegfried gibt sich als Gunthers Dienstmann aus. Damit ist Siegfrieds Tod nicht mehr an das ältere Eifersuchtsmotiv gebunden, das auf eine Verbindung zwischen Brünhild und Siegfried vor dessen Begegnung mit Kriemhild zurückgreift, sondern ist aktualisiert in der ständischen Problematik. Im großen Vermählungsfest – auch diese Doppelhochzeit ist sagenhistorisch jungen Datums – ist beides in aller Öffentlichkeit des Hofes präsent, die Macht der Minne in Kriemhilds und Siegfrieds Glück, und das ständische Moment im verletzten Stolz der weinenden Brünhild.

Die dritte Variante des Schemas der gefährlichen Brautwerbung deutet die großen politischen Dimensionen einer dichterisch stilisierten hochmittelalterlichen Fürstenhochzeit an. Etzel wirbt um die Witwe Kriemhild. Eine Delegation unter Rüdigers Leitung begibt sich von Ungarn nach Worms; herrlicher Empfang, rege diplomatische Tätigkeit, Bedenkzeit, Zusage. Bei Siegfrieds Werbung um Kriemhild lag das Moment der Gefahr, das zum Schema gehört, in der kriegerischen Arroganz der Brüder Kriemhilds; bei Gunthers Brautwerbung lag die Gefahr im Risiko des Wettkampfs mit der Braut. Diese spektakulären, äußeren Gefahren sind bei der Werbung Etzels nicht mehr wirksam. Die zu überwindende Schwierigkeit – denn dazu hat sich das Motiv der Gefahr verinnerlicht – liegt in Kriemhilds grenzenloser Liebe zu ihrem toten Gemahl. Der Tod Siegfrieds bedeutet für Kriemhild nicht nur, wie man – in archaisierender Deutung – gemeint hat, Machtentzug und Beeinträchtigung ihrer gesellschaftlichen Position. Wenn es das wäre, böte die Vermählung mit Etzel mehr als vollwertigen Ersatz. Kriemhilds königliche Brüder denken freilich weitgehend in solchen Kategorien; nicht so Kriemhild. Auf alle äußere Macht und allen Reichtum hätte sie verzichtet, *hendeblôz* (Str. 1126) wäre sie bei ihrem Mann verblieben. Kriemhild, die nur noch der furchtbaren Innerlichkeit ihres Schmerzes lebt – *dô was ir daz herze sô groezlîche wunt* (Str. 1104) –, lehnt das Angebot Etzels ab. Selbst ihr Lieblingsbruder Giselher, dessen brüderliche Zuneigung sie dazu gebracht hatte, nach der Ermordung Siegfrieds überhaupt in Worms zu bleiben (Str. 1080), kann sie nicht umstimmen. Sie läßt sich aber herbei, den Gesandten Etzels, den edlen Rüdeger, zu empfangen. Wiederum ist es nicht alter Sagenbestand, dem hier das Entscheidende anvertraut wird, denn Rüdiger ist sagenhistorisch eine späte Erscheinung. Das Moderne, Erschütternde und Hintergründige, das der Dichter herausarbeitet, liegt darin, daß es ausgerechnet Rüdegers feine, moderne Menschlichkeit ist, die Kriemhild veranlaßt, ihn aus Höflichkeit zu empfangen. Das wird dazu führen, daß sie die Werbung annimmt und daß somit die Katastrophe inganggesetzt wird. Der Dichter hat das in eine unvergeßliche Szene gefaßt, die auch nicht alter Sagenbestand sein kann. Rüdiger wird mit höfischem Pomp empfangen: Kriemhilds Gefolge ist in festliche Prunkgewänder gehüllt, Kriemhild selbst aber tritt Etzels Gesandten im verweinten Alltagskleid der Witwe entgegen, Str. 1225, 1228. Höfisches Zeremoniell und Unzerstörbarkeit des *herzen jâmer* klaffen unheilvoll auseinander. Bei der Schilderung der Vermählung

Etzels mit Kriemhild setzt der Dichter ein ähnlich bedeutsames Zeichen: 17 Tage unerhörter Festesfreude und Prunks in Wien und inmitten Kriemhilds heimliche Tränen, Str. 1371. Diese heimlichen Tränen kontrastieren bedeutsam mit Brünhilds öffentlichem Weinen im ersten Teil und stellen dessen unheilvolle Überbietung dar. Die dritte und besonders tief ins Seelische reichende Variante des Brautwerbungsschemas stellt die enge Verbindung her zwischen Kriemhilds Schmerz und der Rache für die Ermordung des Geliebten. Damit wird dieser ungeheure, in der Minne wurzelnde Schmerz aber in Schuld und Heillosigkeit hineingezogen und dies macht Kriemhild und die Werte, die sie vertritt, problematisch.

Das erkannt und gestaltet zu haben, ist für die Bestimmung des geistesgeschichtlichen Standorts unseres Dichters von Gewicht. Neben dem Bild der liebevollen und schmerzerfüllten Kriemhild, das durch die Furchtbarkeit der Rache zusehends verzerrt wird und grausame Züge bekommt, läßt der Dichter ein anderes Bild in zunehmender Reinheit aufleuchten: das Bild des Kriegers, Vasallen, Freundes. Der Minne, dem Schmerz und der Rache wird in der *triuwe* des Kriegers ein Wert gegenübergestellt, der ebenfalls nicht nur ein sagenhistorisches Relikt ist, sondern um 1200 Aktualität besaß wie die Minne auch. An dieser *triuwe* wird sogar die Rache der Kriemhild scheitern, was der Dichter in sorgfältiger Handlungsführung darzulegen sich bemüht, wobei er sich aus der altfranzösischen Heldenepik bedeutsame Anregungen holt. Eine Schlüsselgestalt dabei ist wiederum Rüdeger, der zwischen Kriemhild und Hagen eine tragische Zwischenstellung bekommt. Sein Erscheinen in Worms zieht auch Hagen in seinen Bann und leitet die großangelegte Aufwertung dieser Gestalt ein. Hagen erweist sich als alter Bekannter Rüdegers, V. 1180. Der Dichter versieht Rüdeger auch mit einem realen räumlichen Hintergrund. Neben Worms, das durch den Mord an Siegfried umdüstert ist, ersteht in Bechelaren, dem Sitz Rüdegers, auf dem Weg nach Ungarn, dem letzten Schauplatz, ein neuer räumlicher Schwerpunkt, der sich auch als Zentrum der Menschlichkeit erweisen wird.

Mit Kriemhilds verräterischer Einladung an ihre Brüder verlagert sich die Sympathie des Dichters immer mehr von der leidenden und racheerfüllten Kriemhild zu den heroischen Burgunderkriegern. Es bahnt sich deren großangelegte Heroisierung an, die zugleich deren Humanisierung ist. An der Nahtstelle, da wo die Idee der Einladung in Kriemhild reift, zeigt sich auch deutlich, auf welch typisch mittelalterliche Weise sich der Dichter mit dem Stoff auseinandergesetzt hat. Die Racheverpflichtung reicht für ihn, zumindest punktuell, als Klärung nicht mehr ganz aus. So erwägt er, daß es der Teufel gewesen sein müsse, der Kriemhild die unheilvolle Idee der verräterischen Einladung eingegeben habe, Str. 1394. (Dietrich von Bern wird dann bei der Ankunft der Burgunder im Hunnenland, Str. 1748, diesen Gedanken aufgreifen, und Hagens Triumph über Kriemhild wird auch darin gipfeln, daß sie als Teufelin entlarvt wird, Str. 2371, worauf Hildebrand sie in Stücke haut, wie es sich für eine Teufelin schickt.) Der Dichter meidet aber primitive Schwarzweißzeichnung, denn gerade die Strophe, die von der teuflischen Einflüsterung handelt, weiß auch von Kriemhilds zarter Menschlichkeit. Es ist die Rede, wie sie im Traum ihren Lieblingsbruder Giselher an der Hand hält, wie sie weint, so daß ihr Kleid den Glanz verliert; dreimal hintereinander ist *herze* das Leitwort der Strophen, Str. 1395–97.

Der zweite Schwerpunkt des Geschehens, die *triuwe* der Krieger, übt dann eine immer größer werdende Anziehungskraft aus. Die großangelegte, kunstvoll hinausgezögerte Konfrontation zwischen Kriemhild und Hagen bildet das Darstellungsprinzip des zweiten Teils. In Hagens Umkreis

entstehen weitere typisch heroische Personenkonfigurationen, die zugleich der Humanisierung des Heroischen dienen. Hagen-Dankwart, Hagen-Volker, Hagen und die Könige einschließlich Giselher, und schließlich Hagen-Rüdeger. Als das Geschehen durch den Eintritt Rüdegers in den Kampf einen Höhepunkt an Heillosigkeit erreicht hat, eröffnet Hagens Schildbitte und seine Weigerung, gegen Rüdeger zu kämpfen, einen ungeahnten, damals wohl als befreiend empfundener Ausblick in eine Welt nobler Kriegerfreundschaft, wodurch das Thema der Vasallität, das in Hagen sein Zentrum hat und das noch die abschließende triumphierende Hortverweigerung Hagens prägt, eine eindrucksvolle Ergänzung und Überhöhung erfährt. Das alles geht über die bloße schriftliche Fixierung alter Sagen hinaus und ist mehr das Werk des Hochmittelalters als langer mündlicher Tradition. Der Dichter des *Nibelungenliedes* hat sich dabei Anregungen aus der altfranzösischen Heldenepik geholt. Die spannende Anlage der Kampfschilderungen, ganze Szenen – wie Volker und Hagen, die vor Kriemhild sitzen, Hagen das Schwert auf dem Knie – und die Charakterisierung einzelner Gestalten sowie die Verherrlichung der Kriegerfreundschaft und Kriegertreue stammen von dort. Der Kontext freilich ist ein anderer, und wenn in der altfranzösischen Heldenepik das Heroische im christlichen Heidenkampf eine letzte Absicherung und Begründung hat, so fehlt im Nibelungenlied gerade diese Bindung. So mächtig das Irdisch-Heroische auch im französischen *Rolandslied* sein mag, es ist dort überwölbt vom christlichen Himmel, aus dem dann auch die Engel herniedersteigen, um Rolands Seele ins Paradies zu geleiten. Der christliche Dichter des *Nibelungenliedes* dagegen entläßt uns mit Hagens triumphierender Hortverweigerung, mit Hagens Tod, in dem der ohnmächtig wütende Haß Kriemhilds durch die Erinnerung an den Tod des Geliebten ein Gegengewicht erhält, mit Kriemhilds Erschlagung durch Hildebrand und mit der resignierenden Einsicht, daß am Ende das *leit* steht.

Es ist zu fragen, ob nicht der christliche Dichter, der sich den alten Stoff der Nibelungensage in dieser Weise zurechtgelegt hat, auch gegen billige Erwartungen des Publikums ein Bild des heldenepischen *miles* anvisierte, in dem ohne transzendentes Ziel und ohne transzendenten Halt menschliche Größe zusammen mit dem Heroischen realisierbar wäre. In einer Gesellschaft, die so sehr vom Kampf geprägt war und wo der Ritter als Inbegriff des Kämpferischen hohes Ansehen besaß, liegt eine solche Frage, bei allem Christentum, nicht so fern. Entscheidend ist, daß diese Auffassung, die von der Wirklichkeit her der Mentalität breiter Kreise damals durchaus entsprach, zur Leitidee eines großen Buchepos werden konnte; aber wurde damit nicht logischerweise das vollzogen, was auf anderer Ebene, etwa im *Tristan* oder *Erek* oder *Iwein*, auch geschah? In diesen Werken gewinnt ebenfalls die Immanenz des Menschlichen an Raum. Dies ist nicht einfach ein Indiz für Säkularisierung; Menschlich-Profanes wie Lieben und Töten, das immer schon vorhanden war, gewinnt nun zusehends an Raum in der volkssprachlichen Literatur, in der aufgrund der Entwicklung noch lange nicht alles sagbar war, was Herz und Sinn bewegte. In diesem Zusammenhang ist der punktuelle christliche Deutungsversuch, den der Dichter des *Nibelungenliedes* bei seinem Bericht von Kriemhilds verräterischer Einladung macht, aufschlußreich. In Verbindung mit der Welt der Krieger ist nämlich im *Nibelungenlied* das Christliche, abgesehen von Äußerlichkeiten des Daseins, die selbstverständlich sind wie Messebesuch etc., keine Größe, die in die Substanz eingreift. Selbst Rüdegers tragischer Zwiespalt wird durch Hagens Dazwischentreten aufgehellt und nicht durch Hilfe aus dem Religiösen. Hagens heimtückische Ermordung Siegfrieds wird nicht mit dem Teufel in Verbindung gebracht; Hagen heißt zwar in dieser Erzähl-

phase der *ungetriuwe man*, für die Motivierung seines Tuns genügen aber heldenepische Typik, nämlich die Rache für die Beleidigung Brünhilds, und als Nebenthema die Sicherung der burgundischen Macht. Genelun-Judas-Assoziationen werden nicht geweckt. Bei Kriemhilds verräterischer Einladung dagegen, die zur Vernichtung dieser herrlichen Kriegerschar führen wird, fragt sich der Dichter, ob nicht unmittelbar der Teufel im Spiele war. Dabei denkt Kriemhild zunächst nicht an die Vernichtung ihrer Brüder, sondern nur an ihre Rache an Hagen. Das Ungeheuerliche liegt darin, daß Kriemhild dann vor der Vernichtung der Brüder nicht zurückschreckt, denen sie durch das osculum pacis, den Friedenskuß, zusätzlich verbunden war. Dafür findet der Dichter keine andere Erklärung als teuflische Einflüsterung. (Im *Herzog Ernst* findet man übrigens dieselbe Fügung, wenn dort die Zerstörung der Bindung zwischen dem Kaiser und seinem Stiefsohn begründet wird, V. 650). Die Grausamkeit, zu der eine vom Rachegeist erfüllte Frau aus verletzter Liebe heraus fähig sein kann, braucht auch nicht ganz unabhängig zu sein von antikem Einfluß; man denke z.B. an den *Philomena*-Stoff, in dessen mittelalterlicher französischer Fassung auch dem Teufel die Verantwortung dafür zugeschrieben wird, daß eine Frau aus dem Rachegeist heraus furchtbare Taten an ihren Angehörigen begeht.

Bestimmte Aspekte des heldenepischen Rachedenkens schienen eine christliche Deutung herauszufordern. Daß dies nicht Spekulationen der modernen Interpreten sind, zeigt die Tatsache, daß der Befund, den die Fassung des *Nibelungenliedes* bietet, der wir bisher gefolgt sind, im Mittelalter selbst keineswegs unangefochten blieb, daß sich vielmehr gleich nach Erscheinen des Buchwerks Kräfte regten, die eine andere Deutung anstrebten. Man tritt in die Phase der zeitgenössischen Auseinandersetzung mit dem *Nibelungenlied* ein, die erst möglich geworden war, als die Nibelungensage als Buchwerk vorlag. Die Hohenems-Donaueschinger Handschrift C ist ein früher und wichtiger Zeuge für diese Nibelungendiskussion am Beginn des 13. Jh. im oberdeutschen Raum. (Die Bearbeitung des *Nibelungenliedes*, wie sie in der Handschrift C vorliegt, wäre auch einzuordnen in die typisch mittelalterliche Tradition des Neumachens und Weiterdichtens bereits vorhandener Texte; es scheint aber, daß beim *Nibelungenlied* diese Fähigkeit zum Neumachen bereits im Schwinden war, was als Symptom für eine sich wandelnde Mentalität angesehen werden kann, die allmählich das Weiterdichten durch das Abschreiben ersetzte.) Diese Handschrift ist nicht so sehr eine neue schriftliche Bearbeitung mündlicher Nibelungensagen; sie geht bereits auf die maßgeblich gewordene Verschriftlichung zurück, weicht aber an entscheidenden Stellen davon ab. Dabei geht es nicht um sorglosen Umgang mit einer Vorlage. Der Schreiber der Handschrift C strich z.B. die Strophe, in der Kriemhilds verräterische Einladung als Teufelswerk bezeichnet wird. Andererseits benützte er dann und wann eine Gelegenheit, um Hagen anzuschwärzen, sogar noch bei der triumphalen Hortverweigerung am Ende der Dichtung. Lag dem Schreiber der Handschrift C mehr am Bild der hohen Dame Kriemhild, das er demnach nicht durch teuflisches Wirken verzerrt wissen wollte, und hatte er weniger Interesse am Kriegertum eines Hagen und seiner Gesellen?

In bezeichnender Weise verstärkt sich die simplifizierend-religiöse Deutung, wenn man einen weiteren Text, die sogenannte *Klage*, die in allen Haupthandschriften mit dem Nibelungenlied tradiert wurde, heranzieht. Bei allen möglichen Unklarheiten über die Chronologie dieses Textes ist er de facto eine Abrechnung mit bestimmten Aspekten des *Nibelungenliedes*. Die *Klage* treibt die Entlastung Kriemhilds weiter und verteufelt dafür Hagen. Der Verfasser der *Klage* will reinen

Tisch haben, er stellt klarere Kausalitäten her, wobei eben der Teufel, fast möchte man sagen typisch mittelalterlich, die entscheidende Rolle erhält. Für ein klischeehaftes Bild des Mittelalters ist die *Klage* eine Bestätigung. Freilich, es gibt daneben das *Nibelungenlied* in der Fassung, die wir herangezogen haben; die Heftigkeit der Reaktion des Verfassers der *Klage* ist ein Beweis für das Gewicht dieser Fassung. Pointiert formuliert könnte man sagen, daß in der *Klage* die Nibelungenwelt wieder in Ordnung gebracht worden ist, hausbacken allerdings, und daß sie im *Nibelungenlied* dagegen auf großartige Weise eher undurchschaubar bleibt. Dieses Bemühen um eine klare Deutung der nun einmal ins literarische Bewußtsein eingetretenen Nibelungensage weist meines Erachtens überraschende Übereinstimmungen auf mit Tendenzen des späteren französischen Artus-Gralromans. Auch da beobachtet man das Phänomen, daß die Artusritter und deren Probleme, ausgehend vom Gralroman, immer mehr ins klar geordnete christliche Koordinatensystem hineingenommen werden. Dies zeigt sich besonders im *Prosa-Lanzelot*. Undurchschaubares und Elementares wie die Tristanliebe wird wieder klar als Sünde erkannt und dementsprechend behandelt. Dieser Vorgang personifiziert sich auch in neuen Gestalten, die auftauchen, man denke nur an die Gestalt des Sünders Lanzelot selbst. Erneut bestätigt sich damit die übergreifende Einheit der französisch-deutschen Kultur im Hochmittelalter. Die deutsche Eigenständigkeit dieses Deutungsansatzes bei der Nibelungensage, wo ja nicht ein direktes französisches Vorbild vorlag wie beim Artus-Gralroman, ist innerhalb der großen Gemeinsamkeit christlich geprägter hochmittelalterlicher Denkgewohnheiten zu sehen. In diesem Zusammenhang sei gleich auf das zweite große deutsche Heldenepos des Hochmittelalters vorausverwiesen, auf die ebenfalls im Oberdeutschen beheimatete *Kudrun*. In diesem Werk wird ein weiterer wichtiger Sagenbereich germanisch-deutscher Tradition aufgearbeitet; damit kommt, anders als in der *Klage*, auf aktiv-schöpferische Weise eine Fortführung der Auseinandersetzung mit Heldensagen und *Nibelungenlied* zustande. Daß es zu dieser Fortführung kommen konnte, zeigt, daß die Auseinandersetzung mit der einheimischen Heldensage keine Randerscheinung war, sondern daß darin eine wesentliche Besonderheit der deutschen Literatur- und Geistesgeschichte dieser Zeit zum Ausdruck kommt.

Wolframs *Parzival*

Mit dem Dichter des *Nibelungenliedes* verbindet Wolfram von Eschenbach die Hochschätzung des Kriegertums und das Ernstnehmen der Probleme des Kriegers. Nicht minder aber ist Wolfram in Gottfrieds Nähe zu rücken, wenn es in ungleich subtilerer Weise als im *Nibelungenlied* um das Innermenschliche geht, denn Wolfram, Gottfrieds Zeitgenosse und durch tiefgehende Gegnerschaft von ihm getrennt und mit ihm verbunden, ist in seinen Bearbeitungen französischer Werke nicht weniger wie dieser ein Dichter des Herzens. Hatte Gottfried, der die fiktionalen Ansätze des Artusromans und der französischen Lais aufgriff, das *herze* in der tiefsinnigen Fiktion der Minnegrotte konsequent zum Zentrum gemacht, so spürte Wolfram dem Herzen in der von Heilsgeschichte getragenen und durchleuchteten Wirklichkeit des Menschendaseins nach, vor allem dem *jâmer des herzen*. In zwei großen Anläufen erzählt er sich immer kompromißloser und klarer an diese menschliche Grundthematik heran, zuerst im *Parzival* und schließlich im Alterswerk, dem wie Gottfrieds *Tristan* unvollendeten *Willehalm*. Das Erzählen selbst wird dabei in einer Weise zu einem Problem, die es erlaubt, auch darin eine deutsche Eigentümlichkeit dieser Bearbeitungen französischer Werke zu erblicken.

Wolframs Gralroman, der *Parzival*, das Werk seiner früheren Schaffenszeit, ist freilich keineswegs nur ein Roman von des *herzen jâmer*. Das ungebrochene ritterliche Dasein als die überlegene Lebensform steht im Mittelpunkt, Eros und Religion sind ihm zugeordnet, desgleichen die Königsherrschaft, die sich als Herrschaft über das Gralreich manifestiert. Geht man von der mittelalterlichen Tradition der Notwendigkeit des Rechtfertigens des kämpferischen Laiendaseins aus, so ist eine Verlagerung der Perspektive erkennbar. Das kämpferische Dasein des Ritters erhält seine Berechtigung nicht so sehr von der vom Ende her wirkenden Königsherrschaft, der ja immer etwas Sakrales anhaftete, sondern eher umgekehrt, es fällt vom wahren Wolframschen Ritterleben Glanz und Legitimation auf diese Herrschaft.

Schon in diesem Werk, das Wolfram in Abweichung von Chrétiens *Conte del Graal* durch eine Vorgeschichte in der historischen Realität verankert und das er am Ende wieder in die mittelalterliche Realität der Kreuzzugswelt hinüberführt, wenn auch idealisiert und verklärt, wird aber des *herzen jâmer*, meist in enger Bindung an die *triuwe*, zu einem Thema, das sich in den Zentralbereichen Rittertum und Eros entfaltet und diese somit aus der unverbindlichen Idealwelt der Tradition des höfischen Romans nicht mehr nur punktuell hineinnimmt in die menschliche Wirklichkeit. So wird für Wolfram in der Vorgeschichte mit ihrer starken Wurzel in der zeitgenössischen Wirklichkeit das menschliche Leid der Kriegerwitwe immer mehr zur Hauptsache. Herzeloide verliert ihren Mann Gahmuret im Krieg im Orient. Sie, die ein Kind erwartet, bricht zusammen, und als sie wieder bei sich ist, weint sie. In Wolframs bedeutsamer Stilisierung liest sich das so: sie benetzt sich mit dem Tau ihres *herzen jâmers* (113,28). Dies ist nicht nur eine preziöse Metapher; das furchtbare Leid, dessen Tränen als Tau verstanden werden können, enthält bereits die Verheißung eines auch religiös begründeten Trostes. Als dann, nach der Begegnung Parzivals mit den Rittern im Wald, die Handlung von der mehr realen Welt der Vorgeschichte sachte hinübergleitet in die mehr fiktive Welt des Königs Artus, und als nun die Mutter auch ihren Sohn an die für die Frau heillose Faszination des Waffenhandwerks zu verlieren droht, da beherrscht erneut das Leitwort *jâmer* die Szene bis dorthin, wo die zurückbleibende Mutter tot zusammenstürzt. (In der vergleichbaren Vorgeschichte zu Gottfrieds *Tristan* fehlt das Wort Jammer, wie es auch sonst bei Gottfried im Hintergrund steht. Die weitere Betrachtung des Wortfeldes würde zeigen, daß dahinter eine konsequent durchgehaltene Verschiedenheit der Perspektiven steht.) Wolfram entdeckt die Dimension des realen menschlichen Leides in der Vorgeschichte nicht nur bei der weiblichen Hauptgestalt Herzeloide, sondern auch bei der ihr in fast typologischer Weise zugeordneten Mohrenkönigin Belakane, der früheren Geliebten Gahmurets, deren Geliebter Isenhart ebenfalls im Kampf umgekommen war. Auch da fällt die wesenhafte Verbindung zwischen *jâmer* und *triuwe* auf (28,8; 28,12,19). Auch die sehr irdisch-erotische Jeschute, die durch Parzivals Unverstand in eine üble Lage gebracht wird, erhält – anders als bei Chrétien, wo sie nur ein erzählerisch punktuelles Dasein in einer Nebenrolle führen kann (bei Wolfram gibt es eigentlich keine Nebenrollen!) – Anteil an der Würde des *jâmers*; ja sogar Orgeluse, die u.a. den Gralkönig Amfortas ins Unglück gestürzt hat, wird allmählich heimgeführt in die große Wolframsche Adelssippe der Leidenden.

Zu einer besonders eindrucksvollen Verkörperung von *jâmer* und *triuwe* wird im Hauptteil des Romans Parzivals Cousine mütterlicherseits; letzteres ist besonders wichtig. Die vier Begegnungen Parzivals mit Sigune (der Name Sigune ist nur ein Anagramm des französischen Wortes

Cousine aus der Vorlage!) bilden in aufsteigender Linie wesentliche Stationen des Weges. Viermal wird Parzival mit dem Leid dieser Sigune konfrontiert, das eine Folge ritterlichen Treibens und extremer Minneforderungen ist. *Jâmer* und *triuwe* lassen Sigune immer mehr zur leidgeprüften Minneheiligen werden. Wie bewußt Wolfram an dieser Herausarbeitung des Jammers arbeitet, zeigt sich auch darin, daß er Sigunens Jammer von dem der weltlich gesonnenen Jeschute abhebt; durch Parzivals tölpelhaftes Benehmen hatte Jeschute von ihrem eifersüchtigen Geliebten Orilus Pein und Demütigung erfahren. Daß Orilus derjenige ist, der Sigunens Geliebten Schionatulander getötet hat, verstärkt die spannungsvolle und erhellende Zuordnung der beiden Liebespaare. Sigunens lautes Wehklagen, das Parzivals Aufmerksamkeit auf sich zieht, steigt aus *rechtem jâmer* empor, wie Wolfram ausdrücklich sagt (138,13). Diese erste Begegnung mit Sigune fehlt übrigens bei Chrétien. Sigune verkörpert *triuwe* und *rechte minne*, die hin zu Gott führen, was dann Licht auf Parzivals Liebe zu Condwiramurs wirft. Noch in der vierten und letzten Sigune-Episode – Sigune ist tot und bereits bestattet – ist das Jammerthema gegenwärtig.

Wolfram gibt dem Jammerthema aber noch mehr Raum. Bei Parzivals erstem Besuch auf der Gralsburg ist diese Burg beherrscht von des *herzen jâmer* (227,16). Der Jammer der Bewohner der Gralburg und des Gralkönigs selbst wird von Wolfram, abweichend von Chrétien, neben all dem Ungewöhnlichen und Glanzvollen, das die Gralsburg bietet, zum Zentralthema dieses Erzählstrangs und bringt die grundsätzliche Wolframsche Umorientierung der Gralfrage zur Mitleidfrage mit sich. Aber auch die Hauptgestalt selbst, Parzival, gewinnt nach der Verwünschung durch die Gralsbotin und in den Jahren des Umherirrens immer mehr Anteil am Jammer. Dabei werden weitere Worte aus diesem Bedeutungsfeld eingesetzt, so z.B. *kummer*. (Im Gegensatz zu Gottfried tritt bei Wolfram das Wort *schmerz* zurück.) Parzivals *jâmer* setzt zunächst als *kummer* ein, vielleicht eine eventuell weniger spektakuläre Form leidvoller Erschütterung, die sich wie der Jammer meist mit der Negation der Freude, eines Kernbegriffs hochhöfischer Dichtung seit den Troubadours, verbindet. So klagt Parzival seiner Cousine bei der dritten Begegnung seinen Kummer und den Verlust der Freude (441, 442). Das Bewußtwerden des eigenen Zustandes intensiviert sich von Station zu Station. Bei der Begegnung mit dem Grauen Ritter am Karfreitag tritt dann das Religiöse in den Vordergrund, neben dem Kummer taucht die Sünde auf, damit verbunden der Begriff der Hilfe, in dem das Gottesbild einen Ausdruck findet, der dem ritterlichen Denken in Feudalkategorien (*auxilium*) entgegenkam. Beim Einsiedler bekennt Parzival denn auch gleich, daß er Sünde habe; er spricht hier nicht von Kummer. Das Gottesverhältnis als Hilfebeziehung wird immer wieder durchdiskutiert, bis Parzival schließlich erfährt, daß Gott die Hilfe wesenhaft eigen ist, daß er die *triuwe* selbst ist. Parzival, der vom Einsiedler Einsicht in Sünde und ins Wesen Gottes gewonnen hat, kann nun mit dem herausrücken, was ihn als ritterlichen Menschen besonders auszeichnet, mit seinem Kummer um den Gral und um seine Geliebte. Das Religiöse erfüllt sich also im Menschlichen, das Menschliche wird getragen vom Religiösen. Der Einsiedler fragt den Ritter, der eben gesteht, daß er seit langem wegen seiner *triuwe kummer* leide, was er denn an Kummer und Sünde habe (467,21). Parzival spricht nun von seiner inneren Qual, er nennt sie hier *nôt* = Drangsal. Gral und Geliebte seien deren Ursachen. Trevrizent, der Einsiedler, aber greift nun seinerseits auf Parzivals Leitwort Kummer zurück und gibt ihm Weihe und Bestätigung. Parzival in seiner Qual um seine Geliebte, so sagt der Einsiedler, dulde den *rechten kummer* (468,2). Man denkt zurück an den Schmerz der Sigune, der als der

rechte jâmer abgehoben wurde von den Schwierigkeiten der Jeschute und als solcher gepriesen werden konnte. Menschliches Leiden, in der rechten Weise erlitten, wird also zu einem Ruhmestitel des Menschen, des ritterlichen Menschen vor allem, es hat eine religiöse Basis, es stiftet in diesem reichverästelten Romanwerk übergreifende Zusammenhänge und garantiert Heil und Gottesnähe. In derselben, über Chrétien hinausgehenden großangelegten Szene beim Einsiedler wird dann auch die Qual des leidenden Gralkönigs Amfortas als *rechter kummer* bezeichnet (484,25), ein Kummer, so meint Trevrizent, der die heilende Frage aus dem Mund des Ankömmlings hätte eigentlich herauszwingen müssen. In dieser präzisen, durchdachten und vom Sinn des ganzen Romans her abgestützten Humanisierung der alten Märchenfrage zeigt sich besonders eindrucksvoll Wolframs *Parzival* als Denkmal eines hochmittelalterlich-christlichen Humanismus, der aber konsequent im aktuellen ritterlichen Dasein selbst ansetzt und nicht in antikisierender literarischer Tradition wie bei den lateinisch dichtenden Klerikern des französischen Westens.

Ein Blick vom Ende des Werkes her mag der Abrundung dienen. Parzival, eben erneut mit dem Artushof und dessen Glanz in Verbindung gekommen, beschließt in aller Frühe, die Sonne geht gerade auf - ein Indiz für neuen Aufbruch und neues Leben -, den Artushof zu verlassen. Er erkennt, daß das frohe Treiben an diesem Hof nichts ist für ihn, der die ferne Condwiramurs liebt und nach dem Gral strebt. Schon einmal, nach den Anklagen durch die Gralsbotin, hat Parzival den Artushof verlassen. Von der Struktur des Artusromans her ist man an einem neuralgischen Punkt, wenn der Ritter den Hof verläßt. Parzival verläßt den Hof diesmal ohne äußeren Anstoß, ganz und gar aus eigenem Entschluß. Aus den Überlegungen, die Parzival anstellt, kann man ablesen, daß an dieser Stelle nicht nur die typische Situation aus dem Artusroman eine Rolle spielt, sondern daß auch der von Isolde getrennte, der Untreue verfallene Tristan mitgedacht werden soll, der in seinem *trûren* die Freude sucht und somit das tut, was Parzival entschieden ablehnt. Die Minneklage, zu der Parzival anzusetzen scheint, wird zu einem Bekenntnis zum eigenen Herzensjammer (732,24), zu einem *jâmer*, der in der *triuwe* wurzelt und den Ritter befähigt, auf vordergründige Freuden zu verzichten. So endet das 14. Buch des Parzivalromans. Der im Anschluß daran dargestellte, an Symbolbezügen reiche Zweikampf Parzivals mit seinem orientalischen Halbbruder und die anschließende glückliche Lösung aller Probleme haben in dieser besonders markanten Episode des Verlassens des Artushofes ihre geistige Voraussetzung. Es ist kein Zufall, daß die zweite Romanhandlung, in deren Mittelpunkt Gawein steht, wodurch man zu Parzival erhellende Distanz gewinnt, und die ihrerseits von der Parzivalhandlung her gewertet wird, zwar punktuell an des *herzen jâmer* heranführt, im Grunde aber daneben verläuft.

Wolframs *Willehalm*

In diesem Werk, seinem Alterswerk, unternimmt Wolfram einen zweiten und mächtigeren Anlauf, um des Herzens Jammer in seiner Tiefe und Breite auszumessen. Die gegenüber dem Gral-Artusroman von Stoff und Gattung her völlig geänderte Ausgangslage kam dabei Wolframs Absichten und seiner Geistesverfassung in hohem Maße entgegen. Der Anstoß von außen, der Wunsch des Mäzens, des Thüringer Landgrafen, die französische Chanson de geste zu bearbeiten, forderte den Gestaltungsdrang des großen Erzählers heraus. Schon im *Parzival* hatte Wolfram versucht, die historisch-geographisch weitgehend unverbindliche Idealwelt von Artus und Gral

wenn auch nur punktuell historisch und im Raum zu verankern; darin kommt eine im Deutschen seit dem *Ludwigslied* und *Annolied* wirkende Tradition aktuellen politischen Dichtens zur Geltung, die bei Wolfram, durch die konsequente Verinnerlichung, die er seinen Gestalten und Problemen zuteil werden läßt, im Psychologisch-Religiösen eine zusätzliche feste Basis erhält.

Der Stoff des *Willehalm* kam nicht aus der Artuswelt, sondern aus der historisch-heldenepischen Überlieferung. Im Deutschen, und das ist entscheidend, hatten diese karolingisch-heldenepischen Stoffe, soweit wir das überblicken können, keine Stütze in der einheimischen mündlichen Überlieferung; dieser Platz war besetzt von heldenepischen Stoffen und Traditionen anderer Art, wie das *Nibelungenlied* zeigt. Wolfram versuchte auch nicht, diesen französischen heldenepischen Stoff an die einheimische deutsche Heldenepik anzunähern, im Gegenteil, er tat alles, um heldenepische Erwartungen davon fernzuhalten. Er stärkte dafür konsequent die historisch-politische Komponente, faßbar im Wort *rîche*, Reich, das in seinem Text andere Assoziationen wecken mußte, als dies die nur punktuellen Angaben dieser Art in der altfranzösischen Chanson de geste vermochten. Wolfram wechselte in seinem *Willehalm* nicht einfach auf einen andersgearteten Stoff über, um sich naiv in den neuen Erzählstrukturen zu ergehen. Vielmehr dichtete Wolfram in seinem *Willehalm* auch den *Parzival* weiter, wie Anspielungen und Leitmotive zeigen, desgleichen setzte er das schon vor einigen Jahrzehnten eingedeutschte *Rolandslied* fort; dazu kommt noch die Auseinandersetzung mit der Antike und der einheimischen Heldendichtung. Das sind völlig neue Aspekte, wofür die französische Vorlage, wenn man von einer auch dort möglichen Einbeziehung der *Chanson de Roland* absieht, keine Anregungen bot. Der neue Stoff ermöglichte es Wolfram, sich selbst und seine Leser, mit denen er engen Kontakt hält und denen er viel an geistiger Mitarbeit abverlangt, erneut und auch in neuer Sicht mit den Problemen des ritterlichen Daseins, des Kämpfens und Tötens, des Liebens und Glaubens zu konfrontieren. Statt des weitgehend als fiktiv konzipierten Ritters Parzival und statt Condwiramurs tauchen nun der historisch faßbare, vierschrötige Krieger Willehalm auf und dessen Gemahlin Giburg, die Araberprinzessin, die ihren mohammedanischen Gemahl und ihre Familie verlassen hat; statt in der mysteriös fiktiven Gralwelt steht man im grellen Licht der Kreuzzugsaktualität. Bewegt sich Parzival im artushaften Abenteuerwald, der durch sinngebende Stationen, Richtungsweiser, Spuren und symbolhafte Bewegungen und Fortbewegungsmittel eine aus dem Geistlichen stammende Durchsichtigkeit gewinnt, die dann in der *Queste del Saint Graal* auf einen Höhepunkt geführt werden wird, so reitet Willehalm ganz nüchtern von Südfrankreich über Orléans nach Norden zum König und mit dem Heer wieder zurück, und statt seltsamen Spuren und Richtungsweisern zu folgen, eckt Willehalm Schritt für Schritt in der mittelalterlichen Wirklichkeit an. Parzival, der Ritter, wird schließlich der halbsakralen Würde des geheimnisvollen Gralkönigtums teilhaftig, der rauhe Haudegen und robuste Willehalm ist überhaupt gar nicht mehr auf das Königsamt hin angelegt. Eine lange mittelalterliche Tradition der Rechtfertigung des kriegerischen Daseins geht also hier, an einer Stelle zumindest, zu Ende. Willehalm aber ist dafür Heiliger, ein Heiliger auf neuen geistigen Grundlagen und nicht mehr im Sinne der lateinischen *Vita Wilhelmi* aus der ersten Hälfte des 12. Jh., wo die Heiligkeit eines Soldaten nach alter Tradition, die bis auf die *Vita Martini* des 4. Jh. zurückgeht, erst nach der Loslösung vom kriegerischen Weltleben und mit dem Eintreten ins asketische Dasein beginnen konnte. Wolframs *Willehalm* bewegt sich ausschließlich im kriegerischen Weltleben.

Die Bewußtheit, mit der Wolfram sich den Chanson de geste-Stoff zurechtgelegt hat, zeigte sich schon an dem großangelegten Prolog, den er seinem Werk voranstellt. Chansons de geste haben keine richtiggehenden Prologe. Die deutsche Fassung ist also nicht nur eine *adaptation courtoise* im vordergründig-technischen Sinn mit ein paar verfeinernden Retouchen, vielmehr liegt eine wohldurchdachte Um- und Neugestaltung des überkommenen Stoffes vor. Mit diesem theologisch anspruchsvollen Prolog, einer Anrufung der Hl. Dreifaltigkeit um Beistand für das Werk, stellt Wolfram auch einen überbietenden Anschluß an das deutsche *Rolandslied* her. Den gut 560 Wolframschen Versen an die Trinität stehen im deutschen Rolandslied nur etwa ein Dutzend Verse an die erste göttliche Person gegenüber; dabei ist der Gegenstand des deutschen *Rolandsliedes* der Kaiser Karl der Große selbst, in Wolframs Willehalmprolog geht es dagegen nur um den mächtigen Vasallen Ludwigs des Frommen, den Grafen Wilhelm von Orange. Daß schon die deutsche Fassung der *Chanson de Roland* in Abweichung von der französischen Vorlage mit einem religiösen Prolog einsetzte, und daß Wolfram in überbietender Manier dies aufgegriffen hat, bezeugt eine fürs damalige Deutsche bezeichnende Art der Rezeption französischer Heldenepik. In der auf deutscher Seite ungleich größeren Bewußtheit bei der Aufbietung des Religiösen in der heilsgeschichtlichen Einordnung der bereits christlich gefärbten karolingischen Heldenepik zeigt sich eine Mentalität, die auch bei der Aneignung der antiken Stoffe zu beobachten war.

Die Aufwertung, die der Graf Willehalm schon durch den Prolog bei Wolfram erfährt, hat ihren Hauptgrund darin, daß der Ritter Wolfram, dieser leidenschaftliche Vertreter von *schildes ambet*, sich mit dem Ritter und Vollmenschen Willehalm zu identifizieren vermochte und dies stellvertretend für seine Standesgenossen darstellen wollte. Willehalm wird zum wahren Mittelsmann zwischen dem ritterlichen Menschen und Gott. Präzision und Tragweite von Wolframs Prologaussagen sind erstaunlich. Wo im deutschen *Rolandslied* der Pfaffe Konrad Gott Vater um Beistand bittet, damit er von einem *Mann* berichten könne, eben Karl dem Kaiser, bittet Wolfram die Dreifaltigkeit um Hilfe, damit er einen *Ritter* entsprechend preisen könne, eben Willehalm. Diese Betonung des Ritters ist kein Zufall; es fallen dabei auch die Leitworte auf, die man aus dem Parzival kennt: *mannheit, unverzaget.* Dieser Ritter Willehalm sei deshalb der berufene Mittelsmann zwischen Gott und Mensch, weil er *ritter kumer* aus eigenem Erleben von Grund auf verstehen könne. Die Fügung Ritter und Kummer kennt man aus dem Parzival. Weitere Belege für dieses werkübergreifende Erzählen Wolframs werden zu nennen sein. Wolframs religiöses Argumentieren und Grübeln in diesem Prolog zeugt von beachtlicher Kühnheit, die der Gottfrieds in dessen Eucharistieanalogie am Ende des Tristanprologs nicht nachsteht. In seiner Bitte an die Trinität beschwört Wolfram die Hilfe der *güete*, den Beistand der dritten göttlichen Person, der *bonitas*, und im Anschluß daran ist gleich von jener Hilfe die Rede, die der Ritter Willehalm gewährt. Am Ende des Abschnittes ist dieser Willehalm der Helfer schlechthin, dessen Güte sich auch der Worte Wolframs annehmen soll. Der heilige Ritter Willehalm rückt also in die Position ein, die kurz vorher dem Hl. Geist selbst zugeschrieben worden war. (Davon war beim Ritter Parzival trotz seines halbsakralen Gralkönigtums keine Rede gewesen, Parzival hatte vielmehr seine Schwierigkeiten mit dem einzigen Helfer, Gott.)

Schon vor Eintritt in die Erzählung schlägt Wolfram im *Willehalm* das Thema vom *ritter kumer* an. Im Parzival kommt es erst allmählich dazu. Gleich zu Beginn, in der zur Handlung überleitenden Zusammenfassung des vorausgegangenen Geschehens, dominiert im Willehalm der *jâmer*,

der *jâmer* des großen Krieges, der durch die Minne der Arabele-Giburg zum christlichen Ritter ausgelöst wurde.

> Der Heidenherrscher Terramer, von einer Vielzahl erlesener Krieger begleitet, sein Schwiegersohn Tybald ist darunter, fällt mit Riesenübermacht in Südfrankreich ein und will seine Tochter, Tybalds Gattin, die des Markgrafen Wilhelm Gemahlin geworden ist und den christlichen Glauben angenommen hat, wiedergewinnen. Wilhelm stellt sich auf dem Schlachtfeld zu Alischanz der Übermacht, er verliert alle seine Mannen, darunter den jugendlichen Neffen Vivians. Er selbst schlägt sich zu seiner Burg in Orange durch, wo Giburg auf ihn wartet und ihn ermuntert, zum französischen König, seinem Schwager und Lehensherrn, zu reiten und ein Ersatzheer zu holen. Willehalm erhält unter Schwierigkeiten das Ersatzheer. Am Hof des französischen Königs entdeckt Willehalm den bärenstarken Küchenjungen Rennewart, einen Heiden, der unter seltsamen Umständen an den französischen Hof gekommen ist. Er ist, ohne daß er es weiß, Giburgs Bruder. Er zieht mit Willehalm in die Schlacht, die für die Christen siegreich ausgeht dank der Heldentaten Rennewarts. Im Kampfgetümmel, nachdem die Heiden in die Flucht geschlagen worden sind, verliert aber Willehalm Rennewarts Spur. Der gefangene Heidenkönig Matribleiz wird von Willehalm ritterlich behandelt und erhält eine Friedensmission. Mit der Klage um den vermißten Rennewart endet das Fragment.

Wolframs Vorlage, die das erzählt, ist eine eindrucksvolle Dichtung von der holzschnitthaften Art der Chansons de Geste, sie liegt somit erzähltechnisch und perspektivisch weitab von der Romankunst Chrétiens im *Conte del Graal*, der Vorlage des *Parzival.* Zeilenstil, massiver Einsatz formelhafter Wendungen und ein Dichten in unregelmäßig langen Assonanzeinheiten, die durch den pathetisch-musikhaltigen Vortrag noch an undifferenzierter Stärke gewinnen mußten, bieten ein altepisch-heroisches Bild vom Heidenkampf mit klaren Fronten. Wie schon Wolframs Prolog durch seine bloße Existenz anzeigt, gestaltete Wolfram die französische heldenepische Dichtung auch gattungsmäßig um vom Heldenepos zu einem neuen Werk, das über dem höfischen Roman und der Legende anzusetzen sein dürfte und das die im *Parzival* entwickelte Kunst des meditierenden und zum Nachdenken anregenden Erzählens auf einen Höhepunkt führt. Der trivialromanhafte, spektakuläre Anlaß des Geschehens, nämlich die Liebschaft zwischen der heidnischen Fürstin und dem christlichen Gefangenen, der in der französischen Vorlage für das Genus Heldenepik nutzbar gemacht wurde und der schematischen Gegenüberstellung Heiden-Christen, wie im *Rolandslied*, diente, wurde bei Wolfram zum schmerzhaft-fruchtbaren Kern einer umfassenden und tiefgehenden Auseinandersetzung mit der heldenepischen Überlieferung, sei sie christlich-französischer Art oder religiös-irrelevant deutsch. Daraus wurde auch eine Auseinandersetzung mit verschiedenen Gattungen und Werten der volkssprachlichen Literatur und eine Auseinandersetzung mit der Tradition des Kriegers/Ritters aus der Aktualität der Kreuzzüge. Im Leitwort *jâmer* konzentriert sich für Wolfram die von ihm als existentiell und kreatürlich erfahrene Problematik des ritterlich-christlichen Daseins in einer Welt, die, anders als in der Vorlage, nicht von schematischen Konflikten beherrscht wird, sondern erfüllt ist von tiefen menschlichen Bindungen

über die religiösen Unterschiede hinweg. Die heldenepischen Rollenfiguren aus der Vorlage werden unter Wolframs Händen zu sensiblen leidensfähigen Menschen, die vom *jâmer* bis an die Zerstörung ihres inneren Seins gebracht werden und gerade darin die Würde ihrer religiösen Existenz erfahren. Was Wolfram hier leistete, war eine konsequente Humanisierung, die auch aus einer vertieften Religiosität stammte und bewußt aus dem Mysterium des Kreuzes heraus die Religion über primitive Kreuzzugsideologie erhob und ins Menschendasein integrierte. Von da aus ist auch der Bogen zu schlagen vom *Willehalm* zur Literatur der mittelalterlich-deutschen Spiritualität. Die Literaturgeschichten pflegen Wolframs *Willehalm* vor allem wegen der sogenannten Toleranzrede Giburgs zu rühmen, in der es heißt, daß auch die Heiden Geschöpfe Gottes seien, die man nicht einfach abschlachten dürfe. Diese in einer Kreuzzugsdichtung sicherlich ungewöhnliche Aussage, hinter der man – nicht ganz zu Unrecht – bereits das Wirken franziskanischer Güte erkennen möchte, erhält erst ihr Gewicht, wenn man durch das bloß Inhaltliche hindurchsieht und erkennt, in welchem Ausmaß bewußtgewordene christlich-kreatürliche Leidensfähigkeit es ist, die diese Toleranz erst ermöglicht und den massiv heldenepischen Stoff bis in letzte Verästelungen durchsäuert.

Bestimmte Merkmale Wolframschen Erzählens, die schon im *Parzival* über die Vorlage hinaus zur Geltung kommen konnten, werden im *Willehalm* in voller Stärke wirksam und treten in der Spannung zur ganz anders gefügten, archaischen Vorlage besonders deutlich hervor; beim gebildeten Teil des Publikums dürfte das auch entsprechende Erwartungen geweckt haben. Die Kompositionsweise Wolframs, für die in ihrer Totalität keine Vorlage namhaft gemacht werden kann und die zu den Ruhmestiteln deutscher literarischer Kultur zu Anfang des 13. Jh. gehört, ist, nicht unähnlich der Gottfrieds, mit einem musikalischen Verfahren des Auswertens einer Reihe von Grundthemen in deren Anschwellen und wohlgestuftem Ineinander zu vergleichen. Die Handlungsschwerpunkte – erste Aliscansschlacht, Hofszene in Laon, zweite Alischanzschlacht – büßen dabei vordergründig gesehen ihre epische Massivität ein, sie werden zu Reflexionszentren, in denen die Leitthemen und Leitwörter sich bündeln und im Hörer weniger das altheroische Pathos wecken als in ihm die meditativen Fähigkeiten anregen. Gerade auch dadurch wird dieses Werk an Erscheinungen mittelalterlicher volkssprachlicher Spiritualität angenähert.

Das Publikum, vor allem jener Teil, der mit französischen Chansons de geste vertraut war – und aus Wolframs Andeutungen, worin er die Kenntnis anderer Wilhelmsepen zumindest in groben Zügen voraussetzt, kann man punktuell mit solcher Vertrautheit rechnen –, erwartete beim ersten Handlungsschwerpunkt eine Schilderung des Aufmarsches der Heere, womöglich mit Heldenkatalog, dann eine Schlachtschilderung nach den bewährten Regeln heldenepischer Tradition, die Schilderung des Heldenkampfes und Todes des jungen Helden Vivians, hierauf *planctus*, Totenklage. Unter Respektierung der äußeren Fakten der Geschehensabläufe wurde unter Wolframs Händen daraus etwas Neues. Während die französische Vorlage gleich ins Kampfgeschehen führt, entwickelt Wolfram die männliche Hauptgestalt Willehalm, auf die schon der Prolog angelegt war, aus realen südfranzösischen, rechtlich-dynastischen Gegebenheiten heraus. (Im *Parzival* verfuhr Wolfram ähnlich, und man tut gut daran, hinter dem Grafen Willehalm auch den gar nicht heiligen Haudegen und Frauenhelden Gahmuret als unvollkommene Vorform zu sehen.) Im Anschluß daran stellt Wolfram die weibliche Hauptgestalt Giburg-Arabele vor. Das Giburg-Thema, von dem her andere Themen erst ihre besondere Eindringlichkeit erhalten, setzt mit einem vollen

Akkord ein, dessen Grundton der Jammer ist. Willehalm gewann Arabele, heißt es, und gleich wird hinzugefügt, daß deshalb viele Unschuldige sterben mußten. Der nächste Vers (7,27f) bringt dann den christlichen Namen der Frauengestalt, Giburg, und nun heißt es, gesteigert zum Ausruf: wieviel Heerhaufen mußten wegen dieser Konversion sterben. Was Wolfram hier zweimal knapp hintereinander antippt, wird das ganze Werk durchziehen und von Giburg selbst in qualvollen Reflexionen durchdacht werden. Auch Giburgs heidnischer Vater und ihr erster Gemahl werden einbezogen in die Ausgestaltung dieses Themas. Dann erfährt man vom Kriegselend; die Freude der Heiden wie der Franzosen wird (8,17) vom *rehten jâmer* zerstampft, heißt es. Diese werkübergreifende, aufmerksamkeitweckende Fügung – das Gegenteil einer altepischen Formel-, die man aus dem *Parzival* kennt, kommt nun voll zur Entfaltung. Der Schlachtort, zunächst allgemein angedeutet, die Provence und in gleicher Weise mit Jammer verbunden, wird ebenfalls ins Bewußtsein gerückt. Gut 50 Verse später wird dann der Schlachtort zum ersten Mal im Namen Alischanz präzisiert und ist von da ab Leitmotiv. Aus dem Nachdenken über den doppelseitigen Jammer, der Heiden und der Christen, kommt Wolfram auf das Nahen des riesigen Invasionsheeres der Heiden zu sprechen, doch von dem epischen Phänomen der Schilderung des Aufmarsches der Krieger gleitet Wolfram wieder hinüber zum Giburg-Arabele-Thema und nennt nun beide Namen bedeutsam vereint in einem Vers (9,13); er verflicht die beiden Namen mit Angaben über verwandtschaftliche Bindungen und kommt dann zum dritten Mal und besonders ausführlich darauf zurück, daß viele Menschen wegen Giburgs Liebe und wegen ihres Christentums sterben mußten. Alischanz, der Schauplatz dieses Sterbens so vieler Unschuldiger, wird zu einem Symbol des Unheils. Dieses Sterben ist kein übliches Umkommen in einem Rittergetümmel; Wolfram präzisiert: das ritterliche Treiben, das hier geschah, war *mort*, furchtbares Gemetzel. Wolfram, der Vertreter ritterlichen Geistes, ist also gezwungen, das, was ihm als Daseinserfüllung vorschwebte, nämlich *ritterscaft tuon*, als grauenvolles Gemetzel – z.T. sogar unter Verwandten – zu bezeichnen (10,20). Parzivals Tötung seines Verwandten Ither, ein gravierendes Faktum zwar, ist im Vergleich dazu eine harmlose Vorform.

Die Schilderung vom Aufmarsch des heidnischen Heeres zieht Wolfram hinein bis zum Ende der ersten Aliscansschlacht; bei der Schilderung der zweiten Aliscansschlacht wird Wolfram die Beschreibung der Rüstung des Heidenherrschers Terramer in ähnlicher Weise zerdehnen. Darin liegt nicht nur moderneres Zeitgefühl, Achten auf Gleichzeitigkeit und Nebeneinander bei der Darstellung einer großen kriegerischen Auseinandersetzung, wofür sich das archaische Heldenepos kaum interessierte, sondern es ist dies vor allem von der neuen Kompositionsweise her zu verstehen, vom Verflechten bestimmter Themen und von dem zum Nachdenken anregenden Bemühen, die Hauptmotive immer präsent zu halten. Wolfram schenkt dabei dem Schlachtort Aliscans besonderes Augenmerk. Die immer wieder unterbrochene Schilderung vom Herannahen der heidnischen Invasionsarmee, die Hinweise auf die Formierung der Krieger Willehalms, die Giburg-Thematik aus Minne, Religion und Bewußtwerden des furchtbaren Gemetzels lassen immer klarer den Schlachtort zu einem symbolhaften Zentrum werden, das allen jenen Themen, an denen Wolfram den Hörer existentiell beteiligen will, einen festen Punkt in der räumlichen Wirklichkeit gibt.

Diese Fixierung des Textes auf einen bestimmten Ort kommt weniger aus der Tradition der Heldenepik als aus der der Märtyrergeschichten; wo der Todestag zum wahren Geburtstag wird,

kann auch der Todesort Stätte dauernder Verehrung werden. Im altfranzösischen Text, der uns zur Verfügung steht, hat der Ortsname keineswegs diese leitmotivische Bedeutung. Die Einleitungsverse der *Bataille d'Aliscans* konnten zwar für Wolfram Anregungen liefern, denn da ist programmatisch vom Schmerz die Rede, *a isel jor ke la dolor fu grans*, und es heißt, daß die Schlacht fürchterlich war, wobei der Schlachtort genannt wird: *et la bataille orible en Aliscans*. Im Verlauf der Geschichte aber kommt es im französischen Text nicht zu einer systematischen Aufwertung des Ortsnamens in Verbindung mit dem Jammerthema. Es mag sein, daß in Wolfram die den französischen Text einleitende Verbindung von *dolor* und *Aliscans* gezündet hat. Weitere Anregung dieser Art konnte ihm aus dem altfranzösischen *Rolandslied* kommen, das er möglicherweise gekannt hat, denn dort wird tatsächlich im ersten Teil der unheilvolle Name *Rencesvals* zu einem machtvoll düsteren Leitmotiv, das in anschwellender Intensität den Aufmarsch der Heidenarmee begleitet und im Tod Rolands seine volle Macht entfaltet. Die von Wolfram immer wieder ausgewertete, im Altfranzösischen nicht gegebene, lautliche Bindung zwischen dem Namen des jugendlichen Helden Vivians und dem Schlachtort Aliscans ist ein Indiz dafür, wie bewußt Wolfram sprachliche Mittel einzusetzen verstand, um auch den Namen des jugendlichen Neffen, Helden und Märtyrers mit dem Todesort zu verbinden und damit eine Perspektive zu eröffnen. Diese Perspektive ist nicht die des heroisch-märtyrerhaften Triumphalismus des französischen *Rolandsliedes*.

Für Wolframs neue Perspektive ist es grundlegend, daß es eine Frauengestalt ist, in der die Leitthemen immer wieder zusammenlaufen bzw. von der sie ausgehen. Gewiß, auch die Vorlage bot in Guibors bereits eine Frauengestalt von Format, aber diese stand dort in heldenepischer Tradition. Damit begnügte sich Wolfram nicht. Man wird dieser Gestalt in seinem Text nur gerecht, wenn man die Veränderung bedenkt und Giburg auch mit anderen Frauengestalten aus Wolframs Werken zusammensieht; an Parzivalanspielungen fehlt es im *Willehalm* nicht. Man sollte aber auch über Wolfram hinausblicken und fragen, ob nicht in dieser erzählerischen Aufwertung der Frau eine Eigentümlichkeit der deutschen Dichtung um 1200 liegen könnte. Wolfram war von den leidvollen Frauengestalten geradezu fasziniert. Herzeloide, Parzivals Mutter, zeigt die Wesensverbundenheit mit dem Leid schon in ihrem Namen an; sie, die ihrem Sohn die *triuwe* vererbt, hält es nicht mehr aus in der Welt des Kämpfens und Tötens. Sie versucht es mit der – heute würde man sagen – Evasion; Kampf, Töten, Rittertum aber holen sie auch in der Einöde ein, und der Jammer darüber tötet sie. Anders Giburg. Diese neue, gesteigerte Herzeloide aus Wolframs Alterswerk, wird ungleich schmerzlicher und in einer die menschliche Substanz, die Seele, bedrohenden Weise mit dem Töten konfrontiert, mit der religiös fundierten Massenvernichtung Unschuldiger, die von Liebe und Christentum Giburgs zugleich verursacht wurde. Zunächst ist es der Erzähler Wolfram, der dieser Frau die zentrale Rolle zuweist, doch Giburg selbst tritt immer mehr hervor und macht ihre leidvolle Situation sich selbst, ihren Angehörigen in beiden Lagern und dem Hörer in bohrenden Reflexionen bewußt. Wolframs komplexe, entepisierende, das Meditieren der Gestalten wie der Hörer fördernde Erzähltechnik führt eine Giburg vor, die sich einerseits immer stärker der zerstörerischen Absurdität ihres Daseins bewußt wird, sich andererseits aber eindeutig und aktiv zu ihrer Minne und zum Gekreuzigten bekennt. *Mysterium cordis* und *mysterium crucis*, *theologia cordis* und *theologia crucis* werden dabei eins.

Aus den weitgespannten und raffiniert durchgeführten Themenverflechtungen sei nur einiges herausgegriffen. Im Abschnitt 30,21 reflektiert der Autor über Arabele-Giburg und deren tragische Situation. Im Abschnitt 107,14ff. greift Giburgs Vater, der Heidenherrscher, dieselben Reflexionen aus seiner Sicht auf und erweitert sie. Im Abschnitt 215,10ff äußert sich Giburg selbst in umfassenden Überlegungen. Giburg geht über Herzeloide hinaus, sie bleibt in der für sie fürchterlich gewordenen Welt und bezieht tatkräftig Stellung. Vergleichbar der Herzeloide aber ist Giburg, einst mächtige Königin im Heidenland, bereit, wegen ihrer Liebe zu Willehalm und wegen des Christengottes *armuot* auf sich zu nehmen. Damit setzt ihre Argumentation gegenüber ihrem Vater ein und darin gipfelt sie. Ihr Vater möge sie in Armut leben lassen, 221,26. Im *Parzival*, 116,15, heißt es von Herzeloide, die die höfische Welt aus Herzensjammer verlassen hat, daß sie wegen ihrer *triuwe* die Armut auf sich nahm. Von da aus erscheint auch das *Nibelungenlied* in einem größeren und für das Deutsche typischen Zusammenhang, wenn es von Kriemhild, deren Herzensjammer – wie wir gesehen haben – zu einem der zwei Schwerpunkte der literarischen Fassung der Sage geworden ist, heißt, sie hätte auf den Riesenreichtum des Nibelungenhortes verzichtet, wenn nur ihr geliebter Mann am Leben geblieben wäre. Bei ihm hätte sie *hendeblôz*, in Armut, ausgeharrt; der Erzähler fügt hinzu, kein vorbildlicher Krieger habe je eine Frau von gleicher *triuwe* besessen. Die Leidensfähigkeit der Kriemhild des *Nibelungenliedes* beruht im Gegensatz zu der Herzeloidens und vor allem der Giburg ausschließlich auf der Minne; die Religion als gleichrangige, nicht minder existentielle Macht fehlt, was auch stoffbedingt ist. Die Fähigkeit dieser deutschen Dichter, bei all ihrer Verschiedenheit voneinander, aus in dieser Hinsicht blasseren Vorlagen und Vorstufen ganz besonders erschütternde Frauengestalten herauszumeißeln, hatte sich schon im ersten deutschen Artusroman, in Hartmanns *Erek*, angekündigt, wenn man die weibliche Hauptgestalt Enite in der deutschen Fassung des Ritters Hartmann mit der des französischen clericus Chrétien vergleicht. Man beobachtet ein stärkeres Eingehen auf die seelischen Qualitäten der Frau und ein Offenbaren einer größeren Leidensfähigkeit mit verstärkt religiösem Hintergrund. Eine verglichen mit der französischen Vorlage stärkere proweibliche Einstellung zeigt sich auch in Hartmanns *Iwein*; und Gottfrieds Tristanroman ist ebenfalls stärker auf Isolde und deren Minneleidensfähigkeit ausgerichtet als auf die spektakulären Taten Tristans, der männlichen Hauptgestalt, wie das eher die Vorstufen Gottfrieds kennzeichnet.

Es gilt auch, die Breite der Möglichkeiten, die Wolfram anvisiert, zu sehen. Selbst Willehalms Schwester, die frivole Königin Frankreichs, die in ihrem höfischen Luxusleben in der Hauptstadt rücksichtslos den Jammer der südlichen Grenzbevölkerung und den Kampfgeist Giburgs und Willehalms ignoriert hat, wird in den Herzensjammer der Wilhelmssippe einbezogen. Aus der Vorlage konnte sich Wolfram für die Ausgestaltung dieses psychologischen Prozesses keine Anregungen holen. Das Auftreten des rauhen Kriegers Willehalm weckt in dessen königlicher Schwester zunächst nur Feindseligkeit, die Türen des Palastes werden vor Willehalm verriegelt (129,30); am nächsten Tag kann sich die Königin nur mit genauer Not vor den Handgreiflichkeiten ihres Bruders retten; doch dann ist es die Kunde vom *jâmer* der Aliscansschlacht, die in ihr die familiäre Bindung, die *triuwe*, aufleben läßt und sie in den Herzensjammer der Giburg hineinnimmt. Wiederum konzentriert sich die Klage auf den Tod des jungen Neffen Vivians. Ohne diesen besonderen Tod des jugendlichen Helden wären die Reaktionen sicherlich weniger affektiv und überzeugend. Das Leitwort *jâmer* rahmt die große Antwortrede der Königin auf die Worte ihrer Tochter ein (164,22; 155,12). Über dem Herzensjammer finden auch die beiden Geschwister,

Willehalm und die französische Königin, wieder zusammen; ja, Willehalm kann sich an seine Schwester wenden und sie um Trost bitten: ... *vrouwe, ez solde ouch iu sîn leit, daz ich bin trûrens unerlôst, und gebet mir etslîchen trôst,* Herrin, auch Euch sollte es zutiefst wehtun, daß mich das Trauern nicht losläßt; so richtet mich doch ein wenig auf (166,29f). Dabei liegt möglicherweise eine bemerkenswerte Parzivalreminiszenz vor. Am Ende des 14. Buches, als Parzival heimlich die Freuden des – im Irrealen spielenden – Artusfestes verläßt, weil ihm seine Minne zu Condwiramurs jeden billigen ›Trost‹ vorenthält, konstatiert er im Monolog für sich: *ich bin trûrens unerlôst* (733,16). Nun, im Rahmen des realen Festes am französischen Hof in Laon, das durch die Kunde vom realen Krieg in Südfrankreich rauh gestört wird, bekennt der reale Krieger Willehalm im Dialog mit seiner Schwester ebenfalls: *ich bin trûrens unerlôst.* Willehalm braucht sich nicht davonzustehlen, er erhält realen Zuspruch in der ergreifenden Klage der französischen Königin, die sich zur allgemeinen Klage der Hofgesellschaft ausweitet. Fest und Jammer klaffen also in der Welt des *Willehalm* schließlich nicht mehr auseinander. Auch bei der Königin führt der Herzensjammer nicht zur Evasion, sondern zur aktiven Anteilnahme, zur Bejahung des Kampfes. Zum Leitwort *jâmer* tritt das Nebenleitwort *rache.* Wolframs Auffassung vom Christentum, gegenüber seiner Vorlage und dem Rolandslied in hohem Maß humanisiert, schaltet also das Rachedenken nicht aus. Die reale Vielfalt von Impulsen wird nicht unterdrückt, sondern entfaltet. Rache hat in diesem Text ihren Grund vor allem in der großen Bedeutung der Familie, was wiederum tief in die Substanz des religiösen Erlebens, ja des Gottesbildes, eingreift; sie erhält auch eine zusätzliche politische Dimension, denn der Angriff der Heiden ist ein Angriff aufs *rîche*, und der heidnische Sieg in der ersten Aliscansschlacht ist eine Schmach für das *rîche*, die nicht hingenommen werden kann.

Im Zentrum von Giburgs Herzensjammer, der durch Eros und Glauben seine besondere Würde erhält und diese Frauengestalt zu einer überzeugenden Vertreterin dieses für diese deutsche Literatur so wesentlichen Frauentyps macht, steht das Töten. Die mittelalterliche Kirche, in ihren verantwortungsbewußten Köpfen, hatte dieses Problem ja immer schon gequält. Durch den Aufstieg der Elitetruppe der Ritter hatte es neue Aktualität gewonnen. Das Zeitalter der Kreuzzüge bot auch eine tragbare Notlösung an. Wenn die Waffenmetaphorik des Neuen Testaments, auf die man zurückgreifen konnte, auch spirituell gedacht war – Kampf gegen das Böse in uns –, so war natürlich die reale Seite dieser Waffenmetaphorik, die aus dem mittelalterlichen Leben nicht ausgeschaltet werden konnte, als reales Kämpfen gegen die Bösen, die Heiden und Ketzer, gegebenenfalls auch als deren Tötung, gegenwärtig und nicht minder mächtig. Ein derartiger Kämpfer, ein *vindex Christi* und *defensor christianorum*, brauchte nicht zu fürchten, als *homicida* verdammt zu werden, vielmehr würde er als *malicida* verherrlicht, wie Bernhard von Clairvaux in seinem Traktat *De laude novae militiae* aus der ersten Hälfte des 12. Jh. es formuliert hatte. Im Herzensjammer der Giburg wird aber das Töten als menschliche Tragödie des Christen erfahren. Giburgs heidnische Angehörige sind keine Bösewichte. Der Herzensjammer des Tötens bereichert im *Willehalm* das Bild des Kriegers/Ritters und verändert es radikal, weit über den *Parzival* hinausgehend. Am Faktum des Tötens als einer fatalen Wesensbestimmung dieses Krieger-Ritters ändert sich zwar nichts, nur die Ausmaße, die dieses Töten, dieser *mort*, das Gemetzel, im *Willehalm* annimmt und die Wesensart dieses Tötens übersteigen alles bisher Dagewesene. Wolfram wird nicht müde, dies zu unterstreichen; immer wieder betont er, daß das Kampfgeschehen im *Wille-*

halm selbst das des *Rolandsliedes*, wo schließlich Karl der Große und der Heidenherrscher Baligant einander gegenüberstanden, hinter sich läßt; um ganz sicher zu gehen, daß der deutsche Hörer nicht in eine falsche und traditionelle Erwartungshaltung verfalle, setzt Wolfram sich auch unmißverständlich von den Formen bloß spektakulären Gemetzels in der einheimischen Dietrichsepik ab. Er greift dabei zum sichersten Mittel, der Ironie, um die oberflächlich quantitativen Exzesse dieser schon ausufernden heldenepischen Tradition lächerlich zu machen. Die Relation zur Karlsschlacht dagegen liegt in deren Überbietung in einem ans geistliche Verfahren der Typologie erinnernden Sinn. Das qualitativ Neue macht Wolfram ebenfalls deutlich, indem er nicht nur berühmte Kriegergestalten kämpfen und untergehen läßt; Wolfram meidet vielmehr bewußt die heldenepische Tradition des stilisierten Einzelkampfes mit der typischen Apotheose, er bezieht auch den unbekannten Soldaten ein und macht Leid und Tod der vielen Namenlosen zu einem nicht unwichtigen Thema.

Die schwerwiegenden Eingriffe in heldenepische Traditionen und Erwartungen, die Wolfram vornimmt, gehen nicht nur Erzähler und Hörer an, in abgestufter Weise nehmen die tötenden und leidenden Gestalten der Dichtung selbst daran Anteil. Die jugendlichen Helden sterben noch weitgehend naiv, ohne daß ihnen das Töten und Leiden zu einem Problem würde. Dies gilt jedoch nicht für die Hinterbliebenen. Die höchste Stufe der Bewußtheit und des Problematisierens des Tötens aus christlichem Schöpfungsglauben und darin wurzelnder familiärer Bindung führt Wolfram an Giburg/Arabele, der Frauengestalt, vor, also nicht an einem vollwertigen Krieger, wenn auch Giburg sich nicht scheut, selbst die Rüstung anzulegen und die Wurfmaschine zu bedienen. Man kann in dieser Verteilung der Bewußtheit und des Problematisierens Nachwirkungen der alten religiösen Tradition sehen, wonach von außen, hier also von der Seite der Frau her, auf die Krieger, denen die Waffen recht locker saßen, einzuwirken sei. Doch nicht nur die Außenperspektive, bei aller gleichzeitiger Bewunderung der Tapferkeit und Kampfeskraft, zeigt dem Krieger, daß sein Tun im Grunde schrecklich ist, Wolfram läßt im Krieger selbst solche Einsichten dämmern und hält ihn somit für fähig, über sein eigenes Tun nachzudenken; dies wird sogar an der kriegerischen Hauptgestalt, dem Haudegen Willehalm, vorgeführt. Während der jugendliche Märtyrerkrieger Vivians unter der Linde am Brunnen im Sterben liegt und vom Engel die Verheißung erhält, daß er vor seinem Tode seinen Onkel Willehalm noch sehen werde, und während der Aufmarsch der Heiden immer noch weitergeht, versammelt Willehalm an einem vorübergehend nicht vom Feind eingesehenen Ort die vierzehn Leute um sich, die ihm noch verblieben sind und bricht in Klagen aus. Bezugspunkt, der überboten wird, ist die Rolandsschlacht von Ronceval mit der Klage Karls des Großen; *herze* und *jâmer* umrahmen dabei den tiefsten Kern dieser Klage, die Minne der Giburg (51,12). (Die Klage als Grundstimmung, die in einem großen Zusammenhang steht und im ganzen Text allgegenwärtig ist, was erhebliche erzähltechnische Konsequenzen hat, kann in verkürzter oder voll ausgeführter Form erscheinen; sie kann an jeder Stelle im Text aufbrechen und die heldenepischen Erzählstrukturen von Grund auf verändern.) Wolfram kommentiert an dieser Stelle mit einem bedeutsamen Vers das Geschehen, wenn er die Hörer auffordert (52,1), Willehalms Jammer zu rühmen. Wiederum geht es nicht nur um eine preziöse Redefigur, sondern um den Kern von Wolframs Dichtung, um den *rehten jâmer* als Wesensmerkmal der Kreatürlichkeit des Menschen und zugleich Garanten der Gnade und Heiligkeit. Wenn unmittelbar darauf Willehalm sich dem Rat seiner letzten Mannen beugt und sich allein nach Orange durchschlagen will, so packt ihn erneut der Jammer über den Untergang seiner Leute; wie ein Vater über seine Kinder, so weint er über alle Getauften, die gefallen sind und die sein Herz in Jammer einhüllen, wie es heißt, 53,10. Nun ist der *planctus*, die Totenklage, ein fester Bestandteil der Heldenepik; Wolfram bleibt aber nicht im traditionellen Rahmen dieser *planctus*-Typik stehen, sondern setzt den Jammer über das Töten – es geht auf dieser Stufe bloß um den Jammer über das Töten der Getauften – überhaupt frei, macht ihn zum beseelenden Element seines Werkes und erschließt seine religiöse Bedeutung und auch seine Verankerung im Erotischen.

Geschickt verknüpft Wolfram bei der Schilderung der ersten Schlacht zwei besonders wichtige Stränge miteinander. Willehalm, der sich nach Orange durchschlägt, stößt auf den sterbenden Vivians. Auf die Bedeutung dieses *locus-amoenus*-artigen Todesortes sei nur hingewiesen. Wolfram zeigt nun, indem er, der Vorlage folgend, die altepische Totenklage aufgreift, was ein nicht mehr heldenepisch fixierter Erzähler daraus machen kann. Willehalms, des Ritters, Herzensjammer um Vivians ist auf dieser Stufe noch ausschließlich religions- und sippengebunden, er offenbart noch nicht wie der der Giburg eine Spannweite, die auch die Heiden umfaßt. Unmittelbar nach Willehalms Klage über Vivians sehen wir denselben Willehalm, wie er den Heiden denselben Schmerz zufügt, indem er auf seinem Gewaltritt nach Orange den herrlichen Heidenfürsten Arofel und den jugendlichen Minneritter Tesereiz, das Gegenstück zum christlichen Vivians, tötet. Willehalms Schwert schneidet damit direkt in den Umkreis seiner Gattin Giburg selbst hinein; die beiden Ritter Arofel und Tesereiz sind durch verwandtschaftliche Bande bzw. durch vornehme Menschlichkeit mit Giburg verbunden, nicht unähnlich Vivians, was Wolfram mit aller erzählerischen Sorgfalt auch dartut. Willehalms Jammer um Vivians wird also tragisch gebrochen. Die beiden heidnischen Ritter sind in besonderer Weise der Minne zugetan. Tesereiz will z.B. nicht zulassen, daß Giburg Leid zugefügt werde, 83,4. Er erweist sich damit als vorbildlicher Minneritter überhaupt; Arofel, Giburgs Onkel, wird von langer Hand als Ausbund höfischer Minnekultur dargestellt. Willehalm erschlägt die beiden. Dabei ist Selbstverteidigung das Hauptmotiv, aber Willehalm könnte schließlich Arofel, der durch einen furchtbaren Hieb bereits ein Bein verloren hat, leben lassen; der Schwerverwundete bittet auch in ergreifenden Worten um Schonung und hält mit Versprechen materiellen Lohnes nicht zurück. Doch die Erinnerung an den Tod des Vivians, die noch ganz frisch ist, läßt Wilhelm einen eigentlich unritterlichen Todesstreich führen, radikal von den Schemata heldischer und höfischer Tradition abweichend und auch die Brutalität des realen Kriegers offenbarend. Der Hinweis auf Vivians Tod, auf Rache und Jammer füllt drei Verse, die aufeinander folgen. (Wolfram änderte gegenüber der französischen Vorlage ab, wo es einfach das Mißtrauen gegen die Worte des Heiden ist, welches Willehalm veranlaßt, diesen zu töten.)

Zunächst ist nur der Erzähler bestürzt über dieses furchtbare Geschehen. Dies sei der schwärzeste Tag für die Minne gewesen und alle Christendamen hätten Grund, den Heiden Arofel zu beweinen, heißt es, 81,20ff. Das in Wolframs Text gewichtige Wort *vlüstec*, verlustbringend, wird hier nicht mehr nur auf das Christenheer bezogen. Im Krieger Willehalm selbst, der diesen brutalen Schwertstreich gegenüber dem Wehrlosen geführt hat, erwacht dann aber auch das Nachdenken über das Töten. Typisch für Wolframs Erzählweise, die mit erstaunlicher Sorgfalt über hunderte, ja tausende Verse hinweg zu einem Thema zurückzuführen versteht, erhält später Willehalm selbst Gelegenheit, zu diesem Geschehen Stellung zu nehmen. Man kann annehmen, daß Wolfram als besonders moderner Erzähler hier bereits den Faktor Zeit als Mittel psychologischer Auflockerung einsetzt. Es geschieht dies ausgerechnet an einer Stelle, die in der Tradition der kriegerischen Prahlreden steht. Das französische Entsatzheer ist aufgebrochen und bei dem Kloster angelangt, wo Willehalm beim Hinritt seinen kostbaren Schild, Arofels Schild, deponiert hatte. Inzwischen war durch ein Feuer alles zerstört worden. Willehalm wird vom französischen König wegen des Besitzes eines solchen Luxusschildes aufgezogen. Da erzählt nun Willehalm seine Tat. Die rauhen Kriegerspäße sind im Nu verflogen, das traditionelle Prahlen mit Ruhmestaten wird zum Schuldbekenntnis. Willehalm selbst ist es, der zwar die Tötung des wehrlosen Heiden mit dem Tod des Vivians begründet, aber zugleich zugeben muß, daß diese erbarmungslose Tat eine Versündigung an der Minne gewesen sei. Wenn er nun den Schild des heidnischen Minneritters wieder verloren habe, sei das als Strafe anzusehen, denn er habe sich die Ungnade der Minne zugezogen. Erst am Ende seiner Worte, in gesteigerter Position, nennt Willehalm den Namen dieses heidnischen Königs, des Persers Arofel, den alle Damen beweinen sollen, wie er hinzufügt; bei der Schilderung der Tat war es der Erzähler gewesen, der dasselbe gesagt hatte. Willehalm gesteht auch, Tesereiz getötet zu haben und klagt darüber; *mîn hant in sluoc ungerne*, sagt er und bricht in eine Klage aus, daß er nicht versucht habe, ihm auszuweichen, 205,24.

Diese Einsicht in die Furchtbarkeit des Tötens, die der Krieger selbst gewinnt, noch dazu innerhalb der traditionellen Form der Prahlrede, erlaubt einen Blick auf eine vergleichbare Stelle im 2. Teil des *Nibelungenliedes*, was erneut das hohe menschliche Niveau und eine übergreifende Gemeinsamkeit der großen literarischen Werke um 1200 beweist. Hagen, neben Volker auf der Bank sitzend, wird von Kriemhild, der mächtigen Hunnenkönigin, in aller Öffentlichkeit zur Rede gestellt und bekennt, der zu sein, der Siegfried erschlagen hat. In diesem Bekenntnis Hagens schwingen Prahlerei und Triumph mit, aber am Ende seiner Worte klingt noch mehr auf: *Ich han iu leides vil getan* (Str. 1791), gesteht Hagen und *leit* ist hier nicht mehr nur im archaischen Sinn der öffentlichen Beleidigung zu verstehen, sondern trägt bereits das volle Pathos hochmittelalterlich-innerlicher Leidensfähigkeit. Dieses Leid ist überdies die Entsprechung zu den Tränen der Kriemhild über den toten Geliebten, von denen unmittelbar vorher die Rede ist, Str. 1789.

Die deutsche Fassung der französischen Chanson de geste von Willehalm, Vivians und Giburg eröffnet aber vielleicht einen weiteren Horizont von großer Tragweite. Wir konnten beobachten, daß im französischen Westen aufgrund besonders intensiver humanistischer Bestrebungen die Antike mit überraschender Eigenständigkeit in die geistige Welt des 12. Jh. Eingang finden konnte, wogegen sie uns im deutschen Raum eher religiös-geschichtstheologisch gebunden erschien. Selbst in der *Eneit* Heinrichs von Veldeke dürfte die Antike eingeholt worden sein von dieser christlich-geschichtstheologisch-politischen Bindung. In Gottfrieds *Tristan* allerdings wurde das Bild nicht nur facettenreicher, sondern es zeigten sich tiefgehende und unvorhersehbare Veränderungen. Die antiken Liebespaare wurden integriert in die typisch mittelalterliche Liebesgeschichte, die sich als deren Erfüllung und Vollendung, ja Verherrlichung und Verklärung, um im adäquaten religiösen Denkmuster zu bleiben, herausstellte. Es ergibt sich die Frage, ob nicht auch in Wolframs *Willehalm* die Antike in eigentümlich mittelalterlicher Weise, vergleichbar etwa dem *Tristan* Gottfrieds, präsent sein könnte, so daß sich auch darin eine weitere, überzeugende Eigentümlichkeit der deutschen Bearbeitungen einer französischen Vorlage zu erkennen gäbe. Der Boden des strikt Beweisbaren verliert dabei freilich an Tragfähigkeit, das grundsätzlich Bedeutsame, das diese

Frage aufwirft, ist aber wichtiger, und Wolframs Umgang mit der altfranzösischen Vorlage verlangt nach anspruchsvoller Deutung. So hat Friedrich Ohly die Hypothese erwogen, ob nicht Wolframs Fassung der Willehalm-Handlung u.a. auch auf dem Hintergrund der Thematik des Trojanischen Krieges gesehen werden müßte und möglicherweise ohne die Einbeziehung dieses Aspekts eine wesentliche Perspektive verlöre.

Wie sehr das Mittelalter von Troja beeindruckt war, bedarf keiner Beweise, man denke nur an das *Annolied*, an die Herleitung der Franken direkt von Troja. Dazu wurde durch Vergils *Aeneis* und das Schicksal des Trojaners und römischen Reichsgründers Aeneas die Bedeutung Trojas erneut ins Gedächtnis gerufen. Wenn Gottfried, über seine Vorlage hinausgehend (was mit Sicherheit angenommen werden kann, die direkte Vergleichsmöglichkeit fehlt zwar), Helena an Isolde mißt, so ist es zusätzlich verlockend, für Gottfrieds literarischen Gegner Wolfram implicite den gleichen Bezugspunkt anzusetzen, auf den Gottfried explicite verweist. Von der Schilderung der ersten Alischanzschlacht aus ließe sich diese Auffassung stützen. Dort hat die Tötung des glänzenden Heiden Arofel eine bevorzugte Stellung. In der Wolframschen Variante dieses Themas tritt ein wesentliches Element hinzu, das in der Vorlage fehlt. Eben dieses Element ermöglicht es, die Tötung Arofels mit dem Tod des Turnus am Ende der *Aeneis* in Beziehung zu setzen. Bei Wolfram wie in der *Aeneis* ist es der Rachegedanke, der den Helden dazu bringt, den wehrlosen Gegner zu töten. Aeneas erschlägt den vor ihm liegenden Turnus, der, wie dann Arofel, auch durch eine furchtbare Schenkelverletzung kampfunfähig geworden ist; er will den Tod des jugendlichen Helden Pallas rächen. Bei Willehalm ist es der Gedanke an den Tod des jugendlichen Neffen Vivians, der das aufkeimende Erbarmen erstickt. Dabei hatte Arofel, im Gegensatz zu Turnus, mit der Tötung des jugendlichen Helden unmittelbar gar nichts zu tun! Wolfram würde also das Rachethema von der direkten persönlichen Beteiligung unabhängig machen, es auf eine allgemeinere Ebene heben und somit problematisieren. Es braucht kein Zufall zu sein, daß Wolfram vor der Schilderung dieses furchtbaren Kampfes Heinrich von Veldeke evoziert, der immerhin mit der Eindeutschung des Eneasstoffes eine neue Periode der deutschen Literatur eingeleitet hat (76,25). Wolframs Erwähnung Heinrichs von Veldeke erweist sich übrigens wie ein verkürztes Zitat aus Gottfrieds Schilderung der Schwertleite Tristans, wo Gottfried auch über die Technik der Rüstungsdescriptio Heinrichs von Veldeke hinausgeht. Wolframs Überbietung der Antike wäre dann zugleich noch ein Hinweis darauf, daß nicht die Tristanminne Überbietung und wahre Erfüllung des antiken Eros darstellt, sondern die in christlicher Leidensfähigkeit fundierte eheliche Liebe des Markgrafen Willehalm und der Giburg.

›*sô wolte ich denne singen wol*‹. Walther von der Vogelweide

Wohl nur wenige Jahre, nachdem der Ritter Wolfram von Eschenbach in seinem Alterswerk an den von ihm als existentiell erkannten Problemen seines Krieger-Heiligen Willehalm und dessen Gemahlin Giburg, der dritten großen Frauengestalt neben Kriemhild und Isolde, herumgegrübelt hatte, trat der alternde Sänger Walther von der Vogelweide, ebenfalls zutiefst angerührt von existentiellen Fragen der Zeit, vor allem der Frage nach dem Heil, in einer seiner größten Dichtungen, der sogenannten *Elegie*, vor die höfische Öffentlichkeit hin und verkündete seine Botschaft von der Sendung des Ritters. Die Frage nach dem Heil gerät auch ihm zur Frage nach dem

Wesen des Ritters. Bei einem Dichter, der, anders als Wolfram, nicht auf sein *schildes ambet* pochte, sondern auf seinen *sanc*, und als solcher beim Publikum als Berufsdichter Autorität besaß, hat diese Ausrichtung auf den Ritter besondere Aussagekraft. De facto ist diese sogenannte *Elegie* ein Aufruf zum Kreuzzug; es dürfte sich dabei um den Kreuzzug Friedrichs II. von 1227 handeln und die Vermutung liegt nahe, daß Walther in diesem Lied, das stark autobiographische Elemente enthält, sich speziell an die österreichische Ritterschaft wandte. Walther löst sich in diesem großen Lied grundsätzlich von der provenzalisierenden Manier der strengen Gattungs- und Themengebundenheit los, der er in seinen anderen Kreuzliedern gehuldigt hatte (76,22ff; 14,38ff) und was ja überhaupt zu seiner Nähe zum Gesamtphänomen Troubadourdichtung paßte. Nun legt er die Bindung an die Gattung Kreuzlied ab und setzt sich in betonter Offenheit gegenüber Gattung und Themen souverän mit den Möglichkeiten, die der Aufruf zu diesem Kreuzzug bot, auseinander. Das für die übrigen deutschen Minnesänger, die Ritter und nicht Berufsdichter waren, so wichtige Merkmal des Integrierens verschiedener Aspekte und Formen kommt bezeichnenderweise in diesem Lied Walthers voll zum Tragen, ja Walther erweist sich als wahrer Meister des Integrierens von Themen und Gattungen, so als wollte er sich betont in diese deutsche Rittertradition stellen.

Owê war sint verswunden alliu mîniu jâr!
ist mir mîn leben getroumet, oder ist ez wâr?
daz ich je wânde ez wære, was daz allez iht?
dar nâch hân ich geslâfen und enweiz es niht.
nû bin ich erwachet, und ist mir unbekant
daz mir hie vor was kündic als mîn ander hant.
liut unde lant, dar inn ich von kinde bin erzogen,
die sint mir worden frömde reht als ez sî gelogen.
die mîne gespilen wâren, die sint træge unt alt.
† bereitet ist daz velt, verhouwen ist der walt:
wan daz daz wazzer fliuzet als ez wîlent flôz,
für wâr mîn ungelücke wânde ich wurde grôz.
mich grüezet maneger trâge, der mich bekande ê wol.
diu welt ist allenthalben ungenâden vol.
als ich gedenke an manegen wünneclîchen tac,
die mir sint enpfallen als in daz mer ein slac,
iemer mêre ouwê.

Owê wie jæmerlîche junge liute tuont,
den ê vil hovelîchen ir gemüete stuont!
die kunnen niuwan sorgen: ouwê wie tuont si sô?
swar ich zer werlte kêre, dâ ist nieman frô:
tanzen, lachen, singen zergât mit sorgen gar:
nie kein kristenman gesach sô jæmerlîche schar.
nû merkent wie den frouwen ir gebende stât:
die stolzen ritter tragent an dörpellîche wât.

uns sint unsenfte brieve her von Rôme komen,
uns ist erloubet trûren und fröide gar benomen
daz müet mich inneclîchen (wir lebten ie vil wol),
daz ich nû für mîn lachen weinen kiesen sol.
die vogel in der wilde betrüebet unser klage:
waz wunders ist ob ich dâ von an fröiden gar verzage?
wê waz spriche ich tumber man durch mînen bœsen zorn?
swer dirre wünne volget, hât jene dort verlorn,
iemer mêr ouwê.

Owê wie uns mit süezen dingen ist vergeben!
ich sihe die gallen mitten in dem honege sweben:
diu Welt ist ûzen schœne, wîz grüen unde rôt,
und innân swarzer varwe, vinster sam der tôt.
swen si nû habe verleitet, der schouwe sînen trôst:
er wirt mit swacher buoze grôzer sünde erlôst.
dar an gedenkent, ritter: ez ist iuwer dinc.
ir tragent die liehten helme und manegen herten rinc,
dar zuo die vesten schilte und diu gewîhten swert.
wolte got, wan wære ich der sigenünfte wert!
sô wolte ich nôtic armman verdienen rîchen solt.
joch meine ich niht die huoben noch der hêrren golt:
ich wolte sælden krône êweclîchen tragen:
die mohte ein soldenære mit sîme sper bejagen.
möht ich die lieben reise gevaren über sê,
sô wolte ich denne singen, wol, und niemer mêr ouwê.
niemer mêr ouwê.

Oweh, wohin sind alle meine Jahre entschwunden!
habe ich mein Leben geträumt oder ist es wahr?
was ich für wirklich gehalten habe, war das wirklich etwas?
Dann habe ich geschlafen und weiß nichts davon.
Jetzt bin ich aufgewacht und mir ist unbekannt,
was mir früher bekannt war wie meine eigene Hand.
Mich grüßen viele lässig, die mich einst gut kannten.
Die Welt ist allenthalben voll von Unfreundlichkeit.
Die Leute und das Land, wo ich von Kind erzogen worden bin,
die sind mir fremd geworden, als ob es gelogen sei:
Die einst mit mir gespielt haben, sind jetzt müd und alt geworden,
erweitert ist das Feld, abgeholzt ist der Wald.
Wenn nicht das Wasser flösse, wie es einstmals geflossen ist,
fürwahr, so möchte ich glauben, mein Unglück wäre groß,

wenn ich an viele wunderschöne Tage denke,
die mir verloren sind wie ein Schlag ins Meer,
alle Zeit oweh!

Oweh, wie kläglich geben sich heute die jungen Leute
denen einst ihr Sinn gar hochgestimmt war!
Sie verstehen nur, sich Sorgen zu machen, oweh, warum verhalten sie sich so?
Wohin in der Welt ich mich auch wende, da ist niemand froh.
Nun seht nur, wie den Damen ihr Kopfschmuck steht,
wahrhaftig, die stolzen Ritter tragen bäurische Kleider.
Tanzen, Lachen, Singen vergeht ganz in Sorgen,
nie hat ein Christenmensch eine so jammervolle Gesellschaft erlebt.
Uns sind unsanfte Nachrichten von Rom hergesandt worden,
Trauern ist uns gestattet und Freude ganz genommen.
Das quält mich tief im Innern, (früher ging es uns gut),
daß ich jetzt für mein Lachen Weinen eintauschen soll.
Die Vögel in der Wildnis betrübt unser Klagen,
was Wunder, wenn auch ich deshalb den Mut verliere?
Weh, was sage ich Tor in meinem bösen Zorn?
Alle, die dieser Freude folgen, haben sie dort verloren,
alle Zeit oweh!

Oweh, wie hat man uns mit süßen Dingen vergiftet!
ich sehe die bittere Galle mitten im Honig schwimmen.
Die Welt ist außen schön, weiß, grün und rot,
doch innen schwarz gefärbt, finster wie der Tod.
Alle, die sie verführt hat, sollen nach ihrer Rettung ausschauen,
sie werden mit kleiner Buße von großer Sünde erlöst.
Daran denkt, Ihr Ritter, das ist Eure Sache!
Ihr tragt die hellen Helme und viele starke Panzer,
dazu die festen Schilde und die geweihten Schwerter.
Wollte Gott, ich hätte die Segnung verdient!
Dann könnte ich armer Sünder reichen Lohn erwerben:
Wahrlich ich meine keineswegs die Güter noch das Gold der Herren.
Ich wollte die Himmelskrone für ewige Zeit tragen,
die konnte einst ein Söldner mit seinem Speer erjagen.
Könnte ich die liebe Kriegsfahrt noch über See unternehmen,
dann wollte ich singen wohl und nie mehr oweh,
niemals mehr oweh! (Übers. nach Friedrich Maurer).

In drei Strophenblöcken, deren metrisches Gefüge bereits ein deutliches Signal des Ungewöhnlichen setzt und die in steigernder Abfolge angelegt sind, verfolgt Walther zielbewußt seine Argumentation, die im dritten Block ihren Höhepunkt findet. Der Begriff Argumentation ist dabei durchaus im engen technischen Sinn zu verstehen, denn für Walthers Dichtung, auch für seinen Minnesang, ist ein stark rhetorisch theoretisierendes Element grundlegend, wie moderne Forschungen zeigen konnten. In seiner metrischen Form stellt dieses Lied eine deutlich markierte Annäherung an die feierlich altertümelnde Langzeile des Nibelungenliedes dar, was sich auch in der epischen Melodie, die leider nicht überliefert ist, geäußert haben wird und den Geltungsanspruch verbindlicher Kunde unterstrichen haben dürfte. Dazu kommt, daß jeder der drei Blöcke 16 Langverse, d.h. 32 Kurzverse umfaßt, was mit dem jeweiligen Refrainkurzvers des *owê*-Rufs 33 Kurzverse ergibt. (Dantes Göttliche Komödie wird später nach demselben geistlichen Zahlenschema angelegt sein!) Ob man auch die betonten Silben – man glaubte 100 Hebungen pro Strophe feststellen zu können – geistlich-zahlensymbolisch belasten darf, bleibe offen. Der *owê*-Ruf, der jede Strophe einfaßt, gibt dem Lied weitere architektonische Festigkeit. Daß dieser *owê*-Ruf zum Abschluß, freilich nur in hypothetischer Fügung, verneint wird, betont die Sonderstellung der dritten Strophe. Auf diesem Fundament stellt sich nun Walther selbst dar; sein Ich beherrscht das Lied vom Anfang bis zum Ende, wobei es sich in wohlberechneter Weise dem Wir, Ihr, Sie öffnet. Es ist ein Ich, das sich in verschiedenen Schattierungen manifestiert.

Der Einsatz ist elegisch, dem Ich wird die eigene Vergänglichkeit bewußt, doch sogleich taucht dahinter ein viel radikaleres Bewußtwerden der Vergänglichkeit auf und gibt dem einleitenden *owê*-Ruf, hinter dem auch der alte *ubi-sunt*-Topos anklingt, eine tiefere Begründung. Das Vergänglichkeitsbewußtsein präzisiert sich, was für die Perspektive dieses Dichter-Ichs entscheidend ist: das gelebte Leben erscheint als Traum, aus dem das Ich nun erwacht. Die Bilder, die dabei eingesetzt werden, z.B. das Bild vom Wasser, das immer noch in gewohnter Weise fließt, lassen sachte einen eschatologischen Hintergrund (Max Wehrli) erstehen, vor dem dieses Erwachen zusätzliche Bedeutung bekommt, gleichsam als ein Erwachen vor dem Jüngsten Gericht; für die Position des Sprechers und dessen Anliegen von großer Wichtigkeit. Bemerkenswert ist der fließende Übergang von den realen biographischen Angaben mit ihrer negativen Tönung zu der größeren religiösen Perspektive, die auch in dem wichtigen Wörtchen *nû* der fünften Zeile zum Ausdruck kommt. Dieses *nû*, das die Möglichkeit der Einsicht und Bekehrung signalisiert und hier die jähe Öffnung des Zeitlichen fürs Jenseitige kennzeichnet, ist besonders für die Kreuzzugsdichtung zentral und markiert dort, auch als lateinisches *nunc*, den entscheidenden Moment. In der allgemeinen Einsicht, daß die Welt nicht mehr so recht lebenswert und alles frühere Glück spurlos vergangen sei, klingt die erste Strophe aus und gibt damit zugleich die Grundlage für die Argumentation der zweiten Strophe.

Owê-Ruf und pessimistische Töne werden weiter konkretisiert, desgleichen verdichtet sich der allgemeine Begriff Welt der ersten Strophe und gewinnt bestimmte soziale und politische Realität in der Klage über die höfische Jugend (der in der provenzalischen Lyrik so wichtige Begriff *joven* dürfte dabei hereinspielen), in der Klage über die Damen und an dritter Stelle – die dritte Strophe vorbereitend – in der Klage über die verkommene Ritterschaft, die sich ihres Wesens nicht mehr bewußt zu sein scheint. Der allgemeine Zustand im Reich, die Bannung Kaiser Friedrichs II., öffnet auch diese Strophe (über die Einbeziehung der Natur, was den Natureingang des Minnesangs anklingen läßt) der allgemeinen Klage. Ein starker religiöser Akzent, der an dieser Stelle in der ersten Strophe noch fehlte, tritt aber hinzu und ermöglicht den Übergang zur dritten Strophe.

Nicht mehr nur problemloses Nachtrauern um eine herrliche Vergangenheit liegt vor – *ich gedenke an manegen wünneclîchen tac* –, sondern diese *wünne* erscheint nun ihrerseits als fragwürdig und für die Seele gefährlich. So spitzt sich die Argumentation der zweiten Strophe zu zur feierlich verallgemeinernden Antithese: irdische Wonne – Wonne des Jenseits.

Die dritte Strophe führt in eindrucksvollen traditionellen Bildern die Vorstellung von der Gefährdung der Seele durch die Welt weiter. Das umfassende, keine Ausnahme duldende *uns* verstärkt die Bedrohung: *owê wie uns mit süezen dingen ist vergeben!* Der Begriff *werlte*, der in den zwei vorhergehenden Strophen sich schon präzisiert hatte, wird nun fast personifiziert als Frau Welt zum dritten und letzten Mal aufgegriffen. Aus dieser allgemeinen Bedrohung, der das Seelenheil des Menschen in der Welt überhaupt ausgesetzt ist, steigt aber eine nicht minder große Möglichkeit der Heilsgewinnung auf. Der feierlich allgemeinen Aussage: *swer dirre wünne volget hât jene dort verlorn* steht in gleicher Allgemeingültigkeit die frohe Botschaft gegenüber: *swen si nû habe verleitet, der schouwe sînen trôst.* Ein geringer irdischer Einsatz vermag ewiges Heil zu bringen. Dieser Einsatz ist die Kriegsfahrt ins Hl. Land, die als die Aufgabe und Daseinserfüllung ritterlichen Lebens hingestellt wird. Um seinen Appell gleichsam unwiderstehlich zu machen, beschwört Walther mit sicherem Instinkt die bestimmenden äußeren Zeichen, die den Ritter ausmachen, seinen Stolz und seine Macht begründen: die leuchtenden Helme, den Kettenpanzer, die Schilde und als letztes und Wichtigstes das geweihte Schwert. So werden die Tötungswaffen zu Werkzeugen des Heils. Und Walther, der alternde Sänger, erneut und abschließend mit der Autorität seines Ichs die Gesamtaussage des Liedes verbürgend, gibt dem sehnsüchtigen Wunsch Ausdruck, es diesen Rittern doch gleichtun zu können; dann gäbe es für ihn kein *Owê*-Rufen mehr, womit Walther auch die *laudatio temporis acti* – das traditionelle Lob der guten alten Zeit, das in hohem Maße das Lied bestimmt –, überwindet und hypothetisch den Blick in eine strahlende Zukunft richtet. Wie die realistischen und desillusionierten Kreuzzugsreminiszenzen von Walthers jüngerem Zeitgenossen Neithart von Reuental zeigen, war die Zeit bereits über dieses Ritterideal, das für Walther selbst ja auch nur noch als Appell und Wunschbild mächtig war, hinweggegangen.

Nachklassische deutsche Dichtung als untragisch festliche Selbstbestätigung des Rittertums

Mit Wolfram von Eschenbach, Walther von der Vogelweide, Hartmann, Gottfried und dem Dichter des *Nibelungenliedes* tritt vor und kurz nach 1220 eine Generation ab, die der deutschen Literatur dieser Zeit europäisches Format verschafft hatte. Es ist nun zu fragen, ob in der Folgezeit bis um die Jahrhundertmitte diese deutsche Literatur ebenfalls eine Eigenart zu entwickeln vermochte, die wert ist, dargelegt zu werden. Das quantitativ starke Anwachsen der Texte erschwert eine souveräne Überschau. Die Aufmerksamkeit ist in zwei Richtungen zu lenken: Einmal immer noch nach Frankreich, und dann auf die eigene deutsche Literatur, auf die man nun zurückzublicken beginnt; letzteres bildet eine neue Ausgangsbasis, die bei der klassisch zu nennenden Generation zuvor nicht in dieser Weise gegeben war und die nicht ohne Auswirkung auf die immer noch wichtige Übernahme französischer Werke gewesen sein dürfte. Verschiebungen im Sozialen, man denke an die wachsende Bedeutung der Städte, sowie Veränderungen im Politischen sind mitzubedenken, wenngleich es delikat ist, deren Wirkungen in der Dichtung exakt nachzuzeichnen. Vorschnelle Meinungen, etwa eine Bürgerkultur löse nun die Ritterkultur ab, gehen an der Wirklichkeit vorbei. Es ist fraglich, ob für diesen letzten Abschnitt unseres Zeitraums die Orientierungsbegriffe Öffnen-Suchen-Neumachen im Sinn des 12. Jh. noch Gültigkeit haben; eher wird man eine Verlagerung des Schwerpunkts von innen nach außen und das Ersetzen des Meditierens durch das Darstellen des Repräsentierens beobachten können.

Die Weiterentwicklung des Artus-Gralromans

Den entscheidenden Schritt in der Weiterentwicklung der Artus-Graldichtung hat wiederum Frankreich vollzogen, indem es diesen zentralen Stoffkreis für ein anderes Medium, die Prosa, öffnete. Der Übergang zur Prosa bedeutete keineswegs das Ende des Versromans, sowenig wie das Auftauchen des höfischen Romans ab der zweiten Hälfte des 12. Jh. das Ende der *Chanson de geste* bedeutet hätte. Das Neue, das nun in den großen Prosawerken über Artus und Gral hervortrat, war aber eine mindestens ebenso revolutionierende Neuerung wie Jahrzehnte früher die Entwicklung des höfischen Romans in paarweis gereimten Vierheberversen.

Für Frankreich gilt weiterhin für diese Neuerung im vollen Sinn unser Gesichtspunkt des Neumachens. Mit dem Übergang vom Versroman zur Prosa vollzog sich eine grundsätzliche Verschiebung; wie in der lateinischen Historikerprosa der *Historia regum Britanniae* aus dem Ende der Dreißigerjahre des 12. Jh. rückt wieder ein stärker historisch gedeuteter König Artus in den Vordergrund. Die Welt der einzelnen Artus-Versromane, in der jeweils ein bestimmter Ritter und ein bestimmtes Problem im Mittelpunkt standen und wo keine Einbindung in eine umfassende zeitliche Abfolge vorlag, erhielt dadurch wieder eine zeitliche Ausrichtung. Das konnte sich – und dies griff noch tiefer ein in das Gefüge der Artusromane – mit einer heilsgeschichtlich-religiösen Durchdringung und Überformung, ausgehend vom mysteriösen Gral, der immer stärker an Liturgie und Heilsgeschichte angenähert wurde, verbinden. Schon vor Abfassung des *Prosa-Lanzelot* ist das zu erkennen, und die Ansätze dafür liegen in Chrétiens Gralroman. Die weitgehend profane Welt des Artusrittertums wird von der Religion eingeholt und in die Heilsgeschichte eingeordnet. Das geschah mittels der konsequenten Entwicklung eines komplizierten Erzählprinzips, das es ermöglichte, zahllose Handlungsstränge zu einem geschlossenen und religiös übergreifenden symbolhaften Gesamtgeflecht zu verbinden, das sich in der *visio beatifica* des Gralmysteriums und im Untergang der nun als sündhaft erfahrenen Artuswelt zusammenschloß.

Kurz nach Erscheinen dieses Monsterwerks des *Prosalancelots* im Altfranzösischen wurde es ins Deutsche übertragen. Man könnte aber nicht sagen, daß damit eine große Kontinuität in der Geschichte der deutschen Prosa gestiftet worden wäre. Diese Übertragung des *Prosalanzelots* blieb – im Gegensatz zur Übertragung der vorausgehenden französischen Versromane – eine vereinzelte Erscheinung; die deutsche Prosa nährte sich dann aus anderen Quellen. Diese Übertragung, so bedeutsam und gelungen sie auch ist, brachte im Gegensatz zu Wolframs, Gottfrieds und auch Hartmanns Umgang mit französischen Vorlagen kaum etwas, was über das Konstatieren der großen Übersetzerleistung hinaus für uns in diesem Zusammenhang von Gewicht wäre. Man wird bei dieser Übertragung kaum von einem deutschen Beitrag sprechen können, der gegenüber der Leistung des französischen Originals Neues brächte. Es liegt darin keine nennenswerte Auseinandersetzung mit dem französischen Text vor; der deutsche Verfasser ist in erster Linie Übersetzer und weniger Nach- und Neudenker. Insofern beansprucht der *Prosalanzelot*, was natürlich nicht das letzte Wort bedeuten muß, keinen vorrangigen Platz in unserer Darstellung.

Die Übersetzerleistung als solche kann hier nicht im einzelnen gewürdigt werden, vielmehr soll, etwas spekulativ, auf eine vielleicht nicht unwichtige Verschiebung im Umgang mittelalterlicher deutscher Dichter mit ihren Vorlagen aufmerksam gemacht werden. Wir konnten immer wieder auf das Phänomen der ständigen Nach- und Neubearbeitung bereits vorhandener Texte in der eigenen Sprache und über die Sprachgrenze hinaus hinweisen. Einen Höhepunkt bildete das Werk Wolframs. Durch dieses ständige Neubearbeiten entwickelte sich eine Kontinuität des Überdenkens und geistigen Durchformens bestimmter Themen, Stoffe und Probleme. Wenn nun praktisch am Ende der Entwicklung der Artus-Gral-Romane der deutsche Bearbeiter nur mehr als Übersetzer erscheint, so wäre dies ein Indiz, daß diese typisch mittelalterliche Kontinuität des Weiterdichtens und Weiterdenkens zumindest an einem Punkt ihre Kraft einbüßte. Daß auch frühere Bearbeiter sich theoretisch als bloße Übersetzer von Vorlagen bezeichnet haben, hat nichts zu sagen, denn es kommt auf das an, was sie tatsächlich geleistet haben, und das war meistens mehr, war eine Weiterführung des in der Vorlage Begonnenen. Mit dem Status des bloßen Übersetzens wäre diese Entwicklung an ein Ende gelangt. Daß diese geistige Disposition aber immer noch ihre Wirkungen ausüben konnte, ist damit nicht ausgeschlossen.

In diesem Zusammenhang wäre z.B. auf den sog. *Jüngeren Titurel* hinzuweisen, ein Monsterwerk aus der zweiten Hälfte des 13. Jh., in dem der Verfasser, Albrecht von Scharfenberg, gleichsam als neuer Wolfram die Gralsgeschichte weitererzählt. Neben der traditionellen Form des vierhebigen höfischen Reimpaars als dominierendem Medium und neben der Prosa wird dabei, in deutscher Sonderentwicklung, die auf Wolframs kurzem *Titurelfragment* aufbauende Langzeilenstrophe zur formalen Grundlage dieses erzählerischen Riesenwerks, in dem das deutsche Spätmittelalter den Höhepunkt der dichterischen Gestaltung der Gralsgeheimnisse zu erblicken pflegte. Eine dem französischen *Prosalancelot* vergleichbare Spiritualisierung liegt aber in diesem geheimnisumwitterten Werk nicht vor. Doch auch dieses Werk, das aus unserem Zeitraum herausfällt, setzt jene nachklassische Dichtung und Mentalität voraus, von der hier zu handeln ist. Als Variante des Weiterdichtens wäre – typisch für diese nachklassische Zeit – das Fertigdichten unvollendet gebliebener Werke anzusehen. So konnte Gottfrieds *Tristan* auf diese Weise gleich zweimal ›vollendet‹ werden, um 1230 von Ulrich von Türheim und um 1290 von Heinrich von Freiberg. Ulrich hat überdies auch Wolframs *Willehalm* im *Rennewart*, einem Werk von 36000 Versen, ›vollendet‹, das aber so wenig wie der von ihm vollendete *Tristan* über den Vorgänger hinausführte, vielmehr dahinter zurückblieb. Das so fruchtbare mittelalterliche Prinzip des Neu- und Weiterdichtens wurde hier problematisch und geriet zum Leerlauf, weil es bei einzelnen Autoren kein Problematisieren der Vorlage und kein Meditieren darüber mehr in Gang zu setzen vermochte.

Möglicherweise als Korrelat zu der einen, am deutschen *Prosalanzelot* festzustellenden Entwicklung zum Übersetzen ist andererseits das recht freie Umgehen mit dem Artusstoff in der nachklassischen deutschen Dichtung in manchen Versromanen zu bewerten. Als Exponent dafür kann die

Krone des Heinrich von Türlin gelten. Der Verfasser, der vielleicht aus einem Kärntner Geschlecht stammte, hat gegen 1230 dieses Werk geschaffen. Er kompilierte und fügte selbständig, doch nicht planlos, sehr Verschiedenes zusammen. Von der Sakralisierung und Spiritualisierung, wie sie den französischen *Prosalanzelot* durchformt, ist dabei nichts zu erkennen, was bei der großen Belesenheit des Autors sogar als bewußte Reaktion darauf zu verstehen sein könnte, auf jeden Fall aber eine andere literarhistorische Situation im Deutschen und neue Möglichkeiten kennzeichnet. Im Deutschen vollzog sich die Spiritualisierung der Artus-Gralwelt um diese Zeit vorwiegend in der Prosa des bloßen Übersetzens, wogegen auf der Bahn des traditionellen Versromans die Artuswelt auf ihre eigene Weise weiterentwickelt wurde. Dabei kam es zu Veränderungen und es ist zu fragen, ob diese Veränderungen über ein einzelnes Werk hinaus Bedeutung haben und für das Deutsche dieser Zeit typisch sind. Versromane von teilweise sehr unterschiedlicher stofflicher Eigenart, die von verschiedenen Autoren an verschiedenen Orten im deutschen Sprachraum entstanden sind, werden nicht uniform sein. Umso überraschender ist es aber, wenn sich dennoch grundsätzliche Gemeinsamkeiten, die diese Werke von den Romanen der vorhergehenden klassischen Periode abheben, erkennen lassen. Solche Gemeinsamkeiten, die an diesen nachklassischen Artusromanen aufgedeckt werden können, gewinnen für unsere Fragestellung noch an Wert, wenn sich zeigen läßt, daß sie in mancher Hinsicht sogar gattungsübergreifend sind. Zur Illustration dieses Sachverhalts sollen weitere Artusromane herangezogen werden, dann aus dem mehr historisierenden Bereich der *Willehalm von Orlens* des Rudolf von Ems, aus der heldenepischen Tradition die *Kudrun* und die *Virginal.* Die originellste Erscheinung in diesem Zusammenhang dürfte Ulrich von Lichtenstein sein.

Mit dem *Prosalanzelot* verbindet Heinrichs *Krone* das Bemühen, eine Art *Summa* der Artus- und Graldichtung vorzulegen. Heinrich baute auch nicht auf einer Vorlage allein auf, er wollte eine Fülle abenteuerlichen Geschehens aus verschiedenen Quellen bewältigen und somit das auf diesem Gebiet bisher Geleistete gleichsam abschließend übertreffen. Der Titel *Krone*, vom Dichter selbst gewählt, bringt dessen Anspruch und Absichten klar zum Ausdruck: Krone der Ritterromane. Äußerlich gesehen käme also das von uns für die hochmittelalterliche Literatur als so charakteristisch herausgestellte Problem des Weiter- und Neudichtens erneut zur Geltung. Der *Lanzelot* leistete dies in der geistlich geprägten Prosa, die zugleich an historiographische Artustraditionen anschloß und auf ein Ende bezogen war; Heinrich dagegen würde im weltlich orientierten Versroman verbleiben und einen zeitlichen Zielpunkt am Ende meiden. Exponent dieser Weltlichkeit ist Gawein; nicht von ungefähr ist er zur Hauptgestalt von Heinrichs Dichtung geworden. Das an Ereignisfülle alles Bisherige überbietende Geschehen dieses Romans ist autonom, es treibt die erzählerischen Mechanismen an, erzeugt aber keinen Hintersinn mehr, und so sind auch die Gestalten vor allem Exponenten einer vordergründigen Handlung, die freilich ihrerseits einer neuen Gesamtschau ritterlichen Daseins dient. Das für Wolfram und andere so bezeichnende Zusammenspiel von sinnbezogenem, gestuftem Geschehen und ethisch-religiös reicher werdenden Gestalten ist aufgegeben. Damit fehlt auch das Merkmal anspruchsvoller Integration von äußerer Handlung, ethischen Forderungen und religiösem Durchdringen. Man wird also die von uns beobachtete und als charakteristisch für die deutsche Literatur um 1200 konstatierte Erscheinung einer bestimmten Neigung zu umfassender Integration nicht als Dauermentalität verbuchen können.

Im 13. Jh., bis hin zum *Jüngeren Titurel*, beginnt also wieder manches auseinanderzuklaffen, und erst auf diesen neuen Grundlagen, wozu auch dieses Auseinanderklaffen gehört, kann nach deutschen Besonderheiten dieser Literatur gefragt werden. Das Aufgeben der bis in letzte erzählerische Verästelungen hineinwirkenden Integrationsprinzipien der großen Werke der vorausliegenden Zeit bedeutete nicht Verzicht auf das Herausarbeiten erzählerischer Schwerpunkte und auf die Sinngebung der bunten Handlung. So erscheint das Abenteuer in neuem Licht, das Fest, die große Versöhnung am Ende. Der erzählerische Weg zu diesen Schwerpunkten führt aber, anders als bei Wolfram und anderen, nicht über die in ständigem Meditieren vollzogene Integration von Handlung und Charakter, von Autor, Gestalten und Publikum, von Märchen, Ethos, Religion, sondern über einen Manierismus der Darstellung. In diesem Manierismus, der verschiedene Gesichter hat, ist auch das dichterische Selbstbewußtsein dieser Autoren verankert. Auch die zweifellos vorhandenen epigonalen und realistischen Züge sind darin aufgehoben. Die Schwerpunkte liegen, bei aller Stofflichkeit, eingebettet in einen klar strukturierten und konzipierten Rahmen, der aber nicht mehr dazu da ist, in Analogie zu geistlichen Verfahrensweisen von innen her ein Durchsichtigwerden der Abenteuer und Handlungsabläufe zu ermöglichen. Heinrich von dem Türlin und seine ähnlich denkenden nachklassischen Dichterkollegen haben das Ausblenden dieser geistlich begründeten Perspektive nicht als Mangel empfunden; aus ihrer Sicht waren sie überzeugt, nicht weniger zu bieten.

Der Titel von Heinrichs Werk, die *Krone*, erklärt sich aus diesem Selbstbewußtsein. Dazu kommt die Exposition dieses Romans, in der dargelegt wird, daß man von König Artus hören wird; das klingt so, als wäre alles, was bisher zu diesem Thema gedichtet worden war, nicht befriedigend gewesen. Diese Exposition ist schon vom Umfang her (V. 315–3220) ein durch und durch manieristisch geprägtes Stück Erzählung. Heinrich zerdehnt konsequent die typische Exposition des traditionellen Artusromans und liefert schon insofern durchaus Neues.

Die Handlung ist zweisträngig angelegt. Gawein ist der Hauptstrang gewidmet und König Artus ein zweiter Erzählstrang; König Artus erscheint also in diesem Werk wieder als aktive Gestalt. Beide Erzählstränge werden immer wieder miteinander verknüpft, in verwirrender aber durchdachter Fülle werden zahlreiche Abenteuer, die man z. T. aus anderen Romanen kennt oder die neu sind, auf Gawein gehäuft; das gilt selbst für das Gralabenteuer mit der erlösenden Frage auf der Gralsburg. All das, ohne daß Gawein dadurch zu einer Gestalt mit innerem Leben würde. Während der *Prosalanzelot* in raffinierter Abstufung viele Ritter aufbietet, um die Handlungs- und Abenteuerfülle ausbreiten und bewältigen zu können, geht Heinrich umgekehrt vor, die Abenteuerfülle ist im Grunde an die eine Gestalt, den Ritter Gawein, gebunden. Diese Aufwertung Gaweins läuft überdies der nicht minder stark betonten Abwertung Gaweins, die ihm im *Prosalanzelot* zuteil wird, zuwider. Dies läßt, genauso wie das Ausschalten aller Spiritualisierung, an ein bewußtes Abrücken von jener Artus-Gral-*Summa*, wie sie eben der *Prosalanzelot* darstellt, denken. Gawein ist bei Heinrich zwar, wie gelegentlich vorgeführt wird, ein konventionell frommer Mann, die unspiritualistische Deutung vor allem des Geschehens auf der Gralsburg und eben die Tatsache, daß Gawein die Hauptgestalt ist, zeigen aber, daß Heinrich daran lag, in seiner *Krone* den Artusroman als solchen auf einen Höhepunkt zu führen und den Artusbereich nicht im Gralbereich aufgehen zu lassen. Die Loslösung von Wolfram wird in dieser Aufwertung Gaweins – schließlich steht Gawein bei Chrétien wie bei Wolfram im Schatten Parzivals – deutlich markiert.

Dazu kommt die Veränderung der Gralswelt; statt um Spiritualisierung geht es um die Rückführung der Gralsgeschichte auf die Mythe von der Totenstadt. Heinrichs *Krone* erweist sich also als selbständige Weiterentwicklung des Typs Artusroman im deutschen Sprachraum. Als Element einer deutschen Sonderentwicklung ist vor allem das souveräne Umgehen mit der Artustradition, ja das Verfügen über sie, festzuhalten.

Bei allen seltsamen Abenteuern, in die die Hauptgestalt Gawein verwickelt wird und die sich potenzieren, bleibt der Roman konsequent im Bereich des Artushofes und damit der Artusrittergemeinschaft. Die Handlung setzt nicht nur dort ein, sie führt immer wieder und in anderer Weise als im klassischen Artusroman dorthin zurück und vor allem sie endet auch dort. Gawein kehrt nach bestandenem Gralabenteuer an den Artushof zurück, so wie auch Keue sich dort einfindet, und es heißt, sie bleiben dort. Für die Romane *Erec, Iwein, Parzival* trifft das nur teilweise zu; die Protagonisten können zwar auch vom Artushof ausgehen und mit ihm immer wieder in Kontakt kommen, sie gehen aber in erster Linie ihren eigenen Weg, der sich nicht nur am Artushof erfüllt.

Im Mittelpunkt der Artusgesellschaft steht das große Fest. Dieses Fest ist schon seit Galfred von Monmouth ein zentrales Anliegen der Artusdichtung. In Heinrichs *Krone* öffnen sich der Festschilderung zusätzliche Perspektiven und bei aller traditionellen Typik werden neue gesellige Aktivitäten faßbar, die in dieser Weise in den klassischen Artusromanen nicht zur Geltung gekommen sind. Aus der bloß manieristischen Ausweitung der herkömmlichen Artusfestschilderung wird Neues. Artus, der traditionellerweise nicht zu speisen beliebt, bevor nicht im Rahmen seines Festes in irgendeiner Weise *aventiure* geschehen ist, steht am Anfang, V. 931, aber auch am Ende, V. 29856, als Gawein schließlich wiedererscheint. Es ist dies keine Verankerung des Artushofes und des ritterlichen Tuns in historischer Realität. Die scheinbar historisierende Einleitung, in der man vom Aufstieg des Königs Artus zur Macht erfährt, bleibt in der literarischen Artustradition und hat am Ende des Werkes keine Entsprechung, es kommt dort zu keinem Ausblick ins Reale, Historische. Dazu ist eben Gawein gerade nicht ein Exponent des Real-Geschichtlichen – denken wir zurück an Wace! Heinrich von dem Türlin geht es um die solide literarische Etablierung der Artuswelt als solcher. Diese Welt erscheint ihm und seinen Lesern als besonders gut geeignet, dem Ritterstand in dessen zunehmender sozialer Verfestigung als literarischer Vorstellungsraum zu dienen, in dem sich dieser Stand gleichsam selbst darstellen konnte. Das ist nicht so zu verstehen, als handle es sich dabei ausschließlich um ein feierliches literarisches Sichselbstzelebrieren einer sozial wichtigen Gruppe, vielmehr haben auch Humor und Parodie darin Platz.

Die typische Herausforderung, die beim Artusfest in die Welt des Artushofes einbricht und die Handlung in Gang setzt, bleibt auch in Heinrichs Roman Handlungskonstante, doch gewinnt dieses einleitend geschilderte Fest an erzählerischer Eigenständigkeit und geselliger Substanz. In dieser manieristisch zerdehnten Exposition wird die typische Herausforderung, die an den Artushof herangetragen wird, nämlich zum Anlaß, in gut 2000 Versen die Artusgesellschaft vorzuführen, Artusdichtungen verschiedener Art zu evozieren und zu zeigen, wie diese geschlossene Gesellschaft sich unterhält, wie sie sich in verschiedene Typen differenziert, welche Vorstellungen sie pflegt und wie sie sich auch über sich selbst lustig machen kann. Die Becherprobe, zu der die Herausforderung des Ankömmlings sich entwickelt, und worin sich, in einer bezeichnenden Variante, der Typ der Herausforderung seltsamerweise auch erschöpft, ist zwar in die Tradition des moralisierenden Schwankes einzuordnen, geht aber in Heinrichs Roman nicht darin auf. Die Hofgesellschaft spielt sich darin gleichsam selbst eine erheiternde Szene vor, es wird wirklich gelacht, Artus nicht ausgenommen, die Gestalten machen Witze, nicht bloß der Erzähler. Die traditionelle Rolle des Schmähmauls Keu kann sich dabei ausweiten. Auch da ist Manierismus im Spiel, doch in dieser Ausweitung erhält diese Rolle auch neue Bedeutung, da sie die Entfaltung eines reich facettierten Bildes einer großen Hofgesellschaft ermöglicht, was nun wichtiger wird als der ursprüngliche Anstoß selbst, die typische Herausforderung, die von außen in die Artuswelt einbricht. Diese Becherprobe, bei der mit Ausnahme des Königs Artus selbst – was symbolhafte Bedeutung hat – alle Anwesenden Federn lassen müssen, ist nicht als Entlarvung dieser Hofgesellschaft zu verstehen, sondern zeigt, daß diese Adelskreise, die an diesem Roman Gefallen fanden, sich über ihr Allzumenschliches im klaren waren und dessen Aufdeckung vergnügt und souverän zur Kenntnis nehmen konnten. Die Handschuhprobe, zu der es – in Entsprechung zur Becherprobe am Beginn – gut 20000 Verse später im Rahmen eines der letzten Artusfeste kommt und die für die Keuschheit der meisten Hofdamen peinliche Formen annimmt, was Keu sarkastisch kommentiert, wird man ebenfalls nicht als fundamentale Kritik an der Werthaftigkeit der Artuswelt betrachten dürfen, vielmehr kommt auch darin eher die selbstsichere, junkerliche Derbheit zur Geltung, die ja immer wieder – schon seit Auftreten des ersten Troubadours – die weltliche volkssprachliche Dichtung begleiten konnte. In einem betont unproblematischen Ritter Gawein, dem alles individuelle Grübeln fernliegt und der die Abenteuer so ziemlich aller Artusritter aus anderen Romanen bewältigt, bis hin zu den Aufgaben, welche Parzival und Lanzelot zu erledigen hätten oder hatten, konnte sich ein breiter Kreis ritterlicher Adeliger in seiner männlichen Tüchtigkeit bestätigt sehen.

Man muß sich die grundlegenden Verschiebungen vergegenwärtigen, die den aus anderen Romanen bekannten Geschehensabläufen in Heinrichs *Krone* widerfahren. Man denke z.B. an den tiefgründigen Komplex der Entführung der Artuskönigin, wie er in Chrétiens *Lanzelot* Gestalt wurde und halte dagegen, was dem in Heinrichs *Krone* gegenübersteht. Es wird dabei klar, daß in Heinrichs *Krone* nicht mehr eine sophistizierte Mäzenin vom Schlag einer Gräfin Marie de Champagne und nicht mehr ein subtiler *clericus* Chrétien für einen engen Kreis anspruchsvoller Hörerinnen und Hörer die Fäden spinnen, sondern daß hier ein Ritter auf kompakt vordergründige Weise für die Ritterrunde im weiteren Sinn die Artusabenteuer neu erzählt.

Die Vielzahl und Seltsamkeit der Abenteuer, die bestanden werden müssen, verbindet sich in diesem Werk auch problemlos mit der Ausgestaltung der vielen Feste am Artushof, die nicht weniger wichtig sind. So eigenartig es klingen mag, die beiden Bereiche scheinen nicht mehr in der Weise in Spannung zueinander zu stehen wie in früheren Artusromanen. Beides liegt nun auf einer Ebene. Die Handlung, ausgehend vom großen Weihnachtsempfang am Artushof, wird ja auch nicht vom Herausforderer, der in die Artuswelt einbricht, ausgelöst – dieser löst ja nur die Becherprobe aus –, sondern die Handlung setzt auf fast gewöhnliche Weise ein. Gawein hat von einem Turnier gehört, das der Graf Riwalin, den man aus dem *Tristan* kennt, anberaumt hat, und will daran teilnehmen. Ungewöhnlich daran ist nur, daß dies ohne Wissen des Königs Artus geschieht; Artus schläft, was ein Echo aus der Exposition des *Iwein* sein dürfte; im *Iwein* geht es aber nicht um ein Turnier, sondern um das Abenteuer am Zauberbrunnen! König Artus seinerseits bleibt nach dem Erwachen nicht untätig, sondern geht mit den drei übriggebliebenen Rittern auf die Jagd, freilich, es ist tiefer Winter. Es ist aufschlußreich, die Schneeszenerie in Heinrichs

Krone mit der in Wolframs *Parzival* zu vergleichen. Bei Wolfram geht es, unter humorvollem Seitenblick des Dichters auf Artus, den *meienbaeren man*, darum, eine Grundlage für Parzivals Ekstase angesichts der Blutstropfen im Schnee zu gewinnen; bei Heinrich dagegen ersteht eine realistisch kompakte Winterlandschaft, Artus und seine Ritter leiden unter der klirrenden Kälte und versuchen, ihre steifgefrorenen Finger zu wärmen, was den spöttischen Kommentar der Artuskönigin (nicht des Dichters) hervorruft. Von da aus erst geht es in die Abenteuer hinein. Heinrich verwendet denselben glatten Einstieg in die Welt der Abenteuer, auch an späterer Stelle. Ein zweites Mal, V. 13 930, heißt es, daß Gawein unterwegs ist zu einem Turnier, an dem auch König Artus teilnehmen will. Gawein kommt einfach vom Weg ab und unversehens ist man in der Welt der Abenteuer, es bedarf dazu nicht des Überschreitens eines Gewässers, kein märchenhafter Kahn, kein seltsames Tier ist erforderlich. Das Raumgefühl hat sich gewandelt. Immer wieder tritt dann zwanglos das Artusfest in den Vordergrund des Interesses. Am Artushof, im Rahmen des Festes, findet zum Beispiel auch die Entführung der Artuskönigin durch Gasozein ein gutes Ende. Dieses Fest absorbiert sogar den Kampf; im Handumdrehen wird aus Kampf Versöhnung und schon beim nächsten Artusfest kann dann Ritter Gasozein, der einst so hartnäckige Verehrer der Artuskönigin, der Ulrich von Lichtenstein ungleich näher steht als seinem Prototyp Meleagant in Chrétiens *Karrenritter*, unter die höfische Haube gebracht werden. Er heiratet die Schwester Amurfinas, ist also problemlos in die Artusgesellschaft integrierbar. Ohne Probleme vollzieht sich auch zum Abschluß Gaweins Rückkehr an den Artushof, nachdem er die Gralabenteuer zu Ende geführt hat. Mit Keu, der sich selbst befreien konnte, ist der Hof wieder vollzählig.

Das Rad der Fortuna, Gaweins Zeichen, aus dem Artusroman *Wigalois* dem Publikum als Zeichen des Helden bereits bekannt, spielt ebenfalls eine wichtige Rolle. Heinrich von dem Türlin wich von der Fortunavorstellung, die dem Mittelalter vertraut war, in auffälliger Weise ab. Dadurch, daß Gawein das Rad der Fortuna anzuhalten in der Lage ist, trägt Heinrich einen robusten ritterlichen Optimismus in diese nachklassische Artus-Graldichtung hinein; während sonst alles Irdische, also auch das Reich des Königs Artus, der unausweichlichen Drehung des Rades unterworfen ist, und in dem großen Zyklus des *Prosalancelot* dementsprechend auch das Ende des Artusritterreiches vom religiös gedeuteten Gral her auf eindrucksvolle Weise dargestellt wird, läßt Heinrich das Rad der Fortuna ausgerechnet beim Erscheinen des typischen Artusritters Gawein stillstehen. Heinrichs Ritterwelt ist fest genug etabliert. Gawein kann wieder einmal an den Artushof zurückkehren. Kein linear konzipiertes Ende ist in Sicht, auch das Gralabenteuer wird zu einer Episode; was bleibt ist der Ritter und der Artushof als Festgesellschaft. Es ist ein moderner Irrtum, sich angestrengt zu fragen, ob hinter dieser Haltung der Selbstbehauptungswille eines Angehörigen einer Klasse stehe, die sich bereits bedroht fühlte und sich in Optimismus zu flüchten versuchte.

Heinrichs *Krone* ist kein isolierter Einzelfall in der deutschen nachklassischen Literatur. Das grundlegende Merkmal dieser Literatur ist die feste Etablierung ritterlich-aktiven Lebens mit dem Zentrum eines festlichen und aktiven Artushofs und eines aktiven Königs Artus. Der individuelle Ritter braucht in diesen Werken nicht mehr sein wahres Wesen in einem doppelten Abenteuerweg zu suchen und zu finden, der Ritter ist von vorneherein eine feste Größe, er vollbringt, ohne Entwicklung und Problematik, seine Taten, er tritt als der typische Befreier auf und fügt sich ein in die große Festlichkeit des Artushofes, die meist in Vermählungen gipfelt, was bis zu Massenhochzeiten gehen kann. In diesem Bild von Ritter und Hof hat bei allen Übertreibungen seltsamer Abenteuer auch eine gute Portion Realismus Platz, und auch Komik – statt Ironie – kann sich ausbreiten. Man wird in diesen nachklassischen Artusromanen nicht nur die Fortsetzung der niederen Artusdichtungen sehen können, die es zweifellos gegeben hat, wie man schon dem Prolog zu Chrétiens *Erec* entnehmen kann. Auch liegt nicht einfach epigonales Tun vor, dazu zeigen diese Werke einen viel zu selbstsicheren Zugriff, ja, was Handlungsführung, Aufbau, vordergründige Zielrichtung betrifft, sind diese Romane manchmal eigenständiger als etwa Hartmanns, ja selbst Wolframs oder Gottfrieds Bearbeitungen französischer Vorlagen; im Stofflichen sind diese späten Autoren vielfach freier. Aus dem Französischen kamen zwar immer noch Anregungen, das Zusammenfügen zu neuen Handlungsgefügen aber leisteten in vielen Fällen die deutschen Dichter selbst. Neben dieser grundsätzlich anderen Einstellung der neuen Generation gegenüber den Artustraditionen, worin man aber immer noch ein Nachwirken des typisch hochmittelalterlichen Neumachens sehen könnte und wohl auch sollte, gibt es weitere übergreifende Gemeinsamkeiten im Detail, die es möglich machen, nicht nur im Stofflichen, sondern auch im Perspektivischen von deutschen Eigentümlichkeiten auch dieser Epoche zu sprechen.

Nur kurz hingewiesen sei in diesem Zusammenhang noch auf zwei weitere Werke der nachklassischen Artusliteratur, an denen nicht minder deutlich wie in Heinrichs *Krone* die Weiterentwicklung und die Veränderungen ablesbar sind. Der *Daniel von dem blühenden Tal* des Strickers und der darauf bezogene *Garel von dem blühenden Tal* des Pleiers, eines österreichischen Dichters aus der Zeit kurz nach der Jahrhundertwende. Der Stricker, fränkischer Herkunft, aber lange in Österreich lebend, gehört noch in die erste Hälfte des 13. Jh. Der Name Stricker hat wohl mit einem bürgerlichen Beruf, etwa Seiler, nichts zu tun, sondern dürfte wie der Name Pleier (= blaejen – schmelzen) auf die dichterische Tätigkeit zu beziehen sein. Der Pleier, der schon mit dem Titel seines Romans und einer analog angelegten Handlung das Publikum darauf einstimmt, beim Hören oder Lesen seines Werkes den fast gleichnamigen Roman des Vorgängers mitzubedenken, rückte manches zurecht, was ihm an Strickers Darstellung ritterlichen Tuns verbesserungsfähig erschien und ging in der typisch nachklassisch höfischen Verritterlichung erheblich über den Stricker hinaus. Bei allem berechtigten Bemühen, darzulegen, wie der Pleier den Text des Strickers sozusagen korrigierte, sollte man nicht übersehen, daß beide in vielen und grundsätzlichen Dingen sich auf derselben nachklassischen Ebene befinden. Beide Texte, darin nicht unähnlich dem *Prosalancelot* oder der Heldenepik, gehen von der Bedrohung der Artusherrschaft durch einen mächtigen König aus. Neben der *aventiure* des einzelnen Ritters, dieser großen Errungenschaft des klassischen Artusromans, taucht also innerhalb des Artusromans wieder die große Schlacht als Möglichkeit auf. Schon beim Stricker endet aber alles in Versöhnung und Massenhochzeit und die Herrschaft des Königs Artus, gipfelnd im Fest, ist gefestigter denn je und im Grunde unerschütterlich. In der Überbietung des Strickerschen Romans durch den Pleier spielt nicht nur die andere Gewichtung der List, einer nicht gerade ritterlichen Eigenschaft, bei der Überwindung besonders gefährlicher und halb außermenschlicher Gegner die große Rolle – der Pleier kennt auch geschicktes Taktieren, verlagert es aber mehr von der Hauptgestalt weg –, sondern vor allem das umfassende Prinzip der ungleich konsequenter durchgeführten Verhöfischung. Diese Verhöfischung zeigt sich besonders im Zurückdrängen des Tötens. Es handelt sich dabei nicht nur um eine punktuelle Verfeinerung, sondern dahinter wirkt das größere Prinzip der

Verfestlichung des gesamten ritterlichen Daseins im Roman. So wird beim Stricker der Riese, der im Auftrag des Königs Matur Artus herausfordert, obgleich bereits in Gold und Seide gekleidet (V. 416) und über herrlich höfisches Treiben bestens Bescheid wissend, immer noch als grobschlächtiger Teufelskerl bezeichnet, was einen Rückfall in das traditionelle Bild vom Riesen bedeutet. Beim Pleier dagegen ist der herausfordernde Riese vom Scheitel bis zur Sohle ein vollendeter Gentleman. Der Riese wird beim Pleier auch nicht mehr getötet; Garel besiegt ihn und gewinnt in ihm einen Freund von vorbildhafter Treue, der ihm praktisch das Tor zum Sieg über den Gegner des Königs Artus öffnet. König Artus, der beim Stricker immerhin selbst kämpfen muß, tötet dort den feindlichen König Matur. Beim Pleier hat der vorbildliche Ritter Garel bereits alle Schwierigkeiten aus dem Weg geräumt und Artus braucht sich nur großartig mit dem besiegten König Ekunaver zu versöhnen. Der Feind wird also nicht getötet. Das Gefühl echter Bedrohung und Gefährdung kann im Grunde gar nicht aufkommen. Das Abenteuer wird zur unproblematischen Theaterkulisse im Spiel höfisch festlichen Treibens und feinen Zeremoniells. Auch die Trauer, die beim Pleier nicht ausgeklammert ist – so klagt Ekunaver über seine vielen Gefallenen, was an den *Willehalm* denken läßt –, erscheint eingebunden in das große Zeremoniell. Auf dem Schlachtfeld wird ein Kloster gestiftet und mit gewaltiger geistlicher Produktionskraft ausgestattet – 50 Messen werden dort täglich für die Gefallenen gelesen; auch das hilft, das Dunkel einzuordnen und nimmt ihm die existentiell bedrängende Schwere, die es z.B. in Wolframs *Willehalm* oder im *Nibelungenlied* nie verliert.

Das Bild dieser nachklassischen deutschen Literatur wäre unvollkommen und hätte nicht die volle Aussagekraft, wenn man nur die Artusromane einbeziehen wollte; jene Werke, die im Historischen einsetzen und sich statt in der Artuswelt im realen mittelalterlichen Raum bewegen, also gleichsam dort weitergehen, wo Chrétien mit seinem Roman *Cligès* aufgehört hatte, der halb in der historischen Welt, halb in der Artuswelt spielte, sind im Grundsätzlichen ähnlich orientiert und als Zeugnisse des »Zeitgeistes« nicht minder aussagekräftig.

Als Beispiel diene der *Willehalm von Orlens* des vorarlbergischen Ministerialen Rudolf von Ems. Die Ritter dieses umfangreichen Romans bewegen sich vom Anfang bis zum Ende in der realen historischen Welt Flanderns, Frankreichs und der umliegenden Gegenden. Sie ziehen nicht mehr vom Artushof aus, durchreiten nicht mehr den artushaften Abenteuerwald und werden auch nicht mehr mit seltsamen Ungeheuern und absonderlichen Geschehnissen konfrontiert. Dies ist sicherlich eine Veränderung von Gewicht, sie ist aber mehr stofflicher als perspektivischer Natur. Im Grunde ist dieses Werk doch ein nachklassischer Artusroman in voll realistisch-historischem Dekor. Freilich werden in diesem Roman in größerem Ausmaß Dinge faßbar, die man weder im klassischen noch im nachklassischen Artusroman in dieser Weise antrifft: Reale Probleme der Feudalherrschaft, wirkliche Kämpfe, ausführlich dargestellte Gegensätze zwischen Adel und städtischer Bevölkerung usw. Das macht aber diesen Roman noch nicht zu einem zeitgeschichtlichen Gemälde. Es ist eher so, daß in diesem Roman die ritterlichen Herrscher, deren Verhaltensweisen und Weltbild aus dem klassischen und nachklassischen Artusroman stammen, das literarische Ghetto des Artusmärchenwaldes verlassen, um sich nun in der Wirklichkeit zu entfalten und diese Wirklichkeit als Rahmen für die Selbstinszenierung der ritterlichen Gesellschaft aufzuwerten, einer Inszenierung, in deren Zentrum Turnier und Fest stehen. Im Rahmen solcher Feste, und dies ist besonders wichtig, werden Heiratsverbindungen geschlossen, die der politischen Stabilisierung dienen, worum sich der klassische Artusroman, bei dem höchstens die Vermählung des Protagonisten eine Rolle spielte (bei Wolfram verschiebt sich die Lage etwas), sich nicht zu kümmern brauchte; anders beim nachklassischen Artusroman, wie wir gesehen haben. Das Turnier erweist sich in so hohem Maße als Handlungsmuster, ja als Denkform, daß es auch die beachtlichen realistischen Ansätze bei der Schilderung wirklichkeitsnaher Kämpfe und Belagerungen immer wieder zu überformen vermag. So wird z.B. ein Kampf mit dem dänischen König zu einer ritterlich turnierhaften Show, die punktuell an den *Karrenritterroman* und an andere klassische Romane erinnert, wenn es z.B. heißt, daß der Ritter von Tag zu Tag eine andersfarbige Rüstung anlegt. Es ist aber auch zu berücksichtigen, wie sehr die Heraldik als zusätzliches Element in der Steigerung des festlich-dekorativen Inszenierens herrschaftlichen Rittertums zur Geltung kommt.

Der robuste, freilich auch etwas flache Optimismus, der sich in dieser konsequenten Verfestlichung des ritterlichen Daseins äußert, zeigt sich auch darin, daß die Vokabel Ritter nichts von ihrem Wert eingebüßt hat. Wie in dem Lai *Guigemar* der Marie de France ein halbes Jahrhundert früher, sind auch bei Rudolf von Ems Brabant und Hennegau die Kerngebiete vorbildhaften Rittertums; der *ordo* des Ritters ist nach wie vor das Höchste, wonach ein Jüngling in der Welt streben kann. Seitdem in Chrétiens Gralroman diese feierliche Fügung vom *ordre de chevalerie* in der Volkssprache auftauchte, war ebenfalls ein halbes Jahrhundert vergangen. In der nachklassischen Literatur hat diese Fügung, wenn wir an den *Prosalanzelot* denken, sich vor allem in einer ans Geistliche angenäherten Auffassung vom *miles* behaupten und darin neuen Glanz gewinnen können. Die deutschen Dichter, Heinrich von dem Türlin wie auch Rudolf von Ems, so selbstverständlich christlich religiös sie waren, übernahmen das nicht, sondern blieben bei der traditionell weltlichen Auffassung der vorbildlichen Daseinsform des Ritters schlechthin. Dieser Ritter ist, und auch da zeigt sich die weit zurückreichende Bindung an traditionelle Ideen, nicht in erster Linie dazu da, sich selbst zu finden, sondern, wie früher, als vorbildlicher Herrscher aufzutreten. *Miles* und *rex* rücken also wieder enger zusammen. Der Schwerpunkt liegt aber nun, anders als im *Ruodlieb*, bei der höfischen Repräsentation. Daß in Rudolfs *Willehalm von Orlens* die *militia Dei* im Hl. Land gegen Ende des Werkes hereinspielt, daß Klöster gestiftet werden und schließlich in Gestalt des Herzogs Jofrit von Brabant ein *edel gottes dienestman* vor uns steht, der Jerusalem wiederum der Christenheit gewinnt, ändert nichts Grundsätzliches daran; auch das ist traditionell zu verstehen und hat mit der neuen Spiritualität des französischen *Prosalancelot* vor allem der *Queste del Saint Graal*, kaum etwas zu tun.

Die französische Vorlage Rudolfs ist nicht erhalten. Die Gattung jener französischen Liebesromane mit halbhistorischem Dekor und strukturell-thematischen Grundlagen im spätantiken Abenteuer- und Liebesroman kann aber als Annäherungsgröße herangezogen werden. Das allein genügt aber zum Verständnis von Rudolfs Dichtung nicht; die literarische Situation im Deutschen ist nicht weniger wichtig. Der Platz Rudolfs darin ist dadurch bestimmt, daß sich Rudolf bewußt und ehrfürchtig an die großen Vorgänger im Deutschen anlehnt und daß er – kaum weniger bedeutsam – eben als Kind dieser nachklassischen Zeit dichtet. Rudolfs *Willehalm von Orlens* ist nicht nur Übertragung einer französischen Vorlage, sondern ebenso ein typisches Zeugnis für die Eigenart der deutschen Literatur dieser Zeit. Dies geht auch daraus hervor, daß sich grundsätzliche Übereinstimmungen mit Dichtungen, die nicht aus dem Französischen übersetzt sind, ergeben. Es sei in diesem Zusammenhang auf Werke hingewiesen, die ihre Stoffe der einheimischen heldenepischen Überlieferung entnahmen. Das *Nibelungenlied* hatte für die Verschriftlichung einheimischer Heldensage einen maßgebenden Anfang gemacht. Die deutsche Literatur verarbeitete nun weiteres heldenepisches Erbe gemäß den vorherrschenden, übergreifenden Sehweisen nachklassischer Dichtung. Ein glücklicher Umstand, Kaiser Maximilians Interesse an der ritterlichen Vergangenheit, hat in der berühmten Ambraser Handschrift aus dem Anfang des 16. Jh. einen Text überliefert, ohne den der Einsicht in wichtige Aspekte dieser nachklassischen Dichtung eine wesentliche Stütze fehlen würde. Es handelt sich um das mittelhochdeutsche *Kudrun*-Epos, das in den Dreißiger/Vierzigerjahren des 13. Jh. im bairisch-österreichischen Raum entstanden sein dürfte.

Während die Nibelungensage letztlich aus dem fränkisch burgundischen Raum stammt und sich auf eine Spätstufe der Entwicklung mit gotisch-bairischen Sagen von Etzel und Dietrich verband, handelt es sich bei dem Stoff der *Kudrun*, der Hildesage, um etwas ursprünglich Ostsee- und dann Nordseegermanisches. Aus altenglischen und altnordischen Quellen verschiedener Art geht hervor, daß diese Sage im Norden sich weiter Verbreitung erfreut haben muß, wie auch Anspielungen im mittelhochdeutschen *Alexander-* und *Rolandslied* für den Kontinent beweisen. Eine epische Großfassung dieser Sage ist allerdings nur aus dem bairisch-österreichischen Raum erhalten. Name und Gestalt der Kudrun, der weiblichen Hauptheldin dieses Epos, sind in den älteren englischen und nordischen Quellen nicht aufzuspüren, sie sind südliches Spätprodukt und deshalb für die Einsicht in die Entwicklung der Hildesage umso aufschlußreicher. Der Name Kudrun ist andererseits natürlich typisch nordisch, nur eben dort nicht in der Hildesage beheimatet. Es braucht nicht Zufall zu sein, daß die nordische Entsprechung unserer Kriemhild des *Nibelungenliedes* Gudrun heißt: ob von da her dieser Name in die Hildesage eingedrungen ist?

Die nordische Hildesage ist eine heillose Entführungsgeschichte. Eine Frauengestalt, Hilde, steht zwischen Vater und Entführer, die miteinander kämpfen, und spielt – offenbar ihrem Namen gemäß, Hilde = Kampf – eine verderbenbringende Rolle, indem sie die Männer zu fortwährendem Kampf aufhetzt. Diese Hildeschlacht, eine Schlacht am Meeresstrand, wird in den nordischen Überlieferungen zu einer Unheilsschlacht schlechthin und gewinnt mythische Dimensionen. Schon im Norden wurde versucht, was z. B. bei den nordischen Fassungen der Nibelungensage nicht zu beobachten ist, der Heillosigkeit dieser Sage mit christlichen Mitteln Herr zu werden. Dies geschah dort freilich auf sehr äußerliche Weise: es heißt, daß es einem Gefolgsmann Olafs des Heiligen gelungen sei, dem immerwährenden Kampf ein Ende zu setzen. Der Verfasser des mittelhochdeutschen Buchepos wird die christlichen Mittel anspruchsvoller einsetzen und versuchen, aus dem Innern dieser heillosen Sage selbst, mit ihren Menschen und aus deren Problemen heraus, das Unheil zu bannen. Im *Nibelungenlied* steht die unheilvolle Kriemhild – auch eine Hild – zwischen ihrem geliebten Gemahl und ihren Brüdern und Angehörigen und führt die totale Vernichtung herbei; in der alten nordgermanischen Hildesage steht die unheilvolle Frau, Hilde, zwischen ihrem Vater und dem Werber und ist ebenfalls die treibende Kraft einer furchtbaren Schlacht. Gerade an diesem Punkt setzt das mittelhochdeutsche Buchepos, unsere *Kudrun*, an, und versucht, bei allen darstellerischen Unzulänglichkeiten, die dieses Werk kennzeichnen, mit Erfolg, die traditionellen, stoffimmanenten Rachemechanismen zu brechen und das Unheil in Heil zu verwandeln. Ein derartiger Versuch ist nicht Zufall, er war nur möglich in einem weitergespannten geistigen Kraftfeld, das auch in anderen Erscheinungen seine Wirkungen zeigt. Die Rückführung und Einbindung der Artusritter in den christlich geordneten Kosmos des *Prosalanzelots* im Altfranzösischen gehört ebenso hierher wie der gelungene Versuch in der altisländischen großen *Njálssaga*, von der alten Rachewelt in eine christlich geordnete Welt der Versöhnung zu gelangen.

Kennzeichnend für diesen typisch hochmittelalterlichen Versuch, über das Überlieferte hinauszugehen, es neu und besser zu machen, wovon öfter die Rede war, ist auch die Notwendigkeit, neue Hauptgestalten und Geschehensabläufe in die überlieferten Stoffe einzuführen. Dies gilt für das *Nibelungenlied* genauso wie für den Prosa-Gralroman, es gilt auch für die *Kudrun*. Nicht der alten Sagengestalt Hilde, so wichtig sie auch im mittelhochdeutschen Buchepos noch sein mag, wird das Entscheidende anvertraut, sondern der sagenhistorisch ganz jungen Figur der Kudrun, die in den älteren englischen und nordischen Quellen gar nicht nachweisbar ist. Das Bemühen, das Vorgegebene zu übertreffen, führt in der *Kudrun* im Stofflich-Darstellerischen auch zu Manierismen; auch das eine übergreifende Erscheinung! Nun gibt es in der *Kudrun* keinen direkten Hinweis darauf, daß sie auch in Hinblick auf das *Nibelungenlied* konzipiert worden sei und in dieser Weise verstanden werden müßte. Das berechtigt aber nicht dazu, die *Kudrun* isoliert zu betrachten. Literatur wurde damals nicht ins Leere hinein geschrieben. Dazu gibt es in der *Kudrun* tragfähige Rückbindungen ans *Nibelungenlied*, so daß es sinnvoll erscheint, die *Kudrun* auf dem Hintergrund der Nibelungensage und vor allem des *Nibelungenliedes* zu interpretieren, was ihr nichts von ihrem Wert nimmt, im Gegenteil.

Der deutlich erkennbaren und vom Dichter angestrebten Zweiteiligkeit des *Nibelungenliedes* steht in der *Kudrun* eine großangelegte Dreiteiligkeit mit Vorspiel und anschwellenden Dimensionen gegenüber. In dreifach gestufter Generationsabfolge als chronologischer Handlungsstütze wird dreifach das Brautwerbungsschema, das im *Nibelungenlied* auf der Ebene einer Generation verwirklicht wurde, abgewandelt. Es verdreifacht sich im Schluß- und Hauptteil nochmals und mündet dann ein ins große Versöhnungsfest, in dem vier Hochzeitspaare erscheinen. Aus dieser Anlage darf man Ansätze zu einem Programm ablesen. Diese Abfolge der Generationen ist nicht nur zeitlich konzipiert, sondern sie führt auf einen besseren Zustand hin. Diese Bauform hat mit Heldenepik nichts zu tun, sondern orientiert sich eher am höfischen Roman, wo aber zwei Generationen genügen, um die Weiterführung und Vollendung zu erreichen. Führt die *Kudrun* also von der Komposition her aus dem Bereich der Heldensage heraus, so sucht sie in Metrik, Strophik und Stilistik die Nähe zur heldenepischen Tradition. Die *Kudrun* enthält zahlreiche Nibelungenstrophen; die eigentliche *Kudrun*-Strophe kann als überbietende Variante der Nibelungenstrophe betrachtet werden. Übereinstimmung zwischen *Kudrun* und *Nibelungenlied* gibt es auch bei Namen. Das könnte Zufall, Naivität oder auch heldenepische Typik sein, es ist aber auch bewußter Anschluß zu erwägen. Auch der Beginn klingt wie ein Nachhall aus dem *Nibelungenlied*, wenn es heißt: *ez wuochs in Irlande*. Der Schauplatz allerdings ist anders konzipiert, wobei sich möglicherweise Unterschiede geistes- und literarhistorischer Art zwischen 1200 und 1240 bemerkbar machen. Wo im *Nibelungenlied* die geographischen Angaben immer mehr zu fast bedrängend realistisch biographischer Nähe an Verfasser und Publikum heranführen – zwischen Worms und Ungarn ereignet sich das Entscheidende –, schweift die *Kudrun* vom bereits fernen Irland in ganz unbestimmte Weiten aus und geht über die Nibelungengeographie weit hinaus.

Dabei spielt die stoffliche Grundlage natürlich eine Rolle, doch scheint der Dichter der *Kudrun* diese räumlichen Angaben auch für spielmännische Übersteigerungen zu öffnen, so daß ein weiterer, exotischer Raum einbezogen wird. Gegenüber dem *Nibelungenlied* mutet das wie ein Rückschritt und Realitätsverlust an, ist aber eher als typisch manieristische Ausweitung zu sehen.

Wie wird nun in der *Kudrun* die Auseinandersetzung mit der Heillosigkeit der Heldensage geführt? In dem teilweise recht locker gewobenen Text vollzieht sich diese Auseinandersetzung nicht immer mit derselben Intensität und Bewußtheit; streckenweise kann sie auch ganz zurücktreten. Entscheidend ist aber, daß sie, vor allem im dritten und umfassenden Teil, unverkennbar hervortritt. Beim zweiten Teil, der die engste Bindung an die alte, unheilvolle Hildesage aufweist, scheint es zunächst nur darum zu gehen, die alte Sage von der Entführung und vom Kampf zwischen Vater und Entführer mit einem guten Ende zu versehen. Die Tatsache, daß ausgerechnet die unheilvolle Hilde der alten Sage die Versöhnung zwischen Vater und Entführer betreibt und damit Erfolg hat, ist bewußtes Eingreifen in den Sagenbestand. Hildes Vater Hagen, der alle Werber und deren Boten töten läßt, rückt aus der Heldensage im engeren Sinn heraus, das spielmännische Schema der schwierigen Brautwerbung lagert sich darüber, wodurch die ernste Auseinandersetzung mit der Heldensage etwas zurücktritt. Die erotische Seite läßt auf dieser Stufe noch keine Vertiefung erkennen. Hilde, von der Musik beeindruckt, ist sofort mit der Entführung einverstanden. Auch die Versöhnung, die Hilde dann bewerkstelligt, während Vater Hagen und Entführer Hettel kämpfen, vollzieht sich im Handumdrehen. Selbst die Schlacht am Strand, die in der Tradition der großen und unheilvollen Hildeschlacht der Sage steht, verliert ihr Format; die Schilderung von der Ausübung der Heilkünste Wates beansprucht soviel Raum wie die Schlacht selbst; im *Nibelungenlied* undenkbar.

Nun begnügte sich aber der Dichter nicht damit, den alten Sagenkern, den der Hildeteil repräsentiert, gegen die Wesensart der Heldensage ins happy end umzumodeln. Er fügte die dritte und gewichtigste Stufe an, für die es in der Sage keine Ansatzpunkte gab. Der Hildeteil sank damit zur Vorstufe ab, außerdem wurde dabei die Heldensage manieristischer Verflachtung preisgegeben, so als sei es dem Dichter unmöglich gewesen, mit dem alten Kernbestand anders zu verfahren. Er brauchte einen Neueinsatz und demnach wird die eigentliche Auseinandersetzung mit der Heldensage erst im dritten Teil, dem Kudrunteil, geführt. Dies ging, typisch für die epische Perspektive, nicht ohne beträchtliche Ausweitung der Dimensionen. Hildens Tochter Kudrun, die neue Hauptgestalt, die neue Hilde gewissermaßen, erhält einen Bruder, dazu werben gleich drei bedeutende Männer um sie. Diese Werber sind nicht nur typische Faktoren des Brautwerbungsschemas; sie erhalten, vor allem Hartmut, der Gegenspieler, menschliche Umrisse, gewinnen erzählerisch an Profil und motivieren somit neue Handlungsstränge und Problemkonstellationen. Auch Hettel, der zwar gemäß dem Brautwerbungsschema in die Rolle des harten Vaters zurückfällt, wird gegenüber Hagen etwas verfeinert; er läßt die Werber oder deren Boten nicht mehr einfach umbringen. Von dieser breiteren Grundlage aus, die sich der Dichter im neuen, dritten Teil geschaffen hat, kann er zentrale Probleme und Personentypen der Heldensage angehen. Die Durchführung des Brautwerbungs- und Entführungsschemas ist demnach auch ungleich komplexer als auf der zweiten Stufe oder in anderen spielmännischen Romanen. Beim Werber Sîfrit aus Môrlant begnügt sich der Erzähler mit dem Hinweis auf die erfolglose Werbung. Bei Herwig, dem späteren Gemahl der Kudrun, ist es anders. Der ebenfalls Abgewiesene kehrt mit einem Heer zurück und es kommt zum Kampf. Kudrun stiftet zwischen Vater und Werber Versöhnung und sogleich kommt es zur Verlobung. Auf Hartmut, den dritten Freier, wird das Entführungsmotiv verlagert. Hartmut nützt die Abwesenheit Hettels und Herwigs aus und entführt Kudrun, im Gegensatz zu Hilde im zweiten Teil, gegen ihren Willen. Hartmut wird aber positiv gezeichnet, die treibende negative Kraft ist seine Mutter Gerlind, die teilweise die Rolle der alten, unheilvoll hetzenden Frauengestalt der Hildesage übernimmt und, wie Kriemhild im *Nibelungenlied* als Teufelin bezeichnet wird. Wie Kriemhild wird sie schließlich auch hingerichtet.

Aber auch Kudrun erhält Anteil an einigen Aspekten der Person und dem Schicksal der Kriemhild aus dem *Nibelungenlied.* Kriemhild verzehrt sich viele Jahre im Schmerz um ihren ermordeten Gemahl, wobei der unselige Rachegeist in ihr immer mächtiger wird; Kudrun muß viele Jahre fern von ihrem Geliebten Herwig in tiefster Demütigung am Hof Hartmuts verbringen, doch diese Jahre der Erniedrigung gewinnen Züge der Passion, die Dulderin Kudrun wird nicht zu einem Rachedämon. Im Gegenteil, sie stiftet umfassendes Heil, aus dem nur das Böse ausgeschlossen ist und dem Gericht verfällt. Der Dichter verteilt gleichsam die Rolle der Kriemhild auf die zwei Personen Gerlind und Kudrun, wozu auch noch die alte Mutter Hilde als Nebenfigur zu zählen ist. In der Einbeziehung des Religiösen geht er weit über das *Nibelungenlied* hinaus, indem er das Ziel christlich geprägter Versöhnung verfolgt. Die Dulderin Kudrun, diese neue Kriemhild, bewahrt an manchen Stellen durchaus auch Würde, ja Härte, die aus heldenepischer Tradition stammen, so daß bei ihrer Gestalt beinahe von einer Integration des Religiösen und des Heldenepischen gesprochen werden könnte. Das Religiöse zeigt sich nicht nur positiv in der vorbildlichen Leidensbereitschaft der Kudrun und negativ in der bösen Gerlind im gegnerischen Lager, auch die Partei der Kudrun gerät in Schuld. Bei der Verfolgung des Entführers Hartmut kapern Kudruns Angehörige Pilgerschiffe und machen sie ihren Zwecken dienstbar. Das bringt keinen Segen; die Verfolgung mißlingt und führt überdies zum Tod Hettels. Kudruns Angehörige erkennen aber gleich ihre Schuld und tun Buße, indem sie auf dem Schlachtfeld am Strand – Doppelung des Motivs der alten Hilde-Schlacht – ein Kloster stiften. Daß es im *Garel von dem blühenden Tal* zu einer Klostergründung auf dem Schlachtfeld kommt und auch im *Willehalm von Orlens* des Rudolf von Ems sich Ähnliches beobachten läßt, unterstreicht die typisch nachklassischen Gemeinsamkeiten dieser gattungsmäßig recht unterschiedlichen Werke. Es ist vielleicht kein Zufall, daß dieses Schuldigwerden Hettels in der 16. *aventiure* erfolgt, genau in der Mitte des Werkes, das 32 *aventiuren* umfaßt. Auch von der Strophenzählung her, die *aventiuren* sind zwar ungleich lang, kommt man ziemlich genau auf die Mitte. Schuldigwerden der Leute Hettels, Entführung und Beginn der Leidenszeit der Kudrun, was andererseits Hartmut schuldig werden läßt, würden die Mitte des Buchwerkes bilden. Die Befreiungsaktion, die dann in der Versöhnung und im Hochzeitsfest gipfelt, ist deutlich unter Gottes Wohlwollen gestellt. Auf Seiten der leidgeprüften Kudrun wird als weitere Intensivierung des Religiös-Legendarischen sogar das Wunder eingesetzt in Form der Erscheinung des seltsamen Wesens – halb Engel, halb Meeresvogel –, das die nahe Erlösung ankündigt.

Das ins Böse gewandelte Heldenpische ist nicht nur in Gestalt der Gerlind im gegnerischen Lager präsent, der grimmige Krieger Wate wird ebenfalls, in abgeschwächter Form, in diesen Bereich hineingezogen. Er ist es, von dem der Plan stammt, sich über die religiösen Absichten der Pilger hinwegzusetzen, und er ist es, der in der Befreiungsschlacht immer gräßlichere Brutalitäten vollbringt, wobei Hagen aus dem *Nibelungenlied* drastisch überboten werden soll. Der blutüberronnene Wate will alles in der feindlichen Burg niedermachen. In Kudruns Nähe wird aber die zu extremer Brutalität pervertierte Heroik Wates zur rechtlich fundierten Henkerattitüde, in Überbietung des *Nibelungenliedes* wiederum, wo Kriemhild von Hildebrand gerichtet wird. In der Kudrun werden die alte böse Gerlind und die ungetreue Hergard von Wate exekutiert.

Ist im *Nibelungenlied*, bei aller Bedeutung der Frauengestalt Kriemhild, vor allem gegen Ende doch der Krieger Hagen die zentrale Figur, so hier umgekehrt; die Versöhnung stiftende Kudrun ist wichtiger als die Krieger. Der totalen Vernichtung im Nibelungenlied, dem großen Leid, steht nun, getragen von der Frauengestalt, die immer aktiver wird, das Fest der Versöhnung gegenüber. Das billige, typisch spielmännische happy end des zweiten Teiles wird durch eine bewußt vollzogene Versöhnung in der vierfachen Vermählung überhöht, womit auch das Brautwerbungsschema anspruchsvoll zu Ende geführt wird. Mit diesen vier Heiraten – auch das eine weitere Gemeinsamkeit mit dem nachklassischen Artusroman – erhält die alte Sage, die an ein glückliches Ende gebracht wurde, überdies eine im archaischeren *Nibelungenlied* nicht mögliche und auch nicht angestrebte Verankerung in dynastischen Vorstellungen der Zeit vom idealen Fürsten und seinem Wirken in der Welt. Heldensage ist somit nicht mehr nur Geschehen der Vergangenheit, zu dem mit Bewunderung und Schauder auf- und zurückgeblickt wird. Durch den wirksam gemachten christlich fundierten Versöhnungswillen sind die bewunderten und doch zerstörerischen Kräfte der heroischen Vergangenheit gebannt, ihre tragenden Gestalten können eingefügt werden in das stilisiert dargestellte Bild mittelalterlich-dynastischer Herrschaft.

Im Gegensatz zu den deutschen Bearbeitungen französischer Chansons de geste – *Rolandslied* und *Willehalm* – bleiben aber die Verschriftlichungen der einheimischen Heldensage unterhalb der Schwelle, von der ab auch die Politik eine Rolle spielt. Im deutschen *Rolandslied* und in Wolframs *Willehalm* ist das Reich im konkreten Sinn der Stauferzeit eine zentrale Bezugsgröße; nicht so im *Nibelungenlied* und auch nicht in der *Kudrun*.

Wirkung und Verbreitung der *Kudrun* dürften, verglichen mit der des *Nibelungenliedes*, bescheiden gewesen sein. Zwar ist die Zahl der Handschriften kein sicheres Indiz, sie ist aber doch wichtig. Demnach dürfte sich das tragische *Nibelungenlied*, das im Bild der an Minneschmerz und Rache zerbrochenen Kriemhild und des triumphierenden Kriegers und Vasallen Hagen gipfelt, ungleich größerer Beliebtheit erfreut haben als die *Kudrun*, die mit Erfolg versuchte, die alte Rachewelt zu deuten, zu überwinden und – wenn auch nur punktuell am Schluß – ins damalige Dasein zu integrieren. So hätte das *Nibelungenlied* schließlich doch in der Gunst des Publikums, und darauf kommt es eben auch an, den Sieg der *Kudrun* über die Heldensage wieder zunichte gemacht – für die Mentalität der Menschen im Hoch- und beginnenden Spätmittelalter ein bedeutsamer Befund. Immerhin, im Amraser Heldenbuch, einer der wichtigsten Textsammlungen der frühen Neuzeit, ist auch die *Kudrun* der Nachwelt erhalten geblieben als isoliertes, aber dennoch aufschlußreiches Zeugnis differenzierter Auseinandersetzung mit der Heldensage im Hochmittelalter.

Zeitlich nicht mehr ganz unserer Epoche zugehörig, aber von der Sache her aussagekräftig für das hier herausgestellte Problem deutscher Eigenarten der Literatur dieser Zeit, sei die Verschriftlichung der Dietrichsagen zumindest in einigen Zügen angedeutet. Sie setzt später ein als die der Nibelungensage und der Hildesage und ist diffuser, sie ist auch von weniger markanten Künstlern getragen als die der Nibelungensage. Gerade als Durchschnittserscheinung vermag sie aber die Erwartungen eines breiten adeligen Publikums gut widerzuspiegeln. Wir erwähnen nur die *Virginal*, eine Dichtung, die auch unter dem Titel *Dietrich und seine Gesellen* oder *Dietrichs erste Ausfahrt* bekannt ist.

Dietrich, jung und unerfahren, reitet mit Hildebrand aus, erlebt Abenteuer mit Drachen, Zwergen, Riesen, wird in die Befreiung einer Jungfrau verwickelt und gelangt schließlich zur Königin Virginal, wo ein großes Fest stattfindet. Wie im *Willehalm von Orlens* des Rudolf von Ems und im nachklassischen Artusroman geht es hier in hohem Maße um Selbstdarstellung ritterlicher Geselligkeit, ohne konkrete reichspolitische Aspekte. Entscheidend ist das große Fest bei der Königin Virginal, auf das immer wieder vorausverwiesen wird, u.a. auch durch in den Text eingefügte Briefe; eine Prozedur, die übrigens in dieser nachklassischen Literatur immer mehr an Bedeutung gewinnt und ein wichtiges Indiz dafür ist, daß bei dieser Literatur die neue Hauptfunktion in der Pflege höfischer Geselligkeitskultur liegt und nicht im Problematisieren von Haltungen und Geschehnissen. Dabei wird es nun weitgehend gleichgültig, woher ein Stoff kommt. Noch der Dichter des *Nibelungenliedes* hat im Grunde vor der Kraft der Eigengesetzlichkeit der heldenepischen Überlieferung kapituliert oder kapitulieren müssen; das änderte sich schon bei der *Kudrun* und noch mehr bei der Dietrichsepik. Diese nachklassische betont aufs Ritterliche eingestellte Literatur, in der man, nicht ganz ohne Berechtigung, Verflachung, Verdünnung und Epigonentum festzustellen glaubte, verfügte aber andererseits auch über eine robuste optimistische Vitalität, die sie befähigte, die Verritterung auf breiter Basis voranzutreiben und in schaubaren Szenen höfischer Geselligkeit auch zu vergegenwärtigen, die mit der Realität in enger Verbindung standen. Im Tanz der Maiden wird z.B. in der *Virginal* so eine gesellige Wirklichkeit faßbar (971); und wenn in konsequenter Fortführung dessen Dietrich selbst dann die Königin Virginal zum Tanz bittet (1032), – vgl. dazu auch Garel von dem blühenden Tal (V. 4868) – so ist man nicht mehr in der nachdenklichen Welt Wolframs, Gottfrieds oder Hartmanns, sondern eher in inszenierter realer Hoffestlichkeit, die vorausweist auf Kaiser Maximilian oder auf das eine oder andere barocke Fest. Der höfische Roman dieser Zeit, gleich welch stofflicher Tradition, nähert sich einem höfischen Festspiel; Drachen, Zwerge, Riesen, Jungfrauen werden in Ansätzen bereits zu gewissermaßen opernhaften Bühnenelementen; am Ende des Spektakels steht das Herrscherpaar vor uns. Adelsrealität, literarische Tradition und Konvention und Märchenhaftes gehen dabei kulissenartig ineinander über. So kann es heißen, daß die steirischen Adeligen, die beim Fest Virginals anwesend sind, vom Tanzen gar nicht genug kriegen können; andererseits erfährt man, daß Virginal in der Tafelrunde sitzt, was natürlich die Artuswelt evoziert, die gleich nochmals zur Geltung kommt: bei König Artus hatte ja, ehe er zu speisen geruhte, *aventiure* zu geschehen, so auch hier beim Fest der Virginal. Es kommt ein Bote mit aufregender Kunde aus Bern, wo man Dietrich für tot hält; der Bote heißt zum Überfluß noch Roland. Die literarische Vergangenheit wird also verfügbar gemacht und dient ritterlich-höfischer Repräsentation.

Nach unserem heutigen Wissensstand scheinen die nachklassischen Werke – auch in der Lyrik ist Ähnliches zu beobachten – die vom geistlichen Denken übernommene zusätzliche höhere Sinngebung, verwirklicht im Aufbau und in der Darstellungsweise bis ins einzelne hinein, zugunsten kompakter Vordergründigkeit aufgegeben zu haben. Parallel dazu scheint sich auch im Erfassen und Wirksammachen der menschlichen Innenwelt eine Verschiebung zugunsten des typisiert Handlungsmäßigen abzuzeichnen. Es ist wohl nicht moderne Anmaßung, wenn wir behaupten, daß wir heute Gottfrieds *Tristan* oder Wolframs *Parzival* vielleicht besser verstehen und richtiger lesen als Heinrich von dem Türlin oder der Stricker dies taten, oder – besser gesagt – tun wollten. Feststehen dürfte, daß diese Autoren zwar den Tiefsinn ihrer Vorgänger respektierten und gelegentlich auch rühmten, in ihren eigenen Werken aber andere Wege gingen. Für unsere Frage nach den deutschen Eigentümlichkeiten bedeutet dieses Ausblenden einer fundamentalen Perspektive in dieser nachklassischen Generation viel. Mehr als Spekulationen kann man freilich kaum zur Erklärung dieses Phänomens aufbieten, doch ist es schon von Wert, das Problem in den Mittelpunkt des Interesses zu rücken. Sicherlich spielen Begabungen und Können der jeweiligen Dichter eine große Rolle, eine Rolle, die nicht weiter reduzierbar ist. Dennoch bliebe ein Unbehagen, wollte man diese gravierenden Verschiebungen nur mit Begabung und Können erklären. Der Platz der profanen volkssprachlichen Literatur dürfte sich eben im Lauf der ersten Jahrzehnte des 13. Jh. sachte verschoben haben; weitete sich möglicherweise der Kreis des Publikums, der mit relativ hochwertiger Literatur versorgt sein wollte, aus? Ein enger Zirkel von Kennern dagegen – denken wir an Marie de Champagne und ihren Kreis um Chrétien de Troyes, den wir uns als Hofliteraten vorstellen können, oder an Wolfram von Eschenbach im Zentrum des engen Kreises des Thüringer Hofes – forderte subtile, fast esoterische Dichtung geradezu heraus und begünstigte, wenn man die Hörer als persönliche Größen mitbedenken konnte, beim Dichter ein meditierendes Dichten und eine Darstellungsweise, die zum Entschlüsseln anregte und höchste geistige Ansprüche stellte. Es ist also zu bedenken, daß diese mit großer Wahrscheinlichkeit einsetzende Ausweitung der engeren, elitären Liebhaberkreise auch Verschiebungen in Wesen und Aufgaben dieser Literatur mit sich bringen konnte. Von da dürfte dem höfischen Roman dieser nachklassischen Stufe als Handlungs- und Bezugsraum immer mehr die höfische Außenwelt zuwachsen und den Raum der individuellen Ritterinnerlichkeit aufsprengen, in dem der deutsche Roman, aber schon vorher der Roman Chrétiens und auch die Lais der Marie de France, ihr eigentliches Betätigungsfeld gesehen hatten; die individuelle Ritter- und Herzensgeschichte konnte so zum Geselligkeits-, ja zum höfischen Gesellschaftsroman werden. Weder das eine wie das andere ist ein Ergebnis irgendwelcher Krisen des Rittertums; im Gegenteil, das eine wie das andere zeugt davon, daß in jenen Jahrzehnten die soziale Realität des Ritters Vitalität und Prestige ausgestrahlt haben muß. Die zunehmende Abkapselung der Ritter in ständischer Hinsicht mag die Entwicklung vom Innerlichkeits- zum gesellschaftlichen Roman, in dem eine Schicht sich selbst feierte, begünstigt haben.

Nun war die höfische Gesellschaft auch in den großen klassischen Romanen, die von der meist auch geistlich erleuchteten Suche des individuellen Ritters handeln, nicht abwesend. Selbst in Gottfrieds *Tristan*, wo radikal das Äußere dem Inneren untergeordnet wird, exemplarisch bereits vorgeführt in der Schilderung von König Markes großem Maifest zu Beginn, fehlt die höfische Gesellschaft keineswegs. Sie ist dann sogar in den Überlegungen, die das Liebespaar in der reinen Innenwelt der fast jenseitigen Minnegrotte anstellt, präsent. Der erste Artusroman, der *Erek*, war schon darauf angelegt, die Isolation des individuellen Minnebanns zu durchbrechen; freilich ist damit auch der Roman zu Ende, wenn festgestellt wird, *bî den liuten ist sô guot*, V. 9438. Der nachklassische Roman setzt zwar nicht einfach dort ein, wo der *Erek* z.B. aufhört, aber er führt doch, in begrenzter Weise zwar, aber immerhin, weiter in das Leben der höfischen Welt hinein. Er verliert dabei die dichte, individuelle Innerlichkeitserfahrung und damit auch die Dimension des Hinter- und Übersinns. Es ist, als ob diese Dimension für die höfische Gesellschaft als Ganzes, soweit sie sich, stilisiert im Bild des Artushofes, in den nachklassischen Romanen widergespiegelt sah, nicht mehr nutzbar gemacht zu werden brauchte. Andererseits wird man nicht behaupten können, daß in diesen Werken umfassende Gesellschaftsromane vorlägen als vollgültige Entsprechungen zu den mehr hintersinnigen, innerlichkeitsbezogenen Protagonistenromanen der klassischen Generation, die ihrerseits ja auch nicht ganz gesellschaftslos waren (man denke an Teile der Gaweinabschnitte in Wolframs *Parzival*, die Szenen z. B., wo vom Aufruhr der Bürger die Rede ist, oder an die Reaktion Herzeloidens oder des Gurnemanz auf die Fährnisse des ritterlichen Daseins). Wesentliches von dem, was man in einem Gesellschaftsroman der ersten Hälfte des 13. Jh. erwarten könnte, schlummerte, poetisch unerlöst, in den Chroniken oder trat überhaupt noch nicht in den Gesichtskreis der Schreibenden. Gesellschaftsroman ist hier also mehr eine Hilfsgröße als ein Begriff, der den Sachverhalt voll und ganz abdeckt. Dennoch treten in diesen nachklassischen Romanen Züge hervor, die die Anwendung dieser Bezeichnung vertretbar erscheinen lassen.

Von dieser neuen nachklassischen Mentalität aus ist es weniger schwierig, das Phänomen Ulrich von Lichtenstein, dessen *Frauendienst* zudem noch in unseren Zeitraum fällt, zu verstehen und einzuordnen. In Ulrichs Werk verdichten sich diese nachklassischen Tendenzen auf exemplarische Weise und erreichen ihren Höhe- und Schlußpunkt. Ulrich, der steirische Hochadelige und Realpolitiker, übersetzte nicht ohne Humor die literarischen Fiktionen des Minnesangs und des Artusromans in die gespielte Realität höfisch geselligen Treibens. So erscheint es geradezu als konsequent, daß dieser Ritter Ulrich von Lichtenstein – ob nun wirklich oder nur in der Dichtung – zu einer Venusfahrt aufbrach und als König Artus selbst durch die reale Geographie des Südostens zog, von Venedig bis hinauf nach Böhmen. Eine ganz besondere Note erhält diese Umsetzung literarischer Fiktionen in die höfische gesellige Realität dadurch, daß Ulrich die überraschende Folgerichtigkeit in seinem Tun auch noch durch die Ich-Form der Darstellung unterstreicht. Das begrenzte lyrische Ich der ritterlichen Minnekanzone weitet sich somit zum voll autobiographisch vorgestellten Ich als dem Zentrum eines umfassenden, geselligen Spiels.

Am Ende der großen literarischen Linie, die mit dem Bemühen um den *miles*/Ritter – in der dritten Person – begann, in der Vita Geraldi und besonders im *Ruodlieb*, steht also die ritterliche Autobiographie des Ulrich von Lichtenstein, die erste Autobiographie in deutscher Sprache, in der das literarische Erbe der eigentümlich ritterlichen Literaturformen Minnesang und Artusroman, souverän gespielt, vergegenwärtigt wird.

AUSGEWÄHLTE BIBLIOGRAPHIE

Literatur zu den Kapiteln I–III

Borst, Arno: Lebensformen im Mittelalter. Frankfurt 1973.

Bosl, Karl: Europa im Aufbruch. Herrschaft, Gesellschaft, Kultur vom 10. bis zum 14. Jh. München 1980

Bosl, Karl: Europa im Mittelalter. Weltgeschichte eines Jahrtausends. Bayreuth 1975.

Contamine, Philippe: La guerre au moyen âge. Paris 1980 (Nouvelle Clio 24).

Delbrück, Hans: Geschichte der Kriegskunst im Rahmen der politischen Geschichte. Berlin 1920.

Duby, Georges: Le temps des cathédrales. L'art et la société 980–1420. Paris 1980.

Eberwein-Dabcovich, Elena: Das Wort novus in der altprovenzalischen Dichtung und in Dantes vita nova. In: Romanistisches Jahrbuch 2, 1949, 171–195.

Erbstösser, Martin: Die Kreuzzüge. Eine Kulturgeschichte. 2. Aufl. Gütersloh 1980.

Erdmann, Carl: Die Entstehung des Kreuzzugsgedankens. Nachdruck. Darmstadt 1965.

Fleckenstein, Josef – Manfred Hellmann (Hrsg.): Die geistlichen Ritterorden Europas. Sigmaringen 1980 (Vorträge und Forschungen 26).

Fleckenstein, Josef (Hrsg.): Probleme um Friedrich II. Sigmaringen 1974. (Vorträge und Forschungen 16)

Folz, Robert: Le souvenir et la légende de Charlemagne an l'empire germanique médiéval. Paris 1950. (Publication de l'université de Dijon VII).

Fossier, Robert: Le moyen âge II. L'éveil de l'europe. 950–1250. Paris 1982.

Friedrich Barbarossa, hrsg. v. Günther *Wolf.* Darmstadt 1975. (Wege der Forschung 390).

Fuhrmann, Horst: Deutsche Geschichte im hohen Mittelalter. Göttingen 1978. (Deutsche Geschichte 2)

Geith, Karl-Ernst: Carolus magnus, Studien zur Darstellung Karls des Großen in der deutschen Literatur des 12. und 13. Jahrhunderts Bern 1977. (Bibliotheca Germanica 19).

Grundmann, Herbert: Über die Welt des Mittelalters. In: Summa historica. Gütersloh 1980, 363–447. (Weltgeschichte hrsg. v. Golo Mann).

Gurjewitsch, Aaron J.: Das Weltbild des mittelalterlichen Menschen. München 1980.

Heer, Friedrich: Die Tragödie des heiligen Reiches. Stuttgart 1952.

Heinrich der Löwe. Hrsg. v. Wolf-Dieter *Mohrmann*. Göttingen 1980. (Veröffentlichungen der Nieders. Archivverwaltung 38).

Jordan, Karl: Heinrich der Löwe. 2. Aufl. München 1980.

Lammers, Walther: Weltgeschichte und Zeitgeschichte bei Otto von Freising. Wiesbaden 1977. (Sitzungsberichte der Wiss. Ges. der J. W. Goethe-Universität Frankfurt 14/3)

Lammers, Walther (Hrsg.): Geschichtsdenken und Geschichtsbild im Mittelalter. Darmstadt 1961. (Wege der Forschung 21).

Le Goff, Jacques: Kultur des europäischen Mittelalters. Aus dem Französischen übersetzt. München 1970. (Knaurs große Kulturgeschichte).

Lexikon des Mittelalters. München 1980 ff. (A-Castro).

Mayer, Hans Eberhard: Geschichte der Kreuzzüge. Stuttgart 1965. (Urban Bücher 86).

Ohly, Friedrich: Die Suche in Dichtungen des Mittelalters. In: Zeitschrift für deutsches Altertum und deutsche Literatur 94, 1965, 171–184.

Otto von Freising: Chronik oder die Geschichte der zwei Staaten. Übers. v. A. *Schmidt*. Hrsg. v. W. *Lammers*. Darmstadt 1961. (Ausgewählte Quellen zur deutschen Geschichte des Mittelalters 16).

Otto von Freising: Gesta Friderici – Die Taten Friedrichs. Übers. v. A. *Schmidt*, Hrsg. v. F.J. *Schmale*. Darmstadt 1974 (Ausgewählte Quellen zur deutschen Geschichte des Mittelalters 17).

Probleme des 12. Jh. Reichenauer Vorträge 1965–67. Konstanz 1968. (Vorträge und Forschungen 12).

Renaissance and renewal in the twelfth century. Edited by R.L. *Benson* and G. *Constable*. Oxford 1982.

Schlesinger, Walter (Hrsg.): Die deutsche Ostsiedlung des Mittelalters als Problem der europäischen Geschichte. Reichenauer Vorträge 1970–72. Sigmaringen 1975. (Vorträge und Forschungen 18).

Schramm, Percy Ernst: Kaiser, Rom und Renovatio. Studien zur Geschichte des römischen Erneuerungsgedankens vom Ende des Karolingischen Reiches bis zum Investiturstreit, 3. Aufl. Darmstadt 1962

Smalley, Beryl: Historians in the middle ages. London 1974.

Southern, R.W.: The making of the middle ages. London 1959.

Southern, R.W.: Western society and the church in the middle ages. Harmondsworth 1973. (The Pelican history of the church 2).

Spörl, Johannes: Grundformen hochmittelalterlicher Geschichtsanschauung. Studien zum Weltbild der Geschichtsschreiber des 12. Jahrhunderts. (Nachdruck der Ausgabe München 1935). Darmstadt 1968.

Spörl, Johannes: Das Alte und das Neue im Mittelalter. In: Historisches Jahrbuch 50, 1930. 297–341, 498–524.

Schultz, Alwin: Das höfische Leben zur Zeit der Minnesinger. 2 Bände. Leipzig 1889.

Schwarz, Dietrich W.H.: Sachgüter und Lebensformen. Einführung in die materielle Kulturgeschichte des Mittelalters und der Neuzeit. Berlin 1970. (Grundlagen der Germanistik 11).

Stupor mundi. Zur Geschichte Friedrichs II. von Hohenstaufen, hrsg. v. Günther *Wolf*, 2. völlig neubearb. Aufl. Darmstadt 1982. (Wege der Forschung 101).

Runciman, Steven: Geschichte der Kreuzzüge. Deutsche Ausgabe. München 1960.

Worstbrock, Franz Josef: Translatio artium. Über die Herkunft und Entwicklung einer kulturhistorischen Theorie. In: Archiv f. Kulturgesch. 47, 1965, 1–22.

Die Zeit der Staufer. Geschichte, Kunst, Kultur. Katalog der Ausstellung 1977. 5 Bde. Stuttgart 1977.

Literatur zu Aspekten des Kapitels IV

Städte

Ennen, Edith: Die europäische Stadt des Mittelalters, 2. Aufl. Göttingen 1975.

Freiburg im Mittelalter. Vorträge zum Stadtjubiläum, hrsg. v. Wolfgang *Müller*. Bühl 1970. (Veröffentlichungen des alemannischen Instituts 29).

Planitz, Hans: Die deutsche Stadt im Mittelalter. Von der Römerzeit bis zu den Zunftkämpfen. Graz 1954.

Stoob, Heinz: Formen und Wandel staufischen Verhaltens und Städtewesens. In: Festschrift Hermann Aubin zum 80. Geburtstag. Bd. 1. Wiesbaden 1954.

Studien zu den Anfängen des europäischen Städtewesens. Reichenauer Vorträge 1955–56. Darmstadt 1970. (Vorträge und Forschungen 4).

Burgen

Bruhns, Leo: Hohenstaufenschlösser in Deutschland und Italien. Königstein 1959.

Burgen und feste Plätze. Der Wehrbau vor Einführung der Feuerwaffen. Tübingen 1977. (Glossarium artis 1). Mit reicher Bibliographie.

Caboga, Herbert Comte de: Kleine Burgenkunde. Bonn 1961.

Clasen, Karl Heinz: Die deutsche Burg. In: Reallexikon zur deutschen Kunstgeschichte. Bd. 3, 126–173. Stuttgart 1954.

Fournier, Gabriel: Le château dans la France médiévale. Paris 1978.

Hotz, Walter: Kleine Kunstgeschichte der deutschen Burg. Darmstadt 1965.

Hotz, Walter: Pfalzen und Burgen der Stauferzeit. Darmstadt 1981.

Patze, Hans (Hrsg.) Die Burgen im deutschen Sprachraum. Ihre rechts- und verfassungsgeschichtliche Bedeutung. 2 Bände. Sigmaringen 1976. (Vorträge und Forschungen 19).

Piper, Otto: Burgenkunde. 3. Aufl. München 1967.

Schmid, Richard: Burgen des deutschen Mittelalters. München 1959.

Tillmann, Curt: Lexikon der deutschen Burgen und Schlösser. Stuttgart 1958.

Klöster

Siehe unter Literatur zu Kapitel VI.

Wirtschaft

Abel, Wilhelm: Geschichte der deutschen Landwirtschaft vom frühen Mittelalter bis zum 19. Jahrhundert, Stuttgart 1962. (Deutsche Agrargeschichte 2).

Aubin, A. – W. *Zorn* (Hrsg.): Handbuch der deutschen Wirtschafts- und Sozialgeschichte, 1. Band, Stuttgart 1971.

Gille, Bertrand (Hrsg.): Histoire des techniques. Technique et civilisations, technique et siences, Paris 1978.

Gimpel, Jean: La révolution industrielle du moyen âge. Paris 1975.

Houtte, Jan A. van (Hrsg.): Europäische Wirtschafts- und Sozialgeschichte im Mittelalter. Stuttgart 1980. (Handbuch der europäischen Wirtschafts- und Sozialgeschichte 2).

Leighton, Albert C.: Transport and communication in early medieval Europe 500–1100. Newton Abbot 1972.

Lütge, Friedrich: Deutsche Sozial- und Wirtschaftsgeschichte. Ein Überblick, 3. Aufl. Berlin 1966. (Enzyklopädie der Rechts- und Staatswissenschaften).

Singer, Charles E.J. Holmyard u.a.: A history of technology. Oxford 1954–78.

Recht und Soziales

Bloch, Marc: La société féodale. La formation des liens de dépendance, les classes et le gouvernement des hommes. Nachdruck Paris 1968.

Borst, Arno (Hrsg.): Das Rittertum im Mittelalter. Darmstadt 1976. (Wege der Forschung 349). Reiche Bibliographie.

Bosl, Karl: Mensch und Gesellschaft in der Geschichte Europas. München 1972.

Brunner, Otto: Sozialgeschichte Europas, Göttingen 1978 (Kleine Vandenhoeck-Reihe 1442).

Conrad, Hermann: Deutsche Rechtsgeschichte I. Frühzeit und Mittelalter. 2. Aufl. Karlsruhe 1962.

Classen, Peter (Hrsg.): Recht und Schrift im Mittelalter. Sigmaringen 1977. (Vorträge und Forschungen 23)

Contamine, Philippe (Hrsg.): La Noblesse au moyen âge. Paris 1976.

Duby, Georges: Guerriers et paysans. VIIe–XIIe siècle. Premier essor de l'économie européenne. Paris 1973.

Duby, Georges: Les trois ordres ou l'imaginaire du féodalisme. Paris 1978.

Fleckenstein, Josef (Hrsg.): Herrschaft und Stand. Untersuchungen zur Sozialgeschichte im 13. Jh. Göttingen 1977. (Veröffentlichungen des Max Planck-Instituts für Geschichte 51).

Fleckenstein, Josef: Zum Problem der Abschließung des Ritterstandes. In: Festschrift Walter Schlesinger, Bd. 2, Köln, Wien 1974.

Franz, Günther (Hrsg.): Deutsches Bauerntum im Mittelalter. Darmstadt 1976. (Wege der Forschung 416).

Franz, Günther: Geschichte des deutschen Bauernstandes vom frühen Mittelalter bis zum 19. Jh. Stuttgart 1976 (Deutsche Agrargeschichte 4).

Ganshof, François Louis: Was ist das Lehenswesen? 2. rev. deutsche Ausg. Darmstadt 1967.

Gernhuber, Joachim: Strafvollzug und Unehrlichkeit. In: Zeitschrift der Savigny-Stiftung für Rechtsgeschichte 74, 1957, 119–177.

Hartung, Wolfgang: Die Spielleute. Eine Randgruppe in der Gesellschaft des Mittelalters. Wiesbaden 1982.

Johrendt, Johann: ›Milites‹ und ›militia‹ im 11. Jh. Untersuchung zur Frühgeschichte des Rittertums in Frankreich und Deutschland. Diss. Erlangen 1971.

Kämpf, Hellmut (Hrsg.): Herrschaft und Staat im Mittelalter. Darmstadt 1964. (Wege der Forschung 2).

Mollat, Michel: Les pauvres au moyen âge. Etude sociale, Paris 1978.

Pernoud, Régine: La Femme au temps des cathédrales. Paris 1980.

Reitzenstein, Alexander von: Rittertum und Ritterstand. München 1972. (Bibl. des Germanischen Museums Nürnberg 32).

Oexle, O. G.: Die funktionelle Dreiteilung der »Gesellschaft« bei Adalbero von Laon. Deutungsschemata der sozialen Wirklichkeit im früheren Mittelalter. In: Frühmittelalterliche Studien 12, 1978, 1–55.

Studien zum mittelalterlichen Lehenswesen. Vorträge in Lindau 1956. Konstanz 1960. (Vorträge und Forschungen 5).

Literatur zu Kapitel V

Boehm, Laetitia: Das mittelalterliche Erziehungs- und Bildungswesen. In: Propyläen Geschichte der Literatur. 2. Band: die mittelalterliche Welt 600–1400. Berlin 1982, 143–182. (Umfangreiche Bibliographie).

Carmina Burana. Gesamtausgabe der mittelalterlichen Melodien mit den dazugehörigen Texten. Übertragen... von René Clemencic. Textkommentar von U. Müller. Übers. von R. Clemencic und M. Korth. Hrsg. von Michael Korth, München 1979.

Coing, Helmut: Römisches Recht in Deutschland, Mailand 1964 (Ius Romanum Medii Aevi V,6).

Briefsammlungen der Zeit Heinrichs IV., bearb. C. Erdmann/N. *Fickermann* (Monumenta Germaniae Historica: Die Briefe der deutschen Kaiserzeit Bd. 5). Weimar 1950.

Fleckenstein, Josef: Die Hofkapelle der deutschen Könige, Band 1 und 2 (Schriften der Monumenta Germaniae Historica 16, 1 + 2 Stuttgart 1959 und 1966).

Glauche, Günter: Schullektüre im Mittelalter (= Münchener Beiträge zur Mediävistik und Renaissanceforschung 5). München 1970.

Grabmann, Martin: Die Geschichte der Scholastischen Methode, Bd. 1 und 2. Darmstadt 1956.

Hildegard von Bingen: Naturkunde (Physica), übers. und erläutert von Peter *Riethe*, Salzburg 1959.

Hildegard von Bingen: Heilkunde (Causae et Curae), übers. und erläutert von Heinrich *Schipperges*, Salzburg 1957.

Histoire Générale des Sciences, ed. R. *Taton*; T. 1: La sience antique et médiévale (des origines à 1450), Paris 1957.

Kantorowizc, Ernst: Kaiser Friedrich der Zweite (mit Ergänzungsband), Düsseldorf/München 1963.

Meisen, Karl: Nikolauskult und Nikolausbrauch im Abendlande. (= Forschungen zur Volkskunde 9–12) Düsseldorf 1931.

Meschkowski, Herbert, Problemgeschichte der Mathematik Bd. 1, Mannheim 1979.

Müller, Irmgard, Krankheit und Heilmittel im Werk Hilde-

gards von Bingen, in: Hildegard von Bingen (1179–1979) Festschrift zum 800. Todestag der Heiligen, hrsg. von Anton Ph. Brück, Mainz 1979.
Otte, Gerhard: Dialektik und Jurisprudenz (Ius Commune. Veröffentlichungen des Max-Planck-Institutes für Europäische Rechtsgeschichte in Frankfurt/Main, Sonderheft 1) Frankfurt 1971.
Otte, Gerhard: Die Rechtswissenschaft, in: wie Zimmermann, Albert.
Reiche, Rainer: Ein rheinisches Schulbuch aus dem 11. Jh. (= Münchener Beiträge zur Mediävistik und Renaissanceforschung 24). München 1976.
Schipperges, Heinrich: Die Rezeption arabisch-griechischer Medizin und ihr Einfluß auf die abendländische Heilkunde, in: wie *Zimmermann*, Albert.
Schulte, Alois: Der Adel und deutsche Kirche im Mittelalter (Kirchenrechtliche Abhandlungen, hg. U. *Stutz*, Heft 63 und 64). Stuttgart 1910.
Tellenbach, Gerd: Libertas. Kirche und Weltordnung im Zeitalter des Investiturstreites (Forschungen zur Kirchen- und Geistesgeschichte 7) Stuttgart 1936.
Smeur, A.J.E.M.: On the Value Equivalent to in Ancient Mathematical Texts. A New Interpretation, in: Archive for History of Exact Sciences 6 (1969/70)
Vita Adalberti II Moguntini. Hrsg. von Philipp *Jaffé* in: Monumenta Moguntina = Bibliotheca Rérum Germanicarum, t. V) Berlin 1866.
Die ältere Wormser Briefsammlung, bearb. von Walther *Bulst* (Monumenta Germaniae Historica: Die Briefe der deutschen Kaiserzeit Bd. 3) Weimar 1949.
Zimmermann, Albert: Die Theologie und die Wissenschaften, in: Die Renaissance der Wissenschaften im 12. Jh. hrsg. von P. *Weimar* (= Zürcher Hochschulforum Bd. 2), Zürich 1981.

Literatur zu Kapitel VI

Spiritualität

D'Alverny, Marie-Thérèse: L'homme comme symbole. Le microcosme. In: Simboli e simbologia nell' alto medioevo. Spoleto 1976. (Settimane di studio del Centro italiano di studi sull' alto medioevo 23).
Beinert, Wolfgang: Die Kirche. Gottes Heil in der Welt. Die Lehre von der Kirche nach den Schriften des Rupert von Deutz, Honorius Augustodunensis und Gerhoh von Reichersberg. Münster 1973.
The Bibel and medieval culture. (Mediaevalia Lovaniensa I/VII). Löwen 1979.
Chenu, M.D.: La théologie au douzième siècle. Paris 1957. (Etudes de philosophie médiévale 45).
Constable, Giles: Medieval Monasticism. A select bibliography. Toronto 1976, (Toronto medieval Bibliogr. 6).
Freytag, Hartmut: Die Theorie der allegorischen Schriftdeutung und die Allegorie in deutschen Texten besonders des 11. und 12. Jh. Bern 1982 (Bibliotheca germanica 24).
Frühes Mönchtum im Abendland. Eingeleitet, übersetzt und erklärt von Karl Suso *Frank*. Zürich-München 1975. 1. Band: Lebensformen. 2. Band: Lebensgeschichten. (Die Bibliothek der Alten Welt).
Genicot, Léopold: L'érémitisme du XIe siècle dans son contexte économique et social. In: L'eremitismo in occidente. Mailand 1945. S. 45–69.
Gilson, Etienne: La philosophie du moyen âge. Des Origines patristiques à la fin du 14e siècle. Paris 1952.
Grundmann, Herbert: Religiöse Bewegungen im Mittelalter. 2. Aufl. Darmstadt 1961.
Jungmann, Josef Andreas: Missarum sollemnia. Eine genetische Erklärung der römischen Messe. 4. Aufl. 2. Bde. Freiburg 1958.
Leclercq, Jean: Monks und love in Twelfth-Century France. Psycho-historical essays. Oxford 1979.
Leclercq, Jean: L'amour des lettres et le désir de dieu. Initiation aux auteurs monastiques du moyen âge. Paris 1957.
Leclercq, Jean-François Vandenbroucke (Hrsg.): La Spiritualité du moyen âge. Paris 1961 (Histoire de la spiritualité chrétienne 2).
Leclercq, Jean: Aux Sources de la spiritualité occidentale. Paris 1964.
Leclercq, Jean: La femme et les femmes dans l'oeuvre de Saint Bernard. Paris 1982.
Lubac, Henri de: Exégèse médiévale. Les quatre sens de l'ecriture. Paris 1959–61.
Menhardt, Hermann: Das St. Trudperter Hohe Lied. Halle 1934. (Rheinische Beiträge und Hülfsbücher zur germanistischen Philologie und Volkskunde 21/22).
Ohly, Friedrich: Hohelied-Studien. Grundzüge einer Geschichte der Hoheliedauslegung des Abendlandes bis um 1200. Wiesbaden 1958.
Ohly, Friedrich: Typologische Figuren aus Natur und Mythos. In: Formen und Funktionen der Allegorie. Symposion Wolfenbüttel 1978. Stuttgart 1980, 126–166.
Pieper, Josef: Scholastik. Gestalten und Probleme der mittelalterlichen Philosophie. München 1960.
Rahner, Hugo: Die Gottesgeburt. Die Lehre der Kirchenväter von der Geburt Christi im Herzen der Gläubigen. In: Zeitschrift für katholische Theologie 59, 1935.
Richter, Helmut (Hrsg.): Cluny. Beiträge zu Gestalt und Wirkung der cluniazensischen Reform. Darmstadt 1975 (Wege der Forschung 241).

Spitz, Hans Jörg: Die Metaphorik des geistlichen Schriftsinns. Ein Beitrag zur allegorischen Bibelauslegung des ersten christlichen Jahrtausends. München 1972 (Münstersche Mittelalterschriften 12).
Steinen, Wolfram von den: Der Kosmos des Mittelalters. Von Karl dem Großen zu Bernhard von Clairvaux. 2. Aufl. Bern 1967.
Steinen, Wolfram von den: Vom Heiligen Geist des Mittelalters. Anselm von Canterbury, Bernhard von Clairvaux. Darmstadt 1968.
Vauchez, André: La spiritualité du moyen âge occidental VIIIe - XIIe siècles. Paris 1975.
Wollasch, Joachim. Mönchtum des Mittelalters zwischen Kirche und Welt, München 1973. (Münstersche Mittelalterschriften 7).
Die Zisterzienser. Ordensleben zwischen Ideal und Wirklichkeit (Ausstellung Aachen 1980) Köln 1980.
Die Zisterzienser. Geschichte, Geist, Kunst, Hrsg. v. A. *Schneider*, A. *Wienand*, Köln 1974.

Kunst

Appuhn, Horst: Einführung in die Ikonographie der mittelalterlichen Kunst in Deutschland. Darmstadt 1979.
Bandmann, Günter: Mittelalterliche Architektur als Bedeutungsträger. 7. Aufl. Berlin 1981.
Brugger-Koch, Susanne: Die romanische Bilderdecke von Sankt Martin, Zillis (Graubünden). Stil und Ikonographie. Diss. Basel-Muttenz 1981.
Budde, Reiner: Deutsche romanische Skulptur 1050–1250. München 1979.
Buschhausen, Helmut: Der Verduner Altar. Das Emailwerk des Nikolaus von Verdun im Stift Klosterneuburg. Wien 1980.
Davy, Marie-Madeleine: Initiation à la symbolique Romane. XIIe siècle. Paris 1964.
Demus, Otto: Romanische Wandmalerei. München 1968.
Ehmke, Ruth: Der Freskenzyklus in Idensen. Bremen 1958. (Veröff. des niedersächs. Amtes für Landesplanung und Statistik A 34).
Fillitz, Hermann: Das Mittelalter I. Berlin 1969 (Propyläen Kunstgeschichte 5).
Garnier, François: Le langage de l'image du moyen âge. Signification et symbolique. Paris 1982.
Heitz, Carol: L'architecture religieuse carolingienne. Les formes et leurs fonctions. Paris 1980.
Hearn, Millard Fillmore: Romanesque Sculpture. The revival of monumental sculpture in the 11th and 12th centuries. Ithaca, N.Y. 1981 (A Phaidon book).
Hotz, Walter: Der Dom zu Worms. Darmstadt 1981.
Kolb, Karl: Tympanon in der Romanik. Würzburg 1981.
Kottmann, Albrecht: Das Geheimnis romanischer Bauten. Maßverhältnisse in romanischen und vorromanischen Bauwerken. Stuttgart 1971.
Kubach, H.E.: Der Dom zu Speyer. Darmstadt 1974.
Myss, Walter: Kirchendecke von St. Martin zu Zillis. Bildwelt als Weltbild. Beuron 1963. (Kult und Kunst 2).
Ohly, Friedrich: Probleme der mittelalterlichen Bedeutungsforschung und das Taubenbild des Hugo de Folieto. In: Frühmittelalterl. Studien 2, 1968, 162–201.
Ohly, Friedrich: Die Kathedrale als Zeitenraum. Zum Dom von Siena. In Frühmittelalterliche Studien 6, 1972, 94–158.
Rademacher, Franz: Die Regina Angelorum in der Kunst des frühen Mittelalters. Düsseldorf 1972 (Die Kunstdenkmäler des Rheinlandes 17).
Röhrig, Floridus: Der Verduner Altar. Wien 1955.
Romanische Kunst in Österreich. Ausstellungskatalog. Krems 1964.
Sauer, Joseph: Symbolik des Kirchengebäudes und seiner Ausstattung in der Auffassung des Mittelalters. Nachdruck. 2. Aufl. Münster 1964.
Sauerländer, Willibald: Cluny und Speyer. In: Investiturstreit und Reichsverfassung. Sigmaringen 1973, 9–32 (Vorträge und Forschungen 17).
Schiller, Gertrud: Ikonographie der christlichen Kunst. 4 Bde und Register. Gütersloh 1969–1980.
Schrade, Hubert: Vor- und Frühromanische Malerei. Köln 1958.
Simson, Otto von: Das Mittelalter II. Berlin 1972 (Propyläen Kunstgeschichte 6).
Speyer. 900 Jahre Speyrer Dom. Festschrift Speyer 1961.
Warnach, Viktor: Kirche und Kosmos. In: Enkainia. Hrsg. v. H. *Emonds*. Düsseldorf 1956. 170–206.
Watson, Arthur: The early iconography of the Tree of Jesse. Oxford 1934.
Zillis. Die romanische Bilderdecke der Kirche St. Martin. Text von Ernst *Murbach*, fotografiert und hrsg. von Peter *Heman*. Zürich 1967.

Literatur zu Kapitel VII

Bach, Adolf: Geschichte der deutschen Sprache. 7. Aufl. Heidelberg 1961.

Eggers, Hans: Deutsche Sprachgeschichte.
1. Band: Das Althochdeutsche. Hamburg 1963
2. Band: Das Mittelhochdeutsche. Hamburg 1965
3. Band: Das Frühneuhochdeutsche. Hamburg 1969
(Rowohlts deutsche Enzyklopädie 185/186, 191/192, 270/272)

Geschichte der deutschen Sprache. Verf. v. Autorenkollektiv. Leipzig 1976.

König, Werner: dtv-Atlas zur deutschen Sprache. Tafeln und Texte. München 1978.

Leisi, Ernst: Der Wortinhalt. Seine Struktur im Deutschen und im Englischen. 5. Aufl. Heidelberg 1975.

Leisi, Ernst: Aufschlußreiche altenglische Wortinhalte. In: Sprache-Schlüssel zur Welt. Festschrift L. Weisgerber. Düsseldorf 1959, S.309–19.

Lexer, Matthias: Mittelhochdeutsches Taschenwörterbuch. 34. Aufl. Stuttgart 1974.

Paul, Hermann: Mittelhochdeutsche Grammatik, 20. Aufl. bearb. von H. *Moser* u. I. *Schröbler*, Tübingen 1969. (Sammlung kurzer Grammatiken germ. Dialekte A/2).

Schmitt, Ludwig Erich (Hrsg.): Kurzer Grundriß der germanischen Philologie, bis 1500. 1. Band: Sprachgeschichte. Berlin 1970.

Schwarz, Ernst: Die deutschen Mundarten. Göttingen 1950.

Tschirch, Fritz: Geschichte der deutschen Sprache.
1. Band Berlin 1966; 2. Band Berlin 1969

Wolf, Norbert Richard: Althochdeutsch-mittelhochdeutsch. Heidelberg 1981. (Geschichte der deutschen Sprache 1).

Literatur zu Kapitel VIII

Allgemeines:

Bezzola, Reto R.: Les origines et la formation de la littérature courtoise en occident (500–1200). 5 Bde, Paris 1958–1963.

de Boor, Helmut: Die deutsche Literatur von Karl d. Gr. bis zum Beginn der höfischen Dichtung. 8. Aufl. München 1971. (Geschichte der deutschen Literatur 1).

de Boor, Helmut: Die höfische Literatur. Vorbereitung, Blüte, Ausklang: 1170–1250. 9. Aufl. München 1974. (Geschichte der deutschen Literatur 2).

de Boor, Helmut: Die deutsche Literatur im späten Mittelalter. Zerfall und Neubeginn. 1. Teil 1250–1350. München 1962. (Geschichte der deutschen Literatur 3/1).

Bumke, Joachim: Studien zum Ritterbegriff im 12. und 13. Jh. Heidelberg 1964.

Bumke, Joachim: Ministerialität und Ritterdichtung. München 1976.

Bumke, Joachim: Mäzene im Mittelalter. München 1979.

Curtius, Ernst Robert: Europäische Literatur und lateinisches Mittelalter. 2. Aufl. Bern 1954.

Entretiens sur la renaissance du 12e siècle – sous la direction de Maurice de *Gandillac* et Edouard *Jeauneau*, Paris 1968.

Ghellinck, J. de: L'essor de la littérature latine au 12e siècle. 2. Aufl. Brüssel 1954.

Gröber, Gustav: Übersicht über die lateinische Literatur von der Mitte des 6. bis zur Mitte des 14. Jh. Nachdruck München o.J.

Grundmann, Herbert: Literatus – illiteratus. Der Wandel einer Bildungsnorm vom Altertum zum Mittelalter. In Archiv für Kulturgeschichte 40, 1958, 1–65.

Grundmann, Herbert: Die Frauen und die Literatur im Mittelalter. Ein Beitrag zur Frage nach der Entstehung des Schrifttums in der Volkssprache. In: Archiv für Kulturgeschichte 26, 1936, 129–161.

Krauß, Henning (Hrsg.): Europäisches Hochmittelalter. Wiesbaden 1981. (Neues Handbuch der Literaturwissenschaft 7).

Lausberg, Heinrich: Handbuch der literarischen Rhetorik. 2 Bände, München 1960.

Manitius, Max: Geschichte der lateinischen Literatur des Mittelalters. 3. Band. Nachdruck. München 1973.

Raby, F.J.E.: A history of Christian Latin poetry from the beginnings to the close of the middle ages. 2. Aufl. Oxford 1966.

Raby, F.J.E.: A history of secular Latin poetry in the middle ages. 2 Bände, 2. Aufl. Oxford 1967.

Rupp, Heinz: Deutsche religiöse Dichtungen des 11. und 12. Jh. 2. Aufl. Bern 1971.

Schwietering, Julius: Die deutsche Dichtung des Mittelalters. 2. Aufl. Darmstadt 1957.

Schröder, Werner: Zum Ritterbild der frühmittelhochdeutschen Dichter. In: Germanisch-Romanische Monatsschrift 53, 1972, 333–351.

Verfasserlexikon. Die deutsche Literatur des Mittelalters. 2. Aufl. hrsg. von Kurt *Ruh*. Berlin 1978 ff.

Wehrli, Max: Geschichte der deutschen Literatur vom frühen Mittelalter bis zum Ende des 16. Jh. Stuttgart 1980. (Geschichte der deutschen Literatur 1).

Zumthor, Paul: Histoire littéraire de la France médiévale. Paris 1954.

Lyrik:
Musik

Beseler, Heinrich: Die Musik des Mittelalters und der Renaissance. Potsdam 1931.

Chailley, Jacques: Histoire musicale du moyen âge. Paris 1969.

Handschin, Jacques: Musikgeschichte im Überblick. 3. Aufl. Wilhelmshaven 1981.

Hoppin, Richard H.: Medieval Music. New York 1978.

Hughes, Dom Anselm (Hrsg.): Early medieval music up to 1300. Oxford 1967. (New Oxford history of music 2).

Sachs, Curt: The history of musical instruments. New York 1940.

Seay, Albert: Music in the medieval world. New Jersey 1975.

Steger, Hugo: Philologia musica, München 1971 (Münstersche Mittelalterschriften 2).

Troubadourdichtung und Minnesang

Bähr, Rudolf (Hrsg.): Der provenzalische Minnesang. Ein Querschnitt durch die neuere Forschungsdiskussion. Darmstadt 1967. (Wege der Forschung 6).

Bec, Pierre: La lyrique française au moyen âge (XIIe–XIIIe siècles). 2 Bde. Paris 1977/1978.

Beyschlag, Siegfried (Hrsg.): Walther von der Vogelweide. Darmstadt 1971. (Wege der Forschung 112).

Des Minnesangs Frühling. Unter Benutzung der Ausgaben von Karl *Lachmann* u.a. bearb. von Hugo *Moser* und Helmut *Tervooren*, 36. Aufl. 3 Bände. Stuttgart 1977/81.

Dronke, Peter: Medieval Latin and the rise of european love-lyric. 2 Bde. 2. Aufl. Oxford 1968.

Dronke, Peter: The medieval Lyric. London 1968.

Fromm, Hans (Hrsg.): Der deutsche Minnesang. Aufsätze zu seiner Erforschung. Darmstadt 1961 (Wege der Forschung 15).

Halbach, Kurt Herbert: Walther von der Vogelweide. 4. Aufl. Stuttgart 1983. (Sammlung Metzler, Literaturgeschichte 40).

Heinrich von Morungen: Lieder. Mittelhochdeutsch und Neuhochdeutsch von Helmut *Tervooren*. Stuttgart 1975 (Reclam 9797).

Hölzle, Peter: Die Kreuzzüge in der okzitanischen und deutschen Lyrik des 12. Jh. 2 Bde. Göppingen 1980 (Göppinger Arbeiten zur Germanistik 278).

Marrou, Henri-Irénée: Les troubadours. Paris 1971.

Mölk, Ulrich: Trobadorlyrik. Eine Einführung. München 1982 (Artemis Einführungen 2).

Riquer, Martin de (Hrsg.): Los trovadores. Historia literaria y textos. 3 Bde. Barcelona 1975.

Sayce, Olive: The medieval german Lyric 1150–1300. The development of its themes and forms in european context. Oxford 1982.

Scholz, Manfred Günter: Bibliographie zu Walther von der Vogelweide. Berlin 1969 (Bibliographien zur deutschen Literatur des Mittelalters 4).

Tervooren, Helmut: Bibliographie zum Minnesang und zu den Dichtern aus »Des Minnesangs Frühling«. Berlin 1969 (Bibliographien zur deutschen Literatur des Mittelalters 3).

Topsfield, L.T.: Troubadours and love. Cambridge 1975.

Walther von der Vogelweide: Oxford German studies 13, 1982.

Walther von der Vogelweide: 11. Ausg. von *Lachmann* neu hrsg. von Carl von *Kraus*. Berlin 1950.

Wolf, Alois: Die Anfänge des Minnesangs und die Troubadourdichtung. In: Minnesang in Österreich. Symposion London 1982. (Wiener Arbeiten zur germanischen Altertumskunde und Philologie 24), 197–244. Wien 1983.

Höfischer Roman

Brogsitter, Karl Otto: Artusepik. 2. Aufl. Stuttgart 1971 (Sammlung Metzler Literaturgeschichte 38).

Frappier, Jean: Chrétien de Troyes. 2.Aufl. Paris 1968 (Connaissance des lettres 50).

Green, D.H.: Irony in medieval Romance. Cambridge 1979.

Köhler, Erich (Hrsg.): Der altfranzösische höfische Roman. Darmstadt 1978. (Wege der Forschung 425).

Loomis, Roger Sherman (Hrsg.): Arthurian Literature in the middle ages. Oxford 1961.

Ménard, Philippe: Les lais de Marie de France. Paris 1979.

Ruh, Kurt: Höfische Epik des deutschen Mittelalters
1. Band, Berlin 1977,
2. Band, 1980. (Grundlagen der Germanistik 7, 25)

Topsfield, L.T.: chrétien de Troyes. A study of Arthurian Romances. Cambridge university press 1981.

Vinaver, Eugene: The rise of Romance. Oxford 1971.

Wais, Kurt (Hrsg.): Der arthurische Roman. Darmstadt 1970 (Wege der Forschung 157)

Wehrli, Max. Formen mittelalterlicher Erzählung. Aufsätze. Zürich-Freiburg 1969.

Odo von Cluny: De vita Sancti Geraldi Auriliacensis comitis libri quattuor. Paris 1853 (Migne PL 133, Sp. 639–710).

Ruodlieb. Mittellateinisch und deutsch von F.P. *Knapp*. Stuttgart 1977. (Reclam 9846).

Arnold, J.D.O.-M.M. *Pelan*: La partie arthurienne du roman de Brut. Paris 1962. (Bibliothèque française et romane B/1).

Marie de France: Les Lais. Publiés par Jean *Rychner*. Paris 1968. (Les classiques françaises du moyen âge 93).

Heinrich von *Veldeke*: Die Eneide, hrsg. von Ludwig *Ettmüller*, Leipzig 1852.

Schieb, Gabriele: Heinrich von Veldeke. Stuttgart 1965 (Sammlung Metzler. Literaturgeschichte 42).

Hartmann von Aue: Erec. Iwein. bearb. von Hans *Naumann* und Hans *Steinger*. Nachdruck Darmstadt 1964 (Deutsche Literatur in Entwicklungsreihen. Höfische Epik 3).

Hartmann von Aue: Gregorius. Hrsg. von Friedrich *Neumann*. Wiesbaden 1958. (Deutsche Klassiker des Mittelalters. Neue Folge 2).

Hartmann von Aue: Der arme Heinrich. Hrsg. v. Hermann *Paul*. 11. Aufl. von L. Wolff. Tübingen 1958 (Altdeutsche Textbibliothek 3).

Voß, Rudolf: Die Artusepik Hartmanns von Aue. Köln 1983 (Literatur und Leben. NF 25).

Wapnewski, Peter: Hartmann von Aue. 6. Aufl. Stuttgart 1976 (Sammlung Metzler, Literaturgeschichte 17).

Gottfried von Straßburg: Tristan. Nach der Ausgabe von R. *Bechstein*, hrsg. von Peter *Ganz*. 2 Bände. Wiesbaden 1978. (Deutsche Klassiker des Mittelalters, Neue Folge 4).

Gottfried von Straßburg: Tristan. Translated with the fragments of the ›Tristan‹ of Thomas with an introduction by A.T. *Hatto*. Harmondsworth 1960 (The Penguin classics L 98).

Hoffmann, Werner: Gottfried von Straßburg. 5. Aufl. Stuttgart 1981 (Sammlung Metzler, Literaturgeschichte 15).

Steinhoff, Hans-Hugo: Bibliographie zu Gottfried von Straßburg. Berlin 1971 (Bibliographien zur deutschen Literatur des Mittelalters 5).

Wolf, Alois (Hrsg.): Gottfried von Straßburg. Darmstadt 1973. (Wege der Forschung 320).

Wolfram von Eschenbach: Parzival, hrsg. von Albert *Leitzmann*. Tübingen 1960–63. (Altdeutsche Textbibliothek 12, 13, 14).

Wolfram von Eschenbach: Willehalm. Hrsg. von Werner *Schröder*. Berlin 1978.

Bumke, Joachim: Die Wolfram von Eschenbach-Forschung seit 1945. München 1970.

Bumke, Joachim: Wolfram von Eschenbach. 2. Aufl. Stuttgart 1966 (Sammlung Metzler. Literaturgeschichte 36).

Curschmann, Michael: Das Abenteuer des Erzählens. Über den Erzähler in Wolframs ›Parzival‹. In: Deutsche Vierteljahrsschrift für Literaturwissenschaft und Geistesgeschichte 45, 1971, 627–667.

Pretzel, Ulrich-Wolfgang Bachhofer: Bibliographie zu Wolfram von Eschenbach. Berlin 1968 (Bibliographien zur deutschen Literatur des Mittelalters 2).

Rupp, Heinz (Hrsg.): Wolfram von Eschenbach. Darmstadt 1966 (Wege der Forschung 77).

Dietrichs Abenteuer hrs. von Julius *Zupitza*. Nachdruck. Dublin-Zürich 1968. (Deutsches Heldenbuch 5).

Nibelungenlied. Das Nibelungenlied nach der Ausgabe von Karl *Bartsch* hrsg. von Helmut de *Boor*, 20. Aufl. Wiesbaden 1972. (Deutsche Klassiker des Mittelalters).

Kudrun, Hrsg. von Karl *Bartsch*. 5. Aufl. bearb. von Karl *Stackmann*. Wiesbaden 1965 (Deutsche Klassiker des Mittelalters).

Bowra, C.M.: Heroic Poetry. London 1964.

Hoffmann, Werner: Das Nibelungenlied. 5. Aufl. Stuttgart 1982 (Sammlung Metzler. Literaturgeschichte 7).

Hoffmann, Werner: Kudrun. Ein Beitrag zur Deutung der nachnibelungischen Heldendichtung. Stuttgart 1967. (Germanistische Abhandlungen 17).

Masser, Achim (Hrsg.): Hohenemser Studien zum Nibelungenlied. Dornbirn 1981.

Rupp, Heinz (Hrsg.): Nibelungenlied und Kudrun. Darmstadt 1976 (Wege der Forschung 54).

von See, Klaus: Germanische Heldensage. Stoffe, Probleme, Methoden. Frankfurt 1971

Das mittelhochdeutsche Gedicht vom Fuchs Reinhart. Hrsg. von Georg *Baesecke*. 2. Aufl. von Ingeborg *Schröbler*. Halle 1952. (Altdeutsche Textbibliothek 7).

Ecbasis cuiusdam captivi. Escape of a certain captive. Indroduction text ... by Edwin H. *Zeydel*. Chapell Hill 1964. (University of North Carolina Studies in the Germanic languages and literatures 46).

Ysengrimus. Hrsg. und erklärt von Ernst *Voigt*. Halle 1884.

Aspects of the medieval Animal epic. Edited by E. *Rombauts* - A. *Welkenhuysen*. Löwen 1975.

Flinn, John: Le roman de Renart dans la littérature française et dans les littératures étrangères au moyen âge. Paris 1963 (University of Toronto. Series 4).

Jauss, Hans Robert: Untersuchungen zur mittelalterlichen Tierdichtung. Tübingen 1959. (Beihefte zur Zeitschrift für rom. Philologie 100).

Knapp, Fritz Peter: Das lateinische Tierepos. Darmstadt 1979. (Erträge der Forschung 121).

Heinrich von dem Türlin: Diu Crône. Hrsg. von G.H.F. *Scholl*. Nachdruck Amsterdam 1966. (Bibliothek des lit. Vereins in Stuttgart 27).

Pleier: Garel von dem blünden tal. Hrsg. von Wolfgang *Herles*. Wien 1981. (Wiener Arbeiten zur germ. Altertumskunde und Philologie 17).

Pleier: Meleranz. Hrsg. von Karl *Bartsch*. Nachwort von A. *Hildebrand*. Hildesheim 1974. (Bibliothek des literarischen Vereins in Stuttgart 60). Nachdruck.

Rudolf von Ems: Willehalm von Orlens. Hrsg. von Victor *Junk*. Berlin 1905. (Deutsche Texte des Mittelalters 2).

Stricker: Daniel von dem blühenden Tal. Ein Artusroman hrsg. von Gustav *Rosenhagen*, Nachdruck Hildesheim 1976. (Germanistische Abhandlungen 9)

Ulrich von Lichtenstein: Vrouwen dienest. Hrsg. von Karl *Lachmann*. Berlin 1841.

Cormeau, Chr.: Wigalois und Diu crône. Zwei Kapitel zur Gattungsgeschichte des nachklassischen Aventiureromans. München 1977. (Münchener Texte und Untersuchungen 57).

Ebenbauer, A.: Fortuna und Artushof. Bemerkungen zum Sinn der ›Krone‹ Heinrichs von dem Türlin. In: Österreichische Literatur zur Zeit der Babenberger, Wien 1977, 25–49. (Wiener Arbeiten zur germanischen Altertumskunde und Volkskunde 10).

Kern, Peter: Die Artusromane des Pleier. Berlin 1981. (Philologische Studien und Quellen 100).

Wolf, Alois: Aspekte des österreichischen Beitrags zur deutschen, vornehmlich epischen Literatur in der ersten Hälfte des 13. Jahrhunderts. (Im Erscheinen).

ERLÄUTERUNGEN ZU DEN BILDERN

1. Roland erhält aus den Händen Karls Spanien als Lehen.

Die Deutsche Fassung des Rolandsliedes ist vollständig nur in der Heidelberger Handschrift (Codex Palatinus Germanicus 112) erhalten. Der Codex umfaßt 123 Pergamentblätter der Größe 20 mal 14 cm, er ist von einem Schreiber geschrieben und wird noch im 12. Jhdt. entstanden sein. Der Text ist in unregelmäßig lange Initialenabschnitte gegliedert und mit 39 Federzeichnungen ausgestattet. Der Raum dafür war vom Schreiber ausgespart worden. Wahrscheinlich hat der Gestalter der Bilder nach einer Vorlage gearbeitet, wie der Befund aus Handschriftfragmenten anderer Herkunft nahe legt. Französische Bildvorlagen zum Rolandslied sind aus dieser Zeit nicht bekannt, der Illustrator hat also für den deutschen Text gearbeitet; die Verteilung der Bilder auf den Handlungsablauf bestätigt das. Als Entstehungsort der Illustrationen nimmt man die damals bedeutenden Skriptorien von Regensburg, Prüfening oder Freising an. Die Initiale der Handschrift oben im Text leitet den auf die Fahnenübergabe anschließenden Abschnitt ein. (V.3203–3224); darin redet Roland dem Kaiser zu, er möge unbesorgt nach Frankreich zurückkehren. Die Illustration zeigt die Übergabe der Fahne durch den Kaiser an Roland. Im Text ist auch mit Nachdruck davon die Rede, daß Roland das Land, die spanische Mark, als Lehen in Empfang nehmen soll. Genelun, der Verräter, schlägt vor, Roland als Herzog einzusetzen (V.3096) und Roland selbst drängt sich danach, Land und Fahne zu bekommen (V.3115ff). Das Lehen, das Roland aus der Hand der höchsten irdischen Autorität empfängt, verleiht demnach auch herzogliche Amtsgewalt, die Fahne ist das Symbol der mit diesem Amt verbundenen Gewalt über den Heerbann. (Grundlegend zur Bedeutung der Fahne im Mittelalter: C. Erdmann, Die Entstehung des Kreuzzugsgedankens, Stuttgart 1935). Zu Karls Rechten befindet sich der Schwertträger (vgl. auch die entsprechenden Illustrationen zu Otto von Freising, Bild 4), doch auch Roland, der Empfänger der Fahne, ist in dieser Pose dargestellt; ein anderes Bild zeigt ihn auch selbst als Schwertträger – er gilt ja als der rechte Arm Karls – und diese Typik setzte sich durch. Der Kaiser, situationsbedingt halbschräg sitzend dargestellt, schlägt die Beine übereinander, was bei Autoritätspersonen in der Ikonographie des 12. Jhdts als Komplementärgeste zur Erteilung eines Auftrags oder Befehls anzusehen ist. Karl hält in der Linken das Lilienzepter, das sich aus frühchristlicher Christussymbolik herausentwickelt hatte und die enge Verflechtung des Geistlichen mit dem Weltlichen unterstreicht. Der Illustrator der Handschrift unterscheidet dabei, wie aus anderen Bildern der Handschrift hervorgeht, nicht zwischen Karl und den heidnischen Königen; für die Krone gilt dasselbe, sowie auch für die Darstellung der heidnischen Herrscher im allgemeinen.

Literatur: Das Rolandslied in den Bildern der Heidelberger Handschrift, mit verbindendem Erläuterungen zu den Bildern Text von W. Werner, Wiesbaden 1977. R. Lejeune – J. Stiennon, Die Rolandssage in der mittelalterlichen Kunst. 2. Bde., Brüssel 1966.

2. Ritterkampf

Diese Darstellung zu Pferd kämpfender Ritter stammt aus dem Hortus deliciarum, einem großartigen Zeugnis hochmittelalterlicher Bildmalerei aus dem westlichen deutschen Raum. Das Original verbrannte 1870 bei der Beschießung Straßburgs. Die rekonstruierte Ausgabe baut auf Kopien, Pausen, Inhaltsangaben und Exzerpten auf, die im 19. Jhdt. angelegt worden waren. Für eine umfassende und tragfähige Analyse des Gesamtwerkes fehlt somit die verläßliche Grundlage.

Herrad ist in der Zeit von 1178–1196 urkundlich bezeugt als Äbtissin des Klosters Hohenburg (St. Odile) im Elsaß. Friedrich Barbarossa war ein großer Gönner dieses Klosters. Das Werk Hortus deliciarum, dessen Titel in der geistlich-allegorischen Tradition steht, ist ein großangelegtes von einem Mitarbeiterstab produziertes Buch des Wissens, in dem lateinische Verse und Prosa verschiedenen Ursprungs, Musik und Bild aufgeboten werden, um – wohl nach einem heilsgeschichtlichen Plan – in ein großes Lehrgebäude einzumünden. Vor allem das Bildmaterial ist eine kulturhistorische Quelle (man vergleiche auch die Bilder 13, 21, 23, 36, 37, 38, 48 und 60).

Literatur: Herrad of Hohenbourg: Hortus deliciarum,

ed. by Rosalie Green u.a. Band 1–2, Leiden 1979 (Studies of the Warburg Institute 36) – Michael Curschmann: Herrad von Hohenburg, in: Die deutsche Literatur, Verfasserlexikon, 2. Aufl. Band 3, Berlin 1981, Sp. 1139–1144.

3. Das Reich zur Zeit der Staufer.

Ausschnitt aus einer Karte Europas zur Zeit der Staufer mit den Grenzen des Reichs.

4–5 Ottos von Freising Chronik oder die Geschichte der zwei Staaten.

Es handelt sich bei diesen Bildern um Illustrationen zu einer Handschrift der Chronik, die sich in der Universitätsbibliothek Jena befindet. (Codex Jenensis, Bose q.6.). Diese Handschrift aus dem 12. Jhdt ist eine um 1177 im Raum Freising angefertigte Abschrift, die das letzte, achte Buch nicht mehr enthält; sie dürfte aber auf das Exemplar zurückgehen, das dem Kaiser Friedrich selbst überreicht wurde. Das nicht erhaltene Original hat möglicherweise noch weitere Bilder enthalten. Otto von Freising könnte also auch für die Anlage der Illustrationen, die das Original enthalten haben muß, verantwortlich sein, als Anreger oder als Beaufsichtigter. Das wäre für die Konzeption der Bilder und deren Verhältnis zum Text von Bedeutung. In der Jenenser Handschrift sind die 14 Illustrationen, Federzeichnungen mit brauner Tinte, auf die sieben Bücher der Chronik verteilt und stehen in interpretatorischer Verbindung zur jeweiligen Textstelle. Die Illustrationen können, wie die ersten fünf, eine ganze Manuskriptseite ausfüllen oder sie umfassen nur die Hälfte oder ein Drittel einer Seite. Das scheint aber keine zusätzliche Bedeutung zu haben. Fünf Illustrationen enthalten nur eine Szene, die restlichen sind unterteilt und bieten bis zu fünf Szenen. Dies wiederum hat sehr wohl Bedeutung. Um die Bilder läuft ein Band mit lateinischen Tituli, die den Inhalt resümierend andeuten. Dann sind auch Namen ins Bild selbst eingetragen. Die Illustrationen reichen von der Erschaffung des ersten Menschenpaares (Eva geht aus Adams Seite hervor) bis zu Papst Innozenz II., der im Jahre 1143 die Wiedererrichtung des römischen Senates ablehnte. Das biblische Eingangsbild stimmt mit der literarischen Gattung der Chronik überein, die nach frühmittelalterlichem Verständnis Weltgeschichte als Heilsgeschichte darzustellen hatte und dementsprechend mit dem ersten biblischen Buch einzusetzen pflegte, im Unterschied zu den Volks-und Stammesgeschichten, Historien genannt, die beim sagenhaften Ursprung des jeweiligen Volkes begannen, oder zu den Annalen, die sich mehr der Aufzeichnung gegenwärtiger oder weniger weit zurückliegender Ereignisse widmeten. (Gerade der deutsche Kulturraum des 12. Jhdts hat besonders imponierende Leistungen auf dem Gebiet der Weltchroniken aufzuweisen. Neben Otto von Freising findet sich eine Chronik des Frutolf von Michelsberg und in der Kaiserchronik wurde bereits der spektakuläre Übergang zur Volkssprache vollzogen.) Der biblische Einsatz der Illustrationen gibt die grundsätzliche Orientierung des gesamten Bilderzyklus und unterstreicht damit die Tendenz der Chronik Ottos: In der oberen Hälfte des ersten Bildes steht der Erschaffung der ersten Menschen die Vertreibung aus dem Paradies entgegen und in der unteren Hälfte kontrastiert die Sintflut mit der Errettung Noahs in der Arche. Die Arche ist in Analogie zur Architektur eines Klosterkreuzgangs mit darüber emporragender Kirche angelegt und eröffnet dadurch bedeutsame ekklesiologische Aspekte. Die lateinische Umschrift des unteren Bildes verdeutlicht die weitgespannte Orientierung: alles Irdische sei dem Untergang geweiht; der Sintflut am Anfang wird die Vernichtung durch das Feuer am Ende der Zeit gegenübergestellt. Die weiteren Bilder veranschaulichen auf dem Hintergrund der Hinfälligkeit alles Irdischen, und sei es noch so mächtig, die Spannung zwischen Auserwählten und Verdammten. So kontrastieren die weiteren Illustrationen den machtvoll thronenden Gewaltherrscher Ninus mit der Geburt des friedfertigen Abraham; das Bild darunter zeigt bereits den Tod des Ninus.

Civitas terrena und civitas Dei werden in den Gestalten des Ninus und Abraham exemplarisch vorgeführt. Am Beispiel Trojas, Babylons, Carthagos wird dann der Fall machtvoller vorchristlicher civitates gezeigt und der Sturz gewaltiger Herrscher bis hin zum Tod Caesars in Parallele dazu gesetzt. Das auf den Tod Caesars folgende Bild (Bild VI im Zyklus, es ist unser Bild 9), markiert eine grundsätzliche Wende in der Abfolge der Bilder. Es enthält eine Darstellung – Augustus in Herrscherpose –, die nicht wie bei den vorhergehenden Darstellungen von Herrschern durch Zuordnung zu anderen wichtigen Bildaussagen infragegestellt wird. Der Zyklus enthält noch zwei weitere derartiger *majestas*-Darstellungen etwa gleicher Größe und ähnlicher Anlage. Es sind dies Karl der Große (Bild X im Zyklus), unser Bild 8, und Otto der Große (Bild XII im Zyklus). Trotz der Fortschritte, die in der Deutung der Gebärden und Positionen gemacht wurden, dürften diese Bilder immer noch Ungelöstes enthalten, vor allem, was das Verhältnis zwischen Augustus und Karl betrifft. Sicher ist, daß zwischen diesen majestas-Darstellungen ein Zusammenhang besteht. Lammers hat dies deutlich gemacht, dabei aber die Unterschiede in der Gestik und in der Anlage der Szene wohl zu wenig beachtet. Die lateinische Umschrift des Augustus-Bildes weist auf das Neue, Positive, das im weltlichen Herrscher mit Augustus offenbar wird, hin: auf göttliche Anweisung folgt Augustus auf Julius (Caesar), wie ein Heiler der Krankheit gibt er dem zerrütteten Erdkreis die Gesetze. Augustus in *majestas*-Position, frontal dargestellt und sitzend, hält in der Linken das Szepter und gibt mit dem gestreckten Zeigefinger der Rechten seine machtvollen Anweisungen, die auf keinen Einzelnen der umstehenden

Personen abzielen, sondern ins Allgemeine weisen. Augustus, der große Friedenskaiser, dessen Herrschaft heilsgeschichtlich mit Christi Geburt zusammen fiel, wird im Gegensatz zu Ninus, Semiramis, Sardanapal ikonographisch in keinerlei negative Zusammenhänge gerückt. Er allein beherrscht das Bild als Präfiguration Karls des Großen (unser Bild 8). Zwischen diesen beiden Bildern zeigt eine als Doppelbild angelegte Illustration in der oberen Hälfte die Geburt Christi und darunter den Machtverlust der Kaiser Diocletian und Maximinian. Die beiden Herrscher legen mit der Rechten ihre Kronen ab, während ihrer Linken die Schwerter entfallen, mit denen sie die Christen zu töten pflegten. Darauf folgt ein Bild von der Eroberung Roms durch Odoaker und eins, das den Einmarsch der Franken in Gallien vorführt. Karl der Große, auf dem nächsten Bild in *majestas*-Pose, hält das Szepter in der Rechten und weist mit der Linken in einer eindrucksvollen Gebärde auf das große Schwert hin, das ein Schwertträger, hinter dem sich fünf Männer drängen, in die Höhe hält. Die Menschen, die sich hinter dem Schwertträger drängen, sind wie jene zur Rechten Karls unbewaffnet und weisen, wie die eine sichtbare Hand andeuten dürfte, auch deren Gestik auf, eine Gestik, die einheitlich von Huldigung, Ergebenheit und Sichzurverfügungstellen zeugt. Es ist der Typ des Gestus Mariens in der Verkündigungsszene. Karl also in unangefochtener *majestas* als Herrscher, dem man huldigt und der sich als oberster Richter darstellt. Das Vortrageschwert mit der Spitze nach oben ist Zeichen königlicher Gewalt und der Träger dieses Schwertes ist als abhängig von diesem König ausgewiesen. Zu dieser königlichen Gewalt gehört die oberste Gerichtsbarkeit. Die deutsche Kaiserchronik fügt unmittelbar an die Schilderung der Kaiserkrönung Karls eine ausführliche Episode an, in der Karl als Rechtsetzer und Rechtswahrer in seiner neuen Funktion als Kaiser hervorgehoben wird. (Das Parallelbild Ottos des Großen, im Zyklus Bild XII, weist dieselbe Struktur auf, nur hält Otto in der Linken das Szepter, weil er mit der Rechten in einer bestimmten historischen Situation, es ist die Auseinandersetzung mit Berengar, seine Macht ausübt. Berengar läßt sich auf die Knie fallen, das Schwert entgleitet ihm und die Hände öffnen sich zur Ergebenheitsgebärde. Im Kontrast dazu beherrscht die rechte Bildfläche das wuchtige Königsschwert, das der Schwertträger wie auf dem Bild Karls festhält und wodurch auch bildlich die Herrschaftskontinuität verbürgt ist. Die Männer hinter diesem Schwertträger sind bewaffnet, was ebenfalls auf ein punktuelles historisches Ereignis hindeuten dürfte.) Augustus ist ohne Schwert dargestellt; ob das ein Hinweis auf seine Herrschaft als Zeit der großen *Pax romana* sei, wo die Schwerter zu Pflugscharen eingeschmolzen wurden, ist immerhin zu erwägen. In der gestreckten Linken hält er das Szepter, die gestreckte Rechte mit befehlendem Zeigefinger übt Autorität aus. Auch die Gestik der Umstehenden unterscheidet sich von der *majestas*-Darstellung Karls. Die eine Gestalt vorne links im Bild mit geneigtem Kopf und herabfallenden Armen und geöffneten Händen drückt Resignation aus und fügt sich offenbar in das vom Herrscher verfügte Schicksal. Die Gestalt dahinter dagegen deutet in ihrer Gestik eher auf lebhaftes Diskutieren und Konsultieren, wie auch die Gestalt rechts im Bild auf das Konsultieren hinweist. Die lateinische Umschrift, die Augustus mit dem Arzt vergleicht, kommt diesem ikonographischen Befund entgegen. Es gibt bildliche Darstellungen, die einen beim Mediziner Ratsuchenden in derselben Pose darstellen. Zwischen der Darstellung Karls des Großen und Ottos des Großen schiebt der Illustrator ein Bild ein, das im linken Viertel Ludwig den Frommen in *majestas*-Pose zeigt und in den drei Vierteln des rechten Bildfeldes den Kampf der drei Ludwigssöhne Lothar, Karl, Ludwig (Bild XI im Zyklus). Die *majestas* Ludwigs des Frommen erhält also in den Dreivierteln der rechten Bildfläche, die vom zerstörerischen Bruderkrieg der Ludwig-Söhne handeln, ein bedrohliches Gegengewicht. Erst mit dem nächsten Bild, der *majestas* Ottos des Großen, ist auch ikonographisch die Ordnung wiederhergestellt. Freilich muß sie neuen Erschütterungen weichen, die nun das *imperium* und das *sacerdotium* bedrohen. Es ist Bild XIII im Zyklus, Unser Bild 4. Dieses Bild enthält vier bedeutsame Szenen. Oben links Heinrich IV. in Herrscherpose, neben ihm gleichfalls in *majestas*-Pose sitzend Papst Wibert. In ihrer Gestik ist jeder dieser Herrscher für sein Amt ausgewiesen. Heinrich mit dem Szepter in der Linken, die Rechte mit den nach oben gerichteten herrscherlichen Zeigefinger, Autorität ausübend. Das Bild rechts daneben zeigt parallel dazu den rechtmäßigen Papst Gregor VII., der fliehen muß vor einem schwertschwingenden gepanzerten Krieger. Der obere Bildstreifen dieser Illustration beinhaltet also zwei Szenen, seltsamerweise fehlt aber – verglichen mit anderen Bildern im Zyklus, etwa bei Ninus oder Saradanapal – das ikonographische Trennungszeichen. Sollten also die beiden Bildinhalte, Heinrich IV. an der Seite des widerrechtlich eingesetzten Papstes Wibert und Gregors brutale Vertreibung, als ein-und derselbe Vorgang aufgefaßt werden? Dies würde das Verwerfliche an der Vertreibung Gregors unterstreichen. Es fragt sich auch, ob es in der Darstellung des falschen Papstes Wibert ikonographisch negative Signale gibt. Beim Kaiser Heinrich IV. scheint, wenn man vom Stellenwert der Darstellung absieht, nichts Negatives vorzuliegen. Heinrich IV. war immerhin auch der Großvater Ottos von Freising. Bei Papst Wibert fallen dagegen die schwarzen Augen auf, die auch beim wohl negativ zu deutenden Schwertträger vorhanden sind, dazu braucht seine Christus-majestas-Pose nicht unproblematisch zu sein. Christus in derselben Position hält meist in der Linken ein Buch, während bei Wibert dies autoritätsunterstreichende Zeichen fehlt und auch die linke Hand dieselbe Geste wie die rechte ausübt. Besonders auffällig ist der Schwertträger, der sich zwischen Kaiser und Papst einschiebt. Normalerweise ist in einer solchen Bildkomposition zwischen zwei sitzenden Gestalten kein Platz für ihn. Sein Haar, verglichen mit dem der Schwertträger Karls und Ottos, scheint ein negatives Signal zu sein. Sein Haupt ist dem Kaiser zugewandt, die hinweisende Gebärde der Linken dagegen weist auf Papst Wibert, bzw. auf das Geschehen im rechten Bildfeld hin, wo unmittelbar neben dem Papst Wibert der große schwertschwingende Krieger steht. Soll die deutlich markierte Christuspose Wiberts durch die Einrahmung mittels der beiden Schwerter relativiert und als illusorisch bezeichnet werden? Die *majestas* Heinrichs erschiene also ebenfalls unterminiert und dies noch stärker als bei Ludwig dem Frommen, denn das zweite Bildband darunter kann weitere unheilvolle Zusammenhänge eröffnen, die für die Deutung des oberen Bildbands wichtig sein werden. Dieses untere Bildband ist im Gegensatz zum oberen in zwei klar voneinander getrennte Felder zerlegt. Im Bildfeld links unten, also unter der Darstellung Heinrichs IV. und des unrechtmäßigen Papstes Wibert wird der rechtmäßige Papst Gregor VII. ins Zentrum gestellt. Er ist umgeben von Bischöfen, deren Gestik auf Erstaunen, ja Bestürzung angesichts eines überraschenden, großen Ereignisses ausdrückt. Die linke Hand Gregors ist Vorbild für diese Gestik der Umstehenden. Die Rechte des Papstes, die Richterhand, hält eine Kerze. Wie man aus dem Bannfluch weiß, den z.B. der päpstliche Legat im Auftrag Innonzenz III. in Köln im Jahre 1201 über Philipp von Staufen verhängte, war die verlöschte Kerze Zeichen des vollzogenen Banns. Mit diesem geistlichen Tod Heinrichs IV. kontrastiert in der rechten unteren Bildhälfte der leibliche Tod Gregors VII. in der Verbannung. Dies steht überdies in Beziehung zum darüberbefindlichen Bild der Vertreibung Gregors aus Rom. Von einer Verbindung der *civitas Dei* und der *civitas terrena* kann keine Rede mehr sein. Das folgende und letzte Bild des Zyklus führt diesen negativen Befund weiter und zeigt in der oberen Bildhälfte Heinrich IV. im Kampf gegen seinen Sohn, den späteren Heinrich V. im Jahre 1105. Im unteren Bild, unserem Bild 5 sieht man Papst Innozenz II., wie er 1143 den Versuch der Wiedereinführung des Senats in Rom zurückwies. Heinrich IV. ist die einzige Gestalt des ganzen Zyklus, die auf zwei getrennten Bildtafeln erscheint, wohl ein Indiz dafür, welches Gewicht den Ereignissen um Heinrich IV. beigemessen wurde. Es ist aber auch klar, daß es die unheilvolle Entwicklung des Reiches ist, die damit illustriert werden soll, was den pessimistischen Ton der ganzen Weltchronik, im Gegensatz zu dem darauf folgenden Werk, den *gesta Friederici*, entspricht. Heinrich senior und junior, durch die Kronen jeweils gekennzeichnet, werden als Gegner im Kampf dargestellt, wie sie wütend, und damit gegen die Natur handelnd, gegeneinander anrennen. Die Welt des Reiches ist aus den Fugen.

Das untere Bild, Bild 5, ist wie das darüber in zwei gegnerische Felder unterteilt. Rechts diskutieren die Vertreter der Römer, die beim Papst die Wiedereinsetzung des römischen Senates durchsetzen wollen; ihnen streckt sich vor der ionischen Säule der autoritativ-gebieterische Zeigefinger des Papstes entgegen und weist sie somit in die Schranken. Der Papst, in *majestas*-Pose sitzend, wendet die geöffnete Rechte den Klerikern zu, die seine Geste vertrauensvoll erwidern. Zerfleischt sich also im oberen Bild die weltliche Macht selbst, so endet der gesamte Bilderzyklus doch mit dem *majestas*-Bild des Papstes, vor dem die widergöttliche Auflehnung des Senates zurückweichen muß.

Literatur: Bilderzyklus abgedruckt in: Otto von Freising. Chronica sive historia de duabus civitatibus (s. Bibliographie) – W. Lammers, Ein universales Geschichtsbild der Stauferzeit in Miniaturen. Der Bilderkreis zur Chronik Ottos von Freising im Jenenser Codex Bose q.6. In: Alteuropa und die moderne Gesellschaft. Festschrift Otto Brunner, Göttingen 1963, 170–215 – E.F. Ohly, Sage und Legende in der Kaiserchronik. Untersuchungen über Quellen und Aufbau der Dichtung. Nachdruck Darmstadt 1968 – P.E. Schramm, Fl. Mütherich: Denkmale deutscher Könige und Kaiser. München 1962 (Veröff. des Zentralinstituts für Kunstgeschichte in München 2).

6. Goldbulle (Siegelkapsel aus Gold) einer Urkunde Barbarossas, 1152, Arbeit aus Lüttich.

Bemerkenswert an dieser Herrscherdarstellung, wie auch der Heinrichs VI. auf folgendem Bild, ist neben den antiken Elementen das Lilienszepter. Dieses taucht schon auf Herrscherdarstellungen aus der Zeit Heinrichs IV. auf. Es ist im Mittelalter ein Element christlicher Tradition, das den Frieden symbolisiert. Neben *justitia* ist *pax* verpflichtende Aufgabe von Herrscher und Reich. Die Lilie, reichlich belegt vom Hohenlied bis zum Neuen Testament, war schon seit frühchristlicher Zeit Symbol Christi. Lilienszepter und Lilienkrone finden sich immer wieder auf mittelalterlichen Darstellungen der göttlichen Majestas. In diesem Zusammenhang ist auch auf das zweischneidige Schwert, das nach Apokalypse 1,16 aus dem Mund des Weltenrichters hervorgehen wird, hinzuweisen; es wurde in der mittelalterlichen Sakralkunst gern so gedeutet, daß aus der einen Seite des Mundes ein Schwert, aus der anderen die Lilie hervorging. Als Herrschaftszeichen unterstrich die Liliensymbolik den sakralen Charakter der Macht der mittelalterlichen Könige und Kaiser.

Literatur: Stauferkatalog Bd. I., S. 21f., 24f.

7. Goldbulle Heinrichs VI.

Diese Goldbulle Heinrichs VI mit einem Durchmesser von 5,5 cm dürfte aus der Wetterau stammen, wie Ähnlichkeiten mit dort geschlagenen Münzen nahelegen. Es ist eine der zwei erhaltenen Goldbullen dieses Herrschers und sie befindet sich an einer für Konstanz ausgestellten Urkunde. (Vgl. auch Erklärung zu Bild 6.)

8–9. Aus der Chronik Ottos von Freising.

Siehe Erklärung zu Bild 4.

10. Reliquiar.

Das Reliquiar stammt aus Lüttich. 1794 kam es von Aachen nach Paris und befindet sich nun im Louvre.

Literatur: Stauferkatalog Bd. I., S. 398f.

11. Karlsschrein

Schrein aus Eichenholz, glanzvoll versilbert und vergoldet, mit Schmelz und Steinen besetzt; gut 2 m lang, fast 1 m hoch und gut ½ m breit. Zwischen 1165, dem Datum der Heiligsprechung Karls, und 1215, der Krönung Friedrichs II. in Aachen, vollendet, wo er sich heute noch befindet. Das Werk steht wiederum in maasländischer Tradition. Der Schrein ist in Form einer einschiffigen Kirche angelegt. Die Gestalten, die ihn bedeutsam zieren, entstammen nicht dem Alten Testament. Die linke und rechte Längsseite zeigen je acht Könige, angefangen bei Ludwig dem Frommen. Die je vier Bildfelder des Daches zeigen Episoden aus Karlslegenden. Auf der hinteren Schmalseite ist Maria mit dem Kind dargestellt; dem entspricht auf der Stirnseite Karl der Große mit Heiligenschein, unmittelbar unter dem segnenden Christus sitzend, flankiert von Papst Leo und Bischof Turpin. (Es könnte von Wert sein, diese Darstellung Karls mit der Barbarossas, Bild 12, zu vergleichen.)

Literatur: C.A. Willemsen: Die Bildnisse der Staufer, Göppingen 1977 (Schriften zur stauf. Geschichte und Kunst 4).

12. Barbarossakopf.

Die berühmte Cappenberger Barbarossabüste, die um 1160 anzusetzen ist, vielleicht aus Aachen stammend, der Meister ist unbekannt, befindet sich in der heutigen Pfarrkirche von Cappenberg (Nordrhein-Westfalen). Diese vergoldete Bronzebüste ist gut 30 cm hoch und steht auf einem Sockel. Dieser fußt auf vier Drachenköpfen, die einen achteckigen Zinnenkranz mit Ecktürmen tragen; darüber halten drei Engel einen kleineren Kranz, auf dem die Büste ruht. Aus der umlaufenden Inschrift geht hervor, daß es sich um ein Reliquiar handelt, welches Haar vom Hl. Johannes enthalten sollte. Als Urheber dieses Reliquiars nennt sich ein gewisser Otto, den man als Otto von Cappenberg, den Taufpaten Barbarossas identifiziert. Sockel und Büste haben vielleicht sogar ursprünglich zusammengehört. Eine Urkunde bestätigt die Schenkung der Büste an die Stiftskirche von Cappenberg; aus ihr geht hervor, daß es sich um ein Bildnis Barbarossas handelt (*ad imperatoris effigiem.*), somit diese Büste für die Geschichte des Porträts von großer Bedeutung ist. Die Zinnen und Ecktürme des Sockels deutet H. Fillitz als Sinnbild der Stadt Rom; die Engel, die die Plattform halten, auf der die Büste ruht, wären dann gleichsam ein Zeichen für die Schilderhebung des Imperators aus christlichem Verständnis. Die Stirnbinde Barbarossas weist ebenfalls auf die imperiale römische Tradition hin. (Die Augen wurden im 19. Jhdt ergänzt). Vergleicht man diese Darstellung Friedrich Barbarossas auf dieser außerordentlich repräsentativen Büste mit den Darstellungen, die die verschiedenen stark typisierten Siegel von ihm geben, so ist kaum eine Ähnlichkeit festzustellen. Hält man das nicht minder repräsentative Bildnis Karls von Barbarossas Karlsschrein dagegen, so könnte man versucht sein, diese beiden ›Porträts‹ näher aneinander zu rücken, was gut zur Vorstellung vom novus Carolus passen würde und neben der antik-römischen Herrschaftstradition eben auch die karlische betonen würde.

Literatur: Stauferkatalog Bd. I., S. 393f.

13. Herrscherdarstellung.

Diese Herrscherdarstellung aus dem Hortus deliciarum ist dort als Illustration zur Szene Moses vor dem Herrscher Ägyptens, dem Pharao, gedacht. (Vgl. Erklärung zu Bild 2.)

14. Braunschweiger Löwe.

Literatur: Karl Jordan: Heinrich der Löwe. Eine Biographie. München 1979.

15. Burg Dankwarderode.

Die Burg in Braunschweig auf einer Okerinsel wird 1134 erstmals erwähnt. Sie wurde 1887 völlig restauriert.

16. Helmarshausener Evangeliar.

Das Helmarshausener Evangeliar, aus dem das Krönungsbild stammt, entstand um 1175. Vom Dom zu Braunschweig, dem ursprünglichen Aufbewahrungsort, kam es über Prag nach Schloß Cumberland bei Gmunden, war dann verschollen und wurde 1983 vom Land Niedersachsen in London ersteigert. Dieses Evangeliar, 34 mal 35 cm groß, ist eines der wichtigsten Werke norddeutscher Buchmalerei des Hochmittelalters. Das Widmungsgedicht nennt als Maler einen Mönch Hermann und als Auftraggeber Heinrich den Löwen; dazu wird erwähnt, daß das Werk unter Abt Konrad von Helmarshausen entstand. Die im Bild dargestellte Krönung hat keinen historischen Hintergrund. Es gibt auch keine Quellen, die auf eine direkt geäußerte Absicht Herzogs Heinrich des Löwen, eine Krönung zum König anzustreben, schließen lassen könnten. Um so größere Bedeutung hat dieses Krönungsprunkbild in dem sakralen Kontext des Evangeliars und des Braunschweiger Doms. Wollte Heinrich im Sakralen ein unübersehbares Zeichen setzen, um auf diese Weise weitere Schritte abzusichern und um später zu formulierende Ansprüche rechtzeitig geistlich zu fundieren? Das Bild ist in zwei Teile gegliedert, eine obere himmlische Hälfte und eine untere irdische. Im Zentrum der oberen Bildhälfte befindet sich ein *majestas*-Christus, der ein Spruchband mit der Inschrift ›wer mir nachfolgen will, nehme sein Kreuz auf sich‹ in Händen hält. Die obere Bildhälfte ist in sich wieder in drei horizontale Felder geteilt, die auf Christus hingeordnet sind und, von oben nach unten betrachtet, jeweils einen Schritt vom Himmlisch-Ewigen ins Zeitliche markieren, um schließlich in der Krönungsszene der unteren Bildhälfte auf die damalige Gegenwart hinzuführen. Ganz oben flankieren zwei Engel das Haupt Christi, darunter, durch Inschriften verdeutlicht, je zwei Apostel bzw. Heilige. Zur Rechten Christi zunächst Johannes der Täufer und dann der Evangelist Johannes; zur Linken Christi der Hl. Petrus und dann der Hl. Bartholomäus. Johannes der Täufer und Bartholomäus tragen die Märtyrerpalme. Daß der Apostel Bartholomäus in diese enge Wahl kam (Petrus und die beiden Johannes sind ja ikonographisch viel fester etabliert), braucht nicht Zufall zu sein; ein Arm des Hl. Bartholomäus befand sich seit dem 11. Jhdt in Canterbury – für den englischen Hintergrund Heinrichs des Löwen nicht unwichtig. Das Bildfeld darunter bringt je zwei Heilige aus späterer Zeit bis herauf zur damaligen Gegenwart – zur Rechten Christi dürfte sich der Hl. Blasius befinden – für Heinrich den Löwen auch direkt von Bedeutung, s.a. S. 59, zur Linken Christi unterhalb des Hl. Petrus ist Papst Gregor der Große dargestellt, der für die Christianisierung Englands verantwortlich war, und unter dem Hl. Bartholomäus ist Bischof Thomas Becket von Canterbury dargestellt, der gerade 1173 heilig gesprochen wurde. Ein großer Kreis, Zeichen göttlicher Vollkommenheit, bildet mit weiteren konzentrischen Kreisen die genaue Mitte des ganzen Bildes und umfaßt die obere göttliche und die untere irdische Hälfte. Letztere ist nun ganz der Darstellung der Krönung Heinrichs und Mathildens gewidmet. Das Herrscherpaar befindet sich in der Mittelachse mit Christus darüber. Aus dem zentralen Kreis kommen zwei Hände hervor und halten zwei Kronen über den Häuptern der beiden. Heinrich und Mathilde halten in der einen Hand jeweils ein Kreuz, mit der anderen Hand signalisieren sie ehrfürchtige Aufnahmebereitschaft. Wie Christus oben von Heiligen und Aposteln und Engeln flankiert ist, so hier das Herrscherpaar von bedeutsamen Vorfahren. Auch da ist die Auswahl nicht zufällig. Auf jeder Seite erscheinen zwei gekrönte Häupter. Auf seiten Heinrichs dessen Eltern Heinrich der Stolze und Gertrud, gefolgt von deren (nicht des Vaters) Eltern, dem Kaiser Lothar und der Kaiserin Richenza. Auf seiten von Heinrichs Gemahlin Mathilde von England stehen deren Eltern, König Heinrich II. und dessen Mutter Mathilde, die zunächst als Gattin Kaiser Heinrichs V. auch Kaiserin war. (Die Frauengestalt rechts außen ist nicht identifiziert).

17. Siegel der Stadt Trier.

Literatur: Stauferkatalog Bd. I., S. 88f.

18. Siegel der Stadt Braunschweig.

Die Umschrift Sigillum Burgensium in Brunswig – beim Trierer Siegel war vom *populus* die Rede – rückt mit dem Terminus *burgenses* die Bürger in den Vordergrund. Im Jahre 1227 verlieh der Welfenherzog Otto Braunschweig das Stadtrecht. Als älteste Spur des Siegels ist ein Dokument aus dem Jahre 1231 nachweisbar. Die Mauer mit Türmen und Zinnen beschwört das Bild der Stadt. Beherrschende Mitte bildet überraschenderweise der Welfenlöwe, über dem sich eine Architektur befindet, die an die Welfenburg Dankwarderode denken läßt. Als Vorbild diente wohl eine Welfenmünze. Inmitten der Bürger ist also die Herzogsmacht präsent.

Literatur: Stauferkatalog Bd. I., S. 92f.

19. Siegel der Stadt Speyer.

Dieses an einer Urkunde befindliche Siegel ist zwischen 1212 und 1231 anzusetzen. Speyer, das schon früh von dem engen Verhältnis zu Königen und Kaisern profitiert hat, erhielt zu Beginn des 12. Jhdts von Heinrich V. weitere Privilegien. Heinrich VI. erlaubte dann den Bürgern, aus ihrem Kreis einen Rat zu wählen. Wahrscheinlich gab es bereits im 12. Jhdt ein Stadtsiegel. Vorliegendes Siegel wird beherrscht vom Bild des gewaltigen Domes, dessen Spitzen sogar bis in den für die Umschrift vorgesehenen Rand vorstoßen. Die Umschrift besagt: *Sigillum civium Spirensium* (die Terminologie läßt also Varianten zu: *burgenses, cives* . . .). Die sonst so wichtige Stadtmauer weicht dem Dom; vielleicht sollten die beiden mächtigen Quader, welche die Gottesmutter mit Kind flankieren, an sie erinnern; diese Quader sind aber auch als ein Teil des Domes dargestellt. Eventuell könnte man auch in dem dreibogigen Ausschnitt, den die Gottesmutter ausfüllt, eine Andeutung eines Stadttors erkennen. Seit 859 galt als Patronin der in der Merowingerzeit gegründeten und der Gottesmutter und dem Hl. Stephanus geweihten Kirche ausschließlich die Gottesmutter. Das geht auch aus dem Siegel hervor. Die Darstellung der Gottesmutter mit Jesuskind weist interessante Züge auf, wenn man vergleichbare Darstellungen – u.a. auch Siegel – heranzieht.

Die rechte Hand des in typischer Pose auf der Brust leicht angewinkelten rechten Arms der Gottesmutter trägt kein Szepter. Das Jesuskind, vielleicht auch aus Gründen der Raumausfüllung, führt mit der linken Hand die typisch herrscherlich-lehrende Geste durch, während die üblicherweise dafür bestimmte Rechte gestreckt hinter dem Haupt der Gottesmutter verschwindet. Mit einer Zärtlichkeitsgeste hat das wohl nichts zu tun. Sollte damit auf etwas ungeschickte Weise zum Ausdruck gebracht werden, daß der Zeigegestus der Rechten des Jesusknaben auf das Haupt Mariens gerichtet ist? Ein Siegel des Paderborner Domkapitels aus der Zeit um 1250 (Stauferkatalog Bd. II., Abb. 57) könnte das nahelegen. Auf diesem Muttergottessiegel reiht sich der Zeigegestus Jesu ein in die auf Maria bezogene Gestik der beiden Bischöfe, die die Gottesmutter flankieren.

Literatur: Stauferkatalog Bd. I., S. 93f.

20. Grundriß von Wiener Neustadt.

Literatur: C. Meckseper: Kleine Kunstgeschichte der deutschen Stadt im Mittelalter. Darmstadt 1982.

21. Baubetrieb.

Erläuterung siehe Bild 2.

22. Das Rathaus von Dortmund.

Das Rathaus von Dortmund, im 2. Weltkrieg zerstört, war eines der ältesten Beispiele mittelalterlicher Rathausarchitektur mit Weinkeller, Gerichtslaube im Erdgeschoß, Ratssaal im 1. Stock und darüber einem Festsaal.

23. Angriff auf Burgmauer.

Erläuterung siehe Bild 2.

24. Donaubrücke in Regensburg.

25. Johanneskapelle auf Schloß Pürgg.

Die breite Streuung romanischer Kirchen wird durch die Einbeziehung auch wenig bekannter Bauwerke in abgelegenen Gegenden veranschaulicht; die Johanneskapelle von Pürgg (oberes Ennstal, Steiermark) gehört dazu. Schriftliche Zeugnisse aus der Zeit der Gründung sind nicht erhalten. Wahrscheinlich gehört die Kapelle mit ihrer Ausgestaltung zu den zahlreichen frommen Stiftungen, die die Traungauer Grafen auch in diesem Gebiet im 12. Jhdt tätigten. Die Fresken werden von den Kunsthistorikern aufgrund von Vergleichen mit Werken der Salzburger Buchmalerei um die Mitte des 12. Jhdts angesetzt. Die Freilegung der Fresken begann schon im 19. Jhdt, nach dem 2. Weltkrieg wurde sie beendet. An der Innenseite der Westwand des Langhauses sind nur Spuren erhalten, die Nordseite zeigt die törichten Jungfrauen, denen auf der Südseite die klugen Jungfrauen entsprechen, auf der einen Seite findet sich die Darstellung der Speisung der 5000, auf der Südseite sind es Szenen aus dem Marienleben; im unteren Sockelbereich Szenen aus dem Krieg der Mäuse mit den Katzen. Die Ostseite, die mit dem Triumphbogen sich in den Chorraum öffnet, weist oben einen *majestas*-Christus als Halbfigur auf, daneben die Darstellung vom Opfer Abels und Kains und in der mittleren Zone neben der Öffnung je eine Stiftergestalt. Man erkennt durchaus ein Programm, wenn auch nicht alles befriedigend einzuordnen ist. Im Chorraum beherrscht die Darstellung des Lammes oben die Szene, umgeben von den Symbolen der vier Evangelisten, darunter Heiligengestalten, deren Identifizierung im einzelnen schwerfällt.

Literatur: Romanische Kunst in Österreich. Ausstellungskatalog Krems 1964.

26. Grundriß von Burg Wildenberg im Odenwald.

Literatur: W. Hotz: Kleine Kunstgeschichte der deutschen Burg. Darmstadt 1965, S. 107ff.

27. Burgenkarte Österreichs (siehe zu Bild 25.)

28. Die Burgen des Kraichgaus.

Literatur: Die Burgen im deutschen Sprachraum. Bd. 1–2 hrsg. von H. Patze, Sigmaringen 1976 (Vorträge und Forschungen 19).

29. Kapelle der Burg Ottenstein im nördlichen Niederösterreich.

Die romanische Burg wurde in der ersten Hälfte des 12. Jhdts errichtet, ab 1177 sind die Burgherrn in Urkunden der österr. Herzöge nachweisbar. Die um 1170 entstandenen Fresken der Burgkapelle wurden 1975 freigelegt. Die Maltechnik weist Salzburger Einflüsse auf (Nonnberger Fresken, Buchmalerei). Trotz der Zerstörungen, die vor allem die unteren Teile der Wände aufweisen (Ausbrechen von Fenstern, Abschlagen des Mörtels), läßt sich ein Bildprogramm von hohem Niveau erkennen, das zusammen mit anderen Neuentdeckungen auf diesem Gebiet den Osten des deutschen Sprachraums als vollgültiges und aktives Glied in den gesamteuropäischen Kulturraum einfügt, der durch die Weiträumigkeit, Dichte und das enge zeitliche Neben- und Nacheinander seiner Hervorbringungen immer wieder in Erstaunen setzt. Die in den Gewölbeteilen erhaltenen Fresken stehen mit ihrer Christozentrik in einer Tradition, die im gesamteuropäischen Aufschwung der Romanik und gefördert durch die großen Sakralbauten und deren durchdachte Struktur eine gewaltige Steigerung erfuhr. Das christozentrische Bildprogramm von Ottenstein stellt eine besonders interessante Variante dar; die Kunstgeschichtler sprechen sogar von Einmaligkeit - beim bisherigen Wissenstand. Der Tradition folgend, ist die Apsis von der Darstellung Christi als Pantokrator erfüllt. Statt der Evangelistensymbole, die den *majestas*-Christus zu umgeben pflegen, flankieren ihn zwei Cherubim, dazu kommen noch zwei (bärtige) Gestalten in der Bogenlaibung hin zur Apsis, die vielleicht die beiden Propheten Jesaias und Ezechiel darstellen, auf die die Vorstellung von den Cherubim um Gottes Thron zurückgeht (Ez 1,5; Jes 6,1). Die Fresken in der Wölbung des Kapellenraumes selbst rükken erneut Christus ins Zentrum, wobei in besonders konsequenter Weise bestimmte Aspekte Christi aus dessen Heilswirken betont werden, die in enger Verbindung zur Idee vom Pantokrator der Apsis stehen: Die geistliche bedeutsame Zahl unterstreicht in Architektur und Malerei die Botschaft der Kapelle. In der Vierzahl, die aus der fast quadratischen Anlage des Kapellenraums einprägsam entgegentritt und oben in den vier Bildfeldern des Kreuzgratgewölbes wiederkehrt, ist in der aus der Erde aufsteigenden Architektur das Universum präsent (vier Himmelsrichtungen etc), nach oben gewinnt die Vierzahl des Quadrats weitere geistliche Dimensionen und verbindet sich über die Malereien der Wölbung mit der Kreisform der göttlichen Vollkommenheit. Der weite gemalte Kreis der unteren Wölbung und der darüber befindliche engere schneiden aus dem Kreuzgratgewölbe vier Bildfelder heraus, die um die Ereignisse des Osterfestes kreisen, wobei aber die Passion ausgeklammert und das Kreuz in der Gewölbegliederung gegenwärtig ist. Bei der Füllung dieser Gewölbefelder dürfte dann auch die wohlberechnete Abfolge von Szenen, die mehr im Irdischen spielen und solchen, die ganz und gar das Jenseitige ausstrahlen, zu beobachten sein. So füllt die Auferstehungsszene das östliche Bogenfeld; direkt vor der Darstellung des Pantokrators in der Apsis und in der Fortsetzung dieser Achse sieht man im westlichen Feld Christus als Sieger in der Vorhölle, wodurch auch die Weltenrichterrolle angedeutet wird. Im nördlichen und südlichen Feld ist man mehr im menschlichen Bereich: im Norden sieht man den Einzug Christi in Jerusalem, im Süden sind die Frauen am Grab dargestellt. Darüber in der Wölbung schließt sich ein noch engerer Kreis an, der die Symbole der vier Evangelisten enthält; auch da wird es nicht Zufall sein, daß der Adler im östlichen Feld erscheint. Im innersten Kreis oben im Gewölbe findet sich das Lamm, in Entsprechung zum Pantokrator.

In den Zwickeln der vier Wölbungsansätze sind die Kardinaltugenden dargestellt, deren Funktion in diesem extrem jenseitigen auf die die Verherrlichung Christi ausgerichteten Programm nicht ganz klar ist. Erwägenswert ist die Ansicht, diese vier Tugenden, die auch vornehmlich Herrschertugenden sind, als Einbeziehung des Irdisch-Herrscherlichen in das allumfassende göttliche Herrschertum zu deuten, womit auch der weltliche Burgherr zu seinem Recht käme.

Erklärungen und weitere Literatur: 1000 Jahre Babenberger. Niederösterr. Jubiläumsausstellung Stift Lilienfeld 1976, Wien 1976 (Katalog des niederösterr. Landesmuseums, Neue Folge 66), S. 503-505.

30. Säulenbasis aus Burg Wildenberg.

Darstellung eines Eseltreibers.
Literatur: Vgl. zu Bild 26

31. Säulenbasis aus Burg Wildenberg; Taubenmotiv.

Die geistliche Bedeutung des Taubenmotivs ist unverkennbar; freilich dürfte es kaum möglich sein, wie eben beim Eselsmotiv auch, eine Einordnung in ein übergreifendes Skulpturprogramm der Ausgestaltung der Burg vorzunehmen, dazu ist der Erhaltungszustand zu trümmerhaft und zufällig. Die Tauben, die hier Trauben pikken, sind Symbol der erlösten Seelen, die sich am Weinstock (= Christus) laben.

32. Wildenberg.

Torturm von Burg Wildenberg im Odenwald; rechts Erker der St. Georgskapelle.

33. Wohnturm von Burg Wasigenstein im Elsaß.

Literatur: W. Hotz, Pfalzen und Burgen der Stauferzeit. Darmstadt 1981, S. 144f.

34–35. Zisterzienserklöster.

Dem abstrakten idealtypischen Grundriß eines frühen Zisterzienserklosters kommen die einzelnen räumlich oft weit auseinander liegenden Klosteranlagen erstaunlich nahe, wie z.B. der Grundriß des schwäbischen Klosters Maulbronn zeigt. Der Vergleich mit dem berühmten karolingischen Klosterplan des Benediktinerklosters St. Gallen drängt sich auf. Der Plan des Zisterzienserklosters ist von großer Nüchternheit und in hohem Maße von den Notwendigkeiten, die zwei wichtigen Personengruppen zu beherbergen, die Mönche und die Laienbrüder, geprägt. So ergibt sich eine quer durch die Anlage durchgehende Zweiteilung, die schon in der Klosterkirche (Mönchschor und Chor der Laienbrüder) beginnt und auf die anschließenden Gebäude und Gebäudeteile übergreift; der Ostteil gehört den eigentlichen Mönchen, deren Westen den Laienbrüdern.

36. Ochsen vor dem Pflug.

Aus dem Hortus deliciarum (vgl. zu Bild 2)

37. Schnitter.

Aus dem Hortus deliciarum (vgl. zu Bild 2)

38. Wassermühle.

Aus dem Hortus deliciarum (vgl. zu Bild 2)

39. Blasebalg in der Schmiede.

Plastik aus rotem Sandstein aus der Erhardskapelle des Münsters des Klosters Allerheiligen in Schaffhausen.

40–42. Berufsbilder aus dem Reiner Musterbuch.

Dieses Musterbuch ist wahrscheinlich um 1230 im Zisterzienserkloster Rein in der Steiermark entstanden. Die Handschrift enthält neben Mustern für Buchstabeninitialen, Tierdarstellungen – teils von beachtlicher Realistik – und Ornamente auch acht Bilder aus dem Physiologus und 12 Szenenbilder, in denen man Kopien des Monatszyklus eines Wandfreskos vermutet. Die dargestellten Szenen aus dem Berufsleben sind keine isolierten Darstellungen; sie setzen ein mit einem Bild des Familienlebens und enden mit der Darstellung des Priesterdaseins, darin eingebettet Bilder vom Ackerbau, vom Schmied, Zimmermann, Weber, Schuster, Fischer, Jäger, Hirten, vom Vogelfang, Kochen, von der Schreibstube und vom Malen.

Literatur: Reiner Musterbuch. Faksimileausgabe aus dem Cod. Vindob. 507 der Österr. Nationalbibliothek (Band 1–2), Graz 1979 (Codices selecti 64.)

43–44. Handspiegel.

Knapp 10 cm großer Handspiegel aus Bronze, der um die Mitte des 12. Jhdts in einer schwäbischen Klosterwerkstatt hergestellt worden sein dürfte. Gefunden wurde er auf dem Bussen, einer Anhöhe im Kreis Biberach, wo seit dem Frühmittelalter befestigte Anlagen nachzuweisen sind und wo im 13. Jhdt eine Stauferburg stand. Falls die Datierung stimmt, handelt es sich um ein sehr rares Stück weiblich-höfischer Galanterie aus relativ früher Zeit, dem – auch bei umstrittener Deutung der dargestellten Szene – hoher kulturgeschichtlicher Wert zukäme. Der Griff, mit einer Öse zur Befestigung an einem Gürtel versehen, ist als eng umschlungenes Liebespaar konzipiert. Interessant ist, daß sich dieses Liebespaar auf der Rückseite des Spiegels im Rahmen einer erotischen Gesamtszene wiederfindet; die in der Sache liegenden jeweils anderen darstellerischen Möglichkeiten (Kreisform statt Stab) sind natürlich zu berücksichtigen. Der Künstler hat sich den Zwängen und Möglichkeiten der Kreisform anzupassen versucht und eine ausgewogene Bildfüllung angestrebt. Auf der rechten Seite erkennt man einen Harfenspieler; dem entsprechen auf der linken Seite in liegender Position die eng aneinandergepreßten Gesichter eines Liebespaares. Was auf dem Griff dreidimensional darstellbar war, ist nun auf die Horizontale auseinandergelegt, hier wie dort umfängt die Hand der einen Gestalt das Kinn der anderen. Unter den Gesichtern sind zwei stützenartige Gebilde zu erkennen, die auf ein Bettgestell hindeuten könnten, sowie in der Mitte eine Decke, aus der die Gesichter seitlich hervorragen. Oben in der Rundung befindet sich ein pilzartiger Gegenstand, der über der Decke hervorragt und von einem Knopf gekrönt ist; der Stamm weist eine Kannelierung auf. Gewöhnlich deutet man dieses Objekt als Baum, man könnte aber auch an einen Pavillon denken. Im Ganzen muß es sich bei dieser Darstellung um eine profane Liebesszene handeln (eine Illustration des Hohenliedes ist ausgeschlossen). Es ist unwahrscheinlich, daß eine Liebesszene nach freier Phantasie vorliegen könnte; vielmehr wird ein konkretes literarisches Modell dahinterstehen, sei es aus der höfischen Dichtung (Lanval, Jeschute im Parzival ...) sei es aus der antiken Mythologie. Szenen dieser Art, vor allem aus dem Tristanroman, finden sich immer wieder – etwas später vor allem – auf Gegenständen höfischer Interieurs wie Schmuckkästchen, Wandbehängen, Kleinobjekten.

Literatur. Stauferkatalog Bd. I., S. 219

45. Gürtelschließe

Diese auf Gotland gefundene Gürtelschließe ist kaum am Fundort selbst entstanden, sondern dürfte als prestigeträchtiges Importgut aus Westeuropa anzusehen sein. Sie stammt mit großer Wahrscheinlichkeit aus dem lothringisch-maasländisch-rheinischen Raum. Als Entstehungszeit wird das zweite Viertel des 13. Jhdts angenommen. Die etwa 5 cm hohe und 10 cm breite Gürtelschließe ist aus Silber gegossen und vergoldet. In der bildnerischen Gestaltung zeigt sie hohes kunsthandwerkliches Niveau; die Kleinkunst stand also der großen Kathedralplastik nicht nach. Der horizontal-längliche Ansatzteil der Schließe zeigt auf Blattwerk in der Mitte eine Gestalt zu Pferd, gefolgt von einer kleinen Figur, wohl einem Knappen, zu Fuß. Vor dem Reiter steht eine große Frauengestalt, die ihre Linke der ausgestreckten Rechten des Reiters entgegenhält. Bei dieser Begegnung zwischen Reiter und Dame handelt es sich offenbar um eine höfische Szene, die möglicherweise mit dem Schlußstück der Schließe, dem beweglichen länglich-runden vertikalen Teil mit Dorn, zusammenhängt. Man sieht hier links und rechts über der Spitze des Dorns zwei Gestalten, die in eine dreipaßartige mit Trauben verzierte Architektur eingefügt sind und an den Schmalstellen der Rundung jeweils von einem Engel flankiert werden. Bei den Mittelgestalten dürfte es sich wieder um Ritter und Dame handeln; der Ritter scheint vor der Dame zu knien. Galante Erotik wird bei diesem ins Intime weisenden Schmuckstück mit im Spiel sein, konkrete literarische Anhaltspunkte fehlen freilich.

46. Goldfibel.

Goldfibel mit Steinen besetzt, durchbrochen und reich mit schneckenförmigen Goldfäden verziert, die in der Mitte einen großen Edelstein enthält, Durchmesser 7 cm. Der Typ weist ins Rheinland. Als Entstehungszeit wird die 1. Hälfte des 13. Jhdts angenommen, heute im Mainzer Landesmuseum.

Literatur: Stauferkatalog Bd. I., S. 480.

47. Tonkrug.

Knapp 20 cm hoher Krug aus Siegburg (Bonn), Mitte des 13. Jhdts.

Literatur: Stauferkatalog Bd. I., S. 227.

48. Sonnenwagen.

Aus dem Hortus deliciarum (vgl. zu Bild 2)

49–50. Münze.

Kölner Münze aus der Mitte des 13. Jhdts. Auf der Vorderseite Bild des Kölner Erzbischofs mit Namen und Titel in der Umschrift, auf der Rückseite stilisiertes Bild der Stadt mit Umschrift sancta colonia. Literatur: Stauferkatalog Bd. I., S. 112.

51. Truhe in Form einer Baumkiste.

Literatur: Stauferkatalog Bd. I., S. 380.

52. Stadthaus.

Es handelt sich um die ›Stadtburg‹ eines gewissen Gozzo in Krems, Niederösterreich; erbaut um 1250.

53. Das ›Nassauer Haus‹ in Nürnberg.

Das untere Geschoß geht vielleicht noch ins 12. Jhdt zurück, der obere Abschluß ist spätgotisch.

54. Turmhaus in Regensburg.

Der sog. Baumburger Turm, eines der etwa 40 ganz oder teilweise erhaltenen Turmhäuser Regensburgs geht ins 13. Jhdt zurück.

55. Portal der Burgkapelle auf Burg Tirol.

Die Burg wurde um 1150 erbaut. Von den alten mittelalterlichen Bauten sind erhalten (teilweise erneuert): der viereckige Turm, der Palas und die Burgkapelle. Die künstlerische Ausgestaltung des Portals ist von hohem kunstgeschichtlichem Interesse. Siehe unten zur Baukunst!

56. Faltstuhl aus Admont.

Der Faltstuhl (lat. faldistorium, ein Wort germ. Ursprungs) ist ein tragbarer Stuhl, der es der dazu ermächtigten Person ermöglichte, an einem jeweils bestimmten Ort Herrschaft auszuüben. Stühle dieser und ähnlicher Art lassen sich schon in früher Zeit aus Bodenfunden nachweisen. Der mittelalterliche Faltstuhl ist in Verbindung zu bringen mit der antiken sella curulis (Wagenstuhl) der römischen Konsuln, Prätoren usw. Im Frühmittelalter hatte sich der Brauch entwickelt, im Kircheninnern eine cathedra (bequemer Stuhl mit Lehne, wie man ihn auch bei den Lehrern der heidnischen Antike kennt) aufzustellen, die für den Bischof reserviert war. Mit dem zunehmenden Hineinwachsen der Kirche in die Gedanken- und Symbolwelt des spätantiken Kaisertums – Idee vom Weltherrscher und dessen irdischen Statthaltern – wurde das feierlich-herrscherliche Sitzen immer mehr für geistliche Fürsten zum notwendigen Ausdruck ihres Selbstverständnisses. So konnte auch der königliche Faltstuhl zur rituell geheiligten Sitzgelegenheit der Bischöfe und Äbte werden. Vorliegendes Exemplar aus dem frühen 13. Jhdt dürfte der Abt von Admont vom Salzburger Erzbischof Eberhard († 1246) als besondere Auszeichnung überreicht bekommen haben. Im Kloster Nonnberg (Salzburg) befindet sich ein ähnliches Exemplar. Der Stuhl ist mit reichem Schnitzwerk verziert und kunstvoll mit Farben (dominant rot) ausgestaltet. Oben laufen die vier Scherenbeine in Löwenköpfe aus – was an die Löwen, die schon Salomons Thron umgaben und auf eine lange Tradition herrscherlicher Symbolik verweisen (2. Buch Chronik 9,18), denken läßt; unten sind es Drachenköpfe. Eine Sprosse ist, nach Ausweis des Wappens, im 15. Jhdt ergänzt worden, eine weitere sowie ein Scherenschenkel und der Ledersitz sind moderner Zusatz.

Literatur: Stauferkatalog Bd. I., S. 382. P. E. Schramm, Herrschaftszeichen und Staatssymbolik, Band I, Stuttgart 1954 Schriften der MGH 13,1), S. 316ff.

57. Herr der Welt.

Der »Herr der Welt« in der Gestalt eines adligen Herren. Südliches Seitenportal am Straßburger Münster.

58. Darstellung einer Schülerlegende.

Die eingepökelten und wiedererweckten Schüler. Darstellung der Schülerlegende auf dem romanischen Taufbecken in Zedelghem bei Brügge (12. Jhdt).

59. Spielende und trinkende Scholaren.

Aus der Münchner Handschrift der Carmina Burana (1. Hälfte des 13. Jhdt), Bayerische Staatsbibliothek, clm 4660, 91 r.

60. Die sieben freien Künste.

Darstellung der Sieben Freien Künste im Hortus Deliciarum (Lustgarten) der Herrad von Landsberg(12. Jhdt). Im Uhrzeigersinn gelesen: Grammatica, Rethorica, Dialetica, Musica, Arithmetica, Geometria, Astronomia. Unterhalb und außerhalb des geheiligten Kreises der Artes Liberales sitzen die Poete vel Magi, antike Schriftsteller und Dichter. Unsaubere und unchristliche Dämonen in Gestalt schwarzer Vögel flüstern ihnen ihr zweifelhaftes Wissen ein. (Vgl. zu Bild 2)

61. Multiplikationstabellen.

Zweimal zwei ist vier (Bis · II · IIII). Multiplikationstabellen (zweimal bis neunmal) aus einer Bonner Handschrift des 11. Jhdt Universitätsbibliothek Bonn, S. 218, 44 v.

62. Arzneimittelliste.

Arzneimittelliste mit interlinear eingefügten deutschen Namen. Handschrift aus Benediktbeuren, 12. Jhdt

Literatur: Rainer Schnabel, Pharmazie in Wissenschaft und Praxis, München 1965.

63. Kreuzgang in Königslutter.

Das einstige Benediktinerkloster St. Peter und Paul, das später mit den bereits vorhandenen Siedlungen zur Entstehung der Stadt Königslutter (Niedersachsen) beitrug, wurde 1135 von Kaiser Lothar III. nahe seiner Stammburg Supplinburg gegründet und war als dynastische Grablege gedacht. Der Kreuzgang, von dem der Nord- und Westteil erhalten sind, stammt aus dem ausgehenden 12. Jhdt. Die reiche bildhauerische Ausgestaltung der Säulen (von der Basis bis zu den Kapitellen) besonders im zweischiffigen Nordflügel sticht hervor; offensichtlich waren lombardische Steinmetzen am Werk. Der Stellenwert dieser Plastiken im Gesamtbau ist im einzelnen nicht mehr genau festzulegen.

64. Initiale ›O‹

Diese ausgestaltete Initiale findet sich in einem Hoheliedkommentar, der aus dem Zisterzienserkloster Eberbach (Hessen, gegründet 1135 durch Bernhard von Clairvaux) stammt. Die Handschrift, die der zweiten Hälfte des 12. Jhdts angehört, liegt in Oxford Bodleian library, Ms. Laud. Misc. 150). Die Initiale »O« des ersten Verses des Hohenliedes – *osculetur me* ... – wird Zentrum einer bildlichen Vergegenwärtigung von Thema und Sinn des Hohenliedes. Innerhalb des zur perfekten Rundung geweiteten »O«, in der göttlichen Vollkommenheit also, befinden sich die beiden in bräutlicher Liebe verbundenen Gestalten Christi und der Kirche. Die Inschrift zu beiden Seiten der Gestalten, *Christus, ecclesia*, identifiziert zum Überfluß die beiden; oder sollte durch diesen überdeutlichen Hinweis die ecclesiologische Deutung des Hohenliedes unmißverständlich in den Mittelpunkt gerückt werden? Christus legt den linken Arm über die Schulter der Braut Kirche und faßt mit der anderen Hand das Handgelenk der Braut; es ist der typische Gestus der Vermählung; überdies bildet dieses Verbinden der beiden Hände den Mittelpunkt des O-Kreises, was nicht Zufall zu sein braucht. Die beiden Gestalten sind in frontaler *majestas*-Pose dargestellt, Christus mit der typischen Kreuz-Gloriole versehen, die Braut Kirche mit einem Liliendiadem (Hohelied 2,1 f: *ego flos campi et lilium convallium. Sicut lilium inter spinas* ...). Die üppige Kleidung unterstreicht den festlichen Charakter der Szene.

65. Seite aus der Hoheliedparaphrase Willirams

Die Textstelle stammt aus dem 111. Abschnitt von Willirams Text: *Lussam ist mir diu mobilitas praedicationis, mit dero du alle die uuerlt gerno wilt peragrare* ... (angenehm ist mir die Gewandtheit, mit der du die ganze Welt gerne durchstreifen willst ...).

Literatur: Williram Abbot of Ebersberg: The ›Expositio in cantica canticorum‹. A critical edition by E. H. Bartelmez. Philadelphia 1967. (Memoirs of the American phil. soc. 69).

66. Kirchenbaukarte Österreichs im Hochmittelalter. (Siehe auch zu Bild 25)

67-68. Dom zu Speyer.

Das Kompositkapitell befindet sich in der Westwand der St. Afrakapelle, das korinthische Kapitell am Nordquerarm der westlichen Wandkapelle.

Literatur: F. Klimm, Der Kaiserdom zu Speyer. Speyer 1975.

69–70. Naumburger Dom.

Die Naumburger Figuren, Hermann und Reglindis und Ekkehard und Uta. Dazu die grundlegende Studie von: W. Sauerländer, Die Naumburger Stifterfiguren, in: Stauferkatalog, Band V, S. 169–247. Sauerländer, der sorgfältig das Verhältnis der Naumburger Skulpturen zu Bildwerken von Reims untersucht, neigt einer Datierung kurz vor 1250 zu.

71. Vézelay, Hauptportal

Die Kirche des im 9. Jhdt gegründeten Benediktinerklosters Vézelay in Burgund, die in ihrer baulichen Gestaltung unmittelbar unter den Einfluß Clunys geriet, gehört wegen des Reichtums und der Qualität ihrer Skulpturen zu den bedeutendsten Denkmälern der burgundischen Romanik. Vézelay hütete die Reliquien der Hl. Maria

Magdalena, der Schwester des Lazarus, wie die Tradition es wollte; die Reliquien des Lazarus wiederum befanden sich in der Bischofskirche von Autun, deren Skulpturen nicht weniger bedeutend sind. Die figurale Ausgestaltung dieser cluniazensichen Romanik ist ein Strukturelement dieser Sakralarchitektur.Gerade die geistige und räumliche Nähe zu Autun zeigt aber auch den unerwartet großen Spielraum, über den ein theologisch inspirierter Kunstverstand bei der Ausgestaltung derart geistlich-liturgisch vorbestimmter Bauteile, wie das Westportal einer war, verfügen konnte; auch ein Beweis für die schöpferische Dynamik, die in der lateinischen Kirche des hohen Mittelalters in rascher Folge eine Fülle großartiger Werke hervorbrachte, welche grundsätzlich eine durchgehende Einheitlichkeit mit ungewöhnlichem darstellerischem Reichtum im einzelnen zu verbinden vermochte. Die drei Westportale von Vézelay, um 1130 entstanden, die von einem Vorraum in die Kirche führen, sind auf besonders eindrucksvolle Weise christusbezogen, was die Christozentrik der hochmittelalterlichen Frömmigkeit und Theologie überhaupt unterstreicht. Höhepunkt und Zentrum bildet das Hauptportal, bei dem die Christozentrik schon aufgrund der Dimensionen der Hauptgestalt und deren Dynamik ins Auge springt. Diese Christozentrik erfaßt aber das gesamte Bildprogramm des Portals. Den geometrischen und theologischen Mittelpunkt der Komposition bildet die große kreisförmige Gloriole, die Johannes der Täufer in Händen hält und auf der Christus als das Lamm dargestellt ist, das die Sünden der Welt hinwegnimmt (von der Inschrift ist nur noch *mundi* erhalten). Dieses Lamm ist aber zugleich das Lamm der Apokalypse. Um diesen Mittelpunkt lagert sich der große Halbkreis des Giebelfeldes. Der Kreis als Bild göttlicher Vollkommenheit prägt bis in die kreisförmig auswallenden Faltenwürfe der Gewänder die heiligen Gestalten und erweist sich als Strukturmerkmal. Die vertikale Mittellinie führt, streng biblisch orientiert, von Johannes dem Täufer, dem unmittelbaren Vorläufer Christi, hinauf zu dem riesigen Christus in der Mandorla, der überdies mit einem großen vom Kreuz markierten Glorienschein umgeben ist, wodurch das Kreuz, das Zentrum der Erlösung, präsent gehalten wird. Dieser Gottmensch sprengt und umfaßt alles. Links und rechts vom Haupt Christi sind nicht ganz eindeutig festlegbare Zeichen angebracht, denen aber hohe geistliche Aussagekraft zukommen muß. Auf der linken Seite könnte es sich um eine Wolke handeln, was möglicherweise an die göttliche Erscheinungsweise im Alten Testament erinnert, rechts scheint Blattwerk vorzuliegen, was eventuell an den lebenspendenden Baum des letzten Kapitels der Apokalypse denken lassen soll. (Damit sind andere berechtigte Deutungen nicht ausgeschlossen). Aus den übergroßen Händen Christi brechen Strahlen hervor und treffen jeden einzelnen der zu beiden Seiten gescharten Apostel. Petrus, zur Rechten Christi, ist außerdem ausgezeichnet, daß seine Beine den Gestus Christi in vollkommener Weise widerspiegeln. Zur unmittelbaren Linken Christi, nun wie Christus mit dem Oberkörper in *majestas*-Pose, mit Autorität ausstrahlender Rechten und die Linke auf das Buch gestützt, was die Autorität präzisiert, befindet sich wohl der Hl. Paulus. (Beide Gestalten kehren unterhalb der Füße Christi vereint wieder und stellen die Verbindung her zu der Zone darunter, zu den Völkern der Erde; am Türpfosten rechts, auf der Höhe Johannes des Täufers, sind die beiden ein drittes Mal dargestellt). Die Apostel in höchster Erregung, von der Dynamik Christi erfaßt, halten in ihren Händen das Buch des Evangeliums; Christi Wort von der Aussendung der Apostel und pfingstliche Aufbruchstimmung wirken in ihnen. Auf dem Türsturz unterhalb der Apostel und erheblich kleiner dargestellt als diese erkennt man die verschiedenen Völker der Erde bis hin zu den seltsamen exotischen Geschöpfen. Die acht Bilder im Halbkreis, oben durchbrochen von der Gloriole Christi, entziehen sich in ihrer Gesamtaussage der Deutung. Darüber wölbt sich der Halbkreis der Tierkreiszeichen mit den entsprechenden Monatsbildern, die dem Räumlichen, das auch durch die Völker ausgedrückt wird, die Zeitlichkeit hinzufügen; beide Dimensionen sind der Göttlichkeit Christi untergeordnet. Das Bildprogramm vergegenwärtigt das ausströmende Heil in der auf das Buch der Bibel fundierten apostolischen Christus-Kirche, ein Heil, das nicht auf den einmaligen historischen Augenblick des Pfingstereignisses beschränkt gesehen werden soll, sondern im Ablauf der Heilsgeschichte erfahren wird.

Literatur: Bourgogne Romane, 4. éd. Zodiaque 1962 (La nuit des temps 1). Jean Nesmy – Dom Claude: Vézelay. Ed. Zodiaque 1970.

72. Maursmünster.

Die Westfassade der Kirche des ehemaligen Benediktinerklosters Maursmünster (Marmoutier) im Elsaß entstand im 12. Jhdt. Dieser Westbau steht ganz in der rheinischen Tradition. Bildhauerisch-figurale Ausgestaltung ist, ganz anders als in Frankreichs Romanik, praktisch nicht vorhanden, die anspruchsvolle Architektur wirkt durch sich allein, durch den klaren geschoßartigen Aufbau mit den Blendarkaden und den drei dichtgedrängten Türmen, dem mächtigen viereckigen Mittelturm und den beiden achteckigen Flankentürmen, in denen sich das architektonische Prinzip konsequent fortsetzt. Der Eingang gewinnt mit der dreibogigen Vorhalle den Charakter des Triumphbogens.

73. Baumeistersäule am Dom zu Worms.

Literatur: W. Hotz, Der Dom zu Worms, Darmstadt 1981.

74. Giebelfeld am Südportal des Doms zu Worms.

75. Taufbecken aus Freckenhorst bei Münster.

Das aus rötlich-gelbem Sandstein gemeißelte Taufbecken hat die Gestalt einer wuchtigen Säule, die in der Höhe von 126 cm abgeschnitten wurde; der Durchmesser beträgt 117 cm. Die attische Säulenbasis ist 25 cm hoch, darauf folgt das untere 35 cm hohe Skulpturenband mit den Löwendarstellungen, darüber liegt wie eine Platte ein 5 cm breiter Streifen mit einer lateinischen Umschrift, die besagt, daß die Kirche im Jahre 1129 vom Münsteraner Bischof Egbert geweiht wurde. Dann kommt das 45 cm hohe zweite und wichtigste Skulpturenband mit seinem heilsgeschichtlichen Bildprogramm; ein Blattband und ein Rillenband schließen nach oben ab. Die Säule als architektonische Grundform dieses Taufbeckens blieb nicht ohne Einfluß auf die Skulpturen, die ja nicht gegen die Säulenrundung verstoßen durften. Die Skulpturen wirken fast reliefhaft und man hat, wohl zu Recht, an den Stil der frühen Elfenbeinschnitzereien gedacht; somit läge auch eine gewisse handwerklich-stilistische Rückbindung an einheimische Traditionen vor und man befände sich noch nicht auf der Stufe der schon viel weiter getriebenen Verselbständigung der Steinplastik, wie sie die französische Romanik kannte. Von der Säule als dem tragenden Element der Architektur mag es auch herrühren, daß der Gedanke des Tragens und Stützens auch Einfluß auf das ikonographische Programm gewonnen hat. Die untere schmale Bildzone ist, wie es sich für einen Taufstein auch schickt, der Darstellung des zu überwindenden und in Christus bereits überwundenen Bösen gewidmet. Diese teuflischen Löwen, unwiderruflich getrennt von der darüber sich entfaltenden Heilswelt, mit verdrehten Köpfen von unten immer noch nach oben blickend, woher sie kamen und wohin ihnen der Weg nun versperrt ist, müssen mit ihrem Hinterteil dieser hohen Heilswelt als Atlanten dienen, sie wider ihren Willen tragen. Das darüber angebrachte Bildband, durch Position und Größe als überlegen ausgewiesen, stellt in sieben Bildern Szenen aus der Heilsgeschichte dar, die ja nichts anderes ist als die Geschichte vom Sieg Gottes über Satan. Diese Szenen sind in breitgezogene Arkaden eingefügt, deren Säulen mit wehrturmartigen Kapitellaufsätzen ausgestattet sind; an die Türme des Himmlischen Jerusalems zu denken, wäre aber, auch aus Gründen der Zahlensymbolik, kaum vertretbar. Die Siebenzahl der heilsgeschichtlichen Bildfelder ist natürlich nicht zufällig, freilich sind der geistlichen Deutungsmöglichkeiten zu viele; auch die Siebenzahl als Indiz für die Begrenzung des menschlichen Lebens (70 Jahre, wie es im Alten Testament heißt) wäre bei einem Taufstein erwägenswert. Die Szenen führen von der Verkündigung über Christi Geburt, Taufe im Jordan, Kreuzigung, Zerbrechen der Höllenpforten, Himmelfahrt zur oben abgebildeten Schlußszene: Christus in der Mandorla, auf dem Regenbogen sitzend (Apok 4,3, siehe auch Bild 78 aus Niederzell auf der Reichenau), von den Zeichen der vier Evangelisten umgeben, was nochmals den neutestamentlich-christozentrischen Charakter betont (›in Christus sind wir getauft‹, Römerbrief), breitet richtend seine Arme aus. Das Spruchband zur Rechten besagt: kommt ihr Gesegneten, das zur Linken: weicht ihr Verfluchten. Die Köpfe der Menschen zur Rechten tragen auch bereits die Heiligengloriole.

Literatur: A. Henze, Der Taufstein in Freckenhorst, in: Das Münster 3, 1950, S. 20–28.

76. Westportal von St. Peter.

Westportal von St. Peter, Salzburg, zeigt ebenfalls, im Gegensatz zur burgundischen Romanik noch den Vorrang der Architektur vor der Skulptur; Trichterportal aus der Zeit um 1240.

77. Fresken im Stift Lambach.

Im ehemaligen Westchor der in der Barockzeit umgestalteten Stiftskirche von Lambach (Oberösterreich) wurden nach Beseitigung der bei dieser Umgestaltung errichteten Stützmauern alte dahinterliegende Fresken aufgedeckt und in den Jahren nach 1960 freigelegt. Bisher wurden mehr als 200 m^2 Fresken zugänglich gemacht. Es handelt sich dabei um Szenen aus der Jugendgeschichte Jesu, die einst Teil der Gesamtausmalung der romanischen Kirche gewesen sein müssen. Die qualitativ ungemein hochstehende Ausmalung ist um 1090 erfolgt. Die zwei übereinander liegenden Bildfelder unserer Abbildung sind aufeinander bezogen. Im oberen Feld lehrt der Knabe Jesus im Tempel, im unteren heilt der Mann Jesus in der Synagoge von Kapharnaum einen Besessenen. Jesu Wirken in der Öffentlichkeit, das in der Heilungsszene im unteren Bild im Staunen der zwei großen Menschengruppen, die Jesus flankieren, zum Ausdruck kommt, ist im Bild darüber, der Szene vom lehrenden Jesusknaben inmitten der Schriftgelehrten, bereits präfiguriert. Hier wie dort – in der Heilungsszene bezeichnenderweise ohne realen sachlichen Hintergrund – steht dabei Jesus als der machtvoll Lehrende inmitten der Menge, das Buch (oben wohl das Alte Testament, unten wohl das Buch des Evangeliums) in der Linken als Autoritätssiegel. In beiden Fällen ist der architektonische Rahmen, der den Tempel bzw. die Synagoge signalisiert, streng symmetrisch angelegt. Im unteren Feld wird die Symmetrie unterstrichen durch die zentrale Position des frontal dargestellten *majestas*-Christus, zu dessen Füßen sich der Besessene befindet. Die zentrale Position wird betont durch die zwei Personengruppen, die Christus flankieren und deren Gestik Erstaunen, heilsame Furcht und Aufnahmebereitschaft ausdrückt. Das Bild darüber bringt eine besonders gut durchdachte Darstellung der Tempelszene. Es weist zwei ikonographische Schwerpunkte auf, die auf die linke und rechte Bildseite verteilt sind, wodurch eine neue und anspruchsvolle Form der Symmetrie realisiert wird. Der eine darstellerische Schwerpunkt liegt genau in der Achse zwischen dem ersten und zweiten Bilddrittel und wird vom sitzenden und lehrenden Jesusknaben gebildet, der sich klar vom leeren Hintergrund abhebt. Den zweiten Schwerpunkt, in der Achse zwischen zweitem und drittem Bilddrittel liegend und ebenfalls vom leeren Hintergrund klar abgehoben, bildet der bedeutungsvolle Zeigefinger Mariens, der auf Jesus gerichtet ist. Wo im Bild darunter die Zentralposition Christi allen offenkundig geworden ist, ist sie in der frühen Tempelszene erst indirekt vorhanden. Die ersten zwei Bilddrittel der Tempelszene sind der eigentlichen Lehrsituation gewidmet, das rechte Bilddrittel enthält die großen stehenden Gestalten Mariens und Josephs. Maria kommt dabei die größere Bedeutung zu. Sie weist mit der einen Hand auf Jesus hin und wendet zugleich das Haupt dem hinter ihr stehenden Joseph zu, um ihn auf das überraschende Geschehen aufmerksam zu machen. Josephs Rechte und Mariens Linke deuten dasselbe an wie die Gesten der Gruppe zu Jesu Linken im Bild darunter. Die Lehrsituation links im Bild ist deutlich markiert durch das spannungsvolle Hinwenden der Blicke auf den Jesusknaben, das Entrollen der Thora, das Hinweisen auf eine Textstelle, im Vordergrund zur Rechten Jesu. Zur Linken Jesu ganz vorne sieht man einen Schriftgelehrten, der genau die Gesten Jesu wiederholt und sich somit in ungewohntem Rollentausch als gelehriger Schüler des knabenhaften Meisters darstellt.

Literatur: N. Wibiral: Die Fresken im ehemaligen Westchor der Stiftskirche von Lambach. In: Romanische Kunst in Österreich. Ausstellungskatalog, Krems 1964, S. 94–104.

78. Niederzell auf der Reichenau.

Die aus der ersten Hälfte des 12. Jhdts stammenden und zu Beginn des 20. Jhdts freigelegten Fresken der Kirche St. Peter und Paul (Niederzell auf der Reichenau) gehören zu den wichtigsten Zeugnissen frühromanischer Wandmalerei im deutschen Raum. Das in der Zeit der Gotik breit ausgebrochene Fenster – die Gotik ersetzte die romanische Wandmalerei durch die transparente Glasmalerei –, wodurch Teile des Freskos wegfielen, beeinträchtigt nicht grundsätzlich die Interpretation. Anders als z. B. bei den um einige Jahrzehnte jüngeren Fresken in Hocheppan macht sich hier in Niederzell, wie oben angedeutet (S. 229ff), die im Deutschen besonders gut ausgeprägte Neigung zu typologischer Deutung bereits bemerkbar. Sie gibt der eindrucksvollen Darstellung der typischen *majestas* Christi in der Apsis erst die besondere theologische Aussagekraft. Diese liegt in der Einbettung der *majestas* Christi in den biblischen Zusammenhang der fortschreitenden Offenbarung der göttlichen Herrlichkeit. So beginnt die Darstellung mit dem unteren Bildband, das 12 Propheten vorführt; die Judenhüte erleichtern die Identifizierung. Darüber erscheinen, also deutlich höherwertig, in genauer Entsprechung die 12 Apostel des Neuen Testaments. Als Krönung erhebt sich über das Ganze die allesüberragende Gestalt Christi in der Halbkuppel der Apsis. Die Sterne in der Mandorla zeigen ihn als Schöpfer und Herrn des Kosmos, der Regenbogen, dieses frühe heilsgeschichtliche Zeichen der neuen Verbindung zwischen Himmel und Erde nach dem Sündenfall, beschwört den Bund zwischen Gott und Noah, der im menschgewordenen Gottessohn seine Erfüllung findet; als Weltenrichter am Ende der Zeiten auf dem Halbkreis des Regenbogens thronend, wird Christus wiederkommen. Dieser Christus hält das aufgeschlagene Buch in der Linken, die Rechte herrscherlich erhoben. Die vier Evangelistensymbole umgeben Christus, zwei Engel auf Rädern (Merkmalen der Cherubim bzw. Seraphim), bilden dazu einen alttestamentlichen Hintergrund, zwei Heiligengestalten, wohl Petrus und Paulus, stehen Christus zur Seite und lassen von den Propheten über die Apostel die Kirche an der Christusherrlichkeit Anteil haben.

79. Apsiden der Burgkapelle Hocheppan.

Die Burgkapelle von Schloß Hocheppan (Südtirol) wurde 1131 eingeweiht. Die Fresken werden aus stilgeschichtlichen Gründen aber erst gegen Ende des 12. oder Anfang des 13. Jhdts angesetzt; in diese Zeit fällt auch der weitere Ausbau der Burg, der, wie öfter zu beobachten, in Anlehnung an die Architektur der Bischofssitze erfolgte, was auch für die künstlerische Ausgestaltung von Bedeutung war. Die Kapelle wurde, wie es dem Wesen der romanischen Kunst entsprach, außen und innen mit Fresken überzogen. Der gut 30 m^2 umfassende, etwa 4,5 m hohe Innenraum der mit flacher Decke versehenen Kapelle ist mit Wandmalereien geschmückt, die von einem gut durchdachten und konsequent durchgeführten neutestamentlich christozentrischen Bildprogramm beherrscht sind. (In der Technik und teilweise auch in der Thematik erkennen die Kunsthistoriker byzantinischen Einfluß, der gerade auch um 1200 intensiv über Venedig nach Norden ausgestrahlt haben dürfte). Zwei übereinanderliegende Bildstreifen stellen, beginnend oben in der Südwand, wichtige Etappen aus dem Leben Jesu dar und setzen sich im Westen und Norden fort. Der Episode von den Hl. Drei Königen wird dabei, ähnlich wie in anderen romanischen Zeugnissen, besonders viel Raum gewährt. Die Darstellung führt bis zur Passion und den Frauen am Grab. Die Kreuzigung selbst fehlt, sie ist dafür an der Außenwand der Kapelle angebracht. (Man denke an die romanische Decke von Zillis, wo die Kreuzigung ebenfalls fehlt, dafür aber im großen Kreuz der Gesamtanlage umso machtvoller präsent ist). Das Kernstück der Innenausmalung, die Darstellungen an der Ostwand, die auch im Bild gut sichtbar sind, zeigen, im Gegensatz zu den übrigen Wänden, nicht so sehr Jesus in seinem einmaligen irdischen Lebensablauf, sondern Christus in seiner ewigen heilsgeschichtlichen Bedeutung, wie es ja auch der symbolhaften Anlage der Kirchenarchitektur entsprach. Das obere Bildband, das mit je einem der dreiteiligen Bildfelder auf die Süd- und Nordwand übergreift, zeigt Christus flankiert von je sechs Aposteln in zwei Dreiergruppen, in *majestas*-Pose sitzend, die Apostel überragend, die Linke auf das Buch gestützt, die Rechte in der Gestik des machtvoll Lehrenden. Genau darunter, in der Rundung der Hauptapsis die herrscherlich frontal dasitzende Gottesmutter, byzantinischer Tradition folgend, die in ihren Armen in Schräglage den nicht mehr als Kind dargestellten Christus hält, der die Gestik des *majestas*-Christus vom Bild darüber wiederholt, die Linke auf das Buch gestützt, die Rechte in lehrhaft machtvoller Zeigegestik erhoben. Zwei flankierende Engel, wohl Sonne und Mond darreichend, evozieren dazu Christus als Schöpfer und Herrn des Kosmos, wie wir ihn auch aus der zeitgenössischen Bibelepik kennen. Diese Engel sind aber auch als Flankierung der Gottesmutter zu sehen und ordnen diese ein in den Darstellungstyp der *regina angelorum.* Die Darstellung der klugen und törichten Jungfrauen, die einen zur Rechten Christi, die anderen zur Linken, läßt an Christus als den Weltenrichter am Ende der Zeiten denken. Die linke Seitenapsis - von Christus aus gesehen die rechte! - zeigt Christus als das Gotteslamm. Johannes der Täufer und der Evangelist Johannes (im Johannesevangelium befindet sich die Stelle, die vom Lamm Gottes handelt, Joh 1,29) halten ein Spruchband, Johannes der Täufer weist mit der einen Hand nach oben auf das Lamm. Die südliche Seitenapsis stellt die Übergabe der Schlüssel an Petrus und der Schrift an Paulus dar; das Weiterwirken von Christi Erlösungstat in der Welt ist also ebenfalls sichtbar gemacht. Im ganzen ist die bildhafte Vergegenwärtigung der zentralen heilsgeschichtlichen Aspekte Christi auf eindrucksvolle Weise vollzogen. (Man vergleiche auch Tafel I.)

80. Freskenzyklus in Idensen.

Bildanalyse bei Demus, Rom. Wandmalereien, S. 230f. Dazu auch: R. Ehmke, Der Freskenzyklus von Idensen (s. Bibliogr.)

81–82. Verduner Altar.

Nach einem Brand wurden die Emailtafeln zu einem Flügelaltar umgebaut und die zwei Dreierreihen der Tafeln, die die Kreuzigungsszene flankieren, hinzugefügt, so daß nun anstatt der ursprünglichen drei Reihen zu je 15 Tafeln das Werk aus drei Reihen zu je 17 Tafeln besteht. Außerdem kam noch Schmuckwerk hinzu. 1833 wurde der Altar dann am Grab des Hl. Leopold († 1136) aufgestellt in der sog. Leopoldskapelle des Stifts. Heute ist um den Altar ein geschlossener Raum mit Licht von oben und Glaswand hin zum Beschauer.

Literatur: H. Buschhausen: Der Verduner Altar. Das Emailwerk des Nikolaus von Verdun im Stift Klosterneuburg. Wien 1980. F. Röhrig, Der Verduner Altar. Wien 1985.

83. Scheibenkreuz aus Kremsmünster.

Niederdeutsche oder gar englische Arbeit aus dem Ende des 12. Jhdts, seit dem 17. Jhdt im Benediktinerstift Kremsmünster nachweisbar. Durchmesser fast 30 cm, Fußhöhe 12,5 cm. Fuß und Kreuz scheinen nicht derselben Werkstatt zu entstammen und gehörten vielleicht ursprünglich nicht zusammen. Das Material ist getriebenes Kupfer, vergoldet, mit nicht erhaltenem Edelsteinschmuck. Die vier typologischen Darstellungen auf dem Kreuz verbinden Inschrift und Bild, wobei letzteres den Typus und darüber jeweils den Antitypus aufweist. Die drei Darstellungen auf dem Fuß zeigen auch Inschrift und Bild, letzteres enthält aber nur den alttestamentlichen Typus. Kreuz und Fuß sind christozentrisch angelegt; die Kleinkunst steht also in dieser Hinsicht der großen Sakralkunst und auch der geistlichen Literatur nicht nach, was eben eine umfassende geistig-religiöse Perspektive erkennen läßt. Den Löwen im Feld links unten erläutert die Umschrift: *quid leo vel catulus signent vix exprimet ullus* (was Löwe oder Löwenjunges bezeichnen, kann kaum jemand ausdrücken). Dem entspricht im Bild darüber Christus als der Auferstandene: *mysticus ecce leo surgit baratro populato* (siehe, der mystische Löwe erhebt sich, nachdem er den Abgrund bezwungen). Das rechte untere Feld zeigt den Adler mit der Inschrift: *hic aquilae gestus Jesu typus est manifestus* (hier wird die Haltung des Adlers als Typus Jesu offenbar); dem entspricht im Bild darüber die unmittelbare Darstellung Christi bei der Himmelfahrt: *hic volucrem mersum sapias super aethera versum* (hier kannst du den begrabenen Adler erkennen, wie er sich in die Lüfte erhebt). Der Fuß bringt drei altestamentliche Christuspräfigurationen mit den entsprechenden Inschriften: die Israeliten, die in Ägypten ihre Türen mit dem Zeichen Tau versehen: *Tau quae postem notat est crux quae fugat hostem* (Das Zeichen Tau, das den Türpfosten kennzeichnet, ist das Kreuz, welches den Feind in die Flucht schlägt); Moses, der in der Wüste die eherne Schlange aufrichtet: *Qui nos salvavit dominum crux sancta levavit* (das heilige Kreuz erhöhte den Herrn, der uns errettet hat); Samson, der die Türflügel von Gaza aushängt und auf den Berg trägt: *confringens postem Samson obruit hostem* (Samson zerbrach die Tore und vernichtete so den Feind).

Literatur: 1000 Jahre Babenberger in Österreich. Niederösterreichische Jubiläumsausstellung Stift Lilienfeld 1976, 2. Aufl. Wien 1976 (Katalog des niederösterreichischen Landesmuseums, Neue Folge 66), S. 600. (Dort weitere Literatur).

84. Der deutsche Sprachraum im Hoch- und Spätmittelalter.

Literatur: E. Schwarz, Die deutschen Mundarten, Göttingen 1950.

85. Kampfszenen

Diese Darstellung einer Kampfszene des Rolandsliedes befindet sich im Text bei V. 4571 ff; sie leitet die Illustrationen zur Massenschlacht ein. Die folgenden Bilder mit Kampfszenen zeigen dann den Nahkampf mit Schwertern, während es hier am Beginn noch um den Einsatz der Lanzen geht. Man bekommt eine Vorstellung von der Kampfesweise der schweren Panzerreiter. Fest im Steigbügel stehend, die horizontal gerichtete Lanze in der Rechten und den großen, unten spitz zulaufenden Schild in der Linken stürmen die mit Topfhelmen und Nasenschutz bewehrten Ritter aufeinander los. Der gerade im deutschen Text so stark betonte Gegensatz zwischen Christen und Heiden findet in der bildlichen Darstellung keine Entsprechung, nicht Christen und Heiden prallen hier aufeinander, sondern Ritter stehen gegen Ritter. So wenig wie oben (Bild 8/9) bei der Darstellung der königlichen *majestas* ein Unterschied zwischen Karl und den Heidenherrschern gemacht wurde, so also auch hier bei den Kriegern. (Das brauchte keineswegs so zu sein; schon auf dem aus der Zeit um 1123 stammenden Architrav des Tympanons des ersten rechten Blendportals der Hauptfassade der Kathedrale von Angoulême, den eine markante Kampfszene aus der Chanson de Roland an geistlich bedeutsamer Stelle ziert, ist der heidnische Krieger durch den typischen Rundschild deutlich gekennzeichnet. Weitere Unterschiede sind allerdings auch nicht festzustellen.) Die Notwendigkeit ikonographischer Differenzierung ist demnach verschieden stark ausgeprägt und muß wohl von den einzelnen Bildtypen und deren Funktionen gesehen werden.

Literatur: siehe Bild 1.

86. Alexanders Greifenflug.

Zu den ältesten Skulpturen des Freiburger Münsters, die noch in unseren Zeitraum fallen, um 1210, gehört das Alexanderkapitell aus dem Portal zur Nikolauskapelle am südlichen Eingang zum Chorumgang. Alexander, als König mit Krone, in einem Korb sitzend, flankiert von zwei großen Greifen, an deren Hals der Korb befestigt ist, hält diesen Vögeln aufgespießte Hasen vor die Schnäbel und bringt sie auf diese Weise dazu, daß sie mit ihm immer höher fliegen. So wie Alexander auf seinem Zug nach Osten bis zum Paradies vordringen wollte, so wie er in einer Art Taucherglocke die Tiefen des Meeres zu ergründen versuchte, so will er nun auch die Geheimnisse des Himmels erforschen. Was in verschiedenen Formen der Alexanderdichtungen meist Stoff für spannende exotische Geschichten lieferte und die Öffnung des mittelalterlichen Horizonts ins Unbekannte förderte, diente hier als Skulptur in der Kirche vor allem dem erbaulichen Zweck, ist ein Hinweis auf die verderbliche luziferische *superbia*. Dieses Alexanderbild darf freilich auch innerhalb des deutschen Kulturraums nicht verabsolutiert werden. Gerade in Dichtungen der ersten Hälfte des 13. Jhdts steht Alexander nicht nur für die *superbia*; im Alexanderroman Rudolfs von Ems, 1235–1240, wird Alexander keineswegs als der Inbegriff menschlicher Maßlosigkeit gesehen, sondern wird vielmehr gepriesen als vorbildlicher, weiser Herrscher und rücksichtsvoller Krieger und Feldherr, und Walther von der Vogelweide z.B. (17,9) erwähnt Alexander als Vorbild königlicher Freigebigkeit.

Literatur: K. Kunze, Himmel in Stein. Das Freiburger Münster, Freiburg 1980.

87. Vulkan schmiedet eine Ritterrüstung.

Die Darstellung des Vulcanus, der auf Bitte der Frau Venus hin Waffen und Rüstung für Aeneas schmiedet und mit Zange und Hammer vor dem Amboß steht (untere Bildhälfte), reiht die vorliegende mythologische Szene u.a. auch ein in die aus der damaligen Zeit verfügbaren Illustrationen handwerklicher Tätigkeit, hier des Schmiedens, s.o. S. 102. Die Namen (Vulkanus und Venus) oberhalb der Gestalten weisen auf deren mythologische Herkunft hin; das Spruchband mit dem Text *ih wil ez allez suonen. mache gewaefen eneasen dem chuonen* (ich will für alle Sühne leisten – gemeint ist der Ehebruch! obere Bildhälfte – mach nur dem kühnen Aeneas Waffen) ist wiederum kein wörtliches Zitat aus dem Text Heinrichs von Veldeke, höchstens das Wort *suone* in V. 5582 könnte als Ansatz gedient haben. (Näheres zur Handschrift und zu ihren Illustrationen siehe Bildfolge 89–91).

88. Schild aus der Stauferzeit.

Dieser Schild, dem Landgrafen Konrad von Thüringen († 1240) zugeschrieben, befand sich als Totenschild in der Elisabethkirche in Marburg, war aber ursprünglich ein normaler Rüstungsbestandteil, wie u.a. auch die Nieten für die Schlaufen zeigen. Er ist 88 cm hoch, 72 cm breit, aus Lindenholz und mit Leder überzogen. Auf der Außenseite ist ein aus Leder geschnittener Löwe aufgenagelt. Das zwar erst im 15. Jhdt links unten aufgemalte kleine Deutschordensritterschild würde zu dem Thüringer Landgrafen passen, da dieser kurz vor seinem Tod

Hochmeister des Ordens wurde. Heute ist der Schild im Marburger Universitätsmuseum. Dieser Schild ist ein Beispiel des sog. klassischen Dreiecksschildes, wie er bei den Rittern des 13. Jhdts üblich war. Er hatte den schmaleren längeren und stärker gewölbten sog. Normannenschild, den z.B. noch die Illustrationen der Handschrift des deutschen Rolandsliedes aufweisen (s. Abb. 83) verdrängt; die Iweinfresken auf Schloß Rodenegg (s. Abb. 95) zeigen bereits die modernere Schildform.

Literatur: Stauferkatalog Bd. I., S. 232.

89–90. Aus der Eneit.

Diese Bilder – wozu noch die oben zur Illustration der ritterlichen Rüstung und des handwerklichen Lebens abgedruckte Schmiedeszene gehört (Bild 87) – stammen aus der Berliner Handschrift der Eneit Heinrichs von Veldeke. Diese Handschrift, 1819 nachweisbar im Privatbesitz eines Kasseler Kaufmanns, der sie im Gefolge der Klosteraufhebungen in Süddeutschland erworben hatte, wurde 1823 der königlichen Bibliothek in Berlin angeboten und von ihr erworben. Die Illustrationen weisen auf die berühmte Regensburg-Prüfeninger Malschule; dort dürften sie um 1200 oder zu Beginn des 13. Jhdts entstanden sein. (Folgende Ausgabe wurde zugrundegelegt: Eneide. Die Bilder der Berliner Handschrift. Bearb. von Albert Boeckler, Leipzig 1939; dort auch die ältere Literatur. Eine gründliche moderne ikonographische Analyse fehlt. Die ältere Literatur bringt meist nur Beobachtungen zur Maltechnik verbunden mit fragwürdigen impressionistischen Wertungen). Das grundsätzliche Problem mittelalterlicher bildlicher Darstellungen stellt sich auch hier: Darstellungstechnik und ikonographische Typen entstammen der geistlichen Tradition der Malschule, das Sujet aber ist profan. Die Berliner Eneit-Handschrift ist für die Ikonographie der gesamten Aeneis-Tradition von Bedeutung. Eine Anlehnung an eine nicht erhaltene illustrierte französische Handschrift des Roman d'Eneas schließen die Fachleute aus, aber auch die im Mittelalter belegbare Tradition der Handschriften des Vergilschen Textes kann dem Illustrator unserer Handschrift nicht viel gegeben haben. In diesen Handschriften fehlt gerade die am fortlaufend erzählten Geschehen orientierte Bildabfolge. Im Gegensatz zu illustrierten Handschriften der Werke des Terenz, Prudentius etc. weisen die mittelalterlichen Aeneis-Handschriften Illustrationen meist nur in Initialen und am Rande auf. Die vollständige kontinuierliche Bildabfolge der Berliner Handschrift ist ein bedeutender Schritt in der mittelalterlichen Aneignung eines antiken Stoffes auch auf der Ebene des Bildes. Auf 71 Seiten der Handschrift verteilt, stellen 136 Illustrationen eine bildliche Wiedergabe der Hauptereignisse des Handlungsablaufes der Eneit dar, wobei Bild- und Textblätter ziemlich regelmäßig aufeinander folgen; neue Erzählabschnitte werden meist mit einem Bild eingeführt. Das Verhältnis zwischen Bild und Text, bei aller Bindung an die Möglichkeiten der Traditionen des jeweiligen Mediums, ist eng und es stellt sich die Frage, was den mittelalterlichen Mäzen und Künstler bewogen hat, das Geschehen der Eneit in Wort und Bild darzustellen. Die Eneit-Bilder gehören zu den frühesten Illustrationen überhaupt, die wir zu einem Werk höfisch-profaner volkssprachlicher Literatur besitzen. In der frz. Textvorlage scheinen Illustrationen gefehlt zu haben. Hatte der Aeneas-Stoff im Deutschen eine Sonderstellung? Die Abweichungen, die den Text Heinrichs von Veldeke gegenüber dem frz. Original auszeichnen (Stauferpartie, geschichtstheologische Komponente) könnten damit zu tun haben. Die Handschriften anderer großer Werke der volkssprachlichen Literatur unmittelbar nach Heinrich von Veldeke weisen zunächst meist keine Illustrationen auf. Die bildlichen Darstellungen von Heldensagen z.B. finden sich durchweg nicht in den betreffenden Handschriften; das gilt in hohem Maße auch für die höfischen Romane: in bildlicher Darstellung lebt der Tristanstoff z.B. auf Wandteppichen, Fliesen und auf Luxusgegenständen des höfischen Intimbereichs nicht aber in Handschriften; Iweinstoff finden wir auf Wandfresken (s. Abb. 93f). Der römisch-antike Stoff der Eneit dagegen, der den literarischen Gestaltungen der anderen Stoffe vorausgeht, stellt sich auch in der Illustration der Handschrift als besonders anspruchsvoll dar. Was das Faktum des Illustrierens betrifft, steht er also in einer Perspektive, die ihn mit früh gestalteten biblischen Stoffen (z.B. Illustrationen in der Millstätter Genesis) oder mit den Stoffen der aus dem frz. übersetzten christlichen Heldensage (Illustrationen der Heidelberger Rolandsliedhandschrift, s. Abb. 1) verbindet, deren bescheidene Gestaltung er aber hinter sich läßt. Aus diesem Sachverhalt könnte man Schlüsse ziehen auf ein Bewußtsein vom unterschiedlichen Stellenwert bestimmter Stoffkreise und literarischer Gattungen.

Die Bilder sind von einem farbigen Rahmen umgeben, vor einem blauen, grünen, gelben oder rotbraunen Hintergrund heben sich die Gestalten und Gegenstände mit scharf gezeichneten Konturen ab (schwarze Umrisse, rote Gewandfalten mit der Feder deutlich herausgehoben); bei Gegenständen und Menschen herrscht eine gelbliche Farbe vor, Strümpfe und Schuhe meist schwarz. Die Bilder 89/90 zeigen Ausschnitte aus Didos Liebestragödie. Dido, von Aeneas verlassen, hat, um allein zu sein, ihre Schwester Anna weggeschickt, damit diese die Zauberin hole (die Inschriften der Illustrationen sprechen von *wissaginne*, der frz. und dts. Text von Zauberin!). Die Tür, links im Bild, ist fest verschlossen. Die Bildmitte, auf blauem Hintergrund, grünem Umfeld und innerhalb eines Architekturgiebels, der das Haus signalisiert, wird von der Gestalt der Dido beherrscht (im Giebel darüber steht der Name). Die Art, in der der Maler darstellt, wie Dido sich ins Schwert stürzt, wirft interessante ikonographisch-interpretatorische Fragen auf. In mittelalterlicher Denktradition handelte es sich um eine Tat aus der *desperatio*, die als Judassünde in die Verdammnis führte (eine gewisse Sonderstellung erlangte allein der Selbstmord der heidnisch-römischen Lukretia, der aus Keuschheit vollzogen wurde). Mittelalterliche Darstellungen derartiger Selbstmorde weisen auch die entsprechenden ikonographischen Signale auf (verdrehter Körper, herabhängendes verdrehtes Haupt, wilde Gestik der Arme...), nichts davon bei Dido. Sie schwebt vielmehr macht- und hoheitsvoll, ohne jede Verzerrung, fast wie ein Engel (das wäre der ikonographische Typ) von links oben hin zum Feuer rechts unten. Das senkrecht stehende Schwert durchbohrt ihren Leib gleichsam ohne ihr Zutun; ihr Blick und ihre Gestik richten sich mit großer Konzentration wie ausschließlich auf die Flammen, in denen sich das befindet, was an Aeneas erinnerte und von ihm noch vorhanden war. Im deutschen Text heißt es, V. 2342f, daß Aeneas sein Schwert und Horn zurückgelassen hatte. Auf dem Bild erkennt man auch, wie das Horn von den Flammen umzüngelt wird, dazu erkennt man in den Flammen das Bettzeug bzw. ein Kleidungsstück, wie der wallende Faltenwurf anzeigt (im Text, V. 2323f, ist vom *betgewant* die Rede). Der ringförmige Gegenstand rechts zwischen zwei Flammen ist aus dem Text nicht zu eruieren. Auch das Spruchband (*owi, jaemerliche not durch eneasen lid ich disen tot* – ach, beklagenswerte Drangsal, um Aeneas willen erleide ich diesen Tod) ist kein Zitat aus dem Text Heinrichs von Veldeke. Der deutsche Text, bei aller Sympathie für die unglückliche Dido, führt den heillosen Selbstmord letztlich auf das Wirken des Teufels zurück, V. 2526f; in der frz. Vorlage fehlt ein Hinweis darauf.

Das Bild darunter zeigt links zwei Frauen, die Schwester Anna und die wissaginne, die durch eine der Öffnungen der geschlossenen Tür ins Gemach blicken. Der *wissaginne* ist der Zeigegestus zugeordnet, Anna dagegen hält die beiden Hände über der Brust verschränkt, bzw. hält die Linke mit der Rechten fest und drückt damit ihre Ohnmacht und Trauer angesichts einer hoffnungslosen Situation aus. (Als ikonographischer Typ schwebte dem Maler, der in den Formen geistlicher Bilder dachte, wohl der Typ der trauernden Frau unterm Kreuz vor.) Rechts im Bild das lodernde Feuer – in allen drei Bildern behält das Feuer diesen Platz im Bild bei – und Dido in den Flammen liegend, vom Schwert durchbohrt, das nun nicht mehr vertikal steht, sondern, wie im folgenden Bild von rechts nach links die Liegende schräg durchbohrt. Wie im ersten Bild umrahmt der innere blaue Hintergrund allein Dido, die sich – im Gegensatz zum ersten Bild, wo sie von links nach rechts kommt – nun von rechts nach links, bereits im Feuer, mit dem Oberkörper der Bildmitte zuwendet. Dies als eine Hinwendung der Sterbenden zu den vor der Tür stehenden Frauen aufzufassen, bietet sich als Deutung an – freilich ohne Grundlage in den Texten, was kein Einwand sein müßte. Man wird aber eher von der ikonographischen Geschlossenheit des Bildes – Dido im abgesperrten Raum auf dem blauen Hintergrund – ausgehen müssen und da fragt es sich, ob die auffällige Verdrehung des Körpers in Verbindung mit der lebhaften Gestik der Arme nicht doch, wie meist in der Gestik der Romanik, Negatives aussagt; ein Indiz, daß sündhaftes Tun vorliegt? Aber, wie oben auch, es fehlt jeder Ansatz zur Verzerrung der Gesichtszüge, ein Hinweis auf die typische Verdammtensituation wird demnach nicht gegeben, wie auch die aufrechte Haltung des Kopfes nichts von der *desperatio* der Verdammten andeutet. Vom Bildtyp her fühlt man sich an die Darstellung der berühmten Eva von Autun unmittelbar nach dem Sündenfall erinnert.

Im folgenden Bild, Bild 90, rückt die Schwester Anna in die Bildmitte ein; nach wie vor ist aber Dido, die immer mehr eins wird mit dem Feuer, vom innersten blauen Hintergrund umgeben. Links von Anna die mit Gewalt geöffnete Tür – ohne Anhaltspunkt in den Texten – und zwei Gestalten, von denen die auf der Linken wohl der Kämmerer sein wird, von dem auch die Texte sprechen, Dido rechts im Feuer. Die Position der Beine und des Schwertes gleicht der auf dem vorhergehenden Bild, die Lage des Oberkörpers aber hat sich nun geändert, es ist die der Situation angemessene konsequente Rückansicht. Der Name Dido erscheint nun sinnigerweise auf der Schwertklinge! Anna, deren Bedeutung auf diesem Bild durch die zentrale Position und durch die gesteigerte Größe gegenüber den beiden anderen Gestalten links (auf dem Bild vorher ist die *wissaginne* gleich groß!) und durch das Spruchband signalisiert wird (*nu muoz ich wol von schulden klagen daz ir iuh* – nun habe ich allen Grund, darüber zu klagen, daß ihr euch...), verleiht dem Bild als Hauptinhalt die Klage; wiederum ist von einer Verurteilung der Selbstmörderin keine Rede. Die Gestik der aufrecht stehenden Anna, rechte Hand auf der Brust, die Linke in Hüfthöhe das Gewand raffend, gibt zusätzliches Gewicht und unterstreicht die Klage. Das Bild darunter zeigt die Grablegung. Die in typischer Trauergestik dargestellte Anna ist wiederum die Zentralgestalt über dem Sarg der Dido. (Im Text Heinrichs ist der Sarg aus Material von grüner Farbe!) Dieses Begräbnisbild bietet erneut mehr Personal auf, so daß sich in dieser Hinsicht eine Steigerung von Bild zu Bild ergibt. Parallel dazu gleichsam die Reduktion Didos, was sich im Schrumpfen der Dimensionen ausdrückt, bis zur Grablegungsdarstellung, die zwischen Sargdeckel und Sarg statt des Leichnams nur den blauen Hintergrund aufweist. Von Dido sind nur Staub und Name übrig.

91. Aus der Eneit

Dieses Bild aus der Berliner Eneithandschrift (s. Bild 89)

illustriert die Textstelle, die davon berichtet, wie Askanius, der Sohn des Aeneas, den zahmen Hirsch der Silviane, der Tochter des Tyrreus, erlegt, was schlimme Folgen hat. Der Text bietet eine große höfische Jagdepisode (V. 4539ff). Der Illustrator folgt dem Text; er hat bloß die Treiber, von denen dort auch die Rede ist, weggelassen und von den zahlreichen Jagdgefährten des Askanius ist nur einer sichtbar. Aus sicherem Wissen um die bildnerischen Möglichkeiten setzt der Illustrator aber die seinem Medium eigenen Akzente und konzentriert sich auf zwei ›fruchtbare Augenblicke‹, auf den verhängnisvollen Schuß des Askanius oben und auf den sterbenden Hirsch unten. Zum Bild oben: Mittelpunkt ist Askanius, der hinter einem Baum (so auch im Text V. 4617ff) Aufstellung genommen hat. Der Baum umschließt mit seinen Zweigen das ganze Bildfeld zu einem einheitlichen Aktionsraum, der durch das zentrale blaue Mittelfeld verstärkt zur Geltung gebracht wird. Im Text ist von Askanius die Rede, wie er *manlîchen den bogen zôch* (V.4626), der Illustrator führt das Bogenspannen am Bild des neben Askanius knieenden Begleiters vor und zeigt am stehenden Askanius den erfolgten Schuß, den verhängnisvollen Pfeilschuß gleichsam auf zwei Personen, zwei Momente und zwei Positionsweisen verteilend. Der Zweizahl der Gestalten im Zentrum entspricht eine Zweizahl im äußeren Bereich, links im Pferd, rechts im getroffenen Hirsch. (Dieses Zweierprinzip bestimmt, gesteigert und variiert, auch das darunter befindliche Bild: Hirsch und Hund in der Mitte, zwei Gestalten rechts, zwei links – Pferd und Askanius). Der Pfeil hat den Hirsch hinter dem Bug getroffen – das stimmt genau mit dem Text überein, V.4629 –, und das Blut fließt aus der Wunde. Über den Text hinausgehend, stellt der Illustrator das zu Tode getroffene Tier dar, das im folgenden Bild in die zentrale Position einrücken wird. Der Körper des Tieres befindet sich in einer Drehbewegung, die in einer ikonographischen Tradition der Darstellung des Fliehens steht. Die Beine weisen nach rechts in die Fluchtrichtung, der Kopf wendet sich zurück zum Schützen, das Auge ist schreckhaft weit geöffnet. Durch das zu Tode getroffene Tier wird nun auch von rechts her die Aufmerksamkeit auf den verhängnisvollen Schützen in der Bildmitte gelenkt.

Das Bild darunter hält den zweiten fruchtbaren Augenblick aus Heinrichs Text fest, wobei wiederum die Eigengesetzlichkeit der bildnerischen Schwerpunkte und ikonographischen Traditionen zur Geltung gebracht wird, was bei der engen Anlehnung an den Text umso mehr Gewicht hat. Das Bild faßt Elemente zusammen, die im Text verstreut sind, und verleiht ihnen einen neuen Aussagewert. Schon das Bemühen, ein ausgewogenes Bildfeld zu schaffen, fördert die bildnerische Eigengesetzlichkeit. Die Bildmitte füllt der sterbende Hirsch aus, hingestreckt vor dem Haus der Silviane. Als sekundäres raumfüllendes Element setzt der Illustrator dabei den Jagdhund ein; dieser ist auf den hinteren Teil des Rückens des Hirsches gesprungen und bildet so eine Art Gegengewicht zum erhobenen Geweih und dem rückwärts gewandten Kopf des sterbenden Tieres. Der Hund – V.4633 ist in der Mehrzahl von den Hunden die Rede, im Text findet die Szene noch im Wald, nicht vor dem Haus statt – leckt gierig das Blut, das aus der Wunde fließt, in der der Pfeil steckt. Der Hirsch, in Wiederholung der Drehbewegung vom obigen Bild, blickt nun mit brechendem Auge auf die tödliche Wunde. Dem steht links im Bild, zur Hälfte sichtbar, Askanius zu Pferd als fröhlicher Jäger gegenüber (was etwa V.4665 entspricht), die Hundeleine elegant in der Hand und das Jagdhorn blasend. Rechts treten zwei Gestalten aus einem Gebäude heraus – es ist das Haus der Silviane – eine weibliche und eine ihr folgende männliche, die in ihrer auf den hingestreckten Hirsch orientierten Gestik das zum Ausdruck bringen, was (s.o. Bild 90) der Illustrator bei Anna und der *wissaginne* angesichts der sterbenden Dido mit seinen traditionellen ikonographischen Mitteln gleichfalls auszudrücken versucht.

92. Barbarossa mit seinen Söhnen

Dieses feierliche Repräsentationsbild, 32 mal 22 cm, steht in der Weingartner Handschrift der Historia Welforum, jener ersten Geschichte eines einzelnen deutschen Fürstenhauses. An dem Werk wurde ab 1167 gearbeitet und auf die kostbare bildliche Ausgestaltung besonderer Wert gelegt. 1179 kam Weingarten an die Staufer, die Arbeit wurde weitergeführt und um das vorliegende Bild bereichert. Heute ist die Handschrift in der Hessischen Landesbibliothek in Fulda, MS. D. 11). Das auch durch die auffällig klare Verteilung der Farbtöne blau, ocker, grün, gelb ausgezeichnete Werk – auf die mögliche Farbensymbolik kann hier, auch wegen des Schwarzweißdrucks, nur hingewiesen werden – zeigt einen eindrucksvollen Kaiser Barbarossa mit zwei Söhnen. Der Kaiser in *majestas*-Haltung dargestellt, mit reichem Ornat und in den typischen Arkadenbogen eingefügt, sitzt auf einem hohen Thron, der sich über einer dreifach gestuften Arkadenbasis erhebt. Die Inschrift gibt an: *Fridericus imperator*. Der Kaiser hält das Lilienzepter in der Linken, in der Rechten, genau in der Bildmitte, den Reichsapfel. Zur Rechten des Kaisers, also höherwertig, steht Heinrich – laut Inschrift *Heinricus rex* – zur Linken der andere Sohn, *Fridericus dux*. Beide seit 1169 König bzw. Herzog. Auch die Kopfbedeckung weist auf die Rangunterschiede hin. Die dem Kaiser zugeordnete Gestik der beiden Söhne greift die Gestik von Engeln, die den thronenden Christus umstehen, auf.

Literatur: Stauferkatalog Bd. I., S. 224. Propyläen Kunstgeschichte Bd. 5; H. Fillitz, Das Mittelalter I, S. 281.

93–97. Iweinfresken von Schloß Rodenegg

Die Iweinfresken vom Schloß Rodenegg in Südtirol. Freigelegt ab 1972, farblich in hervorragendem Zustand; die teilweisen Zerstörungen beeinträchtigen das Gesamtbild kaum. Die Datierung ist nicht unumstritten. Der Kunstgeschichtler und Restaurator N. Rasmo, vertraut mit der oberitalienisch-südtirolerischen Malerei im Hochmittelalter, möchte sogar noch das ausgehende 12. Jhdt erwägen; vor allem aufgrund der literarhistorischen Probleme – den Iwein Hartmanns pflegt man gegen 1200 anzusetzen – neigen Germanisten dazu, die Entstehungszeit der Fresken tiefer ins 13. Jhdt herabzudrücken. Zuletzt hat A. Masser mit kulturgeschichtlichen Argumenten (Aktualität der dargestellten Helmform) die Zeit um 1205 anvisiert. Als Burgherr käme dann Arnold von Rodank in Frage, Dienstmann des Bischofs von Brixen, des kunstsinnigen Konrads von Rodank (gest. 1216), der sein Vetter war. Bei diesen Fresken handelt es sich nicht nur um die ältesten erhaltenen Iweinfresken, sondern um die ältesten bekannten romanischen Fresken profanen Inhalts im Norden. (Wenige Jahrzehnte später wurde in Schmalkalden im sog. Hessenhof, der einst im Besitz der Landgrafen von Thüringen war, ebenfalls das Brunnenabenteuer aus dem Iweinroman in einem Wohntrakt bildlich dargestellt; in der Zeit um 1330 entstand dann der Malterertepich aus dem Kloster Adelshausen in Freiburg, der dasselbe Iweinabenteuer, auf zwei Bilder reduziert, bietet, eingereiht in eine exemplarische Bildabfolge, die von Minnetoren (Samson, Aristoteles, Virgil) handelt. Das den Roman einleitende Brunnen-Laudine-Abenteuer Iweins muß das mittelalterliche Publikum als etwas besonders Spektakuläres gereizt haben, wie auch daraus zu erkennen ist, daß Wolfram in seinem Parzival, V.583,29ff, ausgerechnet im Zusammenhang der Schilderung von Gawans Minnemühsal auch auf dieses Abenteuer Iweins zu sprechen kommt. Dies sollte beim Heranziehen der bildlichen Zeugnisse für die literarische Interpretation des gesamten Romans stärker berücksichtigt werden!) So läßt sich aufgrund der Bilder kaum etwas sagen über die Beurteilung des Handelns Iweins im Roman im Rahmen des doppelten Abenteuerkursus. Wie Ott zurecht betont, sind der literarische Strukturzusammenhang und die ikonographischen Strukturen nicht deckungsgleich; der Interpretationsrahmen ist darum jeweils verschieden.

Die Rodenegger Fresken befinden sich an den vier Wänden eines ebenerdigen knapp 30 m^2 großen Raums im Palas der Burg. Der früher mit Kamin ausgestattete Raum diente wohl als Empfangsraum, in dem Gäste bewirtet werden konnten. Aus der baulichen Funktion dieses Raums lassen sich aber kaum Schlüsse ziehen auf die Besonderheiten des Bildprogramms der Fresken, obgleich es verlockend wäre, z.B. von der Anlage des Eingangs – die Tür ist ins Bildprogramm integriert – auf einen Zusammenhang zwischen Raum und Bild zu schließen. Die rasche Umsetzung eines damals aktuellen literarischen Themas in Malerei ist erstaunlich und zeigt u.a., daß geographische Entfernungen im Mittelalter kein kulturelles Hemmnis waren. Wieso der Burgherr von Rodenegg dazu kam, diese Umsetzung vornehmen zu lassen, entzieht sich unserer Kenntnis. Die Fresken sind von rechts nach links angeordnet und beginnen, soweit der Erhaltungszustand ein Urteil erlaubt, mit einem Bild beim Eingang, das wohl Iweins Ankunft beim Schloßherrn mit dem Falken darstellt, der ersten Station nach Verlassen des Artushofes. Betreten des Raums und Eintritt Iweins ins Abenteuer wären gleichsam identisch; die weiteren Episoden folgen: Iweins Begegnung mit dem Waldmenschen, Iwein am Zauberbrunnen, Speer- und Schwertkampf mit Askalon, dem Herrn des Brunnens und Gemahl der Laudine, Iweins entscheidender Schwertstreich bei der Verfolgung Askalons und gleichzeitiges Herabfallen des Fallgitters, Iwein gefangen zwischen den Fallgittern, Iwein erhält von der Zofe Lunete den unsichtbarmachenden Ring, Beweinung Iweins, Iwein erblickt Laudine beim Begräbnis ihres Gatten, die Burgbewohner, die verzweifelt den Täter suchen, Versöhnung Iweins mit Laudine. Wie oben angedeutet, ist für die bildnerische Ausgestaltung dieses höfischen Innenraums Iweins Brunnenabenteuer offenbar als Schlüsselerlebnis, Kampf und Minne in einem besonderen Kontext, aufgefaßt worden. (Wie Ott gezeigt hat, wurden Stoffe aus dem Artuskreis mit Vorliebe für die Ausgestaltung von Innenräumen verwendet, während die Stoffe der Karlssage in der Monumentalkunst, gerade auch im Sakralen, und eher an den Außenwänden anzutreffen sind; eine Verlagerung in Geschmack und Funktion, die von großer Tragweite sein dürfte). Der Kampf mit dem Brunnenherrn und Gemahl der Laudine, Aschelon – wie die Umschrift besagt –, beherrscht die Längswand rechts vom Eingang. Der Kampf, Speerkampf und dann Schwertkampf, leitet über die Darstellung vom letzten Hieb zwischen den Fallgittern über zu den Bildern auf den beiden anschließenden Wänden, wo es um Iwein und Laudine, also um Minne, geht. Die bildliche Kampfschilderung richtet sich noch am traditionellen Bildtyp der Abfolge von Speer- und Schwertkampf aus, wie man ihn z.B. auch aus den Darstellungen der Karls- und Rolandssage kennt. In Verbindung mit der Verlagerung in den höfischen Innenraum erhält diese Bildtypik eine neue Orientierung, die ihren Stellenwert und ihr Umfeld ändert; es ist ein Abenteuerkampf – anders als in der Rolandssage. Im Roman Hartmanns ist von einem ähnlichen großen Herausstellung des Kampfes keine Rede, ein rhetorischer Trick läßt da den Kampf ganz in den Hintergrund treten, Sprachkunst und Bildkunst gehen also ihre eigenen Wege. Die bildliche Darstellung verleiht auch dem Waldmenschen anderes Gewicht als er im Roman hat. Dieser Waldmensch, inmitten der von ihm beherrschten wilden Tiere, in Analogie zur *majestas*-Frontalpose dargestellt – nicht sitzend, sondern stehend, was aber ebenfalls Macht und Würde besagt – mit dem autoritativ belehrenden Zeigegestus der rechten Hand ausgestattet – in der Linken die Keule, in Analogie zu Globus oder Hl. Buch – bildet neben der Darstellung des Kampfes den Schwerpunkt der rechten Längswand. Das lodernde Haupthaar scheint ikonographisch – ganz anders als im Roman – den Waldmenschen übrigens in die Reihe negativ-teuflischer Gestalten einzufügen. Der Antichrist in der Kirche in Torcello, um auf ein naheliegendes norditalienisches Beispiel hinzuweisen, ist in ähnlicher Weise auch durch das Haar gekennzeichnet. In Verbindung mit dem Zauberbrunnen, wo man Iwein bereits am Werk sieht, was die typisch mittelalterliche darstellerische Simultaneität unterstreicht, gibt der Waldmensch dem alten Bildtyp des Kampfes das neue Vorzeichen, das die Ablösung des individuellen neuen Abenteuerkampfes von der alten kollektiv heroisch-christlichen Kampfwelt z.B. des Rolandsliedes signalisiert.

Literatur: Hans Szklenar, Iwein-Fresken auf Schloß Rodenegg in Südtirol, in: Bibliogr. bulletin of the intern. Arthurian society, 27, 1975, S. 172–180. Volker Schupp, Kritische Anmerkungen zur Rezeption des deutschen Artusromans anhand von Hartmanns ›Iwein‹. Theorie, Text, Bildmaterial. In: Frühmittelalterliche Studien 9, 1975, S. 405–442. Volker Schupp, Die Ywain-Erzählung von Schloß Rodenegg. In: Literatur und Bildende Kunst im Tiroler Mittelalter (Innsbrucker Beiträge zur Kulturwissenschaft. Germ. Reihe 15), Innsbruck 1982, S. 1–27. Norbert H. Ott-Wolfgang Walliczek, Bildprogramm und Textstruktur. Anmerkungen zu den ›Iwein‹-Zyklen auf Rodenegg und in Schmalkalden. In: Deutsche Literatur im Mittelalter. Kontakte und Perspektiven. Hugo Kuhn zum Gedenken, Stuttgart 1979, 473–501. Achim Masser, Die ›Iwein‹-Fresken von Burg Rodenegg in Südtirol und der zeitgenössische Ritterhelm. In: Zeitschrift für deutsches Altertum und deutsche Literatur 92, 1983, S. 177–198.

98–99. Fabel vom Fuchs und vom Storch.

Die beiden Tiere betrügen einander, indem sie jeweils die verschiedene *natura* des anderen Tieres ausnutzen. Auf dem ersten Bild lädt der Storch den Fuchs zum Essen ein, serviert aber in einer Karaffe; dem Fuchs ist es unmöglich, ans Essen heranzukommen, der Storch tut sich gütlich. Das nächste Bild zeigt die andere Seite. Der Fuchs lädt ein und serviert in einer flachen Schüssel. Der Storch mit seinem Schnabel muß hungern, der Fuchs leckt alles auf. (Siehe auch Bild 39.)

100. Wolfsunterricht

Diese Szene, die sich auf demselben Portal des Freiburger Münsters befindet wie Bild 86, setzt die Fuchs-Wolf-Fabeln voraus. Die bildliche Darstellung weist aber eine andere Orientierung auf als der Reinhart-Fuchs-Roman des Elsässers Heinrich. Nicht der Wolf als Opfer des perfiden Fuchses steht im Mittelpunkt, sondern der Wolf allein mit seiner Freßgier. Es ist der Wolf in der Mönchskutte, der sich anschickt das Lesen zu lernen, aber von seiner Gier nach dem Schaffleisch nicht lassen kann. Der Verlauf dieses mißglückten Lernversuchs wird in zwei aufeinanderfolgenden Phasen dargestellt, die ikonographisch eine geschlossene Szene bilden. Dies wird dadurch erreicht, daß die zwei, das Bild beherrschenden Darstellungen des Wolfes mit dem gewaltigen Schädel und Kiefer in spiegelverkehrter Sicht in der verdrehten Körperhaltung – Schädel nach rückwärts gewandt – wie ein Rahmen aufeinander zugeordnet sind. Dazu ist noch zu beachten, daß die auffällige Wendung des Kopfes nach rückwärts einem darstellerischen Typ entspricht. So kennt man diesen Gestus z.B. als die Position des Evangelisten, der Buch und Schreibgerät vor sich hält, den Kopf aber nach rückwärts wendet, um sich ganz der göttlichen Inspiration hinzugeben; auch der Typ des gelehrigen Schülers, der seine Schreibutensilien vor sich hat und dem Meister lauscht, wird vielfach in dieser Stellung gezeigt. Der Wolfs-Mönch auf unserem Bild – und darin läge der zusätzliche ikonographische Reiz – hat freilich anderes im Sinn. Der Lehrer, Rute und Buch haltend, sitzt ja auch auf der ›falschen‹ Seite – bzw. der Wolf blickt in die falsche Richtung. In der anschließenden Phase scheint der Wolf zwar – aufgrund der rahmenden, spiegelnden Sicht – in die richtige Richtung zu blicken, er schaut ja zurück auf den Meister, der ihm droht und ihn bereits schlägt, aber nun hat der Wolf nicht mehr Schreibgerät und Buch in den Pranken, sondern das Schaf, zu dem er eben zurückgeblickt hat. Die Ikonographie mit ihren Typen öffnet also Assoziationsmöglichkeiten, die der Dichtung in derselben Weise nicht zur Verfügung stehen; ein Beleg für die Eigengesetzlichkeit von Dichtung und Bildender Kunst im Mittelalter! Die Darstellung zeigt natürlich auch, daß ein Wolf eben ein Wolf bleibt, daß die Mönchskutte nicht sein Wesen ändert – die *natura* macht keine Sprünge; dazu steht das Bild in der literarischen Tradition der Mönchssatire: der Mönch, per definitionem ein Bild höchster christlicher Vollkommenheit, wird entlarvt als reißender Wolf (Matth. 7,15).

Auf diese Szene aus der mittelalterlichen Tierdichtung folgt im Freiburger Münster eine biblische Episode: David, auf einem Löwen sitzend, zerreißt diesem den Kiefer (Sam 17,34ff). Ob zwischen den beiden Darstellungen ein Zusammenhang besteht, was Kunze annimmt, ist bei der allegorischen Denkweise des Mittelalters sehr wohl zu überlegen. Dem stehen aber auch interpretatorische Schwierigkeiten entgegen. David ist zu sehr Christuspräfiguration – Überwindung des Höllenrachens –

wofür es in der Isengrimusszene keine Anhaltspunkte gibt; dazu ist die Wolfsepisode auch als epische Abfolge angelegt, während das Davidbild, wie auch der ins Bild gesetzte Schafsschädel zeigt, simultan Bedeutung ausdrückt.

Tafel I. Burgkapelle Hocheppan.

Siehe die Erklärung zu Abb. 79.

Tafel II. St. Martin in Zillis (Schweiz).

Das Holzdeckengemälde der Martinskirche in Zillis. Die Darstellung der drei Versuchungen Christi durch Satan – zwei davon hier wiedergegeben – befinden sich etwa in der Mitte der Decke. Die Darstellung der dritten Versuchung bildet den Kreuzungspunkt des Längs- und Querbalkens des durch das Ornament herausgehobenen durchgehenden Kreuzes. Ein besonderer Sinn oder Stellenwert dürfte aber, nach heutigem Wissensstand, den Versuchungsszenen dadurch nicht zukommen. Die kompositorische Bedeutung des großen Kreuzes scheint von den Darstellungen der einzelnen Bildquadrate ebenfalls unabhängig zu sein. Die drei Szenen sind in gleicher Weise angelegt: links steht jeweils der Versucher, rechts Christus, in der Bildmitte das Versuchungsobjekt, die Steine, die zu Brot werden sollen, der Tempel, von dessen Zinnen sich Christus hinabstürzen soll, die Herrlichkeiten der Welt, die der Teufel Christus geben will, wenn er vor ihm niederfalle. Der Teufel, schwarz und abstoßend in seiner pervertierten einstigen Engelhaftigkeit (Flügel), ist mit Hörnern und übergroßen Krallen ausgestattet; er ist in typischer Seitenansicht dargestellt, die im entsprechenden Kontext zusätzlich Negatives andeutet, er hat den Mund geöffnet, was ebenfalls Negatives signalisiert und trägt das typische teuflische struppige Haar. Mit ihm kontrastiert der nicht minder typisch dargestellte *majestas*-Christus in frontaler Darstellung mit der vom Kreuz geprägten Gloriole, dem gebieterisch abweisenden Handgestus der Rechten, in der Linken die Schriftrolle haltend, was an den Weltenrichter denken läßt. Besonders bemerkenswert ist die Darstellung der dritten Versuchungsszene. Zwischen Christus und dem Teufel wird als Hintergrund eine Berglandschaft sichtbar, was man, wohl nicht ohne Grund, als Einbeziehung der lokalen Landschaftsverhältnisse deuten konnte. Die Berglandschaft steht natürlich mit der Thematik in Verbindung, geht es doch um den Berg, von dem aus der Teufel die Herrlichkeiten der Welt zeigt. Der Teufel will mit dem einen Zeigefinger auf Christus einwirken und weist mit dem anderen auf die Herrlichkeiten der Welt hin. Diese werden auf ungewöhnliche Weise vergegewärtigt. In einem großen schwarzen Kreis in der unteren Bildmitte sind verschiedene Gegenstände in abstrakter Form angedeutet: Gebäude, Pokale, Münzen. Der Kreis, Zeichen der Vollkommenheit, soll wohl den universellen Charakter der vom Teufel gezeigten irdischen Werte unterstreichen. Die beiden Bilder darunter zeigen Jesus bei der Heilung des Besessenen von Gadara (Matth 8,28ff; Mark 5,1ff; Luk 8,26ff). Das linke Bild stellt in der linken Bildhälfte Jesus in der majestas-Frontalansicht dar, die linke Hand mit der Schriftrolle versehen, die rechte zur gebieterischen Gebärde erhoben, die die Dämonen zwingt, den Besessenen zu verlassen. Hinter Jesus wird die Gestalt eines Apostels sichtbar, der dadurch als solcher ausgewiesen ist, daß er in weitgehender Entsprechung zu Jesus, als dessen getreue Replik gleichsam, dargestellt ist: frontale Sicht, dieselbe Gestik, Heiligenschein (dem natürlich das Kreuz fehlt) und Farbgebung. Erscheinung und Gestik des Besessenen sind komplex, sie scheinen nicht nur vom Text des Evangeliums bestimmt zu sein, sondern folgen ikonographischen Traditionen, die sich bei der Darstellung von Christus und den Gegengewalten entwickelt hatten. Das züngelnde Haar als Zeichen des Diabolischen markiert die Präsenz der Dämonen, die den Menschen in ihrer Gewalt haben. Im Evangelium heißt es, daß der Besessene sich Jesus näherte und sich vor ihm niederwarf, im Bild sieht man dagegen, daß er sich von Jesus eilends entfernen will; die Position der Beine und Füße läßt daran keinen Zweifel, auch die Gestik der Hände unterstreicht diese Bewegungsrichtung. (Den gestreckten Zeigefinger der rechten Hand könnte man freilich als Hinweis auf die Schweineherde verstehen, in die die Dämonen hineinfahren wollen). Das Haupt des Besessenen ist aber nach rückwärts gewandt. Diese einander widersprechenden Haltungen finden sich häufig bei Darstellung von Flucht mit Rückwärtsschau. Die starke Neigung des Hauptes, üblicherweise Ausdruck von Ergebenheit, scheint anzudeuten, daß sich der Besessene der Macht des Gotteswortes nicht entziehen kann. Dem Mund entsteigen auch bereits wie schwarzer Rauch die Dämonen. Das Bild daneben zeigt demnach auch die Fortsetzung, die Dämonen, die in die Schweine gefahren sind und sich den Abhang hinab in den See stürzen.

REGISTER

Zusammengestellt von Leopoldine Strolz

BILDQUELLENNACHWEIS

Antikvarisk-Topografiska Arkivet, Stockholm: 45 – Bayerischer Schulbuchverlag, München: 3 – Bayerische Staatsbibliothek München: 59, 62 – Biblioteca Apostolica Vaticana, Rom: 65 – Bildarchiv Foto, Marburg: 2, 11, 13–16, 21, 23–25, 35–38, 48, 52, 54, 55, 57, 58, 60, 62, 69–76, 81, 82, 86–92, 100, II – Bildarchiv des Österreichischen Nationalmuseums, Wien: 40–42 – Bodleian Library, Oxford: 64 – Bundesdenkmalamt, Wien: 83 – Jürgen Eberle, Langenfeld: 34 – Hermann Emig, Amorbach: 26 – Fotoarchiv Dr. Walter Hotz: 30–33 – Hirmer Fotoarchiv, München: 77, 78, 80 – Hochbauamt der Stadt, Nürnberg: 53 – Institut für Österreichische Kunstforschung, Wien: 79, I – Franz Jos. Klimm, Speyer: 67, 68 – Kulturverwaltung der Stadtgemeinde Krems: 27, 66 – Landesdenkmalamt Westfalen-Lippe, Münster: 12 – Landeshauptarchiv, Koblenz: 17 – Landschaftsverband Rheinland, Düsseldorf: 47 – Lichtbildstelle Newag-Niosga, Maria Enzerdorf: 29 – Cord meckseper, Hannover: 20 – Mittelrheinisches Landesmuseum, Mainz: 46 – Museum für Kunsthandwerk, Frankfurt: 43, 44 – Museum zu Allerheiligen, Schaffhausen: 39, 98, 99 – Eberhard F. Neumann: 22 – Niedersächsisches Staatsarchiv, Wolfenbüttel: 6 – Niemeyer Verlag, Göttingen: 84 – Österreichisches Museum für angewandte Kunst, Wien: 56 – Phaidon Akademische Verlagsgesellschaft Athenaion, Essen: 10, 51, 93–97 – Rheinisches Landesmuseum, Bonn: 49, 50 – Rosengartenmuseum, Konstanz: 7 – Stadtarchiv, Speyer: 19 – Städtisches Museum, Braunschweig: 18 – Universitätsbibliothek, Bonn: 61 – Universitätsbibliothek, Heidelberg: 1, 85 – Universitätsbibliothek, Jena: 4, 5, 8, 9